教育部人文社会科学研究青年基金项目（编号：13YJC740097）资助

王利 著

HISTORICAL COMPARATIVE STUDY ON JIN DIALECT IN THE SOUTHEAST PART OF SHANXI PROVINCE

晋东南晋语历史比较研究

中国社会科学出版社

图书在版编目（CIP）数据

晋东南晋语历史比较研究／王利著．—北京：中国社会科学出版社，2017.9
ISBN 978－7－5203－0496－2

Ⅰ.①晋…　Ⅱ.①王…　Ⅲ.①晋语—对比研究—山西　Ⅳ.①H172.2

中国版本图书馆CIP数据核字（2017）第123289号

出 版 人　赵剑英
责任编辑　宋燕鹏
责任校对　季　静
责任印制　李寡寡

出　　版　中国社会科学出版社
社　　址　北京鼓楼西大街甲158号
邮　　编　100720
网　　址　http://www.csspw.cn
发 行 部　010－84083685
门 市 部　010－84029450
经　　销　新华书店及其他书店

印　　刷　北京君升印刷有限公司
装　　订　廊坊市广阳区广增装订厂
版　　次　2017年9月第1版
印　　次　2017年9月第1次印刷

开　　本　710×1000　1/16
印　　张　31.25
插　　页　2
字　　数　512千字
定　　价　108.00元

目　录

序……………………………………………………………张树铮（1）

绪论………………………………………………………………（1）

第一节　晋东南地区概况…………………………………（1）

第二节　晋东南晋语的界定及其研究现状………………（3）

第三节　研究目的、意义、方法及材料来源……………（9）

第一章　声母……………………………………………………（14）

第一节　尖团音………………………………………………（14）

第二节　中古知庄章组声母…………………………………（23）

第三节　中古影母和次浊声母………………………………（53）

第二章　韵母……………………………………………………（97）

第一节　阴声韵………………………………………………（97）

第二节　阳声韵………………………………………………（127）

第三节　入声韵………………………………………………（169）

第三章　声调……………………………………………………（196）

第一节　平声和去声…………………………………………（196）

第二节 入声……………………………………………………………………（207）

第四章 语流音变……………………………………………………………（228）
第一节 两字组连读变调………………………………………………（228）
第二节 特殊变调……………………………………………………………（249）
第三节 变韵现象……………………………………………………………（268）

第五章 词汇差异比较………………………………………………………（297）
第一节 晋东南晋语词汇的内部比较…………………………………（297）
第二节 与普通话的词汇差异比较……………………………………（300）

第六章 词缀……………………………………………………………………（309）
第一节 子尾……………………………………………………………………（309）
第二节 儿尾……………………………………………………………………（315）
第三节 词缀“圪”………………………………………………………………（318）

第七章 重叠……………………………………………………………………（325）
第一节 构词的重叠…………………………………………………………（327）
第二节 构形的重叠…………………………………………………………（333）

余论 从语音比较看晋东南晋语的形成…………………………………（342）

附录………………………………………………………………………………（355）

参考文献…………………………………………………………………………（474）

后记………………………………………………………………………………（492）

序

张树铮

收到王利的书稿，我的第一反应便是：天道酬勤。因为这是我对王利的一直的印象。

还记得2005年春第一次见到王利时的样子。那时，她还在河北大学跟刘淑学老师读硕士，来济南参加山东大学的博士考试。黑黑的肤色，大大的眼睛，笔试第一的成绩，厚实的基础，流利的回答，这些都给参加面试的老师留下了深刻的印象。

博士学习期间，王利给我的最突出的感觉是认真和肯动脑。有什么不太清楚的地方总是想弄清楚，肯用功、不怕苦，所以对学术的一些问题理解得比较深透。2007年，我在日本任教，此时正是王利动笔写博士论文的时候。于是，论文的初稿便一章一章地通过邮件发送往东瀛，我提出一些建议她修改了之后很快就再寄回。有时一部分内容会反复好几次。说真的，虽然我费了不少功夫，但心里却是很满意她的认真的态度的。就这样，博士论文逐渐写成了，并顺利地通过了2008年的学位论文答辩。我当时没有时间回国参加答辩，但事后听说，答辩委员们对她的论文都很满意，评价为优。我想，这应该是对她的努力的一个肯定。我常常对学生们说，在学习和论文写作上下功夫，不仅仅是为了获得学位，更主要的是为了提高自己、为自己将来的发展奠定基础。我们的专业想蒙混、掩饰是很难的，用没用功夫，打的基础怎么样，答辩的老师们一看就能看出来。老师们既能慧眼识珠，当然也能慧眼识鱼目。我很高兴，虽然“无瑕不成珠”，但王利奉献出的是一颗珠。

博士毕业之后，王利回到了家乡的学校任教。对此，我是既高兴但又有一丝顾虑。高兴的是她回到家乡，跟家人在一起，生活上可减少许多压力，可以更好地进行教学和科研；一丝的忧虑是，在相对小的学校里，科研的压力也相对较小，人往往容易满足现状而滋生惰怠。不过，王利用行动打消了我的顾虑，她不断地参加一些科研项目，也不断地有新成果问世，这使我相信，环境是外在的，起决定作用的还是人自己。最近，王利申报的国家社科项目获得了批准，我和她的师弟师妹们都为她高兴。

因此，看到在作者的博士论文《晋东南晋语语音研究》基础上写成的这本《晋东南晋语历史比较研究》，十分亲切而欣慰，仿佛又回到了十年前的时候，又看到了勤勉努力的王利。

由于是在博士论文基础上修订、增补而成，所以语音的研究仍是本书的重点。简要来说，本书对晋东南晋语地区的方言语音主要做了两个方面的研究：一是在亲自调查的基础上对该地区的方言语音进行了清楚的描写，二是对方言语音特点的形成进行了探源。先说描写，这看起来是方言研究最基础的工作，但是，描写得准确细致与否、归类恰当合理与否、条理清晰与否，仍然可以看出作者的基础、把握材料的能力和思路的清楚。再说探源，探源首先要细致理清头绪、特别是找出特点，其次是多方搜集资料、寻找关联因素，最后是根据证据、根据规律和关系加以判断、推理，找出源头、勾勒流变的轨迹。其中，证据与事实的关联关系到证据的效力，中间的推论又往往是一环套结着一环，王利所做的，我不敢说是没有一点儿纰漏，但是可以肯定地说，王利是很用心的，用现在比较时髦的一个词说，是很“讲究”的。而在本书中，可以看出，有些地方又经过了进一步的推敲、补充和完善。

本书相较于博士论文的一个显著的变化是扩充了词汇和语法的内容。这对于全面观察晋东南晋语的特点无疑是非常重要的，因为尽管词汇特点和语法特点的分布与语音特点的分布常常不完全一致，但也有很强的重合性。因此，将词汇特点和语法特点与语音特点结合起来，能够更全面地反映出一个地区的方言特点。在语法特点的揭橥方面，作者的观察还是比较细致的。就北方地区的方言来说，语法特点大同小异，这些小异，正是反映地域差异的重要方面，自然需要格外敏锐的注意力，需要从细处入手。至于方言词汇，详细的记录显然不是本书所能胜任的，所以作者采取了用晋东南晋语内部词汇差异比较的方式来反映当地词汇特点，这倒不失为一种可取的做法。书中还将晋东南晋语区的词汇与普通话进行了比较，可以反映出以普通话作为参照下的词汇特点。此外，由于所比较的一千多条词语是从晋语地区较为普遍存在的词语中选取的，所以，这种内部差异比较也就兼有了与其他晋语区比较的含义。只不过，作者如果与其他晋语地区的词汇做一个专门的比较可能更好，因为这样的话，对于非晋语区的读者来说，本书就可以既反映出当地方言与普通话的差异，也可以揭示一些与其他晋语区的差异。换句话说，既反映晋语区的一些普遍特点，也反映当地与其他晋语区不同的一些词汇特点，从而使得地域特色更为突出。

不管在汉语方言分区中晋语是否与官话方言构成平列的层级，从地域来说，晋语确实是北方地区特色鲜明的一支方言，相关的研究也成果丰硕，值得欣喜。王利的这本书无疑是晋语研究的一个新创获，特别是对晋东南晋语的综合研究来说具有填补空白的意义，对于晋语的研究和北方方言的研究都会有其独到的价值。因此，写了上面的话，一是对王利表示祝贺，二是期望王利伴随着晋语研究的进展不断进步。

是为序。

2017 年暑日于山东大学

绪　论

第一节　晋东南地区概况

一　地理概况

晋东南地区指的是位于山西省东南部的长治和晋城两个地区。其中，长治地区包括沁源县、沁县、武乡县、襄垣县、黎城县、平顺县、潞城市、长治市、屯留县、长子县、长治县、壶关县。晋城地区包括高平市、陵川县、泽州县、晋城市、阳城县、沁水县。这两个地区总面积23386平方公里，约占山西省总面积的15.59%，人口573.54万（2016年），约占山西省总人口的15.65%。

晋东南地区位于晋、冀、豫三省交界地带，东与河北的武安、邯郸、涉县等地相连，南与河南的辉县、林州、安阳、修武、济源、博爱等地毗邻，西与晋南的安泽、临汾、古县、霍州等地相望，北与晋中的左权、祁县、平遥、榆社等地相邻，其战略地位十分重要，自古为兵家必争之地。

晋东南地区地处黄土高原的东南部，位于太行山和太岳山之间，海拔较高，平均在1200—2050米之间。境内群山环绕，山峦连绵，地形地貌比较复杂，主要有三种：1.黄土丘陵山区，境内四周隆起，中间低平，分布在沁源县、沁县、武乡县、襄垣县、高平市、泽州县、晋城市、阳城县、沁水县。2.干石山区，分布在平顺县、壶关县、陵川县，这些地方常年干旱缺水，年均降水量仅570毫米左右，而且，石厚土薄的石灰岩较多，其自然条件相当恶劣。3.山地、平川、丘陵区，分布在黎城县、潞城市、长治市、屯留县、长子县、长治县，这些县市的地貌呈多元化，比如黎城县地貌被形容为“一川三丘六分山”。境内河流主要有漳河和沁河，漳河属海河水系，流经襄垣县、黎城县、潞城县以及平顺县，沁河属黄河水系，流经沁源县、沁水县、阳城县以及晋城市。

二 建制沿革

晋东南地区历史悠久。相传中华民族的始祖炎帝就在这里尝百草，兴稼穑，开启华夏文明的先河。至夏商时期，今晋东南一带属冀州。春秋时期（前770年—前476年），属晋国。战国（前476年—前221年）初期韩魏赵三家分晋，今晋东南地区归赵国管辖。秦统一六国之后，实行郡县制，于公元前221年设置三十六郡，上党郡为其中之一，辖今晋东南地区。西汉至魏晋南北朝时期沿用秦制，州郡辖区变化不大。隋统一南北后，于大业三年（607）在山西设十四郡八十九县，其中，上党郡辖今长治地区，长平郡辖今晋城地区，不久后，撤销长平郡，并入上党郡。唐代（618—907年），上党郡属河东道。宋太平兴国元年（976），将上党郡分立为潞州和泽州，潞州辖今长治地区，泽州辖今晋城地区，统一属河东路。金代（1115—1234年），潞州和泽州辖区未变，同属河东北路。元代（1271—1368年），设置潞州隶行中书省布政使司和泽州隶行中书省布政使司，其辖区未变，属冀宁路。明代（1368—1644年），升州为府，设潞安府和泽州府，其辖区未变。清沿用明制。中华民国元年（1912），废除潞安府和泽州府，原潞安府和泽州府所辖各县均属冀宁道。新中国成立后，设长治专区，辖沁源县、沁县、武乡县、襄垣县、黎城县、平顺县、潞城县、长治市、屯留县、长子县、长治县、壶关县、陵川县、高平县、晋城市（县级）、阳城县、沁水县。1958年长治专区改为晋东南专区，1970年晋东南专区改称晋东南地区，辖区未变。1985年，实行市管县体制，将沁源县、沁县、武乡县、襄垣县、黎城县、平顺县、潞城县、屯留县、长子县、长治县、壶关县划归长治市管辖。同时，晋城升为地级市，辖陵川县、高平县、沁水县、阳城县。1993年，高平县撤县为市，仍属晋城市。1994年，潞城县撤县为市，仍属长治市。1996年，撤销晋城市郊区改设泽州县，隶属于晋城市。

第二节　晋东南晋语的界定及其研究现状

一　晋东南晋语的界定

自从《中国语言地图集》（中国社会科学院，澳大利亚人文科学院 1987/1989）将晋语从官话方言中分立出来之后，晋语分立的问题越来越引起人们的关注，有人支持其独立，如侯精一、温端政先生，有人不支持其独立，如王福堂、丁邦新先生。尽管晋语是否应该为一个独立的大方言区还有争议，但是晋语以其鲜明的特色区别于周边的方言还是没有异议的。本文采用“晋语”这一术语来指称“山西省及其毗连地区有入声的方言”[①]，但对其在汉语方言分区中的地位等级暂不讨论。

《晋语的分区（稿）》（侯精一 1986）和《中国语言地图集》（中国社会科学院，澳大利亚人文科学院 1987/1989）根据古四声在今方言中的演变情况将晋语分为 8 个片：并州片、吕梁片、上党片、五台片、大包片、张呼片、邯新片、志延片。《山西方言的分区（稿）》（侯精一等 1986）根据古入声的有无和古四声在今方言里的演变情况将山西方言分为 7 个片：并州片、吕梁片、上党片、五台片、云中片、汾河片、广灵片。其中，并州片、吕梁片、上党片、五台片、云中片属晋语，汾河片属中原官话，广灵片属冀鲁官话。《山西方言调查研究报告》（侯精一，温端政 1993）根据古入声的有无和古四声在今方言中的演变情况将山西方言分为 6 个区：中区、西区、东南区、北区、南区和东北区，其中，中区、西区、东南区和北区属晋语，南区属中原官话，东北区属冀鲁官话。《晋语的分区（稿）》（沈明 2006）根据古四声在今方言中的演变情况将晋语分为 8 个片：并州片、吕梁片、上党片、五台片、大包片、张呼片、邯新片、志延片。在以上各家对晋语或山西方言的分区中，《山西方言调查研究报告》（侯精一，温端政 1993）中的东南区方言、《晋语的分区（稿）》（侯精一 1986）、《中国语言地图集》（中国社会科学院，澳大利亚人文科学院 1987/1989）、《山西方言的分区（稿）》（侯精一等 1986）以及《晋语的分区（稿）》（沈明 2006）中所谓的上党片方言的分布范围基本一致（见表 0.1），大致都分布在今晋东南地区，而且，这些方言都属于晋语，以上各家都谈到的其区别于晋语

① 李荣：《官话方言的分区》，《方言》1985 年第 1 期。

其他片方言的语音特点主要有以下几点：①分尖团。②影疑母在今开口洪音韵母前读[ɣ]声母。③深臻摄≠曾梗通摄。④去声分阴阳。

表 0.1　　　　　山西东南区方言和上党片方言的分布范围比较表

<table>
<tr><td colspan="2" rowspan="2">地区</td><td colspan="2" rowspan="2">县市</td><td>《晋语的分区（稿）》《中国语言地图集》</td><td>《山西方言的分区（稿）》</td><td>《山西方言调查研究报告》</td><td>《晋语的分区（稿）》</td></tr>
<tr><td>上党片 15</td><td>上党片 17</td><td>东南区方言 17</td><td>上党片 19</td></tr>
<tr><td rowspan="6">晋东南地区18</td><td>长治地区12</td><td colspan="2">沁源县
沁县
武乡县
襄垣县
黎城县
平顺县
潞城市
长治市
屯留县
长子县
长治县
壶关县</td><td>√</td><td>√</td><td>√</td><td>√</td></tr>
<tr><td rowspan="5">晋城地区6</td><td colspan="2">高平市
陵川县</td><td>√</td><td>√</td><td>√</td><td>√</td></tr>
<tr><td colspan="2">晋城市
阳城县</td><td></td><td>√</td><td>√</td><td>√</td></tr>
<tr><td rowspan="2">沁水县</td><td>城关以东[1]</td><td>√</td><td>√</td><td>√</td><td>√</td></tr>
<tr><td>城关及以西</td><td></td><td></td><td></td><td></td></tr>
<tr><td colspan="2">泽州县</td><td></td><td></td><td></td><td>√</td></tr>
<tr><td colspan="2">临汾地区</td><td colspan="2">安泽县</td><td></td><td></td><td></td><td>√</td></tr>
</table>

注：表中“√”表示该县市的方言属于东南区方言或上党片方言。

本文参照前人对山西东南区方言（上党片方言）的界定，将晋东南晋语界定为晋东南地区有入声的方言，分布在沁源县、沁县、武乡县、襄垣县、黎城县、平顺县、潞城市、长治市（下文一律称之为长治）、屯留县、长子县、长治县、壶关县、陵川县、高平市、泽州县、晋城市、阳城县、沁水县（城关以东）18 个市县。

① 沁水县城关以东的方言有入声，属晋语。沁水县城关以及城关以西的方言（下文将其称为沁水方言）都没有入声，属中原官话。

二　晋东南晋语的研究现状

早在汉代扬雄的《方言》中就已经涉及一些有关今晋语的材料，但大多是词汇，而且其研究缺乏系统性。之后，有关今晋语的材料仅零星散见于古人的一些杂记中，比如明代陆容的《菽园杂记》卷四记载，“山西人以同为屯，以聪为村，无东字韵”①。但这样的资料相当少，而且内容比较简单，作为方言语音资料的价值受到很大限制，更谈不上是现代意义上的方言学研究。

20 世纪初，高本汉先生首次用现代科学的方法来调查研究今晋语。他利用在山西大学堂工作间隙亲自调查了今属晋语的太原、兴县、太谷、文水、大同、凤台（今晋城）、归化（今呼和浩特）7 个方言点的语音，其中，凤台方言属于本文所谓的晋东南晋语。以上方言的 3000 多个字音都收录在《中国音韵学研究》一书中，虽然只记有声韵，没有记录声调，也没有整理出音系，但它反映了一百年前这些方言的语音面貌和语音特点，具有很高的学术价值。

20世纪50年代后期，随着全国范围方言普查的展开，山西方言研究者也进行了大规模的方言调查。在此基础上，由田希诚先生执笔的《山西方言概况》（油印本）语音部分完成初稿（80年代曾重新刻版油印）。本书将山西方言分为四个区，总结出11个语音特点，并分别列出各区的声韵调对照表，绘制了22幅方言地图。进入80年代，随着“晋语”这一学术术语的提出，学者们越来越关注山西方言，山西方言的研究也进入了前所未有的高潮时期。由山西省社会科学院温端政先生主持的“山西省各县（市）方言志”被列为语言学学科1981—1985年国家重点研究项目，1982—1997年共出版了43种地点方言志。该丛书体例一致，内容包括7个部分：1. 概说。主要介绍地理人口概况、历史沿革、当地方言概况。2. 语音分析。主要介绍声韵调系统，适当介绍两字组连读变调、儿化、轻声、文白异读等。3. 同音字表。大体包括3000个的常用字及有音无字的方言词。4. 方言与北京语音的比较。包括声母的比较、韵母的比较、声调的比较。5. 分类词表。400条常用词，适当增补当地特殊词汇。6. 语法例句。7.标音举例。其中，

① 陆容：《菽园杂记》，中华书局 1985 年版，第 40 页。

有关晋东南晋语的方言志共有8种：《晋城方言志》（沈慧云 1983）、《陵川方言志》（金梦茵 1983）、《襄垣方言志》（陈润兰 1984）、《长治方言志》（侯精一 1985）、《武乡方言志》（史素芬，李奇 1990）、《沁县方言志》（张振铎 1990）、《屯留方言志》（刘毅，张振铎 1991）、《长子方言志》（高炯 1995）。从1999年至今，由乔全生先生主编的《山西方言重点研究丛书》相继共出版了32种，内容上大致包括语音描写、历史音韵、同音字表、分类词表、语法特点、语料记音等部分，与温端政先生主编的《山西方言志丛书》相比，其在篇幅上扩大了一倍，在内容上更加充实和丰富，对相关语音特点的描写也更加细致。其中，有关晋东南晋语的方言志[①]有6种：《武乡方言研究》（以《武乡方言志》为基础）（史素芬 2002）、《高平方言研究》（白静茹等 2005）、《长治县方言研究》（王利 2007）、《山西东部方言研究（壶关卷）》（王利 2011）、《上党地区方言研究（晋城及泽州卷）》（原慧艳等 2011）、《上党地区方言研究（阳城卷）》（吴斗庆 2011）。到目前为止，已出版的有关晋东南晋语的方言志共计14种。

除了已出版的有关晋东南晋语的方言志外，20世纪90年代以后相继出版的一些县志中也涉及一些有关方言特点的内容。一般在县志中都设有“方言”一章，其内容大致包括语音、词汇和语法，虽然语音部分较词汇、语法部分相对详细一些，主要涉及方言的内部差异、代表点的音系等，但仍显得有些粗糙。

直接研究晋东南晋语的单篇论文，其数量相对较少。涉及语音方面的主要有：《长治方言记略》（侯精一 1983）、《晋城方言的“子尾”变调》（沈慧云 1983）、《晋东南地区的子变韵母》（侯精一 1985）、《襄垣方言效摄、蟹摄（一、二等韵）字的韵母读法》（金有景 1985）、《山西襄垣方言和〈中原音韵〉的入声问题》（金有景 1989）、《〈广韵〉日母字在今长治方言中的演变》（董育宁 2002）、《长治市城东桃园村方言点声调格局的实验报告》（王红斌 2003）、《晋东南晋语入声调的演变》（沈明 2005）、《晋城话中的入声字》（焦妮娜 2007）、《长治方言语音研究》（张敏 2014）。有关词汇和语法方面的主要有：《武乡方言特殊词汇选释》（史素芬 1996）、《陵川方言词汇

① 《山西方言重点研究丛书》的内容和体例与一般方言志类似，我们认为其也可看作方言志。

研究》(赵玉 2009)、《长治方言词汇研究》(牛凯波 2012)、《山西长治方言俗成语的修辞特点》(王利 2012)、《长治方言的指示代词》(董育宁 2000)、《山西武乡方言的虚词“的”》(史素芬 2001)、《山西武乡方言的选择问句》(史素芬 2002)、《山西武乡方言的疑问句》(史素芬 2000)、《晋城方言的助词“兰”和“咾”》(沈慧云 2003)、《阳城方言里的“圪”》(赵莉 2003)、《阳城话“倒运”的语用意义》(张芳萍 2003)、《长治方言中的使感结构研究》(王利 2005)、《壶关县方言俗语的修辞艺术》(郭晓燕 2005)、《山西高平话的人称代词》(孙易 2005)、《晋城方言重叠式研究》(郜晋亮 2011)、《长子方言语法特色研究》(胡雷 2009)、《黎城方言代词研究》(冯子伟 2010)、《山西长治方言“V+将”结构》(王利 2011)、《陵川方言体貌系统》(郝素伟 2011)、《晋东南方言的“子”尾研究》(史素芬 2012)。

此外，在一些对山西方言或晋语的整体特点进行研究的专著和论文中也或多或少地涉及晋东南晋语某些方言的一些情况。专著方面主要是侯精一和温端政两位先生主编的《山西方言调查研究报告》(1993)，它的出版标志着对山西方言的共时描写达到了一个新的水平，此书与晋东南晋语有关的是第十八章“东南区方言”，该章对东南区方言主要特点作了大致的描写，虽然其中有些记录还欠准确，但为我们了解该方言区语音、词汇和语法的总体特点提供了可资参考的宝贵材料。单篇论文方面：涉及语音方面的主要有《试论山西晋语的入声》(温端政 1986)、《晋语的分区（稿）》(侯精一 1986)、《山西方言的分区（稿）》(侯精一等 1986)、《入声韵在山西方言中的演变》(王洪君 1990)、《阳声韵在山西方言中的演变》(王洪君 1991，1992)、《山西方言入声的现状及其发展趋势》(杨述祖 1992)、《山西方言的尖团音问题》(田希诚 1992)、《晋语的声母特征》(陈庆延 1994)、《山西晋语分 ts tʂ的类型》(熊正辉 1996)、《山西晋语入声韵的类型》(沈明 1996)、《山西晋语古清平字的演变》(沈明 1999)、《山西方言的知照系声母》(赵彤 2001)、《晋方言语音史研究》(乔全生 2003)、《晋语与官话非同步发展》(乔全生 2003)、《山西方言声调的类型（稿）》(王临惠 2003)、《晋方言古全浊声母的演变》(乔全生 2005)、《晋语的分区（稿）》(沈明 2006)。其中，关于晋语或山西方言分区的三篇文章都概括性地介绍了东南区方言或上党片方言的一些语音特点，而且，大都集中在开口洪音影疑母、尖团音的读音以及去声分阴阳等有关声母和声调方面的一些特点上。涉及词汇方面的有《山西方言词汇调查笔记》（田希诚 1990）、《山西方言词汇异同略说》（吴建生 1992）、《晋语核心词汇研究》（陈庆延 2001）、《山西方言“圪”头词的结构类型》（王临惠 2001）、《晋方言特征词研究》（刘玲玲 2001）等。涉及语法方面的有《山西晋语区的助词“的”》（吴建生，田希诚 1995）、《山西方言人称代词的几个特点》（乔全生 1996）、《晋方言语法研究》（乔全生 2000）、《山西方言的疑问句》（李改样 2005）、《山西晋语形容词重叠词研究》（刘莉芳 2004）、《山西晋语语法专题研究》（郭校珍 2008）。

如前文所述，《山西方言调查研究报告》（侯精一，温端政 1993）中将山西方言分为中区、西区、东南区、北区、南区、东北区六个方言区，其中，中区、西区、北区、东南区[①]属于晋语，南区属于中原官话汾河片，东北区只有属冀鲁官话的广灵一点。据我们看到的材料，目前已发表的从整体上讨论山西某一区域方言词汇和语法特点的论著尚未见到，讨论语音特点的论著也只有2部：王临惠的《汾河流域方言的语音特点及其流变》(2003)和崔淑慧的《山西北区方言语音研究》（2004），王书从整体上对沿汾河流域的南区、中区和西区的一些方言的语音特点作了细致全面的描写和分析，崔书对北区方言的语音特点进行了整体性的研究。而且，目前已发表的有关讨论山西方言中单个方言点特点的单篇论文大多也以揭示和讨论中区、西区、北区和南区一些方言的特点为主，如有关讨论中区的太原、左权、祁县、文水、介休、平遥、太谷，西区的临县、中阳、离石，北区的忻州、定襄、五台、代县、大同、阳泉，南区的运城、霍州、临汾、永济、临猗、万荣、闻喜、洪洞等方言的一些特点的文章相对较多，而有关对晋东南晋语单个方言点特点进行专题讨论的文章则相对较少。可见，在山西方言的研究中，不管是对晋东南晋语的整体研究还是对其单个方言点特点的专题研究都相对比较薄弱。

总体上看，以往对晋东南晋语的研究大多集中在语音方面，对其词汇、

① 如前文所述，东南区方言的范围与本文所谓的晋东南晋语的范围基本一致。

语法特点的关注相对较少。而且，语音方面的研究也只是集中在某些单点方言上，如一些单点方言志和少数几篇讨论单个方言某一语音现象的论文，这种研究对于我们了解一些单点方言的语音特点无疑具有非常重要的意义，但从方言材料的丰富性和准确性上来看，有些方言志中所述的语音现象前后矛盾，观点和材料不符，这就给方言本体研究带来很大的麻烦，因而就大大降低了其本身的价值。而且，目前的研究多集中在对语音的静态描写上，缺少横向的区域比较和纵向的历时比较，缺乏对晋东南晋语语音总体特点的深入探讨。

第三节 研究目的、意义、方法及材料来源

一 研究目的、意义

鉴于晋东南晋语研究的现状，本书将做以下几方面的工作：

第一，对晋东南晋语的语音尤其是声韵调进行全面、细致的调查、描写和归纳，并与山西晋语其他片①和山西中原官话汾河片②方言进行比较，从整体上反映晋东南晋语的语音面貌和特点。

第二，通过对不同方言点语音内部差异的比较，从历史比较语言学的角度来探求晋东南晋语语音演变的特点和规律，并对一些语音现象进行分析和解释。

第三，对晋东南晋语中比较重要的词汇、语法现象进行重点调查，并做较系统、全面的描写，并与普通话进行比较，从整体上反映晋东南晋语词汇和语法的主要特点。

第四，在与晋语腹地方言、官话方言的语音特点进行比较的基础上尝试着对晋东南晋语的形成问题作初步的讨论。

晋东南晋语作为晋语的一个重要组成部分，如果在晋语研究中缺少了对晋东南晋语的关注，势必会影响晋语研究的全面性和整体性，因此，我们把晋东南晋语作为研究对象具有十分重要的意义：首先，以晋东南晋语

---

① 本书中的“山西晋语其他片”，如果没有特殊说明，一般指《中国语言地图集》（中国社会科学院，澳大利亚人文科学院 1987/1989）中分布在山西境内的晋语并州片、吕梁片、五台片和大包片四个片。

② 下文一律简称为中原官话汾河片。

作为研究对象，可以填补晋东南晋语缺乏综合性全面研究的空白。其次，对晋东南晋语各方言语音、词汇和语法现象作全面、详细的描写和分析，不仅可以为以后做更深入的研究工作提供丰富、准确、翔实的方言资料，而且，通过对不同方言点语音差异的比较来研究语音的变化，进而对一些语音现象做出较为合理的解释，对于深入、全面地了解晋东南晋语语音的整体特点有十分重要的意义。最后，从整体上对晋东南晋语作全面、系统地研究对全面认识山西晋语的特点以及定位等问题也有非常重要的价值。

二　研究方法

（一）田野调查法

方言研究离不开方言调查，调查是方言研究的生命线，田野调查法是获取第一手方言材料的基本方法。如前所述，虽然目前已经出版了一些有关晋东南晋语的方言志，但在有些方言志中存在一些语音现象前后矛盾的情况，因此就必须重新对某些语音现象进行调查。而且，还有许多点的方言材料欠缺，当然也必须先调查。在调查过程中，所选择的发音合作人主要是60岁左右的当地人，而且，对调查中所遇到的一些比较特别的方言现象还找多人核对。本书所用的调查表有：中国社会科学院语言研究所编的《方言调查字表》，自制的《两字组连读变调调查表》《儿化变调调查表》《子尾变调调查表》《两字组轻声调查表》《儿化韵调查表》《z变韵调查表》《词汇调查表》《重要语法现象调查表》。

（二）描写法和比较法

在田野调查的基础上，本书把对晋东南晋语的语音、词汇和语法特点作较为全面、准确、详尽的描写作为文章的一个重要组成部分，因为对方言事实作客观、准确的描写是进行进一步研究的基础。比较法是语言研究的一种非常重要的方法，包括共时的比较和历时的比较。通过晋东南晋语各方言之间及其与晋语其他片方言和一些官话方言的共时比较，可以揭示出晋东南晋语各方言之间所存在的一致性和差异性，进而显现出各方言自身的特点以及晋东南晋语语音的整体特点。而且，一些语音现象在地理分布上的横向差异可以看作是其历史演变各层次的投影，因此，通过对一些语音现象共时平面上的描写和比较，总结归纳出其共时的读音类型，并与古音作历时的比较，力图从这些共时的读音类型在地理分布上的横向差异中，推断出其在时间上的演变过程，进而探寻出这些不同地域上的读音类型的历时发展脉络。

三　材料来源

关于晋东南晋语的材料来自两个方面：笔者亲自调查所得材料和已出版的有关方言志，其中，以笔者亲自调查的材料为主。

我们在选点调查的时候先以县市政府所在地为中心并以保留入声为原则来选择重点调查点[1]，共有16个，包括沁源、沁县、武乡、襄垣、黎城、平顺、潞城、长治、屯留、长子、长治县、壶关、陵川、高平、晋城[2]、阳城。我们先对上述16个重点方言作了全面的调查，调查的内容包括语音、词汇和语法。首先是对那些还没有方言志的各县市方言包括平顺、黎城、潞城、阳城进行调查，然后又对已出版了方言志的方言包括沁源、沁县、武乡、襄垣、长治、长治县、壶关、屯留、长子、高平、晋城和陵川进行相关调查项目的补充调查和对相关问题的核实，如果调查的材料与已出版的方言志中的材料有出入，则以此次调查所得的材料为准。

在重点调查的基础上，共确定了各县市中与城关方言语音差异较大的34个一般调查点，并设计出“语音专项调查表”对其进行调查。这34个一般调查点包括王和$_{\text{沁源}}$、景凤$_{\text{沁源}}$、涌泉$_{\text{武乡}}$、韩北$_{\text{武乡}}$、南涅水$_{\text{沁县}}$、新店$_{\text{沁县}}$、上马$_{\text{襄垣}}$、西营$_{\text{襄垣}}$、黄崖洞$_{\text{黎城}}$、东阳关$_{\text{黎城}}$、豆峪$_{\text{平顺}}$、上港$_{\text{平顺}}$、龙溪$_{\text{平顺}}$、辛安泉$_{\text{潞城}}$、店上$_{\text{潞城}}$、上村$_{\text{屯留}}$、宋村$_{\text{长子}}$、南常$_{\text{长子}}$、石哲$_{\text{长子}}$、琚村$_{\text{长子}}$、八义$_{\text{长治县}}$、荫城$_{\text{长治县}}$、百尺$_{\text{壶关}}$、树掌$_{\text{壶关}}$、礼义$_{\text{陵川}}$、西河底$_{\text{陵川}}$、水东$_{\text{泽州}}$、巴公$_{\text{泽州}}$、河西$_{\text{高平}}$、陈区$_{\text{高平}}$、古寨$_{\text{高平}}$、端氏$_{\text{沁水}}$、町店$_{\text{阳城}}$、北留$_{\text{阳城}}$。

行文中，如果是重点方言，则直接写其县市名称，如黎城，指黎城县城的城关话，如果是一般调查点的方言，则直接写调查点的名称，并在右下角标出其所在县市，如陈区$_{\text{高平}}$，指高平市陈区镇。

---

① 所选地点的名称不论是重点调查点还是一般调查点都以《山西省地图册》（2006年版）的行政区划为准。

② 1996年，将晋城市的郊区设为泽州县，而晋城市区和泽州县城关的方言差别很小，因此，我们在泽州县城关没有设重点调查点。

有关其他方言的材料都来自他人的研究成果，包括有关方言志、方言调查报告、历史文献和学术论文等（参见书末的参考文献）。

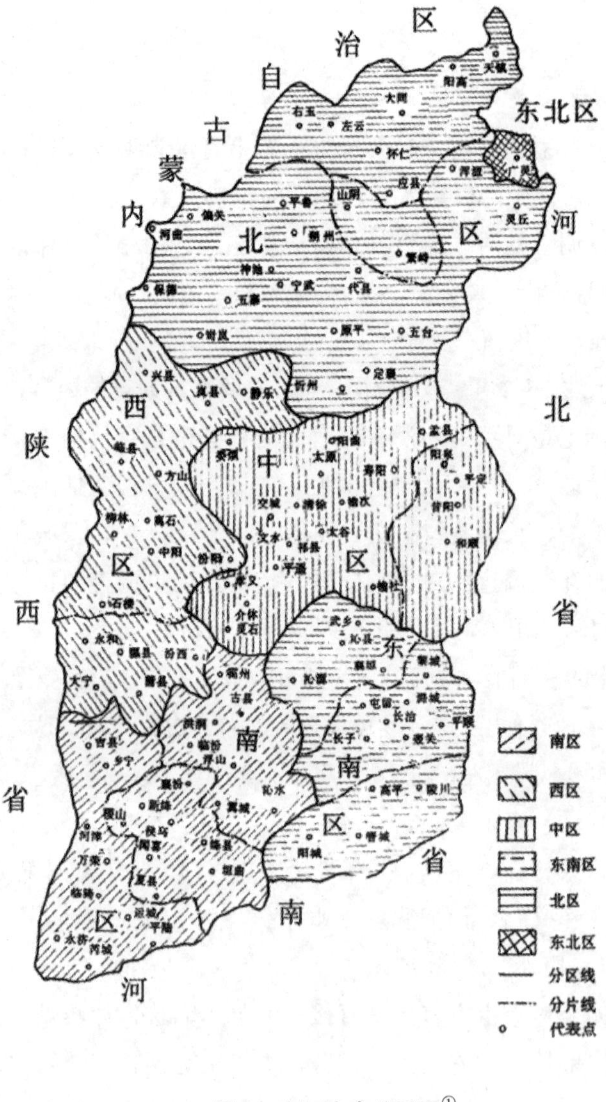

图 1　山西方言分区图[1]

---

① 该图是在《山西方言调查研究报告》（侯精一，温端政 1993）第 703 页的“山西省方言分区图”的基础上略做修改而成的。

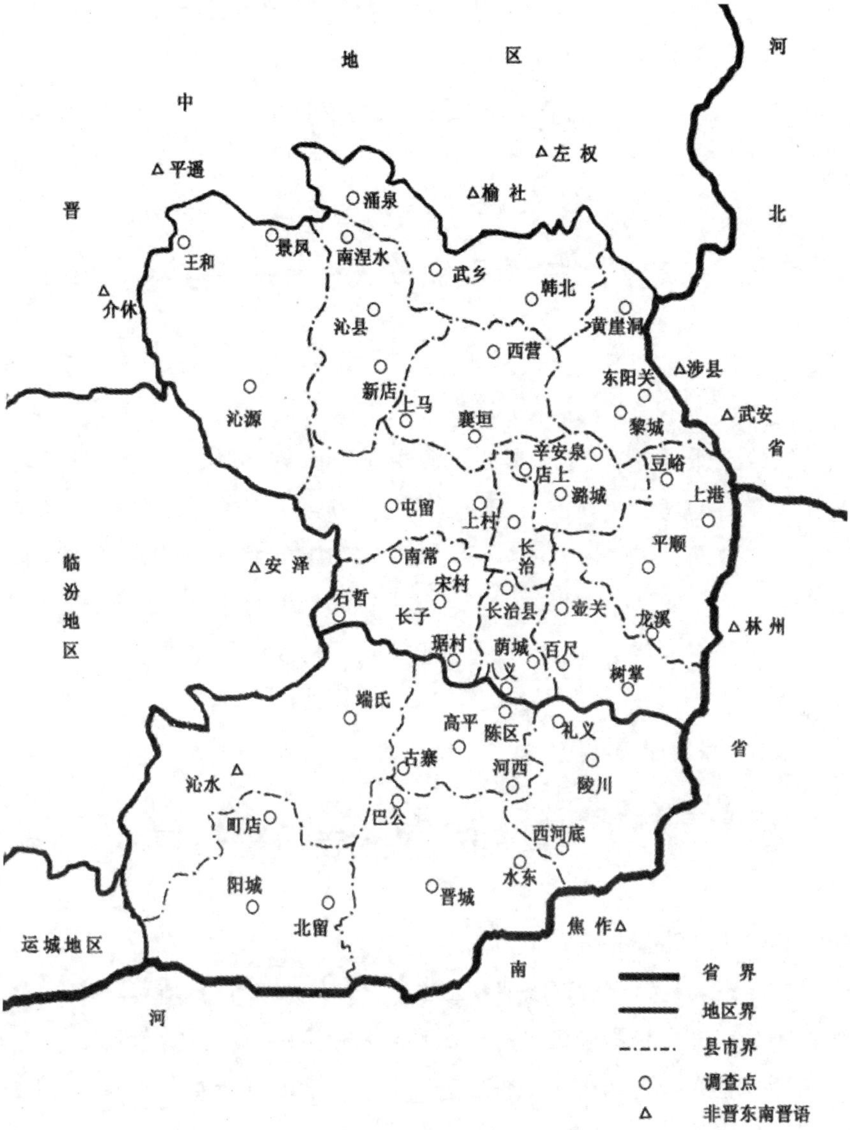
中
地　区
晋
河
北
左权
平遥
榆社
涌泉
王和
景风
南涅水
武乡
韩北
介休
沁县
黄崖洞
西营
涉县
新店
东阳关
沁源
上马
襄垣
黎城
武安
省
辛安泉
豆峪
店上
潞城
上港
屯留
上村
临汾地区
安泽
长治
平顺
南常
宋村
石哲
长子
长治县
壶关
龙溪
林州
琚村
荫城
百尺
八义
树掌
端氏
高平
陈区
礼义
省
古寨
河西
陵川
沁水
町店
巴公
西河底
水东
阳城
晋城
北留
焦作
运城地区
南
河
省界
地区界
县市界
调查点
非晋东南晋语

图 2　晋东南晋语分布图

第一章　声母

晋东南晋语中，中古全浊声母清化后，全浊塞音、塞擦音声母都按照平声送气、仄声不送气的规律进行分化，与共同语一致，中古帮组、非组声母（微母除外）的今读音及其古今演变规律也与共同语一致。除此之外，其他中古声母的读音及其古今演变规律在各方言中则多有差异，主要表现在以下几个方面：①尖团音的分混。②中古知庄章组声母的读音。③中古影疑母的读音。④中古微母的读音。⑤中古泥来母的分混。⑥中古日母的读音。由于晋东南晋语各方言声母的读音及其古今演变规律相同之处与共同语表现一致，因此，下面仅就各方言声母方面的上述主要差异及其相关问题分别作详细的描写和讨论。

第一节　尖团音

一　尖团音的分混

中古精组和见组声母在跟细音韵母[①]相拼时，在今北京话及许多方言中都混而不分，即所谓不分尖团；而在有些方言中两组声母仍然有别，即所谓分尖团。晋东南晋语中，是否分尖团并不一致，有些方言分尖团，有些方言不分尖团。

（一）不分尖团的方言及其读音

沁源、襄垣、黄崖洞黎城、东阳关黎城、豆峪平顺、上港平顺、辛安泉潞城、店

① 这里所说的“细音韵母”是指古代的三、四等韵以及跟见组声母相拼的开口二等韵。

上潞城、长治、上村屯留、屯留、宋村长子、南常长子、石哲长子、长子、琚村长子、长治县、荫城长治县、八义长治县、百尺壶关、礼义陵川、河西高平、端氏沁水、巴公泽州、水东泽州、晋城、北留阳城方言都不分尖团音，古精组细音字和见组细音字都读[tɕ tɕʻ ɕ]。以长治方言为例，如“精精”＝“经见”[tɕiŋ^{213}]、“秋清”＝“丘溪”[tɕʻiəu^{213}]、“全从”＝“权群”[tɕʻyaŋ^{24}]、“仙心”＝“掀晓”[ɕiaŋ^{213}]、“旋邪”＝“玄匣”[ɕyaŋ^{24}]。

在武乡、韩北武乡、沁县、新店沁县、上马襄垣、涌泉武乡、南涅水沁县、王和沁源、景凤沁源、西营襄垣方言中也不分尖团音，古精组和见组两组声母的细音字大部分都读[tɕ]组，但有一小部分字韵母为洪音而今声母读[ts]组，各方言的具体情况不完全一致。见表 1.1。

表 1.1　　北京话中部分今读[tɕ]组的精见组在武乡等方言中的读音情况

	蟹止摄开口三四等精见组①	咸山摄开口二三四等精见组	遇摄合口三等	山摄合口三四等精见组
武乡、韩北武乡②	[ts]组	[ts]组	[ts]组	[ts]组
沁县、新店沁县	[ts]组	[tɕ]组	[ts]组	[ts]组
上马襄垣	[tɕ]组	[ts]组	[tɕ]组	[ts]组
涌泉武乡、南涅水沁县 王和沁源、景凤沁源	[ts]组	[tɕ]组	[ts]组	[tɕ]组
西营襄垣	[ts]组	[tɕ]组	[tɕ]组	[tɕ]组

从表 1.1 可以看出，在武乡、韩北武乡方言中，蟹止摄开口三四等、遇摄合口三等、咸山摄开口二三四等非入声、山摄合口三四等非入声精组和见组都读[ts]组，以武乡方言为例，如“济精[tsɿ^{55}]、计见[tsɿ^{55}]、妻清[tsʻɿ^{113}]、欺溪[tsʻɿ^{113}]、齐从[tsʻɿ^{33}]、奇群[tsʻɿ^{33}]、西心[sɿ^{113}]、戏晓[sɿ^{55}]、聚从[tsɥ^{55}]、距群[tsɥ^{55}]、趋清[tsʻɥ^{113}]、驱溪[tsʻɥ^{113}]、须心[sɥ^{113}]、虚晓[sɥ^{113}]、践从[tsei^{55}]、件群[tsei^{55}]、钱从[tsʻei^{33}]、虔群[tsʻei^{33}]、先心[sei^{113}]、现匣[sei^{55}]、绢见[tsuei^{113}]、全从[tsʻuei^{33}]、权群[tsʻuei^{33}]、宣心[suei^{113}]、喧晓[suei^{113}]”。

① 不包括止摄开口三等精组，本节类似的表述与此同，不再说明。

② 武乡、韩北武乡和上马襄垣方言中咸山摄开口二三四等和山摄合口三四等精见组今读[ts]组的情况以及沁县、新店沁县方言中山摄合口三四等精见组今读[ts]组的情况均不包括其入声韵。

在沁县、新店沁县方言中，蟹止摄开口三四等、遇摄合口三等、山摄合口三四等非入声精组和见组都读[ts]组，以沁县方言为例，如“济精[tsɿ^{55}]、计见[tsɿ^{55}]、妻清[tsʻɿ^{213}]、欺溪[tsʻɿ^{213}]、齐从[tsʻɿ^{33}]、奇群[tsʻɿ^{33}]、西心[sɿ^{213}]、戏晓[sɿ^{55}]、聚从[tsʮ^{55}]、距群[tsʮ^{55}]、趋清[tsʻʮ^{213}]、驱溪[tsʻʮ^{213}]、须心[sʮ^{213}]、虚晓[sʮ^{213}]、全从[tsʻuei^{33}]、权群[tsʻuei^{33}]、宣心[suei^{213}]、喧晓[suei^{213}]”。

在上马襄垣方言中，咸山摄开口二三四等非入声、山摄合口三四等非入声精组和见组都读[ts]组，如“践从[tsei^{54}]、件群[tsei^{54}]、钱从[tsʻei^{31}]、虔群[tsʻei^{31}]、先心[sei^{33}]、现匣[sei^{54}]、绢见[tsuei^{33}]、全从[tsʻuei^{31}]、权群[tsʻuei^{31}]、宣心[suei^{33}]、喧晓[suei^{33}]”。

在涌泉武乡、南涅水沁县、王和沁源、景凤沁源方言中，蟹止摄开口三四等、遇摄合口三等精组和见组都读[ts]组，以涌泉武乡方言为例，如“济精[tsɿ^{54}]、计见[tsɿ^{54}]、妻清[tsʻɿ^{33}]、欺溪[tsʻɿ^{33}]、齐从[tsʻɿ^{33}]、奇群[tsʻɿ^{33}]、西心[sɿ^{33}]、戏晓[sɿ^{54}]、聚从[tsʮ^{54}]、距群[tsʮ^{54}]、趋清[tsʻʮ^{33}]、驱溪[tsʻʮ^{33}]、须心[sʮ^{33}]、虚晓[sʮ^{33}]”。

在西营襄垣方言中，蟹止摄开口三四等精组和见组都读[ts]组，如“济精[tsɿ^{54}]、计见[tsɿ^{54}]、妻清[tsʻɿ^{33}]、欺溪[tsʻɿ^{33}]、齐从[tsʻɿ^{21}]、奇群[tsʻɿ^{21}]、西心[sɿ^{33}]、戏晓[sɿ^{54}]”。

而且，在这些方言中，以上这些今读[ts]组声母的精见组字，其韵母都为洪音，关于此问题下文有专门的讨论。

（二）分尖团的方言及其读音

在晋东南晋语中，平顺、壶关、树掌壶关、高平、町店阳城、古寨高平、西河底陵川、潞城、黎城、龙溪平顺、陈区高平、陵川、阳城方言都分尖团音，其尖团音的读音类型有五种。见表 1.2。

表 1.2　　晋东南晋语分尖团方言尖团音的读音类型

类型	尖音	团音	方言点
平顺型	ts tsʻ s	c cʻ ç	平顺、壶关、树掌壶关
高平型	ts tsʻ s	c cʻ ç	高平
町店型	ts tsʻ s	tɕ tɕʻ ɕ	町店阳城、古寨高平、西河底陵川
潞城型	tʃ tʃʻ ʃ	tɕ tɕʻ ɕ	潞城
黎城型	tɕ tɕʻ ɕ	c cʻ ç	黎城、龙溪平顺、陈区高平、陵川、阳城

分尖团的方言尖团音读音举例（不计声调）：

	精精	经见	秋清	丘溪	全从	权群	仙心	掀晓	旋邪	玄匣
平顺	tsiŋ	ciŋ	tsʻiəu	cʻiəu	tsʻyæ̃	cʻyæ̃	siæ̃	çiæ̃	syæ̃	çyæ̃
壶关	tsiŋ	ciŋ	tsʻiəu	cʻiəu	tsʻyaŋ	cʻyaŋ	siaŋ	çiaŋ	syaŋ	çyaŋ
树掌壶关	tsiŋ	ciŋ	tsʻiou	cʻiou	tsʻyei	cʻyei	siei	çiei	syei	çyei
高平	tsiə̃ŋ	ciə̃ŋ	tsʻiʌu	cʻiʌu	tsʻiæ	cʻiæ	siæ	çiæ	siæ	ɕiæ
町店阳城	tsin	tɕin	tsʻiɔu	tɕʻiɔu	tsʻyæ	tɕʻyæ	siæ	ɕiæ	syæ	ɕyæ
古寨高平	tsin	tɕin	tsʻiɔu	tɕʻiɔu	tsʻiæ	tɕʻiæ	siæ	ɕiæ	siæ	ɕiæ
西河底陵川	tsin	tɕin	tsʻiʌu	tɕʻiʌu	tsʻyæ	tɕʻyæ	siæ	ɕiæ	syæ	ɕyæ
潞城	tʃiŋ	tɕiŋ	tʃʻiəu	tɕʻiəu	tʃʻyæ̃	tɕʻyæ̃	ʃiæ̃	ɕiæ̃	ʃyæ̃	ɕyæ̃
黎城	tɕiŋ	ciŋ	tɕʻiəu	cʻiəu	tɕʻyᴇ	cʻyᴇ	ɕiᴇ	çiᴇ	ɕyᴇ	çyᴇ
龙溪平顺	tɕiŋ	ciŋ	tɕʻiou	cʻiou	tɕʻyᴇ̃	cʻyᴇ̃	ɕiᴇ̃	çiᴇ̃	ɕyᴇ̃	çyᴇ̃
陈区高平	tɕiŋ	ciŋ	tɕʻiou	cʻiou	tɕʻyæ	cʻyæ	ɕiæ	çiæ	ɕyæ	çyæ
陵川	tɕiŋ	ciŋ	tɕʻiəu	cʻiəu	tɕʻyə̃n	cʻyə̃n	ɕiə̃n	çiə̃n	ɕyə̃n	çyə̃n
阳城	tɕiə̃n	ciə̃n	tɕʻiɐu	cʻiɐu	tɕʻye	cʻye	ɕie	çie	ɕye	çye

据田希诚先生（1990），在中原官话汾河片和山西晋语其他片方言中，绝大多数方言都已不分尖团音，精组和见组细音字都读[tɕ]组，只在吕梁片的临县、汾西、蒲县①，并州片的平遥、介休、大包片的阳泉、平定、昔阳、和顺、左权，汾河片的临汾、洪洞、浮山、襄汾、河津，万荣方言的一小部分字中存在分尖团的现象。各方言尖团音的读音情况分别如下：

在吕梁片的临县方言中，精组字和见组字在合口三四等前都读[tɕ tɕʻ ɕ]，只在开口三四等（还包括跟见组相拼的开口二等）前有分别，精组字读[ts tsʻ s]，见组字读[tɕ tɕʻ ɕ]，其中，大部分精组字韵母为细音，只有蟹止摄开口三四等和梗摄开口三四等精组字韵母为洪音，如“挤精[tsei^{312}]≠几见[tɕi^{312}]”“齐从[tsʻei^{44}]≠旗群[tɕʻi^{44}]”“洗心[sei^{312}]≠喜晓[ɕi^{312}]”“井精[tsei^{312}]≠

① 《中国语言地图集》（中国社会科学院，澳大利亚人文科学院　1987/1989）中，汾西和蒲县方言属于中原官话汾河片。《山西方言调查研究报告》（侯精一，温端政　1993）和《晋语的分区（稿）》（沈明　2006）中，其属于晋语吕梁片，本书从后者。

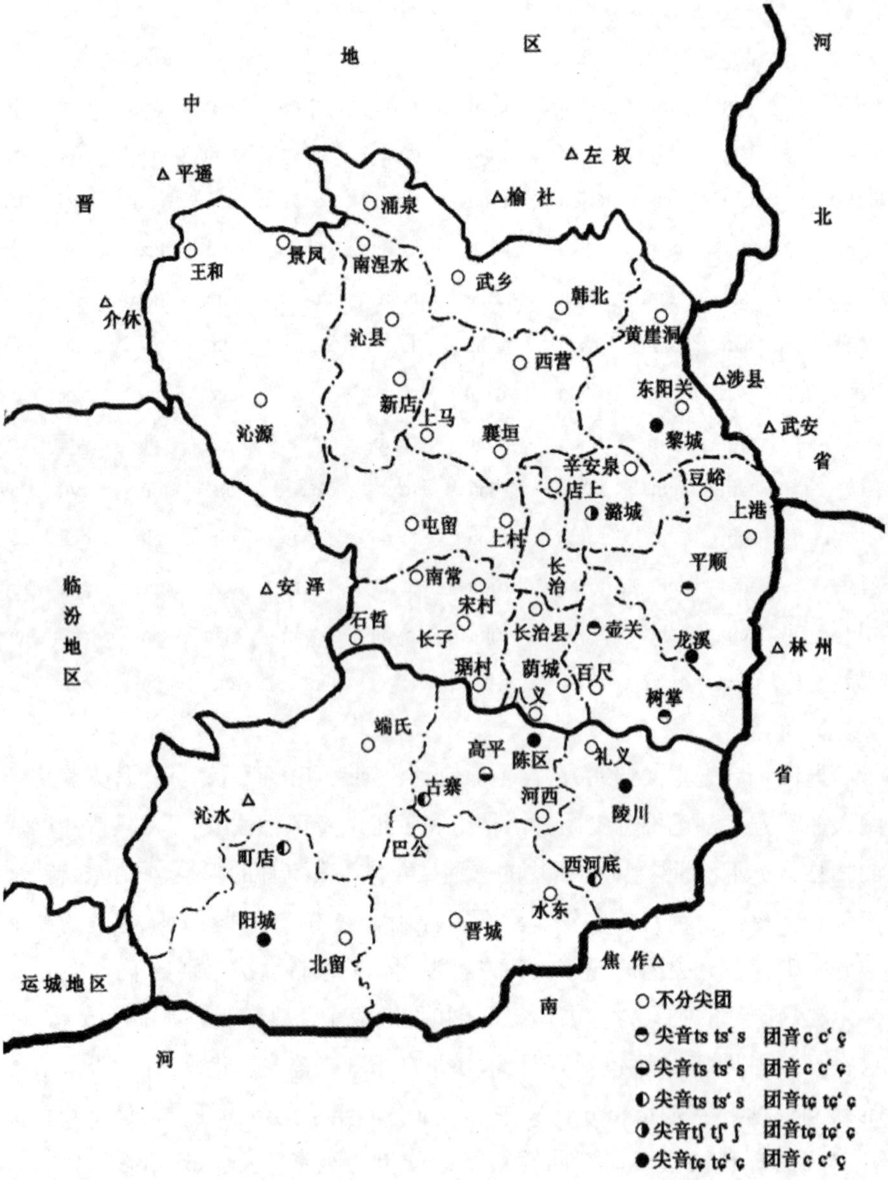

图 3　晋东南晋语尖团音分混情况分布图

景见[tɕi^{312}]”“尖精[tsie^{24}] ≠肩见[tɕie^{24}]”“姐精[tsia^{312}]≠假见[tɕia^{312}]”“疾从[tsiəʔ^{24}]≠急群[tɕiəʔ^{24}]”“秋清[tsʻiəu^{24}]≠丘溪[tɕʻiəu^{24}]”“千清[tsʻie^{24}]≠铅溪[tɕʻie^{24}]”“墙从[tsʻiɒ^{44}]≠强群[tɕʻiɒ^{44}]”“斜邪[sia^{44}]≠霞匣[ɕia^{44}]”“小心[siɔu^{312}]≠晓晓[ɕiɔu^{312}]”“锡心[siəʔ^{44}]≠吸晓[ɕiəʔ^{44}]”。

在并州片的平遥、介休方言的文读系统中已不分尖团，精见组细音字都读[tɕ tɕʻ ɕ]，白读系统中精组字和见组字在绝大部分细音韵母前也都读[tɕ tɕʻ ɕ]，只在蟹止摄开口三四等和梗摄开口三四等前有区别，精组字读[ts tsʻ s]，并且韵母为洪音，见组字读[tɕ tɕʻ ɕ]，韵母为细音，以介休方言为例，如“齐从[tsei^{13}]≠骑群[tɕi^{13}]” “妻清[tsʻei^{13}]≠欺溪[tɕʻi^{13}]”“洗心[sei^{523}]≠喜晓[ɕi^{523}]”“井精[tsei^{523}]≠颈见[tɕi^{523}]”“清清[tsʻei^{13}]≠轻溪[tɕʻi^{13}]”“星心[sei^{13}]≠稀晓[ɕi^{13}]”。此外，在介休方言中，精组字和见组字在遇摄合口三等前也有区别，如“聚从[tsuei^{45}]≠拒群[tɕy^{45}]”“须心[suei^{13}]≠虚晓[ɕy^{13}]”。

在大包片的阳泉、平定、昔阳、和顺、左权方言中，精组字和见组字在绝大部分细音韵母前都读[tɕ tɕʻ ɕ]，只在山摄合口三四等非入声前有区别，精组字读[tsʻ s]①，并且韵母为洪音，见组字读[tɕ tɕʻ ɕ]，韵母为细音，以平定方言为例，如“全从[tsʻuæ^{313}]≠权群[tɕʻyæ^{313}]”“旋邪[suæ^{313}]≠玄匣[ɕyæ^{313}]”。

在吕梁片的蒲县、汾西和汾河片的临汾、洪洞、襄汾与浮山方言的文读系统中已不分尖团，精见组细音字都读[tɕ tɕʻ ɕ]，白读系统中精组字和见组字在绝大部分细音韵母前也都读[tɕ tɕʻ ɕ]，只在今齐齿呼韵母前精组字读[tɕ tɕʻ ɕ]，见组字读[t tʻ ɕ]，以临汾方言为例，如“挤精[tɕi^{51}]≠己见[ti^{51}]”“千清[tɕʻiæ̃^{21}]≠牵溪[tʻiæ̃^{21}]”“进精[tɕiẽ^{55}]≠劲见[tiẽ^{55}]”“墙从[tɕʻiɑŋ^{13}]≠强群[tʻiɑŋ^{13}]”“小心＝晓晓[ɕiau^{51}]”。

在汾河片的河津和万荣方言的文读系统中已不分尖团，精见组细音字都读[tɕ tɕʻ ɕ]，白读系统中精组和见组字在绝大部分细音韵母前也都读[tɕ tɕʻ ɕ]，只在中古三四等韵前精组字读[tɕ tɕʻ ɕ]，见组字读[tʂ tʂʻ ɕ]，以万荣方言为例，如“挤精[tɕi^{55}]≠己见[tʂʅ^{55}]”“千清[tɕʻiæ^{51}]≠牵溪[tʂʻæ^{51}]”“进精[tɕiə̃^{33}]≠劲见[tʂə̃^{33}]”“墙从[tɕʻiʌŋ^{24}]≠强群[tʂʻʌŋ^{24}]”“小心＝晓晓[ɕiau^{55}]”。

---

① 在这些方言中，山摄合口三等精组没有今读不送气塞擦音[ts]的字。

总之，比较晋东南晋语和山西晋语其他片、中原官话汾河片分尖团方言中尖团音的读音，可以看出，在山西方言中，晋东南晋语可以说是分尖团比较集中并且读音种类较多的方言。

二 尖团音分混的历史层次

古精组声母和见组声母为发音部位不同的两组声母，因此，不分尖团是后起的变化。除此之外，晋东南晋语中还有几个问题需要研究。

（一）关于分尖团方言的时间层次

据研究，古精组声母读舌尖音[ts ts‘ dz s z]，见组声母读舌根音[k k‘ g ŋ ɣ x]，因此，在晋东南晋语分尖团的平顺型和高平型方言中精组读[ts ts‘ s]，见组读[c c‘ ç]或[c c‘ ɕ]，其中，精组可以说仍保留古音未变，而见组虽然已经不读舌根音，但发音部位仍然较之舌面前音要靠后，并且还保留着塞音的读法，这应该是代表了团音字变化的较早时期的状况，“还保留着五代时期见组初现腭化端倪的方音特征”[①]。这种类型在山西晋语的其他地区没有发现，说明晋东南晋语在这个方面比山西晋语其他片方言保留了更古老的面貌。

町店型方言中精组读[ts ts‘ s]，见组读[tɕ tɕ‘ ɕ]，与平顺型和高平型方言相比，尽管精组字声母未变，但其见组腭化的速度显然要快。

潞城型方言中精组读[tʃ tʃ‘ ʃ]，见组读[tɕ tɕ‘ ɕ]，表现出不仅见组细音字已经腭化为舌面前音，而且精组细音字也已经开始变化。

以上四型方言，尽管尖音和团音的腭化程度有所不同，但都表现出一个共同的特征，就是团音字的腭化要快于尖音字。它们可以排成一个发展的序列，即：平顺型、高平型→町店型→潞城型。

而在黎城型方言中精组读[tɕ tɕ‘ ɕ]，见组读[c c‘ ç]，很显然，在腭化的道路上，精组腭化的速度要大大快于见组。与上述四型方言相比，黎城型中见组字的腭化还处于第一阶段（平顺型），而精组字的腭化已经越过潞城型而与不分尖团的方言相同了，可以图示如下：

见组：　*k k‘ x ⟶ c c‘ ç ⟶ c c‘ ɕ ⟶ tɕ tɕ‘ ɕ

平顺型、黎城型 → 高平型 → 潞城型、町店型

---

① 乔全生：《现代晋方言与唐五代西北方言的亲缘关系》，《中国语文》2004 年第 3 期。

精组：　ts tsʻ s ⟶ tʃ tʃʻ ʃ ⟶ tɕ tɕʻ ɕ

平顺型、高平型、町店型 → 潞城型 → 黎城型

总之，晋东南晋语分尖团的方言从大类上讲可以分为两种类型：一类是见组腭化速度快于精组，即平顺型、高平型、町店型和潞城型。一类是精组腭化速度快于见组，即黎城型。由此看来，在精、见组腭化孰先孰后的问题上，在这些分尖团的方言中没有统一的演变模式。丁邦新先生（1998）认为，“以一般的印象而言，在官话方言之中，见系的腭化远较精系为普遍，也许见系的演变比较早”[①]。在晋东南晋语分尖团的方言中，精、见组在平顺型、高平型、町店型和潞城型方言中的腭化情况基本符合这一结论，但在黎城型方言中的腭化情况则与官话方言相反。

（二）关于高平方言擦音与塞音变化的不一致

在晋东南晋语的高平方言中，见组在细音韵母前读[c cʻ ɕ]，其中擦音读[ɕ]，与不送气塞音[c]、送气塞音[cʻ]的变化不一致，即擦音先于塞音腭化为舌面擦音，我们认为这可能是见组在腭化的道路上由舌根音向舌面音发展的过渡现象。如前所述，在临汾、洪洞、浮山、襄汾、蒲县和汾西方言中，一小部分见组字读[t tʻ ɕ]，在万荣和河津方言中，一小部分见组字读[tʂ tʂʻ ɕ]。（其具体情况可参见前文，不赘）可见，在这些方言中，在见组腭化的道路上擦音与塞音的变化也不一致。关于这些方言中一部分见组字读[t tʻ]或[tʂ tʂʻ]，我们认为其并不是由舌根音[k kʻ]直接演变过来的，因为在这些方言中，一部分见组细音字在演变为[t tʻ]或[tʂ tʂʻ]的过程中，其擦音并没有跟着一起变为相应的舌尖擦音，而是读为与舌面塞擦音相对应的舌面擦音[ɕ]，因此，其是“先腭化演变为舌面前音[tɕ]以后，又继续向前腭化演变的结果，这种演变方式，我们称其为‘腭化后的超前演变’”[②]。虽然目前对于产生这些现象的原因尚不清楚，还有待挖掘更多的材料，但是这些方言事实毕竟是客观存在的，比较这些方言现象，我们可以看出在见组腭化的道路上，塞音和擦音在有些方言中并不是同时发生腭化的，有的方言中是擦音先变，如高平等，有的方言中是塞音先变，如临汾等。

---

① 丁邦新：《丁邦新语言学论文集》，商务印书馆 1998 年版，第 225 页。
② 乔全生：《晋语与官话非同步发展（一）》，《方言》2003 年第 2 期。

（三）关于武乡等方言中精见组后细音韵母变洪音

如前所述，晋东南晋语的武乡等方言中，古精组和见组两组声母的细音字大部分都读[tɕ]组，但有一小部分字韵母为洪音而今声母读[ts]组。那么，这种精见组后细音韵母变洪音并且声母读[ts]组的现象到底是由于韵母变为洪音后而引起的声母的变化，还是由于声母变为[ts]组后而引起的韵母的变化呢？也就是说，这种现象是韵母变化在先，还是声母变化在先呢？

武乡等方言中，在蟹止摄开口三四等和遇摄合口三等前精见组读[ts]组，其韵母分别读洪音[ɿ]和[ʮ]，我们认为这是韵母的变化而使声母发生变化的现象。因为在北京话中来源于蟹止摄开口三四等的[i]韵母和来源于遇摄合口三等的[y]韵母在武乡等方言中不仅在精见组声母后发生了舌尖化，而且在别的声母如帮组、端组、泥组后也发生了舌尖化（具体情况可参见第二章第一节的“[i][y]韵母的舌尖化现象”部分，此不赘述）。换言之，[i][y]韵母变为洪音[ɿ][ʮ]韵母的条件并非精见组声母。由此可见，并不是由于精见组声母的变化而引起韵母发生变化，而是恰恰相反，由于[i][y]韵母的舌尖化而导致了声母变为舌尖音。

武乡、韩北武乡、上马襄垣方言中，在咸山摄开口二三四等非入声和山摄合口三四等非入声前精见组读[ts]组，其韵母分别为洪音[ei]和[uei]，沁县、新店沁县方言中，在山摄合口三四等非入声前精见组读[ts]组，韵母为洪音[uei]。我们认为这同样也是由于韵母的变化而导致了声母发生变化。因为咸山摄开口二三四等非入声在武乡、韩北武乡、上马襄垣方言中今读[ei]韵母，并不只是在精见组声母后如此，而且在别的声母如帮组、端组、泥组声母后也都是如此，以韩北武乡方言为例，如“边帮[pei^{33}]、篇滂[pʻei^{33}]、辫並[pei^{55}]、棉明[mei^{112}]、点端[tei^{213}]、天透[tʻei^{33}]、田定[tʻei^{112}]、年泥[nei^{112}]、镰来[lei^{112}]”。而山摄合口三四等非入声在武乡、韩北武乡、上马襄垣、沁县、新店沁县方言中今读韵母为[uei]，也并不只是在精见组声母后如此，在影组声母后也是如此，仍以韩北武乡方言为例，如“怨影[zuei^{55}]、渊影[zuei^{33}]、圆云[zuei^{112}]、远云[zuei^{213}]、缘以[zuei^{112}]”。

通过以上的讨论，我们也可以看出武乡等方言中精见组后细音韵母变洪音并且声母读[ts]组的现象当是精见组合流为[tɕ]组之后的变化，因此，与长治等方言精见组在细音韵母前都读[tɕ]组的情况相比，当属后起的变化。

第二节 中古知庄章组声母

中古知庄章组声母在汉语方言中的历史演变一直是汉语声母研究中的重要问题。无论是中古知庄章组声母自身的分合演变，还是与其他声母之间的分合变迁，都反映了中古知庄章组声母在历史演变过程中的复杂性，而各地方言的不同演变方式则体现出不同的个性。

从音类的角度看，晋东南晋语不仅有中古知庄章组合并为一的方言，也有中古知庄章组二分的方言；有些方言中古知庄章组声母或独立为一类，或分为两类，但都不与其他声母合并，但有些方言则与精、见组声母有不同程度的分合关系，从而造成声母关系更为复杂的一面。从音值的角度来讲，晋东南晋语中古知庄章组声母表现为发音部位的多样性，包括舌尖前音、舌叶音、舌尖后音以及舌面前音等。因此，研究晋东南晋语中古知庄章组声母的历史演变轨迹，不仅能揭示其方言声母特色，而且对汉语史的研究也有非常重要的价值。

一 中古知庄章组声母的今读类型及其与精见组的分混

（一）今读类型

根据中古知庄章组声母在晋东南晋语中的音类分合关系，中古知庄章组大致可分为合一型和二分型两大类。

合一型的方言中，中古知庄章组声母音类上合为一类，其音值在各方言中有三种，分别为：①都读为[tʂ]组，包括阳城、町店阳城、高平、河西高平、古寨高平、陈区高平、晋城、水东泽州、巴公泽州。②都读为[ts]组，包括南涅水沁县、黄崖洞黎城、西营襄垣、上马襄垣、襄垣、长治、屯留、宋村长子、南常长子、石哲长子、长子、琚村长子、端氏沁水、西河底陵川。③都读为[tʃ]组，只有北留阳城。而且，在这些方言中，中古知庄章组字的韵母都为洪音。下面我们分别以阳城、长治、北留阳城方言为例举例说明。

中古知庄章组字在以上方言中的读音举例[①]：

① 例字下面对应的是该字的中古音韵地位及其现代读音（不计声调），本书其他部分的类似情况也是如此，不再特别说明。

	支	知	沙	巢	抽
	止开三	止开三	假开二	效开二	流开三
	平支章	平支知	平麻生	平肴崇	平尤彻
阳城	tʂʅ	tʂʅ	ʂɑ	tʂʻo	tʂʻɐu
长治	tsɿ	tsɿ	sɑ	tsʻɔ	tsʻəu
北留阳城	tʃʅ	tʃʅ	ʃɒ	tʃʻɐu	tʃʻou

	真	石	追	说	刷
	臻开三	梗开三	止合三	山合三	山合二
	平真章	入昔禅	平脂知	入薛书	入鎋生
阳城	tʂə̃n	ʂəʔ	tʂuæ	ʂuʌʔ	ʂuʌʔ
长治	tsəŋ	səʔ	tsuei	suəʔ	suɑʔ
北留阳城	tʃəŋ	ʃəʔ	tʃɛi	ʃuᴀʔ	ʃuᴀʔ

二分型的方言中，中古知庄章组今都读为两套声母。分布在沁源、王和沁源、景凤沁源、涌泉武乡、武乡、韩北武乡、沁县、新店沁县、东阳关黎城、黎城、辛安泉潞城、店上潞城、潞城、豆峪平顺、上港平顺、平顺、龙溪平顺、壶关、树掌壶关、百尺壶关、陵川、礼义陵川、八义长治县、荫城长治县、长治县、上村屯留26个方言中。中古知庄章组声母在这些方言中今读音的具体情况不尽一致，下面我们分别对其进行讨论。

1. 庄组声母在二分型方言中的读音

庄组声母在二分型方言中的读音有两种情况：一种是沁源型，庄组的读音因等呼摄的不同而不尽一致，仅分布在沁源。一种是黎城型，不论等呼摄，所有庄组声母的读音都相同，分布在除沁源外的其他方言中。见表 1. 3。

表 1. 3　　**庄组在二分型方言中的读音情况**

类型	分化条件	读音	方言点
沁源型	流宕摄开口三等、江摄开口二等庄组为一类，其余韵摄庄组为一类	[tʂ]组①/[ts]组	沁源

① 流宕摄开口三等庄组、江摄开口二等庄组今读[tʂ]组。

续表

类型	分化条件	读音	方言点
黎城型	庄组不论等呼摄读音完全相同	[ts]组	黎城、东阳关黎城、韩北武乡、武乡、涌泉武乡、景凤沁源、王和沁源、沁县、新店沁县、上村屯留、店上潞城、潞城、辛安泉潞城、豆峪平顺、上港平顺、平顺、龙溪平顺、长治县、荫城长治县、八义长治县
		[tʂ]组	壶关、百尺壶关、礼义陵川、陵川
		[tʃ]组	树掌壶关

下面我们分别以沁源、长治县、陵川、树掌壶关方言为例举例说明。

中古庄组字在以上方言中的读音举例：

	沙	柴	抄	斩	插	山	杀
	假开二	蟹开二	效开二	咸开二	咸开二	山开二	山开二
	平麻生	平佳崇	平肴初	上豏庄	入洽初	平山生	入黠生
沁源	sɑ	tsʻɛi	tsʻɔ	tsæ	tsʻaʔ	sæ	saʔ
长治县	sɑ	tsʻæ	tsʻɔ	tsɑŋ	tsʻɑʔ	sɑŋ	sɑʔ
陵川	ʂA	tʂʻAi	tʂʻɑo	tʂAn	tʂʻʌʔ	ʂAn	ʂʌʔ
树掌壶关	ʃɒ	tʃʻai	tʃʻɑo	tʃɒ	tʃʻʌʔ	ʃɒ	ʃʌʔ

	窗	捉	争	责	师	愁	渗
	江开二	江开二	梗开二	梗开二	止开三	流开三	深开三
	平江初	入觉庄	平耕庄	入麦庄	平脂生	平尤崇	去沁生
沁源	tʂʻuə	tʂuaʔ	tsə̃	tsaʔ	sɿ	tʂʻei	sə̃
长治县	tsʻuɑŋ	tsuəʔ	tsəŋ	tsəʔ	sɿ	tsʻəu	səŋ
陵川	tʂʻuɑŋ	tʂuʌʔ	tʂə̃n	tʂʌʔ	ʂʅ	tʂʻəu	ʂə̃n
树掌壶关	tʃʻuɑŋ	tʃuʌʔ	tʃəŋ	tʃʌʔ	ʃʅ	tʃʻou	ʃei

	涩	衬	虱	庄	色	耍	拽
	深开三	臻开三	臻开三	宕开三	曾开三	假合二	蟹合二
	入缉生	去震初	入栉生	平阳庄	入职生	上马生	去怪崇
沁源	səʔ	ts‘ə̃	səʔ	tʂuə	səʔ	suɑ	tsuɛi
长治县	səʔ	ts‘əŋ	səʔ	tsuɑŋ	səʔ	suɑ	tsuæ
陵川	ʂəʔ	tʂ‘ə̃n	ʂəʔ	tʂuɑŋ	ʂəʔ	ʂuᴀ	tʂuᴀi
树掌壶关	ʃəʔ	tʃ‘ei	ʃəʔ	tʃuɑŋ	ʃəʔ	ʃuɒ	tʃuɑi

	闩	刷	初	摔	率率领	崇	缩
	山合二	山合二	遇合三	止合三	臻合三	通合三	通合三
	平删生	入鎋生	平鱼初	平脂生	入术生	平东崇	入屋生
沁源	suæ	suaʔ	ts‘ei	suɛi	suɛi	ts‘uə̃	suəʔ
长治县	suɑŋ	suɑʔ	ts‘uo	suæ	suæ	ts‘uŋ	suəʔ
陵川	ʂuᴀn	ʂuʌʔ	tʂ‘u	ʂuᴀi	ʂuᴀi	tʂ‘uŋ	ʂuəʔ
树掌壶关	ʃuɒ	ʃuʌʔ	tʃ‘uo	ʃuɑi	ʃuɑi	tʃ‘uŋ	ʃuəʔ

2. 知组和章组声母在二分型方言中的读音

中古知组有开口二等、开口三等和合口三等，中古章组有开口三等和合口三等。其中，开口三等知组与除止摄开口三等章组外的其他开口三等章组的读音基本一致，合口三等知组和合口三等章组的读音一致。为了便于讨论，我们将开口三等知组和开口三等章组合称为开口三等知章组，将合口三等知组和合口三等章组合称为合口三等知章组。下面分别对其在二分型方言中的读音情况进行考察。

（1）开口二等知组在二分型方言中的读音

在二分型方言中，开口二等知组的读音有两种情况：一种是沁源型，其特点是江摄开口二等知组读[tʂ]组，其余各韵摄开口二等知组都读[ts]组，仅分布在沁源。另一种是黎城型，其特点是各韵摄开口二等知组的读音一致，分布在除沁源外的其他方言中。具体情况见表 1.4。比较庄组和开口二等知组在二分型方言中的读音，可以看出，开口二等知组的读音与庄组的读音一致，为了便于讨论，我们将开口二等知组和庄组合称为知二庄组。

表 1.4　　中古开口二等知组在二分型方言中的读音情况

类型	分化条件	读音	方言点
沁源型	江摄为一类，其他韵摄开口二等知组为一类	[tʂ]组/[ts]组	沁源
黎城型	各韵摄开口二等知组的读音相同	[ts]组	黎城、东阳关黎城、韩北武乡、武乡、涌泉武乡、景凤沁源、王和沁源、沁县、新店沁县、上村屯留、店上潞城、潞城、辛安泉潞城、豆峪平顺、上港平顺、平顺、龙溪平顺、长治县、荫城长治县、八义长治县
		[tʂ]组	壶关、百尺壶关、礼义陵川、陵川
		[tʃ]组	树掌壶关

下面我们分别以沁源、长治县、陵川、树掌壶关方言为例举例说明。

中古开口二等知组字在以上方言中的读音举例：

	茶	罩	站	劄	绽
	假开二	效开二	咸开二	咸开二	山开二
	平麻澄	去效知	去陷知	入洽知	去裥澄
沁源	ts‘ɑ	tsɔ	tsæ	tsaʔ	tsæ
长治县	ts‘ɑ	tsɔ	tsɑŋ	tsɑʔ	tsɑŋ
陵川	tʂ‘ᴀ	tʂɑo	tʂᴀn	tʂʌʔ	tʂᴀn
树掌壶关	tʃ‘ɒ	tʃɑo	tʃɒ	tʃʌʔ	tʃɒ

	撞	桌	撑	摘	泽
	江开二	江开二	梗开二	梗开二	梗开二
	去绛澄	入觉知	平庚彻	入麦知	入陌澄
沁源	tʂuə	tʂuaʔ	ts‘ɔ̃	tsaʔ	tsəʔ
长治县	tsuɑŋ	tsuəʔ	ts‘əŋ	tsəʔ	tsəʔ
陵川	tʂuɑŋ	tʂuʌʔ	tʂ‘əŋ	tʂʌʔ	tʂəʔ
树掌壶关	tʃuɒ	tʃuʌʔ	tʃ‘əŋ	tʃʌʔ	tʃəʔ

（2）开口三等知章组在二分型方言中的读音

开口三等知章组在二分型各方言中的读音不尽一致。根据开口三等知章组在二分型各方言中具体的分化条件，可以将其读音分为九种情况。见表 1.5。

表 1.5　**开口三等知章组在二分型方言中的读音情况①**

（表中在[tʃ]声母后加[i]，表示此处韵母为齐齿呼。）

类型	分化条件	读音	方言点
店上型	开口三等知组与章组读音相同	[ts]组	店上潞城、上村屯留
沁县型	假摄开口三等章组为一类，其余为一类	[tɕ]组/[ts]组	涌泉武乡、武乡、韩北武乡、沁县、新店沁县
百尺型	假摄章组、止摄知组为一类，其余为一类	[tɕ]组/[tʂ]组	百尺壶关
东阳关型	假摄章组、蟹摄知章组、止摄知组为一类，其余为一类	[tɕ]组/[ts]组	东阳关黎城
壶关型	假摄章组、蟹摄知章组、止摄知组、各韵摄知三章组入声为一类，其余为一类	[tɕ]组/[tʂ]组	陵川
		[tɕ]组/[ts]组	长治县、荫城长治县 八义长治县、龙溪平顺
		[tɕ]组/[tʃ]组	树掌壶关
		[tʃi]组/[tʂ]组	壶关
礼义型	止摄知组、假摄章组、各韵摄知三章组入声为一类，其余为一类	[tɕ]组/[tʂ]组	礼义陵川
平顺型	蟹深臻摄知三章组、止摄知组、假摄章组、咸山宕曾梗摄知三章组入声为一类，其余为一类	[tɕ]组/[ts]组	平顺、豆峪平顺
潞城型	各韵摄知三组、非止摄章组为一类，止摄章组为一类	[tɕ]组/[ts]组	潞城、辛安泉潞城、黎城、上港平顺
沁源型		[tʂ]组/[ts]组	沁源、王和沁源、景凤沁源

注：表中的“分化条件”和“读音”两列中的内容是有对应关系的。在“分化条件”中，前一类对应“读音”这一列中“/”之前的读音，后一类对应“读音”这一列中“/”之后的读音。比如，在沁县型中，“分化条件”是“假摄开口三等章组为一类，其余为一类”，“读音”是“[tɕ]组/[ts]组”，那么，就说明假摄开口三等章组的读音是[tɕ]组，其余韵摄的读音是[ts]组。表 1.6 与此同，不再说明。

从表 1.5 可以看出，在店上潞城、上村屯留方言中，中古开口三等知章组的

① 假摄开口三等知组字“爹”在各方言中今都读为[t]声母，本节讨论不包括此字。

读音与知二庄组相同，也就是说，其开口知庄章组已合并为一，而在别的方言中都只是一部分古开口三等知章组声母与知二庄组读音相同，换言之，其古开口三等知章组与知二庄组尚未完全合并。

而且，从表 1.5 所显示的古开口三等知章组在各方言中的分化条件及其读音可以看出，沁源型和店上型方言中，古开口三等知章组都读韵母为洪音的舌尖音，可见，古开口三等知章组的[i]介音在这些方言中已经消失，而在其余各类型方言中都不同程度地存在着古开口三等知章组今读舌面音（或舌叶音）并且韵母为细音的情况，可见，古开口三等知章组的[i]介音在这些方言中都不同程度地保留着。我们可以通过古开口三等知章组在以上各类型方言中今读韵母为细音的舌面音（或舌叶音）的来源韵摄的多少来判断古开口三等知章组的[i]介音在各类型方言中的保留程度。从古开口三等知章组在各类型方言中的分化条件及其读音可以看出，潞城型方言中古开口三等知章组今读舌面音的来源韵摄最多，其次依次是平顺型、壶关型、礼义型、东阳关型、百尺型、沁县型，沁源型和店上型中古开口三等知章组不读舌面音，据此，古开口三等知章组的[i]介音在各类型方言中的保留程度从高到低依次是：潞城型→平顺型→壶关型→礼义型→东阳关型→百尺型→沁县型→店上型、沁源型。

下面我们分别以店上潞城、沁县、百尺壶关、东阳关黎城、陵川、长治县、荫城长治县、树掌壶关、壶关、礼义陵川、豆峪平顺、潞城、沁源方言为例举例说明。

中古开口三等知章组字在以上方言中的读音举例：

	滞 蟹开三 去祭澄	知 止开三 平支知	超 效开三 平宵彻	抽 流开三 平尤彻	沾 咸开三 平盐知	沉 深开三 平侵澄	蛰 深开三 入缉澄
店上潞城	tsʅ	tsʅ	tsʻɑo	tsʻou	tsɑn	tsʻən	tsəʔ
沁县	tsʅ	tsʅ	tsʻɔ	tsʻəu	tsan	tsʻəŋ	tsəʔ
百尺壶关	tʂʅ	tɕi	tʂʻɑo	tʂʻou	tʂɑn	tʂʻən	tʂəʔ
东阳关黎城	tɕi	tɕi	tsʻɑo	tsʻou	tsæ	tsʻei	tsəʔ
陵川	tɕi	tɕi	tʂʻɑo	tʂʻəu	tʂʌn	tʂʻə̃n	tɕieʔ
长治县	tɕi	tɕi	tsʻɔ	tsʻəu	tsɑŋ	tsʻəŋ	tɕiəʔ

荫城长治县	tɕi	tɕi	tsʻɔ	tsʻou	tsɑn	tsʻən	tɕiəʔ
树掌壶关	tɕi	tɕi	tʃʻɑo	tʃʻou	tʃɒ	tʃʻei	tɕiəʔ
壶关	tʃi	tʃi	tʂʻɔ	tʂʻəu	tʂaŋ	tʂʻəŋ	tʃiəʔ
礼义陵川	tʂʅ	tɕi	tʂʻɑo	tʂʻou	tʂæ	tʂʻən	tɕiəʔ
豆峪平顺	tɕi	tɕi	tsʻɑo	tsʻou	tsɑn	tɕʻin	tɕiəʔ
潞城	tɕi	tɕi	tɕʻiɔ	tɕʻiəu	tɕiæ̃	tɕʻiẼ	tɕiəʔ
沁源	tʂʅ	tʂʅ	tʂʻɔ	tʂʻei	tʂæ	tʂʻə̃	tʂəʔ

	缠	哲	陈	侄	张	着睡着	徵
	山开三	山开三	臻开三	臻开三	宕开三	宕开三	曾开三
	平仙澄	入薛知	平真澄	入质澄	平阳知	入药澄	平蒸知
店上潞城	tsʻɑn	tsʌʔ	tsʻən	tsəʔ	tsɑŋ	tsʌʔ	tsəŋ
沁县	tsʻan	tsʌʔ	tsʻəŋ	tsəʔ	tsɔ̃	tsʌʔ	tsəŋ
百尺壶关	tʂʻɑn	tʂaʔ	tʂʻən	tʂəʔ	tʂɑŋ	tʂaʔ	tʂəŋ
东阳关黎城	tsʻæ	tsʌʔ	tsʻei	tsəʔ	tsɑŋ	tsʌʔ	tsəŋ
陵川	tʂʻʌn	tɕiʌʔ	tʂʻə̃n	tɕieʔ	tʂɑŋ	tɕiʌʔ	tʂəŋ
长治县	tsʻɑŋ	tɕiəʔ	tsʻəŋ	tɕiəʔ	tsɑŋ	tɕiəʔ	tsəŋ
荫城长治县	tsʻɑn	tɕiəʔ	tsʻən	tɕiəʔ	tsɑŋ	tɕiəʔ	tsəŋ
树掌壶关	tʃʻɒ	tɕiʌʔ	tʃʻei	tɕiəʔ	tʃɑŋ	tɕiʌʔ	tʃəŋ
壶关	tʂʻaŋ	tʃiʌʔ	tʂʻəŋ	tʃiəʔ	tʂaŋ	tʃiʌʔ	tʂəŋ
礼义陵川	tʂʻæ	tɕiʌʔ	tʂʻən	tɕiəʔ	tʂʌŋ	tɕiʌʔ	tʂəŋ
豆峪平顺	tsʻɑn	tɕiɑʔ	tɕʻin	tɕiəʔ	tsɑŋ	tɕiɑʔ	tsəŋ
潞城	tɕʻiæ̃	tɕiaʔ	tɕʻiẼ	tɕiəʔ	tɕiɑŋ	tɕiaʔ	tɕiŋ
沁源	tʂʻæ	tʂaʔ	tʂʻə̃	tʂəʔ	tʂɑ	tʂaʔ	tʂə̃

	直	呈	掷	遮	制	招	周
	曾开三	梗开三	梗开三	假开三	蟹开三	效开三	流开三
	入职澄	平清澄	入昔澄	平麻章	去祭章	平宵章	平尤章
店上潞城	tsəʔ	tsʻəŋ	tsəʔ	tsə	tsɿ	tsɑo	tsou
沁县	tsəʔ	tsʻəŋ	tsəʔ	tɕiɛ	tsɿ	tsɔ	tsəu

百尺壶关	tʂəʔ	tʂ‘əŋ	tʂəʔ	tɕiɛ	tʂʅ	tʂɑo	tʂou
东阳关黎城	tsəʔ	ts‘əŋ	tsəʔ	tɕiʏ	tɕi	tsɑo	tsou
陵川	tɕieʔ	tʂ‘əŋ	tɕieʔ	tɕie	tɕi	tʂɑo	tʂəu
长治县	tɕiəʔ	ts‘əŋ	tɕiəʔ	tɕiɛ	tsɿ	tsɔ	tsəu
荫城长治县	tɕiəʔ	ts‘əŋ	tɕiəʔ	tɕiɛ	tsɿ	tsɔ	tsou
树掌壶关	tɕiəʔ	tʃ‘əŋ	tɕiəʔ	tɕiʏ	tɕi	tʃɑo	tʃou
壶关	tʃiəʔ	tʂ‘əŋ	tʃiəʔ	tʃiᴇ	tʃi	tʂɔ	tʂəu
礼义陵川	tɕiəʔ	tʂ‘əŋ	tɕiəʔ	tɕie	tʂʅ	tʂɑo	tʂou
豆峪平顺	tɕiəʔ	ts‘əŋ	tɕiəʔ	tɕiɛ	tɕi	tsɑo	tsou
潞城	tɕiəʔ	tɕ‘iŋ	tɕiəʔ	tɕiə	tɕi	tɕiɔ	tɕiəu
沁源	tʂəʔ	tʂ‘ə̃	tʂəʔ	tʂʅɛ	tʂʅ	tʂɔ	tʂei

	闪	摄	针	十	善	舌	真
	咸开三	咸开三	深开三	深开三	山开三	山开三	臻开三
	上琰书	入叶书	平侵章	入缉禅	上狝禅	入薛船	平真章
店上潞城	sɑn	sʌʔ	tsən	səʔ	sɑn	sʌʔ	tsən
沁县	san	sʌʔ	tsəŋ	səʔ	san	sʌʔ	tsəŋ
百尺壶关	ʂɑn	ʂaʔ	tʂən	ʂəʔ	ʂɑn	ʂaʔ	tʂən
东阳关黎城	sæ	sʌʔ	tsei	səʔ	sæ	sʌʔ	tsei
陵川	ʂᴀn	ɕiʌʔ	tʂə̃n	ɕieʔ	ʂᴀn	ɕiʌʔ	tʂə̃n
长治县	sɑŋ	ɕiəʔ	tsəŋ	ɕiəʔ	sɑŋ	ɕiəʔ	tsəŋ
荫城长治县	sɑn	ɕiəʔ	tsən	ɕiəʔ	sɑn	ɕiəʔ	tsən
树掌壶关	ʃɒ	ɕiʌʔ	tʃei	ɕiəʔ	ʃɒ	ɕiʌʔ	tʃei
壶关	ʂaŋ	ʃiəʔ	tʂəŋ	ʃiəʔ	ʂaŋ	ʃiʌʔ	tʂəŋ
礼义陵川	ʂæ	ɕiʌʔ	tʂən	ɕiəʔ	ʂæ	ɕiʌʔ	tʂən
豆峪平顺	sɑn	ɕiɑʔ	tɕin	ɕiəʔ	sɑn	ɕiɑʔ	tɕin
潞城	ɕiæ̃	ɕiaʔ	tɕiẼ	ɕiəʔ	ɕiæ̃	ɕiaʔ	tɕiẼ
沁源	ʂæ	ʂaʔ	tʂə̃	ʂəʔ	ʂæ	ʂaʔ	tʂə̃

	质 臻开三入 质章	章 宕开三 平阳章	勺 宕开三 入药禅	蒸 曾开三 平蒸章	职 曾开三 入职澄	成 梗开三 平清禅	石 梗开三 入昔禅	支 止开三 平支章
店上潞城	tsəʔ	tsɑŋ	sʌʔ	tsəŋ	tsəʔ	ts‘əŋ	səʔ	tsɿ
沁县	tsəʔ	tsɔ̃	sʌʔ	tsəŋ	tsəʔ	ts‘əŋ	səʔ	tsɿ
百尺壶关	tʂəʔ	tʂɑŋ	ʂaʔ	tʂəŋ	tʂəʔ	tʂ‘əŋ	ʂəʔ	tʂʅ
东阳关黎城	tsəʔ	tsɑŋ	sʌʔ	tsəŋ	tsəʔ	ts‘əŋ	səʔ	tsɿ
陵川	tɕieʔ	tʂɑŋ	ɕiʌʔ	tʂəŋ	tɕieʔ	tʂ‘əŋ	ɕieʔ	tʂʅ
长治县	tɕiəʔ	tsɑŋ	ɕiəʔ	tsəŋ	tɕiəʔ	ts‘əŋ	ɕiəʔ	tsɿ
荫城长治县	tɕiəʔ	tsɑŋ	ɕiəʔ	tsəŋ	tɕiəʔ	ts‘əŋ	ɕiəʔ	tsɿ
树掌壶关	tɕiəʔ	tʃɑŋ	ɕiʌʔ	tʃəŋ	tɕiəʔ	tʃ‘əŋ	ɕiəʔ	tʃʅ
壶关	tʃiəʔ	tʂaŋ	ʃiʌʔ	tʂəŋ	tʃiəʔ	tʂ‘əŋ	ʃiəʔ	tʂʅ
礼义陵川	tɕiəʔ	tʂʌŋ	ɕiʌʔ	tʂəŋ	tɕiəʔ	tʂ‘əŋ	ɕiəʔ	tʂʅ
豆峪平顺	tɕiəʔ	tsɑŋ	ɕiɑʔ	tsəŋ	tɕiəʔ	ts‘əŋ	ɕiəʔ	tsɿ
潞城	tɕiəʔ	tɕiɑŋ	ɕiaʔ	tɕiŋ	tɕiəʔ	tɕ‘iŋ	ɕiəʔ	tsɿ
沁源	tʂəʔ	tʂɑ	ʂaʔ	tʂə̃	tʂəʔ	tʂ‘ə̃	ʂəʔ	tsɿ

（3）合口三等知章组在二分型方言中的读音

合口三等知章组在二分型各方言中的读音也不尽一致。根据合口三等知章组声母在二分型各方言中具体的分化条件，可以将其读音分为五种情况。见表 1.6。

表 1.6 **合口三等知章组在二分型方言中的读音情况**

类型	分化条件	读音	方言点
壶关型	各韵摄合口三等知章组读音相同	[tʂ]组	壶关、百尺壶关、陵川
		[tʃ]组	树掌壶关
		[ts]组	沁源、王和沁源、景凤沁源、涌泉武乡、武乡、韩北武乡、沁县、新店沁县、长治县、八义长治县、荫城长治县、龙溪平顺

续表

类型	分化条件	读音	方言点
上村型	遇摄合口三等知章组为一类，其余为一类	[tɕ]组/[ts]组	上村屯留、东阳关黎城
		[tɕ]组/[tʂ]组	礼义陵川
平顺型	遇摄知三章组、山摄知三章组入声为一类，其余为一类	[tɕ]组/[ts]组	平顺、豆峪平顺
店上型	遇摄知三章组、山臻通摄知三章组入声为一类，其余为一类		店上潞城
潞城型	遇山臻摄知三章组、通摄知三章组入声为一类，其余为一类		黎城、上港平顺、潞城、辛安泉潞城

从表 1.6 可以看出，在壶关型方言中，中古合口三等知章组的读音与知二庄组相同，也就是说，其合口知庄章组已合并为一，而在其余各类型方言中都只是一部分古合口三等知章组声母与知二庄组读音相同，换言之，其古合口三等知章组与知二庄组尚未完全合并。

而且，从表 1.6 所显示的中古合口三等知章组在各类型方言中的分化条件及其读音可以看出，壶关型方言中，古合口三等知章组都读韵母为洪音的舌尖音或舌叶音，可见，古合口三等知章组的细音特点在壶关型方言中已经消失，而在其余各类型方言中都不同程度地存在着古合口三等知章组今读舌面音并且韵母为细音的情况，可见，古合口三等知章组韵母的细音特点在这些方言中都不同程度地保留着。我们可以通过古合口三等知章组在以上各类型方言中今读舌面音的来源韵摄的多少来判断古合口三等知章组的细音特点在各类型方言中的保留程度。从古合口三等知章组在各类型方言中的分化条件可以看出，潞城型方言中古合口三等知章组今读舌面音的来源韵摄最多，其次依次是店上型、平顺型、上村型，壶关型中古合口三等知章组不读舌面音，据此，古合口三等知章组的细音特点在各类型方言中的保留程度从高到低依次是：潞城型→店上型→平顺型→上村型→壶关型。

下面我们分别以壶关、树掌壶关、长治县、上村屯留、礼义陵川、豆峪平顺、平顺、店上潞城、黎城、潞城方言为例举例说明。

中古合口三等知章组字在以上方言中的读音举例：

	猪	缀	追	传传达	椿	术白术	忠	竹
	遇合	蟹合	止合	山合	臻合	臻合三	通合	通合
	三平	三去	三平	三平	三平	入术澄	三平	三入
	鱼知	祭知	脂知	仙澄	谆彻		东知	屋知
壶关	tʂu	tʂuei	tʂuei	tʂʻuaŋ	tʂʻuŋ	tʂuəʔ	tʂuŋ	tʂuəʔ
树掌壶关	tʃu	tʃuei	tʃuei	tʃʻuɒ	tʃʻuei	tʃuəʔ	tʃuŋ	tʃuəʔ
长治县	tsu	tsuei	tsuei	tsʻuaŋ	tsʻuŋ	tsuəʔ	tsuŋ	tsuəʔ
上村屯留	tɕy	tsuei	tsuei	tsʻuɑn	tsʻun	tsuəʔ	tsuŋ	tsuəʔ
礼义陵川	tɕy	tʂuei	tʂuei	tʂʻuæ	tʂʻuən	tʂuəʔ	tʂuŋ	tʂuəʔ
豆峪平顺	tɕy	tsuei	tsuei	tsʻuɑn	tsʻuən	tsuəʔ	tsuŋ	tsuəʔ
平顺	tɕy	tsuei	tsuei	tsʻuæ̃	tsʻuẼ	tsuəʔ	tsuŋ	tsuəʔ
店上潞城	tɕy	tsuei	tsuei	tsʻuɑn	tsʻun	tɕyəʔ	tsuŋ	tɕyəʔ
黎城	tɕy	tsuei	tsuei	tɕʻyᴇ	tɕʻyẼ	tɕyəʔ	tsuŋ	tɕyəʔ
潞城	tɕy	tsuei	tsuei	tɕʻyæ̃	tɕʻyẼ	tɕyəʔ	tsuŋ	tɕyəʔ

	书	税	水	专	说	春	出	终	祝
	遇合三	蟹合三	止合三	山合三	山合三	臻合三	臻合三	通合三	通合三
	平鱼书	去祭书	上旨书	平仙章	入薛书	平谆昌	入术昌	平东章	入屋章
壶关	ʂu	ʂuei	ʂuei	tʂuaŋ	ʂuʌʔ	tʂʻuŋ	tʂʻuəʔ	tʂuŋ	tʂuəʔ
树掌壶关	ʃu	ʃuei	ʃuei	tʃuɒ	ʃuʌʔ	tʃʻuei	tʃʻuəʔ	tʃuŋ	tʃuəʔ
长治县	su	suei	suei	tsuɑŋ	suəʔ	tsʻuŋ	tsʻuəʔ	tsuŋ	tsuəʔ
上村屯留	ɕy	suei	suei	tsuɑn	suəʔ	tsʻun	tsʻuəʔ	tsuŋ	tsuəʔ
礼义陵川	ɕy	ʂuei	ʂuei	tʂuæ	ʂuʌʔ	tʂʻuən	tʂʻuəʔ	tʂuŋ	tʂuəʔ
豆峪平顺	ɕy	suei	suei	tsuɑn	ɕyɑʔ	tsʻuən	tsʻuəʔ	tsuŋ	tsuəʔ
平顺	ɕy	suei	suei	tsuæ̃	ɕyʌʔ	tsʻuẼ	tsʻuəʔ	tsuŋ	tsuəʔ
店上潞城	ɕy	suei	suei	tsuɑn	ɕyʌʔ	tsʻun	tɕʻyəʔ	tsuŋ	tɕyəʔ

黎城	çy	suei	suei	tçyᴇ	çyʌʔ	tçʻyᴇ̃	tçʻyəʔ	tsuŋ	tçyəʔ
潞城	çy	suei	suei	tçyæ̃	çyaʔ	tçʻyᴇ̃	tçʻyəʔ	tsuŋ	tçyəʔ

3. 中古知庄章三组声母在二分型方言中的总体情况

根据以上 1、2 部分的讨论，我们下面对中古知庄章组声母在二分型方言中的音类分合情况作一归纳总结。

在各方言中，庄组和知组二等的读音一致，中古开口三等知章组和合口三等知章组的读音都不同程度地与知二庄组读音相同。一部分方言中，中古开口三等知章组与知二庄组读音相同，即开口知庄章组已合并，合口三等知章组中有一部分与知二庄组读音相同。另一部分则与之不同，即合口知庄章组尚未完全合并，我们称之为 A 类：开口同，合口不全同。一部分方言中，中古合口三等知章组的读音与知二庄组读音相同，即合口知庄章组已合并，而开口三等知章组中有一部分与知二庄组读音相同，另一部分则与之不同，即开口知庄章组尚未完全合并，我们称之为 B 类：合口同，开口不全同。一部分方言中，中古开口三等知章组和中古合口三等知章组中都是仅有一部分与知二庄组的读音相同，另一部分则与之不同，即开口知庄章组和合口知庄章组都尚未完全合并，我们称之为 C 类：开口不全同，合口也不全同。并且，根据中古知庄章组声母在二分型方言中的音类分合的具体情况，我们将其细分为上村型、店上型、壶关型、沁县型、百尺型、景凤型、沁源型、黎城型、平顺型、东阳关型、礼义型十一个小类。见表 1.7。

表 1.7　　**中古知庄章组声母在二分型各方言中的音类分合情况**

			知组		庄组		章组		方言点
			开口	合口	开口	合口	开口	合口	
	上村型	甲类	全部	除遇摄	全部	全部	全部	除遇摄	上村
		乙类	—	遇摄	—	—	—	遇摄	

续表

			知组		庄组		章组		方言点
			开口	合口	开口	合口	开口	合口	
A类	店上型	甲类	全部	蟹止山摄、臻通摄非入声	全部	全部	全部	蟹止摄、山臻通摄非入声	店上
		乙类	—	遇摄、臻通摄入声	—	—	—	遇摄、山臻通摄入声	
B类	壶关型	甲类	二等、效流摄三等、咸山深臻宕曾梗摄三等非入声	全部	全部	全部	止效流摄、咸山深臻宕曾梗摄非入声	全部	壶关 长治县 荫城 八义 龙溪 树掌 陵川
		乙类	蟹止摄三等、咸山深臻宕曾梗摄三等入声	—	—	—	假蟹摄、咸山深臻宕曾梗摄入声	—	
	沁县型	甲类	全部	全部	全部	全部	除假摄	全部	沁县 涌泉 武乡 韩北 新店
		乙类	—	—	—	—	假摄	—	
	百尺型	甲类	除止摄	全部	全部	全部	除假摄	全部	百尺
		乙类	止摄	—	—	—	假摄	—	
	景凤型	甲类	二等	全部	全部	全部	止摄	全部	王和 景凤
		乙类	三等	—	—	—	除止摄		

续表

			知组		庄组		章组		方言点
			开口	合口	开口	合口	开口	合口	
	沁源型	甲类	二等（除江摄）	全部	除流宕江摄	全部	止摄	全部	沁源
		乙类	三等、江摄二等	—	流宕江摄	—	除止摄	—	
C类	黎城型	甲类	二等	蟹止摄、通摄非入声	全部	全部	止摄	蟹止摄、通摄非入声	黎城 辛安泉 潞城 上港
		乙类	三等	遇山臻摄、通摄入声	—	—	除止摄	遇山臻摄、通摄入声	
	平顺型	甲类	二等、咸山宕曾梗摄三等非入声	除遇摄	全部	全部	止效流摄、咸山宕曾梗摄非入声	蟹止臻通摄、山摄非入声	平顺 豆峪
		乙类	蟹止深臻摄、咸山宕曾梗三等入声	遇摄	—	—	假蟹深臻摄、咸山宕曾摄入声	遇摄、山摄入声	
	东阳关型	甲类	二、三等（除蟹止摄）	除遇摄	全部	全部	除假蟹摄	除遇摄	东阳关
		乙类	蟹止摄	遇摄	—	—	假蟹摄	遇摄	
	礼义型	甲类	二等、蟹效流摄三等、咸山深臻宕曾梗摄三等非入声	除遇摄	全部	全部	蟹止效流摄、咸山深臻宕曾梗摄非入声	除遇摄	礼义

续表

			知组		庄组		章组		方言点
			开口	合口	开口	合口	开口	合口	
		乙类	止摄、咸山深臻宕曾梗摄三等入声	遇摄	—	—	假摄、咸山深臻宕曾梗摄入声	遇摄	

注：①由于表格所限，一般调查点右下角未列出所在县市。②在景凤型和沁源型中，甲类指[ts]组，乙类指[tʂ]组，并且韵母都为洪音。在其余各类型方言中，甲类指[ts]组、[tʂ]组或[tʃ]组，并且韵母为洪音，乙类指[tɕ]组或[tʃ]组，并且韵母为细音。③“—”表示该组声母中没有今读甲类或乙类的情况。

总的来讲，中古知庄章组声母在二分型方言中的读音复杂，不仅体现在今读音类型上，而且，还体现在其音类分合关系上，具体哪些摄读哪个声母，在不同的方言中有不同的表现，情况比较复杂。

（二）与精、见组的分混

在晋东南晋语中，与中古知庄章组发生分混的精、见组是精组洪音、精组细音、见组细音。中古知庄章组与精、见组的分混情况主要有以下 15 种，见表 1.8。

表 1.8　中古知庄章组与精组洪音、精组细音及见组细音的分混情况

	种类	精洪	精细	见细	知三章组		知二庄组	方言点
					合口	开口		
知庄章组合一型	1	ts	tɕ	tɕ	ts	ts	ts	黄崖洞、上马、襄垣、屯留、长治、宋村、南常、石哲、长子、琚村、端氏
		ts	tsi	tɕ	ts	ts	ts	西河底
		tʂ	tɕ	tɕ	tʂ	tʂ	tʂ	晋城、水东、巴公、河西、古寨
		tʃ	tɕ	tɕ	tʃ	tʃ	tʃ	北留
		tʂ	ts	c	tʂ	tʂ	tʂ	高平
		tʂ	tɕ	c	tʂ	tʂ	tʂ	陈区
	2	ts	tɕ	c	tʂ	tʂ	tʂ	阳城
		ts	tsi	tɕ	tʂ	tʂ	tʂ	町店
	3	ts	tɕ/ts	tɕ/ts	ts	ts	ts	南涅水、西营

续表

	种类	精洪	精细	见细	知三章组		知二庄组	方言点
					合口	开口		
知庄章组二分型	4	ts	tɕ	tɕ	ts/tɕ	ts	ts	上村、店上
	5	ts	tɕ/ts	tɕ/ts	ts	ts/tɕ	ts	涌泉、武乡、韩北、沁县、新店
	6	tʂ	tɕ	tɕ	tʂ	tʂ/tɕ	tʂ	百尺
		ts	tɕ	tɕ	ts	ts/tɕ	ts	长治县、荫城、八义
	7	ts	tʃ	tɕ	ts/tɕ	tɕ	ts	潞城
	8	ts	tɕ	c	ts/tɕ	tɕ	ts	黎城
	9	ts	tsi	c	ts/tɕ	ts/tɕ	ts	平顺
	10	tʂ	tsi	c	tʂ	tʂ/tʃi	tʂ	壶关
		tʃ	tsi	c	tʃ	tʃ/tɕ	tʃ	树掌
	11	tʂ	tɕ	c	tʂ	tʂ/tɕ	tʂ	陵川
		ts	tɕ	c	ts	ts/tɕ	ts	龙溪
	12	ts	tɕ	tɕ	ts/tɕ	ts/tɕ	ts	东阳关、豆峪
		tʂ	tɕ	tɕ	tʂ/tɕ	tʂ/tɕ	tʂ	礼义
	13	ts	tɕ	tɕ	ts/tɕ	tɕ	ts	辛安泉、上港
	14	ts	tɕ	tɕ	ts	tʂ	ts/tʂ	沁源
	15	ts	tɕ/ts	tɕ/ts	ts	tʂ	ts	景凤、王和

注：①由于表格所限，一般调查点右下角未列出所在县市。②表中知二庄组和知三章组已不是严格意义上的对立。③[ts]或[tʃ]后加[i]，表示此处韵母为细音。④“ts/tɕ、tʂ/tʃi、tʂ/tɕ、tʃ/tɕ、ts/tʂ”等分别表示相应的知庄章组一部分为“/”之前的读音，一部分为“/”之后的读音。

从表 1.8 可以看出，在中古知庄章组合一型方言中，中古知庄章组与精、见组的分混情况大致是：

在阳城和町店阳城方言中，中古知庄章组不仅与精、见组细音不混，而且与精组洪音也不相混。

在西河底陵川方言中，中古知庄章组不仅与精组洪音相混，而且与精组细音也相混，但由于精组细音后有[i]或[y]介音，因此，二者在字音上仍有区别。

在南涅水沁县和西营襄垣方言中，中古知庄章组不仅与精组洪音相混，而且与部分精、见组细音也相混。由于[i][y]韵母的舌尖化，使得部分精、见组细音字读为[ts]组（关于此问题的具体论述可参见本章第一节），与中古知庄章组相混。

在其余方言中，中古知庄章组只与精组洪音相混，或都读为[ts]组，分布在长治等 11 个方言中，或都读为[tʂ]组，分布在晋城等 7 个方言中，或都读为[tʃ]组，分布在北留阳城方言中。

在中古知庄章组二分型方言中，中古知庄章组声母与精、见组的分混情况大致如下：

知二庄组除在沁源方言中未与精组洪音完全相混外，在其余方言中都与精组洪音完全相混。

从表 1.8 可以看出，知三章组在各方言中与精、见组的分混情况相对复杂一些。在沁源、平顺、壶关、树掌壶关方言中，知三章组只与精组洪音有相混的情况。在陵川、龙溪平顺、黎城方言中，知三章组与精组洪音、精组细音有相混的情况。在潞城方言中，知三章组与精组洪音、见组细音有相混的情况。在其余二分型方言中，知三章组与精组洪音、精组细音、见组细音都有相混的情况。

二　中古知庄章组声母的演变层次

（一）中古知庄章组声母在《中原音韵》中的音类分合情况分析

通过上文对中古知庄章组声母在晋东南晋语中的读音及其与精、见组分混情况的描写，我们可以看出，不管是合一型方言还是二分型方言，知二庄组字、知三章组字、精组洪音字之间都有相混的情况。结合知二庄组字、知三章组字和精组洪音字在晋东南晋语中的分混情况，根据历史比较法，我们认为晋东南晋语的前身（我们称之为古晋东南晋语）应该是既能区分知二庄组字和知三章组字，又能区分精组洪音字的方言。而在《中原音韵》中，知二庄组字、知三章组字、精组洪音字都不相混，这是公认的事实，可见，古晋东南晋语中知二庄组字、知三章组字、精组洪音字分立的情况与《中原音韵》是一致的，也就是说，中古知庄章组声母在古晋东南晋语和《中原音韵》中的演变类型是一致的。中古知庄章组声母在古晋东南晋语中的音类分合情况，由于没有历史文献材料的记载，我们已经无从知晓，因此，我们就以《中原音韵》音系及其在官话方言中的演变为参照来研究中古知庄章组声母在今晋东南晋语中的演变情况。而我们在讨论晋东南晋语合一型方言和二分型方言之间的历史层次之前，有必要先讨论一下中古知庄章组声母在《中原音韵》时期的音类分合情况。

一般认为，《切韵》时代的知庄章三组声母字在《中原音韵》中除止摄章组和通摄舒声庄组外，大体上按等的不同分为两类：知二庄组字为一类，知三章组字为一类。但是，由于《中原音韵》中只有类的分合，而没有音值的记录，因此，《切韵》时代的知庄章三组声母在《中原音韵》中是合一还是二分，历来众说纷纭：有的学者主张合一，认为只是韵母洪细的不同。有的学者主张二分，认为韵母不同声母也不同。

庄组和章组历史上（包括《中原音韵》时期）曾经合一，应该是可以肯定的事实：第一，守温三十六字母中两类是合一的，这是无可否认的事实。第二，在《中原音韵》中，庄章组后的止摄开口字的韵母都由[i]变为[ʅ]，二者是作为一个整体而一起发生变化的，它们使止摄开口变为“支思”韵的[ʅ]，并且，在《中原音韵》之后继续使[i]变为[ʅ]或吞掉[i]介音，由此看来，在《中原音韵》时期的庄组和章组也仍是合一的。又因为《中原音韵》中，知二庄组为一类，知三章组为一类，因此，《中原音韵》中知庄章组是合一的（张树铮 1991）。而且，在研究《中原音韵》的各大家中，罗常培（1932）、赵荫棠（1936）、杨耐思（1981）、李新魁（1983）等也都认为其中的知庄章组是合一的。其中，李新魁先生（1983）认为，“照系和知系声母的音值，在元代都是卷舌音[tʂ]等，照二组与照三组无别。在《蒙古字韵》和《中原音韵》分列的小韵中，知二庄组与知三章组是列为不同的小韵的，也就是说有对立的，这些字之所以对立，主要表现于韵母的不同。前者不带[i]介音，后者带[i]介音”。[①]也就是说，从音位学的观点来看，中古知二庄组字和知三章组字在《中原音韵》中在同一韵内出现对立，分列于不同的小韵，是其韵母介音的不同，声母是相同的。而主张二分的学者认为[tʂ]组不能与[i]相拼，因此二者声母不同。其实，认为[tʂ]组和[i]不能相拼是按照今音类推的结果，并不可信。如果没有[tʂi]的阶段，i→ʅ、-i-→ø的变化便无从谈起。而且，从一些书面材料、现代方言事实以及今京剧保留[tʂi]、[tʂʻi]、[ʂi]一类

① 李新魁：《〈中原音韵〉音系研究》，中州书画社 1983 年版，第 63 页。

的音值来看，卷舌声母与舌面前高元音[i]共处的时间还是比较长的。因此，[tʂ]组和[i]必定经过相拼的阶段，终因发音上的不太和谐而发生变化：保留声母特点者韵母丢掉[i]介音，保留韵母特点者保留[i]介音而声母变为比较容易与[i]相拼的舌面音等。当然，是否有的方言与《中原音韵》所反映的基础方言演化方式不同，庄、章两组未经过合一而分别与知组直接合并，在理论上也是可能存在的，但是我们目前还没有看到直接的文献资料可以说明这一点，所以还是当以庄、章组曾经合一作为研究《中原音韵》时期知庄章三组声母演变的一个前提，即从《切韵》到《中原音韵》知庄章组声母的演变就是[①]：

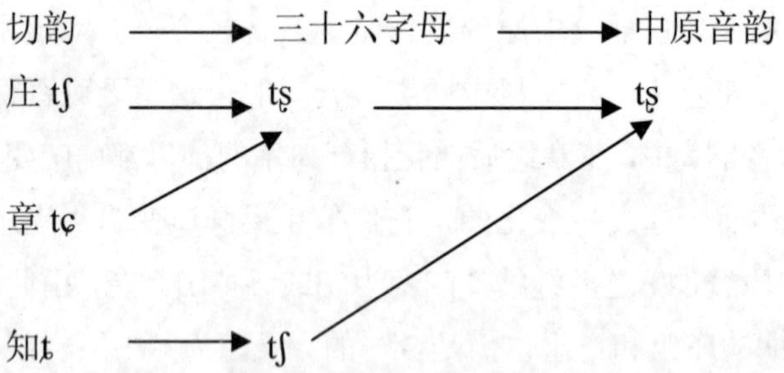

（二）中古知庄章组声母在晋东南晋语中的演变层次分析

据《山西方言调查研究报告》（侯精一，温端政 1993），在山西晋语其他片和中原官话汾河片方言中，中古知庄章组声母的读音情况大致有三种：一种是合一型，或都读为[ts]组，与精组洪音合并，包括山西晋语的太原等26个方言，或都读为[tʂ]组，与精组洪音未合并，只有中原官话汾河片的临汾一点。一种是二分型，包括山西晋语的平遥等34个方言以及中原官话汾河片的霍州等13个方言，其合口知庄章组声母都已经合并，在山西晋语的平遥等33个方言以及中原官话汾河片的霍州等7个方言中，或读为[ts]组，或读为[tʂ]组，在中原官话汾河片的闻喜等6个方言以及山西晋语的静乐方言中，则读为[pf]组，开口知庄章组声母在山西晋语的静乐方言以及中原官话汾河片的闻喜等6个方言中也已合并为一，或读为[ts]组，或读为[tʂ]组，而在山西晋语的平遥等33个方言以及中原官话汾河片的霍州等7个方言中都按照等的不同分为两类，即知二庄组为一类，与精组洪音合并，知三章

① 下图引自张树铮《从寿光方言看〈中原音韵〉的知庄章》，《中原音韵新论》，北京大学出版社1991年版，第151页。

组（除止摄章组）为一类，音值分别为[ts]组和[tʂ]组，属于比较典型的“昌徐型”，即“今读开口呼的字，知组二等读 ts 组，三等读 tʂ组，庄组全读 ts 组；章组除止摄开口三等读 ts 组，其他全读 tʂ组。……今读合口呼的字，有的方言全读 tʂ组，如徐州话，有的方言全读 ts 组，如陕西商县（张家塬）话”[①]。一种是三分型，包括山西晋语的娄烦方言以及中原官话汾河片的运城等 10 个方言，合口知庄章组声母已合并为一，今都读为[pf]组，开口知庄章组按等呼的不同分为两类，即知二庄组为一类，与精组洪音合并，知三章组（除止摄章组）为一类，音值分别为[ts]组和[tʂ]组（见表 1.9）。

表 1.9　**古知庄章组在山西晋语其他片和中原官话汾河片方言中的读音情况**

类型		读音	方言点
合一型		ts 组	太原、清徐、榆次、太谷、交城、文水、祁县、寿阳、榆社、灵石、盂县（并州片）中阳、柳林、岚县、兴县、汾西（吕梁片）应县、平鲁、五台、浑源、灵丘、神池、宁武、阳曲、五寨（五台片）怀仁（大包片）
		tʂ组	临汾（汾河片）
二分型	合口	ts 组	平遥、孝义、介休（并州片）阳泉、平定、昔阳、和顺、左权（大包片）离石、临县、方山、蒲县、石楼、隰县（吕梁片）忻州、定襄、原平、代县、保德（五台片）
		tʂ组	汾阳、大宁、永和（吕梁片）大同、阳高、天镇、左云、右玉、山阴（大包片）繁峙、朔州、岢岚、偏关、河曲（五台片）垣曲、霍州、古县、沁水、乡宁、襄汾、洪洞（汾河片）
		pf 组	静乐（吕梁片）闻喜、夏县、侯马、翼城、绛县、稷山（汾河片）
	开口	ts 组 /tʂ组	平遥、孝义、介休（并州片）离石、汾阳、临县、方山、石楼、隰县、大宁、永和、蒲县（吕梁片）繁峙、忻州、原平、定襄、朔州、代县、岢岚、保德、偏关、河曲（五台片）阳泉、平定、昔阳、和顺、左权、大同、阳高、天镇、左云、右玉、山阴（大包片）垣曲、霍州、古县、沁水、乡宁、襄汾、洪洞（汾河片）
		ts 组	静乐（吕梁片）闻喜、侯马、稷山（汾河片）
		tʂ组	翼城、夏县、绛县（汾河片）
三分型	开口	ts 组 /tʂ组	娄烦（吕梁片）运城、芮城、永济、平陆、临猗、万荣、河津、吉县、新绛、浮山（汾河片）
	合口	pf 组	

注：以上材料均来源于《山西方言调查研究报告》（侯精一，温端政 1993）。

① 熊正辉：《官话方言分 ts、tʂ的类型》，《方言》1990 年第 1 期。

与上述古知庄章组声母在山西晋语的平遥等33个方言以及中原官话汾河片的霍州等 7 个方言中的读音相比，晋东南晋语二分型方言中的沁源型和景凤型（为了行文方便，我们称之为甲类方言）不论从古知庄章组声母的音类分合关系上还是从其音值上看都与之相近，这可能与沁源、景凤沁源、王和沁源紧邻平遥，易受晋语中心地区影响有关，而古知庄章组声母在晋东南晋语其余二分型方言（为了行文方便，我们称之为乙类方言）中的音类分合关系以及今读音则都与其在山西晋语其他片和中原官话汾河片二分型方言中的情况不尽一致。

王洪君先生（2007）通过对古知庄章组声母在《山西方言调查研究报告》（侯精一，温端政 1993）中所收集的 101 个方言点[①]中音类分合情况的考察，认为开口知二庄精组与知三章组分立的二分型可能是开口知庄章精组合流的合一型的早期阶段。但这一结论主要是针对山西晋语其他片和中原官话汾河片中二分型方言和合一型方言的关系而言的，晋东南晋语中知庄章组合一型与二分型之间的关系如何呢？合一型是二分型方言的早期阶段呢？还是二分型是合一型方言的早期阶段呢？还是二者是平行发展的呢？还是别的什么关系呢？下面我们对此问题进行讨论。

在合一型方言中，古知庄章组字不仅声母相同，韵母也相同，而且已失去[i]介音，因此，我们认为合一型不可能是二分型方言的早期阶段。理由有二：第一，从音值上看，合一型方言中，古知庄章组声母今读[tʂ]组或[tʃ]组或[ts]组，韵母都没有[i]介音，而在二分型的乙类方言中，有一部分古知三章组声母今读舌叶音[tʃ]组或舌面音[tɕ]组，同时韵母都有[i]介音，如果合一型是二分型的早期阶段的话，我们很难想象已经丢掉的[i]介音是如何大量增生出来的？第二，从历时的角度来看，前一阶段发展为后一阶段需要有共时的演变条件，而不论是古知庄章精组合一的长治、晋城等方言还是古知庄章组合一未与精组洪音相混的阳城、町店阳城方言，古知庄章组字已是声韵相同的同音字，失去了分化的条件。

那么，二分型有没有可能是合一型方言的早期阶段呢？如前所述，二

① 其中包括晋东南晋语中的沁源、武乡、沁县、襄垣、黎城、潞城、平顺、壶关、长治、屯留、长子、高平、陵川、晋城、阳城方言。

分型的甲类方言中，古知庄章组今读[ts]组和[tʂ]组两套声母，韵母没有[i]介音，与二分型的乙类方言中古知庄章组或读[ts]组和[tɕ]组、或读[tʂ]组和[tɕ]组、或读[tʂ]组和[tʃ]组、或读[tʃ]组和[tɕ]组两套声母，部分韵母有[i]介音的读音情况不同，因此，二者的性质不完全相同，我们分开考察。

首先，不管是二分型的甲类方言还是乙类方言，都不可能是古知庄章组合一而未与精组洪音合并的阳城、町店阳城方言的早期阶段。因为二分型方言中古知二庄组已与精组洪音合并，也就是说，它们所属的字都已经成为同音字，精组洪音已经失去了再分化出来的条件。

其次，二分型的乙类方言不可能是古知庄章精组合一的晋城、长治等方言的早期阶段。因为从古知庄章组声母的音值上来看，乙类方言中部分古知三章组今读为能与[i]介音和谐发音的舌面音或舌叶音声母，而在长治、晋城等方言古知庄章组声母今或读为舌尖前音，或读为卷舌音，而且，韵母都为洪音。如果认为乙类方言是晋城、长治等方言的早期阶段的话，那么，就说明晋城、长治等方言中曾经存在过部分古知三章组读舌叶音或舌面音的情况，但到目前为止，根本找不到这些方言中古知三章组曾经读过舌叶音或舌面音同时韵母有[i]介音的线索。而且，即使晋城、长治等方言中曾经确实存在过部分古知三章组读舌面音或舌叶音的情况，那么，古知三章组声母是如何由与[i]介音和谐发音的舌面音或舌叶音演变为韵母为洪音的舌尖音的呢？似乎从音理上和逻辑上都讲不通。从音理上看，舌面音或舌尖音与[i]介音在发音上非常和谐，那么，[i]介音是如何丢掉的，从音理的演变机制上很难解释。如果说是受周围权威方言中古知庄章组声母读舌尖音，韵母为洪音的影响的话，那么，为什么同属相对封闭的环境中，今知庄章组二分的那些方言没有受其影响变为合一型，而偏偏长治、晋城等方言则受其影响丢掉[i]介音变为合一型了呢？从逻辑上也讲不通。因此，我们认为晋城、长治等方言部分古知三章组声母没有经过曾经读舌叶音或舌面音的阶段。

最后，二分型的甲类方言有可能是古知庄章精组合一为[ts]组的长治等方言的早期阶段，这一推断与王洪君先生（2007）的推断一致，即认为开口知二庄精组今读[ts]组与开口知三章组今读[tʂ]组分立的方言有可能是古知庄章精组合一为[ts]组的方言的早期阶段。理由如下：第一，从音值上看，古知庄章组声母在甲类方言中为韵母是洪音的[tʂ]组和[ts]组，而且，在甲类方言的景凤型中合口知庄章组和开口知二庄组都已与精组洪音合并为[ts]组，沁源型中合口知庄章组和大部分开口知二庄组也都已与精组洪音合并为[ts]组，这就为古知庄章组和精组洪音完全合并为[ts]组提供了可能，只要开口知三章组进一步与精组洪音合并，则古知庄章组就会与精组洪音合并为一，而且，这种音变在新派方言中已经开始，在景凤型和沁源型的新派方言中都正在进行着古开口知三章组声母由[tʂ]组向[ts]组的音变。第二，在山西晋语其他片方言中，据王洪君先生（2007），在合口知庄章组与精组洪音合并为[ts]组，开口知三章组今读[tʂ]组和开口知二庄精组今读[ts]组分立的方言中，正在进行着由[tʂ]向[ts]音变的方言不占少数，如祁县城关新派方言（徐通锵 1991），大同的新派方言（马文忠 1986）中都只有一套[ts]组声母了。

综上所述，我们认为，只有二分型的甲类方言与合一型中古知庄章精组合一为[ts]组的方言之间可能存在前后发展的演变关系，而二分型的乙类方言与合一型方言之间则不存在演变关系。在上文中，我们已经讨论了《中原音韵》时期的知庄章组声母已经合并为[tʂ]组，由于[tʂ]组声母与[i]介音在发音上不是很和谐，因此，为了达到声韵母的和谐发展，在合一型方言中，古知庄章组通过保留声母，改变韵母细音特点的方式来达到声韵母的和谐，而在二分型的乙类方言中古知三章组则通过保留三等韵的[i]介音，改变声母的方式来达到声韵母的和谐，而且，也正是由于二分型乙类各方言中古知三章组保留三等韵[i]介音的程度参差不齐，所以，才出现了上文中我们所讨论的多种小类。因此，我们认为，二分型的乙类方言与合一型方言是中古知庄章组声母合而为一之后在不同方言中平行发展的两种类型，是语音系统中声韵母和谐发展的结果。据此，中古知庄章组声母合并之后在晋东南晋语合一型和二分型方言中的发展演变情况大致如下：

Ⅰ. 在合一型方言中的演变情况

（1）不论开合，今合读为[tʂ]组

如前文所述，分布在阳城、町店阳城、高平、河西高平、古寨高平、陈区高平、晋城、水东泽州、巴公泽州。其中，高平、河西高平、古寨高平、陈区高平、晋城、水东泽州、巴公泽州方言中，精组洪音与古知庄章组声母合流，而阳城和町店阳城方言中，古知庄章组声母未与精组洪音合流。我们认为，古知庄章组合一今读[tʂ]组而未与今读[ts]组的精组洪音合并的阳城、町店阳城方言有可能是古知庄章精组合并为[tʂ]组的晋城等方言的早期阶段。因为从音理上看，只要精组洪音再进一步与知庄章组合流就可以形成晋城等方言知庄章精组合一为[tʂ]组的格局，而且，这种音变在阳城和町店阳城的新派方言中已经开始。下面我们以晋城和町店阳城方言为例来图示其古知庄章组的演变情况。

古知庄章组在晋城方言中的演变情况可图示如下：

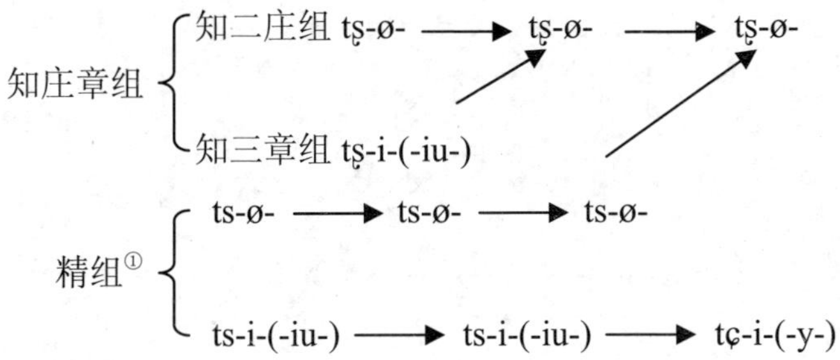

古知庄章组在町店阳城方言中的演变情况可图示如下：

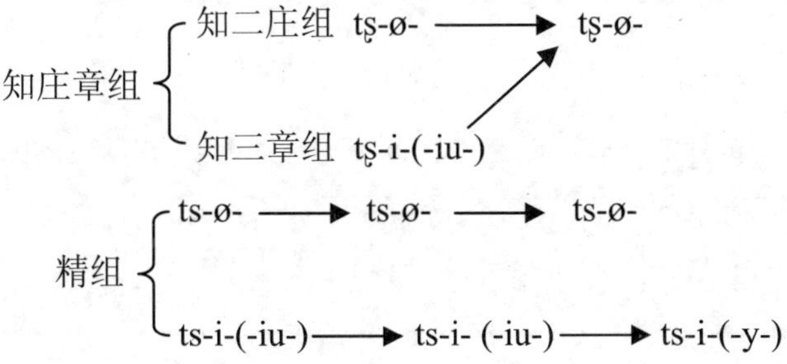

（2）不论开合，今合读为[ts]组

如前文所述，分布在南涅水沁县、黄崖洞黎城、西营襄垣、上马襄垣、襄垣、

① 各方言精组的今读情况可见表1.8。

长治、屯留、宋村长子、南常长子、石哲长子、长子、琚村长子、端氏沁水、西河底陵川。山西晋语其他片的合一型方言也属于这种情况。

由于“齐微”韵的[i]在精组后不变为[ʅ]，其他韵的[i]介音在精组后仍保留，而来自知庄章组的[ts]组却使这些韵母 i→ʅ、-i-→-ø-，所以，[tʂ]组是在使[i]变为[ʅ]、并吞掉[i]介音之后才变为[ts]组的。而且，根据上文的讨论，我们认为古合口知庄章组与精组洪音合并为[ts]组，开口知二庄组今读[ts]组和知三章组今读[tʂ]组二分的方言有可能是古知庄章精组合一今读为[ts]组的长治等方言的早期阶段，据此，古知庄章组声母在长治等方言中的演变情况可图示如下：

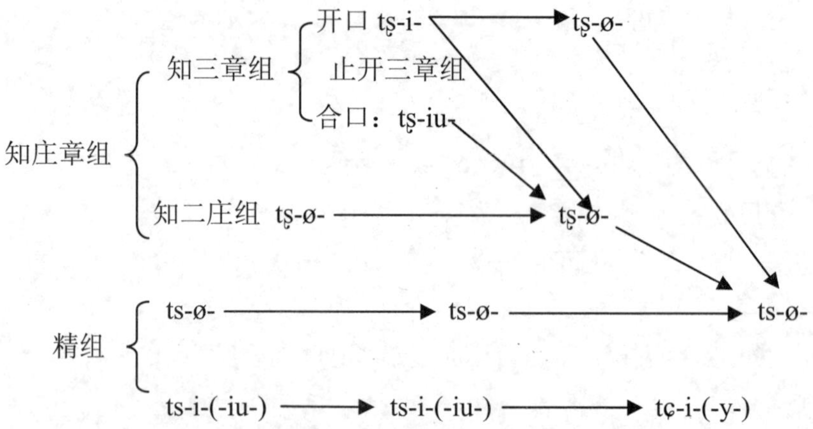

（3）不论开合，今合读为[tʃ]组

如前文所述，分布在北留阳城。而且，在此方言中，精组洪音也读[tʃ]组，这当是与知庄章组合流的结果。其演变情况可图示如下：

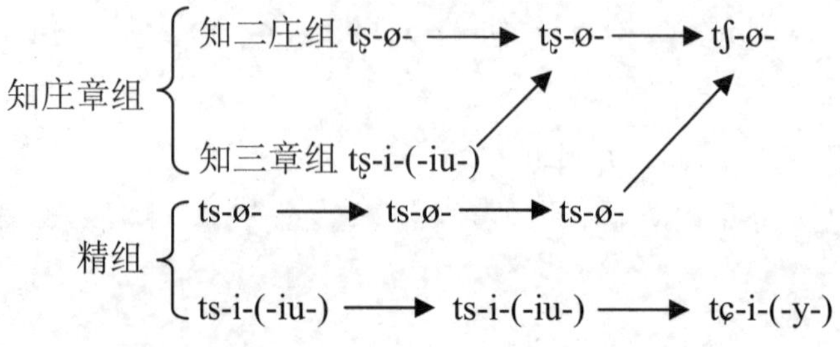

Ⅱ. 在二分型方言[①]中的演变情况

（1）在开口同，合口不全同的 A 类方言中的演变情况

如前文所述，A 类方言包括上村屯留和店上潞城。在这两个方言中，知二庄组和开口三等知章组已经合并，今都读[ts]组，合口三等知章组今读为两套声母，即[ts]组和[tɕ]组。其古知庄章组声母的演变情况可图示如下：

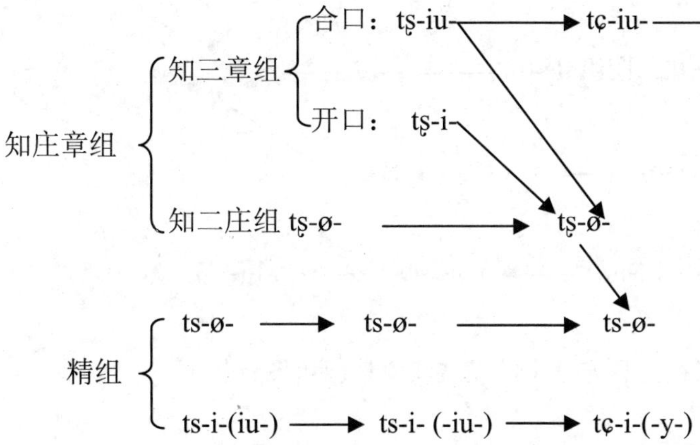

从以上的演变图示可以看出，店上潞城、上村屯留方言中，古开口三等知章组和合口三等知章组声母在演变的过程中所选择的方式不尽一致：开口三等知章组在演变的过程中都选择了吞掉三等韵的[i]介音和知二庄组合并，进而与精组洪音合并的方式，而合口三等知章组声母在演变的过程中则是一部分选择了加强三等韵[i]介音的方式，另一部分选择了吞掉三等韵[i]介音和知二庄组合并，进而与精组洪音合并的方式。

（2）在合口同，开口不全同的 B 类方言中的演变情况

如前文所述，B 类包括壶关型、百尺型、沁县型、景凤型和沁源型方言。下面分别以壶关[②]、沁县、景凤沁源、沁源方言为例来讨论古知庄章组在

① 中古知庄章组在二分型的 A 类、B 类和 C 类方言中音类分合的具体情况可见前文表 1.7。有些方言中，中古知庄章组声母的音类分合情况比较复杂，因此，演变图示中对其分化条件未作标示。

② 虽然中古知庄章组声母在壶关型的壶关、树掌壶关、陵川方言和百尺型中的音类分合情况不同，但其演变图示类似，因此，我们仅以壶关方言为例图示说明。中古知庄章组声母在壶关型的长治县、八义长治县、荫城长治县、龙溪平顺方言和沁县型中的音类分合情况也不同，但其演变图示类似，因此，我们仅以沁县方言为例图示说明。

以上各类型方言中的发展演变情况。

古知庄章组在壶关方言中的发展演变情况可图示如下：

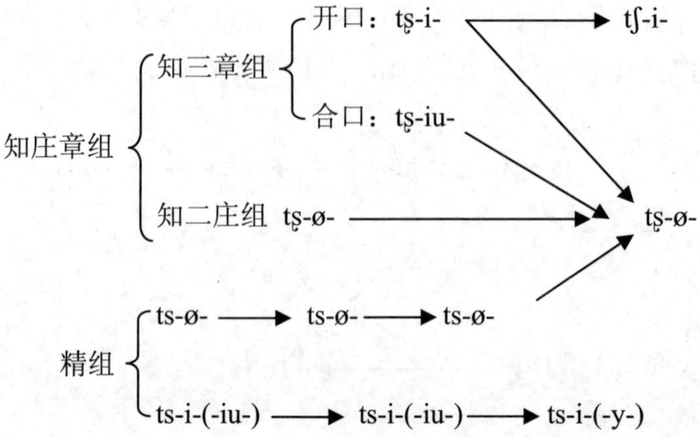

古知庄章组在沁县方言中的发展演变情况可图示如下：

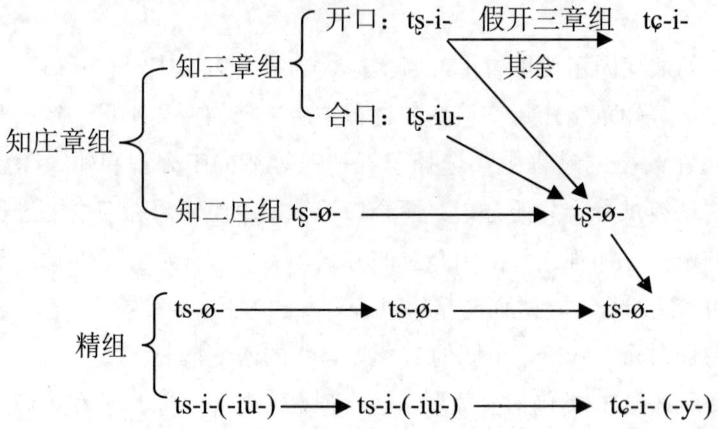

古知庄章组在景凤沁源方言中的发展演变情况可图示如下：

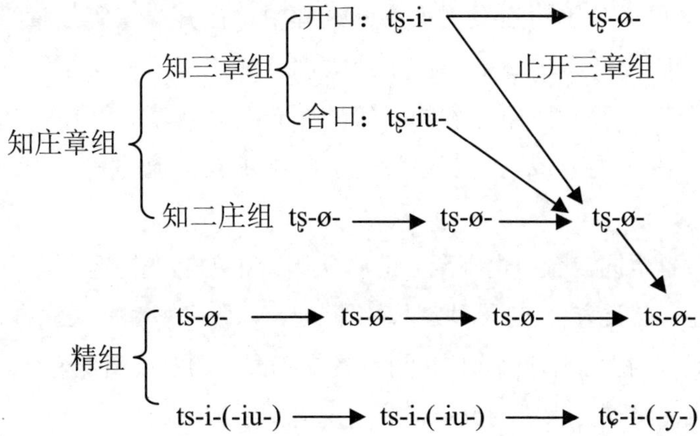

古知庄章组在沁源方言中的发展演变情况可图示如下：

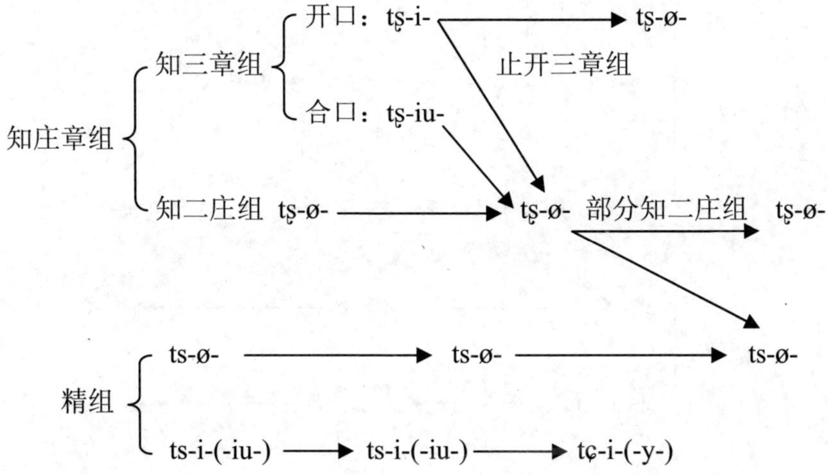

从古知庄章组声母在以上各类型方言中的演变图示可以看出，合口三等知章组在各类型方言中都选择了吞掉三等韵[i]介音的演变方式，而开口三等知章组所选择的演变方式在以上各类型方言中则不完全一致：在壶关型、沁县型和百尺型方言中一部分选择吞掉三等韵[i]介音的方式，一部分

则选择加强三等韵[i]介音的方式。而在景凤型和沁源型方言中则都选择了吞掉三等韵[i]介音的方式，这与合一型方言的演变方式一致，之所以造成其二分的格局，是因为在发展演变的过程中，在开口三等知章组还没有吞掉三等韵[i]介音之前，知二庄组或大部分知二庄组就与精组洪音合流，而后，开口三等知章组才吞掉三等韵[i]介音，或填补开口知二庄组留下的空位（景凤型）或与一部分没有与精组洪音合流的知二庄组合并（沁源型）。

（3）在开口不全同，合口也不全同的C类方言中的演变情况

如前文所述，C类方言包括黎城型、平顺型、东阳关型和礼义型方言。下面分别以黎城[1]、礼义陵川方言为例来讨论古知庄章组的发展演变情况。

古知庄章组在黎城方言中的发展演变情况可图示如下：

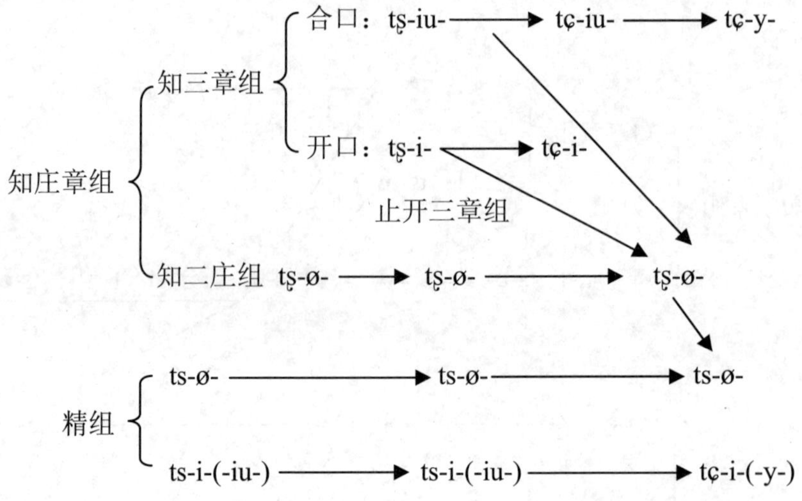

① 虽然中古知庄章组声母在黎城型、平顺型和东阳关型中的音类分合情况不同，但其演变图示一样，因此，对各方言的演变情况不一一讨论，这里仅以黎城方言为例图示说明。

古知庄章组在礼义陵川方言中的发展演变情况可图示如下：

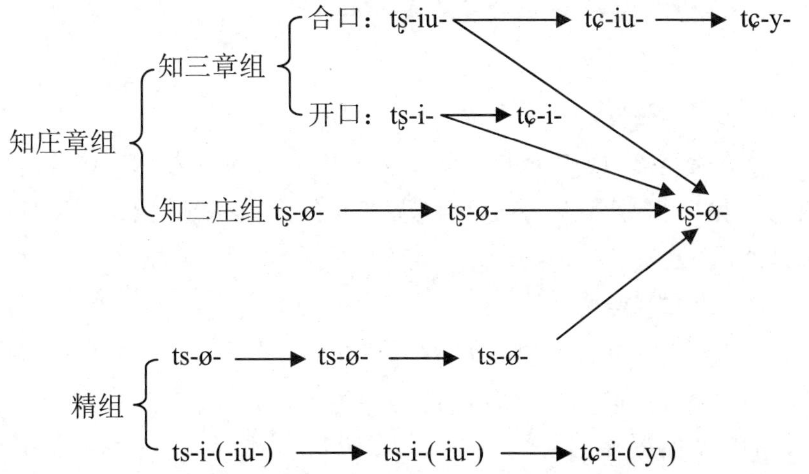

从古知庄章组声母在以上各类型方言中的演变图示可以看出，在以上各类型方言中，古知三章组不论开口还是合口，都同时采取两种演变方式，即一部分选择吞掉三等韵[i]介音的演变方式，一部分选择加强三等韵[i]介音的演变方式。

总之，在二分型方言中，之所以造成古知庄章组声母二分的格局，主要与古知三章组在演变的过程中所选择的演变方式有关，即一部分古知三章组选择保留声母丢掉三等韵[i]介音的方式进行演变，另一部分古知三章组则选择保留三等韵的[i]介音改变声母的方式进行演变：或合口是如此（A类），或开口是如此（B类），或开合口都是如此（C类）。在采取这种演变方式发展的过程中，各方言知三章组加强或吞掉三等韵[i]介音的程度各不相同，因此，也就出现了古知庄章组声母在二分型方言中音类分合复杂的情况。

第三节　中古影母和次浊声母

中古次浊声母包括明母、疑母、喻母、微母、泥母、来母和日母，由于明母的读音在各方言中非常一致，都读[m]声母，因此，本节主要讨论中古影母和次浊声母疑母、喻母、微母、泥母、来母、日母在晋东南晋语中的读音问题。

一 影疑喻微母

在晋东南晋语中，影母与疑母、喻母的语音表现多相同，这里我们一并讨论。由于开口影疑喻母与合口影疑喻母的读音不同，因此，我们对其分别讨论。

（一）开口影疑喻母

1. 开口影疑喻母的读音类型和分布

在晋东南晋语中，开口影疑喻母的读音在各方言中不尽一致，大致有六种类型，下面分别讨论。

（1）武乡型：各方言中开口影疑喻母的今读比较复杂，但都有[ŋ]和[ȵ]声母，开口影疑喻母的读音情况请见下表。分布在武乡、王和沁源、韩北武乡、南涅水沁县、沁源。

表 1.10 开口影疑喻母在武乡型方言中的读音情况

	影母					疑母						喻母		
	一等	二等	三四等			一等	二等		三四等			三等		
			蟹止	咸山	其他		咸山	其他	蟹止	咸山	其他	蟹止	咸山	其他
武乡	ŋ	∅	z	z	∅	ŋ	z	ȵ	z	z	ȵ	z	z	∅
王和沁源	ŋ	∅	z	∅	∅	ŋ	ȵ	ȵ	z	ȵ	ȵ	z	∅	∅
韩北武乡	ŋ	ȵ	z	z	ȵ	ŋ	z	ȵ	z	z	ȵ	z	z	∅
南涅水沁县	ŋ	ȵ	z	ȵ	ȵ	ŋ	ȵ	ȵ	z	ȵ	ȵ	z	∅	∅
沁源	ŋ	ȵ	∅	∅	∅	ŋ	ȵ	ȵ	∅	∅	∅	∅	∅	∅

注：表中的咸山摄专指咸山摄非入声。

从表 1.10 可以看出，在各方言中，开口一等影疑母都读[ŋ]声母，开口二三四等影疑喻母的读音情况具体如下：

在武乡方言中，除蟹止摄开口三四等、咸山摄开口二三四等非入声影疑喻母今都读[z]声母外，其余情况下，开口二三四等影喻母今读[ø]，开口二三四等疑母今读[ȵ]声母。在王和沁源方言中，除蟹止摄开口三四等影疑喻母今读[z]声母外，其余情况下，开口二三四等影喻母今读[ø]，开口二三四等疑母今读[ȵ]声母。由此可见，在武乡和王和沁源方言中，在大多数情况下，影母和疑母在开口二三四等前读音不同。据我们看到的材料，类似的现象在太谷、清徐、盂县、临县等并州片和吕梁片的一些方言中也存在。

在韩北武乡方言中，除蟹止摄开口三四等、咸山摄开口二三四等非入声影疑喻母今都读[z]声母外，其余情况下，喻母今读[ø]，开口二三四等影疑母今读[ȵ]声母。在南涅水沁县方言中，除蟹止摄开口三四等影疑喻母今都读[z]声母外，其余情况下，喻母今读[ø]，开口二三四等影疑母今读[ȵ]声母。由此可见，在韩北武乡和南涅水沁县方言中，在大多数情况下，影疑母在开口二三四等前读[ȵ]声母。据我们看到的材料，类似的现象在运城、临汾、新绛、万荣等中原官话汾河片的一些方言中也存在。

在沁源方言中，开口二等影疑母读[ȵ]声母，开口三四等影疑喻母读[ø]。据我们看到的材料，类似的现象在山西晋语其他片和中原官话汾河片方言中未见。

武乡型读音举例：

	爱 蟹开一 去代影	岸 山开一 去翰疑	鸦 假开二 平麻影	眼 山开二 上产疑	崖 蟹开二 平佳疑	衣 止开三 平微影	烟 山开四 平先影
武乡	ŋɛ	ŋæ	ia	zei	ȵia	zɿ	zei
王和沁源	ŋɑi	ŋæ	iɑ	ȵiæ	ȵiɑ	zɿ	iæ
韩北武乡	ŋɛ	ŋæ	ȵiɑ	zei	ȵiɑ	zɿ	zei
南涅水沁县	ŋɛ	ŋæ	ȵiɑ	ȵiei	ȵiɑ	zɿ	ȵiei
沁源	ŋɛi	ŋæ	ȵiɑ	ȵiæ	ȵiɑ	i	iæ

	噎	艺	验	银	移	焰	有
	山开四	蟹开三	咸开三	臻开三	止开三	咸开三	流开三
	入屑影	去祭疑	去豔疑	平真疑	平支以	去豔以	上有云
武乡	iʌʔ	zʅ	zei	ȵiəŋ	zʅ	zei	iəu
王和沁源	iʌʔ	zʅ	iæ	ȵin	zʅ	iæ	iou
韩北武乡	ȵiʌʔ	zʅ	zei	ȵiəŋ	zʅ	zei	iou
南涅水沁县	ȵiʌʔ	zʅ	ȵiei	ȵiŋ	zʅ	iei	iou
沁源	iaʔ	i	iæ	iə̃	i	iæ	iəu

（2）长子型：影疑母在今开口洪音韵母前读[ŋ]声母，影疑喻母在今开口细音韵母前读[ø]。分布在长子、襄垣、黄崖洞黎城。据我们看到的材料，类似的现象在山西晋语大包片的阳高、左云、天镇以及五台片的忻州、定襄、原平、五台、代县、神池、宁武、五寨、岢岚、偏关、保德、河曲、繁峙方言中也存在。

长子型读音举例：

	爱	鹅	牙	艺	噎	炎	摇
	蟹开一	果开一	假开二	蟹开三	山开四	咸开三平	效开三
	去代影	平歌疑	平麻疑	去祭疑	入屑影	盐云	平宵以
长子	ŋai	ŋə	ia	i	iɛʔ	iæ̃	iau
襄垣	ŋai	ŋɤ	ia	i	iʌʔ	iei	iau
黄崖洞黎城	ŋɑi	ŋə	iɑ	i	iɑʔ	iæ	iɑu

（3）沁县型：影疑喻母在今开口细音韵母前读齐齿呼零声母，在来源于蟹止摄开口三四等的[ʅ]韵母前读[z]声母，影疑母在其余开口洪音韵母前读[ŋ]声母。分布在涌泉武乡、沁县和新店沁县。

沁县型读音举例：

	爱	熬	牙	衣	艺	移	噎	炎
	蟹开一	效开一	假开二	止开三	蟹开三	止开三	山开四	咸开三
	去代影	平豪疑	平麻疑	平微影	去祭疑	平支以	入屑影	平盐云
涌泉武乡	ŋɑi	ŋɔ	iɑ	zɿ	zɿ	zɿ	iɑʔ	iæ
沁县	ŋɛ	ŋɔ	ia	zɿ	zɿ	zɿ	iʌʔ	ɪ
新店沁县	ŋɛ	ŋo	iɑ	zɿ	zɿ	zɿ	iaʔ	ɪ

（4）屯留型：影疑母在今开口洪音韵母前读[ɣ]声母，影疑喻母在今开口细音韵母前读[ø]。分布在屯留、上村屯留、潞城、黎城、平顺、壶关、陵川、高平、晋城、阳城、端氏沁水。

屯留型读音举例：

	爱	鹅	岸	牙	艺	噎	摇	炎
	蟹开一	果开一	山开一	假开二	蟹开三	山开四	效开三	咸开三
	去代影	平歌疑	去翰疑	平麻疑	去祭疑	入屑影	平宵以	平盐云
屯留	ɣæ	ɣɤ	ɣan	ia	i	iɛʔ	iɔ	ian
上村屯留	ɣæ	ɣɤ	ɣan	ia	i	iəʔ	iɔ	ian
潞城	ɣai	ɣə	ɣæ̃	iɑ	i	iaʔ	iɔ	iæ̃
黎城	ɣᴇ	ɣɤ	ɣæ	ia	i	iʌʔ	iɔ	iᴇ
平顺	ɣai	ɣə	ɣæ̃	ia	i	iʌʔ	iɔ	iæ̃
壶关	ɣai	ɣə	ɣaŋ	ia	i	iʌʔ	iɔ	iaŋ
陵川	ɣᴀi	ɣɤ	ɣᴀn	iᴀ	i	iʌʔ	iɑo	iə̃n
高平	ɣɛe	ɣɤ	ɣæ	iɑ	i	iɛʔ	iɔo	iæ
晋城	ɣᴇ	ɣʌ	ɣæ	iɑ	i	iᴀʔ	io	iɛ
阳城	ɣæ	ɣə	ɣɛ̃	iɑ	i	iʌʔ	io	ie
端氏沁水	ɣɛi	ɣə	ɣæ	iɒ	i	iaʔ	iʌo	i

（5）长治型：影疑母在今开口洪音韵母前读开口呼零声母，影疑喻母在今开口细音韵母前读齐齿呼零声母。分布在西营襄垣、东阳关黎城、豆峪平顺、

上港平顺、辛安泉潞城、店上潞城、长治、长治县、宋村长子、南常长子、石哲长子、琚村长子、荫城长治县、百尺壶关、龙溪平顺、树掌壶关、八义长治县、陈区高平、古寨高平、河西高平、礼义陵川、西河底陵川、水东泽州、巴公泽州、北留阳城、町店阳城。

长治型读音举例：

	爱 蟹开一 去代影	鹅 果开一 平歌疑	眼 山开二 上产疑	艺 蟹开三 去祭疑	烟 山开四 平先影	噎 山开四 入屑影	摇 效开三 平宵以	炎 咸开三 平盐云
西营襄垣	ɑi	ə	iei	i	iei	iəʔ	iɑo	iei
东阳关黎城	ɛ	ə	iæ	i	iæ	iʌʔ	iɑo	iæ
豆峪平顺	ɑi	ə	iɑn	i	iɑn	iɑʔ	iɑo	iɑn
上港平顺	ɑi	ə	iɑn	i	iɑn	iʌʔ	iɑo	iɑn
辛安泉潞城	ɑi	ə	iæ	i	iæ	iʌʔ	iɑo	iæ
店上潞城	ɑi	ə	iɑn	i	iɑn	iʌʔ	iɑo	iɑn
长治	æ	ə	iɑŋ	i	iɑŋ	iəʔ	iɔ	iɑŋ
长治县	æ	ə	iɑŋ	i	iɑŋ	iəʔ	iɔ	iɑŋ
宋村长子	ɑi	ə	iɑŋ	i	iɑŋ	iəʔ	iɑo	iɑŋ
南常长子	ɑi	ə	ian	i	ian	iəʔ	iɑo	ian
石哲长子	ɑi	ə	ian	i	ian	iɛʔ	iɑo	ian
琚村长子	ɑi	ə	iɑŋ	i	iɑŋ	iɑʔ	iɔ	iɑŋ
荫城长治县	ɑi	ə	in	i	in	iəʔ	iɔ	in
百尺壶关	ɑi	ə	in	i	in	iɑʔ	iɑo	in
龙溪平顺	ɑi	ə	iẼ	i	iẼ	iəʔ	iɑo	iẼ
树掌壶关	ɑi	ə	iei	i	iei	iʌʔ	iɑo	iei
八义长治县	ɑi	ə	iɑŋ	i	iɑŋ	iɑʔ	iɑo	iɑŋ
陈区高平	ɑi	ə	iæ	i	iæ	iʌʔ	iɔ	iæ
古寨高平	ɛi	ɤ	iæ	i	iæ	iɑʔ	io	iæ
河西高平	ɛ	ə	iæ	i	iæ	iəʔ	iɔ	iæ
礼义陵川	ɑi	ə	in	i	in	iʌʔ	iɑo	in
西河底陵川	ei	ə	iæ	i	iæ	iᴀʔ	iou	iæ
水东泽州	ɑi	ə	iæ	i	iæ	iɑʔ	iɑo	iæ
巴公泽州	ɛ	ə	iæ	i	iæ	iəʔ	iɔ	iæ

北留阳城	ɛ	ə	iᴇ	i	iᴇ	iᴀʔ	iou	iᴇ
町店阳城	ɛ	ə	iæ	i	iæ	iɑʔ	iɑu	iæ

（6）景凤型：分布在景凤沁源和上马襄垣。影疑喻母在今开口细音韵母前读齐齿呼零声母，在今开口洪音韵母前一部分读开口呼零声母，一部分读[z]声母，具体情况如下：在景凤沁源方言中，影疑喻母在来源于蟹止摄开口三四等的[ʅ]韵母前今读[z]声母，影疑母在其余洪音韵母前今读开口呼零声母。在上马襄垣方言中，影疑喻母在来源于咸山摄开口三四等非入声的[ei]韵母前今读[z]声母，影疑母在其余洪音韵母前今读开口呼零声母。

景凤型读音举例：

	爱	鹅	鸦	眼	崖	银	噎
	蟹开一	果开一	假开二	山开二	蟹开二	臻开三	山开四
	去代影	平歌疑	平麻影	上产疑	平佳疑	平真疑	入屑影
景凤沁源	ɑi	ə	iɒ	iæ	iɒ	iŋ	iɑʔ
上马襄垣	ɛ	ə	iɑ	zei	iɑ	iŋ	iəʔ

	衣	烟	艺	验	移	焰	有
	止开三	山开四	蟹开三	咸开三	止开三	咸开三	流开三
	平微影	平先影	去祭疑	去豔疑	平支以	去豔以	上有云
景凤沁源	zʅ	iæ	zʅ	iæ	zʅ	iæ	iou
上马襄垣	i	zei	i	zei	i	zei	iou

据我们看到的材料，沁县型、屯留型、长治型和景凤型在山西晋语其他片方言中都未见分布。据《山西方言调查研究报告》（侯精一，温端政1993），在山西晋语的并州片（除太原①）、吕梁片和五台片、大包片的大多数方言以及中原官话汾河片（除沁水）方言中影疑母在今开口洪音韵母前都读[ŋ]声母，在五台片和大包片的少数方言中影疑母在今开口洪音韵母前

① 太原、沁水方言中影疑母在今开口洪音韵母前读[ɣ]声母。

都读[n]声母。可见，影疑母在今开口洪音韵母前在屯留型中今读[ɣ]声母和在长治型、景凤型①中今读开口呼零声母可以说是晋东南晋语区别于山西其他方言的一个重要特点。

2. 中古开口影疑喻母在晋东南晋语中的演变

中古影母为喉塞音[ʔ]，疑母为舌根鼻音[ŋ]，喻母为半元音[j]（王力1985）。学界普遍认为在共同语中，影母和喻母至少在《中原音韵》时代已合流为零声母，而且，疑母也是朝着丢失鼻音声母与影喻母合流为零声母的方向演变的，只是其彻底消失的时间至今尚无定论。王力先生（1985）认为到了14世纪（《中原音韵》时代），疑母在共同语里已经消失，和喻母完全相混。杨耐思先生（1997）认为《切韵》系统的疑母在十三四世纪的共同语里已普遍转化为腭化音或失去。杨亦鸣先生（1992）根据明代兰茂《韵略易通》的《早梅诗》已无疑母，认为疑母[ŋ]的消失不晚于15世纪中叶。丁邦新先生（1998）认为《中原音韵》中疑母字大部分已经与影喻母合流变成了零声母，只有小部分疑母字自成小韵，并且跟“影喻”对立，在以后的发展中，这一小部分疑母字也逐渐完成了与影喻母的合流。叶宝奎先生（2001）指出《重订司马温公等韵图经》已将《中原音韵》中尚保留[ŋ]声母的疑母字置于影母之下变成了零声母。那么，开口影疑喻母在晋东南晋语中的演变是否与共同语一致或者是否也曾经历了类似于在共同语中的演变阶段呢？据我们所看到的材料，目前对开口影疑喻母在其他方言中演变情况进行研究的论著还相当少，关于此问题的研究还比较薄弱，再加上缺乏相关的历史文献材料，因此，我们还不能对开口影疑喻母在晋东南晋语中的演变情况做出肯定的判断，只能根据现有的方言材料来尝试着对其演变的可能性作一初步的研究，关于此问题还有待日后进一步的讨论。

（1）开口影疑喻母在武乡型方言中的演变

① 开口影疑喻母在武乡和王和沁源方言中的演变

如前所述，武乡、王和沁源方言中开口影疑喻母的读音情况大致是：在开口一等前影疑母今读[ŋ]。在开口二等前，影母今读[ø]，疑母今读[ȵ]（武乡方言中咸山摄开口二等非入声疑母今读[z]）。在蟹止摄开口三四等（武乡

---

① 景凤型方言中，影疑母在今绝大多数开口洪音韵母前都读开口呼零声母。

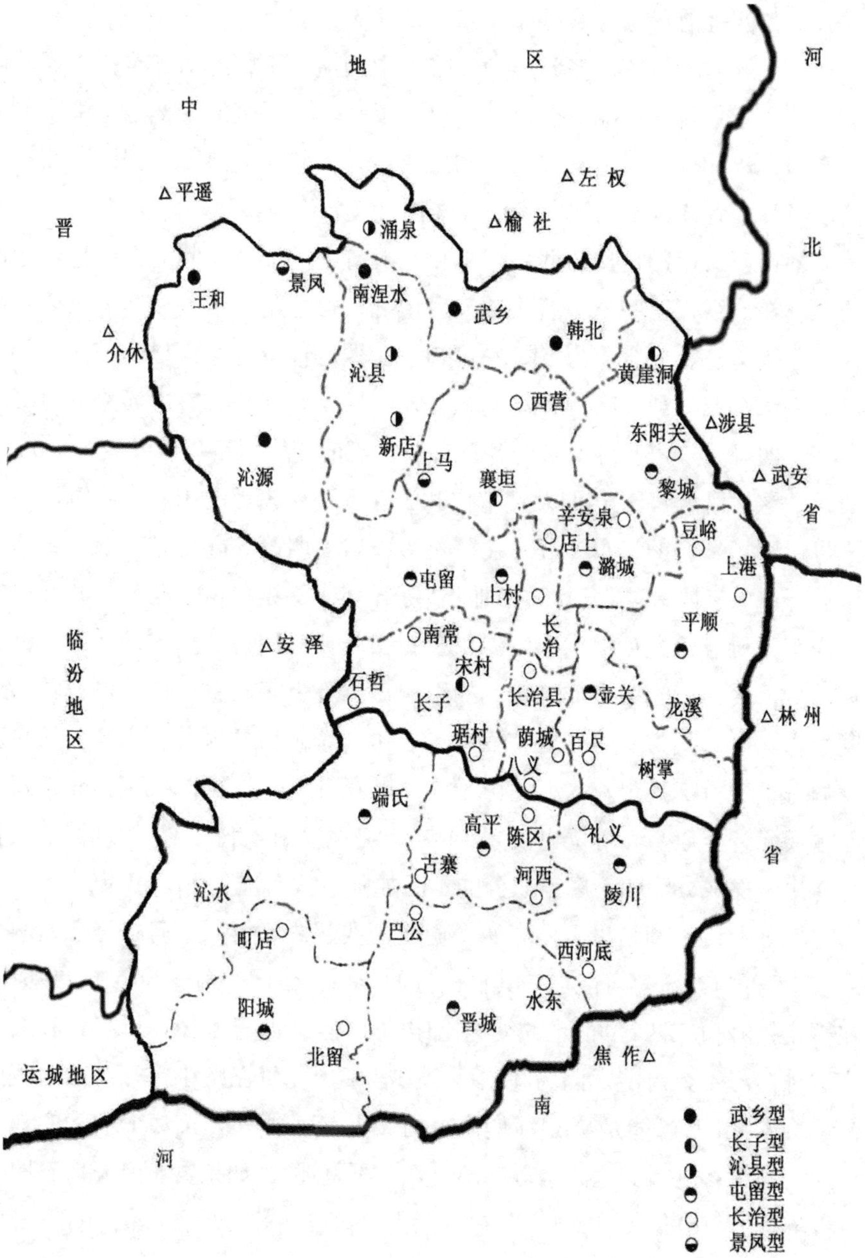

图 4　开口影疑喻母在晋东南晋语中的读音类型分布图

方言中还包括咸山摄开口三四等非入声）前影疑喻母今读[z]，在其余韵摄的开口三四等前影母与喻母都读[ø]，疑母读[ȵ]。

假设开口疑母在武乡和王和沁源方言中的演变也曾经历了类似于在共同语中变为零声母与影喻母合流的阶段，那么，在后来的演变过程中，为什么开口影母和疑母只在开口一等和蟹止摄开口三四等前读音相同，而在别的情况下二者读音不同呢？我们很难找出其分化的条件。

根据开口影疑喻母在武乡、王和沁源方言中的读音及其分合条件，我们认为其在武乡、王和沁源方言中的演变情况很可能是：影母以等为条件，在开口一等前与疑母合流为[ŋ]，在开口二三四等前变为零声母，与变为零声母的喻母合流。疑母[ŋ]在除蟹止摄开口三四等（武乡方言中还除咸山摄开口二三四等非入声）外的其他开口二三四等前变为保留声母鼻音特点的[ȵ]声母，这样既解决了[ŋ]的发音部位和[i]介音距离较远的矛盾，同时，还使声母保留了鼻音的特点。疑母在蟹止摄开口三四等（武乡方言中还包括咸山摄开口二三四等非入声[①]）前则丢掉了[ŋ]声母，变为[ø]，与喻母和开口二三四等影母合流之后，由于来源于蟹止摄开口三四等的[i]韵母发生了舌尖化，受舌尖元音[ɿ]摩擦成分较大的影响，合流为[ø]的蟹止摄开口三四等影疑喻母又一起变为[z]声母。在武乡方言中，咸山摄开口二三四等非入声影疑喻母也变为[z]声母，大概是由于咸山摄开口二三四等非入声读[ei]韵母，与舌尖元音类似，其舌位也较高，因此，零声母在与[ei]相拼的过程中较容易产生摩擦成分，随着摩擦成分的不断加强，从而也变为[z]声母。

不过，讨论到这里，还有两个问题需要解决。第一个问题是在这两个方言中，疑母有没有可能像在其他韵摄的开口二三四等前变为[ȵ]声母那样，在蟹止摄开口三四等[②]前也先变为[ȵ]声母，然后再变为[z]声母呢？我们认为这种情况不太可能。因为在这两个方言中，泥母在蟹止摄开口三四等前都读[nz]，其有可能是从[n]演变而来的，也有可能是从[ȵ]演变而来的（关于此问题可参见后文“泥来母”部分，此不赘述）。如果蟹止摄开口三四等泥母[nz]是从[n]变来的，那么，在蟹止摄开口三四等韵母舌尖化为[ɿ]后，蟹

① 在武乡方言中，蟹止摄开口三四等影疑喻母合流为零声母后又变为[z]声母的时间并不一定与咸山摄开口二三四等非入声影疑喻母合流为零声母后又变为[z]声母的时间一致。

② 包括武乡方言中的咸山摄开口二三四等非入声。下同。

止摄开口三四等泥母字就会经过读[nʐ]的阶段。假设疑母在蟹止摄开口三四等前先变为[ȵ]声母的话，那么，在蟹止摄开口三四等韵母舌尖化为[ɿ]后，从音理上看，疑母是舌面鼻音[ȵ]声母，而[ɿ]是舌尖元音，二者在发音上不和谐，因此，蟹止摄开口三四等疑母就会由舌面鼻音[ȵ]变为舌尖鼻音[n]，这样的话，就会使得蟹止摄开口三四等疑母字和泥母字相混，那么，为什么已经相混的蟹止摄开口三四等疑母字和泥母字后来的读音却不相同了呢？似乎很难做出合理的解释。如果蟹止摄开口三四等泥母[nz]是从[ȵ]变来的，那么，假设疑母在蟹止摄开口三四等前是先变为[ȵ]声母的话，就会与蟹止摄开口三四等泥母相混，那么，为什么已经相混的疑母和泥母在蟹止摄开口三四等韵母发生音变后会发生不同的变化呢？似乎也很难做出合理的解释。综上所述，假设蟹止摄开口三四等疑母是先变为[ȵ]声母的话，就会与蟹止摄开口三四等泥母字相混，二者就失去了再分化出来的条件了，因此，我们认为疑母在蟹止摄开口三四等前是先变为零声母再变为[z]声母的。

第二个问题是为什么疑母只在这两个方言中的蟹止摄开口三四等和武乡方言中的咸山摄开口二三四等非入声前先变为零声母了呢？我们认为这可能与其韵母主要元音的高化有关。与其他韵摄的开口二三四等今读韵母相比，在这两个方言中蟹止摄开口三四等今读为舌尖元音[ɿ]韵母，其舌位较高，如前所述，[ɿ]韵母是[i]韵母舌尖化而来的，武乡方言中咸山摄开口二三四等非入声今读[ei]韵母，其舌位也较高，而且，从武乡方言中咸山摄开口一等非入声今读[æ]韵母的情况，再从咸山摄开口二三四等非入声在武乡周围的涌泉武乡方言中今读[iæ]韵母，襄垣、西营襄垣、南涅水沁县方言中今读[iei]韵母，沁县方言中今读[ɪ]韵母的情况综合来看，我们认为武乡方言中咸山摄开口二三四等非入声今读[ei]韵母也是逐渐高化而来的。由此我们推测，与其他开口二三四等韵摄的韵母相比，这两个方言中蟹止摄开口三四等韵母和武乡方言中咸山摄开口二三四等非入声韵母的主要元音很可能在较早的时候就表现出高化的倾向，再加上[i]介音的影响，整个韵母则具有较前较高的发音特点，而[ŋ]声母为舌根鼻音，二者在发音上很不和谐，因此，[ŋ]声母脱落，变为零声母。

开口影疑喻母在武乡、王和沁源方言中的演变情况可图示如下：

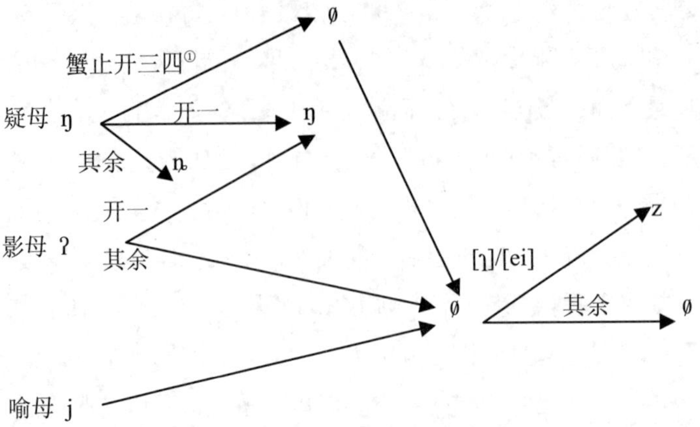

② 开口影疑喻母在韩北武乡和南涅水沁县方言中的演变

在韩北武乡、南涅水沁县方言中，如前所述，影母和疑母的读音表现一致：在开口一等前影疑母读[ŋ]。在开口三四等蟹止摄（韩北武乡方言中还包括开口二三四等咸山摄非入声）前影疑母读[z]。在开口二等（韩北武乡方言中除咸山摄非入声）、除蟹止摄（韩北武乡方言中还除咸山摄非入声）外的其他韵摄的开口三四等前影疑母读[ȵ]，而喻母在蟹止摄开口三等（韩北武乡方言中还包括咸山摄开口三等非入声）前读[z]，其余情况下读[ø]。

假设开口疑母在韩北武乡和南涅水沁县方言中的演变也曾经历了类似于在共同语中变为零声母与影喻母合流的阶段，那么，在后来的演变过程中，已经合流为零声母的影疑喻母是如何在今细音韵母前演变为[ȵ]声母的呢？我们很难对其做出合理的解释。根据开口影疑喻母在韩北武乡、南涅水沁县方言中的读音及其分合条件，我们认为其演变情况可能是：影母与疑母先合流为[ŋ][2]，在演变的过程中，已经合流为[ŋ]声母的影疑母在除蟹止摄（韩北武乡方言中还除咸山摄非入声）外的其他韵摄的开口二三四等前变为[ȵ]，这样既解决了[ŋ]的发音部位和[i]介音距离较远的矛盾，同时，还使声母保留

---

① 受图示空间限制，“蟹止摄开口三四等”简称为“蟹止开三四”，下文图示中类似的情况与此同。并且，这里还应包括武乡方言中的“咸山摄开口二三四等非入声”，但由于图示空间的限制，未标，韩北武乡方言中“蟹止摄开口三四等”和“咸山摄开口二三四等非入声”也有类似的演变情况，后文的相关图示中也做此处理，不再特别说明。

② 据王力先生（1985），影母为喉塞音，疑母为舌根鼻音，二者发音部位比较接近，因此，影母较容易与疑母合并为舌根鼻音声母。以下各方言中类似的情况，其原因与此同，不再说明。

了鼻音的特点。而在蟹止摄开口三四等（韩北武乡方言中还包括咸山摄开口二三四等非入声①）前影疑母则丢掉了[ŋ]声母，与变为零声母的喻母合流之后，蟹止摄开口三四等（韩北武乡方言中还包括咸山摄开口二三四等非入声）影疑喻母又一起变为[z]声母（其演变原因与武乡、王和沁源方言类似，此不赘述），其余韵摄前的喻母仍为零声母。开口影疑喻母在韩北武乡、南涅水沁县方言中的演变情况可图示如下：

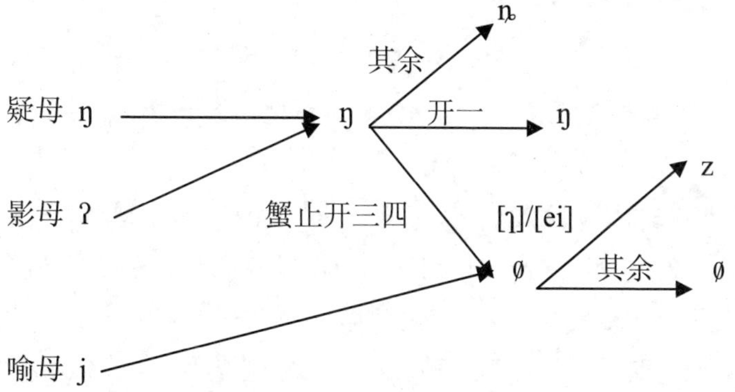

③ 开口影疑喻母在沁源方言中的演变

在沁源方言中，如前所述，影疑母在开口一等前读[ŋ]，在开口二等前读[ȵ]，在开口三四等前读[ø]，与喻母合流。

假设开口疑母在沁源方言中的演变也曾经历了类似于在共同语中变为零声母与影喻母合流的阶段，那么，在后来的演变过程中，已经合流为零声母的影疑母是如何在开口二等前演变为[ȵ]声母的呢？我们很难对其做出合理的解释。根据开口影疑喻母在沁源方言中的读音，我们认为其演变情况很可能是：影母和疑母先合流为[ŋ]声母，在开口二等见系发生腭化之前，由于已经合流为[ŋ]的影疑母与开口三四等的[i]介音发音不和谐，因此，影疑母的[ŋ]声母在开口三四等前丢失，变为[ø]，进而与变为零声母的喻母合流，当开口二等见系发生腭化产生[i]介音后，影疑母开口二等的[ŋ]声母为了与[i]介音发音上的和谐，变为[ȵ]。开口影疑喻母在沁源方言中的演变情

① 在韩北武乡方言中，蟹止摄开口三四等影疑喻母合流为零声母后又变为[z]声母的时间并不一定与咸山摄开口二三四等非入声影疑喻母合流为零声母后又变为[z]声母的时间一致。

况可图示如下：

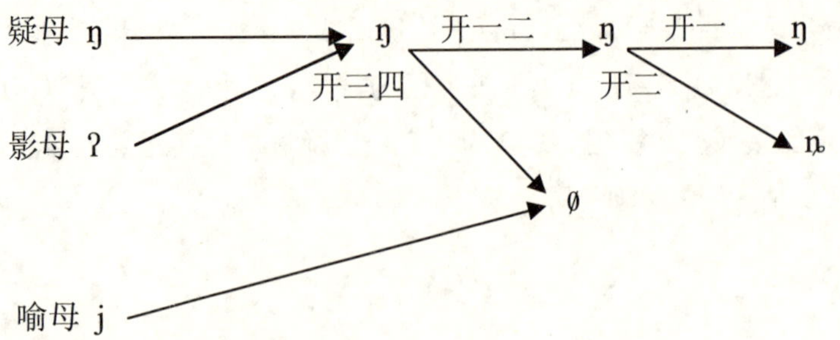

（2）开口影疑喻母在长治型、景凤型、屯留型、长子型和沁县型方言中的演变

由于缺乏相关的历史文献资料，我们目前还不能对开口影疑喻母在以上各类型方言中的演变情况做出肯定的判断，只能根据现有的方言材料对其作一初步的研究。根据开口影疑喻母在以上各类型方言中的读音，我们认为其演变情况有两种可能：第一种可能是疑母也曾经历了类似于在共同语中变为零声母与影喻母合流的阶段，然后再一起发生相应的变化。第二种可能是与共同语相反，疑母并没有失去鼻音声母与影喻母合并为零声母，而是影母并入疑母，然后再一起发生相应的变化。下面分别对开口影疑喻母在以上各类型方言中上述两种可能的演变情况进行讨论。

① 开口影疑喻母在长治型、景凤型、屯留型、长子型和沁县型方言中第一种可能的演变情况

在长治型方言中，第一种可能的演变情况大致是疑母丢掉鼻音声母与影喻母合流为零声母。

在景凤型方言中，第一种可能的演变情况大致是疑母丢掉鼻音声母与影喻母合流为零声母之后，在景凤沁源方言中，由于来源于蟹止摄开口三四等的[i]韵母的舌尖化，受舌尖元音[ɿ]摩擦成分较大的影响，蟹止摄开口三四等影疑喻母也随之由零声母变为[z]声母，在上马襄垣方言中，由于咸山摄开口二三四等非入声变为[ei]韵母，咸山摄开口二三四等非入声影疑喻母也随之由零声母变为[z]声母（关于其演变原因，与武乡方言类似，可参见前

文“开口影疑喻母在武乡型方言中的演变”部分的相关内容，此不赘述）。其演变情况可图示如下：

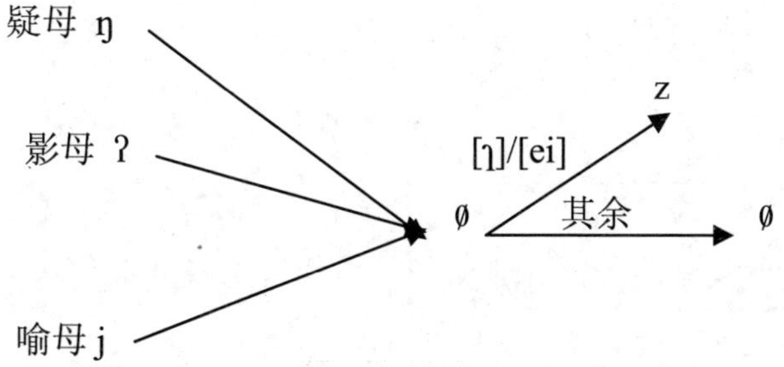

在屯留型方言中，第一种可能的演变情况大致是：开口疑母丢失鼻音声母，与影喻母合流为零声母之后，在今洪音韵母前又增生出浊擦音声母[ɣ]。从音理上看，一般来讲，在纯元音开头时，肌肉处于放松的状态，不便于发音，所以往往加上摩擦成分或喉塞成分，比如据黄伯荣，廖序东先生（2002），在共同语中，从实际音值上看，在开口呼零声母前就带有轻微的喉塞音或舌面后擦音的成分，因此，我们推测在屯留型方言中，从实际音值上看，在开口呼零声母字的开头原先可能就带有轻微的舌面后擦音成分，这大概是其摩擦成分进一步加强的结果。其演变情况可图示如下：

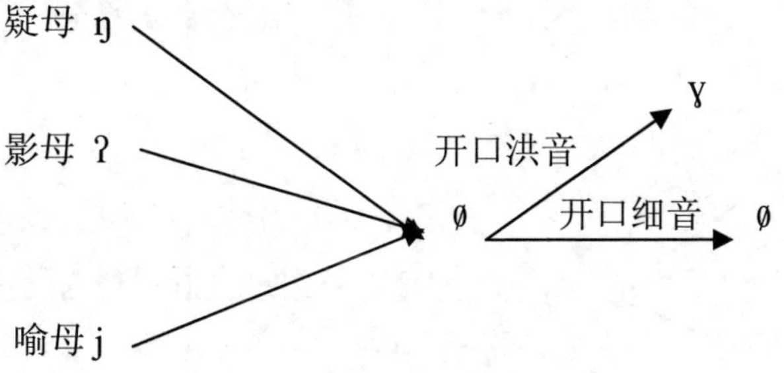

在长子型方言中，第一种可能的演变情况大致是：开口疑母丢失鼻音声母与影喻母合流为零声母之后，在今洪音韵母前又增生出鼻音声母[ŋ]。从音理上看，开口洪音影疑母在长子型方言中今读[ŋ]声母与其在屯留型方

言中今读[ɣ]声母的道理是类似的，可参见上文，不赘。因此，我们推测在长子型方言中，从实际音值上看，在开口呼零声母字的开头原先可能就带有清的喉塞音，由于其发音部位与舌根鼻音[ŋ]比较接近，所以易于变为舌根鼻音。其演变情况可图示如下：

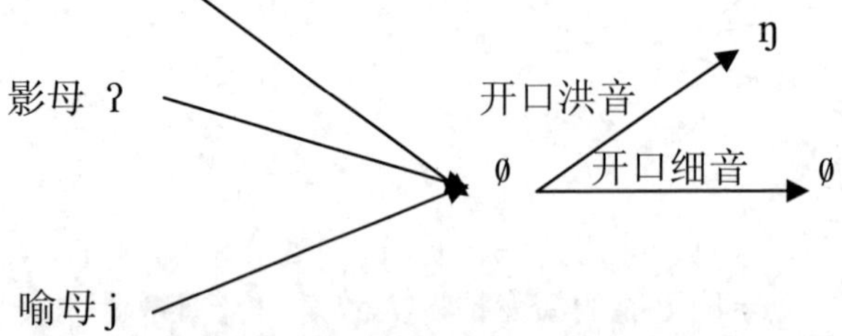

在沁县型方言中，第一种可能的演变情况大致是：开口疑母先丢失鼻音声母与影喻母合流为零声母，之后，影疑母在今洪音韵母（除[ʅ]韵母）前又增生出鼻音声母[ŋ]（其演变原因与长子型类似，可参见上文，不赘），由于来源于蟹止摄开口三四等的[i]韵母舌尖化为[ʅ]韵母，受舌尖元音[ʅ]摩擦成分较大的影响，蟹止摄开口三四等影疑喻母也随之由零声母变为[z]声母。如果[i]韵母舌尖化的时间比零声母在洪音韵母前增生出[ŋ]声母的时间早，那么，其演变情况可图示如下：

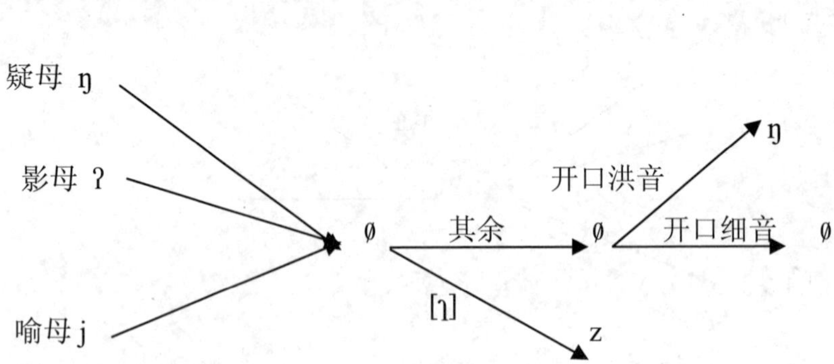

如果[i]韵母舌尖化的时间比零声母在洪音韵母前增生出[ŋ]声母的时间晚，那么，其演变情况可图示如下：

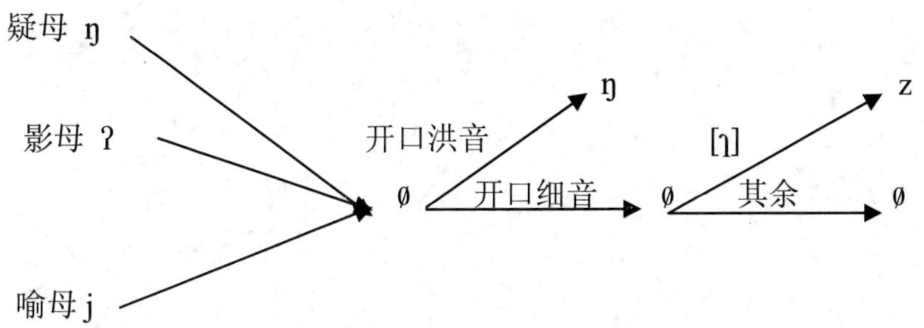

② 开口影疑喻母在长子型、沁县型、屯留型、长治型和景凤型方言中第二种可能的演变情况

在长子型方言中，第二种可能的演变情况大致为：影母与疑母先合流为[ŋ]声母，然后以今读韵母的洪细为条件，在开口洪音韵母前仍读为[ŋ]，由于[ŋ]的发音部位与[i]介音距离较远，为了解决与[i]介音发音上的矛盾，[ŋ]声母在开口细音韵母前消失，变为[ø]，与变为零声母的喻母合流。其演变情况可图示如下：

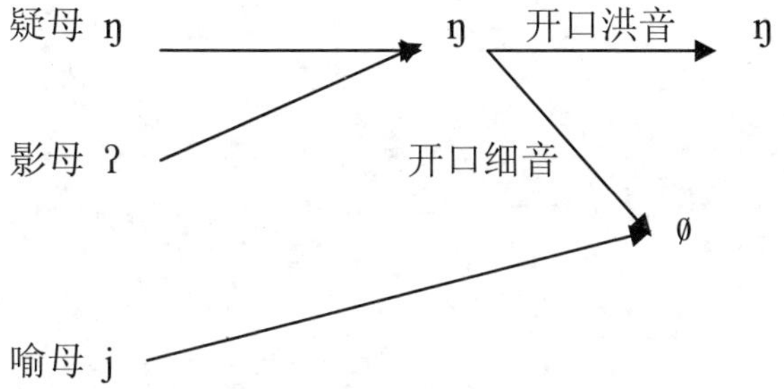

在沁县型方言中，第二种可能的演变情况大致为：影母与疑母先合流为[ŋ]声母，然后以韵母的洪细为条件，开口洪音韵母前仍读为[ŋ]，开口细音韵母前变为[ø]，与变为零声母的喻母合流（其演变原因与开口影疑喻母在长子型中第二种可能的演变情况中的原因类似，不赘）。之后，由于来源于蟹止摄开口三四等的[i]韵母舌尖化为[ʅ]韵母，受舌尖元音[ʅ]摩擦成分较大的影响，蟹止摄开口三四等影疑喻母也随之由零声母变为[z]声母。其演变情况可图示如下：

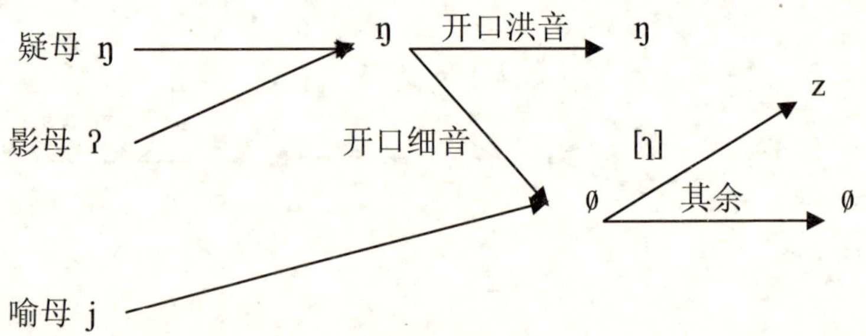

在屯留型方言中，第二种可能的演变情况中又有A、B两种可能。A种可能的演变过程是：影母与疑母先合流为舌根鼻音[ŋ]，然后变为与之发音部位相同的口音[ɣ]，再以今读韵母的洪细为条件，开口洪音韵母前仍读[ɣ]，由于舌根音[ɣ]的发音部位与[i]介音距离较远，为了解决与[i]介音发音上的矛盾，[ɣ]声母在开口细音韵母前消失，变为[ø]，与变为零声母的喻母合流。简言之，可图示如下：

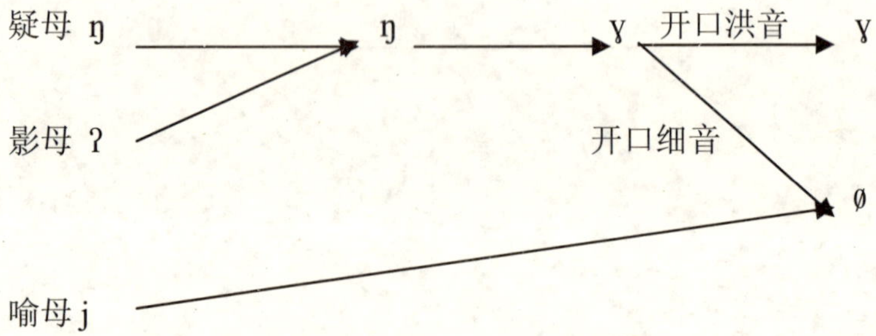

B 种可能的演变过程是：疑母[ŋ]变为与之发音部位相同的口音[ɣ]，影母[ʔ]并未与疑母先合并为[ŋ]，而是直接变为发音部位与之相近的[ɣ]，从而与也变为[ɣ]的疑母合并，再以今读韵母的洪细为条件，开口洪音韵母前仍读[ɣ]，由于舌根音[ɣ]的发音部位与[i]介音距离较远，为了解决与[i]介音发音上的矛盾，[ɣ]声母在开口细音韵母前消失，变为[ø]，与变为零声母的喻母合流。简言之，可图示如下：

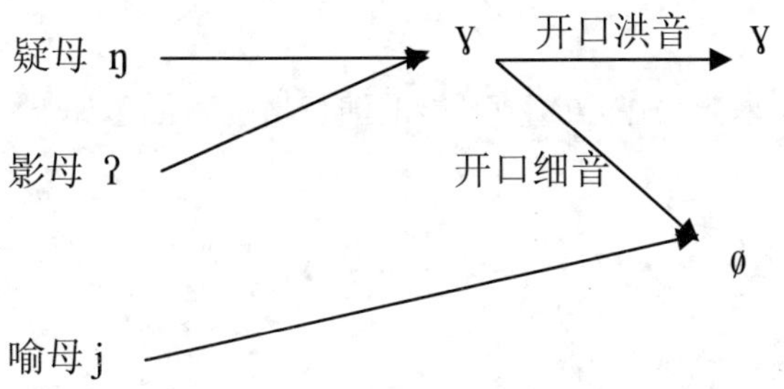

在长治型和景凤型方言中，第二种可能的演变情况中也大致又有两种可能，我们称之为甲、乙两种可能。甲种可能的演变过程大致是先像开口影疑喻母在屯留型中的第二种可能的演变情况一样，即影疑母先变为[ɣ]声母[①]，然后以韵母的洪细为条件，在开口洪音韵母前仍读为[ɣ]，在开口细音韵母前[ɣ]声母消失变为[ø]，与变为零声母的喻母合流，在后来的发展过程中，在长治型和景凤型方言中，开口洪音韵母前的[ɣ]声母在某一阶段也消失变成了零声母，并且，在景凤型方言中，由于部分细音韵母[②]发生变化，使得这部分字的声母由零声母变为[z]声母（关于此问题可参见前文开口影疑喻母在景凤型中第一种可能的演变情况的相关内容。下同），这种音变发生的时间有可能在开口洪音韵母前的[ɣ]声母消失之前，也有可能在开口洪音韵母前的[ɣ]声母消失之后。乙种可能的演变过程大致是先像开口影疑喻母在长子型中的第二种可能的演变情况一样，即影母与疑母先合流为[ŋ]声母，然后以韵母的洪细为条件，在开口洪音韵母前仍读为[ŋ]，在开口细音韵母前[ŋ]声母消失变为[ø]，与变为零声母的喻母合流，在后来的发展过程中，在长治型和景凤型方言中，开口洪音韵母前的[ŋ]声母在某一阶段也消失变成了零声母，并且，在景凤型方言中，由于部分细音韵母发生变化，使得这部分字的声母由零声母变为[z]声母，这种音变发生的时间有可能在开口洪音韵母前的[ŋ]声母消失之前，也有可能在开口洪音韵母前的[ŋ]声母

① [ɣ]有可能是影母与疑母合并为[ŋ]之后一起变来的，也有可能是影母和疑母各自分别变来的。其演变过程及原因可参看上文开口影疑喻母在屯留型方言中第二种可能的演变过程中的 A、B 两种可能。

② 包括上马襄垣方言中的咸山摄开口二三四等非入声和景凤沁源方言中的蟹止摄开口三四等。下文类似之处不再说明。

消失之后。

开口影疑喻母在长治型方言中第二种可能的演变情况可图示如下：

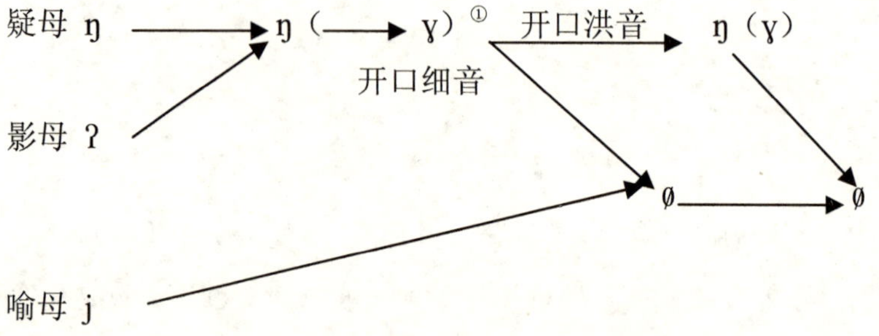

如前所述，在景凤型方言中，由于部分细音韵母发生变化，使得这部分字的声母也由零声母变为[z]声母，如果这种音变发生的时间在开口洪音韵母前的[ŋ]或[ɣ]声母消失之前，那么，开口影疑喻母在景凤型方言中第二种可能的演变情况可图示如下：

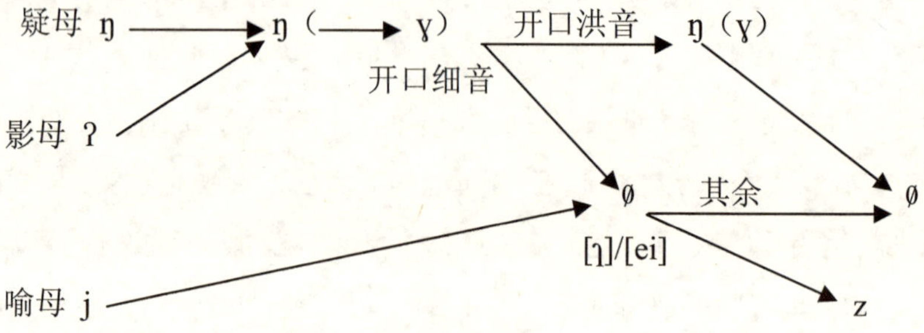

如果这种音变发生的时间在开口洪音韵母前的[ŋ]或[ɣ]声母消失之后，那么，开口影疑喻母在景凤型方言中第二种可能的演变情况可图示如下：

① 为了简便起见，甲、乙两种可能的演变过程放到一个图示中来表示。括号里的部分是开口影疑喻母在长治型中甲种演变过程中与乙种演变过程不同的地方。而且，在甲种演变过程的图示中，只标示出了影母先与疑母合并为[ŋ]之后再一起变为[ɣ]的演变情况，而未标示出由影母和疑母各自直接变为[ɣ]的演变情况，后文的开口影疑喻母在景凤型中的演变图示也是如此，不再说明。

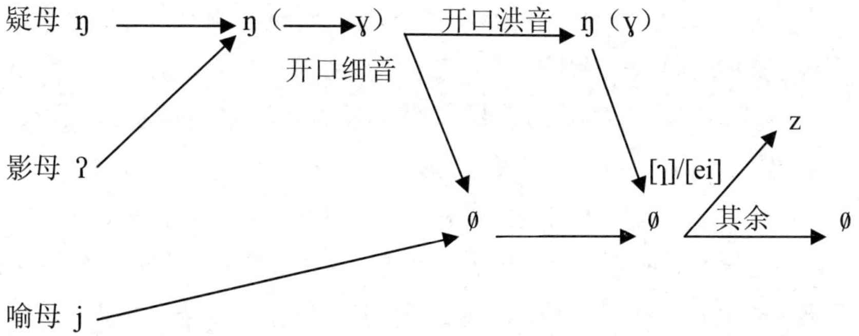

综上所述，在晋东南晋语中，喻母今多读齐齿呼零声母，开口影母和疑母则有分有合。在武乡、王和沁源方言中只在今洪音韵母前合流，在今细音韵母前未合流，而在其他方言中除个别字外二者都已合流。因此，从音类分合的角度来看，武乡、王和沁源方言中开口影疑母在今细音韵母前分立的格局当代表了较早的时间层次，而其他方言中开口影疑母已合流的情况则代表了较晚期的时间层次。而且，从影疑母合流的时间上看，二者合流的时间应不早于平分阴阳的时间，因为就平声字来看，晋东南晋语各方言中，影母字今念阴平而疑母字则今念阳平就可以证明这一点。

（二）合口影疑喻母和微母

在晋东南晋语中，合口影疑喻母①已经合流。其中，合口细音②影疑喻母在各方言中的读音基本一致，今读撮口呼零声母③，而合口洪音影疑喻母与微母在各方言中的读音情况不尽一致，大致有两种情况：一种是合口洪音影疑喻母与微母读音相同，一种是合口洪音影疑喻母与微母读音有别。下面分别讨论。

1. 合口洪音影疑喻母与微母读音相同的情况

在晋东南晋语绝大多数方言中，合口洪音影疑喻母与微母已合流，根据其合流后的具体音值，可以将其分为长治型和沁县型两小类。

---

① 个别喻母字如“融熔容溶通锐睿蟹”和疑母字“阮山”在各方言中的今读声母同日母字。

② 这里所说的合口细音是指除蟹止宕摄合口三等外的中古合口三四等韵，合口洪音是指中古合口一二等以及蟹止宕摄合口三等韵。

③ 在武乡、韩北武乡、沁县、上马襄垣方言中山摄合口三四等影疑喻母今读[z]声母。在王和沁源、景风沁源、南涅水沁县、涌泉武乡、武乡、韩北武乡、沁县、新店沁县 8 个方言中遇摄合口三等影疑喻母字今读[zɥ]，与这些方言中蟹止摄开口三四等影疑喻母今读[z]声母的演变原因类似，可参见前文“开口影疑喻母”部分的相关内容。通合三喻母字“熊雄”在晋东南晋语各方言中的今读声母同晓母字。

（1）长治型：合口洪音影疑喻母与微母合流后都读合口呼零声母。属于这一类的有长治、店上潞城、辛安泉潞城、潞城、平顺、上港平顺、豆峪平顺、黎城、东阳关黎城、西营襄垣、涌泉武乡、王和沁源、屯留、上村屯留、长治县、荫城长治县、琚村长子、八义长治县、壶关、龙溪平顺、百尺壶关、树掌壶关、陵川、水东泽州、晋城、北留阳城。据我们看到的材料，类似的情况在山西晋语其他片的一些方言中也存在，如并州片的文水、交城、祁县、平遥、孝义、介休、灵石，吕梁片的中阳、柳林、方山、离石、岚县、兴县、石楼、隰县、永和，大包片的大同、阳高、天镇、怀仁、左云、应县、和顺、山阴以及五台片的五台、浑源。

长治型读音举例：

	物	微	弯	翁	外	瓦	维	往
	臻合三	止合三	山合二	通合一	蟹合一	假合二	止合三	宕合三
	入物微	平微微	平删影	平东影	去泰疑	上马疑	平脂以	上养云
长治	uəʔ	uei	uɑŋ	uŋ	uæ	uɑ	uei	uɑŋ
店上潞城	uəʔ	uei	uɑn	uŋ	uæ	uɑ	uei	uɑŋ
辛安泉潞城	uəʔ	uei	uæ	uŋ	uai	uɑ	uei	uɑŋ
潞城	uəʔ	uei	uæ̃	uŋ	uai	uɑ	uei	uɑŋ
平顺	uəʔ	uei	uæ̃	uŋ	uai	ua	uei	uɑŋ
上港平顺	uəʔ	uei	uɑn	uŋ	uæ	uɑ	uei	uɑŋ
豆峪平顺	uəʔ	uei	uɑn	uŋ	uɑi	uɑ	uei	uɑŋ
黎城	uəʔ	uei	uæ	uŋ	uᴇ	ua	uei	uaŋ
东阳关黎城	u	uei	uæ	uŋ	uai	uɑ	uei	uɑŋ
西营襄垣	uəʔ	uei	uæ	uŋ	uai	uɑ	uei	uɑŋ
涌泉武乡	uəʔ	uei	uæ	uəŋ	uɑi	uɑ	uei	uo
王和沁源	uəʔ	uei	uæ	uŋ	uɑi	uɑ	uei	uʌ
屯留	uəʔ	uei	uan	uŋ	uæ	ua	uei	uɑŋ
上村屯留	uəʔ	uei	uɑn	uŋ	uæ	uɑ	uei	uɑŋ
长治县	uəʔ	uei	uɑŋ	uŋ	uæ	uɑ	uei	uɑŋ

荫城长治县	uəʔ	uei	uɑn	uŋ	uɑi	uɑ	uei	uɑŋ
琚村长子	uəʔ	uei	uɑŋ	uŋ	uæ	uɑ	uei	uɑŋ
八义长治县	uəʔ	uei	uɑŋ	uŋ	uɑi	uɑ	uei	uɑŋ
壶关	uəʔ	uei	uaŋ	uŋ	uai	ua	uei	uaŋ
龙溪平顺	uəʔ	uei	uẼ	uŋ	uɑi	uɑ	uei	uɑŋ
百尺壶关	uəʔ	uei	uɑn	uŋ	uɑi	uɑ	uei	uɑŋ
树掌壶关	uəʔ	uei	uɒ	uŋ	uɑi	uɒ	uei	uɑŋ
陵川	u	uei	uᴀn	uŋ	uᴀi	uᴀ	uei	uɑŋ
水东泽州	uəʔ	uɛi	uæ	uŋ	uai	uɒ	uɛi	uɑŋ
晋城	uəʔ	uɛe	uæ	uoŋ	uᴇ	uɑ	uɛe	uɒ̃
北留阳城	uəʔ	uɛi	uæ	uŋ	uai	uɒ	uɛi	uʌŋ

（2）沁县型：合口洪音影疑喻母与微母合流后都读[v]声母。属于这一类的有沁县、新店沁县、沁源、景凤沁源、南涅水沁县、武乡、韩北武乡、黄崖洞黎城、上马襄垣、襄垣、南常长子、宋村长子、石哲长子、长子、陈区高平、高平、古寨高平、河西高平、礼义陵川、西河底陵川、巴公泽州、町店阳城、端氏沁水。据我们看到的材料，类似的情况在山西晋语其他片的一些方言中也存在，如并州片的太原、清徐、榆次、太谷、寿阳、榆社、娄烦、盂县、阳曲，大包片的阳泉、平定、昔阳、左权，吕梁片的汾阳、临县、静乐、大宁以及五台片的朔县、代县、神池、宁武、偏关、河曲。

沁县型读音举例：

	物	微	弯	翁	外	瓦	维	往
	臻合三	止合三	山合二	通合一	蟹合一	假合二	止合三	宕合三
	入物微	平微微	平删影	平东影	去泰疑	上马疑	平脂以	上养云
沁县	vəʔ	vei	van	vəŋ	vɛ	va	vei	vɔ̃
新店沁县	vəʔ	vei	væ	vəŋ	vai	vɑ	vei	vɔ̃
沁源	vəʔ	vei	væ	vɔ̃	vɛi	vɑ	vei	vɑ
景凤沁源	vəʔ	vei	væ	vəŋ	vɛ	vɒ	vei	vɒ

南涅水沁县	vəʔ	vei	væ	vəŋ	vɛ	vɑ	vei	võ
武乡	vəʔ	vei	væ	vɐŋ	vɛ	va	vei	võ
韩北武乡	vəʔ	vei	væ	vəŋ	vai	vɑ	vei	võ
黄崖洞黎城	vəʔ	vei	væ	vəŋ	vai	vɑ	vei	vɑŋ
上马襄垣	vəʔ	vei	væ	vəŋ	vɛ	vɑ	vei	võ
襄垣	vəʔ	vei	væ	vəŋ	vai	va	vei	vaŋ
南常长子	vəʔ	vei	van	vəŋ	væ	vɑ	vei	vɑŋ
宋村长子	vəʔ	vei	vɑŋ	vəŋ	væ	vɑ	vei	vɑŋ
石哲长子	vəʔ	vei	van	vəŋ	væ	va	vei	vaŋ
长子	vəʔ	vei	væ̃	vəŋ	vai	va	vei	vɑŋ
陈区高平	vəʔ	vei	væ	voŋ	vɑi	vɑ	vei	vɑŋ
高平	vəʔ	vei	væ	võŋ	vɛe	vɑ	vei	vɒ̃
古寨高平	vəʔ	vɛi	væ	vʌŋ	vɑi	vɒ	vɛi	vɒŋ
河西高平	vəʔ	vɛi	væ	vʌŋ	vɛ	vɑ	vɛi	vɒŋ
礼义陵川	vəʔ	vei	væ	vəŋ	vei	vɑ	vei	vʌŋ
西河底陵川	vəʔ	vei	væ	vəŋ	vɑi	vɑ	vei	vɒŋ
巴公泽州	vəʔ	vɛi	væ	vʌn	vɑi	vɒ	vɛi	vɒŋ
町店阳城	vəʔ	vei	væ	vɒŋ	vɛ	vɑ	vei	vʌŋ
端氏沁水	vəʔ	vɛi	væ	vəŋ	vᴇ	vɒ	vɛi	vʌŋ

关于长治型和沁县型孰先孰后的问题，有两种可能：第一种可能是沁县型较长治型处于一个较早的层次，第二种可能是长治型较沁县型处于一个较早的层次。如果沁县型中的[v]声母是合口洪音影疑喻母并入微母读为[v]声母的结果，那么，第一种可能成立。如果沁县型中的[v]声母是微母先并入合口洪音影疑喻母读为合口呼零声母，然后再一起唇齿化的结果，那么，第二种可能成立。参照北京、济南、太原等其他一些北方方言中合口洪音影疑喻母和微母今读[v]声母的情况，我们认为第二种的可能性更大一些。因为不论是其他一些北方方言中还是沁县型方言中的[v]声母，与[f]相比，其气流都比较弱，可见，[f]和[v]并不是严格意义上的清浊对立，因此，

我们认为更大的可能是微母先并入合口洪音影疑喻母，读成零声母，然后又一起唇齿化为[v]声母的。

2．合口洪音影疑喻母与微母读音有别的情况

在阳城方言中，合口洪音影疑喻母与微母没有合流，合口洪音影疑喻母今读合口呼零声母，微母今读[v]声母。

合口洪音影疑喻母和微母在阳城方言中的读音举例：

	物	微	弯	翁	外	瓦	维	往
	臻合三 入物微	止合三 平微微	山合二 平删影	通合一 平东影	蟹合一 去泰疑	假合二 上马疑	止合三 平脂以	宕合三 上养云
阳城	vəʔ	væ	uɛ̃	uə̃ŋ	uæ	uɑ	uæ	uɑ̃ŋ

在阳城方言中，微母和合口洪音影疑喻母今读声母形成音位上的对立，在与其接壤的中原官话多数方言中也都是如此。据研究，微母在《中原音韵》里是独立存在的，还没有并入影喻母，只是由中古的唇齿鼻音[ɱ]变为了唇齿擦音[v]。因此，与沁县型和长治型相比，阳城方言微母与合口洪音影疑喻母有别的情况则是保留了它们比较早的区别，当处于一个比较早的层次。

二　泥来母

泥母[①]和来母在中古不相混，在今晋东南晋语绝大多数方言中，二者仍不相混，只在高平、河西高平、古寨高平、陈区高平、礼义陵川方言中存在二者部分相混的情况。下面分别讨论。

（一）泥来母不混的方言及其读音

与山西晋语其他片方言以及中原官话汾河片多数方言一致，在晋东南晋语的绝大多数方言中，泥母和来母都不相混，来母读[l]声母，泥母在各方言中的读音有些差异，下面我们分别说明。

在晋城、水东泽州、西河底陵川、陵川、巴公泽州、端氏沁水、町店阳城、阳城、

① 这里的泥母包括娘母。在晋东南晋语中，中古泥母和娘母是混而不分的。

北留阳城 9 个方言中泥母一般都读[n]声母。以晋城方言为例，如“南[næ^{113}]”“糯[nuʌ^{53}]”“内[nuɛe^{53}]”“女[ny^{113}]”“泥[ni^{113}]”“念[niɛ^{53}]”“宁[niɐ̃n^{113}]”“捏[niʌʔ^{22}]”。

在长治、店上潞城、辛安泉潞城、潞城、平顺、上港平顺、豆峪平顺、黎城、东阳关黎城、黄崖洞黎城、西营襄垣、襄垣、沁源、屯留、上村屯留、宋村长子、南常长子、石哲长子、长子、琚村长子、长治县、荫城长治县、八义长治县、壶关、龙溪平顺、百尺壶关、树掌壶关 27 个方言中，泥母以今读韵母的洪细为条件，在今洪音韵母前读[n]，在今细音韵母前读[ȵ]。以长治方言为例，如“南[nɑŋ^{24}]”“糯[nuə^{53}]”“内[nuei^{53}]”“女[ȵy^{535}]”“泥[ȵi^{24}]”“念[ȵiɑŋ^{53}]”“宁[ȵiŋ^{24}]”“捏[ȵiəʔ^{54}]”。

在上马襄垣方言中，泥母在今齐齿呼韵母前读[ȵ]，在来源于咸山摄开口三四等非入声的[ei]韵母以及其他洪音韵母前都读[n]。如“女[ȵy^{213}]”“泥[ȵi^{31}]”“宁[ȵiŋ^{31}]”“捏[ȵiəʔ^{33}]”“南[næ^{31}]”“糯[nuo^{54}]”“内[nuei^{54}]”“念[nei^{54}]”“年[nei^{31}]”。

在南涅水沁县、新店沁县、涌泉武乡、景凤沁源方言中，泥母在今齐齿呼韵母前读[ȵ]，在来源于遇摄合口三等的[ʮ]韵母和来源于蟹止摄开口三四等的[ʅ]韵母以及其他洪音韵母前都读[n]。以南涅水沁县方言为例，如“念[ȵiei^{53}]”“宁[ȵiŋ^{33}]”“捏[ȵiʌʔ^{33}]”“南[næ^{33}]”“糯[nuə^{53}]”“内[nei^{53}]”“女[nʮ^{535}]”“泥[nʅ^{33}]”。

在韩北武乡方言中，泥母在今齐齿呼韵母前读[ȵ]，在来源于遇摄合口三等的[ʮ]韵母、来源于蟹止摄开口三四等的[ʅ]韵母和来源于咸山摄开口三四等非入声的[ei]韵母以及其他洪音韵母前都读[n]。如“宁[ȵiŋ^{112}]”“捏[ȵiʌʔ^{33}]”“南[næ^{112}]”“糯[nuo^{55}]”“内[nei^{55}]”“女[nʮ^{213}]”“泥[nʅ^{112}]”“念[nei^{55}]”“年[nei^{112}]”。

在沁县、王和沁源方言中，泥母在今齐齿呼韵母前读[ȵ]，在来源于遇摄合口三等的[ʮ]韵母和来源于蟹止摄开口三四等的[ʅ]韵母前读舌尖前鼻擦音[nz][①]，其余情况下都读[n]。以沁县方言为例，如“念[ȵɪ^{55}]”“宁[ȵiŋ^{33}]”“捏

① 不是两个辅音的拼合，而是在发舌尖鼻音[n]的同时带有十分明显的摩擦成分。武乡方言中的[nz]声母同此。

[ȵiʌʔ⁴]”“南[nan³³]”“糯[nuo⁵⁵]”“内[nuei⁵⁵]”“女[nzɥ²¹³]”“泥[nzɿ³³]”。

在武乡方言中，泥母在今齐齿呼韵母前读[ȵ]，来源于遇摄合口三等的[ɥ]韵母、来源于蟹止摄开口三四等的[ɿ]韵母以及来源于蟹摄合口一等、咸山摄开口三四等非入声的[ei]韵母前读舌尖前鼻擦音[nz]，其余情况下都读[n]。如“宁[ȵieŋ³³]”“捏[ȵiʌʔ³]”“南[næ³³]”“糯[nuɤ⁵⁵]”“内[nzei⁵⁵]”“女[nzɥ²¹³]”“泥[nzɿ³³]”“念[nzei⁵⁵]”“年[nzei³³]”。

李荣（1956）、王力（1980）、董同龢（2001）、杨剑桥（2005）等先生都认为中古泥母和娘母没有分别，只算一类，并且拟音都为[n]。据此，在晋城等 9 个方言中，泥母今读[n]声母，显然是保留了其中古的读音。在长治等 27 个方言中，泥母在今洪音韵母前读[n]和在今细音韵母前读[ȵ]声母，则是泥母以今读韵母的洪细为条件发生分化的结果。在南涅水沁县、新店沁县、涌泉武乡、景凤沁源、韩北武乡、上马襄垣方言中，泥母今读[n][ȵ]声母，在武乡、沁县、王和沁源方言中，泥母今读[n]、[nz]和[ȵ]声母，根据上文所谈到的泥母在这些方言中读音的分化条件，我们认为泥母在这些方言中的演变情况有两种可能：第一种可能是在来源于蟹止摄开口三四等的[i]韵母和来源于遇摄合口三等的[y]韵母分别舌尖化为洪音韵母[ɿ]和[ɥ]①（在上马襄垣、武乡和韩北武乡方言②中，咸山摄开口三四等非入声字韵母变为洪音[ei]③）之后，[n]声母以韵母洪细为条件，在洪音韵母前仍读[n]，在细音韵母前变为[ȵ]，其中，在沁县、王和沁源、武乡方言中，[n]声母在洪音[ɿ][ɥ]韵母前变为[nz]，我们认为这很可能与舌尖音[n]的发音部位与擦音[z]相同，并且舌尖元音[ɿ][ɥ]与擦音也更容易结合有关。在武乡方言中，[n]声母在来源于咸山摄开口三四等非入声的[ei]韵母前也变为[nz]，我们认为这可能是[n]声母在[ɿ][ɥ]韵母前变为[nz]声母类化的结果。因为[ei]韵母与舌尖元音[ɿ][ɥ]韵母类似，其舌位也较高，浊音[n]在与[ei]相拼的过程中也很容易产生摩擦成分，也许刚开始的时候其音值是[n_z]，后来摩擦成分不断加强，最终变为舌尖前鼻擦音[nz]。简

① 除上马襄垣方言外，其余方言中都有此现象，具体情况可参见第二章第一节的“[i][y]韵母的舌尖化现象”部分，此不赘述。下同。

② 在武乡和韩北武乡方言中，蟹止摄开口三四等和遇摄合口三等字韵母舌尖化为[ɿ][ɥ]的时间并不一定与咸山摄开口三四等非入声变为[ei]韵母的时间一致。下同。

③ 从咸山摄开口三四等非入声字在上马襄垣、武乡和韩北武乡周围的涌泉武乡方言中今读[iæ]韵母，襄垣、西营襄垣、南涅水沁县方言中今读[iei]韵母，沁县方言中今读[ɪ]韵母的情况来看，我们认为在上马襄垣、武乡和韩北武乡方言中咸山摄开口三四等非入声字今读洪音[ei]韵母是由细音变来的。下文对此不再说明。

言之，其演变情况可图示如下：

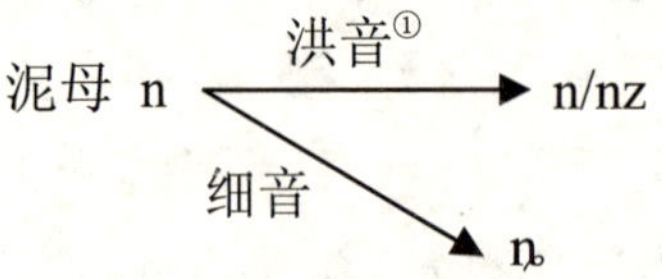

第二种可能是泥母先以韵母洪细为分化条件，在洪音韵母前仍读[n]，在细音韵母前变为[ȵ]，之后，来源于蟹止摄开口三四等的[i]韵母和来源于遇摄合口三等的[y]韵母分别舌尖化为洪音韵母[ɿ]和[ʮ]，在上马襄垣、武乡和韩北武乡方言中，咸山摄开口三四等非入声变为洪音韵母[ei]，而[ȵ]声母是舌面鼻音，与洪音韵母[ɿ][ʮ][ei]在发音上不和谐，因此，变为舌尖鼻音[n]。其中，在沁县、王和沁源方言中，[n]声母在[ɿ][ʮ]韵母前又进一步变为[nz]，在武乡方言中，[n]声母在[ɿ][ʮ][ei]韵母前也进一步变为[nz]（其演变原因可参见上文，此不赘述。）。简言之，其演变情况可图示如下：

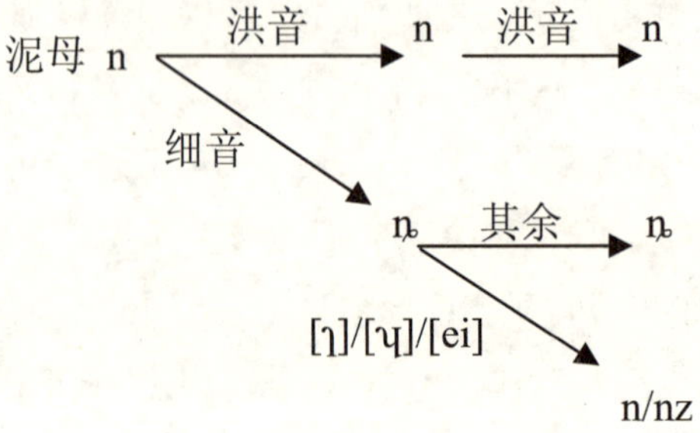

（二）泥来母部分相混的方言及其读音

如前所述，晋东南晋语中，只有在礼义陵川、陈区高平、古寨高平、高平、河西高平方言中存在古泥来母部分相混的现象，具体情况如下：

礼义陵川方言中，古泥来母只有在今[iɑo]、[iou]韵母前混读为[n]，其他情况下二者界限分明，泥母读[n]，来母读[l]。如“尿泥”＝“料来”[niɑo^{243}]、“扭泥”＝“柳来”[niou^{313}]、“耐泥”[nɑi^{243}]≠“赖来”[lɑi^{243}]、“挪泥”[nuo^{53}]≠“罗来”[luo^{53}]、“脑泥”[nɑo^{313}]≠“老来”[lɑo^{313}]、“捏泥”[niʌʔ^{12}]≠“列来”[liʌʔ^{12}]。

① 其中包括来源于蟹止摄开口三四等的[ɿ]韵母、遇摄合口三等的[ʮ]韵母和咸山摄开口三四等非入声的[ei]韵母。

陈区$_{\text{高平}}$和古寨$_{\text{高平}}$方言中，古泥来母在古阳声韵前混读为[n]，其他情况下二者界限分明，泥母读[n]，来母读[l]。以古寨$_{\text{高平}}$方言为例，如“宁$_{\text{泥}}$”＝“陵$_{\text{来}}$”[nin^{13}]、“撵$_{\text{泥}}$”＝“脸$_{\text{来}}$”[niæ^{313}]、“暖$_{\text{泥}}$”＝“卵$_{\text{来}}$”[nuæ^{313}]、“男$_{\text{泥}}$”＝“蓝$_{\text{来}}$”[næ^{13}]、“能$_{\text{泥}}$”＝“棱$_{\text{来}}$”[nʌŋ^{13}]、“泥$_{\text{泥}}$”[ni^{13}]≠“梨$_{\text{来}}$”[li^{13}]、“脑$_{\text{泥}}$”[no^{313}]≠“老$_{\text{来}}$”[lo^{313}]、“扭$_{\text{泥}}$”[niɔu^{313}]≠“柳$_{\text{来}}$”[liɔu^{313}]、“诺$_{\text{泥}}$”[nuɑʔ^{33}]≠“落$_{\text{来}}$”[luɑʔ^{33}]。

高平、河西$_{\text{高平}}$方言中，古泥来母一般在古阳声韵前混读为[n]，在今[iɔo][iʌu] 韵母前混读为[l]，其他情况下二者界限分明，泥母读[n]，来母读[l]。以高平方言为例，如“囊$_{\text{泥}}$”＝“郎$_{\text{来}}$”[nɔ̃^{33}]、“年$_{\text{泥}}$”＝“连$_{\text{来}}$”[niæ^{33}]、“尿$_{\text{泥}}$”＝“料$_{\text{来}}$”[liɔo^{53}]、“扭$_{\text{泥}}$”＝“柳$_{\text{来}}$”[liʌu^{212}]、“脑$_{\text{泥}}$”[nɔo^{212}]≠“老$_{\text{来}}$”[lɔo^{212}]、“内$_{\text{泥}}$”[nuei^{53}]≠“类$_{\text{来}}$”[luei^{53}]、“捏$_{\text{泥}}$”[niɛʔ^{22}]≠“列$_{\text{来}}$”[liɛʔ^{22}]。

据《山西方言调查研究报告》（侯精一，温端政 1993），古泥来母部分相混的现象在中原官话汾河片的运城、芮城、平陆、临猗、夏县、闻喜、侯马、霍州方言中也存在。这些方言中，古泥来母一般以今读韵母洪细为条件，在洪音韵母前相混，在细音韵母前不混，以霍州方言为例，如“脑$_{\text{泥}}$”＝“老$_{\text{来}}$”[lɑu^{33}]、“奴$_{\text{泥}}$”＝“炉$_{\text{来}}$”[ləu^{35}]、“泥$_{\text{泥}}$”[ȵi^{35}]≠“梨$_{\text{来}}$”[li^{35}]、“女$_{\text{泥}}$”[ȵy^{33}]≠“吕$_{\text{来}}$”[ly^{33}]。从高平、河西$_{\text{高平}}$、古寨$_{\text{高平}}$、陈区$_{\text{高平}}$、礼义$_{\text{陵川}}$方言古泥来母相混的情况可以看出，与运城等方言中古泥来母相混的条件不同，这些方言中古泥来母的相混并不是以韵母洪细为条件的。

在高平、河西$_{\text{高平}}$、陈区$_{\text{高平}}$、古寨$_{\text{高平}}$方言中，古泥来母在古阳声韵前混读为[n]声母，类似的现象在南部吴语的上饶方言中也存在。在上饶方言中，古泥来母在古阳声韵前也混读为[n]声母，如“篮$_{\text{来}}$男$_{\text{泥}}$灵$_{\text{来}}$宁$_{\text{泥}}$笼$_{\text{来}}$农$_{\text{泥}}$”都混读为[n]声母（曹志耘 2002）。由于上饶方言周围的一些徽语、赣语、闽语中不同程度地存在着泥来母相混的现象，曹志耘先生（2002）认为，在上饶方言中，“古泥来母部分相混的语音变化，与周围方言中普遍存在的泥来相混现象的感染有直接关系”①。而在高平等周围的方言中古泥来母都不相混，因此，我们认为高平等方言古泥来母在古阳声韵前混读为[n]声母很可能是由于鼻音韵尾对声母的同化作用使然。高平、河西$_{\text{高平}}$方言中古泥来母在

---

① 曹志耘：《南部吴语语音研究》，商务印书馆 2002 年版，第 203 页。

[iɔo][iʌu]韵母前混读为[l]声母，礼义陵川方言中古泥来母在[iɑo][iou]韵母前则混读为[n]声母，为什么古泥来母只在这两个来源于效摄开口三四等和流摄开口三等的韵母前混读，而没有在别的阴声韵前混读，其原因还有待进一步的研究。

三　日母

日母是现代方言中读音比较复杂的古声母之一。在现代北方方言中，古日母字已经分化为两类：一类是古止摄开口日母字，今北京话读为[ər]，我们称之为儿系字。一类是古止摄开口之外的日母字，今北京话读为[ʐ]声母，我们称之为日系字。在晋东南晋语中，儿系字和日系字两类一般情况下读音不同，我们对其分别讨论。

（一）日系字

1. 日系字的读音类型和分布

在晋东南晋语中，日系字的读音在各方言中不尽一致，有五种类型，下面分别讨论。

（1）襄垣型：今读[ʐ]声母。属于这一类的有襄垣、沁源、王和沁源、景凤沁源、高平、古寨高平、陈区高平、河西高平、晋城、水东泽州、巴公泽州、阳城、町店阳城。

襄垣型读音举例：

	染	绕	人	热	闰	绒	弱	入
	咸开三	效开三	臻开三	山开三	臻合三	通合三	宕开三	深开三
	上琰日	上小日	平真日	入薛日	去稕日	平东日	入药日	入缉日
襄垣	ʐæ	ʐau	ʐəŋ	ʐʌʔ	ʐuŋ	ʐuŋ	ʐuʌʔ	ʐuəʔ
沁源	ʐæ	ʐɔ	ʐə̃	ʐaʔ	ʐuə̃	ʐuə̃	ʐuaʔ	ʐuəʔ
王和沁源	ʐæ	ʐɑo	ʐən	ʐʌʔ	ʐun	ʐuŋ	ʐuʌʔ	ʐuəʔ
景凤沁源	ʐæ	ʐɑo	ʐəŋ	ʐɑʔ	ʐuŋ	ʐuŋ	ʐuɑʔ	ʐuəʔ
高平	ʐæ	ʐɔo	ʐẼ	ʐʌʔ	ʐuẼ	ʐuə̃ŋ	ʐuʌʔ	ʐuəʔ
古寨高平	ʐæ	ʐo	ʐʌŋ	ʐɑʔ	ʐuʌŋ	ʐəŋ	ʐuɑʔ	ʐuəʔ

陈区高平	ʐæ	ʐɔ	ʐən	ʐʌʔ	ʐun	ʐuŋ	ʐuʌʔ	ʐuəʔ
河西高平	ʐæ	ʐɔ	ʐən	ʐəʔ	ʐuən	ʐuʌŋ	ʐuəʔ	ʐuəʔ
晋城	ʐæ	ʐo	ʐẽ	ʐᴀʔ	ʐuẽ	ʐuŋ	ʐuᴀʔ	ʐuəʔ
水东泽州	ʐæ	ʐɔ	ʐʌn	ʐɑʔ	ʐuʌn	ʐuŋ	ʐuɑʔ	ʐuəʔ
巴公泽州	ʐæ	ʐɔ	ʐʌn	ʐəʔ	ʐuʌn	ʐuəŋ	ʐuəʔ	ʐuəʔ
阳城	ʐɛ̃	ʐo	ʐə̃n	ʐʌʔ	ʐuə̃n	ʐuə̃ŋ	ʐuʌʔ	ʐuəʔ
町店阳城	ʐæ	ʐɑu	ʐɒŋ	ʐɑʔ	ʐuŋ	ʐuŋ	ʐuɑʔ	ʐuəʔ

（2）沁县型：今读[z]声母。属于这一类的有涌泉武乡、南涅水沁县、武乡、韩北武乡、西营襄垣、沁县、新店沁县、上马襄垣、端氏沁水、西河底陵川。

沁县型读音举例：

	染	绕	人	热	闰	绒	弱	入
	咸开三	效开三	臻开三	山开三	臻合三	通合三	宕开三	深开三
	上琰日	上小日	平真日	入薛日	去稕日	平东日	入药日	入缉日
涌泉武乡	zæ	zɔ	zəŋ	zɑʔ	zuəŋ	zuəŋ	zuɑʔ	zuəʔ
南涅水沁县	zæ	zo	zəŋ	zʌʔ	zuəŋ	zuəŋ	zuʌʔ	zuəʔ
武乡	zæ	zɔ	zɐŋ	zʌʔ	zuɐŋ	zuɐŋ	zuʌʔ	zuəʔ
韩北武乡	zæ	zɔ	zəŋ	zʌʔ	zuəŋ	zuəŋ	zuʌʔ	zuəʔ
西营襄垣	zæ	zɑo	zəŋ	zəʔ	zuŋ	zuŋ	zuəʔ	zuəʔ
沁县	zan	zɔ	zəŋ	zʌʔ	zuŋ	zuŋ	zuʌʔ	zuəʔ
新店沁县	zɛ̃	zo	zəŋ	zaʔ	zuəŋ	zuəŋ	zuaʔ	zuəʔ
上马襄垣	zæ	zɔ	zəŋ	zəʔ	zuŋ	zuŋ	zuəʔ	zuəʔ
端氏沁水	zæ	zʌo	zəŋ	zaʔ	zuɛi	zuŋ	zuaʔ	zuəʔ
西河底陵川	zæ	zou	zɛ̃	zᴀʔ	zuɛ̃	zuəŋ	zuᴀʔ	zuəʔ

（3）北留型：今读[ʒ]声母。只有北留阳城属于这一类。

北留型读音举例：

	染	绕	人	热	闰	绒	弱	入
	咸开三	效开三	臻开三	山开三	臻合三	通合三	宕开三	深开三
	上琰日	上小日	平真日	入薛日	去稕日	平东日	入药日	入缉日
北留阳城	ʒæ	ʒɐu	ʒəŋ	ʒAʔ	ʒuɛi	ʒuŋ	ʒuAʔ	ʒuəʔ

（4）长治型：今读[ø]，开口读 i-，合口读 y-。属于这一类的有黄崖洞黎城、东阳关黎城、黎城、辛安泉潞城、豆峪平顺、上港平顺、平顺、潞城、店上潞城、长治、上村屯留、屯留、宋村长子、南常长子、石哲长子、长子、琚村长子、长治县、荫城长治县、八义长治县、壶关、龙溪平顺、百尺壶关、树掌壶关、礼义陵川。

长治型读音举例：

	染	绕	人	热	闰	绒	弱	入
	咸开三	效开三	臻开三	山开三	臻合三	通合三	宕开三	深开三
	上琰日	上小日	平真日	入薛日	去稕日	平东日	入药日	入缉日
黄崖洞黎城	iᴇ	iɔ	iəŋ	iɑʔ	yŋ	yŋ	yɑʔ	yəʔ
东阳关黎城	iæ	iɑo	in	iʌʔ	yn	yŋ	yʌʔ	yəʔ
黎城	iᴇ	iɔ	iᴇ̃	iʌʔ	yᴇ̃	yŋ	yʌʔ	yəʔ
辛安泉潞城	iæ	iɑo	in	iʌʔ	yn	yŋ	yʌʔ	yəʔ
豆峪平顺	iɑn	iɑo	in	iɑʔ	yn	yŋ	yɑʔ	yəʔ
上港平顺	iɑn	iɔ	in	iʌʔ	yn	yŋ	yʌʔ	yəʔ
平顺	iæ̃	iɔ	iᴇ̃	iʌʔ	yᴇ̃	yŋ	yɑʔ	yəʔ
潞城	iæ̃	iɔ	iᴇ̃	iaʔ	yᴇ̃	yŋ	yaʔ	yəʔ
店上潞城	iɑn	iɑo	in	iʌʔ	yn	yŋ	yʌʔ	yəʔ
长治	iɑŋ	iɔ	iŋ	iəʔ	yŋ	yŋ	yəʔ	yəʔ
上村屯留	iɑn	iɔ	in	iəʔ	yn	yŋ	yəʔ	yəʔ
屯留	ian	iɔ	in	iAʔ	yn	yŋ	yAʔ	yəʔ
宋村长子	iɑŋ	iɔ	iŋ	iəʔ	yŋ	yŋ	yəʔ	yəʔ
南常长子	ian	iɔ	in	iəʔ	yn	yŋ	yəʔ	yəʔ

石哲长子	ian	iɔ	in	iɛʔ	yn	yŋ	yɛʔ	yɛʔ
长子	iæ̃	iau	in	iɛʔ	yn	yŋ	yɛʔ	yɛʔ
琚村长子	iɑŋ	iɑo	iŋ	iɑʔ	yŋ	yŋ	yɑʔ	yəʔ
长治县	iɑŋ	iɔ	iŋ	iəʔ	yŋ	yŋ	yəʔ	yəʔ
荫城长治县	in	iɑo	in	iəʔ	yn	yŋ	yəʔ	yəʔ
八义长治县	iɑŋ	iɑo	iŋ	iɑʔ	yŋ	yŋ	yɑʔ	yəʔ
壶关	iaŋ	iɔ	iŋ	iʌʔ	yŋ	yŋ	yɑʔ	yəʔ
龙溪平顺	iẼ	iɑo	in	iəʔ	yn	yŋ	yəʔ	yəʔ
百尺壶关	in	iɑo	in	iaʔ	yn	yŋ	yaʔ	yəʔ
树掌壶关	iei	iɑo	iei	iʌʔ	yei	yŋ	yʌʔ	yəʔ
礼义陵川	in	iɑo	in	iʌʔ	yn	yŋ	yʌʔ	yəʔ

（5）陵川型：今读[l]声母。只有陵川属于这一类。

陵川型读音举例：

	染	绕	人	热	闰	绒	弱	入
	咸开三	效开三	臻开三	山开三	臻合三	通合三	宕开三	深开三
	上琰日	上小日	平真日	入薛日	去稕日	平东日	入药日	入缉日
陵川	lʌn	lɑo	lə̃n	lʌʔ	luə̃n	luŋ	luʌʔ	luəʔ

据《山西方言调查研究报告》（侯精一，温端政 1993），日系字在山西晋语其他片和中原官话汾河片方言中的读音主要有以下六种：①今读[ʐ]声母，有大包片的大同等 7 个方言、五台片的繁峙等 9 个方言、吕梁片的离石等 7 个方言、并州片的交城、祁县方言、汾河片的垣曲等 4 个方言。②今读[z]声母，有大包片的怀仁方言、五台片的浑源等 6 个方言、吕梁片的兴县等 3 个方言、并州片的太原等 9 个方言。③今读[nz]声母，有并州片的中阳方言。④开口今读[z]声母，合口今读[ʐ]声母，有五台片的忻州、定襄、原平方言、吕梁片的临县、方山方言、并州片的平遥等 7 个方言。⑤开口

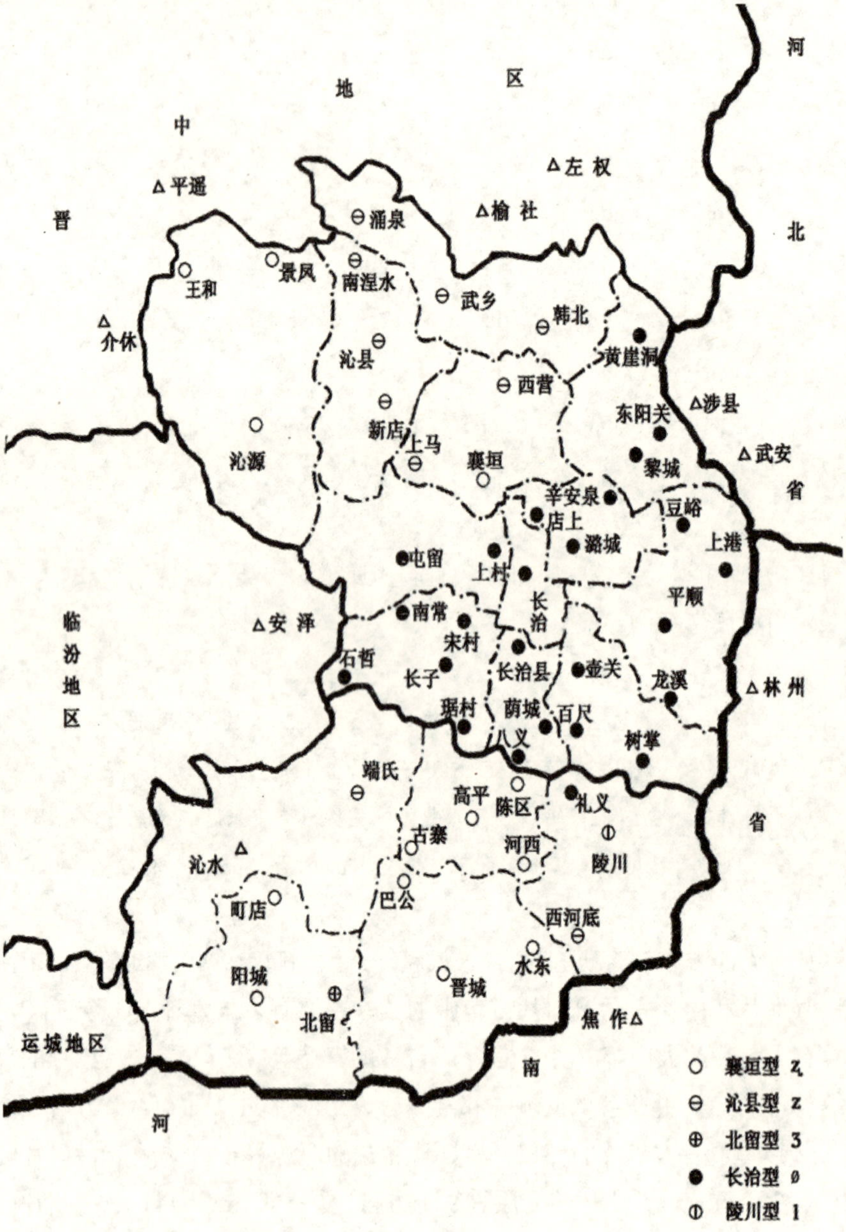

图 5　晋东南晋语日系字读音类型分布图

今读[z]声母，合口今读[v]声母，有吕梁片的静乐方言、并州片的太谷方言、汾河片的闻喜等 3 个方言。⑥开口今读[ʐ]声母，合口今读[v]声母，有并州片的娄烦方言以及汾河片的永济等 17 个方言。

比较日系字在晋东南晋语和山西晋语其他片、中原官话汾河片方言中的读音，我们可以看出，在晋东南晋语中，日系字今读[ʐ]声母的襄垣型和今读[z]声母的沁县型在山西晋语其他片方言中都比较普遍，而日系字今读[ʒ]声母的北留型、今读[ø]的长治型和今读[l]声母的陵川型在山西晋语其他片和中原官话汾河片方言中都未见。但如果把眼光放远一些，陵川型和长治型在其他一些方言中则有分布，比如属冀鲁官话的章丘、淄博、广饶、寿光等方言中日系字不论开合口都读[l]声母（张树铮 1999），与陵川型相同，属东北官话的长春、通化、佳木斯等方言、胶辽官话多数方言日系字不论开合口都读零声母（侯精一 2002），与长治型相同。

2. 日系字的读音特点

张树铮先生（1999）指出，山东方言中日系字具有与知庄章组字（特别是章组字）声母清浊相配的特点。我们观察晋东南晋语的日系字，发现多数方言也具有日系字与知庄章组字声母清浊相配的特点，只有襄垣型的襄垣方言和长治型的长治、上村屯留、屯留、宋村长子、南常长子、石哲长子、长子、琚村长子方言不然。在襄垣方言中，中古知庄章组声母今读[ts]组，而日系字今读[ʐ]声母，在长治型的长治、上村屯留、屯留、宋村长子、南常长子、石哲长子、长子、琚村长子方言中，中古知庄章组声母今读[ts]组，而日系字今读[ø]，由此可见，在这些方言中，日系字今读声母与中古知庄章组今读声母擦音不呈清浊相配的格局。

而在日系字今读声母与中古知庄章组今读声母擦音都呈现清浊相配特点的方言中，具体表现并不完全一致，复杂程度也不同。

在襄垣型方言中（除襄垣外），中古知庄章组在晋城、水东晋城、巴公晋城、高平、古寨高平、陈区高平、阳城、町店阳城方言中今读[tʂ]组声母，日系字读[ʐ]声母，二者呈清浊相配的格局是显而易见的。中古知庄章组声母在沁源、王和沁源、景凤沁源方言中分为两类：知组二等、庄组和合口三等知章组多读[ts]组声母，开口三等知章组读[tʂ]组声母。日母字本来即只拼三等，日系字今读[ʐ]，正与章组以及知三组声母的擦音[ʂ]呈清浊相配的格局。

在沁县型方言中，日系字读[z]声母，而中古知庄章组声母今均读[ts]组，与精组洪音合并，其日系字声母的读音正是擦音[s]的相同部位的浊擦音[z]，二者呈现清浊相配的格局。

在北留型方言中，日系字读[ʒ]声母，而中古知庄章组声母今均读[tʃ]组，其日系字声母的读音正是擦音[ʃ]的相同部位的浊擦音[ʒ]，二者呈现清浊相配的格局。

在长治型的东阳关黎城、黎城、辛安泉潞城、潞城、豆峪平顺、上港平顺、平顺、龙溪平顺、树掌壶关、壶关、长治县、荫城长治县、八义长治县方言中，中古知庄章组今读为两套声母：一套今读[ts]组/[tʂ]组，另一套今读[tɕ]组/[tʃ]组。与中古知庄章组声母读[tɕ]组或[tʃ]组相拼的韵母多保留着 i-或 y-介音，与古音为三等韵的特点相合，而日系字声母今读[ø]并且有韵头 i-或 y-，这也与古音为三等韵的特点相合，因此，在保留古音特点上日系字声母和中古知庄章组声母是一致的。而且，在这些方言中一部分中古知庄章组声母读[tɕ tɕʻ ɕ]更突出地显示了保留古三等韵的特点，而[i]自然就可以看成是由与清擦音[ɕ]相对的浊擦音[j]发展而来的（y<ju），也就是说，这些方言中的日系字声母仍与中古知庄章组声母清擦音呈现清浊相配的格局。

在陵川型方言中，中古知庄章组今读为两套声母，一套读[tʂ]组声母，另一套读[tɕ]组声母。在陵川方言中，日系字今读[l]声母，一般来讲，与[ʂ]相配的浊音是[ʐ]声母，其为舌尖后的卷舌辅音，舌尖位置本来就高，如果再升高，就变成了边音[l]，那么，日系字的读音仍与中古知庄章组声母的擦音呈清浊相配的状态，只不过一个是擦音，一个是边音而已，因此，陵川方言中日系字与中古知庄章组声母的擦音也呈清浊相配的格局。

3. 日系字的演变

如前所述，日系字在晋东南晋语中有[ʐ]、[z]、[ʒ]、[ø]、[l]五种读音，那么，它们是如何演变而来的呢？

高本汉先生将《切韵》音系的日母拟作[ȵʑ]，主要依据是现代方言日母鼻音声母的读法可以由[ȵʑ]丢失[ʑ]得到解释，而浊塞擦音、浊擦音和半元音的读法可以由[ȵʑ]丢失鼻音成分[ȵ]得到解释，尽管如此，这一构拟还是被许多学者所放弃，如李荣、董同龢、郑张尚芳、麦耘等先生，他们把日母拟成[ȵ]。

李荣先生（1956）指出，“如果切韵日母是[ńź]，娘是[nj]或[ń]，何以善无畏（724）以前全用日母字对梵文ña，到不空（771）才用‘娘’字。依照我们的看法，日母一直是[ñ]，所以善无畏以前都用来对梵文‘ña’，到不空那时侯，日母的音变了，才用娘[niaŋ]去对梵文‘ña’”。[①]董同龢先生（2001）指出，“除去失落的情形，我们可以从两条线路追寻日母的古读：一是浊擦音，一是鼻音，字母以日母为‘次浊’；日母字的声调变化也与明、泥、来等次浊声母字同，上声字在现在多数方言与全清次清同属一个声调，所以他在中古不可能是浊擦音，因为浊擦音是‘全浊’，而上声全浊现代多与去声混，假定日母原来是鼻音，又因为字母以为‘半齿’的缘故定为舌面鼻音，在声调变化上是蛮说得通的；与现代鼻音的读法更相合”。[②]郑张尚芳先生（2003）指出，“日母同样主要由上古*nj，也包括由*ŋj（如‘儿’）、*mj（如‘柔’）来的，先变成ȵ[ȵj]，在中古前期的《切韵》还是如此。”[③]麦耘先生（1991）从音系的角度论证了日母应拟作[ȵ]。麦文指出《切韵》音系中日母只能与章组相配，不能与知组相配。如用日母取代娘母，整个音位系统就要大乱：端透定母只见于一四等，而泥母（包括娘母）见于所有四个等中，知彻澄母见于二三等，而日母只见于三等。守温字母比《切韵》的时代要晚得多，当时知组开始塞擦化，日母也开始向卷舌擦音变化，所以才有“知彻澄日”那样的字母配合。

我们这里采用李荣等先生的拟音，即《切韵》时期日母为[ȵ]。“不过，尽管这样，我们认为高本汉先生的拟音还是有一定参考价值的。因为从现代方言里各种日母的读法来看，可以推测历史上曾经有过[ȵʑ]的读法。可能在稍晚一些时候即八世纪下半叶以后，日母是读过[ȵʑ]的。”[④]郑张尚芳先生（2003）也认为日母[ȵ]“到中古中期的唐代由于[j]加强而变成如高本汉

① 李荣：《切韵音系》，科学出版社 1956 年版，第 126 页。
② 董同龢：《汉语音韵学》，中华书局 2001 年版，第 154 页。
③ 郑张尚芳：《中古三等专有声母非组、章组、日喻邪等母的来源》，《语言研究》2003 年第 6 期。
④ 金有景：《论日母——兼论五音、七音及娘母》，北京市语言学会《罗常培纪念论文集》，商务印书馆 1984 年版，第 352 页。

所拟的ȵʑ”[①]，也就是说，日母在从鼻音[ȵ]向口音的变化中曾经历过读[ȵʑ]的阶段。而且，日母在演变上始终与章组同步。在唐代藏文对音中它都作[ʑ]，正跟章组作[tɕ]一致，到韵图时代章庄组合为一个照组，这个照组从后来的八思巴字和谚文字母来看都应是[tʃ]，日母则被转写为[ʒ]，所以韵图时代日母的发音部位也已应该近于[ʒ]，虽然当时藏文对音日母作[ʑ]，说明它跟浊擦音很近似，但又始终保持次浊的身份，跟全浊的禅船保持距离。当时全浊声母中的浊擦音类的表现跟浊塞音不同，藏文对音已先行出现清化现象，匣作[h]，禅船作[ɕ]，邪作[s]。禅船在藏文对音内主要作清化[ɕ]只偶有作[ʑ]的，而日母始终作浊音[ʑ]没有清化迹象，说明它不是浊擦音类（郑张尚芳2003）。邵雍《皇极经世·声音倡和图》将审禅日三母同列为音十，并将日母分为清浊两类，周祖谟先生《宋代汴洛语音考》（1966）一文对此作了如下解释：“至于日母之分为清浊两类，与疑微二母之例相同。耳为上声，殆已由鼻音变为口音，故独为一类。即由ńź（ȵʑ）变为ź（ʑ），ź硬化之后乃读为ẓ，故图中与ṣ相配，后世ẓ又变为œr，则为今日开封洛阳之方音矣。日母之其他一类仍读为鼻音，故归之于浊耳。”[②]但是日母在邵雍图中清浊二分也跟“明泥来”等次浊母一样，后来的声调变化两者也相一致，因此，日母应该含有次浊类的鼻音或流音成分，即是鼻擦音[ȵʑ]或边擦音[ʎʑ]。而且，韵图既然将日母与边音来母同列为一组，又说是半齿音，这说明当时日母已变为边擦音[ʎʒ]。从现代方言中日母字的读音情况来看，它有[j][ʐ][z][l]等读音形式，这正是[ʎʒ]的特征（郑张尚芳 2003）。

综上所述，日系字在北方方言中的演变轨迹可能如下：“日母同样主要由上古*nj，也包括由*ŋj（如‘儿’）、*mj（如‘柔’）来的，先变成ȵ[ȵj]，在中古前期的《切韵》还如此（李荣《切韵音系》，自晋至初唐玄奘都对译梵文ȵ），到中古中期的唐代由于j加强而变成如高本汉所拟的ȵʑ（771年不空以后用娘对ȵ，而用日母兼对ȵ、dʑ）。后来ȵ在娘母推链影响下鼻音减弱而向ʎ转变，所以到中古后期的韵图时代，它就由ʎʑ转成一种舌叶边擦音ʎʒ，以此，韵图把它跟来母一起列入了半舌半齿类。……ʎʒ这个音可解释

① 郑张尚芳：《中古三等专有声母非组、章组、日喻邪等母的来源》，《语言研究》2003年第6期。
② 周祖谟：《宋代汴洛语音考》，《问学集》，中华书局1966年版，第595页。

北方话中日母有j、l、ʐ、z等不同变化。”[①]简言之，日系字在北方方言中的演变过程可图示如下：

ȵ ⟶ ȵʑ ⟶ ʎʑ ⟶ ʎʒ ⟶ ʒ ⟶ j/ʐ/z/ø

　　　　　　　　　　↘ ɮ ⟶ l

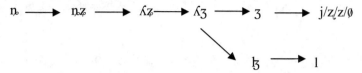

据此，晋东南晋语日系字各种读音类型的演变轨迹可以图示如下：

北留型：ȵ ⟶ ȵʑ ⟶ ʎʑ ⟶ ʎʒ —擦音化→ ʒ

襄垣型和沁县型：ȵ ⟶ ȵʑ ⟶ ʎʑ ⟶ ʎʒ ⟶ ʒ —舌尖化→ z/ʐ

长治型：ȵ ⟶ ȵʑ ⟶ ʎʑ ⟶ ʎʒ ⟶ ʒ —后化并通音化→ ø

陵川型：ȵ ⟶ ȵʑ ⟶ ʎʑ ⟶ ʎʒ ⟶ ɮ —边音化→ l

从以上图示可以看出，晋东南晋语各类型的日系字都是到了边擦音[ʎʒ]之后才有分歧的。边擦音[ʎʒ]作为极特殊的边际音，由于不受音系对称法则的约束和它自身又蕴含着多元特征，比非边际音更易受影响而变异，它走向[ʒ][ʐ][z]等非边际音是很顺理成章的（刘泽民 2004）。因此，当边擦音[ʎʒ]中的擦音成分占优势时，其易于变为擦音，如北留型、襄垣型、沁县型和长治型；当边擦音[ʎʒ]中的边音成分占优势时，其易于变为边音，如陵川型。

（二）儿系字

1. 儿系字的读音类型和分布

在晋东南晋语中，常用的儿系字包括“二儿而耳饵贰”等，儿系字的读音在各方言中不尽一致，有三种类型，下面分别讨论。

（1）沁源型：与北京话相同，今读[ər]。属于这一类的有沁源、王和$_{\text{沁源}}$、景凤$_{\text{沁源}}$、南涅水$_{\text{沁县}}$、涌泉$_{\text{武乡}}$、韩北$_{\text{武乡}}$、沁县、新店$_{\text{沁县}}$、上马$_{\text{襄垣}}$、西营$_{\text{襄垣}}$、黄崖洞$_{\text{黎城}}$、东阳关$_{\text{黎城}}$、辛安泉$_{\text{潞城}}$、店上$_{\text{潞城}}$、长治、上村$_{\text{屯留}}$、宋村$_{\text{长子}}$、长治县、石哲$_{\text{长子}}$、端氏$_{\text{沁水}}$、陈区$_{\text{高平}}$、晋城、北留$_{\text{阳城}}$、阳城、町店$_{\text{阳城}}$。

（2）武乡型：今读[l̩]。属于这一类的有武乡、襄垣、黎城、豆峪$_{\text{平顺}}$、上港$_{\text{平顺}}$、平顺、潞城、屯留、南常$_{\text{长子}}$、长子、琚村$_{\text{长子}}$、荫城$_{\text{长治县}}$、壶关、龙

① 郑张尚芳：《中古三等专有声母非组、章组、日喻邪等母的来源》，《语言研究》2003 年第 6 期。

溪平顺、百尺壶关、树掌壶关、高平、西河底陵川。

（3）八义型：今读舌尖后浊边擦音[ɭ]，韵母读成了一个不很明显的央元音[ə]。属于这一类的有八义长治县、陵川、礼义陵川、河西高平、古寨高平、水东泽州、巴公泽州。

据《山西方言调查研究报告》（侯精一，温端政 1993），儿系字在山西晋语其他片和中原官话汾河片方言中的读音主要有以下八种：①今读[ər]，有并州片的太原等 14 个方言、吕梁片的离石等 12 个方言、大包片、五台片方言以及汾河片的临汾等 23 个方言。②今读[ɑr]，有吕梁片的兴县方言。③今读[ɐr]，有并州片的太谷、介休方言。④今读[l̩]，有并州片的祁县、和顺方言。⑤今读[e]，有并州片的文水方言。⑥今读[ɤ]，有吕梁片的静乐方言。⑦今读[ɐ]，有吕梁片的柳林方言。⑧今读[æ]，有汾河片的乡宁方言。

比较儿系字在晋东南晋语和山西晋语其他片、中原官话汾河片方言中的读音，我们可以看出，在晋东南晋语中儿系字今读[ər]的沁源型在山西晋语其他片和中原官话汾河片中都比较普遍，而武乡型、八义型则比较特别，武乡型仅分布在山西晋语的和顺和祁县方言中，八义型在山西晋语其他片和中原官话汾河片方言中都未见分布。如果把眼光放远一些，八义型和武乡型在其他一些方言中则多有分布，比如山东鲁中的章丘以东至青岛、日照一带的方言儿系字都读[ɭə]（张树铮 1999），河北的辛集、衡水、枣强、武强、南和、肥乡、新河等方言儿系字都读[ɭ]（李巧兰 2007），河南的内乡、镇平、杜旗、新野、唐河、汝阳、宜阳等方言以及浙江杭州、宁波方言儿系字都读[l̩]（马慧 2003；李荣 1957）。

据王福堂先生（1999），在汉语方言中，儿系字的语音形式大致有五种：①卷舌元音，如北京话[ər]。②平舌元音，如洛阳话[ɯ]。③鼻音声化韵，如温州话[ŋ̍]。④边音声化韵，如杭州话[l̩]。⑤舌尖元音，如甘肃武山话[zʅ]。显然，晋东南晋语的沁源型儿系字属于卷舌元音，武乡型儿系字属于边音声化韵，其实，八义型儿系字也可以归入这一类型，因为[l]和[ɭ]的读音是很相近的，一个是舌尖前边音，一个是舌尖后边音。

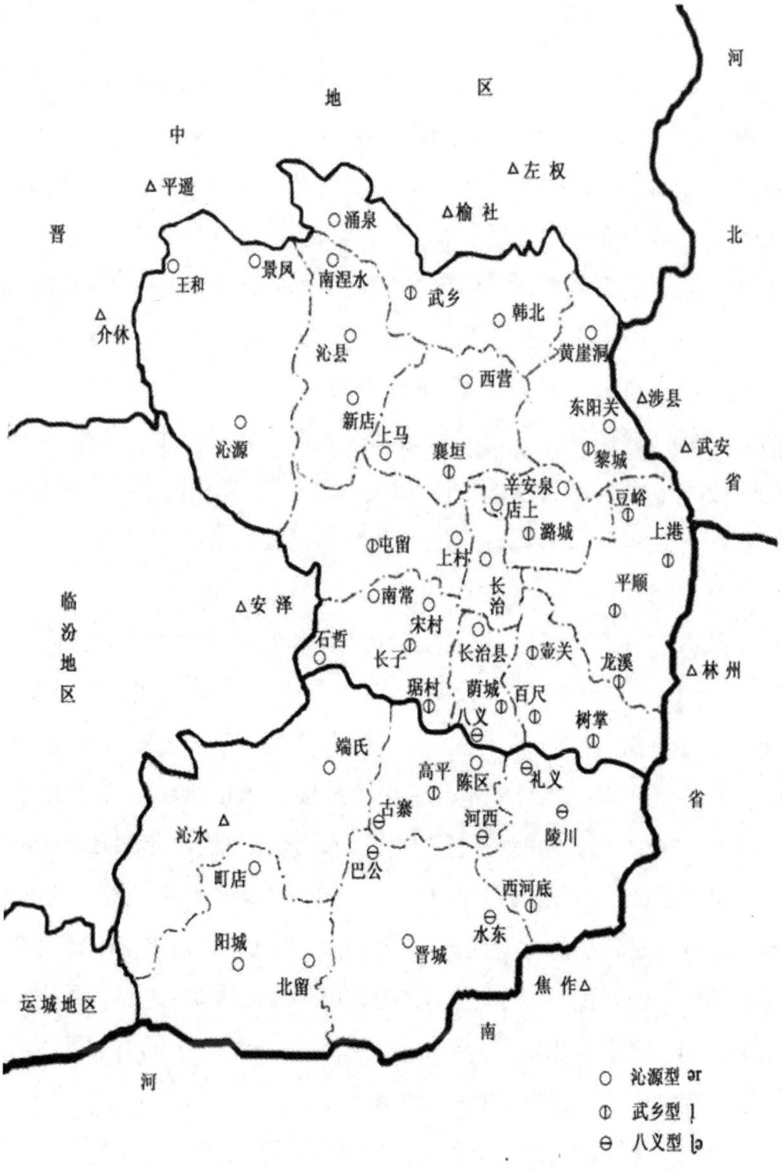

图 6 晋东南晋语儿系字读音类型分布图

2. 儿系字的演变层次

总的来看，晋东南晋语儿系字的读音可以归纳为两大类：一类是元音类[ər]，另一类是边音类的[l̩]和[ɭə]。

李思敬先生在《汉语“儿”[ɚ]音史研究》（1986）中勾勒出了儿音的大致演变过程：隋唐[ȵʑi] ——→ 金元[ɻʅ] ([ʅ]) ——→ 明[ɚ][①]，根据这一演变过程可知，元音类[ər]是最晚出现的语音形式，因此，我们下面主要讨论边音类儿系字处于哪一个演变阶段的问题。

关于儿音史上会不会有读边音的阶段，李思敬先生（1986）对此问题没有做出明确的回答：儿音史上“会不会有个边音[l]阶段？从某些方言看，不能主观地断然排除这种可能性”。[②]近几年则有学者如马慧（2003）、李巧兰（2007）对此问题进行了专门的讨论，并论证了儿音史上可能经历过读边音类的阶段。马慧（2003）从河南方城方言儿化韵[ər][l̩]混读的事实出发，并结合其他一些证据，认为儿音史上可能经历过读边音类的阶段。马文中所列举的论据主要有以下三点：

第一，从方言分布上看，儿化韵读边音并非方城话所独有。在河南内乡、镇平、社旗、新野、唐河、汝阳、洛宁、偃师、宜阳、栾川、临汝、江苏苏州、浙江杭州、山东章丘等方言中都有儿化韵今读边音的情况。

第二，从音理上看，[l̩]可能是儿音史上最接近[ər]的形式。从李思敬先生（1986）所勾勒的儿音的演变过程中可以看出，[ər]是儿音史上最晚出的形式，关于它的发音，罗常培、王均先生（1957）曾谈道，“北京话‘儿、耳、二’等字，在发音时舌头的位置比混元音[ə]稍稍向前推，舌尖向硬腭前部翘起，形成一种特殊的音色”[③]，而“[l̩]作为韵母时发音部位要高些，舌尖从齿龈微向上腭移动，略带有北京卷舌音[ər]的色彩”[④]。由此可见，[l̩]与[ər]的发音动作比较接近，已经带有明显的卷舌色彩了。

第三，从对音材料上看，由于翻译者的个人习惯不同，同一个词的汉

① 本部分都记为[ər]。
② 李思敬：《汉语“儿”[ɚ]音史研究》，商务印书馆 1986 年版，第 138 页。
③ 罗常培，王均：《普通话语音学》，科学出版社 1957 年版，第 73 页。
④ 袁家骅：《汉语方言概要》，语文出版社 2001 年版，第 62 页。

语译法往往不尽一致，在辽金元三史、明代各种译语以及清代文献中都有这样的问题。清乾隆三十七年（1772），清政府编成《钦定清汉对音字式》，接着又编纂了《辽金元三史国语解》。这两本书对规范北方民族的人名地名的翻译起到了重要作用。下面将和儿韵字有关的“儿”的译音条目摘录如下表，经比较，发现不同书中 r 的对音都可以分为两类①：

	（1）用来母字对译			（2）用儿类字对译		
	转写	意义	译音	转写	意义	译音
《辽史》	tergi	东	卷 1 迭剌、迭烈哥、迭剌哥	berketu	险峻	卷 31 百尔瓜多
《金史》	ordo	亭	卷 19 讹里多	sigur	伞	卷 2 赤驹儿卷 63 师古儿
《高昌馆杂字》	sirakir	黄斑点	卷 32 斜烈乞儿	bar	虎	卷 18 八儿
	aramay	正月	阿兰哀	yir	地	叶儿
	burun	鼻	卜伦	ərtə	晨	阿儿得
《高昌馆杂字》	xir-ə	桌	失列	arpa	麦	阿儿把
	krudi	大鹏	克禄的	samur	松子	撒木儿
	yorung	白	羽隆	kərs	犀牛	克儿思
	küri	斗	苦力	kürbuk	鼓	苦儿卜

辽金元史系元和明初所修，相隔时间不长，所以 r 的译音有共同点，都分作以上两类。同一个 r，第一列虽没有固定的用字，但全用来母字翻译，意在取其[l]声母，第二列则用儿类字对译，说明 l 类字和儿类字之间在语音上有较密切的关系。在《元史》《辽史》《女真译语》等一些对音材料中还存在同一个词在同一部书的不同卷数或版本有两种译法的现象，举例如下表：

① 《辽史》《金史》《元史》《女真译语》中的转写形式引自季永海《汉语儿音史的产生和发展》，《民族语文》1999 年第 5 期；《高昌馆杂字》中对音材料引自胡振华、黄润华《高昌馆杂字——明代汉文回鹘文对照分类词汇》，民族出版社 1984 年版。

《元史》	bartur 勇 卷 1 拔都鲁 卷 118 八都鲁	卷 4 拔突儿、卷 14 拔都儿 卷 107 拔都儿
《辽史》	ordo 亭 卷 31 斡鲁多 mergi 部族名 卷 26 梅里急	卷 30 斡儿多 卷 30 密儿纪
《女真译语》	meduri 龙 木都力（会同馆本） serguwen 凉 塞鲁温（柏林本） cirku 枕 替勒库（柏林本）	木都儿（柏林本） 塞儿空（会同馆本） 替儿库（会同馆本）

可见，同一个词里的 r，在同一部书中有时译为 l 类字，有时译为儿类字，但都不影响人们对词语意义的理解。总之，在时间跨度不大的历史时段的对音材料中，对译同一个 r，使用的却是完全没有联系的两个音，这似乎是不大可能的，因此，我们只能认为从当时人们的语感上来说儿类字音和边音[l]类是十分相似的。而且，边音[ɭ]和[ər]音混读的情况在方城、社旗、新野、唐河等河南一些现代方言中也有反映，这正是语音演变过程中新旧交替的一种表现。

李巧兰（2007）同意马慧（2003）的看法。李文在引用马文相关论据的同时还以河北一些方言的材料对其加以佐证，李文谈道，“在现代河北方言中有些县市，儿系列字读音有边音类和[ər]音的两读情况，如在广平县、临漳县、鸡泽、磁县、涉县等地有[ɭ][ər]两音，在成安、赞皇有[ər][ɭr]两音，在这些县市中，两音有的是地域上的区别，有的则是新老派之音的差异，这正好是语音演变前后相继或新旧交替的表现，所以我们说边音类儿化读音是儿音发展史上的一个阶段，而且是比[ər]音稍前的一个阶段”。[①]

综上所述，不管是从方言分布上，还是从音理上、对音材料上看都说明边音类和[ər]音之间的关系十分密切，因此，我们认为马慧（2003）的看法是有道理的，我们也同意马慧（2003）的观点，即认为儿音史上可能经历过边音类的阶段，并且是比[ər]音稍前的一个阶段。据此，在晋东南晋语中，儿系字今读边音类的武乡型和八义型很可能处于比沁源型稍早的一个阶段。

① 李巧兰：《河北方言中的“X－儿”形式研究》，山东大学博士学位论文，2007 年。

第二章　韵母

在晋东南晋语中，果摄、假摄开合口二等、遇摄合口一等、蟹摄开口一二等、遇摄合口三等非组字韵母、效摄、流摄在各方言中的读音及其古今演变规律比较一致，与共同语也基本一致。而其他韵摄的读音及其古今演变规律在各方言中则多有差异，主要表现在以下几个方面：①假摄开口三等的读音。②遇摄合口三等庄组字和知章组字韵母的读音。③蟹止摄合口一三四等的读音。④蟹摄开口三四等、止摄开口三等以及遇摄合口三等的读音。⑤深臻摄阳声韵与曾梗通摄的分合。⑥宕江摄入声韵与其他韵摄入声韵的分合。由于晋东南晋语各方言韵母的读音及其古今演变规律的相同之处与共同语表现基本一致，因此，下面分别以阴声韵、阳声韵、入声韵为专题分节仅对晋东南晋语韵母方面的上述主要差异及其相关问题作详细的描写和讨论。

第一节　阴声韵

中古的阴声韵果、假、遇、蟹、止、效、流七摄中，如前所述，果摄、假摄开合口二等、遇摄合口一等、遇摄合口三等非组字韵母、蟹摄开口一二等、效摄、流摄在晋东南晋语中的演变和它们在共同语中的演变基本一致，本节从略。假摄开口三等、蟹止摄合口一三四等、遇摄合口三等知庄章组字、蟹摄开口三四等非知系字、止摄开口三等帮组、端泥组和见系字以及遇摄合口三等泥精组、见系字的韵母在晋东南晋语中的演变特点比较明显，本节主要讨论这些韵母在晋东南晋语中的读音及其演变情况。

一 假摄开口三等

中古假摄开口三等主要有精组、影组和章组字[1]。其中，假开三精组和影组字韵母在各方言中的读音表现一致，假开三章组字韵母与精组和影组字韵母的读音表现在有些方言中一致，在有些方言中则不一致。下面对其分别讨论。

（一）假开三精组和影组字的韵母

在晋东南晋语中，中古假摄开口三等精组和影组字的今读韵母一致，但其在各方言中的音值差异比较明显，大致有六种情况，下面分别说明。

1．沁县型：今读[iɛ]韵母，有沁县、南涅水沁县、武乡、襄垣、豆峪平顺、屯留、上村屯留、石哲长子、长子、长治县、荫城长治县、百尺壶关、高平、水东泽州、晋城、阳城方言。

2．长治型：今读[iᴇ]韵母，有长治、壶关方言。

3．潞城型：今读[iə]韵母，有潞城、辛安泉潞城、町店阳城方言。

4．平顺型：今读[ie]韵母，有平顺、上港平顺、黄崖洞黎城、涌泉武乡、沁源、新店沁县、西营襄垣、上马襄垣、南常长子、宋村长子、琚村长子、八义长治县、龙溪平顺、陈区高平、礼义陵川、河西高平、陵川、西河底陵川、巴公泽州、北留阳城、端氏沁水方言。

5．黎城型：今读[iɤ]韵母，有黎城、东阳关黎城、店上潞城、树掌壶关、古寨高平方言。

6．韩北型：今读[i]韵母，有韩北武乡、景凤沁源、王和沁源方言。

下面我们分别以沁县、长治、潞城、平顺、黎城和韩北武乡方言为例举例说明。

借	且	些	斜	爷	夜
假开三	假开三	假开三	假开三	假开三	假开三
去禡精	上马清	平麻心	平麻邪	平麻以	去禡以

① 假摄开口三等知组只有“爹”一个字，其今读韵母与各方言的精影组字一致，日组只有“惹”一个字，在晋东南晋语的许多方言中都不用此字。这里对这两个字的读音不作讨论。

沁县	tɕiɛ	tɕʻiɛ	ɕiɛ	ɕiɛ	iɛ	iɛ
长治	tɕiᴇ	tɕʻiᴇ	ɕiᴇ	ɕiᴇ	iᴇ	iᴇ
潞城	tʃiə	tʃʻiə	ʃiə	ʃiə	iə	iə
平顺	tsie	tsʻie	sie	sie	ie	ie
黎城	tɕiɤ	tɕʻiɤ	ɕiɤ	ɕiɤ	iɤ	iɤ
韩北武乡	tɕi	tɕʻi	ɕi	ɕi	i	i

据我们看到的材料，假开三精组和影组字韵母在晋东南晋语中的上述读音在山西晋语其他片方言中也都存在。比如，在五台片的忻州、应县、五台、朔州、代县、浑源、神池、宁武、岢岚、河曲、阳曲和大包片的大同、左云、右玉方言中假开三精组和影组字今读[iɛ]韵母，与沁县型一致。在五台片的平鲁、大包片的山阴、昔阳、吕梁片的静乐、岚县、并州片的平遥、交城、盂县方言中假开三精组和影组字今读[iᴇ]韵母，与长治型一致。在吕梁片的方山、石楼方言中假开三精组和影组字今读[iə]韵母，与潞城型一致。在五台片的繁峙、灵丘、并州片的太原、清徐、榆次、太谷、寿阳、大包片的阳泉、平定方言中假开三精组和影组字今读[ie]韵母，与平顺型一致。在五台片的保德方言中假开三精组和影组字今读[iɤ]韵母，与黎城型一致。在并州片的文水、祁县、榆社、吕梁片的汾阳、大包片的和顺、左权方言中假开三精组和影组字今读[i]韵母，与韩北型一致。

据王力先生（1985）的拟音，中古假开三麻韵的主要元音为[a]。在客家、闽南、闽北以及吴方言的白读音中假开三麻韵精组和影组字仍读[ia]韵母（王力 1980）。类似的现象在中原官话汾河片多数方言的白读系统中也普遍存在，如“借精姐精卸心斜邪爷以夜以”在汾河片的运城、万荣、永济等方言中都白读为[ia]韵母。在晋东南晋语一些方言的个别字中虽还残存着假摄开口三等精组和影组字主要元音为[a]的现象，比如“姐精爷以”在晋东南晋语的西河底陵川、古寨高平、河西高平、端氏沁水、北留阳城、巴公泽州、水东泽州、龙溪平顺方言中今仍读[ia]韵母，但这种现象已经很不普遍，更多的情况是假开三精组和影组字今读韵母的主要元音已经高化。我们通过假开三精组和影组字今读韵母的主要元音在晋东南晋语上述各类型方言中的音值差异，大致可以看出其逐渐高化的过程：

*ia → iɛ → iᴇ → iə → ie、iɤ → i

沁县型→长治型→潞城型→平顺型、黎城型→韩北型

（二）假开三章组字的韵母

总体上看，假开三章组字韵母在晋东南晋语中的读音有两种类型：沁县型和晋城型。下面对其分别讨论。

1.沁县型：假开三章组字今读齐齿呼。据我们看到的材料，这种情况在中原官话汾河片以及除吕梁片的离石和汾阳方言外的山西晋语其他片方言中都未见分布。假开三章组字今读韵母在沁县型方言中的实际音值有以下六种：①今读[iɛ]韵母，有沁县、南涅水沁县、武乡、豆峪平顺、长治县、荫城长治县、百尺壶关方言。②今读[iᴇ]韵母，有壶关方言。③今读[iə]韵母，有潞城方言。④今读[ie]韵母，有平顺、上港平顺、涌泉武乡、新店沁县、龙溪平顺、八义长治县、礼义陵川、陵川方言。⑤今读[iɤ]韵母，有黎城、东阳关黎城、辛安泉潞城、树掌壶关方言。⑥今读[i]韵母，有韩北武乡方言。

下面我们分别以沁县、壶关、潞城、平顺、黎城、韩北武乡方言为例举例说明。

	遮	车马车	蛇	舍	社
	假开三	假开三	假开三	假开三	假开三
	平麻章	平麻昌	平麻船	去禡书	上马禅
沁县	tɕiɛ	tɕʻiɛ	ɕiɛ	ɕiɛ	ɕiɛ
壶关	tʃiᴇ	tʃʻiᴇ	ʃiᴇ	ʃiᴇ	ʃiᴇ
潞城	tɕiə	tɕʻiə	ɕiə	ɕiə	ɕiə
平顺	tɕie	tɕʻie	ɕie	ɕie	ɕie
黎城	tɕiɤ	tɕʻiɤ	ɕiɤ	ɕiɤ	ɕiɤ
韩北武乡	tɕi	tɕʻi	ɕi	ɕi	ɕi

2.晋城型：假开三章组字今读开口呼。这种情况在山西晋语其他片和中原官话汾河片方言中都十分普遍。假开三章组字今读韵母在晋城型方言中

的实际音值有以下七种：①今读[ʌ]韵母，有晋城方言。②今读[ə]韵母，有上马襄垣、西营襄垣、黄崖洞黎城、店上潞城、长治、上村屯留、屯留、宋村长子、南常长子、石哲长子、长子、琚村长子、陈区高平、西河底陵川、巴公泽州、北留阳城、端氏沁水方言。③今读[ɤ]韵母，有襄垣方言。④今读[ʅɛ]韵母，有高平、沁源方言。⑤今读[ʅə]韵母，有景凤沁源、町店阳城方言。⑥今读[ʅe]韵母，有阳城方言。⑦今读[ʅɤ]韵母，有王和沁源、河西高平、古寨高平、水东泽州方言。

下面我们分别以晋城、上马襄垣、襄垣、高平、景凤沁源、阳城、王和沁源方言为例举例说明。

	遮 假开三 平麻章	车马车 假开三 平麻昌	蛇 假开三 平麻船	舍 假开三 去禡书	社 假开三 上马禅
晋城	tʂʌ	tʂʻʌ	ʂʌ	ʂʌ	ʂʌ
上马襄垣	tsə	tsʻə	sə	sə	sə
襄垣	tsɤ	tsʻɤ	sɤ	sɤ	sɤ
高平	tʂʅɛ	tʂʻʅɛ	ʂʅɛ	ʂʅɛ	ʂʅɛ
景凤沁源	tʂʅə	tʂʻʅə	ʂʅə	ʂʅə	ʂʅə
阳城	tʂʅe	tʂʻʅe	ʂʅe	ʂʅe	ʂʅe
王和沁源	tʂʅɤ	tʂʻʅɤ	ʂʅɤ	ʂʅɤ	ʂʅɤ

与假开三精组、影组字今读齐齿呼相比，假开三章组字今读齐齿呼则与其相似，而假开三章组字今读开口呼则与其不同。而中古假摄开口三等精组、影组和章组字韵母都是有[i]介音的，为什么假开三章组字韵母在晋城型方言中今读没有[i]介音而在沁县型方言中今读仍保留着[i]介音呢？我们认为，这与章组声母的卷舌化有关，卷舌化以后的章组声母与三等韵的[i]介音在发音上不和谐，这种发音上的不和谐势必会引起声母或韵母上的变化。

从假开三章组字在沁县型方言中的今读表现来看，其主要是声母发生了变化。在声母变为能与[i]介音和谐发音的舌叶音[tʃ]组或舌面音[tɕ]组的同时，主要元音也发生了高化。通过假开三章组字韵母在沁县型各方言中的读音差异，大致可以看出其主要元音逐渐高化的过程：

*ia → iɛ → iᴇ → iə → ie、iɤ → i

沁县等→壶关→潞城→平顺等、黎城等→韩北武乡

由此可见，假开三章组字韵母在沁县型方言中主要元音的高化过程与假开三精组、影组字韵母在这些方言中主要元音的高化过程是一致的。

从假开三章组字在晋城型方言中的今读表现来看，其主要是韵母发生了变化，即通过变化韵母而达到声韵和谐。至于韵母如何变化，各方言中的情况有所不同，有以下两种情况：

第一种情况是[i]介音脱落，如前文所述，分布在襄垣、上马襄垣、西营襄垣、黄崖洞黎城、店上潞城、长治、上村屯留、屯留、宋村长子、南常长子、石哲长子、长子、琚村长子、陈区高平、巴公泽州、西河底陵川、晋城、北留阳城、端氏沁水。假开三章组字韵母在[i]介音脱落后，主要元音发生了高化，通过其在以上各方言中的读音差异，大致可以看出假开三章组字韵母[i]介音脱落后，其主要元音逐渐高化的过程：

*ia → ʌ → ə → ɤ

晋城等→上马襄垣等→襄垣等

第二种情况是[i]介音和主要元音同时高化，如前文所述，分布在王和沁源、景凤沁源、沁源、高平、古寨高平、河西高平、水东泽州、阳城、町店阳城。由于位于卷舌音声母后面的[i]介音并不稳定，但又不脱落，于是选择了高化为舌尖元音[ʅ]，同时主要元音也发生高化的演变方式。通过假开三章组字韵母在以上各方言中的读音差异，也可以大致看出假开三章组字韵母[i]介音高化后，其主要元音逐渐高化的过程：

*ia → ʅɛ → ʅə → ʅe、ʅɤ

高平等→景凤沁源等→阳城、王和沁源等

通过假开三章组字韵母在晋东南晋语各方言中的读音差异，大致可以看出其演变过程，即：

*ia → ʌ晋城等→ə上马$_{\text{襄垣}}$等→ɤ襄垣等
*ia → iɛ沁县等→iᴇ壶关→iə潞城→ie 平顺等、iɤ黎城等→i 韩北$_{\text{武乡}}$
*ia → ʅɛ高平等→ʅə景凤$_{\text{沁源}}$等→ʅe 阳城、ʅɤ王和$_{\text{沁源}}$等

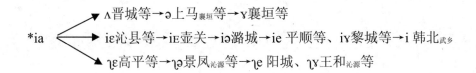

总之，不管是假开三精组和影组字的韵母，还是章组字的韵母，它们在晋东南晋语中的主要元音都已经发生高化，但由于各方言中今读韵母主要元音高化的程度不同，从而在共时平面上表现出不同的读音类型。

二　遇摄合口三等知庄章组字的韵母

（一）遇摄合口三等知庄章组字韵母的读音

在北京话中，遇摄合口三等庄组字和知章组字韵母读音一致，今都读[u]，而在晋东南晋语中，遇摄合口三等庄组字与知章组字韵母的读音则有两种情况：一种是遇摄合口三等庄组字与知章组字韵母相同，一种是遇摄合口三等庄组字与知章组字韵母有别。下面分别讨论。

1. 遇摄合口三等庄组字与知章组字韵母相同的情况

这种情况分布在陈区$_{\text{高平}}$、高平、古寨$_{\text{高平}}$、河西$_{\text{高平}}$、陵川、西河底$_{\text{陵川}}$、水东$_{\text{泽州}}$、晋城、巴公$_{\text{泽州}}$、北留$_{\text{阳城}}$、阳城、町店$_{\text{阳城}}$、端氏$_{\text{沁水}}$。与北京话和山西晋语其他片多数方言的情况一致，在这些方言中，遇摄合口三等庄组字与知章组字韵母相同，都读为[u]，而且，与遇摄合口一等字、遇摄合口三等非组字、流摄开口三等非组字和流摄开口一等部分明母字韵母也相同。

以上各方言读音举例：

	初 遇合三 平鱼初	书 遇合三 平鱼书	铺 遇合一 平模滂	醋 遇合一 去暮清	父 遇合三 上麌奉	富 流开三 去宥非	亩 流开一 上厚明
陈区$_{\text{高平}}$	tʂʻu	ʂu	pʻu	tʂʻu	fu	fu	mu
高平	tʂʻu	ʂu	pʻu	tʂʻu	fu	fu	mu
古寨$_{\text{高平}}$	tʂʻu	ʂu	pʻu	tʂʻu	fu	fu	mu
河西$_{\text{高平}}$	tʂʻu	ʂu	pʻu	tʂʻu	fu	fu	mu

陵川	tʂʻu	ʂu	pʻu	tʂʻu	fu	fu	mu
西河底陵川	tʂʻu	ʂu	pʻu	tʂʻu	fu	fu	mu
水东泽州	tʂʻu	ʂu	pʻu	tʂʻu	fu	fu	mu
晋城	tʂʻu	ʂu	pʻu	tʂʻu	fu	fu	mu
巴公泽州	tʂʻu	ʂu	pʻu	tʂʻu	fu	fu	mu
北留阳城	tʃʻu	ʃu	pʻu	tʃʻu	fu	fu	mu
阳城	tʂʻu	ʂu	pʻu	tsʻu	fu	fu	mu
町店阳城	tʂʻu	ʂu	pʻu	tsʻu	fu	fu	mu
端氏沁水	tsʻu	su	pʻu	tsʻu	fu	fu	mu

2. 遇摄合口三等庄组字与知章组字韵母有别的情况

这种情况分布在晋东南晋语除上述各点之外的其余方言中。根据各方言中遇摄合口三等庄组字与知章组字今读韵母的实际音值，大致可以将其分为五小类，下面分别讨论。

（1）礼义型：分布在礼义陵川。其特点是遇摄合口三等庄组字韵母今读[u]，与遇摄合口一等字、遇摄合口三等非组字、流摄开口三等非组字和流摄开口一等部分明母字韵母相同，遇摄合口三等知章组字韵母今读[y]，与遇摄合口三等泥组、精组、见系字韵母相同。

礼义型读音举例：

	初	数动词	土	姑	父	富	亩
	遇合三	遇合三	遇合一	遇合一	遇合三	流开三	流开一
	平鱼初	上麌生	上姥透	平模见	上麌奉	去宥非	上厚明
礼义陵川	tʂʻu	ʂu	tʻu	ku	fu	fu	mu

	猪	厨	书	主	吕	须	区
	遇合三	遇合三	遇合三	遇合三	遇合三	遇合三	遇合三
	平鱼知	平虞澄	平鱼书	上麌章	上语来	平虞心	平虞溪
礼义陵川	tɕy	tɕʻy	ɕy	tɕy	ly	ɕy	tɕʻy

（2）黎城型：分布在黎城、东阳关黎城、辛安泉潞城、豆峪平顺、上港平顺、平顺、潞城、店上潞城、上村屯留。其特点是遇摄合口三等庄组字韵母今读[uo]或[uə]，与果摄开口一等精组字和果摄合口一等精见组字韵母相同，遇摄合口三等知章组字韵母今读[y]，与遇摄合口三等泥组、精组、见系字韵母相同。

黎城型读音举例：

	初	数动词	锅	猪	厨	书	主	徐
	遇合三	遇合三	果合一	遇合三	遇合三	遇合三	遇合三	遇合三
	平鱼初	上麌生	平戈见	平鱼知	平虞澄	平鱼书	上麌章	平鱼邪
黎城	tsʻuo	suo	kuo	tɕy	tɕʻy	ɕy	tɕy	ɕy
东阳关黎城	tsʻuo	suo	kuo	tɕy	tɕʻy	ɕy	tɕy	ɕy
辛安泉潞城	tsʻuə	suə	kuə	tɕy	tɕʻy	ɕy	tɕy	ɕy
豆峪平顺	tsʻuo	suo	kuo	tɕy	tɕʻy	ɕy	tɕy	ɕy
上港平顺	tsʻuo	suo	kuo	tɕy	tɕʻy	ɕy	tɕy	ɕy
平顺	tsʻuo	suo	kuo	tɕy	tɕʻy	ɕy	tɕy	sy
潞城	tsʻuə	suə	kuə	tɕy	tɕʻy	ɕy	tɕy	ʃy
店上潞城	tsʻuo	suo	kuo	tɕy	tɕʻy	ɕy	tɕy	ɕy
上村屯留	tsʻuo	suo	kuo	tɕy	tɕʻy	ɕy	tɕy	ɕy

（3）长治型：分布在长治、长治县、荫城长治县、八义长治县、百尺壶关、树掌壶关、壶关、龙溪平顺、黄崖洞黎城、韩北武乡、武乡、涌泉武乡、南涅水沁县、沁县、新店沁县、西营襄垣、上马襄垣、襄垣、屯留、宋村长子、南常长子、石哲长子、长子、琚村长子。其特点是遇摄合口三等庄组字韵母今读[uə]或[uo]或[uɤ]，与果摄开口一等精组字和果摄合口一等精见组字韵母相同，遇摄合口三等知章组字韵母今读[u]，与遇摄合口一等字、遇摄合口三等非组字、流摄开口三等非组字和流摄开口一等部分明母字韵母相同。

长治型读音举例：

	初	数动词	锅	猪	主	土	父	富	亩
	遇合三	遇合三	果合一	遇合三	遇合三	遇合一	遇合三	流开三	流开一
	平鱼初	麌生	平戈见	平鱼知	上麌章	上姥透	上麌奉	去宥非	上厚明
长治	tsʻuə	suə	kuə	tsu	tsu	tʻu	fu	fu	mu
长治县	tsʻuo	suo	kuo	tsu	tsu	tʻu	fu	fu	mu
荫城长治县	tsʻuo	suo	kuo	tsu	tsu	tʻu	fu	fu	mu
八义长治县	tsʻuo	suo	kuo	tsu	tsu	tʻu	fu	fu	mu
百尺壶关	tʂʻuo	ʂuo	kuo	tʂu	tʂu	tʻu	fu	fu	mu
树掌壶关	tʃʻuo	ʃuo	kuo	tʃu	tʃu	tʻu	fu	fu	mu
壶关	tʂʻuo	ʂuo	kuo	tʂu	tʂu	tʻu	fu	fu	mu
龙溪平顺	tsʻuo	suo	kuo	tsu	tsu	tʻu	fu	fu	mu
黄崖洞黎城	tsʻuo	suo	kuo	tsu	tsu	tʻu	fu	fu	mu
韩北武乡	tsʻuo	suo	kuo	tsu	tsu	tʻu	fu	fu	mu
武乡	tsʻuɤ	suɤ	kuɤ	tsu	tsu	tʻu	fu	fu	mu
涌泉武乡	tsʻuo	suo	kuo	tsu	tsu	tʻu	fu	fu	mu
南涅水沁县	tsʻuə	suə	kuə	tsu	tsu	tʻu	fu	fu	mu
沁县	tsʻuo	suo	kuo	tsu	tsu	tʻu	fu	fu	mu
新店沁县	tsʻuo	suo	kuo	tsu	tsu	tʻu	fu	fu	mu
西营襄垣	tsʻuo	suo	kuo	tsu	tsu	tʻu	fu	fu	mu
上马襄垣	tsʻuo	suo	kuo	tsu	tsu	tʻu	fu	fu	mu
襄垣	tsʻuo	suo	kuo	tsu	tsu	tʻu	fu	fu	mu
屯留	tsʻuo	suo	kuo	tsu	tsu	tʻu	fu	fu	mu
宋村长子	tsʻuo	suo	kuo	tsu	tsu	tʻu	fu	fu	mu
南常长子	tsʻuo	suo	kuo	tsu	tsu	tʻu	fu	fu	mu
石哲长子	tsʻuə	suə	kuə	tsu	tsu	tʻu	fu	fu	mu
长子	tsʻuə	suə	kuə	tsu	tsu	tʻu	fu	fu	mu
琚村长子	tsʻuo	suo	kuo	tsu	tsu	tʻu	fu	fu	mu

（4）景凤型：分布在景凤沁源和王和沁源。其特点是遇摄合口三等庄组字韵母今读[ou]，与遇摄合口一等泥精组字、流摄开口一等字以及流摄开口三等知系字韵母相同，遇摄合口三等知章组字韵母今读[u]，与遇摄合口一等

帮组、端组、见系字、遇摄合口三等非组字、流摄开口三等非组字和流摄开口一等部分明母字韵母相同。

景凤型读音举例：

	初	数动词	奴	路	苏	楼	愁
	遇合三	遇合三	遇合一	遇合一	遇合一	流开一	流开三
	平鱼初	上麌生	平模泥	去暮来	平模心	平侯来	平尤崇
景凤沁源	tsʻou	sou	nou	lou	sou	lou	tsʻou
王和沁源	tsʻou	sou	nou	lou	sou	lou	tsʻou

	猪	厨	书	姑	父	富	亩
	遇合三	遇合三	遇合三	遇合一	遇合三	流开三	流开一
	平鱼知	平虞澄	平鱼书	平模见	上麌奉	去宥非	上厚明
景凤沁源	tsu	tsʻu	su	ku	fu	fu	mu
王和沁源	tsu	tsʻu	su	ku	fu	fu	mu

（5）沁源型：分布在沁源。其特点是遇摄合口三等庄组字韵母今读[ei]，与遇摄合口一等泥精组字、蟹摄开口一等帮组字、蟹摄合口一等帮组、泥组字、蟹止摄合口三等非组字、流摄开口一等端系字以及流摄开口三等知系字韵母相同，遇摄合口三等知章组字韵母今读[u]，与遇摄合口一等帮组、端组、见系字、遇摄合口三等非组字、流摄开口三等非组字和流摄开口一等部分明母字韵母相同。

沁源型读音举例：

	初	数动词	苏	杯	肥	楼	愁
	遇合三	遇合三	遇合一	蟹合一	止合三	流开一	流开三
	平鱼初	上麌生	平模心	平灰帮	平微奉	平侯来	平尤崇
沁源	tsʻei	sei	sei	pei	fei	lei	tʂʻei

	猪	厨	书	姑	父	富	亩
	遇合三	遇合三	遇合三	遇合一	遇合三	流开三	流开一
	平鱼知	平虞澄	平鱼书	平模见	上麌奉	去宥非	上厚明
沁源	tsu	ts‘u	su	ku	fu	fu	mu

以上各方言中遇摄合口三等庄组字和知章组字今读韵母不同的现象并不是有独无偶的，“在汉口、长沙、广州、梅县等地方言里，鱼虞韵字的庄系字和知照系字有不同的发展。……在厦门话里，庄系的影响特别明显。庄系和知照系在许多地方分道扬镳，各不相混”①。而且，类似的现象在中原官话汾河片方言中也比较普遍。从音值上看，其与晋东南晋语的景凤型相似，即遇摄合口三等庄组字韵母今读[ou]/[əu]，与遇摄合口一等泥精组字韵母、流摄开口一等字以及流摄开口三等知系字韵母相同，遇摄合口三等知章组字韵母今读[u]，与遇摄合口一等帮组、端组、见系字、遇摄合口三等非组字、流摄开口三等非组字和流摄开口一等部分明母字韵母相同。下面以运城、临汾、霍州、万荣方言②为例举例说明。

	锄	路	租	楼	愁	猪	朱	姑	富
	遇合三	遇合一	遇合一	流开一	流开三	遇合三	遇合三	遇合一	流开三
	平鱼崇	去暮来	平模精	平侯来	平尤崇	平鱼知	平虞章	平模见	去宥非
运城	ts‘ou	lou	tsou	lou	ts‘ou	pfu	pfu	ku	fu
临汾	ʂəu	ləu	tsəu	ləu	tʂ‘əu	tʂu	tʂu	ku	fu
霍州	səu	ləu	tsəu	ləu	ts‘əu	tʂu	tʂu	ku	fu
万荣	ts‘əu	ləu	tsəu	ləu	ts‘əu	pfu	pfu	ku	fu

（二）遇摄合口三等知庄章组字韵母在晋东南晋语中的演变

中古遇摄合口三等包括鱼虞韵。鱼虞二韵在《切韵》时期是有区别的，鱼韵为[ĭo]，虞韵为[ĭu]，到晚唐五代时期，鱼韵变为[ĭu]，虞韵仍为[ĭu]，至

① 王力：《汉语语音史》，中华书局 1985 年版，第 586 页。

② 这些方言的材料均来源于《山西方言调查研究报告》（侯精一，温端政 1993）。

此二韵合流（王力 1985）。鱼虞韵合并之后，在许多北方方言中，遇摄合口三等鱼虞韵知庄章组字韵母先后并入遇摄合口一等模韵，读为[u]。据王力先生的拟音（1985），遇摄合口三等庄组字韵母并入遇摄合口一等模韵的时间大概在元代，因为《中原音韵》中“梳遇合三生”和“苏遇合一心”韵母相同，而与“除遇合三澄书遇合三书”韵母不同，而且这种格局至少保持到明代，因为明代金尼阁的《西儒耳目资》（1626 年）中遇摄合口三等知章组字与遇摄合口一等、遇摄合口三等庄组字韵母也不同，“金氏书中把‘诸主除处殊’等字（引者按：遇摄合口三等知章组字）标为 ụ，这些字的读音与[iu]有别，也与‘诅、助、初、锄’等字（引者按：遇摄合口一等和遇摄合口三等庄组字）的读音不同，可见此时这些字已与其他[iu]韵字分家但又尚未完全与[u]合流。大概在金书之后不久，这些字便完全念入[u]了，即完成了向合口呼转化的过程了”①。进而形成了包括晋东南晋语高平等 13 个方言在内的多数北方方言中遇摄合口三等庄组字和知章组字韵母读音相同的格局。

而在遇摄合口三等庄组字韵母先于知章组字韵母并入遇摄合口一等模韵之后，遇摄合口三等庄组字和知章组字韵母在晋东南晋语遇摄合口三等庄组字和知章组字韵母有别的各类型方言中则发生了不同的变化。下面对其演变情况分别讨论。

在礼义型方言中，遇摄合口三等庄组字韵母在并入遇摄合口一等模韵读为[u]后未再发生变化，而遇摄合口三等知章组字韵母始终没有并入遇摄合口一等模韵。由于古知章组的卷舌化，其与三等韵[i]介音发音不和谐，为了解决二者发音上的矛盾，遇摄合口三等知章组字选择了改变声母而保留三等韵[i]介音的演变方式（详见第一章第二节，不赘）。

在黎城型方言中，遇摄合口三等知章组字的变化与礼义型相同，其为了声韵发音上的和谐，也选择了改变声母保留三等韵[i]介音的演变方式（详见第二章第二节，不赘），而遇摄合口三等庄组字韵母的变化则与礼义型不同，遇摄合口三等庄组字韵母在并入遇摄合口一等模韵读为[u]后，又发生

① 李新魁：《近代汉语介音的发展》，中国音韵学研究会《音韵学研究（一）》，中华书局 1984 年版，第 471 页。

了裂变，裂化[①]为[uo][uə]。而且，根据遇摄合口一等精组字韵母今仍读[u]，未与遇摄合口三等庄组字韵母一起发生裂变，可以推断出遇摄合口三等庄组字韵母并入遇摄合口一等模韵后发生裂变的时间，当不晚于遇摄合口三等庄组声母与遇摄合口一等精组洪音声母合流的时间，如果声母合流在前，那么，遇摄合口三等庄组字就会与遇摄合口一等精组字声韵都相同，就不会引起遇摄合口三等庄组字的分化了。

在长治型方言中，遇摄合口三等庄组字韵母在并入遇摄合口一等模韵读为[u]后，也发生了裂变，裂化为[uo][uə][uɤ]，而且，根据遇摄合口三等知章组字和遇摄合口一等精组字今读韵母为[u]，未与遇摄合口三等庄组字韵母一起发生裂变，可以推断出遇摄合口三等庄组字韵母并入遇摄合口一等模韵后，发生裂变的时间当不晚于遇摄合口三等庄组声母与遇摄合口一等精组洪音声母合流的时间，同时也不晚于遇摄合口三等知章组字韵母并入遇摄合口一等模韵的时间，否则，遇摄合口三等庄组字与遇摄合口一等精组字或遇摄合口三等知章组字声韵都相同，庄组字就失去了分化出来的条件了。

在景凤型方言中，遇摄合口三等庄组字韵母在并入遇摄合口一等模韵读为[u]后，与遇摄合口一等泥精组字韵母一起发生了裂变，裂化为[ou]，而且，根据遇摄合口三等知章组字今读韵母为[u]，可以推断出遇摄合口三等庄组字、遇摄合口一等泥精组字韵母发生裂变的时间，当不晚于遇摄合口三等知章组字并入遇摄合口一等模韵并与遇摄合口一等精组洪音声母合流的时间，否则，遇摄合口三等庄组字、遇摄合口一等泥精组字与遇摄合口三等知章组字就会成为同音字，遇摄合口三等庄组字和遇摄合口一等泥精组字也就失去了分化出来的条件了。

与礼义型、黎城型、长治型和景凤型相比，沁源型方言遇摄合口三等庄组字今读[ei]韵母则比较特别。首先，从音理上看，由[u]韵母直接变为[ei]韵母不太可能；其次，从周围方言来看，也没有遇摄合口三等庄组字今读韵母为[ei]的现象，因此，其不可能是周围方言的影响使然；最后，从与之合流的韵摄来看，有流摄开口一等、流摄开口三等知系，由此，我们推测

① 这里所谓的"裂化"，与曹志耘先生（2002）所谓的"破裂化"一致，指在舌面高元音或舌尖元音的前后加上一个附属性的元音，如[u]读成[uo]、[uə]、[uɤ]或[əu]。

遇摄合口三等庄组字韵母很可能是先并入遇摄合口一等模韵读为[*u]，之后，再与遇摄合口一等泥精组字韵母一起发生前裂化，裂化为[*ou]，进而与流摄开口一等、流摄开口三等知系字韵母合流，然后它们再一起发生变化，最后与蟹摄开口一等帮组、蟹摄合口一等帮组、蟹止摄合口三等非组字合流为[ei]韵母。至于遇摄合口三等庄组字韵母与流摄开口一等和三等知系字韵母合流为[*ou]之后演变为[ei]韵母的具体过程，由于缺乏足够的文献资料和方言材料，我们目前还不好做出判断。但根据遇摄合口三等知章组字韵母并入遇摄合口一等模韵读为[u]后未发生裂变的情况，我们可以推断出遇摄合口三等庄组字、遇摄合口一等泥精组字韵母发生裂变的时间，当在遇摄合口三等知章组字并入遇摄合口一等模韵并与遇摄合口一等精组洪音声母合流之前。

总的来讲，遇摄合口三等知庄章组字韵母在以上各类型方言中的演变方式大致可以分为两大类：一类是遇摄合口三等庄组字韵母并入遇摄合口一等模韵，遇摄合口三等知章组字韵母保留[i]介音，未并入遇摄合口一等模韵，我们称之为 A 类，礼义型和黎城型属于这一类，其中，遇摄合口三等庄组字韵母在并入遇摄合口一等模韵后在礼义型中未再发生变化，而在黎城型中又发生了后裂化。另一类是遇摄合口三等庄组字韵母并入遇摄合口一等模韵，并发生裂化，遇摄合口三等知章组字韵母丢掉[i]介音，并入遇摄合口一等模韵，我们称之为 B 类，长治型、景凤型和沁源型属于这一类，其中，遇摄合口三等庄组字韵母在并入遇摄合口一等模韵后在长治型中发生了后裂化，在景凤型和沁源型中则发生了前裂化，而且，其在沁源型中发生前裂化后又继续发生了变化，进而与蟹摄开口一等帮组字、蟹摄合口一等帮泥组字、蟹止摄合口三等非组字韵母合流。简言之，遇摄合口三等知庄章组字韵母在以上五种类型中的演变层次关系可图示如下：

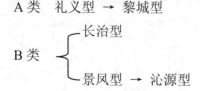

A 类　礼义型 → 黎城型

B 类 ⎧ 长治型
　　 ⎩ 景凤型 → 沁源型

三 蟹止摄合口一三四等

在北京话中，蟹止摄合口一三等帮系字和泥组字今读开口呼[ei]韵母，蟹止摄合口一三四等端组、精组、知章组、见系字今都读合口呼[uei]韵母。蟹止摄合口一三四等在北京话中今读[ei]和[uei]韵母的这些字在晋东南晋语中的读音情况则比较复杂。各方言中今读韵母情况比较一致的是蟹止摄合口一三四等见系字和帮系字，一般来讲，蟹止摄合口一三四等见系字都读合口呼，仍保留着古合口介音的特点，蟹止摄合口一三等帮系字都读开口呼[①]，古合口介音已经消失。而蟹止摄合口一三等端组、泥组、精组、知章组字今读韵母的情况在各方言中则不尽一致，下面对其分别讨论。

1.长治型：蟹止摄合口一三等端组、泥组、精组、知章组字都读合口呼，保留合口介音。分布在长治、荫城长治县、壶关、百尺壶关、树掌壶关、龙溪平顺、平顺、上港平顺、豆峪平顺、潞城、店上潞城、辛安泉潞城、黎城、东阳关黎城、黄崖洞黎城、沁县、上马襄垣、襄垣、上村屯留、屯留、长子、琚村长子、陈区高平、高平、古寨高平、礼义陵川、陵川、西河底陵川、晋城、巴公泽州、阳城、町店阳城。据我们看到的材料，这种类型在山西晋语并州片、吕梁片和五台片多数方言以及中原官话汾河片的运城、万荣等一些方言中也都比较普遍。

长治型读音举例：

	堆	内	雷	泪	嘴	崔	追	税
	蟹合一	蟹合一	蟹合一	止合三	止合三	蟹合一	止合三	蟹合三
	平灰端	去队泥	平灰来	去至来	上纸精	平灰清	平脂知	去祭书
长治	tuei	nuei	luei	luei	tsuei	tsʻuei	tsuei	suei
荫城长治县	tuei	nuei	luei	luei	tsuei	tsʻuei	tsuei	suei
壶关	tuei	nuei	luei	luei	tʂuei	tʂʻuei	tʂuei	ʂuei
百尺壶关	tuei	nuei	luei	luei	tʂuei	tʂʻuei	tʂuei	ʂuei
树掌壶关	tuei	nuei	luei	luei	tʃuei	tʃʻuei	tʃuei	ʃuei
龙溪平顺	tuei	nuei	luei	luei	tsuei	tsʻuei	tsuei	suei
平顺	tuei	nuei	luei	luei	tsuei	tsʻuei	tsuei	suei

① 蟹止摄合口三等非组字如“废肺吠(蟹)非妃肥尾微痱费翡味未(止)”在晋东南晋语绝大多数方言中今读[ei]类韵母（包括[ɐi][ɛi][ɛe][æ]等），只有在阳城方言中今读[i]韵母，与中原官话多数方言的情况一致。

上港$_{平顺}$	tuei	nuei	luei	luei	tsuei	tsʻuei	tsuei	suei
豆峪$_{平顺}$	tuei	nuei	luei	luei	tsuei	tsʻuei	tsuei	suei
潞城	tuei	nuei	luei	luei	tsuei	tsʻuei	tsuei	suei
店上$_{潞城}$	tuei	nuei	luei	luei	tsuei	tsʻuei	tsuei	suei
辛安泉$_{潞城}$	tuei	nuei	luei	luei	tsuei	tsʻuei	tsuei	suei
黎城	tuei	nuei	luei	luei	tsuei	tsʻuei	tsuei	suei
东阳关$_{黎城}$	tuei	nuei	luei	luei	tsuei	tsʻuei	tsuei	suei
黄崖洞$_{黎城}$	tuei	nuei	luei	luei	tsuei	tsʻuei	tsuei	suei
沁县	tuei	nuei	luei	luei	tsuei	tsʻuei	tsuei	suei
上马$_{襄垣}$	tuei	nuei	luei	luei	tsuei	tsʻuei	tsuei	suei
襄垣	tuei	nuei	luei	luei	tsuei	tsʻuei	tsuei	suei
上村$_{屯留}$	tuei	nuei	luei	luei	tsuei	tsʻuei	tsuei	suei
屯留	tuei	nuei	luei	luei	tsuei	tsʻuei	tsuei	suei
长子	tuei	nuei	luei	luei	tsuei	tsʻuei	tsuei	suei
琚村$_{长子}$	tuei	nuei	luei	luei	tsuei	tsʻuei	tsuei	suei
陈区$_{高平}$	tuei	nuei	luei	luei	tʂuei	tʂʻuei	tʂuei	ʂuei
高平	tuei	nuei	luei	luei	tʂuei	tʂʻuei	tʂuei	ʂuei
古寨$_{高平}$	tuɛi	nuɛi	luɛi	luɛi	tʂuɛi	tʂʻuɛi	tʂuɛi	ʂuɛi
礼义$_{陵川}$	tuei	nuei	luei	luei	tʂuei	tʂʻuei	tʂuei	ʂuei
陵川	tuei	nuei	luei	luei	tʂuei	tʂʻuei	tʂuei	ʂuei
西河底$_{陵川}$	tuɛi	nuɛi	luɛi	luɛi	tsuɛi	tsʻuɛi	tsuɛi	suɛi
晋城	tuɛe	nuɛe	luɛe	luɛe	tʂuɛe	tʂʻuɛe	tʂuɛe	ʂuɛe
巴公$_{泽州}$	tuɛi	nuɛi	luɛi	luɛi	tʂuɛi	tʂʻuɛi	tʂuɛi	ʂuɛi
阳城	tuæ	nuæ	luæ	luæ	tsuæ	tsʻuæ	tʂuæ	ʂuæ
町店$_{阳城}$	tuei	nuei	luei	luei	tsuei	tsʻuei	tʂuei	ʂuei

2.武乡型：蟹止摄合口一三等端组、来母、精组、知章组字都为合口呼，仍保留着古合口介音，而蟹摄合口一等泥母字为开口呼，古合口介音消失，也就是说，蟹摄合口一等泥母字和蟹止摄合口一三等来母字今读韵母有

别。分布在武乡、涌泉武乡、景凤沁源、新店沁县、南常长子、宋村长子、石哲长子、河西高平、水东泽州。据我们看到的材料，这种类型在山西晋语并州片的清徐、文水、五台片的阳曲、原平、忻州方言以及中原官话汾河片的新绛、吉县等方言中也存在。

武乡型读音举例：

	堆 蟹合一 平灰端	内 蟹合一 去队泥	雷 蟹合一 平灰来	泪 止合三 去至来	嘴 止合三 上纸精	崔 蟹合一 平灰清	追 止合三 平脂知	税 蟹合三 去祭书
武乡	tuei	nzei	luei	luei	tsuei	tsʻuei	tsuei	suei
涌泉武乡	tuei	nei	luei	luei	tsuei	tsʻuei	tsuei	suei
景凤沁源	tuei	nei	luei	luei	tsuei	tsʻuei	tsuei	suei
新店沁县	tuei	nei	luei	luei	tsuei	tsʻuei	tsuei	suei
南常长子	tuei	nei	luei	luei	tsuei	tsʻuei	tsuei	suei
宋村长子	tuei	nei	luei	luei	tsuei	tsʻuei	tsuei	suei
石哲长子	tuei	nei	luei	luei	tsuei	tsʻuei	tsuei	suei
河西高平	tuɛi	nɛi	luɛi	luɛi	tʂuɛi	tʂʻuɛi	tʂuɛi	ʂuɛi
水东泽州	tuɛi	nɛi	luɛi	luɛi	tʂuɛi	tʂʻuɛi	tʂuɛi	ʂuɛi

3.沁源型：蟹止摄合口一三等端组、精组、知章组字仍保留合口介音，而泥组字今读开口呼，古合口介音已经消失。分布在沁源、王和沁源、南涅水沁县、韩北武乡、西营襄垣。据我们看到的材料，这种类型在山西晋语大包片方言以及中原官话汾河片的永济、汾西、洪洞、临汾等方言中也比较普遍。

沁源型读音举例：

	堆 蟹合一 平灰端	内 蟹合一 去队泥	雷 蟹合一 平灰来	泪 止合三 去至来	嘴 止合三 上纸精	崔 蟹合一 平灰清	追 止合三 平脂知	税 蟹合三 去祭书
沁源	tuei	nei	lei	lei	tsuei	tsʻuei	tsuei	suei

王和沁源	tuei	nei	lei	lei	tsuei	ts'uei	tsuei	suei
南涅水沁县	tuei	nei	lei	lei	tsuei	ts'uei	tsuei	suei
韩北武乡	tuei	nei	lei	lei	tsuei	ts'uei	tsuei	suei
西营襄垣	tuei	nei	lei	lei	tsuei	ts'uei	tsuei	suei

4.长治县型：蟹止摄合口一三等端组、泥组、精组字合口介音消失，知章组字保留合口介音。分布在长治县、八义长治县。据我们看到的材料，这种类型在山西晋语其他片和中原官话汾河片方言中未见分布。

长治县型读音举例：

	堆	内	雷	泪	嘴	崔	追	税
	蟹合一	蟹合一	蟹合一	止合三	止合三	蟹合一	止合三	蟹合三
	平灰端	去队泥	平灰来	去至来	上纸精	平灰清	平脂知	去祭书
长治县	tei	nei	lei	lei	tsei	ts'ei	tsuei	suei
八义长治县	tei	nei	lei	lei	tsei	ts'ei	tsuei	suei

5.北留型：蟹止摄合口一三等端组、泥组、精组、知章组字合口介音消失。分布在北留阳城、端氏沁水。据我们看到的材料，这种类型在山西晋语其他片和中原官话汾河片方言中未见分布。

北留型读音举例：

	堆	内	雷	泪	嘴	崔	追	税
	蟹合一	蟹合一	蟹合一	止合三	止合三	蟹合一	止合三	蟹合三
	平灰端	去队泥	平灰来	去至来	上纸精	平灰清	平脂知	去祭书
北留阳城	tɛi	nɛi	lɛi	lɛi	tʃɛi	tʃ'ɛi	tʃɛi	ʃɛi
端氏沁水	tɛi	nɛi	lɛi	lɛi	tsɛi	ts'ɛi	tsɛi	sɛi

我们认为，上述五种类型分别代表了蟹止摄合口一三四等合口介音在晋东南晋语中消失的五个阶段，并且，基本上可以显示出蟹止摄合口

一三四等合口介音消失的轨迹。为了更清晰地呈现以上五种类型方言中蟹止摄合口一三四等合口介音在各古声母后消失的情况，我们下面列表说明。表 2.1 以音标代表古代音类：[p]代表古帮系，[n]代表古泥母，[l]代表古来母，[t]代表古端组，[ts]代表古精组，[tʂ]代表古知章组，[k]代表古见系。

表 2.1　各类型方言蟹止摄合口一三四等在各声母后的读音情况

阶段	代表点	p	n	l	t	ts	tʂ	k
1	长治	ei	uei	uei	uei	uei	uei	uei
2	武乡	ei	ei	uei	uei	uei	uei	uei
3	沁源	ei	ei	ei	uei	uei	uei	uei
4	长治县	ei	ei	ei	ei	ei	uei	uei
5	北留阳城	ɛi	ɛi	ɛi	ɛi	ɛi	ɛi	uɛi

从表 2.1 可以看出，在晋东南晋语中，蟹止摄合口一三四等合口介音在长治型方言中保留程度最高，往下依次是武乡型、沁源型、长治县型，在北留型方言中保留程度最低。并且，比较蟹止摄合口一三四等在各类型方言中的读音，可以看出，在晋东南晋语中，蟹止摄合口一三四等的合口介音在帮系后消失得最快，这可能与唇音声母和[u]介音发音上的不和谐有关，而在见系后最稳定，在泥母和来母后比在端组和精组后消失得要快，在泥母后比在来母后消失得要快。由此可见，蟹止摄合口一三等合口介音在各古声母后消失的先后顺序大致是：①帮组→②泥母→③来母→④端组和精组→⑤知章组。显然，在各古声母后合口介音消失的演变链上，端组和精组孰先孰后没有显示出来。但考察一下蟹止摄合口一三四等在山东郯城、平度、河北保定、清苑、满城、河南汝阳、陕县、宜阳、洛宁等方言中的读音就会得到答案。下面以郯城、保定、宜阳方言为例举例说明。见表 2.2。

表 2.2　　蟹止摄合口一三四等在郯城、保定、宜阳方言中的读音情况

	杯	内	雷	泪	堆	嘴	追	灰
	蟹合一 平灰帮	蟹合一 去队泥	蟹合一 平灰来	止合三 去至来	蟹合一 平灰端	止合三 上纸精	止合三 平脂知	蟹合一 平灰晓
郯城	pe	ne	le	le	te	tsue	tʂue	xue
保定	pei	nei	lei	lei	tei	tsuei	tʂuei	xuei
宜阳	pei	nei	lei	lei	tei	tsuei	tʂuei	xuei

材料来源：郯城的材料来源于《郯城方言志》（邵燕梅 2005）；保定的材料来源于《河北保定地区方言的语音特点》（陈淑静 1986）；宜阳的材料来源于《河南方言研究》（张启焕等 1993）。

从表 2.2 可以看出，在郯城等方言中，蟹止摄合口一三等帮组、泥组、端组字读开口呼，古合口介音已经消失，而蟹止摄合口一三四等精组、知章组、见系字读合口呼，仍保留着古合口介音，由此可见，蟹止摄合口一三等端组合口介音消失的速度要快于精组。联系这一情况，我们认为，北京话中今读[uei]韵母的蟹止摄合口一三等合口介音在晋东南晋语中是以帮系、泥母、来母、端组、精组、知章组的顺序呈阶梯式状态消失的。

四　[i][y]韵母的舌尖化现象

[i][y]韵母的舌尖化现象是指舌面高元音[i][y]“发音部位前移和发音方法因高化而产生摩擦化”①的现象，分布在晋东南晋语的西营襄垣、沁县、南涅水沁县、武乡、涌泉武乡、新店沁县、景凤沁源、王和沁源、韩北武乡方言中。蟹摄开口三四等帮组、端组、精组、泥组、见系字和止摄开口三等帮组、端组、泥组和见系字在晋东南晋语其他方言中今都读[i]韵母，而在这些方言中今读[ɿ]韵母（在西营襄垣方言中只有蟹止摄开口三四等端组、精组和见晓组字今读[ɿ]韵母），遇摄合口三等泥组、精组和见系字在晋东南晋语其他方言中今都读[y]韵母，而在这些方言（除西营襄垣方言）中除遇摄合口三等来母字外今都读[ʮ]韵母。

这里需要注意的是，除西营襄垣方言外，在上述沁县等方言中遇摄合口

① 张燕来：《山西晋语舌面高元音的舌尖化》，《语文研究》2006年第1期。

三等来母字韵母与遇摄合口三等精组、泥母、见系字韵母今读音不同，其并没有舌尖化为[ʮ]，而是读[uei]。

遇摄合口三等来母字今读[uei]韵母的现象在山西晋语其他片的一些方言中也存在。关于山西晋语中此现象的产生原因，乔全生先生（2003）已作过讨论，认为晋语中遇摄合口三等部分字今读[uei]韵母的现象可能与“支微入鱼”现象有关。我们认为乔全生先生对此问题的论述有一定道理，我们同意乔先生的看法。“支微入鱼”现象是晋语的一种十分重要的语音现象，王军虎先生（2004）对此有过详细的论述，不过王文所举的都是支微鱼虞都读作[y]韵母的现象，而乔全生先生（2003）则认为所谓“支微入鱼”现象还应该包括鱼虞韵的[uei]类音。乔文主要举出以下几个证据：

第一，遇摄合口三等鱼韵来母字“吕”作为姓，今读[uei]韵母，支鱼同韵，在山西晋语的平遥、孝义、介休、榆社、阳泉、平定、昔阳、和顺、左权、沁县、武乡等方言中十分普遍。

第二，在二百余年前记载晋方言并州片的《方言应用杂字》中，一些止蟹合口字与遇摄合口字互注，如“岁叙”“遂叙”“聚醉”“虑泪”等互注，而这些字在今并州片有的方言中读[y]韵母，有的方言中读[uei]韵母。如这些字在孝义方言中白读都为[y]韵母，在介休方言中白读都为[uei]韵母。

第三，有关记载这一现象的历史材料反映出这一现象可以追溯到唐五代时期的西北方音。邵荣芬（1963）指出《变文》中的《王陵变文》：“王陵须（虽）是汉将，住在绥州茶陵村。”又《降魔变文》：“圆须即好，葱蒜极多”“圆虽即好，林木芙疏”，“须”与“虽”异文。又《燕子赋》：“梧桐树须大，里空虚；井水须深，里无鱼。”此两处“须”当为“虽”。罗常培《唐五代西北方音》（1933）所列《开蒙要训》注音本列有虞韵与止摄合口三等互注的例子，如下表：

类型	本文	韵母	注音	韵母	类型	本文	韵母	注音	韵母
虞支互注	盂	虞	为	支	以虞注脂	柜	至	具	遇
	騟	虞	为	支		荽	脂	须	虞
	髓	纸	须	虞		骓	脂	朱	虞
	伪	寘	遇	遇	以微注虞	氍	虞	鬼	尾

另外，乔文中还提到，唐末陇西成纪人李匡又《资暇集》卷下记载："代呼驴为卫，于文字未见。"支鱼同韵。代州曾一度隶属太原，今方音亦近。今忻州一带的方言"驴""卫"已不同韵。不过，今曲沃一带"卫玉鱼"同韵，联系起来，唐时山西呼驴为卫的可能是比较大的。

综上所述，不管是在历史文献的记载中还是在现代山西方言中都存在鱼虞韵读同支微韵的现象，可见，"支微入鱼"现象还应该包括鱼虞韵的[uei]类音，因此，乔先生所认为的晋语中遇摄合口三等部分字今读[uei]韵母的现象很可能与"支微入鱼"现象有关的看法是有一定道理的，据此，晋东南晋语中沁县等方言遇摄合口三等鱼虞韵来母字读同支微韵的现象也可能与"支微入鱼"现象有关。

以上是关于沁县、南涅水沁县、武乡、涌泉武乡、新店沁县、景凤沁源、王和沁源、韩北武乡方言中与遇摄合口三等其他声母变化不同的来母字今读[uei]韵母的讨论，下面主要讨论西营襄垣、沁县、南涅水沁县、武乡、涌泉武乡、新店沁县、景凤沁源、王和沁源、韩北武乡方言中[i][y]韵母的舌尖化现象。

（一）[i][y]韵母舌尖化的类型及其历史层次

[i][y]韵母舌尖化为[ɿ][ʮ]韵母之后，各方言的韵母系统发生了不同程度的变化，据此，可以将其分为四种类型，下面分别讨论。

1.西营型：分布在西营襄垣。其特点是：来自蟹止摄开口三四等的[i]韵母只在端组、精组和见晓组声母后变成了[ɿ]韵母，而在其他声母后面仍读[i]韵母，也就是说，韵母系统中仍存在[i]韵母。来自遇摄合口三等的[y]韵母没有发生变化，仍读[y]韵母。

西营型读音举例：

	比	批	米	低	梯	题
	止开三	蟹开四	蟹开四	蟹开四	蟹开四	蟹开四
	上旨帮	平齐滂	上荠明	平齐端	平齐透	平齐定
西营襄垣	pi	pʻi	mi	tsɿ	tsʻɿ	tsʻɿ

	泥	李	际	奇	西	姨
	蟹开四	止开三	蟹开三	止开三	蟹开四	止开三
	平齐泥	上止来	去祭精	平支群	平齐心	平脂以
西营襄垣	ȵi	li	tsɿ	tsʻɿ	sɿ	i

	艺	女	句	趣	徐	雨
	蟹开三	遇合三	遇合三	遇合三	遇合三	遇合三
	去祭疑	上语泥	去遇见	去遇清	平鱼邪	上麌云
西营襄垣	i	ȵy	tɕy	tɕʻy	ɕy	y

2.沁县型：分布在沁县、南涅水沁县、武乡、涌泉武乡。其特点是：来自蟹止摄开口三四等的[i]韵母在帮组、端组、泥组、精组、见系声母后都变成了[ɿ]韵母，韵母系统中目前没有[i]韵母。来自遇摄合口三等的[y]韵母在泥母、精组和见系声母后都变成了[ʮ]韵母，其韵母系统中目前也没有[y]韵母。

沁县型读音举例：

	比	批	米	低	梯	题
	止开三	蟹开四	蟹开四	蟹开四	蟹开四	蟹开四
	上旨帮	平齐滂	上荠明	平齐端	平齐透	平齐定
沁县	pɿ	pʻɿ	mɿ	tsɿ	tsʻɿ	tsʻɿ
南涅水沁县	pɿ	pʻɿ	mɿ	tsɿ	tsʻɿ	tsʻɿ
武乡	pɿ	pʻɿ	mɿ	tsɿ	tsʻɿ	tsʻɿ
涌泉武乡	pɿ	pʻɿ	mɿ	tsɿ	tsʻɿ	tsʻɿ

	泥	李	际	奇	西	姨
	蟹开四	止开三	蟹开三	止开三	蟹开四	止开三
	平齐泥	上止来	去祭精	平支群	平齐心	平脂以
沁县	nzɿ	lɿ	tsɿ	tsʻɿ	sɿ	zɿ
南涅水沁县	mɿ	lɿ	tsɿ	tsʻɿ	sɿ	zɿ

武乡	nzɿ	lɿ	tsɿ	tsʻɿ	sɿ	zɿ
涌泉武乡	ȵɿ	lɿ	tsɿ	tsʻɿ	sɿ	zɿ

	艺	女	句	趣	徐	雨
	蟹开三	遇合三	遇合三	遇合三	遇合三	遇合三
	去祭疑	上语泥	去遇见	去遇清	平鱼邪	上麌云
沁县	zɿ	nzʮ	tsʮ	tsʻʮ	sʮ	zʮ
南涅水沁县	zɿ	ȵʮ	tsʮ	tsʻʮ	sʮ	zʮ
武乡	zɿ	nzʮ	tsʮ	tsʻʮ	sʮ	zʮ
涌泉武乡	zɿ	ȵʮ	tsʮ	tsʻʮ	sʮ	zʮ

3.新店型：分布在新店沁县。其特点是：来自蟹止摄开口三四等的[i]韵母在帮组、端组、泥组、精组和见系声母后都变成了[ɿ]韵母，韵母系统中目前没有[i]韵母。来自遇摄合口三等的[y]韵母在泥母、精组和见系声母后都变成了[ʮ]韵母，但韵母系统中仍有[y]韵母，其来源于流摄开口三等泥组、精组和见系字。

新店型读音举例：

	比	批	米	低	梯	题	泥
	止开三	蟹开四	蟹开四	蟹开四	蟹开四	蟹开四	蟹开四
	上旨帮	平齐滂	上荠明	平齐端	平齐透	平齐定	平齐泥
新店沁县	pɿ	pʻɿ	mɿ	tsɿ	tsʻɿ	tsʻɿ	ȵɿ

	李	际	奇	西	姨	女	句
	止开三	蟹开三	止开三	蟹开四	止开三	遇合三	遇合三
	上止来	去祭精	平支群	平齐心	平脂以	上语泥	去遇见
新店沁县	lɿ	tsɿ	tsʻɿ	sɿ	zɿ	ȵʮ	tsʮ

	趣	徐	雨	扭	酒	九	有
	遇合三	遇合三	遇合三	流开三	流开三	流开三	流开三
	去遇清	平鱼邪	上麌云	上有泥	上有精	上有见	上有云
新店沁县	tsʿʮ	sʮ	zʮ	ȵy	tɕy	tɕy	y

4.景凤型：分布在景凤沁源、王和沁源、韩北武乡。其特点是：来自蟹止摄开口三四等的[i]韵母在帮组、端组、泥组、精组和见系声母后都变成了[ʅ]韵母，但音系中仍有[i]韵母，其来源于假摄开口三等精组和影组[①]。来自遇摄合口三等的[y]韵母在泥母、精组和见系声母后都变成了[ʮ]韵母，韵母系统中目前没有[y]韵母。

景凤型读音举例：

	比	批	米	低	题	泥
	止开三	蟹开四	蟹开四	蟹开四	蟹开四	蟹开四
	上旨帮	平齐滂	上荠明	平齐端	平齐定	平齐泥
景凤沁源	pʅ	pʿʅ	mʅ	tsʅ	tsʿʅ	mʅ
王和沁源	pʅ	pʿʅ	mʅ	tsʅ	tsʿʅ	nzʅ
韩北武乡	pʅ	pʿʅ	mʅ	tsʅ	tsʿʅ	mʅ

	李	际	奇	西	姨	姐
	止开三	蟹开三	止开三	蟹开四	止开三	假开三
	上止来	去祭精	平支群	平齐心	平脂以	上马精
景凤沁源	lʅ	tsʅ	tsʿʅ	sʅ	zʅ	tɕi
王和沁源	lʅ	tsʅ	tsʿʅ	sʅ	zʅ	tɕi
韩北武乡	lʅ	tsʅ	tsʿʅ	sʅ	zʅ	tɕi

① 韩北武乡方言中“新生”的[i]韵母还来自假摄开口三等章组，下文不再说明。

	夜	女	句	趣	徐	雨
	假开三	遇合三	遇合三	遇合三	遇合三	遇合三
	去祃以	上语泥	去遇见	去遇清	平鱼邪	上麌云
景凤沁源	i	nɥ	tsɥ	tsʻɥ	sɥ	zɥ
王和沁源	i	nzɥ	tsɥ	tsʻɥ	sɥ	zɥ
韩北武乡	i	nɥ	tsɥ	tsʻɥ	sɥ	zɥ

以上是[i][y]韵母舌尖化的四种类型，为了便于比较，归纳如表2.3所示。

表2.3 **以上各类型方言[i][y]韵母舌尖化的情况**

	[i][ɿ]对立	[i]的舌尖化						[y][ɥ]对立	[y]的舌尖化			
		帮组	端组	泥母	来母	精见组	影组		泥母	来母	精见组	影组
西营型	+	—	+	—	—	+	—	—	—	—	—	—
沁县型	—	+	+	+	+	+	+	—	+	—	+	+
新店型	—	+	+	+	+	+	+	+	+	—	+	+
景凤型	+	+	+	+	+	+	+	—	+	—	+	+

注："+"表示有此现象，反之，则用"—"表示。

以上四种类型主要是从共时层面上划分的，而这种共时层面上的语音差异，则反映出了[i][y]韵母在舌尖化的过程中所经历的不同阶段。

关于来源于蟹止摄开口三四等的[i]韵母的舌尖化，如前所述，西营型只在端组、精组和见组声母后发生[i]韵母的舌尖化，而在其他声母后的[i]韵母没有发生舌尖化，沁县型和新店型在所有声母后都发生了[i]韵母的舌尖化，音系中没有[i]韵母，而景凤型在所有声母后都发生了[i]韵母的舌尖化后，音系中产生了来源于假摄开口三等精组和影组的"新生"的[i]韵母。因此，我们可以把以上四种类型看作[i]韵母在舌尖化过程中的三个不同的阶段，即：西营型→沁县型、新店型→景凤型。

关于来源于遇摄合口三等的[y]韵母的舌尖化，如前所述，西营型中[y]韵母不发生舌尖化，沁县型和景凤型中[y]韵母舌尖化为[ɥ]，音系中没有[y]韵母，而新店型中[y]韵母舌尖化为[ɥ]韵母后，音系中产生了来源于流摄开口三等泥组、精组和见系的“新生”的[y]韵母。因此，我们可以把以上四种类型看作[y]韵母在舌尖化过程中的三个不同的阶段，即：西营型→沁县型、景凤型→新店型。

（二）[i][y]韵母舌尖化的拉链式音变

据我们看到的资料，与晋东南晋语的沁县等方言[i][y]韵母舌尖化相类似的音变现象在合肥及周边的肥东、肥西、六安、霍山、舒城、射阳、盐城、建湖、响水等江淮官话，温州、云和、遂安、遂昌等吴语，西宁、平安、大通、化隆等中原官话，红古、民勤、古浪、山丹、张掖、安西等兰银官话，偏关、文水、祁县、离石、汾阳、清涧、子长等晋语中也存在（赵日新 2007）。

关于这种音变现象的性质，学者们众说纷纭。王福堂（2005）、孙宜志（2007）认为[i]韵母舌尖化的现象属于推链式音变。王福堂先生（2005. 3）在讨论合肥话[i]韵母的舌尖化现象时指出：

合肥话“鸡”“资”二字同音，韵母都是ɿ。“鸡”字的韵母在安徽方言中一般都是 i，从合肥话自身并不能找到 i 音变成ɿ的原因，但这一答案可以在和邻近的和县话比较中找到。下面是合肥话和和县话几个例字的读音：

	资	鸡	姐
合肥	tsɿ	tsɿ	tɕi
和县	tsɿ	tɕi	tɕiɪ

和县话“资”“鸡”“姐”这三个早期韵母不同的字，目前的韵母也都不相同，而合肥话“资”“鸡”同韵。可以设想，合肥话早期的情况应该是和和县话相似的，只是后来字音发生了变化，“姐”字韵母变成了 i，“鸡”字韵母变成了ɿ。看来合肥话“鸡”字韵母的变化是在“姐”字韵母变化的影响下发生的。也就是说，是“姐”字韵母由 iɪ向 i 的变化使“鸡”字韵母由 i 变成了ɿ。因为只有这样，“鸡”字的韵母尽管变得和“资”字同韵，但仍然能保持和“姐”字韵母的区别。这种音变是由于语音系统要求保持某些特定音类的区别而发生的，和发音机制的生理方面没有直接关系。

孙宜志先生（2007）也认为合肥话[i]的舌尖化现象属于推链式音变，他谈道，“合肥方言止摄、蟹摄开口三四等见系和精组本来读[i]韵母的字，受到假摄开口三等字韵母高化的推动，舌尖化为ɿ”[①]。

而赵日新先生（2007）则认为合肥话[i]韵母舌尖化的现象属于拉链式音变，他指出：

> 如果仅从合肥和和县的情况来看，以上解释（引者按：王福堂先生对于此现象的解释）也未尝不可，不过如果我们将视野再扩展一点，就会发现这种说法存在一定的问题，因为它不能排除另外一种可能性。我们认为，合肥话的情形还可以从另一个角度来解释，即“鸡”的韵母高化为[ɿ]，与“资”的韵母合流，[i]留下的空格吸引相近的[iɪ]来填补。如果考虑到周围如巢湖等地方言直到最近若干年才出现“i>ɿ”的变化而且至今没有[i]韵母，那么“拉动”比“推动”的解释力可能会更强，因为方言音系中没有[i]韵，缺少一种“推力”。

晋东南晋语的景凤型和新店型的情况与合肥话类似。在景凤型中，[i]韵母舌尖化为[ɿ]，同时音系中还存在“新生”的[i]韵母，在新店型中，[y]韵母舌尖化为[ʮ]，同时音系中还存在“新生”的[y]韵母。那么，这种[i]、[y]韵母舌尖化的音变性质到底是属于推链式音变还是属于拉链式音变，我们认为对于这种现象不能一概而论，不同的方言其语音演变规律不尽一致。就晋东南晋语的景凤型和新店型方言[i][y]韵母舌尖化的音变性质而言，我们认为把它看作拉链式音变更合理一些。理由如下：

第一，如前所述，在西营型、沁县型和新店型中，[i]韵母舌尖化为[ɿ]，但音系中并没有“新生”的韵母[i]，在沁县型和景凤型中，[y]韵母舌尖化为[ʮ]，但音系中并没有“新生”的韵母[y]，也就是说，虽然在西营型、沁县型、新店型中没有“新生”韵母[i]的“推力”，在沁县型、景凤型中也没有“新生”韵母[y]的“推力”，但在这些方言中都发生了[i][y]韵母的舌尖化，

① 孙宜志：《合肥方言泥来母今读[z]声母现象的探讨》，《中国语文》2007 年第 1 期。

参照这一情况，我们认为将景凤型中[i]韵母的舌尖化和新店型中[y]韵母的舌尖化看作 “拉链”比“推链”更合理一些。

第二，从景凤型来看，“新生”韵母[i]主要来自假摄开口三等精组和影组，如前文所述，假摄开口三等精组和影组字韵母的高化现象在整个晋东南晋语中比较普遍，但只有沁县等 9 个方言发生了来源于蟹止摄开口三四等的[i]韵母的舌尖化，这说明假摄开口三等精组和影组字韵母的高化并不一定引起蟹止摄开口三四等字韵母的舌尖化。

第三，来源于蟹止摄开口三四等的[i]韵母今高化为[ɿ]韵母的方言有沁县等 9 个方言，而假摄开口三等精组和影组字今读韵母高化为[i]韵母的方言只有其中的 3 个方言，即王和沁源、景凤沁源、韩北武乡，由此可见，来源于蟹止摄开口三四等的[i]韵母舌尖化为[ɿ]韵母的方言点在数量和范围上大于假摄开口三等精组和影组字今读韵母高化为[i]韵母的方言点，而且，假摄开口三等精组和影组字今读[i]韵母的方言中来源于蟹止摄开口三四等的[i]韵母也舌尖化为[ɿ]，因此，我们认为来源于蟹止摄开口三四等的[i]韵母舌尖化为[ɿ]韵母的时间应该比假摄开口三等精组和影组字今读韵母高化为[i]韵母的时间长，也就是说，假摄开口三等精组和影组字今读韵母高化为[i]韵母的音变是一种比较晚近的变化。

既然把新店型和景凤型[i][y]韵母舌尖化的音变看作一种拉链式音变，那么，[i][y]韵母舌尖化为[ɿ][ʮ]韵母后，在其音系中就产生了[i][y]韵母的空位，然后，别的音类在[ɿ]或[ʮ]韵母的“拉动”下来填补这个空位，其拉链式音变的过程可图示如下：

新店型：

① y → ʮ

② *iou → y

景凤型：

景凤沁源和韩北武乡方言：

① i → ɿ

② *ie → i

王和沁源方言：

① i → ɿ

② ie→ i

③ *iɑŋ→ ie

从景凤型的王和沁源方言的拉链式音变图示可以看出，在[i]韵母舌尖化后，发生了两次拉链式音变：第一次是假摄开口三等精组和影组字韵母高化为[i]，填补了因蟹止摄开口三四等[i]韵母舌尖化而形成的空位，第二次则是宕摄开口三等精组、见晓组、影母、江摄开口二等见晓组字今读韵母为[ie]，又填补了因假摄开口三等精组、影组字韵母高化而引起的空位。

来源于蟹止摄开口三四等的[i]韵母和来源于遇摄合口三等的[y]韵母在沁县等方言中发生舌尖化后，除帮组仍读[p p‘ m]声母和来母仍读[l]声母外，其余声母都跟着发生了相应的变化，具体情况如下：蟹摄开口三四等端组、精组、见晓组，止摄开口三等端组、见晓组和遇摄合口三等精组、见晓组在这些方言中都读[ts ts‘ s]声母。其中，蟹摄开口三四等精见晓组、止摄开口三等见晓组和遇摄合口三等精见晓组今读[ts]组是由精、见晓组腭化为[tɕ]组之后由于受[i][y]韵母舌尖化的影响而变来的，关于此问题在第二章第一节中已有讨论，不赘。蟹止摄开口三四等和遇摄合口三等影疑喻母在除西营襄垣外的其他方言中都读[z]声母，在第二章第三节的“影疑喻微母”部分已经谈到其可能是由于零声母受舌尖元音[ɿ][ʮ]摩擦成分较大的影响而滋生出来的，具体演变情况可参见前文的相关内容。蟹止摄开口三四等和遇摄合口三等泥母在韩北武乡、涌泉武乡、南涅水沁县、新店沁县、景凤沁源方言中读[n]声母，在武乡、沁县和王和沁源方言中都读舌尖前鼻擦音[nz]声母，关于其演变的具体情况可参见第二章第三节的“泥来母”部分。可见，在某些方言中，声母的演变不仅是其自身演变的结果，而且韵母出现音变并对其产生影响也是一个不容忽视的因素。

第二节　阳声韵

中古咸深摄①收-m 尾、山臻摄收-n 尾、宕江曾梗通摄都收-ŋ尾，并且，

① 本节中的咸山深臻宕江曾梗通各韵摄均指其阳声韵，行文中不再说明。

咸深山臻宕江曾梗通九个韵摄各不相混，但在晋东南晋语中，各阳声韵不管是在韵尾上还是在韵类分合上都发生了相当大的变化。下面我们对其分别考察。

一 阳声韵韵尾的读音及其消变

（一）阳声韵韵尾的读音与分布

1. 咸山摄韵尾的读音与分布

中古咸摄收-m 尾，山摄收-n 尾。在晋东南晋语中，咸山摄合并，-m 尾消失。在晋东南晋语各方言中，咸山摄韵尾的读音情况大致有以下几种：

（1）收-n 尾，分布在屯留、上村屯留、店上潞城、豆峪平顺、上港平顺、百尺壶关、荫城长治县、石哲长子、南常长子。各方言中咸山摄的读音情况见表 2.4。

表 2.4 屯留等方言咸山摄的读音情况

	开口					合口							
	一等	二等		三四等		一等		二等	三四等				
		非见系	见系	知系	非知系	帮组	其余		知系	非敷奉母	微母	泥组	精组见系
	敢	站	咸	陕	肩	般	酸	撰	专	凡	晚	恋	全
屯留	an	an	ian	an	ian	an	uan	uan	uan	an	uan	ian	yan
上村	ɑn	ɑn	iɑn	ɑn	iɑn	ɑn	uɑn	uɑn	uɑn	ɑn	uɑn	iɑn	yɑn
店上	ɑn	ɑn	iɑn	ɑn	iɑn	ɑn	uɑn	uɑn	uɑn	ɑn	uɑn	iɑn	yɑn
豆峪	ɑn	ɑn	iɑn	ɑn	iɑn	ɑn	uɑn	uɑn	uɑn	ɑn	uɑn	iɑn	yɑn
上港	ɑn	ɑn	iɑn	iɑn	iɑn	ɑn	uɑn	uɑn	yɑn	ɑn	uɑn	iɑn	yɑn
百尺	ɑn	ɑn	in	ɑn	in	ɑn	uɑn	uɑn	uɑn	ɑn	uɑn	in	yn
荫城	ɑn	ɑn	in	ɑn	in	ɑn	uɑn	uɑn	uɑn	ɑn	uɑn	in	yn
石哲	an	an	ian	an	ian	an	uan	uan	uan	an	an	ian	yan
南常	an	an	ian	an	ian	an	uan	uan	uan	an	an	ian	yan

注：由于表格所限，一般调查点右下角未列出所在县市。本节其他表格与此同，不再说明。

（2）收-ŋ尾，分布在长治、长治县、壶关、八义长治县、琚村长子、宋村长子。

各方言中咸山摄的读音情况见表 2.5。

表 2.5　　**长治等方言咸山摄的读音情况**

	开口					合口							
	一等	二等		三四等		一等		二等	三四等				
		非见系	见系	知系	非知系	帮组	其余		知系	非敷奉母	微母	泥组	精组见系
	敢	站	咸	陕	肩	般	酸	撰	专	凡	晚	恋	全
长治	ɑŋ	ɑŋ	iɑŋ	ɑŋ	iɑŋ	ɑŋ	uɑŋ	uɑŋ	uɑŋ	ɑŋ	uɑŋ	iɑŋ	yɑŋ
长治县	ɑŋ	ɑŋ	iɑŋ	ɑŋ	iɑŋ	ɑŋ	uɑŋ	uɑŋ	uɑŋ	ɑŋ	uɑŋ	iɑŋ	yɑŋ
壶关	aŋ	aŋ	iaŋ	aŋ	iaŋ	aŋ	uaŋ	uaŋ	uaŋ	aŋ	uaŋ	iaŋ	yaŋ
八义	ɑŋ	ɑŋ	iɑŋ	ɑŋ	iɑŋ	ɑŋ	uɑŋ	uɑŋ	uɑŋ	ɑŋ	uɑŋ	iɑŋ	yɑŋ
琚村	ɑŋ	ɑŋ	iɑŋ	ɑŋ	iɑŋ	ɑŋ	uɑŋ	uɑŋ	uɑŋ	ɑŋ	uɑŋ	iɑŋ	yɑŋ
宋村	ɑŋ	ɑŋ	iɑŋ	ɑŋ	iɑŋ	ɑŋ	uɑŋ	uɑŋ	uɑŋ	ɑŋ	ɑŋ	iɑŋ	yɑŋ

（3）鼻音韵尾脱落，变为鼻化韵，分布在长子、潞城、平顺和龙溪$_{平顺}$。各方言中咸山摄的读音情况见表 2.6。

表 2.6　　**长子等方言咸山摄的读音情况**

	开口					合口							
	一等	二等		三四等		一等		二等	三四等				
		非见系	见系	知系	非知系	帮组	其余		知系	非敷奉母	微母	泥组	精组见系
	敢	站	咸	陕	肩	般	酸	撰	专	凡	晚	恋	全
长子	æ̃	æ̃	iæ̃	æ̃	iæ̃	æ̃	uæ̃	uæ̃	uæ̃	æ̃	æ̃	iæ̃	yæ̃
潞城	æ̃	æ̃	iæ̃	iæ̃	iæ̃	æ̃	uæ̃	uæ̃	yæ̃	æ̃	uæ̃	iæ̃	yæ̃
平顺	æ̃	æ̃	iæ̃	æ̃	iæ̃	æ̃	uæ̃	uæ̃	uæ̃	æ̃	uæ̃	iæ̃	yæ̃
龙溪	Ẽ	Ẽ	iẼ	Ẽ	iẼ	Ẽ	uẼ	uẼ	uẼ	Ẽ	uẼ	iẼ	yẼ

（4）鼻音韵尾脱落，变为纯口音，分布在沁源、王和沁源、景凤沁源、南涅水沁县、涌泉武乡、武乡、韩北武乡、西营襄垣、上马襄垣、襄垣、黄崖洞黎城、东阳关黎城、黎城、辛安泉潞城、树掌壶关、陈区高平、高平、古寨高平、河西高平、西河底陵川、水东泽州、晋城、巴公泽州、北留阳城、町店阳城、端氏沁水。以上各方言中咸山摄的读音情况见表 2.7。

表 2.7　沁源等方言咸山摄的读音情况

	开口					合口							
	一等	二等		三四等		一等		二等	三四等				
		非见系	见系	知系	非知系	帮组	其余		知系	非敷奉母	微母	泥组	精组见系
	敢	站	咸	陕	肩	般	酸	撰	专	凡	晚	恋	全
沁源	æ	æ	iæ	æ	iæ	æ	uæ	uæ	uæ	æ	æ	iæ	yæ
王和	æ	æ	iæ	æ	iæ	æ	uæ	uæ	uæ	æ	uæ	iæ	yæ
景凤	æ	æ	iæ	æ	iæ	æ	uæ	uæ	uæ	æ	æ	iæ	yæ
南涅水	æ	æ	iei	æ	iei	æ	uæ	uæ	uæ	æ	æ	iei	yei
涌泉	æ	æ	iæ	æ	iæ	æ	uæ	uæ	uæ	æ	uæ	iæ	yæ
武乡	æ	æ	ei	æ	ei	æ	uæ	uæ	uæ	æ	æ	ei	uei
韩北	æ	æ	ei	æ	ei	æ	uæ	uæ	uæ	æ	æ	ei	uei
西营	æ	æ	iei	æ	iei	æ	uæ	uæ	uæ	æ	uæ	iei	yei
上马	æ	æ	ei	æ	ei	æ	uæ	uæ	uæ	æ	æ	ei	uei
襄垣	æ	æ	iei	æ	iei	æ	uæ	uæ	uæ	æ	æ	iei	yei
黄崖洞	æ	æ	iᴇ	æ	iᴇ	æ	uæ	uæ	uæ	æ	æ	iᴇ	yᴇ
东阳关	æ	æ	iæ	æ	iæ	æ	uæ	uæ	uæ	æ	uæ	iæ	yæ
黎城	æ	æ	iᴇ	iᴇ	iᴇ	æ	uæ	uæ	yᴇ	æ	uæ	iᴇ	yᴇ
辛安泉	æ	æ	iæ	iæ	iæ	æ	uæ	uæ	yæ	æ	uæ	iæ	yæ
树掌	ɒ	ɒ	iei	ɒ	iei	ɒ	uɒ	uɒ	uɒ	ɒ	uɒ	iei	yei
陈区	æ	æ	iæ	æ	iæ	æ	uæ	uæ	uæ	æ	æ	iæ	yæ
高平	æ	æ	iæ	æ	iæ	æ	uæ	uæ	uæ	æ	æ	iæ	iæ
古寨	æ	æ	iæ	æ	iæ	æ	uæ	uæ	uæ	æ	æ	iæ	iæ
河西	æ	æ	iæ	æ	iæ	æ	uæ	uæ	uæ	æ	æ	iæ	iæ

续表

	开口					合口							
	一等	二等		三四等		一等		二等	三四等				
		非见系	见系	知系	非知系	帮组	其余		知系	非敷奉母	微母	泥组	精组见系
	敢	站	咸	陕	肩	般	酸	撰	专	凡	晚	恋	全
西河底	æ	æ	iæ	æ	iæ	æ	uæ	uæ	uæ	æ	æ	iæ	yæ
水东	æ	æ	iæ	æ	iæ	æ	uæ	uæ	uæ	æ	uæ	iæ	yæ
晋城	æ	æ	iɛ	æ	iɛ	æ	uæ	uæ	uæ	æ	uæ	iɛ	yɛ
巴公	æ	æ	iæ	æ	iæ	æ	uæ	uæ	uæ	æ	æ	iæ	yæ
北留	æ	æ	iᴇ	æ	iᴇ	æ	uæ	uæ	uæ	æ	uæ	iᴇ	yᴇ
町店	æ	æ	iæ	æ	iæ	æ	uæ	uæ	uæ	æ	æ	iæ	yæ
端氏	æ	æ	i*/iei	æ	i/iei	æ	uæ	uæ	uæ	æ	æ	iei	yei

注：*端氏$_{沁水}$方言中咸山摄开口二三四等影疑喻母今读韵母为[i]。

（5）咸山摄洪细音韵尾的读音情况不尽一致，分布在沁县、新店$_{沁县}$、礼义$_{陵川}$、陵川、阳城。以上各方言中咸山摄的读音情况见表2.8。

表2.8 沁县等方言咸山摄的读音情况

	开口					合口							
	一等	二等		三四等		一等		二等	三四等				
		非见系	见系	知系	非知系	帮组	其余		知系	非敷奉母	微母	泥组	精组见系
	敢	站	咸	陕	肩	般	酸	撰	专	凡	晚	恋	全
沁县	an	an	ɪ	an	ɪ	an	uan	uan	uan	an	an	ɪ	uei
新店	ɛ̃	ɛ̃	ɪ	ɛ̃	ɪ	ɛ̃	uɛ̃	uɛ̃	uɛ̃	ɛ̃	ɛ̃	ɪ	uei
礼义	æ	æ	in	æ	in	æ	uæ	uæ	uæ	æ	æ	in	yn
陵川	ᴀn	ᴀn	iə̃n	ᴀn	iə̃n	ᴀn	uᴀn	uᴀn	uᴀn	ᴀn	uᴀn	iə̃n	yə̃n
阳城	ɛ̃	ɛ̃	ie	ɛ̃	ie	ɛ̃	uɛ̃	uɛ̃	uɛ̃	ɛ̃	ɛ̃	ie	ye

从表2.8可以看出，各方言咸山摄洪细音韵尾的读音情况分别如下：在沁县方言中，洪音或收-n尾或变为纯口音，细音都变为纯口音；在新店$_{沁县}$方言中，洪音或变为鼻化韵或变为纯口音，细音都变为纯口音；在礼义$_{陵川}$

方言中，洪音变为纯口音，细音收-n 尾。在陵川方言中，洪音收-n 尾，细音主要元音鼻化并收-n 尾。在阳城方言中，洪音变为鼻化韵，细音变为纯口音。

2. 深臻摄韵尾的读音与分布

中古深摄收-m 尾，臻摄收-n 尾，在晋东南晋语中，深臻摄合并，-m 尾消失。在晋东南晋语各方言中，深臻摄韵尾的的读音情况大致有以下几种：

（1）收-n 尾，分布在长子、石哲长子、南常长子、屯留、上村屯留、店上潞城、辛安泉潞城、豆峪平顺、龙溪平顺、百尺壶关、荫城长治县、陈区高平、河西高平、巴公泽州、水东泽州、礼义陵川。以上各方言中深臻摄的读音情况见表 2.9。

表 2.9 长子等方言深臻摄的读音情况

	开口							合口							
	一等		三等					一等		三等					
	端组	见系	知章组	庄组	日组	帮泥组	精组见系	帮组	其余	精组见系	非敷奉母	微母	泥组	知章组	日组
	吞	根	真	衬	人	品	辛	本	论	军	分	文	轮	准	闰
长子	uən	ən	ən	ən	in	in	in	ən	uən	yn	ən	ən	uən	uən	yn
石哲	un	ən	ən	ən	in	in	in	ən	un	yn	ən	ən	un	un	yn
南常	un	ən	ən	ən	in	in	in	ən	un	yn	ən	ən	un	un	yn
屯留	un	ən	ən	ən	in	in	in	ən	un	yn	ən	un	un	un	yn
上村	un	ən	ən	ən	in	in	in	ən	un	yn	ən	un	un	un	yn
店上	un	ən	ən	ən	in	in	in	ən	un	yn	ən	un	un	un	yn
辛安泉	un	ən	in	ən	in	in	in	ən	un	yn	ən	un	un	yn	yn
豆峪	uən	ən	in	ən	in	in	in	ən	uən	yn	ən	uən	uən	uən	yn
龙溪	uən	ən	ən	ən	in	in	in	ən	uən	yn	ən	uən	uən	uən	yn
百尺	un	ən	ən	ən	in	in	in	ən	un	yn	ən	un	un	un	yn
荫城	un	ən	ən	ən	in	in	in	ən	un	yn	ən	un	un	un	yn
陈区	un	ən	ən	ən	ən	in	in	ən	un	yn	ən	ən	un	un	un
河西	uən	ən	ən	ən	ən	in	in	ən	uən	in	ən	ən	uən	uən	uən
巴公	uʌn	ʌn	ʌn	ʌn	ʌn	in	in	ʌn	uʌn	yn	ʌn	ʌn	uʌn	uʌn	uʌn
水东	uʌn	ʌn	ʌn	ʌn	ʌn	in	in	ʌn	uʌn	yn	ʌn	uʌn	uʌn	uʌn	uʌn
礼义	uən	ən	ən	ən	in	in	in	ən	uən	yn	ən	ən	uən	uən	yn

（2）收-ŋ尾，分布在长治、宋村长子、琚村长子、长治县、八义长治县、壶关、黄崖洞黎城、韩北武乡、武乡、涌泉武乡、景凤沁源、南涅水沁县、沁县、新店沁县、上马襄垣、西营襄垣、襄垣。以上各方言中深臻摄的读音情况见表 2.10。

表 2.10　　长治等方言深臻摄的读音情况

	开口							合口							
	一等		三等					一等		三等					
	端组	见系	知章组	庄组	日组	帮泥组	精组见系	帮组	其余	精组见系	非敷奉母	微母	泥组	知章组	日组
	吞	根	真	衬	人	品	辛	本	论	军	分	文	轮	准	闰
长治	uŋ	əŋ	əŋ	əŋ	iŋ	iŋ	iŋ	əŋ	uŋ	yŋ	əŋ	uŋ	uŋ	uŋ	yŋ
宋村	uŋ	əŋ	əŋ	əŋ	iŋ	iŋ	iŋ	əŋ	uŋ	yŋ	əŋ	əŋ	uŋ	uŋ	yŋ
琚村	uŋ	əŋ	əŋ	əŋ	iŋ	iŋ	iŋ	əŋ	uŋ	yŋ	əŋ	uŋ	uŋ	uŋ	yŋ
长治县	uŋ	əŋ	əŋ	əŋ	iŋ	iŋ	iŋ	əŋ	uŋ	yŋ	əŋ	uŋ	uŋ	uŋ	yŋ
八义	uŋ	əŋ	əŋ	əŋ	iŋ	iŋ	iŋ	əŋ	uŋ	yŋ	əŋ	uŋ	uŋ	uŋ	yŋ
壶关	uŋ	əŋ	əŋ	əŋ	iŋ	iŋ	iŋ	əŋ	uŋ	yŋ	əŋ	uŋ	uŋ	uŋ	yŋ
黄崖洞	uəŋ	əŋ	əŋ	əŋ	iəŋ	iəŋ	iəŋ	əŋ	uəŋ	yŋ	əŋ	əŋ	uəŋ	uəŋ	yŋ
韩北	uəŋ	əŋ	əŋ	əŋ	əŋ	iəŋ	iəŋ	əŋ	uəŋ	yŋ	əŋ	əŋ	uəŋ	uəŋ	uəŋ
武乡	uɐŋ	ɐŋ	ɐŋ	ɐŋ	ɐŋ	iɐŋ	iɐŋ	ɐŋ	uɐŋ	yɐŋ	ɐŋ	ɐŋ	uɐŋ	uɐŋ	uɐŋ
涌泉	uəŋ	əŋ	əŋ	əŋ	əŋ	iəŋ	iəŋ	əŋ	uəŋ	yŋ	əŋ	uəŋ	uəŋ	uəŋ	uəŋ
景凤	uŋ	əŋ	əŋ	əŋ	əŋ	iŋ	iŋ	əŋ	uŋ	yŋ	əŋ	əŋ	uŋ	uŋ	uŋ
南涅水	uəŋ	əŋ	əŋ	əŋ	əŋ	iŋ	iŋ	əŋ	uəŋ	yŋ	əŋ	əŋ	uəŋ	uəŋ	uəŋ
沁县	uŋ	əŋ	əŋ	əŋ	əŋ	iŋ	iŋ	əŋ	uŋ	yŋ	əŋ	əŋ	uŋ	uŋ	uŋ
新店	uəŋ	əŋ	əŋ	əŋ	əŋ	iŋ	iŋ	əŋ	uəŋ	yŋ	əŋ	əŋ	uəŋ	uəŋ	uəŋ
上马	uŋ	əŋ	əŋ	əŋ	əŋ	iŋ	iŋ	əŋ	uŋ	yŋ	əŋ	əŋ	uŋ	uŋ	uŋ
西营	uŋ	əŋ	əŋ	əŋ	əŋ	iŋ	iŋ	əŋ	uŋ	yŋ	əŋ	uŋ	uŋ	uŋ	uŋ
襄垣	uŋ	əŋ	əŋ	əŋ	əŋ	iŋ	iŋ	əŋ	uŋ	yŋ	əŋ	əŋ	uŋ	uŋ	uŋ

（3）主要元音鼻化，并收-n 尾，分布在陵川、阳城。这两个方言中深臻摄的读音情况见表 2.11。

表 2.11　　陵川、阳城方言深臻摄的读音情况

	开口							合口							
	一等		三等					一等		三等					
	端组	见系	知章组	庄组	日组	帮泥组	精组见系	帮组	其余	精组见系	非敷奉母	微母	泥组	知章组	日组
	吞	根	真	衬	人	品	辛	本	论	军	分	文	轮	准	闰
陵川	uə̃n	ə̃n	ə̃n	ə̃n	ə̃n	iə̃n	iə̃n	ə̃n	uə̃n	yə̃n	ə̃n	uə̃n	uə̃n	uə̃n	uə̃n
阳城	uə̃n	ə̃n	ə̃n	ə̃n	ə̃n	iə̃n	iə̃n	ə̃n	uə̃n	yə̃n	ə̃n	ə̃n	uə̃n	uə̃n	uə̃n

（4）鼻音韵尾脱落，变为鼻化韵，分布在沁源、黎城、潞城、平顺和高平。各方言中深臻摄的读音情况见表 2.12。

表 2.12　　沁源等方言深臻摄的读音情况

	开口							合口							
	一等		三等					一等		三等					
	端组	见系	知章组	庄组	日组	帮泥组	精组见系	帮组	其余	精组见系	非敷奉母	微母	泥组	知章组	日组
	吞	根	真	衬	人	品	辛	本	论	军	分	文	轮	准	闰
沁源	uə̃	ə̃	ə̃	ə̃	ə̃	iə̃	iə̃	ə̃	uə̃	yə̃	ə̃	ə̃	uə̃	uə̃	uə̃
黎城	uẼ	Ẽ	iẼ	Ẽ	iẼ	iẼ	iẼ	Ẽ	uẼ	yẼ	Ẽ	uẼ	uẼ	yẼ	yẼ
潞城	uẼ	Ẽ	iẼ	Ẽ	iẼ	iẼ	iẼ	Ẽ	uẼ	yẼ	Ẽ	uẼ	uẼ	yẼ	yẼ
平顺	uẼ	Ẽ	iẼ	Ẽ	iẼ	iẼ	iẼ	Ẽ	uẼ	yẼ	Ẽ	uẼ	uẼ	yẼ	yẼ
高平	uẼ	Ẽ	Ẽ	Ẽ	Ẽ	iẼ	iẼ	Ẽ	uẼ	iẼ	Ẽ	Ẽ	uẼ	uẼ	uẼ

（5）鼻音韵尾脱落，变为纯口音，分布在树掌壶关。深臻摄在树掌壶关方

言中的读音情况见表 2.13。

表 2.13　树掌壶关方言深臻摄的读音情况

	开口							合口							
	一等		三等					一等		三等					
	端组	见系	知章组	庄组	日组	帮泥组	精组见系	帮组	其余	精组见系	非敷奉母	微母	泥组	知章组	日组
	吞	根	真	衬	人	品	辛	本	论	军	分	文	轮	准	闰
树掌	uei	ei	ei	ei	iei	iei	iei	ei	uei	yei	ei	uei	uei	uei	yei

（6）深臻摄洪细音韵尾的读音情况不同，分布在町店阳城、古寨高平、晋城、西河底陵川、上港平顺、东阳关黎城。各方言中深臻摄的读音情况见表 2.14。

表 2.14　町店阳城等方言深臻摄的读音情况

	开口							合口							
	一等		三等					一等		三等					
	端组	见系	知章组	庄组	日组	帮泥组	精组见系	帮组	其余	精组见系	非敷奉母	微母	泥组	知章组	日组
	吞	根	真	衬	人	品	辛	本	论	军	分	文	轮	准	闰
町店	uŋ	ɒŋ	ɒŋ	ɒŋ	ɒŋ	in	in	ɒŋ	uŋ	yn	ɒŋ	ɒŋ	uŋ	uŋ	uŋ
古寨	uʌŋ	ʌŋ	ʌŋ	ʌŋ	ʌŋ	in	in	ʌŋ	uʌŋ	in	ʌŋ	ʌŋ	uʌŋ	uʌŋ	uʌŋ
晋城	uɐ̃	ɐ̃	ɐ̃	ɐ̃	ɐ̃	iə̃n	iə̃n	ɐ̃	uɐ̃	yə̃n	ɐ̃	uɐ̃	uɐ̃	uɐ̃	uɐ̃
西河底	uɛ̃	ɛ̃	ɛ̃	ɛ̃	ɛ̃	in	in	ɛ̃	uɛ̃	yn	ɛ̃	ɛ̃	uɛ̃	uɛ̃	uɛ̃
上港	uei	ei	in	ei	in	in	in	ei	uei	yn	ei	uei	uei	yn	yn
东阳关	uei	ei	ei	ei	in	in	in	ei	uei	yn	ei	uei	uei	uei	yn

注：晋城方言中，臻摄开口三等明母字今读[i]韵母。

从表 2.14 可以看出，各方言深臻摄洪细音韵尾的读音情况分别如下：在町店阳城、古寨高平方言中，洪音收-ŋ尾，细音收-n 尾。在晋城方言中，洪音变为鼻化韵，细音主要元音鼻化，并收-n 尾。在西河底陵川方言中，洪音变为鼻化韵，细音收-n 尾。在上港平顺、东阳关黎城方言中，洪音变为纯口音，细音收-n 尾。

（7）在王和沁源、北留阳城、端氏沁水方言中，深臻摄韵尾的读音情况较为复杂。各方言中深臻摄的读音情况见表 2.15。

表 2.15 **王和沁源等方言深臻摄的读音情况**

	开口							合口							
	一等		三等					一等		三等					
	端组	见系	知章组	庄组	日组	帮泥组	精组见系	帮组	其余	精组见系	非敷奉母	微母	泥组	知章组	日组
	吞	根	真	衬	人	品	辛	本	论	军	分	文	轮	准	闰
王和	uŋ	əŋ	ən	ən	ən	in	in	əŋ	uŋ	yn	əŋ	uŋ	uŋ	un	un
北留	uɛi	ɛ̃	əŋ	əŋ	əŋ	in	in	ɛ̃	uɛi	yŋ	ɛ̃	uɛi	uɛi	uɛi	uɛi
端氏	uɛi	ɛi	əŋ	əŋ	əŋ	iŋ	iŋ	ɛi	uɛi	yŋ	əŋ	ɛi	uɛi	uɛi	uɛi

从表 2.15 可以看出，各方言深臻摄韵尾的读音情况与各韵摄的等呼以及声母的系组有关。具体情况如下：在王和沁源方言中，细音收-n 尾，洪音收-ŋ尾和收-n 尾并存，其中，深臻摄开口三等知系字韵母收-ŋ尾，其余情况下洪音都收-n 尾。在北留阳城方言中，齐齿呼保留-n 尾，合口呼变为纯口音，撮口呼收-ŋ尾，开口呼收-ŋ尾和鼻化韵并存，其中，深臻摄开口三等知系字韵母收-ŋ尾，其余情况下开口呼都为鼻化韵。在端氏沁水方言中，齐齿呼和撮口呼都收-ŋ尾，合口呼变为纯口音，开口呼收-ŋ尾和纯口音并存，其中，臻摄开口一等见系字、臻摄合口一等帮组字、合口三等微母字韵母为纯口音，其余情况下开口呼都收-ŋ尾。

3. 宕江摄韵尾的读音与分布

中古宕江摄都收-ŋ尾。在晋东南晋语各方言中，宕江摄合并，宕江摄韵尾的读音情况大致有以下几种：

（1）收-ŋ尾，这种情况比较普遍，分布在长治、长治县、荫城长治县、八义长治县、百尺壶关、树掌壶关、壶关、龙溪平顺、平顺、上港平顺、豆峪平顺、潞城、店上潞城、辛安泉潞城、黎城、东阳关黎城、黄崖洞黎城、西营襄垣、襄垣、上村屯留、屯留、宋村长子、南常长子、石哲长子、长子、琚村长子、陈区高平、古寨高平、河西高平、礼义陵川、陵川、西河底陵川、水东泽州、巴公泽州、北留阳城、町店阳城、端氏沁水。以上各方言中宕江摄的读音情况见表 2.16。

表 2.16　　**长治等方言宕江摄的读音情况**

	开口								合口			
	一等	二等			三等				一三等			
		帮组	知系	见系	知章组	庄组	日组	非知系	非敷奉母	微母	见晓组	影组
	刚	棒	窗	江	章	庄	让	强	方	忘	光	王
长治	ɑŋ	ɑŋ	uɑŋ	iɑŋ	ɑŋ	uɑŋ	iɑŋ	iɑŋ	ɑŋ	uɑŋ	uɑŋ	uɑŋ
长治县	ɑŋ	ɑŋ	uɑŋ	iɑŋ	ɑŋ	uɑŋ	iɑŋ	iɑŋ	ɑŋ	uɑŋ	uɑŋ	uɑŋ
荫城	ɑŋ	ɑŋ	uɑŋ	iɑŋ	ɑŋ	uɑŋ	iɑŋ	iɑŋ	ɑŋ	uɑŋ	uɑŋ	uɑŋ
八义	ɑŋ	ɑŋ	uɑŋ	iɑŋ	ɑŋ	uɑŋ	iɑŋ	iɑŋ	ɑŋ	uɑŋ	uɑŋ	uɑŋ
百尺	ɑŋ	ɑŋ	uɑŋ	iɑŋ	ɑŋ	uɑŋ	iɑŋ	iɑŋ	ɑŋ	uɑŋ	uɑŋ	uɑŋ
树掌	ɑŋ	ɑŋ	uɑŋ	iɑŋ	ɑŋ	uɑŋ	iɑŋ	iɑŋ	ɑŋ	uɑŋ	uɑŋ	uɑŋ
壶关	aŋ	aŋ	uaŋ	iaŋ	aŋ	uaŋ	iaŋ	iaŋ	aŋ	uaŋ	uaŋ	uaŋ
龙溪	ɑŋ	ɑŋ	uɑŋ	iɑŋ	ɑŋ	uɑŋ	iɑŋ	iɑŋ	ɑŋ	uɑŋ	uɑŋ	uɑŋ
平顺	ɑŋ	ɑŋ	uɑŋ	iɑŋ	ɑŋ	uɑŋ	iɑŋ	iɑŋ	ɑŋ	uɑŋ	uɑŋ	uɑŋ
上港	ɑŋ	ɑŋ	uɑŋ	iɑŋ	iɑŋ	uɑŋ	iɑŋ	iɑŋ	ɑŋ	uɑŋ	uɑŋ	uɑŋ
豆峪	ɑŋ	ɑŋ	uɑŋ	iɑŋ	ɑŋ	uɑŋ	iɑŋ	iɑŋ	ɑŋ	uɑŋ	uɑŋ	uɑŋ
潞城	ɑŋ	ɑŋ	uɑŋ	iɑŋ	iɑŋ	uɑŋ	iɑŋ	iɑŋ	ɑŋ	uɑŋ	uɑŋ	uɑŋ
店上	ɑŋ	ɑŋ	uɑŋ	iɑŋ	ɑŋ	uɑŋ	iɑŋ	iɑŋ	ɑŋ	uɑŋ	uɑŋ	uɑŋ
辛安泉	ɑŋ	ɑŋ	uɑŋ	iɑŋ	iɑŋ	uɑŋ	iɑŋ	iɑŋ	ɑŋ	uɑŋ	uɑŋ	uɑŋ
黎城	aŋ	aŋ	uaŋ	iaŋ	iaŋ	uaŋ	iaŋ	iaŋ	aŋ	uaŋ	uaŋ	uaŋ
东阳关	ɑŋ	ɑŋ	uɑŋ	iɑŋ	ɑŋ	uɑŋ	iɑŋ	iɑŋ	ɑŋ	uɑŋ	uɑŋ	uɑŋ
黄崖洞	ɑŋ	ɑŋ	uɑŋ	iɑŋ	ɑŋ	uɑŋ	iɑŋ	iɑŋ	ɑŋ	ɑŋ	uɑŋ	ɑŋ
西营	ɑŋ	ɑŋ	uɑŋ	iɑŋ	ɑŋ	uɑŋ	ɑŋ	iɑŋ	ɑŋ	uɑŋ	uɑŋ	uɑŋ
襄垣	aŋ	aŋ	uaŋ	iaŋ	aŋ	uaŋ	iaŋ	iaŋ	aŋ	aŋ	uaŋ	aŋ
上村	ɑŋ	ɑŋ	uɑŋ	iɑŋ	ɑŋ	uɑŋ	iɑŋ	iɑŋ	ɑŋ	uɑŋ	uɑŋ	uɑŋ
屯留	ɑŋ	ɑŋ	uɑŋ	iɑŋ	ɑŋ	uɑŋ	iɑŋ	iɑŋ	ɑŋ	uɑŋ	uɑŋ	uɑŋ
宋村	ɑŋ	ɑŋ	uɑŋ	iɑŋ	ɑŋ	uɑŋ	iɑŋ	iɑŋ	ɑŋ	ɑŋ	uɑŋ	ɑŋ

续表

	开口								合口			
	一等	二等			三等				一三等			
		帮组	知系	见系	知章组	庄组	日组	非知系	非敷奉母	微母	见晓组	影组
	刚	棒	窗	江	章	庄	让	强	方	忘	光	王
南常	ɑŋ	ɑŋ	uɑŋ	iɑŋ	ɑŋ	uɑŋ	iɑŋ	iɑŋ	ɑŋ	ɑŋ	uɑŋ	ɑŋ
石哲	aŋ	aŋ	uaŋ	iaŋ	aŋ	uaŋ	iaŋ	iaŋ	aŋ	aŋ	uaŋ	aŋ
长子	ɑŋ	ɑŋ	uɑŋ	iɑŋ	ɑŋ	uɑŋ	iɑŋ	iɑŋ	ɑŋ	ɑŋ	uɑŋ	ɑŋ
琚村	ɑŋ	ɑŋ	uɑŋ	iɑŋ	ɑŋ	uɑŋ	iɑŋ	iɑŋ	ɑŋ	uɑŋ	uɑŋ	uɑŋ
陈区	ɑŋ	ɑŋ	uɑŋ	iɑŋ	ɑŋ	uɑŋ	ɑŋ	iɑŋ	ɑŋ	ɑŋ	uɑŋ	ɑŋ
古寨	ɒŋ	ɒŋ	uɒŋ	iɒŋ	ɒŋ	uɒŋ	ɒŋ	iɒŋ	ɒŋ	ɒŋ	uɒŋ	ɒŋ
河西	ɒŋ	ɒŋ	uɒŋ	iɒŋ	ɒŋ	uɒŋ	ɒŋ	iɒŋ	ɒŋ	ɒŋ	uɒŋ	ɒŋ
礼义	ʌŋ	ʌŋ	uʌŋ	iʌŋ	ʌŋ	uʌŋ	iʌŋ	iʌŋ	ʌŋ	ʌŋ	uʌŋ	ʌŋ
陵川	ɑŋ	ɑŋ	uɑŋ	iɑŋ	ɑŋ	uɑŋ	ɑŋ	iɑŋ	ɑŋ	uɑŋ	uɑŋ	uɑŋ
西河底	ɒŋ	ɒŋ	uɒŋ	iɒŋ	ɒŋ	uɒŋ	ɒŋ	iɒŋ	ɒŋ	ɒŋ	uɒŋ	ɒŋ
水东	ɑŋ	ɑŋ	uɑŋ	iɑŋ	ɑŋ	uɑŋ	ɑŋ	iɑŋ	ɑŋ	uɑŋ	uɑŋ	uɑŋ
巴公	ɒŋ	ɒŋ	uɒŋ	iɒŋ	ɒŋ	uɒŋ	ɒŋ	iɒŋ	ɒŋ	ɒŋ	uɒŋ	ɒŋ
北留	ʌŋ	ʌŋ	uʌŋ	iʌŋ	ʌŋ	uʌŋ	ʌŋ	iʌŋ	ʌŋ	uʌŋ	uʌŋ	uʌŋ
町店	ʌŋ	ʌŋ	uʌŋ	iʌŋ	ʌŋ	uʌŋ	ʌŋ	iʌŋ	ʌŋ	ʌŋ	uʌŋ	ʌŋ
端氏	ʌŋ	ʌŋ	uʌŋ	iʌŋ	ʌŋ	uʌŋ	ʌŋ	iʌŋ	ʌŋ	ʌŋ	uʌŋ	ʌŋ

（2）主要元音鼻化，并收-ŋ尾，分布在阳城。宕江摄在阳城方言中的读音情况见表 2.17。

表 2.17　　**阳城方言宕江摄的读音情况**

	开口								合口			
	一等	二等			三等				一三等			
		帮组	知系	见系	知章组	庄组	日组	非知系	非敷奉母	微母	见晓组	影组
	刚	棒	窗	江	章	庄	让	强	方	忘	光	王
阳城	ãŋ	ãŋ	uãŋ	iãŋ	ãŋ	uãŋ	ãŋ	iãŋ	ãŋ	ãŋ	uãŋ	uãŋ

（3）鼻音韵尾脱落，变为鼻化韵，分布在武乡、韩北武乡、沁县、新店沁县、上马襄垣、高平、晋城。各方言中宕江摄的读音情况见表 2.18。

表 2.18　　**武乡等方言宕江摄的读音情况**

	开口								合口			
	一等	二等			三等				一三等			
		帮组	知系	见系	知章组	庄组	日组	非知系	非敷奉母	微母	见晓组	影组
	刚	棒	窗	江	章	庄	让	强	方	忘	光	王
武乡	ɔ̃	ɔ̃	uɔ̃	iɔ̃	ɔ̃	uɔ̃	ɔ̃	iɔ̃	ɔ̃	ɔ̃	uɔ̃	ɔ̃
韩北	ɔ̃	ɔ̃	uɔ̃	iɔ̃	ɔ̃	uɔ̃	ɔ̃	iɔ̃	ɔ̃	ɔ̃	uɔ̃	ɔ̃
沁县	ɔ̃	ɔ̃	uɔ̃	iɔ̃	ɔ̃	uɔ̃	ɔ̃	iɔ̃	ɔ̃	ɔ̃	uɔ̃	ɔ̃
新店	ɔ̃	ɔ̃	uɔ̃	iɔ̃	ɔ̃	uɔ̃	ɔ̃	iɔ̃	ɔ̃	ɔ̃	uɔ̃	ɔ̃
上马	ɔ̃	ɔ̃	uɔ̃	iɔ̃	ɔ̃	uɔ̃	ɔ̃	iɔ̃	ɔ̃	ɔ̃	uɔ̃	ɔ̃
高平	ɒ̃	ɒ̃	uɒ̃	iɒ̃	ɒ̃	uɒ̃	ɒ̃	iɒ̃	ɒ̃	ɒ̃	uɒ̃	ɒ̃
晋城	ɒ̃	ɒ̃	uɒ̃	iɒ̃	ɒ̃	uɒ̃	ɒ̃	iɒ̃	ɒ̃	uɒ̃	uɒ̃	uɒ̃

（4）鼻音韵尾脱落，齐齿呼和开口呼变为鼻化韵，合口呼变为纯口音，分布在南涅水沁县、涌泉武乡。这两个方言中宕江摄的读音情况见表 2.19。

表 2.19　　**南涅水沁县、涌泉武乡方言宕江摄的读音情况**

	开口								合口			
	一等	二等			三等				一三等			
		帮组	知系	见系	知章组	庄组	日组	非知系	非敷奉母	微母	见晓组	影组
	刚	棒	窗	江	章	庄	让	强	方	忘	光	王
南涅水	ɔ̃	ɔ̃	uə	iɔ̃	ɔ̃	uə	ɔ̃	iɔ̃	ɔ̃	ɔ̃	uə	ɔ̃
涌泉	ɔ̃	ɔ̃	uo	iɔ̃	ɔ̃	uo	ɔ̃	iɔ̃	ɔ̃	uo	uo	uo

（5）鼻音韵尾脱落，变为纯口音，分布在沁源、景凤沁源、王和沁源。各方言中宕江摄的读音情况见表 2.20。

表 2.20 沁源等方言宕江摄的读音情况

	开口								合口			
	一等	二等			三等				一三等			
		帮组	知系	见系	知章组	庄组	日组	非知系	非敷奉母	微母	见晓组	影组
	刚	棒	窗	江	章	庄	让	强	方	忘	光	王
沁源	ɑ	ɑ	uə	iɑ	ɑ	uə	ɑ	iɑ	ɑ	ə	uə	ə
景凤	ɒ	ɒ	uo	iɒ	ɒ	uo	ɒ	iɒ	ɒ	o	uo	o
王和①	ʌ/o/ uo	ʌ	uʌ	ie	ʌ	uʌ	ʌ	uo/ie/ yə	uʌ	uʌ	uʌ	uʌ

4. 曾梗通摄韵尾的读音与分布

中古曾梗通摄都收-ŋ尾。在晋东南晋语各方言中，曾梗通摄合并，曾梗通摄韵尾的读音情况大致有以下几种：

（1）收-ŋ尾，这种情况最普遍，分布在长治、店上潞城、辛安泉潞城、潞城、平顺、上港平顺、豆峪平顺、黎城、东阳关黎城、黄崖洞黎城、韩北武乡、武乡、涌泉武乡、南涅水沁县、景凤沁源、沁县、新店沁县、西营襄垣、上马襄垣、襄垣、上村屯留、屯留、宋村长子、南常长子、石哲长子、长子、琚村长子、长治县、荫城长治县、八义长治县、壶关、龙溪平顺、百尺壶关、树掌壶关、陈区高平、河西高平、礼义陵川、陵川、水东泽州。以上各方言中曾梗通摄的读音情况见表 2.21。

① 王和沁源方言中，宕开一明母字今读[o]韵母，宕开一端组字、宕开三等泥组字今读[uo]韵母，宕开一帮滂並母、泥精组、见系字今读[ʌ]韵母，宕开三精组、见晓组、影母字今读[ie]韵母，宕开三以母字今读[yə]韵母。

表 2.21 长治等方言曾梗通摄的读音情况

	开口						合口										
	曾一	梗二		曾梗三四			曾梗一二	梗三四	通一			通三					
		见系	其余	非知系	知章组	日组		见系	帮组	影组	其余	非组	知章庄组	日组	见组	晓影组	泥精组
	朋	幸	生	精	郑	仍	宏	兄	蒙	翁	总	风	虫	绒	宫	胸	龙
长治	əŋ	iŋ	əŋ	iŋ	əŋ	iŋ	uŋ	yŋ	əŋ	uŋ	uŋ	əŋ	uŋ	yŋ	uŋ	yŋ	yŋ
店上	əŋ	iŋ	əŋ	iŋ	əŋ	iŋ	uŋ	yŋ	əŋ	uŋ	uŋ	əŋ	uŋ	yŋ	uŋ	yŋ	yŋ
辛安泉	əŋ	iŋ	əŋ	iŋ	iŋ	iŋ	uŋ	yŋ	əŋ	uŋ	uŋ	əŋ	uŋ	yŋ	uŋ	yŋ	yŋ
潞城	əŋ	iŋ	əŋ	iŋ	iŋ	iŋ	uŋ	yŋ	əŋ	uŋ	uŋ	əŋ	uŋ	yŋ	uŋ	yŋ	yŋ
平顺	əŋ	iŋ	əŋ	iŋ	əŋ	iŋ	uŋ	yŋ	əŋ	uŋ	uŋ	əŋ	uŋ	yŋ	uŋ	yŋ	yŋ
上港	əŋ	iŋ	əŋ	iŋ	iŋ	iŋ	uŋ	yŋ	əŋ	uŋ	uŋ	əŋ	uŋ	yŋ	uŋ	yŋ	yŋ
豆峪	əŋ	iŋ	əŋ	iŋ	əŋ	iŋ	uŋ	yŋ	əŋ	uŋ	uŋ	əŋ	uŋ	yŋ	uŋ	yŋ	yŋ
黎城	əŋ	iŋ	əŋ	iŋ	iŋ	iŋ	uŋ	yŋ	əŋ	uŋ	uŋ	əŋ	uŋ	yŋ	uŋ	yŋ	yŋ
东阳关	əŋ	iŋ	əŋ	iŋ	əŋ	iŋ	uŋ	yŋ	əŋ	uŋ	uŋ	əŋ	uŋ	yŋ	uŋ	yŋ	yŋ
黄崖洞	əŋ	iəŋ	əŋ	iəŋ	əŋ	iəŋ	uəŋ	yŋ	əŋ	əŋ	uəŋ	əŋ	uəŋ	yŋ	uəŋ	yŋ	yŋ
韩北	əŋ	iəŋ	əŋ	iəŋ	əŋ	əŋ	uəŋ	yŋ	əŋ	əŋ	uəŋ	əŋ	uəŋ	uəŋ	uəŋ	yŋ	uəŋ
武乡	ɐŋ	iɐŋ	ɐŋ	iɐŋ	ɐŋ	ɐŋ	uɐŋ	yɐŋ	ɐŋ	ɐŋ	uɐŋ	ɐŋ	uɐŋ	uɐŋ	uɐŋ	yɐŋ	uɐŋ
涌泉	əŋ	iəŋ	əŋ	iəŋ	əŋ	əŋ	uəŋ	yŋ	əŋ	uəŋ	uəŋ	əŋ	uəŋ	uəŋ	uəŋ	yŋ	uəŋ
南涅水	əŋ	iŋ	əŋ	iŋ	əŋ	əŋ	uəŋ	yŋ	əŋ	əŋ	uəŋ	əŋ	uəŋ	uəŋ	uəŋ	yŋ	uəŋ
景凤	əŋ	iŋ	əŋ	iŋ	əŋ	əŋ	uŋ	yŋ	əŋ	əŋ	uŋ	əŋ	uŋ	uŋ	uŋ	yŋ	uŋ
沁县	əŋ	iŋ	əŋ	iŋ	əŋ	əŋ	uŋ	yŋ	əŋ	əŋ	uŋ	əŋ	uŋ	uŋ	uŋ	yŋ	uŋ
新店	əŋ	iŋ	əŋ	iŋ	əŋ	əŋ	uəŋ	yŋ	əŋ	əŋ	uəŋ	əŋ	uəŋ	uəŋ	uəŋ	yŋ	uəŋ
西营	əŋ	iŋ	əŋ	iŋ	əŋ	əŋ	uŋ	yŋ	əŋ	uŋ	uŋ	əŋ	uŋ	uŋ	uŋ	yŋ	uŋ
上马	əŋ	iŋ	əŋ	iŋ	əŋ	əŋ	uŋ	yŋ	əŋ	əŋ	uŋ	əŋ	uŋ	uŋ	uŋ	yŋ	uŋ
襄垣	əŋ	iŋ	əŋ	iŋ	əŋ	əŋ	uŋ	yŋ	əŋ	əŋ	uŋ	əŋ	uŋ	uŋ	uŋ	yŋ	uŋ
上村	əŋ	iŋ	əŋ	iŋ	əŋ	iŋ	uŋ	yŋ	əŋ	uŋ	uŋ	əŋ	uŋ	yŋ	uŋ	yŋ	yŋ
屯留	əŋ	iŋ	əŋ	iŋ	əŋ	iŋ	uŋ	yŋ	əŋ	uŋ	uŋ	əŋ	uŋ	yŋ	uŋ	yŋ	yŋ
宋村	əŋ	iŋ	əŋ	iŋ	əŋ	iŋ	uŋ	yŋ	əŋ	əŋ	uŋ	əŋ	uŋ	yŋ	uŋ	yŋ	yŋ
南常	əŋ	iŋ	əŋ	iŋ	əŋ	iŋ	uŋ	yŋ	əŋ	əŋ	uŋ	əŋ	uŋ	yŋ	uŋ	yŋ	yŋ
石哲	əŋ	iŋ	əŋ	iŋ	əŋ	iŋ	uŋ	yŋ	əŋ	əŋ	uŋ	əŋ	uŋ	yŋ	uŋ	yŋ	yŋ

续表

	开口						合口										
	曾	梗二		曾梗三四			曾梗一二	梗三四	通一			通三					
	一	见系	其余	非知系	知章组	日组	二	见系	帮组	影组	其余	非组	知章庄组	日组	见组	晓影组	泥精组
	朋	幸	生	精	郑	仍	宏	兄	蒙	翁	总	风	虫	绒	宫	胸	龙
长子	əŋ	iŋ	əŋ	iŋ	əŋ	iŋ	uŋ	yŋ	əŋ	əŋ	uŋ	əŋ	uŋ	yŋ	uŋ	yŋ	yŋ
琚村	əŋ	iŋ	əŋ	iŋ	əŋ	iŋ	uŋ	yŋ	əŋ	uŋ	uŋ	əŋ	uŋ	yŋ	uŋ	yŋ	yŋ
长治县	əŋ	iŋ	əŋ	iŋ	əŋ	iŋ	uŋ	yŋ	əŋ	uŋ	uŋ	əŋ	uŋ	yŋ	uŋ	yŋ	yŋ
荫城	əŋ	iŋ	əŋ	iŋ	əŋ	iŋ	uŋ	yŋ	əŋ	uŋ	uŋ	əŋ	uŋ	yŋ	uŋ	yŋ	yŋ
八义	əŋ	iŋ	əŋ	iŋ	əŋ	iŋ	uŋ	yŋ	əŋ	uŋ	uŋ	əŋ	uŋ	yŋ	uŋ	yŋ	yŋ
壶关	əŋ	iŋ	əŋ	iŋ	əŋ	iŋ	uŋ	yŋ	əŋ	uŋ	uŋ	əŋ	uŋ	yŋ	uŋ	yŋ	yŋ
龙溪	əŋ	iŋ	əŋ	iŋ	əŋ	iŋ	uŋ	yŋ	əŋ	uŋ	uŋ	əŋ	uŋ	yŋ	uŋ	yŋ	yŋ
百尺	əŋ	iŋ	əŋ	iŋ	əŋ	iŋ	uŋ	yŋ	əŋ	uŋ	uŋ	əŋ	uŋ	yŋ	uŋ	yŋ	yŋ
树掌	əŋ	iŋ	əŋ	iŋ	əŋ	iŋ	uŋ	yŋ	əŋ	uŋ	uŋ	əŋ	uŋ	yŋ	uŋ	yŋ	yŋ
陈区	oŋ	iŋ	oŋ	iŋ	əŋ	əŋ	uŋ	yŋ	oŋ	əŋ	uŋ	oŋ	uŋ	uŋ	uŋ	yŋ	yŋ
河西	ʌŋ	iŋ	ʌŋ	iŋ	ʌŋ	ʌŋ	uʌŋ	iŋ	ʌŋ	ʌŋ	uʌŋ	ʌŋ	uʌŋ	uʌŋ	uʌŋ	iŋ	iŋ
礼义	əŋ	iŋ	əŋ	iŋ	əŋ	iŋ	uŋ	yŋ	əŋ	əŋ	uŋ	əŋ	uŋ	yŋ	uŋ	yŋ	yŋ
陵川	əŋ	iŋ	əŋ	iŋ	əŋ	əŋ	uŋ	yŋ	əŋ	uŋ	uŋ	əŋ	uŋ	uŋ	uŋ	yŋ	yŋ
水东	əŋ	iŋ	əŋ	iŋ	əŋ	əŋ	uŋ	yŋ	əŋ	uŋ	uŋ	əŋ	uŋ	uŋ	uŋ	yŋ	yŋ

（2）主要元音鼻化，并收-ŋ尾，分布在高平。曾梗通摄在高平方言中的读音情况见表 2. 22。

表 2. 22　　高平方言曾梗通摄的读音情况

	开口						合口											
	曾	梗二		曾梗三四			曾	梗二	梗三四	通一			通三					
	一	见系	非见系	非知系	知章组	日组	一	晓组	见系	帮组	影组	其余	非组	知章庄组	日组	见组	晓影组	泥精组
	朋	幸	生	精	郑	仍	弘	宏	兄	蒙	翁	总	风	虫	绒	宫	胸	龙
高平	ə̃ŋ	iə̃ŋ	ə̃ŋ	iə̃ŋ	ə̃ŋ	ə̃ŋ	uə̃ŋ	uə̃ŋ	iuə̃ŋ	ə̃ŋ	ə̃ŋ	uə̃ŋ	ə̃ŋ	uə̃ŋ	uə̃ŋ	uə̃ŋ	iuə̃ŋ	iuə̃ŋ

（3）鼻音韵尾脱落，变为鼻化韵，分布在沁源。曾梗通摄在沁源方言中的读音情况见表 2.23。

表 2.23　　沁源方言曾梗通摄的读音情况

	开口						合口											
	曾一	梗二		曾梗三四			曾一	梗二	梗三四	通一			通三					
		见系	非见系	非知系	知章组	日组		晓组	见系	帮组	影组	其余	非组	知章庄组	日组	见组	晓影组	泥精组
	朋	幸	生	精	郑	仍	弘	宏	兄	蒙	翁	总	风	虫	绒	宫	胸	龙
沁源	ə̃	iə̃	ə̃	iə̃	ə̃	ə̃	uə̃	uə̃	yə̃	ə̃	ə̃	uə̃	ə̃	uə̃	uə̃	uə̃	yə̃	uə̃

（4）在王和沁源、古寨高平、晋城、巴公泽州、阳城、北留阳城、町店阳城、西河底陵川、端氏沁水方言中，曾梗通摄韵尾的读音情况比较复杂。各方言中曾梗通摄的读音情况见表 2.24。

表 2.24　　王和沁源等方言曾梗通摄的读音情况

	开口							合口									
	曾一		梗二			曾梗三四		曾梗一二	梗三四	通一			通三				
	帮组	其余	帮组	知系	端见系	非知系	知系		见系	帮组	影组	其余	非组	知系	见组	晓影组	泥精组
	朋	等	猛	生	坑	冰	整	宏	兄	蒙	翁	总	风	虫	宫	胸	龙
王和	əŋ	əŋ	əŋ	ən	əŋ	in	ən	uŋ	yŋ	əŋ	uŋ	uŋ	uŋ	uŋ	uŋ	yŋ	uŋ
古寨	ʌŋ	ʌŋ	ʌŋ	ʌŋ	ʌŋ	in	ʌŋ	uʌŋ	iŋ	ʌŋ	ʌŋ	uʌŋ	ʌŋ	uʌŋ	uʌŋ	iŋ	iŋ
晋城	oŋ	ẽ	oŋ	ẽ	ẽ	iə̃n	ẽ	uoŋ	yoŋ	oŋ	uoŋ	uoŋ	oŋ	uoŋ	uoŋ	yoŋ	yoŋ
巴公	ʌn	ʌn	ʌn	ʌn	ʌn	in	ʌn	uəŋ	yŋ	ʌn	ʌn	uəŋ	ʌn	uəŋ	uəŋ	yŋ	yŋ
阳城	ə̃n	ə̃n	ə̃n	ə̃n	ə̃n	iə̃n	ə̃n	uə̃ŋ	yə̃ŋ	ə̃n	uə̃ŋ	uə̃ŋ	ə̃n	uə̃ŋ	uə̃ŋ	yə̃ŋ	yə̃ŋ

续表

	开口							合口									
	曾一		梗二			曾梗三四		曾梗一二	梗三四	通一			通三				
	帮组	其余	帮组	知系	端见系	非知系	知系		见系	帮组	影组	其余	非组	知系	见组	晓影组	泥精组
	朋	等	猛	生	坑	冰	整	宏	兄	蒙	翁	总	风	虫	宫	胸	龙
北留	oŋ	ɛ̃	oŋ	ən	ɛ̃	in	ən	uŋ	yŋ	oŋ	uŋ	uŋ	oŋ	uŋ	uŋ	yŋ	yŋ
町店	ɒŋ	ən	ɒŋ	ən	ɒŋ	in	ən	uŋ	yŋ	ɒŋ	ɒŋ	uŋ	ɒŋ	uŋ	uŋ	yŋ	yŋ
西河底	əŋ	ɛ̃	əŋ	ɛ̃	ɛ̃	in	ɛ̃	uəŋ	yŋ	əŋ	əŋ	uəŋ	əŋ	uəŋ	uəŋ	yŋ	yŋ
端氏	əŋ	ɛi	əŋ	ɛi	ɛi	iŋ	əŋ	uŋ	yŋ	əŋ	əŋ	uŋ	əŋ	uŋ	uŋ	yŋ	yŋ

注：晋城方言中，梗摄开口三四等明母字今读[i]韵母。

从表 2.24 可以看出，各方言中曾梗通摄韵尾的读音情况与各韵摄的等呼以及声母的系组有关。古寨高平方言中只有曾梗开三四非知系字韵母收-n 尾，其余情况下曾梗通摄都收-ŋ尾。曾梗通摄合口呼和撮口呼在其余方言中都收-ŋ尾，齐齿呼除端氏沁水收-ŋ尾外在其他方言中都收-n 尾，开口呼韵尾在各方言中的读音情况不尽一致：巴公泽州、阳城方言中曾梗通摄开口呼都收-n 尾。王和沁源、町店阳城方言中曾梗通摄开口呼收-ŋ尾和-n 尾并存，其中，王和沁源方言中，梗开二、曾梗开三四知系字韵母收-n 尾，其余情况下开口呼都收-ŋ尾，町店阳城方言中，曾开一帮组字、梗开二非知系字、通合一帮组、影组字和通合三非组字韵母都收-ŋ尾，其余情况下开口呼都收-n 尾。晋城、西河底陵川方言中曾梗通摄开口呼收-ŋ尾和鼻化韵并存，其中，晋城方言中，曾开一帮组字、梗开二帮组字、通合一帮组字以及通合三非组字韵母都收-ŋ尾，其余情况下开口呼都为鼻化韵，西河底陵川方言中，曾开一帮组字、梗开二帮组字、通合一帮组、影组字和通合三非组字韵母都收-ŋ尾，其余情况下开口呼都为鼻化韵。端氏沁水方言中曾梗通摄开口呼收-ŋ尾和纯口音并存，其中，曾开一帮组字、梗开二帮组字、曾梗开三四知系字、通合一帮组、影组字和通合三非组字韵母都收-ŋ尾，其余情况下开口呼都为纯口音。北留$_{阳城}$方言中曾梗通摄开口呼收-ŋ尾、-n 尾和鼻化韵并存，其中，曾开一帮组字、梗开二帮组字、通合一帮组字和通合三帮组字韵母都收-ŋ尾，梗开二知系字、曾梗开三四知系字韵母收-n 尾，其余情况下开口呼都为鼻化韵。

（二）阳声韵韵尾的消变

晋东南晋语阳声韵的鼻韵尾经历了合并、弱化甚至消失的过程，正如徐通锵先生（2004）所说，“在现代汉语中，音节开头的音量强于末尾，因而在语言的发展中辅音韵尾容易因磨损而弱化或消失”[①]。通过上文对阳声韵韵尾在晋东南晋语中读音的描写，我们可以看出其消变形式主要有以下六种：①收-n 尾。②主要元音鼻化并收-n 尾。③收-ŋ尾。④主要元音鼻化并收-ŋ尾。⑤鼻化韵。⑥纯口音。晋东南晋语阳声韵韵尾的这六种消变形式在各方言中的具体情况见表 2.25。

表 2.25　　**晋东南晋语各方言阳声韵韵尾的消变形式一览表**

	咸摄	山摄	深摄	臻摄	宕摄	江摄	曾摄	梗摄	通摄
屯留	n	n	n	n	ŋ	ŋ	ŋ	ŋ	ŋ
上村	n	n	n	n	ŋ	ŋ	ŋ	ŋ	ŋ
荫城	n	n	n	n	ŋ	ŋ	ŋ	ŋ	ŋ
石哲	n	n	n	n	ŋ	ŋ	ŋ	ŋ	ŋ
南常	n	n	n	n	ŋ	ŋ	ŋ	ŋ	ŋ
店上	n	n	n	n	ŋ	ŋ	ŋ	ŋ	ŋ
豆峪	n	n	n	n	ŋ	ŋ	ŋ	ŋ	ŋ
百尺	n	n	n	n	ŋ	ŋ	ŋ	ŋ	ŋ
上港	n	n	□$_{洪}$/n$_{细}$	□$_{洪}$/n$_{细}$	ŋ	ŋ	ŋ	ŋ	ŋ
长治	ŋ	ŋ	ŋ	ŋ	ŋ	ŋ	ŋ	ŋ	ŋ
宋村	ŋ	ŋ	ŋ	ŋ	ŋ	ŋ	ŋ	ŋ	ŋ
琚村	ŋ	ŋ	ŋ	ŋ	ŋ	ŋ	ŋ	ŋ	ŋ
长治县	ŋ	ŋ	ŋ	ŋ	ŋ	ŋ	ŋ	ŋ	ŋ

① 徐通锵：《汉语研究方法论初探》，商务印书馆 2004 年版，第 124 页。

续表

	咸摄	山摄	深摄	臻摄	宕摄	江摄	曾摄	梗摄	通摄
八义	ŋ	ŋ	ŋ	ŋ	ŋ	ŋ	ŋ	ŋ	ŋ
壶关	ŋ	ŋ	ŋ	ŋ	ŋ	ŋ	ŋ	ŋ	ŋ
礼义	□$_{洪}$/n$_{细}$	□$_{洪}$/n$_{细}$	n	n	ŋ	ŋ	ŋ	ŋ	ŋ
陵川	n$_{洪}$/○$_{细}$	n$_{洪}$/○$_{细}$	○	○	ŋ	ŋ	ŋ	ŋ	ŋ
沁县[①]	n/□	n/□	ŋ	ŋ	～	～	ŋ	ŋ	ŋ
长子	～	～	n	n	ŋ	ŋ	ŋ	ŋ	ŋ
龙溪	～	～	n	n	ŋ	ŋ	ŋ	ŋ	ŋ
潞城	～	～	～	～	ŋ	ŋ	ŋ	ŋ	ŋ
平顺	～	～	～	～	ŋ	ŋ	ŋ	ŋ	ŋ
阳城	～$_{洪}$/□$_{细}$	～$_{洪}$/□$_{细}$	○	○	*	*	*/○	*/○	*/○
新店	～/□	～/□	ŋ	ŋ	～	～	ŋ	ŋ	ŋ
陈区	□	□	n	n	ŋ	ŋ	ŋ	ŋ	ŋ
河西	□	□	n	n	ŋ	ŋ	ŋ	ŋ	ŋ
水东	□	□	n	n	ŋ	ŋ	ŋ	ŋ	ŋ
辛安泉	□	□	n	n	ŋ	ŋ	ŋ	ŋ	ŋ
巴公	□	□	n	n	ŋ	ŋ	n/ŋ	n/ŋ	n/ŋ
西河底	□	□	～$_{洪}$/n$_{细}$	～$_{洪}$/n$_{细}$	ŋ	ŋ	～/n/ŋ	～/n/ŋ	ŋ
晋城	□	□	～$_{洪}$/○$_{细}$	～$_{洪}$/○$_{细}$	～	～	ŋ/～/○	ŋ/～/○	ŋ
东阳关	□	□	□$_{洪}$/n$_{细}$	□$_{洪}$/n$_{细}$	ŋ	ŋ	ŋ	ŋ	ŋ
町店	□	□	n$_{细}$/ŋ$_{洪}$	n$_{细}$/ŋ$_{洪}$	ŋ	ŋ	n/ŋ	n/ŋ	ŋ
古寨	□	□	n$_{细}$/ŋ$_{洪}$	n$_{细}$/ŋ$_{洪}$	ŋ	ŋ	n/ŋ	n/ŋ	ŋ
王和	□	□	n/ŋ	n/ŋ	□	□	n/ŋ	n/ŋ	ŋ
北留	□	□	～/□/ŋ/n	～/□/ŋ/n	ŋ	ŋ	～/ŋ/n	～/ŋ/n	ŋ
襄垣	□	□	ŋ	ŋ	ŋ	ŋ	ŋ	ŋ	ŋ
黄崖洞	□	□	ŋ	ŋ	ŋ	ŋ	ŋ	ŋ	ŋ
西营	□	□	ŋ	ŋ	ŋ	ŋ	ŋ	ŋ	ŋ
上马	□	□	ŋ	ŋ	～	～	ŋ	ŋ	ŋ

① 沁县、新店$_{沁县}$、阳城、巴公$_{泽州}$、西河底$_{陵川}$、晋城、町店$_{阳城}$、古寨$_{高平}$、王和$_{沁源}$、北留$_{阳城}$、南涅水$_{沁县}$、涌泉$_{武乡}$和端氏$_{沁水}$方言中，某些阳声韵的韵尾有多种消变形式，而且各种消变形式的具体读音条件比较复杂，因此，表中对其消变形式的具体读音条件不做标示，可参见前文。

续表

	咸摄	山摄	深摄	臻摄	宕摄	江摄	曾摄	梗摄	通摄
武乡	□	□	ŋ	ŋ	～	～	ŋ	ŋ	ŋ
韩北	□	□	ŋ	ŋ	～	～	ŋ	ŋ	ŋ
景凤	□	□	ŋ	ŋ	□	□	ŋ	ŋ	ŋ
南涅水	□	□	ŋ	ŋ	～/□	～/□	ŋ	ŋ	ŋ
涌泉	□	□	ŋ	ŋ	～/□	～/□	ŋ	ŋ	ŋ
黎城	□	□	～	～	ŋ	ŋ	ŋ	ŋ	ŋ
树掌	□	□	□	□	ŋ	ŋ	ŋ	ŋ	ŋ
高平	□	□	～	～	～	～	*	*	*
沁源	□	□	～	～	□	□	～	～	～
端氏	□	□	ŋ/□	ŋ/□	ŋ	ŋ	ŋ/□	ŋ/□	ŋ

注：～表示鼻化韵，□表示纯口音，○表示主要元音鼻化并收-n 尾，*表示主要元音鼻化并收-ŋ尾，“细”表示细音，“洪”表示洪音。如果某一阳声韵的韵尾有多种消变形式，则各个消变形式之间用“/”隔开。

如前文所述，中古咸摄和深摄都收-m 尾，山摄和臻摄都收-n 尾，宕摄、江摄、曾摄、梗摄和通摄都收-ŋ尾。从表 2.25 可以看出，在屯留、上村屯留、荫城长治县、石哲长子、南常长子、店上潞城、豆峪平顺、百尺壶关、潞城、平顺、长治、宋村长子、琚村长子、长治县、八义长治县、壶关、树掌壶关方言中咸山摄和深臻摄韵尾的消变是同步的，而在其余方言中咸山摄和深臻摄韵尾的消变并不同步——咸山摄韵尾的消变速度一般都快于深臻摄。据高本汉（1995）、李方桂（1980）、王力（1986）、李荣（1956）等先生的拟音，咸山摄主要元音较低，深臻摄主要元音较高，据张琨先生（1983）的拟音，低元音后的鼻尾较高元音后的鼻尾易消变，晋东南晋语的上述情况符合阳声韵韵尾消变的一般规律。并且，在有些方言中咸山摄洪细音韵尾或深臻摄洪细音韵尾的消变速度也不一致，比如，在礼义陵川方言中，咸山摄洪音韵尾先于细音变为纯口音，在阳城方言中，咸山摄细音韵尾先于洪音变为纯口音，在上港平顺、东阳关黎城方言中，深臻摄洪音韵尾先于细音变为纯口音。在屯留、上村屯留、荫城长治县、石哲长子、南常长子、店上潞城、豆峪平顺、百尺壶关、上港平顺、长子、龙溪平顺、礼义陵川、陵川、陈区高平、河西高平、水东晋城、辛安泉潞城、东阳关黎城、长治、长治县、八义长治县、壶关、宋村长子、琚村长子、潞城、平顺、襄垣、黄崖洞黎城、西营襄垣、黎城、树掌壶关方言中，宕江曾梗通摄韵尾的消变是同步的，并且都为-ŋ尾，而在其余方言中宕江曾梗通摄韵尾的消变并不同步，一般来讲，宕江摄韵尾的消变形式一致，曾梗摄韵尾的消变形式一致，除沁源方言外通摄都收-ŋ尾，宕江摄韵尾的消变速度快于曾梗摄。据高本汉（1995）、李方桂（1980）、王力（1986）、李荣（1956）等先生的拟音，宕江摄主要元音较低，曾梗摄主要元音较高，如前所述，低元音后的鼻尾较高元音后的鼻尾易消变，晋东南晋语的上述情况符合阳声韵韵尾消变的一般规律。

而且，根据表 2.25，我们可以统计出晋东南晋语阳声韵韵尾各种消变形式在 50 个方言中分布的具体数据。见表 2.26。

表 2.26　　晋东南晋语阳声韵韵尾各种消变形式的数量一览表

	咸	山	深	臻	宕	江	曾	梗	通
收-n 尾	9	9	16	16					
收-ŋ尾	6	6	17	17	37	37	39	39	46
鼻化韵	4	4	5	5	7	7	1	1	1
纯口音	26	26	1	1	3	3			
主要元音鼻化并收-n 尾			2	2					
主要元音鼻化并收-ŋ尾					1	1	1	1	1
收-n 尾、收-ŋ尾并存			3	3			4	4	1
收-n 尾、鼻化韵并存			1	1					
收-n 尾、纯口音并存	2	2	2	2					
收-ŋ尾、纯口音并存			1	1			1	1	
鼻化韵、纯口音并存	2	2			2	2			
鼻化韵、收-n 尾、收-ŋ尾并存							3	3	
鼻化韵、纯口音、收-n 尾、收-ŋ尾并存			1	1					
鼻化韵、主要元音鼻化并收-n 尾并存			1	1					
收-n 尾、主要元音鼻化并收-n 尾并存	1	1							
主要元音鼻化并收-n 尾、主要元音鼻化并收-ŋ尾并存							1	1	1

注：表中空白处表示该阳声韵韵尾无此消变形式。

根据以上数据可以大致看出晋东南晋语阳声韵鼻韵尾的保留情况：

咸摄：收-n 尾 9＋收-n 尾、主要元音鼻化并收-n 尾并存 1＋收-n 尾、纯口音并存 2＋收-ŋ尾 6（保留鼻韵尾总数：18）

山摄：收-n 尾 9＋收-n 尾、主要元音鼻化并收-n 尾并存 1＋收-n 尾、纯口音并存 2＋收-ŋ尾 6（保留鼻韵尾总数：18）

深摄：收-n 尾 16＋主要元音鼻化并收-n 尾 2＋收-n 尾、收-ŋ尾并存 3＋收-n 尾、鼻化韵并存 1＋收-n 尾、纯口音并存 2＋收-ŋ尾、纯口音并存 1＋鼻化韵、主要元音鼻化并收-n 尾并存 1＋鼻化韵、纯口音、收-n 尾、收-ŋ尾并存 1＋收-ŋ尾 17（保留鼻韵尾总数：44）

臻摄：收-n 尾 16＋主要元音鼻化并收-n 尾 2＋收-n 尾、收-ŋ尾并存 3＋收-n 尾、鼻化韵并存 1＋收-n 尾、纯口音并存 2＋收-ŋ尾、纯口音并存 1＋鼻化韵、主要元音鼻化并收-n 尾并存 1＋鼻化韵、纯口音、收-n 尾、收-ŋ尾并存 1＋收-ŋ尾 17（保留鼻韵尾总数：44）

宕摄：收-ŋ尾 37＋主要元音鼻化并收-ŋ尾 1（保留鼻韵尾总数：38）

江摄：收-ŋ尾 37＋主要元音鼻化并收-ŋ尾 1（保留鼻韵尾总数：38）

曾摄：收-ŋ尾 39＋主要元音鼻化并收-ŋ尾 1＋收-n 尾、收-ŋ尾并存 4＋鼻化韵、收-n 尾、收-ŋ尾并存 3＋主要元音鼻化并收-n 尾、主要元音鼻化并收-ŋ尾并存 1＋收-ŋ尾、纯口音并存 1（保留鼻韵尾总数：49）

梗摄：收-ŋ尾 39＋主要元音鼻化并收-ŋ尾 1＋收-n 尾、收-ŋ尾并存 4＋鼻化韵、收-n 尾、收-ŋ尾并存 3＋主要元音鼻化并收-n 尾、主要元音鼻化并收-ŋ尾并存 1＋收-ŋ尾、纯口音并存 1（保留鼻韵尾总数：49）

通摄：收-ŋ尾 46＋主要元音鼻化并收-ŋ尾 1＋收-n 尾、收-ŋ尾并存 1＋主要元音鼻化并收-n 尾、主要元音鼻化并收-ŋ尾并存 1（保留鼻韵尾总数：49）

由此可见，晋东南晋语阳声韵韵尾消变的速度由快到慢依次为：

咸山摄>宕江摄>深臻摄>曾梗通摄

张琨先生（1983）曾专门讨论过 159 个汉语方言（包括 40 个吴语和 119 个官话方言）中鼻音韵尾的消变情况，得出如下结论："在本文所讨论的这些方言中，……最保存①的一组韵母是后高（圆唇）元音后附舌根鼻音韵尾（*oŋ），其次是前高（不圆唇）元音后附舌根鼻音韵尾（*eŋ），最前进的一组韵母是低元音后附舌头鼻音韵尾（*a/ɑn）。在吴语方言中，低元音后附舌根鼻音韵尾这一组韵母（*a/ɑŋ）在受鼻化作用的可能性上仅次于*a/ɑn 组。在官话方言中，前高（不圆唇）元音后附舌头鼻音韵尾这一组韵母（*en）在受鼻化作用的可能性上仅次于*a/ɑn 组。”②由此可见，晋东南晋语阳声韵韵尾的消变规律与张琨先生所考察的吴语中阳声韵韵尾的消变规律基本一致。据王洪君先生（1991）的拟音，阳声韵韵尾在山西其他方言文读系统中的消变规律也符合张琨先生（1983）的结论。

侯精一先生在《晋语总论》（1996）、《晋语研究十题》（1999）中谈到晋语的十个特征，其中有一个特征是："中古[-m -n -ŋ]三个鼻音韵尾，晋语只保存舌根鼻音韵尾[-ŋ]。"③事实上，从表2.25可以看出，阳声韵韵尾在晋东南晋语各方言中的消变形式并不都是如此。除沁源方言阳声韵韵尾已变为纯口音和鼻化韵外，在长治、宋村长子、琚村长子、长治县、八义长治县、黎城、黄崖洞黎城、潞城、平顺、壶关、树掌壶关、新店沁县、南涅水沁县、武乡、韩北武乡、涌泉武乡、襄垣、上马襄垣、西营襄垣、景凤沁源、高平、端氏沁水共22个方言中阳声韵只保留-ŋ韵尾，与山西晋语其他片多数方言文读系统中阳声韵韵尾的消变方式一致。而在屯留、上村屯留、石哲长子、南常长子、店上潞城、豆峪平顺、东阳关黎城、荫城长治县、百尺壶关、辛安泉潞城、上港平顺、龙溪平顺、长子、沁县、王和沁源、陈区高平、古寨高平、河西高平、晋城、水东泽州、巴公泽州、阳城、町店阳城、北留阳城、陵川、西河底陵川、礼义陵川共27个方言中阳声韵不仅保留-ŋ韵尾，而且还保留-n韵尾，与官话方言只有-n、-ŋ两个鼻辅韵尾的情况（侯精一2002）一致。

二　与阳声韵有关的韵类分合

在晋东南晋语中，总的来看，与阳声韵有关的韵类分合包括阳声韵与阳声韵的韵类分合和阳声韵与阴声韵的韵类合并两种情况。下面对其分别讨论。

---

① 原文如此。

② 张琨：《汉语方言中鼻音韵尾的消失》，《中央研究院历史语言研究所集刊》1983，第 54 本第 1 分。

③ 侯精一：《晋语研究十题》，《现代晋语的研究》，商务印书馆 1999 年版，第 18 页。

（一） 阳声韵与阳声韵的韵类分合

1. 阳声韵的韵类分合类型

如前所述，中古咸深山臻宕江曾梗通摄在晋东南晋语中已经发生了韵类之间的合并，即咸山摄合并、深臻摄合并、宕江摄合并、曾梗通摄合并，至于咸山摄、深臻摄、宕江摄、曾梗通摄之间是否再发生进一步的韵类合并，各方言的表现不同，咸山摄、深臻摄、宕江摄、曾梗通摄四组在晋东南晋语中的韵类分合关系有五种类型，下面分别讨论。

（1）咸山摄≠深臻摄≠宕江摄≠曾梗通摄

这种类型咸山摄、深臻摄、宕江摄、曾梗通摄之间界限分明，没有再发生进一步的合并，分布在东阳关黎城、黎城、辛安泉潞城、豆峪平顺、上港平顺、平顺、潞城、店上潞城、上村屯留、屯留、南常长子、石哲长子、长子、龙溪平顺、高平、陈区高平、河西高平、水东泽州。据我们看到的材料，这种类型在山西晋语其他片方言中未见分布，但与中原官话汾河片大多数方言文读系统中阳声韵的韵类分合情况一致。下面以长子方言为例举例说明。

胆	简	官	权	痕	锦	魂	群
咸开一	山开二	山合一	山合三	臻开一	深开三	臻合一	臻合三
上敢端	上产见	平桓见	平仙群	平痕匣	上寑见	平魂匣	平文群
tæ̃	tɕiæ̃	kuæ̃	tɕʻyæ̃	xən	tɕin	xuən	tɕʻyn

党	讲	光	恒	景	红	穷
宕开一	江开二	宕合一	曾开一	梗开三	通合一	通合三
平唐端	上讲见	平唐见	平登匣	上梗见	平东匣	平东群
tɑŋ	tɕiɑŋ	kuɑŋ	xəŋ	tɕiŋ	xuŋ	tɕʻyŋ

（2）咸山摄≠宕江摄≠深臻摄＝曾梗通摄

这种类型深臻摄与曾梗通摄合并，分布在沁源、景凤沁源、涌泉武乡、南涅水沁县、武乡、韩北武乡、黄崖洞黎城、西营襄垣、沁县、新店沁县、上马襄垣、襄垣。这种类型与山西晋语其他片大多数方言文读系统中阳声韵的韵类分合情况一致，这些方言多与晋语腹地接壤，这可能与其易受晋语中心地区的影响有关。下面以景凤沁源方言为例举例说明。

胆	简	官	权	党	讲	光
咸开一	山开二	山合一	山合三	宕开一	江开二	宕合一
上敢端	上产见	平桓见	平仙群	平唐端	上讲见	平唐见
tæ	tɕiæ	kuæ	tɕʻyæ	tɒ	tɕiɒ	kuo

痕	锦	魂	群	恒	景	红	穷
臻开一	深开三	臻合一	臻合三	曾开一	梗开三	通合一	通合三
平痕匣	上寝见	平魂匣	平文群	平登匣	上梗见	平东匣	平东群
xəŋ	tɕiŋ	xuŋ	tɕʻyŋ	xəŋ	tɕiŋ	xuŋ	tɕʻyŋ

（3）咸山摄＝宕江摄≠深臻摄＝曾梗通摄

这种类型咸山摄与宕江摄合并，深臻摄与曾梗通摄合并，分布在长治、宋村长子、琚村长子、长治县、壶关、八义长治县。据我们看到的材料，这种类型在山西晋语并州片的文水、交城、祁县、平遥、孝义、介休、灵石、盂县、吕梁片的汾阳、石楼、隰县以及五台片的忻州、定襄和五台方言中也存在。下面以琚村长子方言为例举例说明。

胆	简	官	权	党	讲	光
咸开一	山开二	山合一	山合三	宕开一	江开二	宕合一
上敢端	上产见	平桓见	平仙群	平唐端	上讲见	平唐见
taŋ	tɕiaŋ	kuaŋ	tɕʻyaŋ	taŋ	tɕiaŋ	kuaŋ

痕	锦	魂	群	恒	景	红	穷
臻开一	深开三	臻合一	臻合三	曾开一	梗开三	通合一	通合三
平痕匣	上寝见	平魂匣	平文群	平登匣	上梗见	平东匣	平东群
xəŋ	tɕiŋ	xuŋ	tɕʻyŋ	xəŋ	tɕiŋ	xuŋ	tɕʻyŋ

（4）咸山摄细音＝深臻摄细音（咸山摄洪音≠深臻摄洪音）≠宕江摄≠曾梗通摄

这种类型今读细音的咸山摄与深臻摄合并，分布在荫城长治县、百尺壶关、树掌壶关、礼义陵川、陵川。据我们看到的材料，这种类型在山西晋语其他片和中原官话汾河片方言中都未见分布，可以说是山西方言中阳声韵韵类分合的一种新类型。下面以荫城长治县方言为例举例说明。

胆	简	官	权	痕	锦	魂	群
咸开一	山开二	山合一	山合三	臻开一	深开三	臻合一	臻合三
上敢端	上产见	平桓见	平仙群	平痕匣	上寝见	平魂匣	平文群
tɑn	tɕin	kuɑn	tɕʻyn	xən	tɕin	xun	tɕʻyn

党	讲	光	恒	景	红	穷
宕开一	江开二	宕合一	曾开一	梗开三	通合一	通合三
平唐端	上讲见	平唐见	平登匣	上梗见	平东匣	平东群
tɑŋ	tɕiɑŋ	kuɑŋ	xəŋ	tɕiŋ	xuŋ	tɕʻyŋ

（5）咸山摄≠宕江摄≠部分深臻摄＝部分曾梗通摄（另一部分深臻摄≠另一部分曾梗通摄）

这种类型深臻摄与曾梗通摄部分合并，分布在王和沁源、古寨高平、端氏沁水、町店阳城、阳城、北留阳城、巴公泽州、晋城、西河底陵川。据我们看到的材料，除吕梁片的蒲县方言外，这种类型在山西晋语其他片和中原官话汾河片方言中都未见分布。下面以町店阳城方言为例举例说明。

胆	简	官	权	党	讲	光
咸开一	山开二	山合一	山合三	宕开一	江开二	宕合一
上敢端	上产见	平桓见	平仙群	平唐端	上讲见	平唐见
tæ	tɕiæ	kuæ	tɕʻyæ	tʌŋ	tɕiʌŋ	kuʌŋ

痕	真	锦	魂	群	恒	蒸	景	红	穷
臻开	臻开	深开	臻合	臻合	曾开	曾开	梗开	通合	通合
一平	三平	三上	一平	三平	一平	三平	三上	一平	三平
痕匣	真章	寝见	魂匣	文群	登匣	蒸章	梗见	东匣	东群
xɒŋ	tʂɒŋ	tɕin	xuŋ	tɕʻyn	xɒŋ	tʂən	tɕin	xuŋ	tɕʻyŋ

并且，在这种类型的各方言中，深臻摄和曾梗通摄发生部分合流的具

体情况不尽一致，与各韵摄的等呼以及声母的系组都有关系。下面对其分别说明。

① 王和$_{\text{沁源}}$方言

臻摄开口一等见系字、臻摄合口一等帮组字韵母与曾摄开口一等字、梗摄开口二等非知系字、通摄合口一等帮组字韵母合流为[əŋ]。如：

痕$_{\text{臻开一匣}}$＝恒$_{\text{曾开一匣}}$[xəŋ^{24}] 盆$_{\text{臻合一並}}$＝朋$_{\text{曾开一並}}$蓬篷$_{\text{通合一並}}$[p‘əŋ^{24}]

深臻摄开口三等知系字韵母与梗摄开口二等知系字、曾梗摄开口三等知系字韵母合流为[ən]。如：

珍$_{\text{臻开三知}}$真$_{\text{臻开三章}}$针$_{\text{深开三章}}$＝争$_{\text{梗开二庄}}$蒸$_{\text{曾开三章}}$征$_{\text{梗开三章}}$[tʂən^{33}]

曾梗摄开口三等非知系字、梗摄开口四等字韵母与深臻摄开口三等非知系字韵母合流为[in]。如：

贫$_{\text{臻开三並}}$＝平$_{\text{梗开三並}}$瓶萍$_{\text{梗开四並}}$[p‘in^{24}]　民$_{\text{臻开三明}}$＝明鸣名$_{\text{梗开三明}}$铭$_{\text{梗开四明}}$[min^{24}]

林$_{\text{深开三来}}$邻$_{\text{臻开三来}}$＝陵$_{\text{曾开三来}}$零铃灵$_{\text{梗开四来}}$[lin^{24}] 巾$_{\text{臻开三见}}$＝京惊$_{\text{梗开三见}}$经$_{\text{梗开四见}}$[tɕin^{33}]

臻摄合口一等端系、见系字、臻摄合口三等泥组字韵母与曾摄合口一等字、梗摄合口二等晓组字、通摄合口一等端系、见系字、通摄合口三等非组、端系、知系、见组字韵母合流为[uŋ]。如：

敦$_{\text{臻合一端}}$＝东$_{\text{通合一端}}$[tuŋ^{33}]　昆$_{\text{臻合一见}}$＝空$_{\text{通合一见}}$[k‘uŋ^{33}]　轮$_{\text{臻合三来}}$＝笼$_{\text{通合一来}}$[luŋ^{24}]

② 古寨$_{\text{高平}}$方言

臻摄开口一等见系字、臻摄合口一等帮组字、臻摄合口三等非组字、深臻摄开口三等知系字韵母与曾摄开口一等字、曾梗摄开口三等知章组字、梗摄开口二等字、通摄合口一等帮影组字、通摄合口三等非组字韵母合流为[ʌŋ]。如：

痕$_{\text{臻开一匣}}$＝恒$_{\text{曾开一匣}}$[xʌŋ^{13}]　分$_{\text{臻合三非}}$芬纷$_{\text{臻合三敷}}$＝风疯$_{\text{通合三非}}$丰$_{\text{通合三敷}}$[fʌŋ^{112}]

盆$_{\text{臻合一並}}$＝朋$_{\text{曾开一並}}$蓬篷$_{\text{通合一並}}$[p‘ʌŋ^{13}]

针$_{\text{深开三章}}$真$_{\text{臻开三章}}$珍$_{\text{臻开三知}}$＝蒸$_{\text{曾开三章}}$征$_{\text{梗开三章}}$争筝$_{\text{梗开二庄}}$[tʂʌŋ^{112}]

臻摄合口一等端系、见系字、臻摄合口三等泥组、知系字韵母与曾摄合口一等字、梗摄合口二等晓组字、通摄合口一等端系、见系字、通摄合口三等知系、见组字韵母合流为[uʌŋ]。如：

敦臻合一端＝东通合一端[tuʌŋ^{112}]　　昆臻合一见＝空通合一见[k‘uʌŋ^{112}]

轮臻合三来＝聋笼通合一来[nuʌŋ^{13}]　　春臻合三昌＝充通合三昌[tʂ‘uʌŋ^{112}]

曾梗摄开口三等非知系字、梗摄开口四等字韵母与深臻摄开口三等非知系字、臻摄合口三等见系、精组字韵母合流为[in]。如：

贫臻开三並＝平梗开三並瓶萍梗开四並[p‘in^{13}]　　民臻开三明＝明鸣名梗开三明铭梗开四明[min^{13}]

林深开三来邻臻开三来＝陵曾开三来零铃灵梗开四来[lin^{13}]

均军君臻合三见巾臻开三见＝京惊梗开三见经梗开四见[tɕin^{112}]

③ 端氏沁水方言

臻摄开口一等见系字、臻摄合口一等帮组字韵母与曾摄开口一等端系、见系字、曾梗摄开口三等知章组字、梗摄开口二等知系、见系字韵母合流为[ɛi]。如：

痕臻开一匣＝恒曾开一匣[xɛi^{24}]　盆臻合一並＝朋曾开一並[p‘ɛi^{24}]

臻摄合口三等非组字、深臻摄开口三等知系字韵母与曾摄开口一等帮组字、梗摄开口二等帮组字、通摄合口一等帮组字、通摄合口三等非组字韵母合流为[əŋ]。如：

分臻合三非芬纷臻合三敷＝风疯通合三非丰通合三敷[fəŋ^{22}]

深臻摄开口三等非知系字韵母与曾梗摄开口三等非知系字、梗摄开口四等字韵母合流为[iŋ]。如：

贫臻开三並＝平梗开三並瓶萍梗开四並[p‘iŋ^{24}]　　民臻开三明＝明鸣名梗开三明铭梗开四明[miŋ^{24}]

林深开三来邻臻开三来＝陵曾开三来零铃灵梗开四来[liŋ^{24}]　巾臻开三见＝京惊梗开三见经梗开四见[tɕiŋ^{22}]

臻摄合口三等见系、精组字韵母与梗摄合口三等字、通摄合口三等晓影组、泥组、精组字韵母合流为[yŋ]。如：

群裙臻合三群＝穷通合三群[tɕ‘yŋ^{24}]

④ 町店阳城方言

臻摄开口一等见系字、臻摄合口一等帮组字、臻摄合口三等非组字、深臻摄开口三等知系字韵母与曾摄开口一等字、梗摄开口二等非知系字、通摄合口一等帮组字、通摄合口三等非组字韵母合流为[ɒŋ]。如：

痕臻开一匣＝恒曾开一匣[xɒŋ^{13}]　　盆臻合一並＝朋曾开一並蓬篷通合一並[p‘ɒŋ^{13}]

曾梗摄开口三等非知系字、梗摄开口四等字韵母与深臻摄开口三等非知系字韵母合流为[in]。如：

贫臻开三並＝平梗开三並瓶萍梗开四並[p‘in^{13}]　　民臻开三明＝明鸣名梗开三明铭梗开四明[min^{13}]

林深开三来邻臻开三来＝陵曾开三来零铃灵梗开四来[lin^{13}]　巾臻开三见＝京惊梗开三见经梗开四见[tɕin^{112}]

臻摄合口一等端系、见系字、臻摄合口三等泥组、知系字韵母与曾摄合口一等字、梗摄合口二等晓组字、通摄合口一等端系、见系字、通摄合口三等知系、见组字韵母合流为[uŋ]。如：

敦臻合一端＝东通合一端[tuŋ^{112}]　　昆臻合一见＝空通合一见[k‘uŋ^{112}]

轮臻合三来＝聋笼通合一来[luŋ^{13}]　　春臻合三昌＝充通合三昌[tʂ‘uŋ^{112}]

⑤ 阳城和巴公泽州方言

臻摄开口一等见系字、臻摄合口一等帮组字、臻摄合口三等非组字、深臻摄开口三等知系字韵母与曾摄开口一等字、梗摄开口二等字、曾梗摄开口三等知章组字、通摄合口一等帮组字、通摄合口三等非组字韵母合流为阳城方言的[ə̃n]和巴公泽州方言的[ʌn]。以巴公泽州方言为例，如：

痕臻开一匣＝恒曾开一匣[xʌn^{24}]　　盆臻合一並＝朋曾开一並蓬篷通合一並[p‘ʌn^{24}]

针深开三章真臻开三章珍臻开三知＝蒸曾开三章征梗开三章争筝梗开二庄[tʂʌn^{33}]

曾梗摄开口三等非知系字、梗摄开口四等字韵母与深臻摄开口三等非知系字韵母合流为阳城方言的[iə̃n]和巴公晋城方言的[in]。以巴公泽州方言为例，如：

贫臻开三並＝平梗开三並瓶萍梗开四並[p‘in^{24}]　　民臻开三明＝明鸣名梗开三明铭梗开四明[min^{24}]

林深开三来邻臻开三来＝陵曾开三来零铃灵梗开四来[lin^{24}]　巾臻开三见＝京惊梗开三见经梗开四见[tɕin^{33}]

⑥ 北留阳城方言

臻摄开口一等见系字、臻摄合口一等帮组字、臻摄合口三等非组字韵母与梗摄开口二等泥组、见晓组字韵母合流为[ɛ̃]。如：

跟根臻开一见＝庚梗开二见[kɛ̃^{22}]

曾梗摄开口三等非知系字、梗摄开口四等字韵母与深臻摄开口三等非知系字韵母合流为[in]。如：

贫臻开三並＝平梗开三並瓶萍梗开四並[pʻin^{12}] 民臻开三明＝明鸣名梗开三明铭梗开四明[min^{12}]

林深开三来邻臻开三来＝陵曾开三来零铃灵梗开四来[lin^{12}] 巾臻开三见＝京惊梗开三见经梗开四见[tɕin^{22}]

臻摄合口三等见系、精组字韵母与梗摄合口三等字、通摄合口三等晓影组、泥组、精组字韵母合流为[yŋ]。如：

群裙臻合三群＝穷通合三群[tɕʻyŋ^{12}]

⑦ 晋城方言

臻摄开口一等见系字、臻摄合口一等帮组字、臻摄合口三等非组字、深臻摄开口三等知系字韵母与曾摄开口一等字、梗摄开口二等字、曾梗摄开口三等知章组字韵母合流为[ɐ̃]。如：

痕臻开一匣＝恒曾开一匣[xɐ̃^{113}] 盆臻合一並＝朋曾开一並[pʻɐ̃^{113}]

针深开三章真臻开三章珍臻开三知＝蒸曾开三章征梗开三章争筝梗开二庄[tʂɐ̃^{33}]

曾梗摄开口三等非知系字、梗摄开口四等明母除外字韵母与深臻摄开口三等非知系明母除外字韵母合流为[iə̃n]。如：

贫臻开三並＝平梗开三並瓶萍梗开四並[pʻiə̃n^{113}] 巾臻开三见＝京惊梗开三见经梗开四见[tɕiə̃n^{33}]

林深开三来邻臻开三来＝陵曾开三来零铃灵梗开四来[liə̃n^{113}]

⑧ 西河底陵川方言

臻摄开口一等见系字、臻摄合口一等帮组字、臻摄合口三等非组字、深臻摄开口三等知系字韵母与曾摄开口一等字、梗摄开口二等字、曾梗摄开口三等知章组字韵母合流为[ɛ̃]。如：

痕臻开一匣＝恒曾开一匣[xɛ̃^{353}] 盆臻合一並＝朋曾开一並[pʻɛ̃^{353}]

针深开三章真臻开三章珍臻开三知＝蒸曾开三章征梗开三章争筝梗开二庄[tsɛ̃^{112}]

曾梗摄开口三等非知系字、梗摄开口四等字韵母与深臻摄开口三等非知系字韵母合流为[in]。如：

贫臻开三並＝平梗开三並瓶萍梗开四並[pʻin^{353}] 民臻开三明＝明鸣名梗开三明铭梗开四明[min^{353}]

林深开三来邻臻开三来＝陵曾开三来零铃灵梗开四来[lin^{353}] 巾臻开三见＝京惊梗开三见经梗开四见[tɕin^{112}]

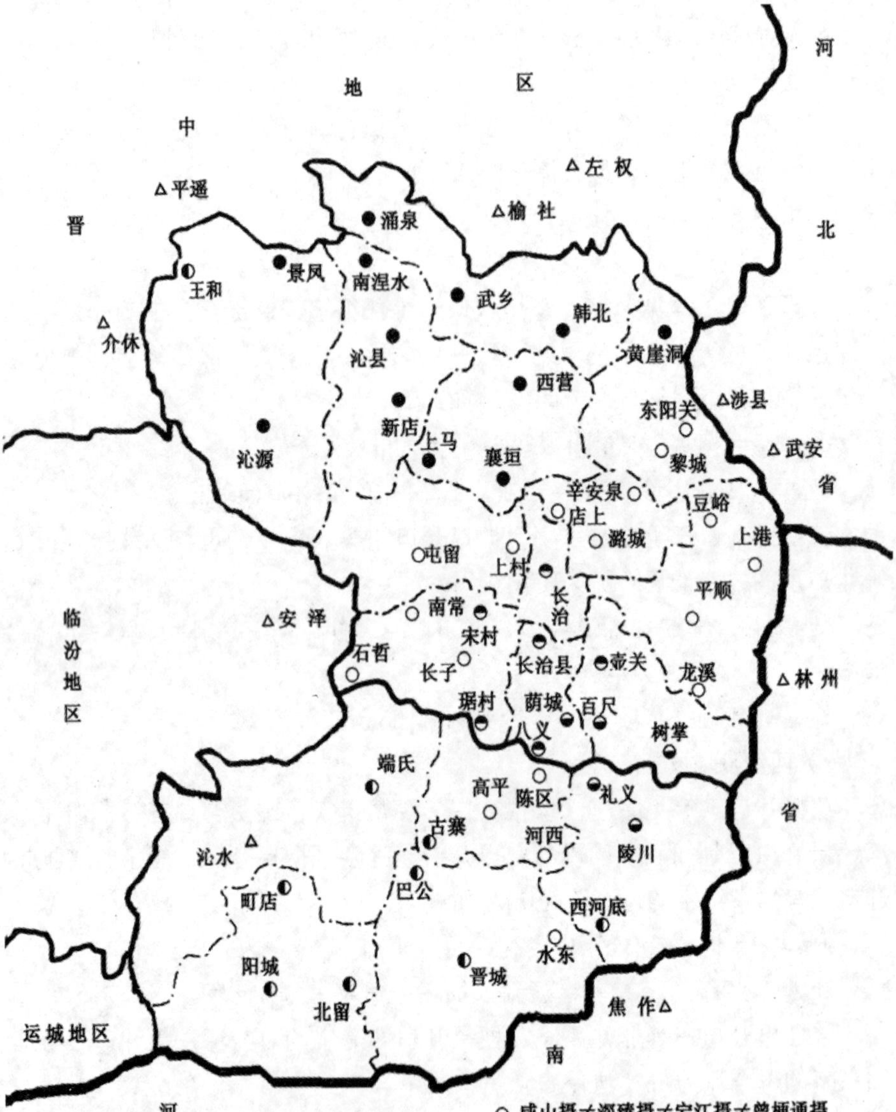

○ 咸山摄≠深臻摄≠宕江摄≠曾梗通摄

● 咸山摄≠深臻摄≠宕江摄=曾梗通摄

◒ 咸山摄=深臻摄≠宕江摄=曾梗通摄

◒ 咸山摄细音=深臻摄细音（咸山摄洪音≠深臻摄洪音）≠宕江摄≠曾梗通摄

◐ 咸山摄≠宕江摄≠部分深臻摄=部分曾梗通摄（另一部分深臻摄≠另一部分曾梗通摄）

图7　阳声韵在晋东南晋语中的韵类分合类型分布图

2. 阳声韵五种韵类分合类型之间的关系

在晋东南晋语中，我们认为阳声韵韵类分合的上述五种类型可以分为两个层次：咸山摄/深臻摄/宕江摄/曾梗通摄四组分立的第一种类型属于较早的层次，相对而言，其余四种类型则都属于较晚的层次。那么，这些处于不同层次的各类型之间及处于同一层次的不同类型之间在晋东南晋语中是否存在前后发展演变的关系呢？

参照表 2.25 可知，在第二种类型方言中，咸山摄今为纯口音，宕江摄多为鼻化韵，深臻曾梗通摄合并多收-ŋ尾，在第三种类型方言中，咸山宕江摄合并收-ŋ尾，深臻曾梗通摄合并也收-ŋ尾，在第五种类型方言中，咸山摄多为纯口音，宕江摄多收-ŋ尾，今读齐齿呼的深臻摄和曾梗通摄合并收-n尾，今读开口呼、合口呼和撮口呼的深臻摄和曾梗通摄的合并及其读音情况都比较复杂，与各韵摄的等呼以及声母的系组有关。从阳声韵在以上三种类型方言中的读音情况来看，第三种类型方言中咸山摄和宕江摄已合并，并且都收-ŋ尾，而第二种类型方言中咸山摄和宕江摄未合并，而且都已不收鼻韵尾，因此，我们认为第二种类型方言与第三种类型方言之间不可能存在前后发展演变的关系，否则，咸山摄和宕江摄在第二种类型方言中已经消失的鼻韵尾是如何在第三种类型方言中又完整地增生出来的呢？在第三种类型方言中已经合并的咸山摄和宕江摄是如何在第二种类型方言中又发生了整齐的分化的呢？我们都很难做出合理的解释。在第五种类型方言中存在部分深臻摄与曾梗通摄合并为-n 尾甚至合并为纯口音或鼻化韵的情况，而在第二、三种类型方言中深臻摄和曾梗通摄都合并为-ŋ尾，我们认为第五种类型方言与第二、三种类型方言之间也不可能存在前后发展演变的关系，否则，在第五种类型方言中已经部分合流为-n 尾、纯口音或鼻化韵的深臻摄和曾梗通摄是如何在第二、三种类型的方言中全部合流为-ŋ韵尾的呢？在第二、三种类型方言中已经完全合流的深臻摄和曾梗通摄是如何在第五种类型方言中又发生了整齐的部分分化的呢？我们似乎都很难做出合理的解释。在第四种类型方言中深臻摄与咸山摄部分合并，与曾梗通摄之间界限分明，而在上述三种类型方言中深臻摄与曾梗通摄或部分合并或全部合并，而与咸山摄之间界限分明，可见，第四种类型和上述三种类型的韵类分合关系完全不同，因此，第四种类型方言与上述三种类型方言之间不存在前后的演变关系则是显而易见的。

参照表 2.25，在第一种类型方言中，咸山摄和深臻摄今或为纯口音，或为鼻化韵，或收-n 尾，宕江摄和曾梗通摄今多收-ŋ尾，而在第二、三、四种类型方言中，如前所述，发生韵类合并的韵摄今都收鼻韵尾，或收-ŋ尾，或收-n 尾，没有读为纯口音或鼻化韵的情况，在第五种类型方言中，深臻摄和曾梗通摄归并的情况虽然比较复杂，但各方言中深臻摄和曾梗通摄也都有收鼻韵尾的情况，因此，比较阳声韵在第一种类型和其余四种类型方言中的读音，我们认为在第一种类型方言中，深臻摄读为纯口音或鼻化韵的方言与其余四种类型方言之间不可能存在前后发展的演变关系，否则，我们很难解释深臻摄在第一种类型方言中已经消失的鼻韵尾是如何在其余四种类型方言中又增生出来的？而且，咸山摄读为纯口音或鼻化韵的方言与第三、四种类型方言之间也不存在前后发展的演变关系，否则，我们也很难解释咸山摄在第一种类型方言中已经消失的鼻韵尾是如何在第三、四种类型方言中又增生出来的？而在第一种类型方言中，深臻摄收-n尾、曾梗通摄收-ŋ尾，并且二者主要元音相同的方言（我们称之为 A 类方言）则很有可能与第二、五种类型方言之间存在前后的演变关系，其中，咸山摄和深臻摄收-n 尾、宕江摄和曾梗通摄收-ŋ尾，并且咸山宕江摄主要元音相同、深臻曾梗通摄主要元音相同的方言（我们称之为 B 类方言）则还很有可能与第三、四种类型方言之间存在前后的演变关系。王临惠先生（2003）参照高本汉、李方桂等先生对中古阳声韵主要元音和韵尾的拟音，总结出汾河流域方言阳声韵归并的两个条件：①以主要元音相同为归并条件。②以鼻韵尾相同为归并条件。王文中指出，“咸和山、深与臻鼻韵尾不同而主要元音相同，在音系的简化过程中因主要元音相同而引起韵类的合并”[①]，之后，“咸山摄、深臻摄在音系里又分别与主要元音相同的宕、曾摄进一步发生了合并，如平遥、介休等”[②]“宕江合并、曾梗通合并甚至宕江曾梗通的合并（新绛、稷山等）都是鼻韵尾相同所引起的主要元音同化

① 王临惠：《汾河流域方言的语音特点及其流变》，中国社会科学出版社 2003 年版，第 83 页。
② 同上。

的结果”[①]。我们认为在晋东南晋语中，阳声韵韵类的归并也与上述这两个条件有关，其为阳声韵韵类的归并提供了可能。在第一种类型的A类和B类方言中，深臻摄与曾梗通摄虽然韵尾不同，但主要元音相同，这就为二者在第二、三、五种类型方言中的合流提供了可能，在第一种类型的B类方言中，咸山摄与宕江摄虽然韵尾不同，但主要元音相同，咸山摄与深臻摄虽然主要元音不同，但韵尾相同，这也为咸山摄和宕江摄在第三种类型方言中的合流以及咸山摄和深臻摄在第四种类型方言中的合流提供了可能。至于咸山摄和深臻摄合并的可能性能否在第四种类型方言中成为现实还与韵摄的等呼有关，深臻摄和曾梗通摄合并的可能性能否在第五种类型方言中实现还与各韵摄的等呼以及声母的系组有关。

综上所述，在晋东南晋语中，我们认为处于较早层次的第一种类型中的部分方言与处于相对较晚层次的其余四种类型方言之间很有可能存在前后发展的演变关系，而其余四种类型方言之间则不存在前后发展的演变关系。

（二）阳声韵与阴声韵的韵类合并

1. 阳声韵丢失鼻韵尾与阴声韵的合并

在沁县、新店沁县、武乡、韩北武乡、上马襄垣、襄垣、黎城、东阳关黎城、上港平顺、北留阳城、树掌壶关、沁源、景凤沁源、南涅水沁县、涌泉武乡、晋城、阳城、端氏沁水方言中，阳声韵鼻音韵尾脱落变为纯口音后，存在与阴声韵发生韵类合并的现象。下面对其分别讨论。

（1）部分咸山摄与部分蟹止摄合并的情况

这种情况分布在沁县、新店沁县、武乡、韩北武乡、上马襄垣。下面分别对这些方言中韵类合并的具体情况进行说明。

①沁县、新店沁县方言

山摄合口三等精组、见系字、山摄合口四等字韵母与蟹摄合口一等端系、见系字、蟹止摄合口三四等端系、知系、见系字韵母合流，都读[uei]。以沁县方言为例，如：

卷（卷起）山合三见＝嘴止合三精[tsuei^{213}]　　圈（圆圈）山合三溪＝吹炊止合三昌崔催蟹合一清

① 王临惠：《汾河流域方言的语音特点及其流变》，中国社会科学出版社2003年版，第83页。

[tsʻuei^{213}]

拳权$_{\text{山合三群}}$全泉$_{\text{山合三从}}$＝垂$_{\text{止合三禅}}$锤$_{\text{止合三澄}}$[tsʻuei^{33}] 宣$_{\text{山合三心}}$＝虽$_{\text{止合三心}}$[suei^{213}]

② 武乡、韩北$_{\text{武乡}}$、上马$_{\text{襄垣}}$方言

咸山摄开口二等见系字、山摄合口三等泥组字、咸山摄开口三等非知系字韵母与蟹摄开合口一等帮组字、止摄开口三等帮组字、蟹止摄合口三等非组字韵母合流。以武乡方言为例，如：

边$_{\text{山开四帮}}$鞭编$_{\text{山开三帮}}$＝杯$_{\text{蟹合一帮}}$悲$_{\text{止开三帮}}$[pei^{113}]

山摄合口三等精组、见系字、山摄合口四等字韵母与蟹摄合口一等端系、见系字、蟹止摄合口三四等端系、知系、见系字韵母合流，都读[uei]。以武乡方言为例，如：

卷$_{\text{(卷起)山合三见}}$＝嘴$_{\text{止合三精}}$[tsuei^{213}] 圈$_{\text{(圆圈)山合三溪}}$＝吹炊$_{\text{止合三昌}}$崔$_{\text{蟹合一清}}$[tsʻuei^{113}]

拳权$_{\text{山合三群}}$全泉$_{\text{山合三从}}$＝垂$_{\text{止合三禅}}$锤$_{\text{止合三澄}}$[tsʻuei^{33}] 宣$_{\text{山合三心}}$＝虽$_{\text{止合三心}}$[suei^{113}]

（2）部分咸山摄与部分蟹摄合并的情况

这种情况分布在襄垣和黎城。下面分别对这两个方言中韵类合并的具体情况进行说明。

① 襄垣方言

咸山摄开口一等字、咸山摄开口二等非见系字韵母与蟹摄开口一二等非全浊上声字韵母合流，都读[æ]。如：

版板$_{\text{山开二帮}}$＝摆$_{\text{蟹开二帮}}$[pæ^{213}] 产$_{\text{山开二生}}$＝彩$_{\text{蟹开一清}}$[tsʻæ^{213}]

感敢$_{\text{咸开一见}}$＝改$_{\text{蟹开一见}}$[kæ^{213}] 坎$_{\text{咸开一溪}}$＝楷$_{\text{蟹开二溪}}$[kʻæ^{213}]

② 黎城方言

咸山摄开口一等字、咸山摄开口二等非见系字韵母与蟹摄开口一二等非全浊上声字韵母合流，都读[æ]。如：

版板$_{\text{山开二帮}}$＝摆$_{\text{蟹开二帮}}$[pæ^{212}] 产$_{\text{山开二生}}$＝彩$_{\text{蟹开一清}}$[tsʻæ^{212}]

感敢$_{\text{咸开一见}}$＝改$_{\text{蟹开一见}}$[kæ^{212}] 坎$_{\text{咸开一溪}}$＝楷$_{\text{蟹开二溪}}$[kʻæ^{212}]

山摄合口一等端系、见系字、山摄合口二等字韵母与蟹摄合口二等非全浊上声字韵母合流，都读[uæ]。如：

管$_{\text{山合一见}}$＝拐$_{\text{蟹合二见}}$[kuæ^{212}]

（3）部分深臻摄与部分蟹止摄合并的情况

这种情况分布在东阳关黎城、上港平顺、北留阳城。下面分别对这些方言中韵类合并的具体情况进行说明。

①东阳关黎城、上港平顺方言

臻摄开口一等见系字、深臻摄开口三等庄组字（东阳关黎城方言中还包括深臻摄开口三等知章组字）、臻摄合口一等帮组字、臻摄合口三等非敷奉母字韵母与蟹摄开合口一等帮组字、止摄开口三等帮组字、蟹止摄合口三等非敷奉母字韵母合流，都读[ei]。以东阳关黎城方言为例，如：

奔臻合一帮＝杯蟹合一帮悲止开三帮[pei^{33}]　　盆臻合一並＝培陪蟹合一並[p‘ei^{53}]

门臻合一明＝梅枚媒煤蟹合一明[mei^{53}]　　分臻合三非芬纷臻合三敷＝非飞止合三非[fei^{33}]

臻摄开口一等端组字、臻摄合口一等端系、见系字、臻摄合口三等微母、泥组字（东阳关黎城方言中还包括臻摄合口三等知章组字）韵母与蟹摄合口一等端系、见系字、蟹止摄合口三四等端系、知系、见系字韵母合流，都读[uei]。以东阳关黎城方言为例，如：

盾钝臻合一定＝队蟹合一定[tuei^{53}]　　论（议论）臻合一来＝累蟹合一来泪止合三来[luei^{53}]

伦沦轮臻合三来＝雷蟹合一来[luei^{53}]　　春臻合三昌＝吹炊止合三昌[ts‘uei^{33}]

婚昏臻合一晓＝恢蟹合一溪灰蟹合一晓[xuei^{33}]　　混（相混）臻合一匣＝汇蟹合一匣慧惠蟹合四匣[xuei^{53}]

② 北留阳城方言

臻摄开口一等端组字、臻摄合口一等端系、见系字、臻摄合口三等微母、泥组、知系字韵母与蟹止摄合口一三四等见系字韵母合流，都读[uεi]。如：

婚臻合一晓＝灰蟹合一晓[xuεi^{22}]　棍臻合一见＝桂蟹合四见[kuεi^{53}]　温臻合一影＝危止合三疑[uεi^{22}]

（4）部分咸山摄与部分果假摄合并，同时部分深臻摄与部分蟹止摄合并的情况

这种情况仅分布在树掌壶关一点，下面对其韵类合并的具体情况进行说明。

咸山摄开口一等字、咸山摄开口二等知系、帮组字、咸山摄开口三等

知庄章组字、山摄合口一等帮组字、山摄合口三等非敷奉母字韵母与假摄开口二等非见系字、果摄开口一等端组部分字包括“他大哪那”韵母合流，都读[ɒ]。如：

男南咸开一泥＝拿假开二泥[nɒ^{53}]　班山开二帮搬般山合二帮＝巴假开二帮[pɒ^{213}]

淡咸开一定＝大果开一定[tɒ^{31}]　衫咸开二生＝沙假开二生[ʃɒ^{213}]

山摄合口一等端系、见系字、山摄合口二等字、山摄合口三等微母、知庄章组字韵母与假摄合口二等见系字韵母合流，都读[uɒ]。如：

官山合一见关山合二见＝瓜假合二见[kuɒ^{213}]　弯山合二影＝蛙假合二影[uɒ^{213}]

臻摄开口一等见系字、深臻摄开口三等知庄章组字、臻摄合口一等帮组字、臻摄合口三等非敷奉母字韵母与蟹摄开合口一等帮组字、止摄开口三等帮组字、蟹止摄合口三等非敷奉母字韵母合流，都读[ei]。如：

奔臻合一帮＝杯蟹合一帮悲止开三帮[pei^{213}]　盆臻合一並＝培陪蟹合一並[p‘ei^{53}]

门臻合一明＝梅枚媒煤蟹合一明[mei^{53}]　分臻合三非芬纷臻合三敷＝非飞止合三非[fei^{213}]

臻摄开口一等端组字、臻摄合口一等端系、见系字、臻摄合口三等微母、泥组、知章组字韵母与蟹摄合口一等端系、见系字、蟹止摄合口三四等端系、知系、见系字韵母合流，都读[uei]。如：

盾钝臻合一定＝队蟹合一定[tuei^{31}]　论（议论）臻合一来＝累蟹合一来泪止合三来[luei^{31}]

伦沦轮臻合三来＝雷蟹合一来[luei^{53}]　婚昏臻合一晓＝恢蟹合一溪灰蟹合一晓[xuei^{213}]

春臻合三昌＝吹炊止合三昌[tʃ‘uei^{213}]　混（相混）臻合一匣＝汇蟹合一匣慧惠蟹合四匣[xuei^{31}]

（5）（部分）宕江摄与部分果假摄合并的情况

这种情况分布在沁源、景凤沁源、南涅水沁县、涌泉武乡。下面分别对这些方言中韵类合并的具体情况进行说明。

①沁源、景凤沁源方言

宕摄开口一等字、宕摄开口三等知章日组字、宕摄合口三等非敷奉母字、江摄开口二等帮组字韵母与假摄开口二等非见系字、果摄开口一等端组部分字包括“他大哪那”韵母合流。以沁源方言为例，如：

帮宕开一帮邦江开二帮＝巴假开二帮[pɑ^{212}]　傍宕开一並棒江开二並＝霸假开二帮[pɑ^{53}]

旁宕开一並滂宕开一滂庞江开二並＝爬假开二並[p‘ɑ^{33}]　宕宕开一定＝大果开一定[tɑ^{53}]

汤宕开一透＝他果开一透[t‘ɑ^{212}]　桑宕开一心＝沙纱假开二生[sɑ^{212}]

宕摄开口三等非知系字、江摄开口二等见系字韵母与假摄开口二等见系字韵母合流。以沁源方言为例，如：

将（将来）宕开三精疆姜宕开三见江江开二见＝加痂嘉家假开二见[tɕiɑ^{212}]

宕摄合口一三等见晓组字、宕摄开口三等庄组字、江摄开口二等知系字韵母与果摄合口一等见晓组字、果摄开口一等精组、端组（除“他大”）、泥组字（除“哪那”）韵母合流。以沁源方言为例，如：

光宕合一见＝锅果合一见[kuə^{212}]　逛宕合三见＝过果合一见[kuə^{53}]

筐宕合三溪＝科果合一溪[k‘uə^{212}]　黄宕合一匣＝禾果合一匣[xuə^{33}]

② 南涅水沁县、涌泉武乡方言

宕摄合口一三等见晓组字（涌泉武乡方言中还包括宕摄合口一三等影组字、宕摄合口三等微母字）、宕摄开口三等庄组字、江摄开口二等知系字韵母与果摄合口一等见系字、果摄开口一等精组、端组（除“他大”）、泥组字（除“哪那”）韵母合流。以涌泉武乡方言为例，如：

光宕合一见＝锅果合一见[kuo^{33}]　广宕合一见＝果果合一见[kuo^{213}]

筐宕合三溪＝科果合一溪[k‘uo^{33}]　晃（晃眼）宕合一匣＝祸果合一匣[xuo^{55}]

（6）其他情况

与上述四种情况相比，在晋城、阳城、端氏沁水方言中，发生合并的阳声韵与阴声韵的情况复杂一些。下面分别对这些方言中韵类合并的具体情况进行说明。

① 晋城、阳城方言

在晋城和阳城方言中，咸山摄开口二等见系字、山摄合口三等泥组字、咸山摄开口三等非知系字韵母与假摄开口三等精组字、蟹摄开口二等见系字韵母合流，山摄合口三等精组、见系字、山摄合口四等见系字韵母与果摄合口三等群晓母字韵母合流。以晋城方言为例，如：

件山开三群＝借假开三精界介戒蟹开二见[tɕiɛ^{53}]　泉全山合三从拳权山合三群＝瘸果合三群[tɕ‘yɛ^{113}]

喧山合三晓宣山合三心＝靴果合三晓[ɕyɛ^{33}]

在晋城方言中，梗摄开口三四等明母字、臻摄开口三等明母字韵母与蟹摄开口三四等非知系字和止摄开口三等端组、见系以及帮组大部分字韵母合流，都读[i]。如：

民臻开三明明鸣名梗开三明＝谜迷蟹开四明眉止开三明[mi^{113}]

② 端氏沁水方言

臻摄开口一等见系字、臻摄合口一等帮组字、臻摄合口三等微母字、曾摄开口一等端系、见组字、曾摄开口三等知章组字、梗摄开口二等泥组、知系、见晓组字、梗摄开口三等知系字韵母与蟹摄合口一等非见系字、蟹止摄合口三等非见系字、止摄开口三等帮组字韵母合流，都读[ɛi]。如：

奔臻合一帮＝杯蟹合一帮悲止开三帮[pɛi^{22}]　盆臻合一並＝培陪蟹合一並[p‘ɛi^{24}]

灯登曾开一端＝堆蟹合一端[tɛi^{22}]　楞曾开一来＝泪止合三来[lɛi^{53}]　称（称呼）曾开三昌＝吹止合三昌[ts‘ɛi^{22}]

臻摄开口一等端组字、臻摄合口一等端系、见系字、臻摄合口三等泥组、知系字韵母与蟹止摄合口一三四等见系字韵母合流，都读[uɛi]。如：

婚臻合一晓＝灰蟹合一晓[xuɛi^{22}]　棍臻合一见＝桂蟹合四见[kuɛi^{53}]　温臻合一影＝危止合三疑[uɛi^{22}]

咸山摄开口二三四等影疑喻母字韵母与蟹止摄开口三四等影疑喻母字韵母合流，都读[i]。如：

眼山开二疑掩咸开三影＝以止开三以蚁止开三疑椅止开三影[i^{535}]

言山开三疑研山开四疑炎咸开三云＝移止开三以疑仪止开三疑[i^{24}]

2. 阴声韵增生鼻韵尾与阳声韵的合并

在阳声韵韵尾发生消变甚至变为阴声韵的同时，在晋东南晋语的襄垣、石哲长子、阳城、高平、晋城、河西高平、树掌壶关方言中还存在着相反的现象，即一些阴声韵增生鼻音韵尾与阳声韵发生韵类合并的现象。下面对以上各方言中阴声韵与阳声韵发生韵类合并的具体情况分别说明。

（1）襄垣方言

效摄开口一等、效摄开口二等非见系、效摄开口三等知系非全浊上声字今读[aŋ]韵母，与宕摄开口一等字、江摄开口二等帮组字和宕摄开口三等知章组字韵母合流。如：

宝保效开一帮饱效开二帮＝榜宕开一帮绑江开二帮[paŋ^{213}]　岛效开一端＝党宕开一端[taŋ^{213}]

讨效开一透＝躺宕开一透[t‘aŋ^{213}]　老效开一来＝朗宕开一来[laŋ^{213}]

早枣澡效开一精＝掌宕开三章[tsaŋ^{213}]

炒吵效开二初＝厂宕开三昌[ts‘aŋ^{213}]　少（多少）效开三书＝赏晌宕开三书[saŋ^{213}]

效摄开口二等见系字、效摄开口三等非知系字、效摄开口四等非全浊上声字今读[iaŋ]韵母，与宕摄开口三等非知系字和江摄开口二等见系字韵母合流。如：

狡绞搅效开二见缴效开四见＝蒋奖宕开三精讲江开二见[tɕiaŋ^{213}]　巧效开二溪＝抢宕开三清[tɕ‘iaŋ^{213}]　小效开三心晓效开四晓＝想宕开三心[ɕiaŋ^{213}]

（2）石哲长子方言

蟹摄合口一等明母字、止摄开口三等脂韵明母字今读韵母为[ən]，与深摄开口三等知系字、臻摄开口一等字、臻摄合口一等帮组字韵母合流。如：

梅枚媒煤蟹合一明楣止开三明＝门臻合一明[mən^{24}]　妹昧蟹合一明媚止开三明＝闷臻合一明[mən^{53}]

蟹摄开口四等明母字、止摄开口三等支韵明母字今读韵母为[in]，与深臻摄开口三等非知系字韵母合流。如：

迷谜蟹开四明縻止开三明＝民臻开三明[min^{24}]　米蟹开四明＝闽抿敏臻开三明[min^{324}]

（3）其他方言

与以上方言相比，阳城、高平、晋城、河西高平、树掌壶关方言中阴声韵转化为阳声韵的现象更为零散一些，大都是集中在几个字上。在阳城方言中，“墓”今读[muŋ]，“努奴怒”今读[nuŋ]。在高平方言中，“奴努”今读[nuə̃ŋ]。在晋城方言中，“墓”今读[moŋ]，“努奴”今读[nuoŋ]。在河西高平方言中，“努怒奴”今读[nuʌŋ]，“母幕暮某亩牡拇谋墓募”今读[moŋ]，“你泥”今读[niŋ]。在树掌壶关方言中，“努怒奴”今读[nuŋ]。

类似现象在别的一些方言中也存在。北京话中今读[ei]韵母的蟹止摄明母字在河南济源方言中今读[ən]韵母，如“梅媒美每妹”等字今都读[mən]。（贺巍 2002）在西南官话部分方言中，流摄的部分明母字带舌根韵尾-ŋ，如成都方言中，“亩某母谋茂贸”等字今都读[moŋ]，钟祥方言中，“亩母”等字今都读[muŋ]，昆明方言中，“亩某谋茂贸”等字今都读[moŋ]。（侯精一 2002）

关于这种现象的产生原因，目前还没有很满意的解释，正如丁邦新先生（1998）所说，“这些比较零散的现象虽然知道大致的范围，但产生的原因还有待解释”①。徐通锵先生（2004）对此问题也有论述，“阴声韵转化为阳声韵的情况正好相反，需要在没有韵尾的音节中增生阳声韵的韵尾-n，-m，-ŋ。汉语的演变有没有这种增生能力？光靠系统的自我调整和自我演变（连续式音变和离散式音变），那是没有这种能力的，方言中也找不到这方面的实例”②。“这些现象都说明，阴声韵转化为阳声韵不可能通过连续式音变、离散式音变来实现，这就是说，一种方言系统如果无法依靠自身的力量实现阴阳对转，那就只能寻求其他方言的支援产生文白异读，用叠置式音变的‘竞争’方式来实现阴声韵向阳声韵的转化。”③徐先生的这种看法似乎有些绝对，事实上，晋东南晋语中，上述阴声韵增生鼻音韵尾转化为阳声韵的情况则说明了这种现象是可以依靠方言内部自身的力量来实现的。在晋东南晋语的襄垣方言中，效摄上声字增生-ŋ韵尾转化为阳声韵的现象，我们认为其与两个条件有关：一个是声调的条件，这说明了声调在韵类的合并过程中起着十分重要的作用，“这真是难得的声调作为韵母演变条件的绝妙例证了”④。另一个是[u]和[ŋ]发音上的相似性。从音理上看，[u]是舌面后高元音，[ŋ]是舌根鼻音，二者发音部位相近，在发[u]的时候，只要舌面向上顶住舌根就变成[ŋ]了；而且，[u]尾和[ŋ]尾发生交替的例子在其他一些方言中也存在，比如寿光方言（张树铮 1995）中，在一些词中有异读现象，如“灯笼 təŋ$^{213-21}$ luŋ^{1}”和“灯娄 təŋ$^{213-21}$ ləu^{1}”、“永甫庄村名 yŋ$^{53-35}$ fu^{3} tʂuɑŋ^{213}”和“由甫庄村名 iəu$^{53-35}$ fu^{3} tʂuɑŋ^{213}”，其中，“笼和娄”的韵母，前者收-ŋ尾，后者收-u 尾，二者自由两读，“永和由”也是如此。在石哲长子方言中，蟹止摄的一些鼻音声母字增生-n 韵尾与深臻摄合并，我们认为其也涉及两个条件：一个是[i]与[n]发音上的相似性。从音理上看，[i]是舌面前高元音，[n]是舌尖中鼻音，二者在发音部位上都具有“前”的特点，在发[i]的时候，只要舌尖往上一顶就变为[n]了。另一个是鼻音声母的条件，鼻音声母对韵尾起到了一个类似于同化的作用，使其也具有了鼻音的特点。至于阳城等方言中分布比较零散的个别几个鼻音声母字增生-ŋ韵尾转化为

① 丁邦新：《丁邦新语言学文集》，商务印书馆 1998 年版，第 235 页。
② 徐通锵：《汉语研究方法论初探》，商务印书馆 2004 年版，第 192 页。
③ 同上。
④ 钱曾怡：《简评〈语文研究〉创刊 10 年来的方言论文》，《语文研究》1990 年第 4 期。

阳声韵的现象，很显然，也涉及两个条件：一个是鼻音声母的条件，另一个是[u]和[ŋ]发音上的相似性。可见，在晋东南晋语中，阴声韵转化为阳声韵的现象是可以从其内部找到相关的条件的，“并没有寻求其他方言的支援”①。

第三节　入声韵

一　入声韵的读音类型和分布

晋东南晋语有入声韵，收喉塞尾[ʔ]。中古入声韵在晋东南晋语中的读音有两种类型：三组入声韵母型和两组入声韵母型。

（一）三组入声韵母型

这种类型分布在高平和屯留两点。根据其今读入声韵母主要元音舌位的高低可以将其分为三组②，即较高元音[əʔ]组，中元音[ɛʔ]组，低元音[ʌʔ]组（包括屯留方言中的[ᴀʔ]组）。高平方言中没有撮口呼，所以其今读入声韵母只有开齐合三呼。见表 2.27。

表 2.27　　三组入声韵母型方言中的今读入声韵母

		开口呼	齐齿呼	合口呼	撮口呼
高平	低元音	[ʌʔ]		[uʌʔ]	
	中元音	[ɛʔ]	[iɛʔ]		
	较高元音	[əʔ]	[iəʔ]	[uəʔ]	
屯留	低元音	[ᴀʔ]	[iᴀʔ]	[uᴀʔ]	
	中元音		[iɛʔ]		[yɛʔ]
	较高元音	[əʔ]	[iəʔ]	[uəʔ]	[yəʔ]

注：表中空白处表示无入声韵母。

从表 2.27 可以看出，不论高平方言还是屯留方言，中元音一组的四呼

① 徐通锵：《汉语研究方法论初探》，商务印书馆 2004 年版，第 192 页。
② 这里三组入声韵母的名称采用王洪君先生（1990）的说法，即将[əʔ]组称为较高元音组入声韵母，[ɛʔ]组称为中元音组入声韵母，[ʌʔ]组称为低元音组入声韵母。后文所述的两组入声韵母型中相应入声韵母的称法与此同。

已经不完整，或只有开齐的对立，或只有齐撮的对立。下面看一下屯留和高平方言中今三组入声韵母的古韵来源。见表 2.28。

表 2.28　**屯留方言和高平方言中今三组入声韵母的古韵来源**

	较高元音[əʔ]组	中元音[ɛʔ]组	低元音[ʌʔ]组
高平	宕合三非组入；深臻通入；曾开一帮泥精组入；曾开三入；曾合一入；曾合三入；梗开二知系、见系入；梗开三入；梗开四入；曾开一见系入	咸山开二见系入；咸山开三、四等非知系入；山合三四泥组、见系入；宕合三见系入；江开二见晓组入；曾开一端组入；梗开二帮组入	咸山开一入；咸山开二非见系入；咸合三入；山合一二入；山合三非组、知系入；咸山开三四等知系入；宕开一入；宕开三入；宕合一入；江开二非见系入
屯留	山合二见系入；山合三知系入；宕合三非组入；深臻曾梗通入	咸山开二见系入；咸山开三四等非知系入；山合三四泥组、见系入；宕合三见系入；江开二见晓组入	咸山开一入；咸山开二非见系入；山合一入；咸山开三四等知系入；咸合三入；山合二知系入；山合三非组入；宕开一入；宕开三入；宕合一入；江开二非见系入

从表 2.28 可以看出，高平和屯留方言中今三组入声韵母的古韵来源基本一致，不同之处仅表现在：曾摄开口一等端组入声韵和梗摄开口二等帮组入声韵在高平方言中今读中元音组入声韵母，而在屯留方言中今读较高元音组入声韵母。山摄合口二等见系入声韵和山摄合口三等知系入声韵在高平方言中今读低元音组入声韵母，而在屯留方言中今读较高元音组入声韵母。下面举例说明古入声韵在屯留、高平方言中的读音情况。

古入声韵在屯留和高平方言中的读音举例：

	鸽	答	眨	甲	摄	列	接
	咸开一入合见	咸开一入合端	咸开二入洽庄	咸开二入狎见	咸开三入叶书	山开三入薛来	咸开三入叶精
屯留	kᴀʔ	tᴀʔ	tsᴀʔ	tɕiɛʔ	sᴀʔ	liɛʔ	tɕiɛʔ

高平	kʌʔ	tʌʔ	tʂʌʔ	ciɛʔ	ʂʌʔ	liɛʔ	tsiɛʔ

	瞎	八	泼	夺	刷	法	说	劣
	山开二	山开二	山合一	山合一	山合二	咸合三	山合三	山合三
	入鎋晓	入黠帮	入末滂	入末定	入鎋生	入乏非	入薛书	入薛来
屯留	ɕiɛʔ	pᴀʔ	p‘ᴀʔ	tuᴀʔ	suᴀʔ	fᴀʔ	suəʔ	liɛʔ
高平	ɕiɛʔ	pʌʔ	p‘ʌʔ	tuʌʔ	ʂuʌʔ	fʌʔ	ʂuʌʔ	liɛʔ

	秩	虱	立	骨	出	屈	物
	臻开三	臻开三	深开三	臻合一	臻合三	臻合三	臻合三
	入质澄	入栉生	入缉来	入没见	入术昌	入物溪	入物微
屯留	tsəʔ	səʔ	liəʔ	kuəʔ	ts‘uəʔ	tɕ‘yəʔ	uəʔ
高平	tʂəʔ	ʂəʔ	liəʔ	kuəʔ	tʂ‘uəʔ	c‘iɛʔ	vəʔ

	博	托	落	错 错杂	各	着 睡着	勺
	宕开一	宕开一	宕开一	宕开一	宕开一	宕开三	宕开三
	入铎帮	入铎透	入铎来	入铎清	入铎见	入药澄	入药禅
屯留	pᴀʔ	t‘uᴀʔ	luᴀʔ	ts‘uᴀʔ	kᴀʔ	tsᴀʔ	sᴀʔ
高平	pʌʔ	t‘uʌʔ	luʌʔ	tʂ‘uʌʔ	kʌʔ	tʂʌʔ	ʂʌʔ

	弱	脚	郭	钁	剥	桌	觉 知觉
	宕开三	宕开三	宕合一	宕合三	江开二	江开二	江开二
	入药日	入药见	入铎见	入药见	入觉帮	入觉知	入觉见
屯留	yᴀʔ	tɕiᴀʔ	kuᴀʔ	tɕyɛʔ	pəʔ	tsuᴀʔ	tɕiɛʔ
高平	ʐuʌʔ	ciʌʔ	kuʌʔ	ciɛʔ	pəʔ	tʂuʌʔ	ciɛʔ

	北	得	肋	则	黑	织	积	国
	曾开一	曾开一	曾开一	曾开一	曾开一	曾开三	梗开三	曾合一
	入德帮	入德端	入德来	入德精	入德晓	入职章	入昔精	入德见

屯留	pəʔ	təʔ	liəʔ	tsəʔ	xəʔ	tsəʔ	tɕiəʔ	kuəʔ
高平	pəʔ	tɛʔ	ləʔ	tʂəʔ	xəʔ	tʂəʔ	tsiəʔ	kuəʔ

	麦	泽	格	木	哭	绿	俗	竹
	梗开二入麦明	梗开二入陌澄	梗开二入陌见	通合一入屋明	通合一入屋溪	通合三入烛来	通合三入烛邪	通合三入屋知
屯留	məʔ	tsəʔ	kəʔ	məʔ	k'uəʔ	lyəʔ	ɕyəʔ	tsuəʔ
高平	mɛʔ	tʂəʔ	kʌʔ	məʔ	k'uəʔ	liəʔ	siəʔ	tʂuəʔ

（二）两组入声韵母型

这种类型是指古入声韵今读为两组入声韵母：一组是主要元音为低元音的韵母，即[ʌʔ iʌʔ uʌʔ yʌʔ]、[aʔ iaʔ uaʔ yaʔ]、[ᴀʔ iᴀʔ uᴀʔ yᴀʔ]或[ɑʔ iɑʔ uɑʔ yɑʔ]，为了称说方便，我们统称为低元音[ʌʔ]组。一组是主要元音为较高元音的韵母，一般为[əʔ iəʔ uəʔ yəʔ]，我们称为较高元音[əʔ]组。分布在除高平、屯留外的晋东南晋语其余各方言中。

在西营襄垣、上马襄垣、上村屯留、长治、宋村长子、南常长子、石哲长子、长子、长治县、荫城长治县、龙溪平顺、河西高平、巴公泽州方言中，宕江摄与深臻曾梗通摄入声韵合流，今都读较高元音[əʔ]组，我们把这些方言称为甲类方言。在沁源、王和沁源、景凤沁源、涌泉武乡、南涅水沁县、武乡、韩北武乡、沁县、新店沁县、襄垣、黄崖洞黎城、东阳关黎城、黎城、辛安泉潞城、店上潞城、潞城、豆峪平顺、上港平顺、平顺、壶关、树掌壶关、百尺壶关、八义长治县、琚村长子、端氏沁水、古寨高平、陈区高平、礼义陵川、陵川、西河底陵川、水东泽州、晋城、北留阳城、阳城、町店阳城方言中，宕江摄与咸山摄入声韵合流，今都读低元音[ʌʔ]组，我们把这些方言称为乙类方言，乙类方言宕江摄入声韵并入咸山摄入声韵的情况与山西晋语其他片多数方言的情况（沈明 1996）一致。下面看一下甲类方言和乙类方言中今两组入声韵母的古韵来源。见表 2.29。

表 2.29　　甲类方言和乙类方言中今两组入声韵母的古韵来源

	较高元音[əʔ]组	低元音[ʌʔ]组
甲类方言	宕江入；深臻通入；曾梗入；咸山开一见系入；咸山开三四入；山合一入；咸山合三四知系、见系、泥组入	咸山开一非见系入；咸山开二入；咸山合三非组入；山合二入
乙类方言	深臻通入；曾梗入（曾开一见系、梗开二非知系除外）	宕江入；咸山入；曾开一见系入；梗开二非知系入

从表 2.29 可以看出，古入声韵在甲、乙两类方言中演变的一致性大体表现在：咸山摄开口一等非见系入声韵、咸山摄开口二等入声韵、咸山摄合口三等非组入声韵、山摄合口二等入声韵在各方言中读低元音组入声韵母，曾摄入声韵除开一见系、梗摄入声韵除开二非知系、深臻通摄入声韵在各方言中多读较高元音组入声韵母。其差异性大体表现在：宕江摄入声韵、咸山摄开口一等见系入声韵、咸山摄开口三四等入声韵、山摄合口一等入声韵、山摄合口三四等知系、见系、泥组入声韵、曾摄开口一等见系入声韵、梗摄开口二等非知系入声韵在甲类方言中多读较高元音组入声韵母，而在乙类方言中多读低元音组入声韵母。

以上是就大多数方言今两组入声韵母的古韵来源的总体情况而言的。事实上，在一些方言中今两组入声韵母的古韵来源还存在一些小的分歧。比如：曾梗摄入声韵在甲类多数方言中读较高元音[əʔ]组，但在长治方言中曾摄开口一等见系入声韵则读低元音[ɑʔ]组。梗摄开口二等非知系入声韵在乙类多数方言中读低元音[ʌʔ]组，但在壶关方言中梗摄开口二等帮组入声韵则读较高元音[əʔ]组，在晋城方言中梗摄开口二等见系入声韵则读较高元音[əʔ]组。宕江摄入声韵在乙类多数方言中读低元音[ʌʔ]组，但在沁县方言中宕摄开口三等知章组入声韵则读较高元音[əʔ]组。咸山摄合口三等知系入声韵在乙类多数方言中读低元音[ʌʔ]组，但在涌泉武乡、武乡、韩北武乡、沁县、襄垣方言中则读较高元音[əʔ]组。下面以长治方言代表甲类方言，以沁县、壶关和晋城方言代表乙类方言来举例说明古入声韵在两组入声韵母型方言中的读音情况。

古入声韵在长治、沁县、壶关、晋城方言中的读音举例：

	鸽	答	眨	甲	涉	列	接
	咸开一	咸开一	咸开二	咸开二	咸开三	山开三	咸开三
	入合见	入合端	入洽庄	入狎见	入叶禅	入薛来	入叶精
长治	kəʔ	tɑʔ	tsɑʔ	tɕiɑʔ	səʔ	liəʔ	tɕiəʔ
沁县	kʌʔ	tʌʔ	tsʌʔ	tɕiʌʔ	sʌʔ	liʌʔ	tɕiʌʔ
壶关	kʌʔ	tʌʔ	tʂʌʔ	ciʌʔ	ʃiʌʔ	liʌʔ	tsiʌʔ
晋城	kᴀʔ	tᴀʔ	tʂᴀʔ	tɕiᴀʔ	ʂᴀʔ	liᴀʔ	tɕiᴀʔ

	瞎	八	泼	夺	刷	法	说	劣
	山开二	山开二	山合一	山合一	山合二	咸合三	山合三	山合三
	入鎋晓	入黠帮	入末滂	入末定	入鎋生	入乏非	入薛书	入薛来
长治	ɕiɑʔ	pɑʔ	pʻəʔ	tuəʔ	suɑʔ	fɑʔ	suəʔ	liəʔ
沁县	ɕiʌʔ	pʌʔ	pʻʌʔ	tuʌʔ	suʌʔ	fʌʔ	suəʔ	liʌʔ
壶关	çiʌʔ	pʌʔ	pʻʌʔ	tuʌʔ	ʂuʌʔ	fʌʔ	ʂuʌʔ	liʌʔ
晋城	ɕiᴀʔ	pᴀʔ	pʻᴀʔ	tuᴀʔ	ʂuᴀʔ	fᴀʔ	ʂuᴀʔ	liᴀʔ

	秩	虱	立	骨	出	屈	物
	臻开三	臻开三	深开三	臻合一	臻合三	臻合三	臻合三
	入质澄	入栉生	入缉来	入没见	入术昌	入物溪	入物微
长治	tsəʔ	səʔ	liəʔ	kuəʔ	tsʻuəʔ	tɕʻyəʔ	uəʔ
沁县	tsəʔ	səʔ	liəʔ	kuəʔ	tsʻuəʔ	tɕʻyəʔ	vəʔ
壶关	tʃiəʔ	ʂəʔ	liəʔ	kuəʔ	tʂʻuəʔ	cʻyəʔ	uəʔ
晋城	tʂəʔ	ʂəʔ	liəʔ	kuəʔ	tʂʻuəʔ	tɕʻyəʔ	uəʔ

	博	托	落	错错杂	各	着睡着	勺
	宕开一	宕开一	宕开一	宕开一	宕开一	宕开三	宕开三
	入铎帮	入铎透	入铎来	入铎清	入铎见	入药澄	入药禅
长治	pəʔ	tʻuəʔ	luəʔ	tsʻuəʔ	kəʔ	tsəʔ	səʔ
沁县	pʌʔ	tʻuʌʔ	luʌʔ	tsʻuʌʔ	kʌʔ	tsəʔ	səʔ

壶关	pʌʔ	tʻuʌʔ	luʌʔ	tʂʻuʌʔ	kʌʔ	tʃiʌʔ	ʃiʌʔ
晋城	pᴀʔ	tʻuᴀʔ	luᴀʔ	tʂʻuᴀʔ	kᴀʔ	tʂᴀʔ	ʂᴀʔ

	弱	药	郭	钁	剥	桌	觉知觉
	宕开三	宕开三	宕合一	宕合三	江开二	江开二	江开二
	入药日	入药以	入铎见	入药见	入觉帮	入觉知	入觉见
长治	yəʔ	yəʔ	kuəʔ	tɕyəʔ	pəʔ	tsuəʔ	tɕiəʔ
沁县	zuʌʔ	iʌʔ	kuʌʔ	tɕyʌʔ	pʌʔ	tsuʌʔ	tɕyʌʔ
壶关	yʌʔ	iʌʔ	kuʌʔ	cyʌʔ	pʌʔ	tʂuʌʔ	cyʌʔ
晋城	ʐuᴀʔ	iᴀʔ	kuᴀʔ	tɕyᴀʔ	pᴀʔ	tʂuᴀʔ	tɕiᴀʔ

	墨	得	肋	则	黑	织	积	国
	曾开一	曾开一	曾开一	曾开一	曾开一	曾开三	梗开三	曾合一
	入德明	入德端	入德来	入德精	入德晓	入职章	入昔精	入德见
长治	miəʔ	tiəʔ	liəʔ	tsəʔ	xɑʔ	tsəʔ	tɕiəʔ	kuəʔ
沁县	miəʔ	təʔ	ləʔ	tsəʔ	xʌʔ	tsəʔ	tɕiəʔ	kuəʔ
壶关	miəʔ	tiəʔ	liəʔ	tʂəʔ	xʌʔ	tʃiəʔ	tsiəʔ	kuəʔ
晋城	məʔ	təʔ	ləʔ	tʂəʔ	xᴀʔ	tʂəʔ	tɕiəʔ	kuəʔ

	麦	泽	格	木	哭	绿	俗	竹
	梗开二	梗开二	梗开二	通合一	通合一	通合三	通合三	通合三
	入麦明	入陌澄	入陌见	入屋明	入屋溪	入烛来	入烛邪	入屋知
长治	miəʔ	tsəʔ	kɑʔ	məʔ	kʻuəʔ	lyəʔ	ɕyəʔ	tsuəʔ
沁县	miʌʔ	tsəʔ	kʌʔ	məʔ	kʻuəʔ	lyəʔ	ɕyəʔ	tsuəʔ
壶关	miəʔ	tʂəʔ	kʌʔ	məʔ	kʻuəʔ	lyəʔ	syəʔ	tʂuəʔ
晋城	mᴀʔ	tʂəʔ	kəʔ	məʔ	kʻuəʔ	lyəʔ	ɕyəʔ	tʂuəʔ

二　入声韵今读韵母的演变规律

比较晋东南晋语各方言中入声韵今读韵母的读音，我们可以发现，晋东南晋语的入声韵今读韵母正处在一个发展变化的过程中，在此过程中表现出如下演变规律：

（一）较高元音组入声韵母相对稳定，低元音组入声韵母容易变为较高元音组入声韵母。

第一，比较三组入声韵母型和两组入声韵母型方言中今都读低元音[ʌʔ]组入声韵母的情况，我们发现，三组入声韵母型方言中读低元音[ʌʔ]组入声韵母的韵类在两组入声韵母型中的壶关等乙类方言中也多读低元音[ʌʔ]组入声韵母，而在长治等甲类方言中则不都读低元音[ʌʔ]组入声韵母：宕江摄入声韵在三组入声韵母型方言中多读低元音[ʌʔ]组入声韵母，但在长治等甲类方言中则读较高元音[əʔ]组入声韵母，咸山摄开口一等见系入声韵、咸山摄开口三四等知系入声韵、山摄合口一等入声韵在三组入声韵母型方言中读低元音[ʌʔ]组入声韵母，但在长治等甲类方言中则读较高元音[əʔ]组入声韵母。总之，三组入声韵母型方言中读低元音[ʌʔ]组入声韵母的字，在长治等甲类方言中有许多不读低元音[ʌʔ]组入声韵母，但这些方言中读低元音[ʌʔ]组入声韵母的字在三组入声韵母型方言中基本都读低元音[ʌʔ]组入声韵母。而在三组入声韵母型方言中读较高元音[əʔ]组入声韵母的韵类基本上在两组入声韵母型方言中也都读较高元音[əʔ]组入声韵母。由此可见，低元音组入声韵母容易变为较高元音组入声韵母。

第二，许多两组入声韵母型方言正在经历着由两组入声韵母向一组入声韵母发展的演变过程，大多数新派口里只有一组入声韵母，即较高元音[əʔ]组，低元音[ʌʔ]组已经并入较高元音[əʔ]组中。即使在读音比较稳定的老派方言里，在一些今读低元音组入声韵母占绝对优势的韵摄里，也表现出低元音组入声韵母向较高元音组入声韵母演变的迹象，下面以长治、沁县、壶关和晋城方言为例举例说明。（第二列都是以上各方言中今读低元音组入声韵母占绝对优势的韵摄，第三列是这些韵摄中今读低元音组入声韵母的字及其今读韵母，第四列是这些韵摄中今读较高元音组入声韵母的字及其今读韵母。）

长治方言：	咸摄开口一等端组入声韵	答搭踏搨[ɑʔ]	沓溻[əʔ]
沁县方言：	咸摄开口一等见系入声韵	合盒鸽[ʌʔ]	喝喝水[əʔ]
	山摄开口一等见系入声韵	割葛渴[ʌʔ]	喝喝彩[əʔ]
	江摄开口二等帮组入声韵	剥驳[ʌʔ]	朴[əʔ]
壶关方言：	江摄开口二等帮组入声韵	剥驳[ʌʔ]	朴[əʔ]
	咸摄开口二等知系入声韵	箚眨闸炸[ʌʔ]	插[əʔ]
	咸摄开口三等章组入声韵	褶摺涉[iʌʔ]	摄[iəʔ]
	山摄开口二等庄组入声韵	扎札察杀[ʌʔ]	铡[əʔ]
	宕摄开口三等见系入声韵	约药[iʌʔ]钥跃[yʌʔ]	脚却[iəʔ]
	宕摄开口三等精组入声韵	鹊雀爵[yʌʔ]	削[yəʔ]
晋城方言：	江摄开口二等帮组入声韵	剥驳[ʌʔ]	朴[əʔ]

（二）三组入声韵母型方言中，中元音[ɛʔ]组入声韵母不稳定。

第一，在高平和屯留方言中，今低、中、高三组入声韵母的对立已经不完整，高平方言的今读入声韵母只在洪音中存在三组对立，屯留方言的今读入声韵母只在细音中存在三组对立，中元音组入声韵母表现出向低/较高元音组入声韵母靠拢的倾向。

第二，新老差异反映出三组入声韵母型方言中的中元音组入声韵母有向较高元音组入声韵母演变的趋势。在屯留的新派方言中已经没有中元音组入声韵母[iɛʔ]和[yɛʔ]，入声韵母只剩下两组七个，即[ʌʔ iʌʔ uʌʔ əʔ iəʔ uəʔ yəʔ]，中元音组入声韵母[iɛʔ]和[yɛʔ]分别并入了相应的较高元音[əʔ]组入声韵母中。在高平的新派方言中也已经没有中元音组入声韵母[ɛʔ]和[iɛʔ]，入声韵母只剩下两组五个，即[ʌʔ uʌʔ əʔ iəʔ uəʔ]，中元音入声韵母[ɛʔ]和[iɛʔ]也分别并入了相应的较高元音[əʔ]组入声韵母中。

第三，即使在中元音组入声韵母相对稳定的高平和屯留的老派方言中，在一些今读中元音组入声韵母占优势的韵摄中也已表现出向低/较高元音组入声韵母演变的迹象，有时甚至在同一韵摄、同一组声母中出现同时向低/较高元音组韵母演变的迹象。比如，高平方言中，在同属曾开一端组入声韵的“得德特忒”等字中，“得德”两字读中元音组入声韵母[ɛʔ]，“特”字读低元音组入声韵母[ʌʔ]，“忒”字读较高元音组入声韵母[əʔ]，在同属梗开二帮组入声韵的“百伯陌麦脉迫魄帛”等字中，“百伯陌麦脉”字读中元音组入声韵母[ɛʔ]，“迫魄”两字读较高元音组入声韵母[əʔ]，“帛”字读低元音组入声韵母[ʌʔ]。再比如，屯留方言中，在同属咸开三见系入声韵的“劫怯叶页业”等字中，“怯叶页”字读中元音组入声韵母[iɛʔ]，“劫”字读低元音组入声韵母[iʌʔ]，“业”字读较高元音组入声韵母[iəʔ]。

第四，在高平和屯留的老派方言中，即使在一些今读较高元音组入声韵母现已占绝对优势的韵摄中，也还留存有个别字读中元音组入声韵母的现象。例如，高平方言中，在曾摄开口三等非知系入声字中，绝大多数入声字如“即逼力息极”都读较高元音组入声韵母[iəʔ]，而只有“鲫熄”两字读中元音组入声韵母[iɛʔ]。屯留方言中，在曾摄开口一等入声字中，绝大多数入声字如“北特勒肋则黑克刻塞墨”都读较高元音[əʔ]组入声韵母，而只有“默德”两字读中元音组入声韵母[iɛʔ]，在梗摄开口二等帮组入声字中，绝大多数入声字如“百伯柏白帛麦”都读较高元音组入声韵母[əʔ]，而只有“陌魄”两字读中元音组入声韵母[iɛʔ]。

综上所述，三组入声韵母型方言中的中元音组入声韵母表现出不稳定性，三组入声韵母型最终将完成向两组入声韵母型的演变。

三　入声韵的舒化现象

中古入声韵在晋东南晋语中经历了漫长的演变过程，虽然绝大部分仍读喉塞尾，但是，有一小部分字喉塞尾已经消失，变为阴声韵，即已经舒化。而且，这种现象在山西晋语其他片方言中也存在。山西晋语入声韵的舒化现象一直以来都是晋语研究者关注的课题，但是，前人的研究主要集中在对个别方言点的入声舒化字的描写上，而对山西晋语的某一方言片甚至整个山西晋语的入声舒化字还未做过系统、全面的考察、描写和分析。鉴于此研究现状，我们以重点调查的16个方言为研究对象，参照《方言调查字表》，酌选出各方言中常用的477个中古入声字，对其在各方言中的读音情况做了全面、详细的调查，本部分试图从古声母和古韵摄两个方面对晋东南晋语的入声舒化字进行一次全面的考察和梳理。

（一）各方言的入声舒化字

1. 各方言的舒入两读字

这种情况是指单念时可入可舒，但在特定的词语里，舒入则是确定的，即在某些词语里读入声，在另一些词语里读舒声。这种舒入两读的现象正体现了入声在向舒声发展过程中的渐变性，正如王福堂先生（1999）所说，“语音的变化也采用突变的方式，即某一类语音成分由原来的形式突然变成新的形式，中间没有过渡。不过在语音突变的同时，仍然会有其他因素来体现语言的渐变性。比如新旧两种语音形式可以在不同条件下同时存在”。①也就是说，一个字在某些语言环境中保留入声，在另外的语言环境中变为舒声，这本身就是一种中古入声在向舒声发展过程中的渐变性的表现。下面分别列出各方言的舒入两读字。

沁源方言：

刮（山合二入鎋见）	[kuaʔ^{3}]	如：刮风	[kuɑ^{212}]	如：刮胡子
抹（山合一入末明）	[maʔ^{32}]	如：抹脸	[mo^{53}]	如：抹油

沁县方言：

刮（山合二入鎋见）	[kuʌʔ^{4}]	如：刮风	[kua^{213}]	如：刮胡子
抹（山合一入末明）	[mʌʔ^{4}]	如：抹脸	[mo^{55}]	如：抹油

武乡方言：

刮（山合二入鎋见）	[kuʌʔ^{3}]	如：刮风	[kua^{113}]	如：刮胡子
抹（山合一入末明）	[mʌʔ^{3}]	如：抹脸	[mo^{55}]	如：抹油
拍（梗开二入陌滂）	[pʻiʌʔ^{3}]	如：拍打	[pʻɛ^{55}]	如：打拍子

襄垣方言：

刮（山合二入鎋见）	[kuʌʔ^{3}]	如：刮风	[kua^{55}]	如：刮胡子
拉（咸开一入合来）	[ləʔ^{3}]	如：拉肚子	[la^{33}]	如：拉车

黎城方言：

刮（山合二入鎋见）	[kuʌʔ^{2}]	如：刮风	[kua^{53}]	如：刮胡子
抹（山合一入末明）	[mʌʔ^{43}]	如：抹脸	[mo^{353}]	如：抹油
喝（山开一入曷晓）	[xʌʔ^{2}]	如：喝彩	[xuɤ^{353}]	如：吆喝

① 王福堂：《汉语方言语音的演变和层次》，语文出版社 1999 年版，第 4 页。

平顺方言：

刮（山合二入鎋见） [kuʌʔ^{2}] 如：刮风 [kua^{313}] 如：刮胡子

日（臻开三入质日） [iəʔ^{212}] 如：日头 [i^{53}] 如：日历

抹（山合一入末明） [mʌʔ^{212}] 如：抹脸 [mo^{53}] 如：抹油

墨（曾开一入德明） [miəʔ^{212}] 如：墨水 [mo^{53}] 单念

目（通合三入屋明） [məʔ^{212}] 如：目的 [mu^{53}] 如：节目

潞城方言：

刮（山合二入鎋见） [kuaʔ^{12}] 如：刮风 [kuɑ^{213}] 如：刮胡子

抹（山合一入末明） [maʔ^{43}] 如：抹脸 [mo^{343}] 如：抹油

长治方言：

辣（山开一入曷来） [lɑʔ^{54}] 如：辣椒 [lɑ^{53}] 如：泼辣

脉（梗开二入麦明） [miəʔ^{54}] 如：把脉 [mæ^{53}] 如：山脉

息（曾开三入职心） [ɕiəʔ^{54}] 如：休息 [ɕi^{44}] 如：出息

目（通合三入屋明） [məʔ^{54}] 如：目的 [mu^{53}] 如：节目

北（曾开一入德帮） [pəʔ^{54}] 如：北瓜 [pei^{44}] 如：北京

白（梗开二入陌並） [piəʔ^{54}] 如：白的 [pæ^{44}] 如：白花钱

刮（山合二入鎋见） [kuɑʔ^{54}] 如：刮风 [kuɑ^{53}] 如：刮胡子

抹（山合一入末明） [məʔ^{54}] 如：抹脸 [mo^{535}] 如：抹油

饺（江开二入觉见） [tɕiəʔ^{54}] 如：蒸饺子 [tɕiɔ^{535}] 如：饺子

屯留方言：

刮（山合二入鎋见） [kuʌʔ^{45}] 如：刮风 [kua^{313}] 如：刮胡子

抹（山合一入末明） [məʔ^{45}] 如：抹脸 [mo^{53}] 如：抹油

目（通合三入屋明） [məʔ^{45}] 如：目的 [mu^{53}] 如：节目

拉（咸开一入合来） [ləʔ^{45}] 如：拉稀 [la^{313}] 如：拉车

鸭（咸开二入狎影） [iɛʔ^{45}] 如：鸭子 [ia^{53}] 如：鸭肉

饺（江开二入觉见） [tɕiɛʔ^{45}] 如：蒸饺子 [tɕiɔ^{53}] 如：饺子

拍（梗开二入陌滂） [pʻiɛʔ^{45}] 如：拍打 [pʻæ^{53}] 如：打拍子

伯（梗开二入陌帮） [pəʔ^{45}] 如：大伯子 [po^{53}] 如：伯父

喝（山开一入曷晓） [xʌʔ^{45}] 如：喝彩 [xuo^{53}] 如：吆喝

长子方言：

刮（山合二入鎋见）	[kuaʔ^{4}]	如：刮风	[kua^{213}]	如：刮胡子
抹（山合一入末明）	[məʔ^{4}]	如：抹脸	[mo^{53}]	如：抹油
目（通合三入屋明）	[məʔ^{4}]	如：目的	[mu^{53}]	如：节目
拍（梗开二入陌滂）	[pʻiɛʔ^{4}]	如：拍打	[pʻai^{53}]	如：打拍子
北（曾开一入德帮）	[pəʔ^{4}]	如：北边	[pei^{53}]	如：北京
律（臻合三入术来）	[luəʔ^{4}]	如：一律	[ly^{53}]	如：律师

长治县方言：

刮（山合二入鎋见）	[kuɑʔ^{21}]	如：刮风	[kuɑ^{42}]	如：刮胡子
抹（山合一入末明）	[mɑʔ^{21}]	如：抹脸	[mo^{535}]	如：抹油
墨（曾开一入德明）	[miəʔ^{21}]	如：墨水	[mo^{42}]	单念
拍（梗开二入陌滂）	[pʻiəʔ^{21}]	如：拍打	[pʻæ^{22}]	如：打拍子
北（曾开一入德帮）	[pəʔ^{21}]	如：北边	[pei^{535}]	如：北京
律（臻合三入术来）	[luəʔ^{21}]	如：一律	[ly^{42}]	如：律师

壶关方言：

抹（山合一入末明）	[mʌʔ^{21}]	如：抹脸	[mo^{353}]	如：抹油
刮（山合二入鎋见）	[kuʌʔ^{2}]	如：刮风	[kua^{33}]	如：刮胡子
日（臻开三入质日）	[iəʔ^{21}]	如：日头	[i^{353}]	如：日历
活（山合一入末匣）	[xuʌʔ^{21}]	如：活的	[xuə^{353}]	如：生活活儿
目（通合三入屋明）	[məʔ^{21}]	如：目的	[mu^{353}]	如：节目
鸭（咸开二入狎影）	[iʌʔ^{2}]	如：鸭子	[ia^{42}]	如：鸭肉

陵川方言：

刮（山合二入鎋见）	[kuʌʔ^{3}]	如：刮风	[kuᴀ^{24}]	如：刮胡子
抹（山合一入末明）	[mʌʔ^{23}]	如：抹脸	[mo^{213}]	如：抹油
目（通合三入屋明）	[məʔ^{23}]	如：目的	[mu^{24}]	如：节目
拍（梗开二入陌滂）	[pʻʌʔ^{3}]	如：拍打	[pʻᴀi^{24}]	如：打拍子

高平方言：

日（臻开三入质日）	[ʐəʔ^{22}]	如：日子	[ʐʅ^{53}]	如：星期日
玉（通合三入烛疑）	[iəʔ^{22}]	如：玉字旁	[i^{53}]	如：美玉

北（曾开一入德帮）	[pəʔ²²]	如：北瓜	[pei³³]	如：北京
拍（梗开二入陌滂）	[p‘ɛʔ²²]	如：锅拍锅盖	[p‘ɛe⁵³]	如：拍手
抹（山合一入末明）	[mʌʔ²²]	如：抹脸	[mo⁵³]	如：抹脸油

晋城方言：

白（梗开二入陌並）	[pᴀʔ²²]	如：李白	[pᴇ⁵³]	如：白搭
日（臻开三入质日）	[ʐəʔ²²]	如：日月	[ʐʅ⁵³]	如：日头
叔（通合一入屋书）	[ʂuəʔ²²]	如：表叔	[ʂu⁵³]	如：叔叔
北（曾开一入德帮）	[pəʔ²²]	如：北瓜	[pɛe¹¹³]	如：北京
玉（通合三入烛疑）	[yəʔ²²]	如：美玉	[y⁵³]	如：玉茭

阳城方言：

刮（山合二入鎋见）	[kuʌʔ¹²]	如：刮风	[kuɑ¹¹]	如：刮胡子
抹（山合一入末明）	[mʌʔ¹²]	如：抹脸	[mo⁵³]	如：抹油

通过以上对各方言舒入两读字的描写，可以看出，各方言舒入两读的字主要集中在“刮抹北目拍日”等字上，而“辣脉息饺墨律拉鸭伯喝叔玉”等舒入两读的字则不具有普遍性，仅分布在个别几个方言中。总的来讲，舒入两读字的情况较为复杂，条件并非单一，这反映了入声向舒声演变的方式的多样性，我们很难用一条绝对的规则来概括，但还是可以找出一些入声字在舒入两读时的相关条件的。比如，有些入声字的舒化与其词义的分化有关。也就是说，有些入声字的不同意义成为分别其舒入读法的条件，音随义变，有的意义用舒声，有的意义用入声。例如：

目：在长治方言中，当表示“想要达到的地点”的意义时则读入声[məʔ⁵⁴]，如：目的，当表示“文艺演出或广播电视播放的项目”的意义时则读舒声[mu⁵³]，如：节目。

白：在晋城方言中，当用于人名中时则读入声[pᴀʔ²²]，如：李白、白平人名，当表示“徒然、没有效果”时则读舒声[pᴇ⁵³]，如：白花钱。

而在意义相同或相似的情况下，有些入声字的舒化则与其所构成的词语有关，即在不同的词语中其读音不同。如：

饺：长治方言中，在“蒸饺子”中读入声[tɕiəʔ⁵⁴]，在“饺子”中则读舒声[tɕiɔ^{535}]。

鸭：壶关方言中，在“鸭子”中读入声[iʌʔ^{2}]，在“鸭肉”中读舒声[ia^{42}]。

叔：晋城方言中，同是表示“称呼跟父亲辈分相同而年纪较小的男子”的意义，在“表叔”中读入声[ʂuəʔ^{22}]，在“叔叔”中则读舒声[ʂu^{53}]。

2. 各方言的完全舒化字

这种情况是指入声舒化后只有舒声一种读音，即在单念或词语中都读舒声。下面分别列出各方言的完全舒化字。

沁源方言：压[iɑ^{212}]萨[sɑ^{53}]挖[uɑ^{212}]率率领[suɛi^{53}]亿[i^{53}]忆[i^{53}]饺[tɕiɔ^{424}]吓恐吓[xɑ^{53}]栅[tsɑ^{53}]郁[y^{53}]泄[ɕie^{53}]/ 膜[miɛ^{33}]幕[mu^{53}]诺[nuə^{53}]烙[luə^{53}]骆[luə^{53}]拉[lɑ^{212}]匿[ȵi^{53}]易交易[i^{53}]额[ŋiɛ^{33}]液[ie^{53}]役[i^{53}]疫[i^{53}]六[liəu^{33}]浴[y^{53}]玉[y^{53}]肉[zʅəu^{53}]/ 鹤[xiɛ^{53}]贼[tsei^{53}]剧[tɕy^{53}]劃①[xuɑ^{53}]洽[tɕʻiɑ^{53}]倔[tɕye^{53}]

沁县方言：萨[sa^{213}]亿[zɿ^{55}]挖[ua^{55}]撒[sa^{55}]忆[zɿ^{55}]错错杂[tsʻuo^{55}]匹[pʻɿ^{55}]揖[zɿ^{55}]栅[tsa^{55}]率率领[suɛ^{55}]戚[tsʻɿ^{55}]/ 拉[la^{213}]液[iɛ^{55}]骆[luo^{55}]幕[mu^{55}]肉[zəu^{55}]六[liəu^{55}]膜[mɤ^{33}]牧[mu^{55}]易交易[zɿ^{55}]诺[nuo^{55}]/ 劃[xua^{55}]协[ɕiɛ^{55}]剧[tsʮ^{55}]鹤[xɤ^{55}]夕[sɿ^{55}]

武乡方言：泄[ɕiɛ^{55}]忆[zɿ^{55}]亿[zɿ^{55}]挖[ua^{113}]萨[sa^{55}]撒[sa^{213}]压[ia^{113}]轧[ia^{55}]沃[vɤ^{55}]栅[tsa^{55}]率率领[suɛ^{55}]匹[pʻɿ^{113}]察[tsʻa^{55}]/ 诺[nuɤ^{55}]幕[mu^{55}]肉[zəu^{55}]液[iɛ^{55}]译[zɿ^{55}]易交易[zɿ^{55}]牧[mu^{55}]浴[zʮ^{55}]拉[la^{113}]/ 协[ɕiɛ^{55}]剧[tsʮ^{55}]劃[xua^{55}]洽[tɕʻia^{55}]倔[tɕyɛ^{55}]

襄垣方言：恰[tɕʻia^{55}]掐[tɕʻia^{213}]轧[ia^{55}]挖[ua^{55}]撒[sa^{213}]萨[sa^{33}]错错杂[tsʻuo^{55}]匹[pʻi^{55}]亿[i^{55}]忆[i^{55}]揖[i^{55}]栅[tsa^{55}]率率领[suai^{55}]/ 肉[zʅou^{55}]牧[mu^{55}]幕[mu^{55}]液[ie^{55}]易交易[i^{55}]膜[mo^{213}]/ 劃[xua^{55}]协[ɕie^{55}]剧[tɕy^{55}]

黎城方言：恰[cʻia^{353}]萨[sa^{353}]轧[ia^{353}]挖[ua^{353}]泄[ɕiɤ^{353}]率率领[suᴇ^{353}]错错杂[tsʻuɤ^{353}]朔[suɤ^{53}]亿[i^{53}]忆[i^{53}]抑[i^{53}]隻②[tɕi^{212}]叔[ɕy^{353}]郁[y^{353}]/ 拉[la^{33}]幕[mu^{53}]域[y^{353}]易交易[i^{353}]历[li^{353}]疫[i^{353}]役[i^{353}]浴[y^{212}]骆[luɤ^{353}]膜[mɤ^{212}]日[i^{353}]液[iɤ^{53}]译[i^{53}]六[liəu^{353}]穆[mu^{353}]育[y^{353}]目[mu^{353}]玉[y^{53}]狱[y^{353}]牧[mu^{53}]/ 洽[cʻia^{353}]倔[cyɤ^{353}]剧[cy^{53}]劃[xua^{353}]

---

① “划（假合二平麻匣）”和“劃（梗合二入麦匣）”在现代汉语简化字中已合并，而在中古则分别为不同的两个字，“划”为舒声，“劃”为入声，为了区别起见，这里的入声舒化字写为繁体的“劃”。下同。

② “只（止开三平纸章）”和“隻（梗开三入昔章）”在现代汉语简化字中已合并，而在中古则分别为不同的两个字，“只”为舒声，“隻”为入声，为了区别起见，这里的入声舒化字写为繁体的“隻”。

平顺方言：恰[cʻia^{22}]戚[tsʻi^{313}]萨[sa^{53}]泄[sie^{53}]葛[kə^{424}]挖[ua^{313}]揖[i^{313}]匹[pʻi^{353}]率$_{\text{率领}}$[suai^{353}]恶$_{\text{善恶}}$[ɣə^{353}]朔[suo^{353}]亿[i^{353}]忆[i^{353}]错$_{\text{错杂}}$[tsʻuo^{53}]饺[ciɔ^{53}]/ 拉[la^{313}]历[li^{53}]疫[i^{353}]役[i^{353}]陌[mo^{53}]膜[mo^{353}]域[y^{353}]易$_{\text{交易}}$[i^{353}]浴[y^{353}]育[y^{353}]玉[y^{353}]狱[y^{353}]肉[iəu^{53}]译[i^{53}]液[ie^{53}]律[ly^{53}]额[ɣə^{53}]/ 协[çie^{353}]峡[çia^{353}]嚼[ciɔ^{53}]勺[sɔ^{313}]贼[tsei^{22}]劃[xua^{53}]剧[cy^{53}]

潞城方言：恰[tɕʻiɑ^{53}]哕[yə^{213}]挖[uɑ^{213}]萨[sɑ^{53}]撒[suɑ^{53}]揖[i^{213}]匹[pʻi^{53}]错$_{\text{错杂}}$[tsʻuə^{343}]饺[tɕiɔ^{343}]亿[i^{343}]忆[i^{343}]抑[i^{343}]迫[pʻo^{343}]栅[tsɑ^{53}]嘱[tsu^{343}]郁[y^{53}]沃[uə^{343}]率$_{\text{率领}}$[suai^{53}]/ 肉[iəu^{343}]域[y^{13}]匿[ȵi^{13}]逆[ȵi^{13}]液[iə^{53}]译[i^{53}]易$_{\text{交易}}$[i^{343}]疫[i^{53}]役[i^{53}]玉[y^{53}]狱[y^{343}]浴[y^{53}]育[y^{343}]/ 洽[tɕʻiɑ^{343}]峡[ɕiɑ^{53}]协[ɕiə^{343}]狭[ɕiɑ^{13}]倔[tɕyə^{343}]剧[tɕy^{53}]劃[xuɑ^{53}]

长治方言：挖[uɑ^{213}]泄[ɕiᴇ^{53}]戚[tɕʻi^{53}]郁[y^{53}]恰[tɕʻiɑ^{44}]葛[kə^{535}]乙[i^{44}]揖[i^{53}]匹[pʻi^{44}]率$_{\text{率领}}$[suæ^{53}]错$_{\text{错杂}}$[tsʻuə^{44}]亿[i^{53}]忆[i^{53}]抑[i^{44}]屋[u^{53}]栅[tsɑ^{44}]萨[sɑ^{44}]/ 摸[mo^{213}]拉[lɑ^{213}]液[iᴇ^{44}]历[li^{44}]易$_{\text{交易}}$[i^{44}]逆[ȵi^{53}]幕[mu^{53}]牧[mu^{53}]育[y^{44}]狱[y^{53}]浴[y^{44}]域[y^{53}]玉[y^{44}]日[i^{53}]跃[yᴇ^{53}]译[i^{53}]肉[iəu^{44}]役[i^{44}]疫[i^{44}]/ 挟[ɕie^{44}]协[ɕie^{24}]剧[tɕy^{53}]贼[tsei^{44}]洽[tɕʻiɑ^{53}]峡[ɕiɑ^{44}]鹤[xə^{53}]嚼[tɕiɔ^{53}]劃[xuɑ^{53}]

屯留方言：萨[sa^{53}]揖[i^{53}]挖[ua^{313}]郁[y^{53}]恰[tɕʻia^{534}]撒[sa^{534}]哕[yɛ^{53}]亿[i^{13}]忆[i^{13}]率$_{\text{率领}}$[suæ^{53}]匹[pʻi^{53}]栅[tsa^{13}]/ 易$_{\text{交易}}$[i^{13}]译[i^{13}]育[y^{53}]跃[yɛ^{53}]疫[i^{53}]役[i^{53}]日[i^{53}]肉[iəu^{13}]诺[nuo^{53}]域[y^{53}]狱[y^{53}]逆[i^{53}]/ 洽[tɕʻia^{53}]贼[tsei^{53}]

长子方言：揖[i^{45}]萨[sa^{24}]抑[i^{45}]忆[i^{53}]哕[yɛ^{324}]饺[tɕiau^{53}]亿[i^{53}]栅[tsa^{53}]错$_{\text{错杂}}$[tsʻuə^{45}]恰[tɕʻia^{45}]挖[ua^{213}]匹[pʻi^{53}]郁[y^{45}]率$_{\text{率领}}$[suai^{45}]/ 役[i^{45}]疫[i^{45}]译[i^{53}]逆[ȵi^{45}]历[li^{53}]浴[y^{45}]幕[mu^{324}]跃[yɛ^{53}]液[iɛ^{53}]篾[miɛ^{45}]诺[nuə^{324}]易$_{\text{交易}}$[i^{53}]牧[mu^{45}]肉[iəu^{53}]育[y^{53}]域[y^{45}]拉[la^{53}]/ 嚼[tɕiau^{45}]剧[tɕy^{53}]劃[xua^{53}]洽[tɕʻia^{45}]贼[tsuei^{53}]鹤[xə^{45}]峡[ɕia^{53}]

长治县方言：恰[tɕʻiɑ^{22}]噎[ie^{42}]萨[sɑ^{22}]撒[sɑ^{213}]哕[ye^{535}]揖[i^{42}]率$_{\text{率领}}$[suæ^{42}]乙[i^{22}]匹[pʻi^{535}]恶$_{\text{善恶}}$[ə^{42}]饺[tɕiɔ^{535}]亿[i^{22}]忆[i^{22}]抑[i^{22}]栅[tsɑ^{22}]戚[tɕʻi^{42}]郁[y^{22}]/ 拉[lɑ^{213}]幕[mu^{42}]域[y^{22}]逆[ȵi^{22}]译[i^{42}]易$_{\text{交易}}$[i^{22}]役[i^{42}]疫[i^{42}]肉[iəu^{42}]育[y^{22}]玉[y^{22}]狱[y^{42}]浴[y^{22}]匿[ȵi^{22}]陌[mo^{22}]额[ə^{42}]褥[y^{22}]/ 洽[tɕʻiɑ^{42}]协[ɕie^{22}]峡[tɕiɑ^{22}]鹤[xə^{42}]嚼[tɕiɔ^{535}]贼[tsei^{22}]剧[tɕy^{42}]

壶关方言：恰[cʻiɑ^{353}]哕[yᴇ^{535}]撒[sɑ^{42}]萨[sɑ^{42}]挖[uɑ^{353}]揖[i^{42}]匹[pʻi^{42}]乙[i^{535}]屋[u^{33}]北[pei^{42}]忆[i^{353}]亿[i^{353}]抑[i^{353}]郁[y^{353}]错$_{\text{错杂}}$[tʂʻuə^{535}]朔[ʂuə^{353}]/ 拉[lɑ^{33}]域[y^{13}]役[i^{42}]疫[i^{42}]译[i^{353}]易$_{\text{交易}}$[i^{42}]历[li^{353}]逆[ȵi^{353}]牧[mu^{353}]狱[y^{353}]肉[iəu^{353}]育[y^{42}]玉[y^{42}]浴[y^{42}]幕[mu^{353}]膜[mə^{42}]/ 协[çiᴇ^{42}]剧[cy^{353}]嚼[ciɔ^{42}]鹤[xə^{42}]

陵川方言：郁[y^{24}]挖[uᴀ^{24}]萨[ʂᴀ^{33}]鸭[iᴀ^{33}]压[iᴀ^{24}]忆[i^{24}]亿[i^{24}]抑[i^{24}]恰[cʻiᴀ^{213}]栅[tʂᴀ^{24}]率$_{\text{率领}}$[ʂuᴀi^{24}]揖[i^{24}]/ 役[i^{24}]疫[i^{24}]诺[nuo^{24}]肉[ləu^{24}]日[i^{24}]袜[uᴀ^{24}]历[li^{24}]幕[mu^{24}]穆[mu^{24}]易$_{\text{交易}}$[i^{24}]译[i^{24}]逆[ni^{24}]物[u^{24}]律[ly^{24}]浴[y^{24}]域[y^{24}]育[y^{24}]玉[y^{24}]墨[mo^{24}]跃[ye^{24}]六[liəu^{24}]拉[lᴀ^{213}]匿[ni^{24}]狱[y^{24}]/ 协[çie^{24}]劃[xuᴀ^{24}]

高平方言：匹[pʻi^{33}]揖[i^{33}]郁[i^{53}]忆[i^{53}]亿[i^{53}]猝[tʂʻu^{53}]萨[ʂɑ^{53}]哕[ie^{212}]泄[çiɛ^{53}]错$_{\text{错杂}}$[tʂʻuɤ^{53}]恰[cʻiɑ^{212}]栅[tʂɑ^{53}]率$_{\text{率领}}$[ʂuɛe^{53}]/ 律[li^{53}]易$_{\text{交易}}$[i^{53}]译[i^{53}]浴[i^{53}]疫[i^{53}]役[i^{53}]液[iɛ^{53}]育[i^{53}]狱[i^{53}]逆[i^{53}]骆[luɤ^{53}]墨[mei^{53}]幕[mu^{53}]牧[mu^{53}]肉[ʐʌu^{53}]跃[iɛ^{53}]膜[mɤ^{53}]/ 剧[ci^{53}]洽[cʻiɑ^{53}]劃[xuɑ^{53}]倔[ciɛ^{53}]协[çiɛ^{33}]鹤[xɤ^{53}]白[pɛe^{53}]

晋城方言：胁[çiɛ^{53}]撒[ʂɑ^{53}]饺[tɕio^{113}]错$_{\text{错杂}}$[tʂʻuʌ^{53}]忆[i^{53}]抑[i^{113}]栅[tʂɑ^{53}]亿[i^{53}]率$_{\text{率领}}$[ʂuᴇ^{53}]萨[ʂɑ^{53}]轧[iɑ^{53}]鸭[iɑ^{53}]恰[tɕʻiɑ^{53}]/ 疫[i^{53}]膜[muʌ^{53}]逆[ni^{53}]译[i^{53}]律[ly^{53}]液[iɛ^{53}]浴[y^{53}]育[y^{53}]狱[y^{53}]易$_{\text{交易}}$[i^{53}]肉[ʐʌɤ^{53}]拉[lɑ^{33}]役[i^{53}]牧[mu^{53}]诺[nuʌ^{53}]/ 协[çiɛ^{53}]劃[xuɑ^{53}]剧[tɕy^{53}]贼[tʂɛe^{53}]倔[tɕyɛ^{53}]

阳城方言：萨[sɑ^{53}]轧[iɑ^{53}]揖[i^{11}]压[iɑ^{53}]粥[tʂɐu^{53}]屋[u^{53}]率$_{\text{率领}}$[ʂuæ^{53}]亿[i^{53}]忆[i^{53}]北[pæ^{31}]叔[ʂu^{53}]抑[i^{31}]/ 役[i^{53}]疫[i^{53}]液[ie^{53}]肉[ʐɐu^{53}]膜[mə^{53}]拉[lɑ^{53}]浴[y^{53}]易$_{\text{交易}}$[i^{53}]墨[mæ^{53}]穆[mu^{53}]牧[mu^{53}]欲[y^{53}]跃[ye^{53}]/ 协[çie^{13}]盒[xə^{53}]倔[cye^{53}]贼[tsæ^{53}]劃[xuɑ^{53}]剧[cy^{53}]白[pæ^{53}]鹤[xə^{53}]博[pə^{53}]

观察以上各方言入声舒化字（包括舒入两读字）的声母和韵母①，可以发现各方言的入声字舒化后其声母一般不变，韵母或者是该方言韵母系统中与共同语的音值相同或相近的某个音，以上多数入声舒化字都是如此，或者是按该方言与共同语的韵母对应规律折合成的某个音，比如在高平方言中没有撮口呼，共同语中今读撮口呼的字在高平方言中一律为齐齿呼，

① 关于其声调情况请参见第三章第二节的相关内容，这里对其暂不讨论。

因此，“倔跃律浴育狱郁”等入声舒化字今读齐齿呼显然是按共同语的读音折合而成的。可见，晋东南晋语入声舒化字（包括舒入两读字）的韵母很可能是受共同语影响的结果。

（二）入声韵的舒化和古声母

本部分主要考察今读舒声的中古入声韵字在中古声母中的分布情况，对其进行分类统计，从而了解中古哪类声母更易于舒化，甚至哪个声母更易于舒化。具体情况见表2.30—表2.32。表中数字为各方言入声舒化字（包括舒入两读字）在中古各声母中的分布字数。

表2.30 **入声舒化字在中古清声母中的分布情况**

	帮	滂	端	透	精	清	心	庄	初	生	章	昌	书	见	溪	晓	影
沁源	0	0	0	0	0	0	2	1	0	1	0	0	0	2	0	1	5
沁县	0	1	0	0	1	1	2	1	0	1	0	0	0	1	0	0	4
武乡	0	2	0	0	0	0	3	1	1	1	0	0	0	1	0	0	6
襄垣	0	1	0	0	1	0	2	1	0	1	0	0	0	1	2	0	5
黎城	0	0	0	0	1	0	2	0	0	2	1	0	1	1	1	1	6
平顺	0	1	0	0	1	1	2	0	0	2	0	0	0	3	1	0	5
潞城	0	2	0	0	1	0	2	1	0	1	1	0	0	2	1	0	8
长治	1	1	0	0	1	1	3	1	0	1	0	0	0	4	0	0	8
屯留	1	2	0	0	0	0	2	1	0	1	0	0	0	2	1	1	7
长子	1	2	0	0	1	0	1	1	0	1	0	0	0	2	1	0	7
长治县	1	2	0	0	0	1	2	1	0	1	0	0	0	2	1	0	9
壶关	0	2	0	0	1	0	2	0	0	1	0	0	0	1	1	0	10
陵川	0	1	0	0	0	0	1	1	0	1	0	0	0	1	1	0	8
高平	1	2	0	0	1	1	2	1	0	1	0	0	0	0	1	0	5
晋城	1	0	0	0	1	0	2	1	0	1	0	0	1	1	1	1	5
阳城	1	0	0	0	0	0	1	0	0	1	1	0	1	1	0	0	7

表 2.31　　入声舒化字在中古次浊声母中的分布情况

	明	微	泥	来	日	疑	云	以
沁源	3	0	2	4	1	2	0	5
沁县	4	0	1	3	1	0	0	2
武乡	3	0	1	1	1	0	0	4
襄垣	3	0	0	1	1	0	0	2
黎城	6	0	0	4	1	2	1	7
平顺	5	0	0	3	2	3	1	7
潞城	1	0	1	0	1	3	1	7
长治	6	0	0	3	2	3	1	8
屯留	2	0	1	1	2	2	1	6
长子	5	0	1	3	1	1	1	8
长治县	4	0	1	2	2	4	1	6
壶关	5	0	0	2	2	3	1	6
陵川	5	2	2	5	2	2	1	7
高平	5	0	0	2	2	3	0	8
晋城	2	0	1	2	2	3	0	7
阳城	4	0	1	1	1	0	0	7

表 2.32　　入声舒化字在中古全浊声母中的分布情况

	並	奉	定	从	邪	澄	崇	船	禅	群	匣
沁源	0	0	0	1	0	0	0	0	0	2	3
沁县	0	0	0	0	1	0	0	0	0	1	3
武乡	0	0	0	0	0	0	0	0	0	2	3
襄垣	0	0	0	0	0	0	0	0	0	1	2
黎城	0	0	0	0	0	0	0	0	0	2	2
平顺	0	0	0	1	0	0	0	0	1	2	3
潞城	0	0	0	0	0	0	0	0	0	2	5
长治	1	0	0	1	0	0	0	0	0	2	6
屯留	0	0	0	1	0	0	0	0	0	0	1

续表

	並	奉	定	从	邪	澄	崇	船	禅	群	匣
长子	0	0	0	1	0	0	0	0	0	2	4
长治县	0	0	0	1	0	0	0	0	0	2	4
壶关	0	0	0	0	0	0	0	0	0	2	3
陵川	0	0	0	0	0	0	0	0	0	0	2
高平	1	0	0	0	0	0	0	0	0	2	4
晋城	1	0	0	1	0	0	0	0	0	2	2
阳城	2	0	0	1	0	0	0	0	0	2	4

从表2.30—表2.32可以看出，各清声母、次浊声母、全浊声母的入声舒化字在各方言中的分布不平衡。在清声母入声舒化字中，影母的入声舒化字数量最多，帮母、滂母、精母、清母、心母、庄母、生母、书母、见母、溪母、晓母的入声舒化字较少，端母、透母、初母、章母、昌母基本没有入声舒化字。在次浊声母入声舒化字中，多数方言中以母的入声舒化字数量最多，其次是明母、疑母、日母、来母，云母、泥母的入声舒化字较少，微母基本没有入声舒化字。在全浊声母入声舒化字中，匣母的入声舒化字数量相对最多，其次是群母，並母、从母、邪母、禅母的入声舒化字很少甚至在有些方言中都没有入声舒化字，奉母、定母、澄母、崇母、船母在各方言中都没有入声舒化字。

而且，在各方言中，清声母、次浊声母、全浊声母入声舒化字总数以及其分别占所调查的清声母入声字、次浊声母入声字、全浊声母入声字总数的比例也不尽一致。见表2.33。

表2.33 **各方言舒化字总数和次浊、清、全浊声母入声舒化字总数及其比例** （单位：%）

	次浊声母入声舒化字		清声母入声舒化字		全浊声母入声舒化字		舒化字总数
	总数	所占比例	总数	所占比例	总数	所占比例	
长治	23	22.33	21	8.14	10	8.62	54
高平	20	19.42	15	5.81	7	6.03	42

续表

	次浊声母入声舒化字		清声母入声舒化字		全浊声母入声舒化字		舒化字总数
	总数	所占比例	总数	所占比例	总数	所占比例	
阳城	14	13.59	13	5.04	9	7.76	36
沁源	17	16.50	12	4.65	6	5.17	35
长治县	20	19.42	20	7.75	7	6.03	47
长子	20	19.42	17	6.59	7	6.03	44
平顺	21	20.39	16	6.20	7	6.03	44
壶关	19	18.45	18	6.98	5	4.31	42
陵川	26	25.24	14	5.42	2	1.72	42
黎城	21	20.39	16	6.20	4	3.44	41
潞城	14	13.59	19	7.36	7	6.03	40
晋城	17	16.50	15	5.81	6	5.17	38
屯留	15	14.56	18	6.98	2	1.72	35
武乡	10	9.71	15	5.81	5	4.31	30
沁县	11	10.68	12	4.65	5	4.31	28
襄垣	7	6.80	14	5.43	3	2.59	24

注：所调查的477个入声字中，清声母、次浊声母、全浊声母入声字总数分别为258、103、116。

从表2.33可以看出，各方言中，次浊声母入声字舒化的比例相对最高，这说明次浊声母入声字在各方言中舒化最快，而清声母和全浊声母入声字舒化的比例高低在各方言中则表现得不尽一致：在长治、高平、阳城、沁源方言中，全浊声母入声字舒化的比例比清声母入声字舒化的比例要高一些，这说明在这些方言中，全浊声母入声字舒化的速度要快于清声母入声字。而在长治县、长子、平顺、壶关、陵川、黎城、潞城、晋城、屯留、武乡、沁县、襄垣方言中，清声母入声字舒化的比例则比全浊声母入声字舒化的比例要高，这说明在这些方言中，清声母入声字舒化的速度要快于全浊声母入声字。

从古声母清浊的角度看，晋东南晋语入声字舒化的情况与山西晋语其他片方言以及河北晋语入声字舒化的情况都不尽一致。

下面我们从古声母清浊的角度来考察一下山西晋语其他片入声舒化字（包括舒入两读字）的大致情况，以大同（大包片）、代县（五台片）、介休（并州片）、静乐（吕梁片）方言[①]为例。见表 2.34。

表 2.34　**大同等方言[②]清、次浊、全浊声母入声舒化字的总数及其比例**（单位：%）

	清声母入声舒化字		次浊声母入声舒化字		全浊声母入声舒化字	
	总数	所占比例	总数	所占比例	总数	所占比例
大同	21	8.53	36	35.29	53	46.09
代县	19	6.35	24	24.74	34	25.76
介休	9	4.83	15	17.85	5	6.94
静乐	9	3.24	9	8.57	2	1.59

从表 2.34 可以看出，在大同和代县方言中，全浊声母入声字舒化的比例相对最高，次浊声母入声字舒化的比例次之，清声母入声字舒化的比例相对最低。可见，在这两个方言中，全浊声母入声字舒化最快，清声母入声字舒化最慢。在介休方言中，次浊声母入声字舒化的比例相对最高，全浊声母入声字舒化的比例次之，清声母入声字舒化的比例相对最低。这说明在介休方言中，次浊声母入声字舒化最快，清声母入声字舒化最慢。在静乐方言中，次浊声母入声字舒化的比例相对最高，清声母入声字舒化的比例次之，全浊声母入声字舒化的比例相对最低。可见，在静乐方言中，次浊声母入声字舒化最快，全浊声母入声字舒化最慢。

在河北晋语中，北部晋语和东南部晋语入声字舒化的情况不完全一致。在北部晋语中，次浊声母入声字舒化的比例相对最高，全浊声母入声字舒化的比例次之，清声母入声字舒化的比例相对最低，这说明次浊声母入声字舒化最快，清声母入声字舒化最慢。在东南部晋语中，全浊声母入声字舒化的比例相对最高，次浊声母入声字舒化的比例次之，清声母入声字舒化的比例相对最低，这说明全浊声母入声字舒化最快，清声母入声字舒化

① 大同方言的材料来源于《大同方言志》（马文忠 1986），代县方言的材料来源于《代县方言研究》（崔淑慧 2005），介休方言的材料来源于《介休方言志》（张益梅 1991），静乐方言的材料来源于《静乐方言研究》（李建校 2005）。下同。

② 表中的比例是指各方言中，清声母、次浊声母、全浊声母入声舒化字数分别占各方言志中所收的清声母入声字、次浊声母入声字、全浊声母入声字总数的百分比。

最慢（刘淑学 2000）。

由此可见，晋东南晋语的长治、沁源、高平、阳城方言入声字的舒化情况与山西晋语并州片的介休方言和河北北部晋语一致，都是次浊声母入声字舒化最快，清声母入声字舒化最慢，而晋东南晋语的长治县等方言入声字的舒化情况则与山西晋语吕梁片的静乐方言一致，都是次浊声母入声字舒化最快，全浊声母入声字舒化最慢。但是，从地理位置上看，晋东南晋语的长治、高平和阳城方言与山西晋语并州片和河北北部晋语并不相邻，晋东南晋语的长治县等方言与山西晋语吕梁片也不接壤，我们很难想象在大山阻隔的相对封闭的环境下这些与晋东南晋语并不相邻的方言是如何对其产生影响的？而且，即使在距离并州片较近的武乡、沁县和襄垣方言中，其入声字的舒化情况与并州片也并不一致，鉴于此，我们认为从古声母的清浊看，晋东南晋语入声字的舒化情况当是其自身发展演变的结果，与外方言的影响关系不大。可见，从古声母清浊的角度看，在入声韵逐渐舒化的道路上，其途径并不是呈单一化和模式化的。

（三）入声韵的舒化和古韵摄

本部分主要通过对各方言中的入声舒化字（包括舒入两读字）在中古各韵摄中的分布情况进行分类统计，了解中古哪些韵摄更易于舒化。见表2.35。

表中每个方言后列有两行数字，第一行数字分别为各韵摄的入声舒化字数，第二行数字分别为各韵摄入声舒化字数占所调查的各韵摄入声字总数的百分比。

表 2.35　　**入声舒化字在中古各韵摄中的分布情况**　　（单位：%）

	咸摄	山摄	深摄	臻摄	宕摄	江摄	曾摄	梗摄	通摄
沁源	3	5	0	2	6	1	4	9	5
	5.17	5.31	0	4.34	12	5.26	9.30	11.84	6.84
沁县	2	5	1	2	6	0	2	7	3
	3.44	5.31	5.55	4.34	12	0	4.65	9.21	4.10
武乡	4	8	0	3	2	0	2	7	4
	6.89	8.51	0	6.52	4	0	4.65	9.21	5.47

续表

	咸摄	山摄	深摄	臻摄	宕摄	江摄	曾摄	梗摄	通摄
襄垣	4	5	1	2	3	0	2	5	2
	6.89	5.31	5.55	4.34	6	0	4.65	6.57	2.73
黎城	3	7	0	3	4	1	4	9	10
	5.17	7.44	0	6.52	8	5.26	9.30	11.84	13.69
平顺	4	6	1	4	5	2	5	11	6
	6.89	6.38	5.55	8.69	10	10.53	11.62	14.47	8.21
潞城	5	6	1	3	1	1	5	10	8
	8.62	6.38	5.55	6.52	2	5.26	11.62	13.15	10.95
长治	6	7	1	4	6	1	7	13	9
	10.34	7.44	5.55	8.69	12	5.26	16.27	17.10	12.32
屯留	4	7	1	3	2	1	4	8	5
	6.89	7.44	5.55	6.52	4	5.26	9.30	10.52	6.84
长子	4	6	1	3	6	1	6	11	6
	6.89	6.38	5.55	6.52	12	5.26	13.95	14.47	8.21
长治县	5	6	1	4	4	1	8	11	7
	8.62	6.38	5.55	8.69	8	5.26	18.60	14.47	9.58
壶关	4	7	1	3	5	1	5	7	9
	6.89	7.44	5.55	6.52	10	5.26	11.62	9.21	12.32
陵川	5	5	1	4	3	0	6	9	9
	8.62	5.31	5.55	8.69	6	0	13.95	11.84	12.32
高平	3	4	1	6	6	0	4	11	7
	5.17	4.26	5.55	13.04	12	0	9.30	14.47	9.58
晋城	5	3	0	4	3	2	5	9	7
	8.62	3.19	0	8.69	6	10.53	11.62	11.84	9.58
阳城	4	4	1	2	4	0	6	7	8
	6.89	4.26	5.55	4.34	8	0	13.95	9.21	10.95

注：所调查的477个入声舒化字中，各韵摄的入声字总数分别为：咸摄—58，山摄—94，深摄—18，臻摄—46，宕摄—50，江摄—19，曾摄—43，梗摄—76，通摄—73。

从表2.35可以看出，各方言中，中古各韵摄入声韵舒化的比例高低不一，这反映了在各方言中，中古各韵摄入声韵的舒化程度不同，由高到低分别如下：

沁源方言：宕摄>梗摄>曾摄>通摄>山摄>江摄>咸摄>臻摄>深摄

沁县方言：宕摄>梗摄>深摄>山摄>曾摄>臻摄>通摄>咸摄>江摄

武乡方言：梗摄>山摄>咸摄>臻摄>通摄>曾摄>宕摄>江摄深摄[①]

襄垣方言：咸摄>梗摄>宕摄>深摄>山摄>曾摄>臻摄>通摄>江摄

黎城方言：通摄>梗摄>曾摄>宕摄>山摄>臻摄>江摄>咸摄>深摄

平顺方言：梗摄>曾摄>江摄>宕摄>臻摄>通摄>咸摄>山摄>深摄

潞城方言：梗摄>曾摄>通摄>咸摄>臻摄>山摄>深摄>江摄>宕摄

长治方言：梗摄>曾摄>通摄>宕摄>咸摄>臻摄>山摄>深摄>江摄

屯留方言：梗摄>曾摄>山摄>咸摄>通摄>臻摄>深摄>江摄>宕摄

长子方言：梗摄>曾摄>宕摄>通摄>咸摄>臻摄>山摄>深摄>江摄

长治县方言：曾摄>梗摄>通摄>臻摄>咸摄>宕摄>山摄>江摄>深摄

壶关方言：通摄>曾摄>宕摄>梗摄>山摄>咸摄>臻摄>深摄>江摄

陵川方言：曾摄>通摄>梗摄>臻摄>咸摄>宕摄>深摄>山摄>江摄

高平方言：梗摄>臻摄>宕摄>通摄>曾摄>深摄>咸摄>山摄>江摄

晋城方言：梗摄>曾摄>江摄>通摄>臻摄>咸摄>宕摄>山摄>深摄

阳城方言：曾摄>通摄>梗摄>宕摄>咸摄>深摄>臻摄>山摄>江摄

由此可见，不仅不同的韵摄在同一方言中的舒化程度各不相同，而且，同一韵摄在不同的方言中舒化的程度也不尽一致。总体上看，在晋东南晋语的多数方言中，曾摄和梗摄入声韵舒化的程度相对高一些，而深摄或江摄入声韵舒化的程度则相对较低，甚至在一些方言中没有舒化字，比如在晋城、沁源方言中，深摄入声韵没有舒化字，在陵川、高平、阳城方言中，江摄入声韵没有舒化字，在武乡方言中，深摄和江摄入声韵都没有舒化字。

下面我们来考察一下山西晋语其他片的入声舒化字（包括舒入两读字）在各韵摄中分布的大致情况，以大同（大包片）、代县（五台片）、介休（并

① 在武乡方言中，深摄和江摄入声韵都没有舒化字。

州片)、静乐（吕梁片）方言为例。见表 2.36。

表中每个方言后列有两行数字，第一行数字分别为各韵摄的入声舒化字数，第二行数字分别为各韵摄入声舒化字数占各方言志中所收的各韵摄入声字总数的百分比。

表 2.36　　**大同等方言入声舒化字在各韵摄中的分布情况**　　（单位：%）

	咸摄	山摄	深摄	臻摄	宕摄	江摄	曾摄	梗摄	通摄
大同	12	25	3	11	10	3	7	18	21
	25.53	28.40	17.65	21.15	21.74	16.67	16.28	22.78	27.63
代县	10	10	0	6	9	2	8	15	17
	15.87	10.41	0	10.71	14.75	16.67	17.02	17.24	20.73
介休	3	3	0	0	6	1	4	5	7
	7.89	5.76	0	0	19.35	7.69	10.52	7.93	11.47
静乐	2	1	0	0	3	1	4	5	4
	3.57	1.16	0	0	6.12	5.26	9.52	6.94	5.41

从表 2.36 可以看出，以上各方言中，中古各韵摄入声韵舒化的比例高低不一，这就说明在各方言中，中古各韵摄入声韵的舒化程度不尽相同，由高到低分别如下：

大同方言：山摄>通摄>咸摄>梗摄>宕摄>臻摄>深摄>江摄>曾摄

代县方言：通摄>梗摄>曾摄>江摄>咸摄>宕摄>臻摄>山摄>深摄

介休方言：宕摄>通摄>曾摄>梗摄>咸摄>江摄>山摄>深摄>臻摄

静乐方言：曾摄>梗摄>宕摄>通摄>江摄>咸摄>山摄>深摄>臻摄

而且，同一韵摄的入声韵在以上各方言中舒化的程度也不尽相同。比如山摄入声韵在大同方言中舒化的程度相对最高，但在其他三个方言中舒化的程度则相对较低，曾摄入声韵在静乐方言中舒化的程度相对最高，但在大同方言中舒化的程度则相对最低。

综上所述，在晋东南晋语和山西晋语其他片中，不仅不同韵摄的入声韵在同一方言中的舒化程度不相同，而且，同一韵摄的入声韵在不同的方言中舒化的程度也不尽一致。换言之，从古韵摄的角度来看，中古各韵摄入声韵在晋东南晋语和山西晋语其他片方言中都还没有表现出共同的舒化走向。

第三章　声调

晋东南晋语的声调从数量上看，最少是四个，最多是七个。中古平上去入四个声调在晋东南晋语中的演变除“清上、次浊上归上声、保留入声”具有内部一致性外，其他多有差异，主要表现在以下几个方面：①平声是否分阴阳。②去声是否分阴阳。③入声是否分阴阳。由于清上、次浊上在各方言中都归上声，与共同语一致，全浊上在各方言中都与去声的演变一致，即在去声不分阴阳的方言中，全浊上归去声，在去声分阴阳的方言中，全浊上归阳去，因此，下面仅对平声、去声和入声在晋东南晋语中的演变情况及其相关问题作详细的描写和讨论。

第一节　平声和去声

一　平声

（一）关于平声不分阴阳

在山西晋语其他片和中原官话汾河片方言中，据《山西方言调查研究报告》（侯精一，温端政 1993），平声不分阴阳的现象主要集中在并州片的太原、清徐、榆次、交城、文水、祁县、平遥、孝义、介休、寿阳、榆社、娄烦方言、五台片的繁峙方言、大包片的山阴方言以及汾河片的侯马方言中。如前所述，晋东南晋语大部分方言平声都分阴阳，只有高平、涌泉武乡和景凤沁源方言平声不分阴阳，这三个方言的声调情况见表 3.1。

表 3.1　　　　　　　　　　**高平等方言的声调表**

	清平	浊平	清上	次浊上	全浊上	全浊去	次浊去	清去	清入	次浊入	全浊入
高平	**33**		212		53				ʔ22		
涌泉武乡	**33**		213		55				ʔ33		ʔ423
景风沁源	**33**		212		53				ʔ3		ʔ12

关于山西一些方言中平声不分阴阳的性质，学者们各持己见。总的来讲，有两种观点：第一种观点是平声不分阴阳是平声分化之后的合并；第二种观点是平声不分阴阳是一种存古现象。

王福堂、何大安、沈明、温端政先生持第一种观点。王福堂先生（2005：23）在谈到山西太原等方言平声不分阴阳的问题时指出：

山西晋中地区太原、文水、娄烦等方言平声不分阴阳，古清平浊平字同调。如太原“钦”＝“琴”꜀tɕʻiŋ。就太原话来说，这究竟是古平声从未分化，还是曾经分化为阴平、阳平两调而后来重又合并，不易判断。但邻近娄烦话连读中清平浊平字在上声、阴入字后不同调：

每天 mie$^{213-11}$ tʻiɛ$^{22-44}$　　　　井绳 tɕi^{213} ʂʅ^{22}

陆勾（连枷）luəʔ^{2} kiəu$^{22-44}$　　　　鸭梨 iaʔ^{2} li^{22}

文水话清平浊平字后的“儿”尾也不同调：

猪儿 tsu^{22} e$^{22-35}$　　　　牛儿 ȵiou^{22} e^{22}

上述现象反映了这些方言中的清平浊平曾经是不同的声调。因为语音变化需要条件，只有不同调类的字才有可能在连读中发生不同的变调，或使前后同调的字有不同的变调。这就说明，太原等方言目前平声字不分阴阳，并不是没有发生过分化，而是曾经分化为阴平、阳平两调以后重又合流了。这是一种回头演变的现象。

何大安先生（1994）认为，“山西方言单字调阴、阳平不分而变调二分的现象，综合不同的类型，推论单字调的不分，乃是阴、阳平二分以后的再合流。经历（一）平声分阴阳，（二）阴阳平合并的声调完全回头演变”①。

① 何大安：《声调的完全回头演变是否可能？》，《中央研究院历史语言研究所集刊》1994，第 56 本第 1 分。

而且，在谈到并州片的祁县方言中单字调平声不分阴阳的现象时指出：

由于相当于阴平调的字和相当于阳平调的字在任何情况下都读得一样：个读是33，连读时在上声后与上、入声同为35，在去声后与上、入声同为21，在入声后仍为33，我们完全没有线索说明二者调值上的分别何在。然而我们又必须假设这两类平声之潜在的分别是调上的分别，而不是声母带音与否的分别。因为如果是声母带音不带音的分别的话，这种分别并不见于其他的声调，所以一定是声母的清浊引起各调分化为阴阳后，清浊对立消失，然后阴平与阳平的阴阳调分立又进一步消失，但消失前的对后字的影响却保留下来，才成为祁县那么特殊的情况。

沈明先生（1999）曾谈到，在山西一些方言中，“因为有的古清平和古浊平在连调中能够区分，有的在子尾、儿尾前能够区分。……我们把古清平和古浊平在连调中能区分，单字调不分看作是一种合流现象”①。

温端政先生（2000）也谈道，“在不分阴阳平的方言里，有的可以通过连调区分，如平遥、清徐、文水、孝义、介休等。当然，还有若干点（包括太原）在连调中也不能区分古清平和古浊平，这很可能是因为合并的时间较早”。②

王临惠、乔全生先生持第二种观点。王临惠先生（2003）认为平声在连调中可以区分阴阳的现象并不是平声曾经分化的残留，而是“声母的清浊对调值影响的痕迹”③，并认为，“在声母的清浊对声调的调值影响还未达到形成不同调类的程度时，这种影响就因全浊声母的清化而中断了，目前方言里这些零散的、不系统的区分阴、阳平的形式是这种中断形式的具体表现”④。

乔全生先生（2003）同意王临惠的看法，并在谈到某些方言单字调平声不分阴阳而连读调中可以区别开来的现象时指出：

---

① 沈明：《山西晋语古清平字的演变》，《方言》1999年第4期。
② 温端政：《晋语“分立”与汉语方言分区问题》，《语文研究》2000年第1期。
③ 王临惠：《汾河流域方言的语音特点及其流变》，中国社会科学出版社2003年版，第100页。
④ 同上。

为什么单字调一个平声，连读时有两种形式，这可能与早期发清浊声母对调值的影响有关。发清声母的字声带不费力，故声调平而降；发浊声母的字声带费劲，故声调上扬。晋方言平遥话单字调不分阴阳平，连读时第一字读降调是阴平，读升调是阳平。如：刀儿、桃儿。今有全浊声母的方言阳平容易读为升调也可能与人发音机理有关。至于晋方言平遥话为什么浊声母对声调的影响残留在连读调，而没有波及到单字调，可能与单读时浊声母不明显，连读时浊声母明显有关。

关于平声不分阴阳的性质，我们更倾向于第一种观点。在晋东南晋语的涌泉武乡、高平和景凤沁源三个平声不分阴阳的方言中，虽然在涌泉武乡方言中清平和浊平在连读变调系统中已经不能区分，但在高平和景凤沁源方言中阴阳平在连读变调系统中仍可以区别开来。高平方言中，在“平声＋平声”的叠字组中，其变调规律十分整齐：来自古清平的字重叠，前字不变调，后字调值由 33 变为 53，如“姑姑 ku^{33} $ku^{33\text{-}53}$”，来自古浊平的字重叠，前字调值由 33 变为 35，后字不变调，如“回回 $xuei^{33\text{-}35}$ $xuei^{33}$”。而且，在“去声＋平声”的非叠字组合中，古清浊平的变调情况也不同，一般来说，来自古浊平的字调值由 33 变为 35，如“戏台 $\text{ɕ}i^{53}$ $t^{\text{ʻ}}\text{ɛ}e^{33\text{-}35}$”，而来自古清平的字不变调，如“布花 pu^{53} $xu\text{ɑ}^{33}$”。景凤沁源方言中，清平和浊平在叠字组变调中也是可以区别的：来自古清平的字重叠，前字不变调，调值仍为 33，后字变为轻声，如“敲敲 $t\text{ɕ}^{\text{ʻ}}i\text{ɑ}o^{33}$ $t\text{ɕ}^{\text{ʻ}}i\text{ɑ}o^{3}$”，来自古浊平的字重叠，前字调值由 33 变为 12，后字变为轻声，如“回回 $xuei^{33\text{-}12}$ $xuei^{3}$”。

而且，平声在连调中可以区分阴阳的现象在并州片的一些方言中也存在。比如前文提到王福堂先生（2005）所举的娄烦、文水方言的例子。再比如，在平遥方言中，平声不分阴阳，调值为 13，但在“平声＋平声”的叠字组中，前字平声的变调不同：来自古清平的字调值变为 31，来自古浊平的字不变调，如“丝”＝“匙”[$s\text{ɿ}^{13}$]，二者同音，但重叠后前字变调不同，“丝丝 $s\text{ɿ}^{13\text{-}31}$ $s\text{ɿ}^{13}$”≠“匙匙 $s\text{ɿ}^{13}$ $s\text{ɿ}^{13}$”（沈明 1999）。在孝义方言中，平声不分阴阳，调值为 11，但儿化后，来源于古清平的字调值变为 53，来源于古浊平的字不变调，如“猪”和“虫”单字调相同，但儿化后变调情况不同，“猪儿 $tsur^{11\text{-}53}$”≠“虫儿 $tsur^{11}$”（侯精一，温端政 1993）。

关于这种单字调相同而连读调有别的现象，刘俐李先生（2004）曾谈道，“单字调呈现的是变化后的模样，而连读调呈现的是变化前的模样。……汉语声调的历时演变往往在共时轴的单字调和连读调上留下印记。当同一个调类的连读调不同时，往往与古代调类来源不同有关”。[①]据此，山西一些方言中单字调平声不分阴阳而连读调中可以区分阴阳平的现象可以说是平声曾经分化为阴阳平的反映。而且，如果阴平和阳平的单字调不曾分别过的话，我们很难解释为什么清浊声母的发音只对连读调有影响而对单字调没有影响，我们也很难解释为什么早已消失了千余年的全浊声母对连读调的发音影响会一直影响到现在。因此，我们也认为山西一些方言目前平声不分阴阳是平声曾经分化为阴阳平之后又进一步合而为一的结果。

（二）关于阴平、阳平与其他舒声调的合流

在晋东南晋语平声分阴阳的部分方言中存在阴平或阳平与其他舒声调合流的现象，具体情况如下：沁县、新店沁县方言中阴平和上声合流，晋城方言中阳平和上声合流，屯留、上村屯留、黎城、黄崖洞黎城、东阳关黎城方言中阳平和阳去合流。见表 3.2。

表 3.2 沁县等方言的声调表

	清平	浊平	清上	次浊上	全浊上	全浊去	次浊去	清去	清入	次浊入	全浊入
沁县	213	33	213		55				ʔ4		ʔ213
新店新店	213	33	213		54				ʔ33		ʔ213
晋城	33	113	113		53				ʔ22		
屯留	313	13	534		13			53	ʔ45		ʔ54
上村屯留	313	13	534		13			53	ʔ45		ʔ54
黎城	33	53	212		53			353	ʔ2	ʔ43	
黄崖洞黎城	213	53	535		53			353	ʔ22	ʔ53	
东阳关黎城	33	53	535		53			353	ʔ33	ʔ312	

① 刘俐李：《汉语声调论》，南京师范大学出版社 2004 年版，第 242—243 页。

据我们看到的材料，屯留、上村屯留、黎城、黄崖洞黎城、东阳关黎城方言中阳平和阳去合流的现象在除闻喜外的中原官话汾河片去声分阴阳的其他方言中都未见分布，而且，在屯留等方言中，合流后的阳平和阳去在连读变调系统中也已经没有区别。关于这些方言阳平和阳去的合流，通过观察晋东南晋语阳平和阳去的调型（可参见本章第二节中的“晋东南晋语声调一览表”），我们可以看出，大部分方言中，阳去的调型或为升降调或为高降调，阳平的调型是低升调，而屯留、上村屯留方言阳平去的调型为低升调，黎城、黄崖洞黎城、东阳关黎城方言阳平去的调型为高降调，因此，我们推测屯留、上村屯留方言阳平去的合流是阳去并入阳平，而黎城、黄崖洞黎城、东阳关黎城方言阳平去的合流是阳平并入阳去。

在沁县、新店沁县、晋城方言中已经合流的调类在其连读变调系统中仍可以区别开来。在沁县方言的单字调系统中，阴平和上声已经合流为阴平上（213），但在阴平和上声分别做前字的非叠字组连读变调中二者可以区别开来，一般后字都不变调，前字阴平调值变为 22，前字上声调值变为 41，如“猪”和“狗”单字调相同，调值都为 213，但“猪皮 tsu$^{213-22}$ pʻʅ^{33}” ≠ “狗皮 kəu$^{213-41}$ pʻʅ^{33}”，二者在字组中的变调不同，可以区别开来。在新店沁县方言的单字调系统中，阴平和上声也已合流为阴平上（213），但在阴平和上声分别做前字的非叠字组连读变调中二者也可以区别开来，一般后字都不变调，前字阴平调值变为 33，前字上声调值变为 113。如“车”和“小”单字调相同，调值都为 213，但“车票 tɕʻie$^{213-33}$ pʻiɔ^{54}”≠“小票一种收据 ɕiɔ$^{213-113}$ pʻiɔ^{54}”，二者在字组中的变调不同，可以区别开来。据《山西方言调查研究报告》（侯精一，温端政 1993），像沁县、新店沁县方言中清平和清上、次浊上单字调相同但是连调中可以区分的现象在山西晋语五台片的忻州、定襄、原平、五台、代县、浑源、灵丘、朔州、平鲁、神池、宁武、五寨、岢岚、保德、偏关、河曲、阳曲方言和大包片的左权方言中也普遍存在。关于沁县和新店沁县方言阴平和上声的合流过程，我们通过观察与沁县和新店沁县相邻的武乡、襄垣方言单字调的调值、调型，可以发现这些方言上声的调值都为低降升调 213，与沁县和新店沁县方言阴平上的调值一致，而且，从阴平的调值来看，襄垣方言阴平的调值是 33，武乡方言阴平的调值是 113，比较阴平和上声在武乡、襄垣和沁县、新店沁县方言中的调型和调值差异，我们认为沁县、新店沁县方言阴平上的合流是阴平并入上声，其合流过程可能是阴平最初也许与襄垣方言类似，为低平调，经过类似武乡方言阴平调值113的阶段，逐渐与上声合并为213。在晋城方言的单字调系统中，阳平和上声已经合流为阳平上（113），但在“阳平上＋阴平”的非叠字组连读变调中二者可以区别开来，其变调的具体情况是：后字阴平不变调，前字阳平调值变为35，前字上声调值变为11，如“钱”和“礼”单字调相同，调值都为113，但“钱包 $tɕ^ʻiɛ^{113\text{-}35}$ $pɔo^{33}$” ≠ “礼包 $li^{113\text{-}11}$ $pɔo^{33}$”，二者在字组中的变调不同，可以区别开来。关于晋城方言阳平和上声的合流过程，通过观察整个晋东南晋语阳平和上声的调型（可参见本章第二节中的“晋东南晋语声调一览表”），我们可以看出，除个别方言外，上声的调型都是曲折调，阳平的调型都是低升调，而晋城方言中阳平上的调型是曲折调，因此，我们认为晋城方言中阳平上的合流是阳平并入上声，其合流过程可能是阳平最初也许是与邻近的阳城方言相似，为低升调 13，后来阳平起音时长加长，趋向于曲折调，逐渐与上声合流。

由此可见，“在调类合并过程中，单字调和连读调不同步”①“汉语方言中变调有别而单字调混同的现象虽然少见，确属正常”②。这种现象正说明了单字调的演变速度快于连读变调的演变速度。就语音演变的一般规律而言，已经生成的连调格式相对稳定，因为生成变调的单字已经和相邻的其他音节形成一个相对独立的语音格式，在这个格式中，变调已经成为该语音格式的有机组成部分，所以变调如果还要发生变化势必要牵扯到其他相邻音节的相关变化，换句话说，单字进入字组发生变调后，由于变调同样受到相邻音节的制约，一般不会发生变化，也就是说，字组对变调具有稳定作用，因此，变调有相对的稳定性。和变调相比，由于单字调是相对独立的，因此，它的变化一般比较简单，只要语音系统中有促使它变化的因素，它都有可能发生变化，从这个意义上来说，单字调更有可能发生变化（李建校 2006）。

① 刘俐李：《汉语声调论》，南京师范大学出版社 2004 年版，第 249 页。
② 王福堂：《汉语方言语音的演变和层次》，语文出版社 1999 年版，第 168 页。

二 去声

在山西晋语中，去声分阴阳的现象仅分布在晋东南晋语的黄崖洞黎城、东阳关黎城、黎城、辛安泉潞城、豆峪平顺、上港平顺、平顺、潞城、店上潞城、长治、上村屯留、屯留、宋村长子、南常长子、石哲长子、长子、琚村长子、长治县、壶关、龙溪平顺、树掌壶关、百尺壶关、荫城长治县、八义长治县 24 个方言中。可见，去声分阴阳是晋东南晋语区别于山西晋语其他片方言的一个重要特点。其去声分阴阳的分化规律是清声母去声归阴去，浊声母去声和全浊上声归阳去。其中，全浊上与浊去都归阳去，这说明全浊上归浊去的时间当不晚于全浊声母清化的时间，否则，全浊上就失去归入阳去的条件了。类似的现象在中原官话汾河片的侯马、洪洞、霍州、襄汾、翼城、浮山、闻喜、古县方言中也存在，其去声分阴阳的分化规律与晋东南晋语的长治等方言一致。见表 3.3。

表 3.3　　晋东南晋语分阴阳去方言和侯马等方言中阴阳去调值一览表

	全浊上	全浊、次浊去	清去		全浊上	全浊、次浊去	清去
黄崖洞黎城	53		353	琚村长子	53		45
东阳关黎城	53		353	长治县	42		22
黎城	53		353	壶关	353		42
辛安泉潞城	53		44	龙溪平顺	53		353
豆峪平顺	53		353	树掌壶关	31		353
上港平顺	53		243	百尺壶关	53		343
平顺	53		353	荫城长治县	42		33
潞城	343		53	八义长治县	54		44
店上潞城	53		44	侯马	51		21
长治	53		44	洪洞	53		33
上村屯留	13		53	霍州	51		55
屯留	13		53	襄汾	51		412
宋村长子	42		22	翼城	51		33
南常长子	42		22	浮山	51		34
石哲长子	53		45	闻喜	213		51
长子	53		45	古县	41		13

注：中原官话汾河片侯马等方言的材料来源于《山西方言调查研究报告》（侯精一，温端政 1993）。

此外，在河北的一些官话方言中也存在去声分阴阳的现象，但是，其阴去和阳去的区别已不像晋东南晋语去声分阴阳的方言那样严格。据李思敬先生（1995）的拟音，在河北宁河方言中去声分阴阳，但阴去处于强势地位，阳去已处于逐步消亡的阶段，最终将完全并入阴去。据陈淑静先生（2002）的拟音，河北无极、深泽两县今单字调去声虽也分阴阳，但像宁河方言一样，阳去也表现出并入阴去的趋势。而且，在保定市的清苑、满城、安国以及唐山的昌黎等二十余县市方言中普遍存在去声字在轻声前区分阴阳去的现象。那么，在河北这些方言中去声分阴阳的形成原因是什么呢？关于此问题，乔全生先生（2003）已做过详细的论述，他认为，“河北部分方言的阴阳去的演变是晋语上党片方言（引者按：晋语上党片的分布范围与晋东南晋语基本一致）去声演变的延伸”①。我们同意乔先生的看法。乔文指出：

从移民史的角度看，河北方言去声分阴阳与晋语上党片的去声分阴阳同出一源，它是明代洪武、永乐年间由山西往河北移民的结果。今河北方言去声分阴阳和去声的合流反映的是明代从山西晋东南地区移民到河北的垦民们的“方言遗迹”。史载：明洪武二十一至二十八年“迁山西泽、潞二州民之无田者，往彰德、真定、临清、归德、太康诸处闲旷之地，令自便置屯耕种，免其赋役三年，仍户给钞二十锭，以备农具。”（《明太祖实录》卷一九三，2825页）“仅洪武时期山西地区仅屯垦荒移民总数就在六七十万人以上。”（安介生1999）“真定”即今河北正定、无极、深泽一带。永乐二年（1404年）九月，“徙太原、平阳、泽、潞、辽、沁、汾民一万户实北京。”（《明太祖实录》卷三四，604页）迁入地北京，实际上为今河北省。……河北及京师地区原本阴阳去不分，明代大规模移民后出现了山西垦民阴阳去二分的方言，这样，两类方言长期并存，在长期接触中，由于北京官话的强有力影响，就形成今河北方言部分地区去声分阴阳而阴强阳弱、去声合流而连调又能区分阴阳去的不同层次的过渡现象。

① 乔全生：《晋方言语音史研究》，南京大学博士学位论文，2003年。

实际上，河北部分方言的阴阳去的演变是晋语上党片方言去声演变的延伸。

讨论到这里，还有一个问题需要解决：在晋东南晋语中，长治等 24 个方言去声分阴阳的性质、沁县等 26 个方言中去声不分阴阳的性质分别是什么呢？沁县等方言中的去声是从来没有分化过还是曾经分化为阴阳去之后又合二为一了呢？如前所述，中原官话汾河片部分方言中去声也分阴阳，关于其性质，王临惠先生（2003）曾谈到，山西汾河流域中，“下游的霍州、洪洞、曲沃方言里去声分阴阳则是声母的清浊影响声调分化的一种超前形式，它的形成当不晚于全浊声母清化的时间，否则，它就失去了分化的条件了”。[①]我们同意王临惠的看法，我们认为晋东南晋语中长治等方言去声分阴阳的性质也是如此。声母清浊会对声调的调值产生影响，这是大家公认的事实。我们认为，沁县等方言去声不分阴阳和长治等方言去声分阴阳的现象正是古声母清浊对声调调值产生不同影响的结果。在沁县等方言中，在声母的清浊对声调调值的影响还没有达到形成不同调类的程度的时候，这种影响就因浊音清化而中断了，因此，浊音清化后，其去声不分阴阳，仍为一个调类。而在长治等方言中，在浊音清化之前，古清浊声母对其去声调值产生影响的程度要比对沁县等方言强烈，对其去声调值的影响已经到了可以形成阴阳调类的程度，因此，浊音清化后，形成了阴去和阳去两个调类。由此可见，沁县等方言去声不分阴阳并不是去声分阴阳之后又进一步合并的结果。而且，如果说沁县等方言的去声是分化为阴阳去之后又进一步合并的结果，那么，为什么同处北方话包围之中，偏偏只有长治等方言阴阳去没有发生合并，而沁县等方言阴阳去都合并为一个去声了呢？我们很难对此做出合理的解释。综上所述，我们认为沁县等方言去声不分阴阳是一种存古现象，而长治等方言去声分阴阳则是“声母的清浊影响声调分化的一种超前形式”[②]。

既然我们认为沁县等方言去声不分阴阳是存古现象，那么，这就启示我们，声母清浊不一定导致声调的分化。从声母清浊的角度来考察晋东南晋语古今调类的分合规律，可以看出以下几点：①平声分阴阳，古清声母

① 王临惠：《汾河流域方言的语音特点及其流变》，中国社会科学出版社 2003 年版，第 101 页。
② 同上。

平声为一类，今读阴平，古浊声母平声为一类，今读阳平。②古清声母、次浊声母上声为一类，今读上声，古全浊声母上声并入去声或阳去，有跨类现象。③古清声母去声为一类，今读阴去，古浊声母去声（包括全浊上声）为一类，今读阳去，分布在长治等24个方言中。④古去声在沁县等26个方言中仍读去声，不分阴阳。⑤古清声母入声为一类，今读阴入，古浊声母入声为一类，今读阳入，分布在潞城等16个方言中。⑥古清声母、次浊声母入声为一类，今读阴入，古全浊声母入声为一类，今读阳入，分布在长子等23个方言中。⑦古入声不分阴阳，分布在晋城等11个方言中。

从晋东南晋语的调类分合规律来看，有些调类分合规律确实是以古声母清浊为条件分化的，如平声分阴阳、潞城等方言入声分阴阳、长治等方言去声分阴阳等都是古声母清浊对立转化为今阴阳调的对立，但也有些调类的分合并没有以声母清浊为条件，如沁县等方言的去声不分阴阳、晋城等方言的入声不分阴阳。由此可见，古声母清浊会对声调调值产生影响，但并不一定会导致所有方言的声调都发生阴阳调的分化，也就是说，古声母清浊的对立并不一定非得转化为阴阳调的对立。因此，“清辅音一般与高调相联系，浊辅音一般与低调相联系，古四声因声母的清浊对立而各分阴阳”的传统看法，虽然对于古四声分阴阳今读八调的多数南方方言而言是适用的，但对于包括晋东南晋语在内的北方方言而言则未必完全适用。关于这一问题，丁邦新先生（1998：109）也曾有论及：

我们知道清浊声母影响声调的演变是很普遍的现象，但未必是必然的影响，例如现在的国语中有以下这样的对比：

1. 闪：$\c{s}an^{214}$ ： 染 $\c{z}an^{214}$

2. 上：$\c{s}a\eta^{51}$ ： 让 $\c{z}a\eta^{51}$

两对字各自不同的地方只有声母的清浊，至少在听觉上无法分辨“闪”和“染”或“上”和“让”在声调上有高低差异，可见清浊声母对声调的影响只是可能的条件，并没有必然性。

由此可见，声母清浊只是影响制约声调发展的一个重要因素，但不是导致声调演变的决定因素。

第二节　入　声

在晋东南晋语中，入声是否分阴阳及次浊入声的归向在各地不尽一致；同时，各地都还存在着不同程度的入声舒化现象和舒声促化现象。下面分别进行讨论。

一　入声分阴阳

在晋东南晋语中，少数方言入声只有一类，不分阴阳，而多数方言入声分为阴阳两类。

入声不分阴阳的方言分布在长治、长治县、荫城长治县、高平、河西高平、古寨高平、巴公泽州、晋城、北留阳城、阳城、町店阳城。

入声分阴阳的方言分布较广，但次浊入的归并方向在各方言中不尽一致：王和沁源、景凤沁源、南涅水沁县、涌泉武乡、武乡、沁县、新店沁县、西营襄垣、上马襄垣、襄垣、辛安泉潞城、豆峪平顺、店上潞城、上村屯留、屯留、宋村长子、南常长子、石哲长子、长子、琚村长子、八义长治县、百尺壶关、端氏沁水方言的次浊入声归阴入，与山西晋语并州片大多数方言中次浊入的归向一致。沁源、韩北武乡、黄崖洞黎城、东阳关黎城、黎城、潞城、上港平顺、平顺、龙溪平顺、壶关、树掌壶关、礼义陵川、陈区高平、陵川、西河底陵川、水东泽州方言的次浊入声归阳入，与山西晋语吕梁片大多数方言中次浊入的归向一致。下面以晋东南晋语的长子、潞城、并州片的太原和吕梁片的离石方言为例举例说明。见表 3.4。

表 3.4　　太原、长子、离石、潞城方言的声调表

<table>
<tr><th></th><th>清平</th><th>浊平</th><th>清上</th><th>次浊上</th><th>全浊上</th><th>全浊去</th><th>次浊去</th><th>清去</th><th>清入</th><th>次浊入</th><th>全浊入</th></tr>
<tr><td>太原</td><td colspan="2">11</td><td colspan="2">53</td><td colspan="4">45</td><td colspan="2">ʔ2</td><td>ʔ54</td></tr>
<tr><td>长子</td><td>213</td><td>24</td><td colspan="2">324</td><td colspan="3">53</td><td>45</td><td colspan="2">ʔ4</td><td>ʔ212</td></tr>
<tr><td>离石</td><td>44</td><td>213</td><td colspan="2">312</td><td colspan="4">53</td><td>ʔ4</td><td colspan="2">ʔ312</td></tr>
<tr><td>潞城</td><td>213</td><td>13</td><td colspan="2">434</td><td colspan="3">343</td><td>53</td><td>ʔ12</td><td colspan="2">ʔ43</td></tr>
</table>

注：太原和离石方言的材料来源于《山西方言调查研究报告》（侯精一，温端政 1993）。

关于入声调和舒声调在调型上的对应关系，侯精一、温端政先生（1993）曾指出，在山西方言中，“大部分阴入调型与平声或阳平的调型一致，阳入的调型与上声或阴平的调型一致”[①]。但在晋东南晋语中，舒入调型对应关系在各方言中不尽相同，没有明显的规律性，这可能与其去声分阴阳有关（沈明 1999）。下面我们先考察一下晋东南晋语各方言的声调情况（见表3.5），然后再讨论各方言中舒入调型的对应关系。

表 3.5　　　　**晋东南晋语声调一览表**

<table>
<tr><th></th><th>清平</th><th>浊平</th><th>清上</th><th>次浊上</th><th>全浊上</th><th>全浊去</th><th>次浊去</th><th>清去</th><th>清入</th><th>次浊入</th><th>全浊入</th></tr>
<tr><td>长治</td><td>213</td><td>24</td><td colspan="2">535</td><td colspan="3">53</td><td>44</td><td colspan="3">ʔ54</td></tr>
<tr><td>长治县</td><td>213</td><td>44</td><td colspan="2">535</td><td colspan="3">42</td><td>22</td><td colspan="3">ʔ21</td></tr>
<tr><td>荫城 长治县</td><td>213</td><td>21</td><td colspan="2">535</td><td colspan="3">42</td><td>33</td><td colspan="3">ʔ22</td></tr>
<tr><td>豆峪 平顺</td><td>33</td><td>13</td><td colspan="2">535</td><td colspan="3">53</td><td>353</td><td colspan="2">ʔ33</td><td>ʔ53</td></tr>
<tr><td>辛安泉 潞城</td><td>11</td><td>24</td><td colspan="2">535</td><td colspan="3">53</td><td>44</td><td colspan="2">ʔ33</td><td>ʔ31</td></tr>
<tr><td>店上 潞城</td><td>213</td><td>24</td><td colspan="2">535</td><td colspan="3">53</td><td>44</td><td colspan="2">ʔ213</td><td>ʔ53</td></tr>
<tr><td>上村 屯留</td><td>313</td><td>13</td><td colspan="2">534</td><td colspan="3">13</td><td>53</td><td colspan="2">ʔ45</td><td>ʔ54</td></tr>
<tr><td>屯留</td><td>313</td><td>13</td><td colspan="2">534</td><td colspan="3">13</td><td>53</td><td colspan="2">ʔ45</td><td>ʔ54</td></tr>
<tr><td>宋村 长子</td><td>212</td><td>24</td><td colspan="2">535</td><td colspan="3">42</td><td>22</td><td colspan="2">ʔ33</td><td>ʔ212</td></tr>
<tr><td>南常 长子</td><td>212</td><td>24</td><td colspan="2">535</td><td colspan="3">42</td><td>22</td><td colspan="2">ʔ33</td><td>ʔ212</td></tr>
<tr><td>石哲 长子</td><td>213</td><td>24</td><td colspan="2">324</td><td colspan="3">53</td><td>45</td><td colspan="2">ʔ44</td><td>ʔ212</td></tr>
<tr><td>长子</td><td>213</td><td>24</td><td colspan="2">324</td><td colspan="3">53</td><td>45</td><td colspan="2">ʔ4</td><td>ʔ212</td></tr>
<tr><td>琚村 长子</td><td>213</td><td>21</td><td colspan="2">535</td><td colspan="3">53</td><td>45</td><td colspan="2">ʔ33</td><td>ʔ42</td></tr>
<tr><td>八义 长治县</td><td>213</td><td>11</td><td colspan="2">535</td><td colspan="3">54</td><td>44</td><td colspan="2">ʔ33</td><td>ʔ31</td></tr>
<tr><td>百尺 壶关</td><td>213</td><td>11</td><td colspan="2">535</td><td colspan="3">53</td><td>343</td><td colspan="2">ʔ33</td><td>ʔ31</td></tr>
<tr><td>黄崖洞 黎城</td><td>213</td><td>53</td><td colspan="2">535</td><td colspan="3">53</td><td>353</td><td>ʔ22</td><td colspan="2">ʔ53</td></tr>
<tr><td>东阳关 黎城</td><td>33</td><td>53</td><td colspan="2">535</td><td colspan="3">53</td><td>353</td><td>ʔ33</td><td colspan="2">ʔ312</td></tr>
<tr><td>黎城</td><td>33</td><td>53</td><td colspan="2">212</td><td colspan="3">53</td><td>353</td><td>ʔ2</td><td colspan="2">ʔ43</td></tr>
</table>

① 侯精一、温端政：《山西方言调查研究报告》，山西高校联合出版社 1993 年版，第 37 页。

续表

	清平	浊平	清上	次浊上	全浊上	全浊去	次浊去	清去	清入	次浊入	全浊入
上港平顺	213	33	535		53			243	ʔ33	ʔ312	
潞城	213	13	434		343			53	ʔ12	ʔ43	
平顺	313	22	424		53			353	ʔ2	ʔ212	
龙溪平顺	212	243	424		53			353	ʔ22	ʔ243	
壶关	33	13	535		353			42	ʔ2	ʔ21	
树掌壶关	213	53	535		31			353	ʔ33	ʔ353	
王和沁源	33	24	212		53				ʔ33		ʔ31
景凤沁源	33		212		53				ʔ3		ʔ12
涌泉武乡	33		213		55				ʔ33		ʔ423
南涅水沁县	213	33	535		53				ʔ33		ʔ213
武乡	113	33	213		55				ʔ3		ʔ423
沁县	213	33	213		55				ʔ4		ʔ213
新店沁县	213	33	213		54				ʔ33		ʔ213
上马襄垣	33	31	213		54				ʔ33		ʔ213
西营襄垣	33	21	213		54				ʔ33		ʔ54
襄垣	33	11	213		55				ʔ3		ʔ5
韩北武乡	33	112	213		55				ʔ33	ʔ423	
沁源	212	33	424		53				ʔ3	ʔ32	
高平	33		212		53				ʔ22		
古寨高平	112	13	313		53				ʔ33		
河西高平	33	24	313		53				ʔ33		
巴公泽州	33	24	313		53				ʔ21		
晋城	33	113	113		53				ʔ22		
北留阳城	22	12	313		53				ʔ33		
阳城	11	13	31		53				ʔ12		
町店阳城	112	13	213		53				ʔ12		
端氏沁水	22	24	535		53				ʔ33		ʔ31

续表

	清平	浊平	清上	次浊上	全浊上	全浊去	次浊去	清去	清入	次浊入	全浊入
陈区高平	33	12	313		53				ʔ21	ʔ12	
礼义陵川	33	53	313		243				ʔ22	ʔ12	
陵川	33	53	213		24				ʔ3	ʔ23	
西河底陵川	112	353	313		311				ʔ33	ʔ12	
水东泽州	33	24	535		53				ʔ33	ʔ212	

比较表 3.5 入声不分阴阳的方言中入声与舒声的调值和调型，可以看出除古寨高平方言舒入调型不对应外，其余各方言舒入调型都有对应关系，具体情况如下：荫城长治县方言中入声的调型与阴去的调型相近，长治和长治县方言中入声的调型与阳去的调型相近，巴公泽州方言中入声的调型与去声的调型一致，高平方言中入声的调型与平声的调型一致，河西高平、晋城、北留阳城方言中入声的调型与阴平的调型一致，阳城、町店阳城方言中入声的调型与阳平的调型一致。

比较表 3.5 入声分阴阳的方言中阴入和阳入与舒声的调值和调型，可以看出各方言舒入调型之间的对应关系。下面对其分别说明。

店上潞城、豆峪平顺、襄垣、上马襄垣、西营襄垣、王和沁源、陵川、端氏沁水、黎城、壶关、韩北武乡、东阳关黎城、水东泽州、西河底陵川、礼义陵川方言中阴入的调型与阴平的调型一致，除西河底陵川、礼义陵川方言中阳入没有与其调型相对应的舒声调外，其余各方言中阳入与舒声调的调型对应关系分别如下：店上潞城、豆峪平顺方言中阳入的调型与阳去的调型一致，襄垣、上马襄垣、西营襄垣、王和沁源、陵川、端氏沁水方言中阳入的调型与去声的调型一致，黎城方言中阳入的调型与阳平去的调型一致，壶关方言中阳入的调型与阴去的调型一致，韩北武乡、东阳关黎城、水东泽州方言中阳入的调型与上声的调型一致。

长子、石哲长子、南常长子、宋村长子、琚村长子、八义长治县、辛安泉潞城、陈区高平方言中阴入的调型与阴去或去声的调型一致，阳入与舒声调的对应关系分别如下：长子、石哲长子、南常长子、宋村长子方言中阳入的调型与阴平的调型一致，琚村长子、八义长治县、辛安泉潞城方言中阳入的调型与阳去的调型一致，陈区高平方言中阳入的调型与阳平的调型一致。

屯留、上村屯留、潞城、百尺壶关、武乡、涌泉武乡、沁县、新店沁县、沁源、南涅水沁县、上港平顺、平顺、景凤沁源方言中阴入的调型与阳平或平声的调型基本一致，除景凤沁源方言中阳入没有与其调型相对应的舒声调外，其余各方言中阳入与舒声调的调型对应关系分别如下：屯留、上村屯留、潞城方言中阳入的调型与阴去的调型一致，百尺壶关方言中阳入的调型与阳去的调型一致，武乡、涌泉武乡、沁县、新店沁县方言中阳入的调型与上声的调型一致，沁源方言中阳入的调型与去声的调型一致，南涅水沁县、上港平顺、平顺方言中阳入的调型与阴平的调型一致。

在树掌壶关、黄崖洞黎城、龙溪平顺方言中阴入没有与其调型相对应的舒声调，各方言阳入与舒声调的调型对应关系分别如下：树掌壶关方言中阳入的调型与阴去的调型一致，黄崖洞黎城方言中阳去的调型与阳平去的调型一致，龙溪平顺方言中阳入的调型与阳平的调型一致。

二　入声舒化现象

在晋东南晋语各方言中程度不一地存在着中古入声归入舒声的现象，我们在“入声韵的舒化现象”部分已经从古声母和古韵摄的角度考察了 477 个中古入声字在晋东南晋语 16 个重点方言中的舒化情况，本部分主要从入声舒化后调类归属的角度对晋东南晋语 16 个重点方言的入声舒化现象进行考察和分析。各方言入声舒化字（包括舒入两读字）[①]在今各调类中的分布情况见表 3.6。

表 3.6　　各方言入声舒化字在今各调类中的分布情况

方言点	声母清浊	阴平	阳平	上声	阴去	阳去	归入去声（或阴去和阳去）的比例（%）
沁源	清	3	0	1	8		66.67
	次浊	1	3	0	13		76.47
	全浊	0	0	0	6		100

① 各方言入声舒化字的具体读音见第二章第三节的“入声韵的舒化现象”部分。

续表

方言点	声母清浊	阴平	阳平	上声	阴去	阳去	归入去声（或阴去和阳去）的比例（%）
沁县	清	2	0	0	10		83.33
	次浊	1	1	0	9		81.81
	全浊	0	0	0	5		100
武乡	清	4	0	1	10		66.67
	次浊	1	0	0	9		90
	全浊	0	0	0	5		100
襄垣	清	1	0	2	11		78.57
	次浊	1	0	1	5		71.43
	全浊	0	0	0	3		100
黎城	清	0	5	1	10	0	62.5
	次浊	1	5	2	13	0	61.90
	全浊	0	1	0	3	0	75
平顺	清	4	1	1	6	4	62.50
	次浊	1	0	0	9	11	95.23
	全浊	1	1	0	2	3	71.43
潞城	清	4	0	0	7	8	78.95
	次浊	0	3	0	6	5	78.57
	全浊	0	1	0	3	3	85.71
长治	清	1	0	2	9	9	85.71
	次浊	2	0	1	9	11	86.96
	全浊	0	1	0	4	5	90
屯留	清	2	3	2	11	0	61.11
	次浊	1	3	0	11	0	73.33
	全浊	0	0	0	2	0	100
长子	清	2	1	1	6	7	76.47
	次浊	0	0	2	7	11	90
	全浊	0	0	0	3	4	100
长治县	清	1	0	4	9	6	75
	次浊	1	0	1	9	9	90
	全浊	0	0	1	3	3	85.71
壶关	清	2	0	3	6	7	72.22
	次浊	1	1	0	7	10	89.47
	全浊	0	0	0	3	2	100

续表

方言点	声母清浊	阴平	阳平	上声	阴去	阳去	归入去声（或阴去和阳去）的比例（%）
陵川	清	2	0	1	11		78.57
	次浊	0	0	2	24		92.31
	全浊	0	0	0	2		100
高平	清	3		2	10		66.67
	次浊	0		0	20		100
	全浊	1		0	6		85.71
晋城	清	0	3		12		80
	次浊	1	0		16		94.12
	全浊	0	0		6		100
阳城	清	2	0	2	9		69.23
	次浊	0	0	0	14		100
	全浊	0	1	0	8		88.89

注：屯留、黎城方言中阳平和阳去合流为阳平去，沁县方言中阴平和上声合流为阴平上，由于表格所限，表中屯留、黎城方言的阳平即指“阳平去”，沁县方言的阴平即指“阴平上”。

从表 3.6 可以看出，在晋东南晋语中，入声舒化后不论声母清浊，大多数归入去声（或阴去和阳去①），其归调的情况与官话方言不同，与河北东南部晋语、山西晋语其他片方言的情况也不尽一致。下面分别讨论。

在官话方言中，除江淮官话仍保留入声外，其他官话②中入声都已消失，入声在其他官话方言中的归派情况见表 3.7。

表 3.7　　**官话方言（除江淮官话）入声舒化后的归调情况③**

	西南官话	中原官话	冀鲁官话	兰银官话	北京官话	胶辽官话
古清音	阳平	阴平		去声	阴阳上去	上声
古次浊		阴平	去声			
古全浊		阳平				

① 在分阴阳去的方言中，入声舒化后不论声母清浊大多数都归入阴去和阳去，但哪些声母的字归阴去，哪些声母的字归阳去，则没有规律性。

② 在西南官话四川有近三分之一的地区、山东的利津、章丘、邹平、桓台、河北中部的灵寿、平山、元氏、赞皇方言中仍存在独立的入声调（钱曾怡 2000）。

③ 此表内容引自《中国语言地图集》（中国社会科学院，澳大利亚人文科学院 1987/1989）A2-2 表三。

比较晋东南晋语和官话方言中入声舒化后的调类归派方式，很明显地可以看出晋东南晋语入声舒化后的归调情况与官话方言都不相同。

在与晋东南晋语相邻的河北东南部晋语中，据刘淑学先生（2000）的研究，其入声舒化后的归向表现出如下特点：清入字舒化后转入阴、阳、上、去四声，其中，转入阴平的最多，全浊入声字舒化后绝大部分转阳平，次浊入声字舒化后呈现出从南向北由多转阴平变为多转去声。比较晋东南晋语与河北东南部晋语入声舒化后的调类归派方式，可以看出晋东南晋语入声舒化后的归调情况与河北东南部晋语也不相同。

据我们看到的材料，在山西晋语其他片方言中，各方言入声舒化后的调类归派情况不尽一致。

有些方言入声舒化后的调类归派情况与晋东南晋语相似，如介休（并州片）、静乐（吕梁片）、左权（大包片）、忻州（五台片），这些方言入声舒化字在今各调类中的分布情况见表 3.8。

表 3.8　介休等方言[1]入声舒化字在今各调类中的分布情况

<table>
<tr><th>方言点</th><th>声母清浊</th><th>阴平</th><th>阳平</th><th>上声</th><th>去声</th><th>舒化后归入去声的比例（%）</th></tr>
<tr><td rowspan="3">介休</td><td>清</td><td colspan="2">1</td><td>2</td><td>6</td><td>66.67</td></tr>
<tr><td>次浊</td><td colspan="2">0</td><td>0</td><td>15</td><td>100</td></tr>
<tr><td>全浊</td><td colspan="2">1</td><td>0</td><td>4</td><td>80</td></tr>
<tr><td rowspan="3">静乐</td><td>清</td><td>1</td><td>0</td><td>2</td><td>6</td><td>66.67</td></tr>
<tr><td>次浊</td><td>1</td><td>0</td><td>0</td><td>8</td><td>88.88</td></tr>
<tr><td>全浊</td><td>0</td><td>0</td><td>0</td><td>2</td><td>100</td></tr>
<tr><td rowspan="3">左权</td><td>清</td><td>8</td><td>0</td><td>0</td><td>27</td><td>77.14</td></tr>
<tr><td>次浊</td><td>4</td><td>7</td><td>0</td><td>44</td><td>80</td></tr>
<tr><td>全浊</td><td>2</td><td>3</td><td>0</td><td>11</td><td>68.75</td></tr>
<tr><td rowspan="3">忻州</td><td>清</td><td>3</td><td>2</td><td>0</td><td>10</td><td>66.67</td></tr>
<tr><td>次浊</td><td>2</td><td>1</td><td>0</td><td>6</td><td>66.67</td></tr>
<tr><td>全浊</td><td>1</td><td>2</td><td>0</td><td>11</td><td>78.57</td></tr>
</table>

注：介休方言中平声不分阴阳。左权和忻州方言中阴平和上声合流，表中的阴平即指阴平上。

① 介休方言的材料来源于《介休方言志》（张益梅 1991），静乐方言的材料来源于《静乐方言研究》（李建校 2005），左权方言的材料来源于《左权方言古入声字今舒声化现象》（王希哲 1996），忻州方言的材料来源于《忻州方言志》（温端政 1985）。

从表 3.8 可以看出，在这些方言中，入声舒化后不论声母清浊大多归入去声。介休方言中，阴入（ʔ13）调值与平声（13）相同，阳入（ʔ523）调值与上声（523）相同，但其舒化后不论声母清浊多归入去声，而没有归入与阴入调值相同的平声和与阳入调值相同的上声。静乐方言中，没有与阴入（ʔ3）调值相似的舒声调，阳入（ʔ213）调值与上声（213）相同，入声舒化后不论声母清浊也多归入去声，而没有归入与阳入调值相同的上声。左权和忻州方言中，没有与入声调值相似的舒声调，入声舒化后不论声母清浊多归入去声。

而有些方言入声舒化后的调类归派方式则与晋东南晋语不同。比如，大同（大包片）、代县（五台片）方言。在大同方言中，共有 110 个入声舒化字，其中，全浊声母入声舒化字有 53 个，46 个归入阳平，1 个归入上声，6 个归入去声，次浊声母入声舒化字有 36 个，35 个归入去声，1 个归入阴平，清声母入声舒化字有 21 个，13 个归入去声，4 个归入阴平，4 个归入上声。（马文忠 1986）在代县方言[①]中，共有 77 个入声舒化字，其中，全浊声母入声舒化字有 32 个，都归入阳平，次浊声母入声舒化字有 29 个，26 个归入去声，3 个归入阴平上，清声母入声舒化字有 16 个，12 个归入阴平上，4 个归入阳平（崔淑慧 2005）。由此可见，在这些方言中，入声字舒化后基本上都遵循“古全浊声母入声归入阳平，古次浊声母入声归入去声”的归调原则，与北京官话基本一致，这可能与其地理位置有关，即离北京比较近，交通方便，更容易受北京官话的影响。再比如，太谷（并州片）、柳林（吕梁片）方言。在太谷方言中，阴入（ʔ11）调值与平声（22）接近，阳入（ʔ434）调值与上声（323）接近，入声舒化后一般都分别归入调值与之相近的平声和上声中（杨述祖 1983）。在柳林方言中，阴入（ʔ3）调值与阳平（33）相近，阳入（ʔ535）调值与上声（535）相同，入声舒化后一般都分别归入调值与之相近的阳平和上声中。（温端政 1986）由此可见，在这些方言中，入声舒化后则多归入调值与之相近的舒声调。而在晋东南晋语中，不管入声调值与去声（或阴去和阳去）是否相似，入声舒化后则

① 在代县方言的单字调系统中，阴平和上声合流。

多归入去声（或阴去和阳去）。比如，在晋城方言中，入声（ʔ22）调值与阴平（33）相似，但入声舒化后大部分还是归入去声，而没有归入调值与之相似的阴平。在襄垣方言中，阴入（ʔ3）调值与阴平（33）相似，阳入（ʔ5）调值与去声（55）相似，但不管阴入还是阳入，舒化后大多都归入去声。在潞城方言中，阴入（ʔ12）调值与阳平（13）相似，阳入（ʔ43）调值与阴去（53）相似，但不管阴入还是阳入，舒化后大多都归入阴去和阳去。

综上所述，晋东南晋语入声舒化后的调类归派方式与山西晋语其他片部分方言相似，这说明这种调类归派方式在山西晋语中并不是有独无偶，孤立无援的，而是带有一定的普遍性。由于这些方言与官话方言入声舒化后的调类归派方式都不同，因此，我们认为这种调类归派方式并不是官话方言尤其是权威方言中原官话和北京官话影响的结果。那么，在这些方言中入声舒化后为什么会采取这种调类归派方式，是否与古去声和古入声之间的密切关系有关，还有待进一步的研究。

三 舒声促化现象

舒声促化现象是指“一些古音系属于舒声的字，现代方言中读成了入声”[①]的现象。据郑张尚芳先生《方言中的舒声促化现象说略》（1990），舒声促化现象分布较广，除存在于带[ʔ]尾的晋语以外，还存在于吴语、江淮官话乃至赣语和闽语。“众所周知，古汉语入声逐渐转化为舒声是汉语语音发展的基本趋向，上述舒声促化的逆向发展，犹如水流回旋”[②]，引起了不少学者的关注。学者们都普遍认为舒声促化可能与轻读有关。比如温端政先生（1986）曾谈道，“这种‘舒声促变’，可能与急读或轻读有关，出现在前一个音节的一般是由于急读，出现在后一个音节的一般是由于轻读”。[③]郑张尚芳先生（1990）也认为，“促化跟音节轻读关系比较密切。经常轻读的音节常有弱化现象，引起声韵调的种种变化，如声母上的浊化、通音化，韵母上的元音央化，复元音单化等，在声调上就表现为轻声和促化。轻读音

① 钱曾怡：《方言研究中的几种辨证关系》，《文史哲》2004 年第 5 期。
② 钱曾怡：《简评〈语文研究〉创刊 10 年来的方言论文》，《语文研究》1990 年第 4 期。
③ 温端政：《试论山西晋语的入声》，《中国语文》1986 年第 2 期。

节多数表现为长度缩短，原有声调特征消失而中性化，在有入声的方言中就容易跟同具短促特征的入声相混”①。贺巍先生（1996）也曾谈道，“晋方言某些字的舒声促化是受舒声字轻读影响的结果”②。

与别的有舒声促化现象的方言相比，“晋语中这种现象比较显著”③，但目前对山西晋语某个方言点的舒声促化字进行全面调查和研究的文章却很少，据笔者所见，只有三篇，分别为：《大同方言舒声字的促变》（马文忠 1985），《山西临县方言舒声促化现象分析》（李小平 1998），《忻州方言的舒声促化现象》（张光明 2006），这种研究现状对于认识和研究晋语舒声促化现象的特点是不利的。贺巍先生（1996）在《晋语舒声促化的类别》中也谈道，“为了对晋语舒声促化字的性质作进一步研究，需要对本方言的舒声促化字作全面调查。现在我们所看到的材料，很不完整也不齐全”④。因此，我们参照《方言调查字表》，酌选出 2404 个常用舒声字，对其在 16 个重点方言中的读音情况作了全面、详细的调查，在此基础上，试图对 16 个重点方言中的舒声促化字作一次比较彻底的清理，企望给整个晋语舒声促化现象的研究提供一些较为翔实的材料。

（一）各方言的舒声促化字

1. 各方言的舒促两读字

舒促两读字指的是古舒声字兼有舒入两种读音，在某些词语里读入声，在另一些词语里读舒声。下面分别列出各方言的舒促两读字。

沁源方言

指（止开三上旨章）	[tʂʅ^{424}]	如：指导	[tʂəʔ^{32}]	如：指头
取（遇合三上麌清）	[tɕʻy^{424}]	如：争取	[tɕʻyəʔ^{3}]	如：取灯子火柴
涂（遇合一平模定）	[tʻu^{33}]	如：涂料	[tuəʔ^{32}]	如：糊涂
糊（遇合一平模匣）	[xu^{33}]	如：糨糊	[xuəʔ^{3}]	如：糊涂
股（遇合一上姥见）	[ku^{424}]	如：一股	[kuəʔ^{32}]	如：屁股
泡（效开二去肴滂）	[pʻɔ^{53}]	如：泡衣裳	[pʻəʔ^{3}]	如：泡茶
可（果开一上哿溪）	[kʻiɛ^{424}]	表示程度减轻	[kʻəʔ^{32}]	表示程度加重

① 郑张尚芳：《方言中的舒声促化现象说略》，《语文研究》1990 年第 2 期。
② 贺巍：《晋语舒声促化的类别》，《方言》1996 年第 1 期。
③ 同上。
④ 同上。

子（止开三上止精）	[tsɿ^{424}]	如：子女	[tsəʔ]①	用于子尾，如孩子

沁县方言：

指（止开三上旨章）	[tsɿ^{213}]	如：指一指	[tsəʔ^{4}]	如：指头
取（遇合三上麌清）	[tɕʻy^{213}]	如：争取	[tɕʻyəʔ^{4}]	如：洋取火柴
涂（遇合一平模定）	[tʻu^{33}]	如：涂料	[tuəʔ^{4}]	如：糊涂
糊（遇合一平模匣）	[xu^{33}]	如：糨糊	[xuəʔ^{213}]	如：糊涂
火（果合一上果晓）	[xuo^{213}]	如：生火	[xuəʔ^{4}]	如：红火
泡（效开二去肴滂）	[pʻɔ^{55}]	如：泡衣裳	[pʻəʔ^{213}]	如：泡茶
子（止开三上止精）	[tsɿ^{213}]	如：子女	[ləʔ]	用于子尾，如孩子
可（果开一上哿溪）	[kʻɤ^{213}]	表示程度减轻	[kʻəʔ^{4}]	表示程度加重
死（止开三上旨心）	[sɿ^{213}]	如：人死了		
	[sʌʔ^{4}]	表示程度加深，如：气死了		

武乡方言：

指（止开三上旨章）	[tsɿ^{213}]	如：指一指	[tsəʔ^{3}]	如：指头
取（遇合三上麌清）	[tɕʻy^{213}]	如：争取	[tɕʻyəʔ^{3}]	如：取灯子火柴
股（遇合一上姥见）	[ku^{213}]	如：一股	[kuəʔ^{423}]	如：屁股
喉（流开一平侯匣）	[xəu^{33}]	如：咽喉	[kəʔ^{3}]	如：喉咙
火（果合一上果晓）	[xuɤ^{213}]	如：火苗	[xuəʔ^{423}]	如：红火
子（止开三上止精）	[tsɿ^{213}]	如：子女	[təʔ]	用于子尾，如锅子
可（果开一上哿溪）	[kʻɤ^{213}]	表示程度减轻	[kʻəʔ^{3}]	表示程度加重
死（止开三上旨心）	[sɿ^{213}]	如：人死了		
	[sʌʔ^{3}]	表示程度加深，如：气死了		

襄垣方言：

指（止开三上旨章）	[tsɿ^{213}]	如：指导	[tsəʔ^{3}]	如：指头
取（遇合三上麌清）	[tɕʻy^{213}]	如：争取	[tɕʻyəʔ^{5}]	如：取灯子火柴
火（果合一上果晓）	[xuo^{213}]	如：火苗	[xuəʔ^{5}]	如：红火
泡（效开二去肴滂）	[pʻɔ^{55}]	如：泡衣裳	[pʻəʔ^{5}]	如：泡茶
可（果开一上哿溪）	[kʻɤ^{213}]	表示程度减轻	[kʻəʔ^{3}]	表示程度加重

① 子尾读轻声，其实际调值依前字调类而定，因此，这里未标出其调值，其他方言类似情况与此同。关于子尾的具体调值可参见第四章第二节的“子尾变调”部分。

黎城方言：

取（遇合三上麌清）	[tɕʻy^{212}]	如：争取	[tɕʻyəʔ^{2}]	如：取灯子（火柴）
涂（遇合一平模定）	[tʻu^{53}]	如：涂料	[tuəʔ^{2}]	如：糊涂
糊（遇合一平模匣）	[xu^{53}]	如：糨糊	[xuəʔ^{43}]	如：糊涂
喉（流开一平侯匣）	[xəu^{53}]	如：咽喉	[xuəʔ^{43}]	如：喉咙
指（止开三上旨章）	[tsɿ^{212}]	如：指导	[tsəʔ^{2}]	如：指头
股（遇合一上姥见）	[ku^{212}]	如：一股	[kuəʔ^{43}]	如：屁股
泡（效开二去肴滂）	[pʻɔ^{353}]	如：泡衣裳	[pʻəʔ^{2}]	如：泡茶
女（遇合三上语泥）	[ȵy^{212}]	如：男女	[ȵyəʔ^{2}]	如：女婿
可（果开一上哿溪）	[kʻɤ^{212}]	表示程度减轻	[kʻəʔ^{43}]	表示程度加重

平顺方言：

指（止开三上旨章）	[tsɿ^{424}]	如：指导	[tsəʔ^{212}]	如：指头
取（遇合三上麌清）	[tsʻy^{424}]	如：争取	[tsʻyəʔ^{2}]	如：取灯子（火柴）
涂（遇合一平模定）	[tʻu^{22}]	如：涂料	[tʻuəʔ^{212}]	如：糊涂
糊（遇合一平模匣）	[xu^{22}]	如：糨糊	[xuəʔ^{2}]	如：糊涂
喉（流开一平侯匣）	[xəu^{22}]	如：咽喉	[xəʔ^{212}]	如：喉咙
可（果开一上哿溪）	[kʻə^{424}]	表示程度减轻	[kʻəʔ^{2}]	表示程度加重
子（止开三上止精）	[tsɿ^{424}]	如：子女	[təʔ]/[nəʔ]①	用于子尾，如孩子

潞城方言：

指（止开三上旨章）	[tsɿ^{434}]	如：指导	[tsəʔ^{12}]	如：指头
取（遇合三上麌清）	[tʃʻy^{434}]	如：争取	[tʃʻyəʔ^{43}]	如：取灯子（火柴）
涂（遇合一平模定）	[tʻu^{13}]	如：涂料	[tʻuəʔ^{43}]	如：糊涂
糊（遇合一平模匣）	[xu^{343}]	如：糨糊	[xuəʔ^{12}]	如：糊涂
火（果合一上果晓）	[xuə^{434}]	如：火苗	[xuəʔ^{43}]	如：红火
泡（效开二去肴滂）	[pʻɔ^{53}]	如：泡衣裳	[pʻəʔ^{12}]	如：泡茶
子（止开三上止精）	[tsɿ^{434}]	如：子女	[ləʔ]	用于子尾，如孩子
可（果开一上哿溪）	[kʻə^{434}]	表示程度减轻	[kʻəʔ^{12}]	表示程度加重

长治方言：

① 前一音节为鼻化韵和鼻尾韵时，子尾读[nəʔ]，其余情况下，子尾读[təʔ]。

我（果开一上哿疑）	[uo^{535}]	单用	[nəʔ^{54}]	如：我家我们
家（假开二平麻见）	[tɕiɑ^{213}]	如：家庭	[tɕiəʔ^{54}]	如：人家/鹿家庄地名
泡（效开二去肴滂）	[pʻɔ^{44}]	如：泡沫	[pʻəʔ^{54}]	如：泡茶 一泡尿
巴（假开二平麻帮）	[pɑ^{213}]	如：巴结	[pəʔ^{54}]	如：一巴掌
指（止开三上旨章）	[tsɿ^{535}]	如：指导	[tsəʔ^{54}]	如：指头
股（遇合一上姥见）	[ku^{535}]	如：一股	[kuəʔ^{54}]	如：屁股
夫（遇合三平虞非）	[fu^{213}]	如：姐夫	[fəʔ^{54}]	如：妹夫子
机（止开三平微见）	[tɕi^{213}]	如：机关	[tɕiəʔ^{54}]	如：机灵
掌（宕开三上养章）	[tsɑŋ^{535}]	如：掌握	[tsəʔ^{54}]	如：一巴掌
下（假开二上马匣）	[ɕiɑ^{53}]	如：下面	[ɕiəʔ^{54}]	如：地下
糊（遇合一平模匣）	[xu^{53}]	如：糨糊	[xuəʔ^{54}]	如：糊涂
喉（流开一平侯匣）	[xəu^{24}]	如：咽喉	[xuəʔ^{54}]	如：喉咙
子（止开三上止精）	[tsɿ^{535}]	如：子女	[təʔ]	用于子尾
可（果开一上哿溪）	[kʻə^{535}]	表示程度减轻，如：可点了好点了		
	[kʻəʔ^{54}]	表示程度加重，如：可疼了特别疼		

屯留方言：

指（止开三上旨章）	[tsɿ^{534}]	如：指一指	[tsəʔ^{45}]	如：指头
股（遇合一上姥见）	[ku^{534}]	如：一股	[kuəʔ^{45}]	如：屁股
涂（遇合一平模定）	[tʻu^{13}]	如：涂料	[tuəʔ^{45}]	如：糊涂
糊（遇合一平模匣）	[xu^{13}]	如：糨糊	[xuəʔ^{54}]	如：糊涂
泡（效开二去肴滂）	[pʻɔ^{53}]	如：泡衣裳	[pʻəʔ^{54}]	如：泡鸡蛋
火（果合一上果晓）	[xuo^{534}]	如：生火	[xuəʔ^{54}]	如：红火
子（止开三上止精）	[tsɿ^{534}]	如：子女	[təʔ^{45}]	用于子尾，如孩子

长子方言：

指（止开三上旨章）	[tsɿ^{324}]	如：指导	[tsəʔ^{212}]	如：指头
糊（遇合一平模匣）	[xu^{53}]	如：糨糊	[xuəʔ^{4}]	如：糊涂
涂（遇合一平模定）	[tʻu^{24}]	如：涂料	[tuəʔ^{212}]	如：糊涂
火（果合一上果晓）	[xuə^{324}]	如：火柴	[xuəʔ^{4}]	如：红火
取（遇合三上麌清）	[tɕʻy^{324}]	如：争取	[tɕʻyɛʔ^{212}]	如：取灯子火柴

子（止开三上止精）	[tsɿ^{324}]	如：子女	[təʔ^{4}]	用于子尾，如孩子
可（果开一上哿溪）	[kʻə^{324}]	表示程度减轻	[kʻəʔ^{4}]	表示程度加重

长治县方言:

戒（蟹开二去怪见）	[tɕie^{22}]	如：戒备	[tɕiəʔ^{21}]	如：猪八戒
例（蟹开三去祭来）	[li^{42}]	如：举例子	[liəʔ^{21}]	如：例外
指（止开三上旨章）	[tsɿ^{535}]	如：指导	[tsəʔ^{21}]	如：指头
糊（遇合一平模匣）	[xu^{42}]	如：糨糊	[xuəʔ^{21}]	如：糊涂
涂（遇合一平模定）	[tʻu^{44}]	如：涂料	[tʻuəʔ^{21}]	如：糊涂
火（果合一上果晓）	[xuo^{535}]	如：火台	[xuəʔ^{21}]	如：红火
子（止开三上止精）	[tsɿ^{535}]	如：子女	[təʔ]	用于子尾，如桌子
可（果开一上哿溪）	[kʻə^{535}]	表示程度减轻，如：可疼了不是很疼了		
	[kʻəʔ^{21}]	表示程度加重，如：可厉害咧特别厉害		

壶关方言:

指（止开三上旨章）	[tʂʅ^{535}]	如：指导	[tʂəʔ^{21}]	如：指头
取（遇合三上麌清）	[tsʻy^{535}]	如：争取	[tsʻyəʔ^{2}]	如：取灯子火柴
涂（遇合一平模定）	[tʻu^{13}]	如：涂料	[tuəʔ^{21}]	如：糊涂
糊（遇合一平模匣）	[xu^{13}]	如：糨糊	[xuəʔ^{2}]	如：糊涂
火（果合一上果晓）	[xuə^{535}]	如：单用	[xuəʔ^{21}]	如：红火
泡（效开二去肴滂）	[pʻɔ^{42}]	如：泡衣裳	[pʻəʔ^{2}]	如：泡茶
妇（流开三上有奉）	[ny^{353}]	如：妇女	[fəʔ^{2}]	如：媳妇
子（止开三上止精）	[tʂʅ^{535}]	如：子女	[təʔ]	用于子尾，如孩子
可（果开一上哿溪）	[kʻə^{535}]	表示程度减轻	[kʻəʔ^{2}]	表示程度加重

陵川方言:

指（止开三上旨章）	[tʂʅ^{213}]	如：指导	[tʂəʔ^{3}]	如：指头
涂（遇合一平模定）	[tʻu^{53}]	如：涂料	[tuəʔ^{23}]	如：糊涂
糊（遇合一平模匣）	[xu^{53}]	如：糨糊	[xuəʔ^{3}]	如：糊涂
火（果合一上果晓）	[xuo^{213}]	如：火苗	[xuəʔ^{23}]	如：红火

高平方言：

指（止开三上旨章）	[tʂʅ^{212}]	如：指导	[tʂəʔ^{22}]	如：指头
涂（遇合一平模定）	[tʻu^{33}]	如：涂料	[tuəʔ^{22}]	如：糊涂
糊（遇合一平模匣）	[xu^{33}]	如：糨糊	[xuəʔ^{22}]	如：糊涂
火（果合一上果晓）	[xuɤ^{212}]	如：火柴	[xuəʔ^{22}]	如：红火
股（遇合一上姥见）	[ku^{212}]	如：一股	[kuəʔ^{22}]	如：屁股
子（止开三上止精）	[tʂʅ^{212}]	如：子女	[tʂəʔ^{22}]	用于子尾，如孩子
可（果开一上哿溪）	[kʻɤ^{212}]	表示程度减轻	[kʻəʔ^{22}]	表示程度加重

晋城方言：

指（止开三上旨章）	[tʂʅ^{113}]	如：指导	[tʂəʔ^{22}]	如：指头
涂（遇合一平模定）	[tʻu^{113}]	如：涂料	[tuəʔ^{22}]	如：糊涂
糊（遇合一平模匣）	[xu^{113}]	如：糨糊	[xuəʔ^{22}]	如：糊涂
火（果合一上果晓）	[xuʌ^{113}]	如：火苗	[xuəʔ^{22}]	如：红火
泡（效开二去肴滂）	[pʻɔ^{53}]	如：泡衣裳	[pʻəʔ^{22}]	如：泡茶
可（果开一上哿溪）	[kʻʌ^{113}]	表示程度减轻	[kʻəʔ^{22}]	表示程度加重

阳城方言：

指（止开三上旨章）	[tʂʅ^{31}]	如：指导	[tʂəʔ^{12}]	如：指头
涂（遇合一平模定）	[tʻu^{13}]	如：涂料	[tuəʔ^{12}]	如：糊涂
糊（遇合一平模匣）	[xu^{13}]	如：糨糊	[xuəʔ^{12}]	如：糊涂
股（遇合一上姥见）	[ku^{31}]	如：一股	[kuəʔ^{12}]	如：屁股

通过以上对各方言舒促两读字的描写，可以看出，各方言舒促两读字主要集中在“糊涂指子可喉取股火泡”等字上，而“我家巴夫机掌下戒例女妇死”等舒促两读字则不具有普遍性，仅分布在个别几个方言中。而且，从以上各方言舒促两读字的使用情况来看，其是有条件限制的，而不是自由两读的，主要与以下几个条件有关：

（1）与其词义的分化有关

一些舒促两读字的读音与其词义的分化有关，即有的意义读舒声，有的意义读入声。如：

家：在长治方言中，当表示家庭等一系列意义时读舒声[tɕiɑ^{213}]，如“回家、一家子”等；当作后缀时则读入声[tɕiəʔ^{54}]，如“人家、我家$_{\text{我们}}$”等。

指：在多数方言中都发生促化，当表示与“指头”有关的意义时都读入声，当表示“用手指头对着、指示、指导”等意义时都读舒声。如阳城方言中，“指”在“指头、一指厚”中都读入声[tʂəʔ^{12}]，而在“指导”中则读舒声[tʂʅ^{31}]。

（2）在意义相同的条件下，与其所构成的词语有关

在意义相同的条件下，一些舒入两读字的读音与其所构成的词语有关，即在某些词语中读舒声，在某些词语中读入声。如：

夫：长治方言中，用于“姐夫”一词时读舒声[fu^{213}]，用于“妹夫子”一词时读入声[fəʔ^{54}]，但其意义都是“丈夫”。

泡：在多数方言中，只在“泡茶、泡鸡蛋”等词组中读入声，在别的词组如“泡衣裳、泡药酒”等中则读舒声，但“泡”在这些词组中的意义是相同的，都是“浸泡”之义。

（3）与语法意义有关

一些舒入两读字的读音与其语法意义有关，即语法意义不同，其读音也不同。如：

可：长治方言中，当表示“程度减轻”的语法意义时则读舒声[k‘ə^{535}]，当表示“程度加重”的语法意义时则读入声[k‘əʔ^{54}]。

2. 各方言的完全促化字

完全促化字指的是古舒声字促化后只有入声一种读音，即在单念或词语中都读入声。下面分别列出各方言的完全促化字①。

沁源方言：厮[səʔ^{3}]做[tsəʔ^{3}]只$_{\text{只有}}$[tʂəʔ^{32}]复$_{\text{复兴}}$[fəʔ^{3}]驼[t‘uəʔ^{32}]喉[kəʔ^{3}]

沁县方言：己[tɕiəʔ^{4}]做[tsəʔ^{4}]拘[tɕyəʔ^{213}]厮[səʔ^{4}]只$_{\text{只有}}$[tsəʔ^{4}]去[k‘əʔ^{213}]裕[yəʔ^{213}]谝[p‘iʌʔ^{4}]复$_{\text{复兴}}$[fəʔ^{4}]喉[kəʔ^{4}]驼[t‘uəʔ^{213}]

① “鼻咳厕”这三个字，在《切韵》系韵书中都为舒声，但在晋东南晋语中今都读入声。而且，这些字读入声的情况在其他方言中也十分普遍。“鼻”读入声在晋语、江淮官话、吴语、湘语、赣语、闽语中都有分布，“咳”读入声在晋语、江淮官话、吴语、湘语、赣语、客家话、闽语、粤语中都有分布，“厕”读入声在江淮官话、晋语、湘语、赣语、客家话和闽语中都有分布。并且，在入声已经消失的某些官话方言中，这些字也是按入声字归类的。比如在北京话中，“鼻”今读阳平不送气，符合全浊入归阳平的演变规律（邢向东 2002）。鉴于以上一些方言事实，李荣（1957）、潘悟云（2004）等先生认为，这些字在古代就有去、入二读，在中原通语中入声一读丢失了，留下了去声一读，《切韵》等韵书反映了中原通语的读音，而在周边地区的许多方言中则是去声一读失去，留下了入声一读。因此，这些字虽然今也读入声，但不是舒声促化字。

武乡方言：只只有[tsəʔ^{3}]做[tsəʔ^{3}]个[kəʔ^{423}]去[tɕʻyəʔ^{3}]断[səʔ^{423}]谝[pʻiʌʔ^{3}]复复兴[fəʔ^{3}]

襄垣方言：只只有[tsəʔ^{3}]个[kəʔ^{3}]塑[suəʔ^{5}]唆[suəʔ^{3}]做[tsuəʔ^{5}]我[uəʔ^{5}]啰[luəʔ^{5}]复复兴[fəʔ^{3}]喉[xəʔ^{3}]蟹[ɕiəʔ^{3}]驼[tʻuəʔ^{3}]

黎城方言：做[tsuəʔ^{2}]婿[ɕyəʔ^{43}]个[kəʔ^{2}]去[cʻyəʔ^{2}]断[səʔ^{2}]唆[suəʔ^{2}]置[tɕiəʔ^{43}]馍[məʔ^{43}]啰[luəʔ^{43}]贺[xʌʔ^{2}]蟹[ɕiəʔ^{2}]驼[tʻuəʔ^{2}]葫[xuəʔ^{2}]

平顺方言：个[kəʔ^{2}]去[kʻəʔ^{2}]只只有[tɕiəʔ^{212}]置[tɕiəʔ^{2}]唆[suəʔ^{2}]做[tsəʔ^{2}]断[səʔ^{2}]啰[luəʔ^{212}]复复兴[fəʔ^{2}]焙[pəʔ^{2}]葫[xuəʔ^{212}]贺[xʌʔ^{2}]

潞城方言：置[tɕiəʔ^{12}]做[tsəʔ^{43}]个[kəʔ^{12}]断[səʔ^{43}]去[tɕʻyəʔ^{12}]唆[suəʔ^{43}]啰[luəʔ^{12}]贺[xʌʔ^{43}]

长治方言：届[tɕiəʔ^{54}]蝌[kʻəʔ^{54}]断[səʔ^{54}]戊[uəʔ^{54}]赂[luəʔ^{54}]葫[xuəʔ^{54}]复复兴[fəʔ^{54}]焙[pəʔ^{54}]

屯留方言：砌[tɕʻiəʔ^{45}]唆[suəʔ^{45}]断[səʔ^{54}]只只有[tsəʔ^{45}]个[kəʔ^{45}]去[tɕʻyəʔ^{54}]啰[luəʔ^{54}]复复兴[fəʔ^{54}]

长子方言：做[tsuəʔ^{4}]唆[suəʔ^{4}]塑[suəʔ^{212}]个[kəʔ^{212}]置[tsəʔ^{4}]去[kʻəʔ^{4}]断[səʔ^{4}]只只有[tsəʔ^{4}]啰[luəʔ^{4}]复复兴[fəʔ^{212}]焙[pəʔ^{4}]喉[xuəʔ^{4}]

长治县方言：做[tsuəʔ^{21}]诉[suəʔ^{21}]置[tsəʔ^{21}]个[kəʔ^{21}]股[kuəʔ^{21}]断[səʔ^{21}]唆[suəʔ^{21}]只只有[tsəʔ^{21}]啰[luəʔ^{21}]那[nəʔ^{21}]复复兴[fəʔ^{21}]焙[pəʔ^{21}]蟹[ɕiəʔ^{21}]驼[tʻuəʔ^{21}]喉[xuəʔ^{21}]葫[xuəʔ^{21}]

壶关方言：拘[cyəʔ^{21}]股[kuəʔ^{21}]他[tʻəʔ^{2}]去[kʻəʔ^{2}]断[ʂəʔ^{2}]置[tʃiəʔ^{2}]个[kəʔ^{21}]唆[ʂuəʔ^{21}]做[tʂəʔ^{2}]馍[məʔ^{2}]啰[luəʔ^{21}]焙[pəʔ^{2}]复复兴[fəʔ^{2}]喉[xəʔ^{2}]驼[tʻuəʔ^{2}]葫[xuəʔ^{21}]

陵川方言：置[tʂəʔ^{3}]做[tʂəʔ^{3}]砌[tɕʻieʔ^{23}]只只有[tɕieʔ^{23}]断[ʂəʔ^{3}]唆[ʂuəʔ^{3}]个[kəʔ^{23}]啰[luəʔ^{23}]那[nəʔ^{3}]葫[xuəʔ^{3}]

高平方言：塑[ʂuəʔ^{22}]断[ʂəʔ^{22}]做[tʂəʔ^{22}]个[kəʔ^{22}]馍[məʔ^{22}]复复兴[fəʔ^{22}]壶[xuəʔ^{22}]喉[kəʔ^{22}]

晋城方言：唆[ʂuəʔ^{22}]做[tʂəʔ^{22}]置[tʂəʔ^{22}]只只有[tʂəʔ^{22}]砌[tɕʻiəʔ^{22}]塑[ʂuəʔ^{22}]断[ʂəʔ^{22}]内[nəʔ^{22}]啰[luəʔ^{22}]复复兴[fəʔ^{22}]葫[xuəʔ^{22}]驼[tʻuəʔ^{22}]祈[tɕʻiəʔ^{22}]

阳城方言：屉[tʻiəʔ^{12}]砌[tɕʻiəʔ^{12}]蜕[tʻuəʔ^{12}]只只有[tʂəʔ^{12}]断[səʔ^{12}]帚[tʂuəʔ^{12}]喉[xəʔ^{12}]篦[piəʔ^{12}]蟹[ɕiəʔ^{12}]

观察以上各方言舒声促化字（包括舒促两读字）的读音，我们可以发现各方言的舒声字促化后声母一般都不发生变化，韵母和声调都要发生变化。韵母的变化规律是介音不变，韵母的韵基变为方言中已有的入声韵母，一般都变为[əʔ]。声调的变化规律是如果方言中只有一个入声调，那么，舒声字促化后声调就变成这个入声调，如果方言中有两个入声调，那么，舒声字促化后则无规律地分派到这两个入声调中。

（二）各方言舒声促化字声韵调的中古来源考察

在对以上各方言舒声促化字全面调查描写的基础上，本部分主要考察舒声促化字（包括舒促两读字）在中古清浊声母、中古韵摄以及中古声调中的分布情况，对各方言舒声促化字进行相应的分类统计，从而了解晋东南晋语舒声促化字声韵调的中古来源情况。

首先，从中古声母清浊的角度来看，舒声促化字中清声母字最多，其次是全浊声母字，次浊声母字最少。见表 3.9。

表 3.9　　**舒声促化字总数及其在中古清浊声母中的分布数量表**

	促化字总数	清声母	次浊声母	全浊声母		促化字总数	清声母	次浊声母	全浊声母
壶关	25	15	2	8	潞城	16	12	1	3
长治县	24	13	3	8	襄垣	16	10	2	4
长治	22	13	3	6	屯留	15	11	1	3
黎城	22	12	3	7	武乡	15	12	0	3
沁县	20	13	1	6	高平	15	9	1	5
平顺	19	11	1	7	沁源	14	9	0	5
长子	19	13	1	5	陵川	14	9	2	3
晋城	19	11	2	6	阳城	13	8	0	5

其次，从舒声促化字的中古韵摄来源上看，主要来源于阴声韵，而且集中在果摄、遇摄和止摄上，蟹摄、效摄、流摄舒声促化字较少甚至没有，假摄、山摄、宕摄只在个别方言中有舒声促化字，其余韵摄中在各方言中都没有舒声促化字。见表 3.10。

表 3.10　　舒声促化字在中古各韵摄中的分布数量表

	果	假	遇	蟹	止	效	流	咸	深	山	臻	宕	江	曾	梗	通
壶关	8	0	8	1	4	1	3	0	0	0	0	0	0	0	0	0
长治县	7	0	7	4	5	0	1	0	0	0	0	0	0	0	0	0
长治	3	3	6	2	4	1	2	0	0	0	0	1	0	0	0	0
黎城	7	0	9	1	3	1	1	0	0	0	0	0	0	0	0	0
沁县	3	0	8	0	6	1	1	0	0	1	0	0	0	0	0	0
平顺	5	0	7	1	5	0	1	0	0	0	0	0	0	0	0	0
长子	5	0	7	1	5	0	1	0	0	0	0	0	0	0	0	0
晋城	5	0	6	2	5	1	0	0	0	0	0	0	0	0	0	0
潞城	6	0	5	0	4	1	0	0	0	0	0	0	0	0	0	0
襄垣	7	0	3	1	3	1	1	0	0	0	0	0	0	0	0	0
屯留	4	0	5	1	4	1	0	0	0	0	0	0	0	0	0	0
武乡	3	0	5	0	5	0	1	0	0	1	0	0	0	0	0	0
高平	4	0	7	0	3	0	1	0	0	0	0	0	0	0	0	0
沁源	2	0	6	0	4	1	1	0	0	0	0	0	0	0	0	0
陵川	5	0	5	0	4	0	0	0	0	0	0	0	0	0	0	0
阳城	0	0	3	5	3	0	2	0	0	0	0	0	0	0	0	0

最后，从舒声促化字的中古声调来源上看，各方言的舒声促化字在古平声、上声和去声中都有分布，而且，在各调类中的分布数量差别不是很大。见表 3.11。

表 3.11　　舒声促化字在中古声调中的分布数量表

	平声	上声	去声		平声	上声	去声
壶关	11	7	7	潞城	5	5	6
长治县	8	6	10	襄垣	4	6	6
长治	9	7	6	屯留	5	5	5
黎城	9	5	8	武乡	2	9	4
沁县	6	9	5	高平	6	5	4
平顺	6	5	8	沁源	5	6	3
长子	6	6	7	陵川	6	3	5
晋城	8	4	7	阳城	4	4	5

综上所述，保留入声、入声舒化、舒声促化这三种现象共存于晋东南晋语中，但是，很显然，这三种现象的发展并不均衡。如果考察一下未舒化的入声字、入声舒化字和舒声促化字分别在各方言中所占的比例，就更容易理解这一点。下面以16个重点方言为例。见表3.12。

表3.12　**未舒化的入声字、入声舒化字和舒声促化字的比例**　（单位：%）

	未舒化的入声字比例	入声舒化字的比例	舒声促化字的比例		未舒化的入声字比例	入声舒化字的比例	舒声促化字的比例
沁源	92.67	7.33	0.58	屯留	92.66	7.34	0.62
沁县	94.13	5.87	0.83	长子	90.78	9.22	0.79
武乡	93.72	6.28	0.62	长治县	90.15	9.85	0.99
襄垣	94.97	5.03	0.67	壶关	91.19	8.81	1.04
黎城	91.41	8.59	0.92	陵川	91.20	8.80	0.58
平顺	90.78	9.22	0.79	高平	91.19	8.81	0.62
潞城	91.61	8.39	0.67	晋城	92.04	7.96	0.79
长治	88.68	11.32	0.92	阳城	92.45	7.55	0.54

注：表中未舒化的入声字比例为各方言未舒化的入声字在所调查的477个常用入声字中所占的比例，入声舒化字的比例为各方言入声舒化字在所调查的477个常用入声字中所占的比例，舒声促化字的比例为各方言舒声促化字在所调查的2404个常用舒声字中所占的比例。

从表3.12可以看出，与入声舒化字所占的比例相比，舒声促化字所占的比例相当少。可见，在晋东南晋语中，虽然存在舒声促化现象，但是其不足以阻碍入声的舒化，也就是说，入声的舒化是不可阻挡的趋势。但是，与未舒化的入声字相比，入声舒化字所占的比例则还是相对较少，这体现出入声的舒化是一个相当漫长的过程，正如温端政先生（1986）所说，"入声作为晋语的基本特点，将在相当长的时期内继续存在下去"①。

① 温端政：《试论山西晋语的入声》，《中国语文》1986年第2期。

第四章　语流音变

第一节　两字组连读变调

本节讨论的两字组连读变调不包括轻声、儿尾变调、儿化变调、子尾变调、z变调，这几项我们称之为特殊变调，下节讨论。本节主要以重点调查的 16 个方言为研究对象，把两字组连读变调分为非叠字组连读变调和叠字组连读变调来分别讨论。

一　非叠字组连读变调

（一）各方言非叠字组连读变调的情况

为了便于描写、认识各方言非叠字组连读变调的基本情况，下面按照各方言今单字调调类数的多少来依次对其进行描写和分析。

1. 四调类方言的连读变调情况

四调类方言包括高平和晋城方言，下面对其连读变调情况分别讨论。

（1）高平方言的连读变调情况

高平方言的连读变调情况见表 4.1。

表 4.1　　高平方言的连读变调情况

前字＼后字	平声 33		上声 212	去声 53	入声ʔ22
	清平	浊平			
平声 33	—		—	—	—

续表

前字＼后字	平声 33		上声 212	去声 53	入声ʔ22
	清平	浊平			
上声 212	—		212+53 非 v　— v	—	—
去声 53	—	53+35	35+212 非 v　— v	35+33	35+ʔ22
入声ʔ22	—		—	—	—

注：①“v”表示述宾结构，“非 v”表示非述宾结构，下同。②“—”表示不变调，下同。

如表 4.1 所示，高平方言中共有十六种连调组合，根据连读变调的情况可将其分为以下五类：

①十一组前后字都不变调。例如：上声＋平声“眼红 iæ^{212} xuə̃ŋ^{33}”。

②一组前字变调后字不变调。只有“去声＋入声”一组，如“教室 ciɔo$^{53\text{-}35}$ ʂəʔ^{22}”。

③一组前后字都变调。只有“去声＋去声”一组，如“后路 xʌu$^{53\text{-}35}$ lu$^{53\text{-}33}$”。

④两组的变调与语法结构有关。这两组是“上声＋上声”和“去声＋上声”。在述宾结构中，字组前后字都不变调，如“举手 ci^{212} ʂʌu^{212}”、“放火 fɒ̃^{53} xuɤ^{212}”，非述宾结构中，“上声＋上声”的后字调值变为 53，前字不变调，如“软米$_{\text{黏米}}$ ʐuæ^{212} mi$^{212\text{-}53}$”，“去声＋上声”的前字调值变为 35，后字不变调，如“政府 tʂə̃ŋ$^{53\text{-}35}$ fu^{212}”。

⑤一组的变调与后字古声母的清浊有关。只有“去声＋平声”一组。当前字为去声，后字为浊平时，则前字不变调，后字调值变为 35，如“菜园 tʂ‘ɛe^{53} iæ$^{33\text{-}35}$”“下棋 ɕiɑ^{53} c‘i$^{33\text{-}35}$”，当后字为清平时，则前后字都不变调，如“细丝 si^{53} ʂʅ^{33}”“树根 ʂu^{53} kẽ^{33}”。

（2）晋城方言的连读变调情况

晋城方言的连读变调情况[①]见表 4.2。

① 晋城方言中非叠字组连读变调的情况来源于《晋城方言志》（沈慧云 1983）。

表 4.2　　　　　　　　　　**晋城方言的连读变调情况**

前字＼后字		阴平 33	阳平上 113		去声 53	入声ʔ22
			阳平	上声		
阴平 33		—	— v 33+22 非 v	—	—	—
阳平上 113	阳平	35+33	35＋113	35+113	11+53	11+ʔ22
	上声	11+33	35+113 11+22	35+113	11+53	11+ʔ22
去声 53		—	—	—	—	—
入声ʔ22		—	— 非 v /v ʔ22+22 非 v	—	—	—

如表 4.2 所示，如果暂时把阳平和上声分开，晋城方言应当有二十五种连调组合，根据连读变调的情况可将其分为以下四类：

①十三组前后字都不变调。例如：阴平＋阴平“阴天 iə̃n^{33} tʻiɛ^{33}”。

②九组前字变调后字不变调。例如：阳平＋阴平“毛巾 mɔo$^{113-35}$ tɕiə̃n^{33}”。

③两组的变调与其语法结构有关。这两组分别是“阴平＋阳平”和“上声＋阳平”。在“阴平＋阳平”的组合中，述宾结构前后字都不变调，如“耕田 kẽ^{33} tʻiɛ^{113}”，非述宾结构前字不变调，后字调值变为 22，如“工钱 kuoŋ^{33} tɕʻiɛ$^{113-22}$”。在“上声＋阳平”的组合中，述宾、介宾、主谓和偏正结构的前字调值变为 35，后字不变调，如“省钱 ʂẽ$^{113-35}$ tɕʻiɛ^{113}”“以前 i$^{113-35}$ tɕʻiɛ^{113}”“耳聋 ər$^{113-35}$ luoŋ^{113}”“很长 xẽ$^{113-35}$ tʂʻɒ̃^{113}”，其他结构的前字调值变为 11，后字调值变为 22，如“火炉 xuʌ$^{113-11}$ lu$^{113-22}$”“改良 kᴇ$^{113-11}$ liɒ̃$^{113-22}$”。

④一组的变调既与语法结构有关，又与其前后字古声母的清浊有关。只有“入声＋阳平”一组。述宾结构前后字都不变调，如“杀人ʂᴀʔ^{22} ʐẽ^{113}”，非述宾结构的变调与前后字古声母清浊有关：前字为全浊入时，前后字都不变调，如“十本 ʂəʔ^{22} pẽ^{113}”；前字为次浊入时，前字不变调，后字调值变为 22，如“月明 yᴀʔ^{22} mi$^{113-22}$”；前字为清入，后字为次浊平时，前字不变调，后字调值也变为 22，如“鲫鱼 tɕiəʔ^{22} y$^{113-22}$”；前字为清入，后字为全浊平时，前字不变调，后字调值或变为 22，如“国旗 kuəʔ^{22} tɕʻi$^{113-22}$”，或

不变，如“黑糖 xʌʔ^{22} t'ɒ̃^{113}”。

由此可见，晋城方言的连读变调主要发生在各调类与阳平上的组合中。在单字调系统中，阳平和上声已经合流，但在连读变调系统中，多数情况下二者的连调式不同，其变调的具体情况不仅涉及古声母的清浊还涉及语法结构。

2. 五调类方言的连读变调情况

五调类方言包括沁县和阳城方言，下面对其连读变调情况分别讨论。

（1）沁县方言的连读变调情况

沁县方言的连读变调情况见表 4.3。

表 4.3 沁县方言的连读变调情况

后字 / 前字		阴平上 213		阳平 33	去声 55	阴入ʔ4	阳入ʔ213
		阴平	上声				
阴平上 213	阴平	22+213	22+213	22+33	21+55	22+ʔ4	22+ʔ213
	上声	41+213	13+213	41+33	41+55	41+ʔ4	13+ʔ213
阳平 33		—	—	—	—	—	—
去声 55		55+31 非 v — v	55+31 非 v — v	—	—	—	55+ʔ31 非 v — v
阴入ʔ4		—	—	—	—	—	—
阳入ʔ213		—	—	—	—	—	—

如表 4.3 所示，如果暂时把阴平和上声分开，沁县方言应当有三十六种连调组合，根据连读变调的情况可将其分为以下三类：

①二十一组前后字都不变调。如：阳平＋阳平“农民 nuŋ^{33} miŋ^{33}”。

②十二组前字变调后字不变调。主要集中在阴平和上声分别做前字的组合中，例如阴平＋阳平“清明 tɕ'iŋ$^{213-22}$ miŋ^{22}”。

③三组的变调与语法结构有关。这三组分别为“去声＋阴平”“去声＋上声”“去声＋阳入”，其变调情况是：述宾结构中，前后字都不变调，如“看书 k'an^{55} su^{213}”“动手 tuŋ^{55} səu^{213}”“放毒 fɔ̃^{55} tuəʔ^{213}”；非述宾结构中，前字不变调，后字调值变为 31，如“电灯 tɪ^{55} təŋ$^{213-31}$”“部长 pu^{55} tsɔ̃$^{213-31}$”

"汉族 xan^{55} tsuəʔ$^{213-31}$"。

由此可见，沁县方言的连读变调主要集中在阴平上分别做前后字的组合中。在单字调系统中，阴平和上声已经合流，但在连读变调系统中，多数情况下二者的连调式不同。

（2）阳城方言的连读变调情况

阳城方言的连读变调情况见表 4.4。

表 4.4 阳城方言的连读变调情况

前字＼后字	阴平 11	阳平 13	上声 31	去声 53	入声ʔ12
阴平 11	—	—	11+212	—	—
阳平 13	—	—	13+212	—	—
上声 31	212+11	212+13	212+212	212+53	212+ʔ12
去声 53	—	—	53+212	—	—
入声ʔ12	—	—	ʔ12+212	—	—

如表 4.4 所示，阳城方言中共有二十五种连调组合，根据连读变调的情况可将其分为以下四类：

①十六组前后字都不变调。如：阴平＋阴平"抽风 tʂʻɐu^{11} fə̃n^{11}""阴天 iə̃n^{11} tʻie^{11}"。

②四组前字不变调后字变调。如：阴平＋上声"工厂 kuə̃ŋ^{11} tʂʻɑ̃ŋ$^{31-212}$""牵马 cʻie^{11} mɑ$^{31-212}$"。

③四组前字变调后字不变调。如：上声＋阳平"党员 tɑ̃ŋ$^{31-212}$ ye^{13}""有名 iɐu$^{31-212}$ miə̃n^{13}"。

④一组前后字都变调。只有"上声＋上声"一组，如"雨伞 y$^{31-212}$ sɛ̃$^{31-212}$""打水 tɑ$^{31-212}$ ʂuæ$^{31-212}$"。

由此可见，阳城方言的连读变调比较简单，主要集中在上声做前后字的组合中。

3. 六调类方言的连读变调情况

六调类方言包括沁源、武乡、襄垣、陵川、黎城、屯留、长治和长治县方言，其中，襄垣和长治县方言的变调情况非常简单。在襄垣方言中，非叠字组一般不发生变调，只有在“上声＋上声”的组合中前字调值由 213 变为 21，后字不变调，例如“洗脸 çi$^{213-21}$ liei^{213}”“彩礼 tsʻæ$^{213-21}$ li^{213}”。在长治县方言中，非叠字组一般也不发生变调，只有“入声＋阳平”一组依据语法结构的不同而发生变调：非述宾结构中，前字不变调，后字调值变为 24，如“黑门 xɑʔ^{21} məŋ$^{44-24}$”，述宾结构中，前后字都不变调，如“脱鞋 tʻuəʔ^{21} çie^{44}”。下面分别描写其余六个方言的连读变调情况。

（1）沁源方言的连读变调情况

沁源方言的连读变调情况见表 4.5。

表 4.5 **沁源方言的连读变调情况**

前字＼后字	阴平 212	阳平 33	上声 424	去声 53	阴入ʔ3	阳入ʔ32
阴平 212	21+11	—	212+42	—	—	—
阳平 33	33+21	—	33+42	—	—	—
上声 424	42+212	42+33	424+42	42+53	42+ʔ3	42+ʔ32
去声 53	53+21	—	53+42	—	—	—
阴入ʔ3	—	—	ʔ3+42	—	—	—
阳入ʔ32	—	—	ʔ32+42	—	—	—

如表 4.5 所示，沁源方言中共有三十六种连调组合，根据连读变调的情况可将其分为以下四类：

①二十二组前后字都不变调。例如：阴平＋阳平“看门 kʻæ^{212} mɑ̃^{33}”。

②八组前字不变调后字变调。例如：阴平＋上声“交款 tçiɔ^{212} kʻuæ$^{424-42}$”。

③五组前字变调后字不变调。例如：上声＋阴平“火车 xuə$^{424-42}$ tʂʻʅɛ^{212}”。

④一组前后字都变调。只有“阴平＋阴平”一组，如“交通 tçiɔ$^{212-21}$ tʻuə̃$^{212-11}$”。

（2）武乡方言的连读变调情况

武乡方言的连读变调情况见表 4.6。

表 4.6　　　　　　　　　武乡方言的连读变调情况

前字＼后字	阴平 113	阳平 33	上声 213	去声 55	阴入ʔ3	阳入ʔ423
阴平 113	①113+33	①—	113+31	—	—	—
阳平 33	②33+33	②—	33+31	—	—	—
上声 213	211+113	211+33	213+31	211+55	211+ʔ3	211+ʔ42
去声 55	—	—	55+31	53+55	—	—
阴入ʔ3	③ʔ3+33	③—	④ʔ3+31	—	—	⑤ʔ3+ʔ42
阳入ʔ423	—	—	④ʔ3+31	—	—	⑤ʔ3+ʔ42

注：表中①②③等序号分别表示该方言中同音合并的连调式。下同。

如表 4.6 所示，武乡方言中共有三十六种连调组合，根据连读变调的情况可将其分为以下四类：

①十九组前后字都不变调。例如：阴平＋阳平“清明 tɕʻiɐŋ^{113} miɐŋ^{33}”。

②五组前字变调后字不变调。例如：上声＋阴平“起身 tsʻɿ$^{213-211}$ sɐŋ^{113}”。

③三组前字变调后字也变调。例如：阳入＋上声“白纸 piʌʔ$^{423-3}$ tsɿ$^{213-31}$”。

④九组前字不变调后字变调。例如：阴平＋阴平“春天 tsʻuɐŋ^{113} tʻei$^{113-33}$”。

（3）陵川方言的连读变调情况

陵川方言的连读变调情况见表 4.7。

表 4.7　　　　　　　　　陵川方言的连读变调情况

前字＼后字	阴平 33	阳平 53	上声 213	去声 24	阴入ʔ3	阳入ʔ23
阴平 33	—	—	—	—	—	—
阳平 53	—	—	—	—	—	—
上声 213	211+33	211+53	13+213	211+24	211+ʔ3	211+ʔ23
去声 24	—	—	—	—	—	—
阴入ʔ3	—	—	—	—	—	—
阳入ʔ23	—	—	—	—	—	—

如表 4.7 所示，陵川方言有三十六种连调组合，根据连读变调的情况可将其分为以下两类：

①三十组前后字都不变调。例如：阳平＋阴平“洋灰 $iaŋ^{53}$ $xuei^{33}$”。

②六组前字变调后字不变调，集中在上声做前字的组合中，当后字为非上声时，前字上声调值变为 211，如：上声＋阴平“火车 $xuo^{213\text{-}211}$ $tɕʻie^{33}$”，当后字为上声时，前字上声调值变为 13，如：“小米 $ɕiɑo^{213\text{-}13}$ mi^{213}”。

（4）黎城方言的连读变调情况

黎城方言的连读变调情况见表 4.8。

表 4.8 黎城方言的连读变调情况

后字 前字	阴平 33	阳平去 53	上声 212	去声 353	阴入ʔ2	阳入ʔ43
阴平 33	—	①—	—	①33+53	—	—
阳平去 53	③—	②—非 v 24+53 v	④—	②53+53	⑧—	⑨—非 v 53+ʔ4 v
上声 212	—	⑤—	—	⑤212+53	—	—
去声 353	③53+33	②53+53	④53+212	②53+53	⑧53+ʔ2	⑨53+ʔ43
阴入ʔ2	—	⑥—	—	⑥ʔ2+53	—	—
阳入ʔ43	—	⑦—	—	⑦ʔ43+53	—	—

如表 4.8 所示，黎城方言中共有三十六种连调组合，根据连读变调的情况可将其分为以下五类：

①二十三组前后字都不变调。例如：阴平＋阴平“开花 $kʻᴇ^{33}$ xua^{33}”。

②五组前字变调后字不变调。例如：去声＋阳平去“挂面 $kua^{353\text{-}53}$ $miᴇ^{53}$”。

③五组前字不变调后字变调。例如：上声＋去声“买菜 $mæ^{212}$ $tsʻᴇ^{353\text{-}53}$”。

④一组前后字都变调。只有“去声＋去声”一组，如“菜价 $tsʻᴇ^{353\text{-}53}$ $cia^{353\text{-}53}$”。

⑤两组的变调与语法结构有关。这两组是“阳平去＋阳平去”和“阳平去＋阳入”，其变调情况为：非述宾结构中，前后字都不变调，如“稠饭

tsʻəu^{53} fæ^{53}” “茶叶 tsʻa^{53} iʌʔ^{43}”。述宾结构中，“阳平去＋阳平去”，前字调值变为 24，后字不变调，如“和面 xuɤ$^{53-24}$ miᴇ^{53}”，“阳平去＋阳入”，前字不变调，后字调值变为 4，如“迎客 iŋ^{53} kʻʌʔ$^{43-4}$”。

连调式中同音合并的现象多集中在阳平去和去声分别做前后字的组合中。

（5）屯留方言的连读变调情况

屯留方言的连读变调情况见表 4.9。

表 4.9 屯留方言的连读变调情况

前字＼后字	阴平 313	阳平去 13	上声 534	去声 53	阴入ʔ45	阳入ʔ54
阴平 313	①31+31	31+13	①31+31	31+53	31+ʔ45	31+ʔ54
阳平去 13	②13+31	—	②13+31	—	—	—
上声 534	③53+31	53+13	35+31	⑥53+53	53+ʔ45	53+ʔ54
去声 53	③53+31	—	③53+31	⑥—	—	—
阴入ʔ45	④ʔ45+31	—	④ʔ45+31	—	—	—
阳入ʔ54	⑤ʔ54+31	—	⑤ʔ54+31	—	—	—

如表 4.9 所示，屯留方言中共有三十六种连调组合，根据连读变调的情况可将其分为以下四类：

①十六组前后字都不变调。例如：阳平去＋阳平去“油壶 iəu^{13} xu^{13}”。

②八组前字变调后字不变调。例如：阴平＋去声“三对 san$^{313-31}$ tuei^{53}”。

③四组前后字都变调。例如：阴平＋阴平“阴天 in$^{313-31}$ tʻian$^{313-31}$”。

④八组前字不变调后字变调。例如：阳平去＋上声“朋友 pʻəŋ^{13} iəu$^{534-31}$”。

连调式中同音合并的现象多集中在以阴平和上声分别做后字的组合中。

（6）长治方言的连读变调情况

长治方言的连读变调情况见表 4.10。

表 4.10 **长治方言的连读变调情况**

前字＼后字	阴平 213	阳平 24	上声 535	阴去 44	阳去 53	入声ʔ54
阴平 213	213＋53 ②35＋213	—	①35+535	—	—	—
阳平 24	24+53 非 v —非 v /v	—	①35+535	—	—	—
上声 535	③—	—	③535+213 非 v ①35+535 v	—	—	—
阴去 44	—	—	①35+535	—	—	—
阳去 53	—非 v /v ②35+213 非 v	—非 v /v ④35+53 非 v	①35+535	—非 v /v ④35+53 非 v	—	—非 v /v 35+ʔ54 非 v
入声ʔ54	⑤ʔ44+44 —	⑤ʔ44+44 —	—	—非 v ⑤ʔ44+44 v	—	—

如表 4.10 所示，长治方言中共有三十六种连调组合，根据连读变调的情况可将其分为以下四类：

①ｒ 十二组前后字都不变调。例如：阳平＋阳平“胡芹 xu^{24} $tɕʻiŋ^{24}$”。

②四组前字变调后字不变调。这四组分别为“阴平＋上声”“阳平＋上声”“阴去＋上声”“阳去＋上声”，如“村长 $tsʻuŋ^{213\text{-}35}$ $tsaŋ^{535}$”“摇腿 $iɔ^{24\text{-}35}$ $tʻuei^{535}$”“放火 $faŋ^{44\text{-}35}$ $xuə^{535}$”“柿饼 $sɿ^{53\text{-}35}$ $piŋ^{535}$”。

③七组的变调与语法结构有关。这七组分别是“上声＋上声”“入声＋阴去”“阳去＋阴平”“阳去＋阳平”“阳去＋阴去”“阳去＋入声”“阳平＋阴平”，其变调的情况分别如下：

在“上声＋上声”的组合中，述宾结构的前字调值变为 35，后字不变调，如“洗脸 $ɕi^{535\text{-}35}$ $liaŋ^{535}$”，非述宾结构的前字不变调，后字调值变为 213，如“小米 $ɕiɔ^{535}$ $mi^{535\text{-}213}$”。

在“入声＋阴去”的组合中，述宾结构的前字调值变为ʔ44，后字不变调，如“切菜 $tɕʻiəʔ^{54\text{-}44}$ $tsʻæ^{44}$”，非述宾结构的前后字都不变调，如“白菜 $piəʔ^{54}$ $tsʻæ^{44}$”。

在阳去做前字，阴平、阳平、阴去和入声分别做后字的组合以及“阳平＋阴平”的组合中，述宾结构前后字都不变调，非述宾结构都有两种变调式，但没有明显的规律。比如同是“阳去＋阴平”，在非述宾结构中，有的前后字都不变调，如“右边 iəu^{53} piaŋ^{213}”，有的前字调值变为 35，后字不变调，如“大车 tɑ$^{53-35}$ ts‘ə^{213}”。

④在“阴平＋阴平”“入声＋阴平”“入声＋阳平”的组合中，都有两种连调式，但没有明显的规律。如“公鸡 kuŋ^{213} tɕi$^{213-53}$”“生姜 səŋ$^{213-35}$ tɕiaŋ^{213}”“北瓜 pəʔ$^{54-44}$ kuɑ$^{213-44}$”“铁锅 t‘iəʔ^{54} kuə^{213}”“铁匙 t‘iəʔ^{54} sɿ$^{24-44}$”“脱鞋 t‘uəʔ^{54} ɕiᴇ^{24}”“杂粮 tsəʔ^{54} liaŋ^{24}”。

4. 七调类方言的连读变调情况

七调类方言包括潞城、平顺、壶关和长子方言。下面分别描写这些方言的连读变调情况。

（1）潞城方言的连读变调情况

潞城方言的连读变调情况见表 4.11。

表 4.11 潞城方言的连读变调情况

前字＼后字	阴平 213	阳平 13	上声 434	阴去 53	阳去 343	阴入 ʔ12	阳入 ʔ43
阴平 213	51+213 非 v ①13+213 v	—	213+43 非 v 33+434 v	—	—	—	—
阳平 13	13+51 非 v ①— v	—	13+43 非 v — v	—	—	13+ʔ51 非 v 13+ʔ22 v	—
上声 434	—	—	34+43 非 v ②35+434 v	—	—	—	—
阴去 53	—	—	—	—	—	—	—
阳去 343	—	—	35+43 非 v ②35+434 v	35+53 非 v 44+53 v	—	—	—
阴入 ʔ12	—	—	—	—	—	—	—
阳入 ʔ43	—	ʔ35+13 非 v ʔ44+313v	—	—	—	—	ʔ44+ʔ212 非 v ʔ35+ʔ43 v

如表 4.11 所示，潞城方言中共有四十九种连调组合，根据连读变调的情况可将其分为以下两类：

①三十九组前后字都不变调。例如：阴平＋阳平“关门 kuæ̃[213] mẼ[13]”。

②十组的变调与语法结构有关。例如“阴平＋阴平”的变调：述宾结构中，前字调值变为 13，后字不变调，如“浇花 tɕiɔ[213-13] xuɑ[213]”，非述宾结构中，前字调值变为 51，后字不变调，如“东风 tuŋ[213-51] fəŋ[213]”。

（2）平顺方言的连读变调情况

平顺方言的连读变调情况见表 4.12。

表 4.12　**平顺方言的连读变调情况**

前字 \ 后字	阴平 313	阳平 22	上声 424	阴去 353	阳去 53	阴入 ʔ2	阳入 ʔ212
阴平 313	—	—	33+53 非 v 33+424 v	—	—	—	—
阳平 22	22+33 非 v — v	—	—	—	—	—	—
上声 424	—	—	424+42 非 v 44+424 v	43+53 非 v 43+353v	—	—	—
阴去 353	—	—	—	35+33 非 v 53+353 v	—	—	—
阳去 53	—	—	—	55+53 非 v — v	—	—	55+ʔ2 非 v 55+ʔ21 v
阴入 ʔ2	ʔ2+33 非 v — v	—	—	ʔ2+53 非 v — v	—	—	—
阳入 ʔ212	ʔ212+33 非 v — v	ʔ21+22 非 v — v	—	—	—	—	—

如表 4.12 所示，平顺方言中共有四十九种连调组合，根据连读变调的情况可将其分为以下两类：

①三十八组前后字都不变调。例如：阴平＋阴平“东风 tuŋ[313] fəŋ[313]”。

②十一组的变调与语法结构有关。例如“阴平＋上声”的变调：述宾结构中，前字调值变为 33，后字不变调，如“浇水 ciɔ$^{313-33}$ suei^{424}”；非述宾结构中，前字调值变为 33，后字调值变为 53，如“辛苦 siẼ$^{313-33}$ kʻu$^{424-53}$”。

（3）壶关方言的连读变调情况

壶关方言的连读变调情况见表 4.13。

表 4.13 **壶关方言的连读变调情况**

后字 前字	阴平 33	阳平 13	上声 535	阴去 42	阳去 353	阴入 ʔ2	阳入 ʔ21
阴平 33	33+13 非 v — v	—	33+53 非 v — v	—	—	—	—
阳平 13	13+31 非 v — v	—	—	—	—	—	—
上声 535	—	—	35+535 非 v 35+53 v	—	—	—	—
阴去 42	—	—	—	—	—	—	—
阳去 353	—	—	—	—	—	—	—
阴入ʔ2	—	—	ʔ2+53 非 v — v	— 非 v ʔ2+33 v	—	—	—
阳入ʔ21	—	— 非 v ʔ21+33 v	—	—	—	—	—

如表 4.13 所示，壶关方言中共有四十九种连调组合，根据连读变调的情况可将其分为以下两类：

①四十二组前后字都不变调。例如：上声＋阴平“点灯 tiaŋ^{535} təŋ^{33}”。

②七组的变调与语法结构有关。例如“阴平＋阴平”的变调：述宾结构中，前后字都不变调，如“搬家 paŋ^{33} cia^{33}”；非述宾结构中，前字不变调，后字调值变为 13，如“公鸡 kuŋ^{33} ci$^{33-13}$”。

（4）长子方言的连读变调情况

长子方言的连读变调情况见表 4.14。

表 4.14　　长子方言的连读变调情况

前字＼后字	阴平 213	阳平 24	上声 324	阴去 45	阳去 53	阴入 ʔ4	阳入 ʔ212
阴平 213	①213+24 非 v — v	①—	—	213+53 非 v — v	—	—	—
阳平 24	—	—	—	—	—	—	—
上声 324	—	②324+213 非 v — v	②324+213 非 v — v	—	—	—	—
阴去 45	—	45+213 非 v — v	—	—	—	—	—
阳去 53	—	—	—	35+53 非 v 35+45 v	—	—	—非 v 35+ʔ212 v
阴入ʔ4	—	—	—	③ʔ4+53 非 v — v	③—	—	—
阳入 ʔ212	—	—	—	—	—	—	—

如表 4.14 所示，长子方言中共有四十九种连调组合，根据连读变调的情况可将其分为以下两类：

①四十一组前后字都不变调。例如：阴去＋阴平“半天 pæ̃^{45} tʻiæ̃^{213}”。

②八组的变调与语法结构有关。例如“阴平＋阴平”的变调：述宾结构中，前后字都变调，如“开仓 kʻai^{213} tsʻɑŋ^{213}”，非述宾结构中，前字不变调，后字调值变为 24，如“飞机 fei^{213} tɕi$^{213\text{-}24}$”。

由此可见，七调类方言的连读变调的显著特点是按照语法结构的不同而发生变调，而且，阳去、阴入、阳入做后字一般都不变调。

（二）非叠字组连读变调的特点

通过以上对各重点方言非叠字组连读变调情况的描写，总体上看，其主要有以下几个特点：

第一，在一些方言中存在单字调中已经合并的调类在连读变调中可以区别开来的现象，曹志耘先生（2002）称之为“调类复原”现象，即

“在单字调里已经合并成一类了的几个古调类，在连调中仍旧存在某种区别”[①]。比如，如前所述，晋城方言中，阳平和上声在单字调系统中已经合并，但在连读变调中可以把二者区别开来。沁县方言的阴平和上声在单字调系统中已经合并，但在连读变调中也可以把二者区别开来。这些方言事实都说明单字调和连读变调的发展具有不平衡性。（关于此问题，在第三章第一节中已有讨论，此不赘述。）

第二，在四调类、五调类方言中没有连调式合并的现象，在六调类的一些方言中连调式合并的现象相对较多，在七调类方言中连调式合并的现象相对较少。比如，在六调类的屯留方言中，共有36种连调组合，其中，共有“阴平＋阴平”与“阴平＋上声”、“阳平去＋阴平”与“阳平去＋上声”、“阴入＋阴平”与“阴入＋上声”、“阳入＋阴平”与“阳入＋上声”、“上声＋去声”与“去声＋去声”、“上声＋阴平”与“去声＋阴平”和“去声＋上声”六组有合并现象。而在七调类的潞城方言中，共有49种连调组合，其中，仅有“阴平＋阴平”与“阳平＋阴平”、“上声＋上声”与“阳去＋上声”两组存在连调式合并的现象，而且，还要受字组语法结构的制约，比如在“阴平＋阴平”和“阳平＋阴平”的组合中，其连调式只有在述宾结构中才合并，在非述宾结构中不合并。

在一些连调式发生合并的方言中，同一方言中不同组合的连调式的合并势必会造成单字调调值不同的字在特定组合的连调中调值变得相同。比如，如前文所述，屯留方言中连调式的合并多集中在以阴平和上声做后字的组合中，这就使得单字调系统中有分别的阴平和上声字的调值在这些组合的连调中变得相同。如“弯 uan^{313}”和“晚 uan^{534}”，单字调调值不同，但是，在“阴入＋阴平”和“阴入＋上声”的连调中，二者调值相同，都变为31，如“不弯 $pəʔ^{45}$ $uan^{313\text{-}31}$”和“不晚 $pəʔ^{45}$ $uan^{534\text{-}31}$”。

第三，在七调类方言中，其连读变调都表现为语法变调，即“由特定的语法结构关系而产生的变调”[②]。一般情况下，述宾结构的变调与非述宾结构的变调不同，而且，在大多数方言中，不管前字是否变调，述宾结构的后字都不变调，而非述宾结构的前后字是否发生变调在各方言中的一致

① 曹志耘：《南部吴语语音研究》，商务印书馆2002年版，第109页。
② 同上书，第108页。

性不如述宾结构，其变调情况多样：或前字变调，后字不变调，如长子方言中“阳去（53）＋阳去（53）”的变调式为“35＋53”。或前字不变调，后字变调，如壶关方言中“阴平（33）＋阴平（33）”的变调式为“33＋13”。或前后字都变调，如平顺方言中“阴平（313）＋上声（424）”的变调式为“33＋53”。或前后字都不变调，如长子方言中“阳去（53）＋阳入（ʔ212）”变调式仍为“53＋ʔ212”。

而在六调类方言中，除长治、黎城和长治县方言中有语法变调外，其余方言的连读变调中都没有语法变调，在四调类和五调类方言中，除阳城方言中没有语法变调外，其余方言包括高平、晋城和沁县方言的连读变调中都有语法变调。在四调类、五调类和六调类有语法变调的方言中，其连读变调并不都是语法变调，有些连读变调还涉及调类组合、前后字的古声母清浊等因素，而七调类方言的连读变调中，如前所述，只有语法变调。

第四，据李小凡先生（2004），在所考察的108个官话方言中，其中88个方言的调类系统中都含有曲折调，这些曲折调基本上都会发生共时平面上的语音变调。[①]而在晋东南晋语的16个重点方言中，曲折调在共时平面上是否发生语音变调在各调类方言中的情况并不一致。

在四调类和五调类的方言中，阳城方言中没有曲折调，高平方言的上声（212）为曲折调，但不发生变调，晋城方言的曲折调阳平上（113）和沁县方言的曲折调阴平上（213）虽然在连读变调系统中都发生了变调，但是，如前所述，其变调的性质属于“调类复原”，并不属于单纯共时平面上的变调。在七调类方言中，如前所述，其变调都表现为语法变调，因此，不存在曲折调在共时平面上发生语音变调的现象。在六调类方言中，长治县方言中，只有“入声＋阳平”一组发生变调，虽然其上声（213）为曲折调，但也不发生变调，除此之外，其余方言包括长治、沁源、武乡、襄垣、陵川、屯留和黎城方言中都存在曲折调在共时平面上发生语音变调的现象，但并不是所有的曲折调都一定发生变调。比如，在武乡方言中，上声(213)和阳入(ʔ423)都为曲折调，上声不论其做前字还是做后字一般都发生变调，而阳入只在“阳入＋上声”和“阳入＋阳入”的组合中发生变调，而在别

① 这里所谓的“共时平面上的语音变调”是指：“因音节之间的语音关系而产生的变调。”（曹志耘 2002：108）

的组合中都不发生变调。而且，在发生变调的曲折调中，其变调后的调型也不一致，有些曲折调是变为降调，有些曲折调是变为升降幅度较小的降平调或低升调。前者如：沁源方言的上声（424）为曲折调，在上声做前字，阴平、阳平、去声、阴入、阳入分别做后字的组合中，前字上声都由曲折调 424 变为降调 42，在“上声＋上声”的组合中，后字上声由曲折调 424 变为降调 42。后者如：陵川方言的上声（213）为曲折调，在上声做前字，阴平、阳平、去声、阴入、阳入分别做后字的组合中，前字上声都由曲折调 213 变为降平调 211，在“上声＋上声”的组合中，前字上声由曲折调 213 变为低升调 13。由此可见，曲折调在共时平面上发生语音变调的现象主要集中在六调类的方言中。在这些方言中，有的曲折调发生变调是为了减少连调式调型的曲折度，从而达到发音上的省力而变调，如屯留方言中“阴平（313）＋阳平去（13）”的变调式为“31＋13”。有的曲折调发生变调是由于异化而变调，如长治方言中“阴平（213）＋阴平（213）”有两种变调式，或前字变调，即“35＋213”，或后字变调，即“213＋53”。

二 叠字组连读变调

在 16 个重点方言中，叠字组连读变调的情况与非叠字组连读变调的情况并不完全一致。下面我们对各方言叠字组连读变调的情况分别说明。

武乡、长治县、黎城、平顺、潞城、壶关、阳城、陵川方言中，不论叠字组的调类组合和词性如何，叠字组的前字都不变调，后字都变为轻声。以长治县方言为例，如“家家 tɕiɑ^{213} tɕiɑ^{3}”“爷爷 ie^{44} ie^{4}”“尝尝 tsʻɑŋ^{44} tsʻɑŋ^{4}”“走走 tsəu^{535} tsəu^{2}”“舅舅 tɕiəu^{22} tɕiəu^{1}”“问问 uŋ^{42} uŋ^{2}”“说说 suəʔ^{21} suəʔ^{1}”。

沁源方言中，由“阴平＋阴平”构成的重叠式形容词的前字调值变为 21，后字不变调，如“高高的 kɔ$^{212-21}$ kɔ^{212} təʔ^{2}”，由“阴平＋阴平”构成的重叠式非形容词的前字不变调，后字变为轻声，如“杯杯 pei^{212} pei^{2}”“揪揪 tɕiəu^{212} tɕiəu^{2}”，其余调类的叠字组不论词性如何，其变调的情况都是前字不变调，后字变为轻声，如“红红的 xuə̃^{33} xuə̃^{3} təʔ^{3}”“本本 pə̃^{424} pə̃^{4}”“盖盖 kɛi^{53} kɛi^{3}”“屋屋 vəʔ^{3} vəʔ^{1}”“叶叶 iaʔ^{32} iaʔ^{2}”。

沁县方言中，表示亲属称谓的“阴平上＋阴平上”的叠字组的变调与非叠字组连读变调的情况不同，其变调情况是前字调值变为 31，后字调值变为 55，如“哥哥 kɤ$^{213-31}$ kɤ$^{213-55}$”“奶奶 nɛ$^{213-31}$ nɛ$^{213-55}$”。其余情况下的叠字组变调则与非叠字组连读变调的情况一致，如“天天 tʻɪ$^{213-22}$ tʻɪ^{213}”与“飞机 fei$^{213-22}$ tɕi^{213}”、“米米 mʅ$^{213-13}$ mʅ^{213}”与“冷水 ləŋ$^{213-13}$ suei^{213}”的变调相同，“牌牌 pʻɛ^{33} pʻɛ^{33}”与“农民 nuŋ^{33} miŋ^{33}”、“泡泡 pʻɔ^{55} pʻɔ^{55}”与“大炮 ta^{55} pʻɔ^{55}”、“叔叔 suəʔ^{4} suəʔ^{4}”与“发作 fʌʔ^{4} tsuʌʔ^{4}”、“盒盒 xʌʔ^{213} xʌʔ^{213}”与“实习 səʔ^{213} ɕiəʔ^{213}”都不变调。

襄垣方言中，多数情况下，叠字组变调与非叠字组连读变调的情况一致，如“饱饱的 paŋ$^{213-21}$ paŋ$^{213-21}$ təʔ^{3}”与“小腿 ɕiaŋ$^{213-21}$ tʻuei^{213}”、“锁锁 suo$^{213-21}$ suo^{213}”与“彩礼 tsʻæ$^{213-21}$ li^{213}”的变调相同，“绳绳 səŋ^{11} səŋ^{11}”与“茶壶 tsʻa^{11} xu^{11}”、“棒棒 paŋ^{55} paŋ^{55}”与“菜价 tsʻai^{55} tɕia^{55}”、“月月 yʌʔ^{3} yʌʔ^{3}”与“日历 zə̧ʔ^{3} liəʔ^{3}”、“学学 ɕyʌʔ^{5} ɕyʌʔ^{5}”与“学习 ɕyʌʔ^{5} ɕiəʔ^{5}”都不变调。但“阴平＋阴平”的叠字组、“阳平＋阳平”的动词叠字组、表示亲属称谓的“上声＋上声”和“去声＋去声”叠字组的变调与非叠字组连读变调的情况不同，其变调的具体情况如下：“阴平＋阴平”的叠字组、“阳平＋阳平”的动词叠字组、表示亲属称谓的“上声＋上声”的叠字组的变调情况都是前字不变调，后字调值变为 55，如“妈妈 ma^{33} ma$^{33-55}$”“花花 xua^{33} xua$^{33-55}$”“敲敲 tɕʻiau^{33} tɕʻiau$^{33-55}$”“尝尝 tsʻaŋ^{11} tsʻaŋ$^{11-55}$”“奶奶 næ^{213} næ$^{213-55}$”。表示亲属称谓的“去声＋去声”的叠字组变调的情况是前字不变调，后字调值变为 11，如“弟弟 ti^{55} ti$^{55-11}$”。

屯留方言中，表示亲属关系的“上声＋上声”的叠字组的变调与非叠字组连读变调的情况不同，其变调的情况是前字调值变为 51，后字变读轻声，如“奶奶 næ$^{534-51}$ næ^{3}”。其余情况下的叠字组变调则与非叠字组连读变调的情况一致，如“天天 tʻian$^{313-31}$ tʻian$^{313-31}$”与“冬瓜 tuŋ$^{313-31}$ kua$^{313-31}$”、“想想 ɕiɑŋ$^{534-35}$ ɕiɑŋ$^{534-31}$”与“小米 ɕiɔ$^{534-35}$ mi$^{534-31}$”的变调相同，“人人 in^{13} in^{13}”与“毛驴 mɔ^{13} ly^{13}”、“泡泡 pʻɔ^{53} pʻɔ^{53}”与“菜价 tsʻæ^{53} tɕia^{53}”、“叔叔 suəʔ^{45} suəʔ^{45}”与“失策 səʔ^{45} tsʻəʔ^{45}”、“勺勺 səʔ^{54} səʔ^{54}”与“实习 səʔ^{54} ɕiəʔ^{54}”都不变调。

长治方言中，叠字组的变调主要集中在名词、动词和形容词上，其余情况下，叠字组变调与非叠字组连读变调的情况相同，如“回回 xuei^{24} xuei^{24}”与“葫芹 xu^{24} tɕʻiŋ^{24}”、“一一 iəʔ^{54} iəʔ^{54}”与“腊月 lɑʔ^{54} yəʔ^{54}”的变调情况一致。重叠式名词、重叠式动词、重叠式形容词变调的具体情况如下：

①┌ 重叠式名词和重叠式动词的变调

表示亲属称谓的重叠式名词变调的情况与重叠式动词变调的情况相同，与非叠字组连读变调的情况不同，如“姑姑 ku^{213} ku$^{213-35}$”与“听听 tʻiŋ^{213} tʻiŋ$^{213-35}$”的变调相同，与“看家 kʻɑŋ$^{213-35}$ tɕiɑ^{213}”的变调不同，“爸爸 pɑ$^{44-35}$ pɑ$^{44-35}$”与“看看 kʻɑŋ$^{44-35}$ kʻɑŋ$^{44-35}$”的变调相同，与“臭气 tsʻəu^{44} tɕʻi^{44}”的变调不同，“舅舅 tɕiəu$^{53-35}$ tɕiəu^{53}”与“问问 uŋ$^{53-35}$ uŋ^{53}”的变调相同，与“烩菜 xuei^{53} tsʻæ^{53}”的变调不同。不表示亲属称谓的重叠式名词变调的情况则与非叠字组连读变调的情况相同，如“天天 tʻiɑŋ$^{213-35}$ tʻiɑŋ^{213}”与“生姜 səŋ$^{213-35}$ tɕiɑŋ^{213} ”的变调相同，“苗苗 miɔ^{24} miɔ^{24}”与“胡芹 xu^{24} tɕʻiŋ^{24}”都不变调。

② 重叠式形容词的变调

分别由阳平、阴去、阳去构成的叠字组，前后字都不变调，如“黄黄的 xuɑŋ^{24} xuɑŋ^{24} təʔ^{3}”“细细的ɕi^{44} ɕi^{44} təʔ^{3}”“慢慢的 mɑŋ^{53} mɑŋ^{53} təʔ^{3}”。“上声＋上声”的叠字组中，前字不变调，后字变为 213，如“浅浅的 tɕʻiɑŋ^{535} tɕʻiɑŋ$^{535-213}$ təʔ^{3}”；“阴平＋阴平”和“入声＋入声”的叠字组的变调情况都是前字调值变为 53，后字调值变为 35，如“轻轻的 tɕʻiŋ$^{213-53}$ tɕʻiŋ$^{213-35}$ təʔ^{3}”“足足的 tɕyəʔ$^{54-53}$ tɕyəʔ$^{54-35}$ təʔ^{3}”。

长子方言中，动词的叠字组变调的情况与非叠字组连读变调的情况不同，其变调的情况是前字不变调，后字调值变为 53，如“敲敲 tɕʻiɔ^{213} tɕʻiɔ$^{213-53}$”“瞧瞧 tɕʻiɔ^{24} tɕʻiɔ$^{24-53}$”“想想ɕiaŋ^{324} ɕiaŋ$^{324-53}$”“看看 kʻæ̃^{45} kʻæ̃$^{45-53}$”“刷刷 suaʔ^{4} suaʔ$^{4-53}$”“读读 tuaʔ^{212} tuaʔ$^{212-53}$”。其余情况下的叠字组变调则与非叠字组连读变调的情况一致，如“刀刀 tau^{213} tau$^{213-24}$”与“天空 tʻiæ̃^{213} kʻuŋ$^{213-24}$”、“奶奶 nai^{324} nai$^{324-213}$”与“软米 yæ̃^{324} mi$^{324-213}$”的变调相同，“盆盆 pʻən^{24} pʻən^{24}”与“平房 pʻiŋ^{24} faŋ^{24}”、“胖胖的 pʻaŋ^{45} pʻaŋ^{45} təʔ^{3}”与“菜价 tsʻai^{45} tɕia^{45}”、“面面 miæ̃^{53} miæ̃^{53}”与“外貌 vai^{53} mau^{53}”、“屋屋 vəʔ^{4} vəʔ^{4}”与“策略 tsʻəʔ^{4} lyɛʔ^{4}”、“白白的 pəʔ^{212} pəʔ^{212} təʔ^{3}”与“直达 tsəʔ^{212} taʔ^{212}”都不变调。

高平方言中，“入声＋入声”的叠字组前后字都不变调，其余调类叠字组的变调情况如下：在“平声＋平声”的叠字组中，其变调与叠字的古声母清浊有关。来源于古清平的字重叠，前字不变调，后字调值变为 53，如“姑姑 ku^{33} ku$^{33\text{-}53}$”“星星 siə̃ŋ^{33} siə̃ŋ$^{33\text{-}53}$”，来源于古浊平的字重叠，前字调值变为 35，后字不变调，如“回回 xuei$^{33\text{-}35}$ xuei^{33}”。在“上声＋上声”的叠字组中，前字不变调，后字调值变为 33，如“好好 xɔo^{212} xɔo$^{212\text{-}33}$”、“想想 siɒ̃^{212} siɒ̃$^{212\text{-}33}$”。在“去声＋去声”的叠字组中，前字调值变为 35，后字调值变为 33，如“泡泡 p‘ɔo$^{53\text{-}35}$ p‘ɔo$^{53\text{-}33}$”。

晋城方言中，叠字组变调的情况①与叠字组的词义、调类组合、词性以及叠字的古声母清浊都有关，具体情况如下：

① 重叠式名词的变调

重叠式名词的变调主要集中在表示亲属称谓的叠字组上，其变调的具体情况如下：在“阴平＋阴平”“去声＋去声”的叠字组中，其变调情况是前字不变调，后字变为轻声，如“妈妈 mɑ^{33} mɑ^{3}”“爸爸 pɑ^{53} pɑ^{2}”。在“阳平上＋阳平上”的叠字组中，其变调情况与叠字的古声母清浊有关：来源于古浊平的字重叠，前字调值变为 35，后字变为轻声，如“婆婆 p‘uʌ$^{113\text{-}35}$ p‘uʌ^{2}”，来源于古清上、次浊上的字重叠，则前字调值变为 11，后字调值变为 33，如“姐姐 tɕiɑ$^{113\text{-}11}$ tɕiɑ$^{113\text{-}33}$”。

② 重叠式动词的变调

在“去声＋去声”的叠字组中，前字不变调，后字变为轻声，如“逛逛 kuɒ̃^{53} kuɒ̃^{2}”。在“阴平＋阴平”的叠字组中，后字都变为轻声，前字是否发生变调的规律性不强，前字调值有时变为 35，如“听听 t‘iə̃n$^{33\text{-}35}$ t‘iə̃n^{3}”，有时不变，如“敲敲 tɕ‘io^{33} tɕ‘io^{3}”。在“阳平上＋阳平上”的叠字组中，前字调值变为 35，后字变为轻声，如“尝尝 tʂ‘ɒ̃$^{113\text{-}35}$ tʂ‘ɒ̃^{2}”“扫扫 ʂo$^{113\text{-}35}$ ʂo^{2}”。在“入声＋入声”的叠字组中，前字调值变为 5，后字不变调，如“说说 ʂuʌʔ$^{22\text{-}5}$ ʂuʌʔ^{22}”。

③ 重叠式形容词的变调

在“阴平＋阴平”“去声＋去声”和“入声＋入声”的叠字组中，前字不变调，后字调值变为 35，如“方方儿的 fɒ̃^{33} fɐ̃r$^{33\text{-}35}$ nɐ^{2}”“胖胖儿的 p‘ɒ̃^{53}

① 晋城方言中叠字组连读变调的情况来源于《晋城方言志》（沈慧云 1983）。

pʻẽr$^{53-35}$ nɐ^{2}”“白白儿的 pʌʔ^{22} pər$^{22-35}$ nɐ^{2}”。在“阳平上＋阳平上”的叠字组中，其变调与叠字的古声母清浊有关：来源于古浊平的字重叠，前字调值变为 24，后字调值变为 35，如“红红儿的 xuoŋ$^{113-24}$ xuə̃r$^{113-35}$ nɐ^{2}”；来源于古清上、次浊上的字重叠，前字调值变为 11，后字调值变为 35，如“早早儿的 tʂo$^{113-11}$ tʂər$^{113-35}$ nɐ^{2}”。

④ 重叠式量词的变调

在“阴平＋阴平”和“去声＋去声”的叠字组中，前字不变调，后字变为轻声，如“天天 tʻiɛ^{33} tʻiɛ^{3}”“句句 tɕy^{53} tɕy^{2}”。在“阳平上＋阳平上”的叠字组中，前字调值变为 35，后字变为轻声，如“回回 xuɛe$^{113-35}$ xuɛe^{2}”。在“入声＋入声”的叠字组中，前字调值变为 5，后字不变调，如“出出 tʂʻuəʔ$^{22-5}$ tʂʻuəʔ^{22}”。

综合以上各方言叠字组变调的情况，总体上看，叠字组是否发生变调大致涉及叠字组的词义、调类组合、词性以及叠字的古声母清浊四个条件。有的方言叠字组变调中这四个条件都有涉及，其变调就相对复杂一些，如晋城方言，有的方言叠字组变调中这四个条件都不涉及，其变调就简单一些，如武乡等方言。为了便于比较，我们下面列表说明这四个条件对各方言叠字组变调的影响。见表 4.15。

表 4.15 **各方言叠字组变调条件一览表**

	词义	调类组合	词性	古声母清浊		词义	调类组合	词性	古声母清浊
武乡	—	—	—	—	晋城	＋	＋	＋	＋
长治县	—	—	—	—	襄垣	＋	＋	＋	—
黎城	—	—	—	—	长治	＋	＋	＋	—
平顺	—	—	—	—	沁县	＋	＋	—	—
潞城	—	—	—	—	屯留	＋	＋	—	—
壶关	—	—	—	—	沁源	—	＋	＋	—
阳城	—	—	—	—	高平	—	＋	—	＋
陵川	—	—	—	—	长子	—	—	＋	—

注：“+”表示该方言叠字组变调与此条件有关，“—”表示该方言叠字组变调与此条件无关。

第二节　特殊变调

本节所谓的特殊变调包括轻声①、儿尾变调、儿化变调、子尾变调和z变调。下面分别讨论。

一　轻声

在已出版的有关晋东南晋语的一些方言志中，都没有标出方言中轻声的实际音值，这对于揭示晋东南晋语轻声的特点是不利的。因此，我们对晋东南晋语两字组轻声做了全面的田野调查，旨在揭示其特点的同时，也为山西晋语的轻声研究提供一些较为翔实的方言材料。

在晋东南晋语中，王和沁源、沁县、上马襄垣、襄垣、东阳关黎城、长治、南常长子、宋村长子、石哲长子、长子、荫城长治县、百尺壶关、龙溪平顺、树掌壶关、高平、西河底陵川、端氏沁水方言中除一些语气词、后缀和助词读轻声外基本没有轻声②，其余方言中都有轻声。

在晋东南晋语有轻声的方言中，轻声的分布情况大致有两种：一种是轻声普遍存在于非叠字组和叠字组中，另一种是轻声只存在于叠字组中。下面分别讨论。

（一）轻声普遍存在于非叠字组和叠字组中的情况

这种情况分布在涌泉武乡、武乡、韩北武乡、南涅水沁县、新店沁县、西营襄垣、黄崖洞黎城、辛安泉潞城、上港平顺、店上潞城、上村屯留、长治县、壶关、琚村长子、陈区高平、古寨高平、河西高平、礼义陵川、陵川、水东泽州、晋城、巴公泽州、北留阳城。为了便于描写和说明，下面按照单字调调类数的多少逐次介绍各方言轻声的调值情况。

1. 四调类方言轻声的调值情况

上述方言中只有晋城方言是四调类方言。在晋城方言中，阴平（33）后的轻声调值为 3，阳平上（113）、去声（53）和入声（ʔ22）后的轻声调值都为 2。而且，有些字组中轻声前字还发生变调。具体情况如下：轻声前字为阴平时，在有些字组中调值变为 35，在有些字组中不变调，其规律性

① 笔者仅对双音节词语做了调查，因此，本部分只讨论双音节词语的轻声。

② 长治、长子、石哲长子、南常长子、宋村长子、上马襄垣、高平方言的后缀子尾不读轻声，详见后文“子尾变调”部分。

不强。轻声前字为阳平上时，调值变为 35。轻声前字为去声时，不变调。轻声前字为入声时，调值变为 5。下面分别举例说明。

阴平+轻声：东西 tuoŋ$^{33-35}$ ɕi^{3} 芝麻 tʂʅ$^{33-35}$ mɑ^{3} 天天 tʻiɛ^{33} tʻiɛ^{3}

听听 tʻiə̃n$^{33-35}$ tʻiə̃n^{3}

阳平上+轻声：黄瓜 xuɒ̃$^{113-35}$ kuɑ^{2} 凉快 liɒ̃$^{113-35}$ kʻuᴇ^{2} 本事 pẽ$^{113-35}$ ʂʅ^{2}

口袋 kʻʌɤ$^{113-35}$ tᴇ^{2} 尝尝 tʂʻɒ̃$^{113-35}$ tʂʻɒ̃^{2} 扫扫 ʂo$^{113-35}$ ʂo$^{113-2}$

去声+轻声：价钱 tɕiɑ^{53} tɕʻiɛ^{2} 状元 tʂuɒ̃^{53} yɛ^{2} 舅舅 tɕiʌɤ^{53} tɕiʌɤ^{2}

豆豆 tʌɤ^{53} tʌɤ^{2}

入声+轻声：热闹 ʐᴀʔ$^{22-5}$ no^{2} 拾掇 ʂəʔ$^{22-5}$ tuᴀʔ^{2} 摸摸 mᴀʔ$^{22-5}$ mᴀʔ^{2}

2. 五调类方言轻声的调值情况

五调类方言包括涌泉武乡、新店沁县、古寨高平、河西高平、巴公泽州、北留阳城。在这些方言中，轻声前字都不变调。下面分别描写各方言后字轻声的调值情况。

涌泉武乡方言中，平声（33）、上声（213）后的轻声调值为 3，去声（55）、阴入（ʔ33）后的轻声调值为 1，阳入（ʔ423）后的轻声调值为 2。

新店沁县方言中，阴平上（213）、阳平（33）、阴入（ʔ33）后的轻声调值为 2，去声（54）后的轻声调值为 4，阳入（ʔ213）后的轻声调值为 3。

古寨高平、河西高平、巴公泽州、北留阳城方言的今调类一致，都为阴平、阳平、上声、去声和入声。为了便于描写，下面列表说明这些方言中轻声的调值情况，见表 4.16。

表 4.16 **古寨高平等方言轻声的调值情况**

	古寨高平	河西高平	巴公泽州	北留阳城
阴平＋轻声	112+2	33＋2	33＋3	22＋3
阳平＋轻声	13+3	24＋3	24＋2	12＋3
上声＋轻声	313+3	313＋3	313＋3	313+3
去声＋轻声	53+2	53＋3	53＋3	53+1
入声＋轻声	ʔ33+1	ʔ33+1	ʔ21+2	ʔ33+2

下面以新店沁县方言为例，举例说明。

阴平上＋轻声：亲戚 tɕʻiŋ^{213} tsʻɿ^{2} 西头 sɿ^{213} tʻou^{2} 庄稼 tsuɔ̃^{213} tɕiəʔ^{2}

窗子 tsʻuɔ̃^{213} ləʔ^{2} 主家 tsu^{213} tɕiɑ^{2} 耳朵 ər^{213} tuo^{2}

本事 pəŋ^{213} sɿ^{2} 家家 tɕiɑ^{213} tɕiɑ^{2} 走走 tsəu^{213} tsəu^{2}

阳平＋轻声：棉花 mɪ^{33} xuɑ^{2} 盘缠 pʻɛ̃^{33} tsʻɛ̃^{2} 凉粉 liɔ̃^{33} fəŋ^{2} 前面 tɕʻɪ^{33} mɪ^{2}

粮食 liɔ̃^{33} səʔ^{2} 丸子 vɛ̃^{33} ləʔ^{2} 爷爷 ie^{33} ie^{2} 尝尝 tsʻɔ̃^{33} tsʻɔ̃^{2}

去声＋轻声：意思 zɿ^{54} sɿ^{4} 上头 sɔ̃^{54} tʻou^{4} 下水 ɕiɑ^{54} suei^{4} 厚道 xəu^{54} tɔ^{4}

睡着 suei^{54} tsəʔ^{4} 弟弟 tsɿ^{54} tsɿ^{4} 问问 vəŋ^{54} vəŋ^{4}

阴入＋轻声：胳膊 kaʔ^{33} pɤ^{2} 木头 məʔ^{33} tʻəu^{2} 歇歇 ɕiaʔ^{33} ɕiaʔ^{2}

阳入＋轻声：学生 ɕyaʔ^{213} səŋ^{3} 拾掇 saʔ^{213} tuaʔ^{3} 盒盒 xaʔ^{213} xaʔ^{3}

3. 六调类方言轻声的调值情况

六调类方言包括黄崖洞黎城、上村屯留、长治县、南涅水沁县、武乡、韩北武乡、西营襄垣、陈区高平、礼义陵川、陵川、水东泽州。在这些方言中，轻声前字都不变调。下面分别描写各方言后字轻声的调值情况。

黄崖洞黎城方言中，阴平（213）后的调值为 3，去声（353）、阳入（ʔ53）后的轻声调值为 4，阳平去（53）、阴入（ʔ22）、上声（535）后的轻声调值为 5。

上村屯留方言中，阴平（313）、去声（53）后的轻声调值为 2，阳平去（13）、上声（534）后的轻声调值为 3，阴入（ʔ45）和阳入（ʔ54）后的轻声调值为 4。

长治县方言中，阴平（213）后的轻声调值为 3，阳平（44）后的轻声调值为 4，上声（535）、阳去（42）后的轻声调值为 2，阴去（22）、入声（ʔ21）后的轻声调值为 1。

南涅水沁县、武乡、韩北武乡、西营襄垣、陈区高平、礼义陵川、陵川、水东泽州方言的今调类一致，都为阴平、阳平、上声、去声、阴入和阳入。为了便于描写，下面列表说明这些方言中轻声的调值情况。见表 4.17。

表 4.17 南涅水沁县等方言轻声的调值情况

	南涅水沁县	武乡	韩北武乡	西营襄垣
阴平＋轻声	213＋3	113＋4	33＋3	33＋4
阳平＋轻声	33＋3	33＋2	112＋4	21＋1
上声＋轻声	535＋5	213＋2	213＋4	213＋3
去声＋轻声	53＋1	55＋2	55＋3	54＋4
阴入＋轻声	ʔ33+1	ʔ3+2	ʔ33+2	ʔ33+1
阳入＋轻声	ʔ213+4	ʔ423+2	ʔ423+2	ʔ54+4
	陈区高平	礼义陵川	陵川	水东泽州
阴平＋轻声	33＋3	33＋1	33＋1	33＋3
阳平＋轻声	12＋1	53＋4	53＋3	24＋2
上声＋轻声	313＋2	313＋1	213＋4	535＋2
去声＋轻声	53＋3	243＋3	24＋4	53＋2
阴入＋轻声	ʔ21+1	ʔ22+1	ʔ3+2	ʔ33+2
阳入＋轻声	ʔ12+2	ʔ12+1	ʔ23+4	ʔ212+1

下面以礼义陵川方言为例，举例说明。

阴平＋轻声：东西 tuŋ^{33} ɕi^{1} 方便 fʌŋ^{33} pin^{1} 庄稼 tʂuʌŋ^{33} tɕia^{1}

挑挑 t'iao^{33} t'iao^{1} 姑姑 ku^{33} ku^{1}

阳平＋轻声：黄瓜 xuʌŋ^{53} kua^{4} 头里 t'ou^{53} li^{4} 凉快 liʌŋ^{53} k'uai^{4}

爷爷 ie^{53} ie^{4} 尝尝 tʂ'aŋ^{53} tʂ'aŋ^{4}

上声＋轻声：耳朵 ɭə^{313} tuo^{1} 本事 pən^{313} sʅ^{1} 口袋 k'ou^{313} tai^{1}

想想 ɕiʌŋ^{313} ɕiʌŋ^{1} 奶奶 nai^{313} nai^{1}

去声＋轻声：意思 i^{243} ʂʅ^{3} 丈人 tʂʌŋ^{243} in^{3} 下水ɕia^{243} ʂuei^{3} 运气 yn^{243} tɕ'i^{3}

铺子 p'u^{243} tʂəʔ^{3} 舅舅 tɕiou^{243} tɕiou^{3} 问问 uən^{243} uən^{3}

阴入＋轻声：脊梁 tɕiəʔ^{22} liʌŋ^{1} 骨头 kuʌʔ^{22} t'ou^{1} 豁口 xuʌʔ^{22} k'ou^{1}

疙瘩 kəʔ^{22} təʔ^{1} 叔叔 ʂuəʔ^{22} ʂuəʔ^{1} 捏捏 niʌʔ^{22} niʌʔ^{1}

阳入＋轻声：俗气 ɕyəʔ^{12} tɕ'i^{1} 勺子 ɕiʌʔ^{12} tʂəʔ^{1} 拾掇 ɕiəʔ^{12} tuʌʔ^{1}

实实的 ɕiəʔ^{12} ɕiəʔ^{1} təʔ^{3}

4. 七调类方言轻声的调值情况

七调类方言包括辛安泉潞城、上港平顺、店上潞城、壶关、琚村长子。在这些方言中，轻声前字都不变调。为了便于描写，下面列表说明这些方言中轻声的调值情况。见表 4.18。

表 4.18 辛安泉潞城等方言轻声的调值情况

	辛安泉潞城	上港平顺	店上潞城	壶关	琚村长子
阴平＋轻声	11＋2	213＋1	213＋1	33＋2	213＋3
阳平＋轻声	24＋3	33＋4	24＋3	13＋3	21＋1
上声＋轻声	535＋1	535＋1	535＋3	535＋2	535＋2
阴去＋轻声	44＋3	243＋2	44＋4	42＋3	45＋3
阳去＋轻声	53＋3	53＋4	53＋3	353＋1	53＋2
阴入＋轻声	ʔ33+1	ʔ33+1	ʔ213+2	ʔ2+3	ʔ33+5
阳入＋轻声	ʔ31+2	ʔ312+2	ʔ53+4	ʔ21+1	ʔ42+4

下面以店上潞城方言为例，举例说明。

阴平＋轻声：玻璃 pɤ^{213} li^{1} 葡萄 pʻu^{213} tʻɑo^{1} 闺女 kuei^{213} ȵy^{1}
花花 xuɑ^{213} xuɑ^{1} 姑姑 ku^{213} ku^{1}

阳平＋轻声：娘家ȵiɑŋ^{24} tɕiɑ^{3} 棉花 miɑn^{24} xuɑ^{3} 盘缠 pʻɑn^{24} tsʻɑn^{3}
云彩 yn^{24} tsʻɑi^{3} 毛病 mɑo^{24} piŋ^{3} 爷爷 iə^{24} iə^{3}
瞧瞧 tɕʻiɑo^{24} tɕʻiɑo^{3}

上声＋轻声：老婆 lɑo^{535} pʻɤ^{3} 老虎 lɑo^{535} xu^{3} 扁食 piɑn^{535} səʔ^{3}
奶奶 nɑi^{535} nɑi^{3} 买买 mɑi^{535} mɑi^{3}

阴去＋轻声：算盘 pʻɑn^{44} suɑn^{4} 布袋 pu^{44} tɑi^{4} 看看 kʻɑn^{44} kʻɑn^{4}
爸爸 pɑ^{44} pɑ^{4}

阳去＋轻声：道理 tɑo^{53} li^{3} 耐实 nɑi^{53} səʔ^{3} 意思 i^{53} sɿ^{3}
舅舅 tɕiou^{53} tɕiou^{3} 问问 vəŋ^{53} vəŋ^{3} 厚道 xou^{53} tɑo^{3}

阴入＋轻声：木头 məʔ^{213} tʻou^{2} 恶水 ʌʔ^{213} suei^{2} 叔叔 ɕyəʔ^{213} ɕyəʔ^{2}
歇歇 ɕiʌʔ^{213} ɕiʌʔ^{2} 力气 liəʔ^{213} tɕʻi^{2}

阳入＋轻声：侄女 tsəʔ^{53} ȵy^{4}　俗气 ɕyəʔ^{53} tɕʻi^{4}

白白的 piʌʔ^{53} piʌʔ^{4} təʔ^{3}　学学 ɕyʌʔ^{53} ɕyʌʔ^{4}

（二）轻声只存在于叠字组中的情况

这种情况分布在屯留、豆峪平顺、八义长治县、町店阳城、景凤沁源、沁源、黎城、平顺、潞城、阳城。

在屯留方言中，除了一些语气词、后缀和助词读轻声外，轻声只出现在表示亲属关系的上声叠字组的末字音节中，叠字组前字调值变为 51，轻声调值为 3，如“婶婶 sən$^{534\text{-}51}$ sən^{3}”“奶奶 næ$^{534\text{-}51}$ næ^{3}”“姐姐 tɕiɤ$^{534\text{-}51}$ tɕiɤ^{3}”“嫂嫂 sɔ$^{534\text{-}51}$ sɔ^{3}”。

在豆峪平顺、八义长治县和町店阳城方言中，除了一些语气词、后缀和助词读轻声外，轻声只出现在表示亲属关系的叠字组的后字音节中，叠字组前字不变调，豆峪平顺和八义长治县方言中叠字组后字轻声调值都为 3，町店阳城方言中叠字组后字轻声调值都为 2。以豆峪平顺方言为例，如“姑姑 ku^{33} ku^{3}”“爷爷 iɛ^{13} iɛ^{3}”“婶婶 sən^{535} sən^{3}”“奶奶 nɑi^{535} nɑi^{3}”“爸爸 pɑ^{353} pɑ^{3}”“弟弟 ti^{53} ti^{3}”“叔叔ɕyəʔ^{33} ɕyəʔ^{3}”

在景凤沁源、沁源、黎城、平顺、潞城、阳城方言中，除一些语气词、后缀和助词读轻声外，轻声只出现在叠字组中，而且，多数方言中，叠字组前字不变调。下面分别说明这些方言轻声的调值情况。

在景凤沁源方言中，平声（33）后的轻声调值为 3，上声（212）、去声（53）、阴入（ʔ3）后的轻声调值为 1，阳入（ʔ12）后的轻声调值为 2，而且，在单字调系统中已经合并的阴平和阳平在叠字组后字轻声前变调不同，二者可以区别开来。如：

清平＋清平：天天 tʻiæ^{33} tʻiæ^{3}　家家 tɕiɒ^{33} tɕiɒ^{3}　推推 tʻuei^{33} tʻuei^{3}

浊平＋浊平：牛牛 ȵiou$^{33\text{-}12}$ ȵiou^{3}　回回 xuei$^{33\text{-}12}$ xuei^{3}　尝尝 tʂʻɒ$^{33\text{-}12}$ tʂʻɒ^{3}。

在沁源方言中，阴平（212）、阳入（ʔ32）后的轻声调值为 2，阳平（33）、去声（53）后的轻声调值为 3，上声（424）后的轻声调值为 4，阴入（ʔ3）后的轻声调值为 1。如“衫衫 sæ^{212} sæ^{2}”“淋淋 liŋ^{33} liŋ^{3}”“嘴嘴 tsuei^{424} tsuei^{4}”“裤裤 kʻu^{53} kʻu^{3}”“刷刷 suaʔ^{3} suaʔ^{1}”“格格 kaʔ^{32} kaʔ^{2}”。

在黎城方言中，阴平（33）、阴入（ʔ2）后的轻声调值为 1，阳平去（53）后的轻声调值为 3，上声（212）、去声（353）、阳入（ʔ43）后的轻声调值为 2。如“沟沟 kəu^{33} kəu^{1}”“头头 t‘əu^{53} t‘əu^{3}”“大大的 ta^{53} ta^{3} təʔ^{3}”“美美的 mei^{212} mei^{2} təʔ^{3}”“晒晒 sæ^{353} sæ^{2}”“切切 tɕ‘iʌʔ^{2} tɕ‘iʌʔ^{1}”“勺勺 ɕiʌʔ^{43} ɕiʌʔ^{2}”。

在平顺方言中，阴平（313）、阳平（22）后的轻声调值为 2，上声（424）、阳去（53）、阳入（ʔ212）后的轻声调值为 1，阴去（353）、阴入（ʔ2）后的轻声调值为 3。如“刀刀 tɔ^{313} tɔ^{2}”“瞧瞧 c‘iɔ^{22} c‘iɔ^{2}”“扫扫 sɔ^{424} sɔ^{1}”“转转 tɕyæ̃^{353} tɕyæ̃^{3}”“柿柿 sʅ^{53} sʅ^{1}”“黑黑的 xʌʔ^{2} xʌʔ^{3} təʔ^{3}”“学学 çyʌʔ^{212} çyʌʔ^{1}”。

在潞城方言中，阴平（213）、阳平（13）、阳去（343）后的轻声调值都为 3，上声（434）、阴去（53）、阳入（ʔ43）后的轻声调值为 2，阴入（ʔ12）后的调值为 1。如“推推 t‘uei^{213} t‘uei^{3}”“球球 tɕ‘iəu^{13} tɕ‘iəu^{3}”“要要 suɑ^{434} suɑ^{2}”“盖盖 kai^{53} kai^{2}”“厚厚的 xəu^{343} xəu^{3} təʔ^{3}”“说说ɕyəʔ^{12} ɕyəʔ^{1}”“格格 kaʔ^{43} kaʔ^{2}”。

在阳城方言中，阴平（11）后的轻声调值为 1，其余调类后的轻声调值为 2。如“花花 xuɑ^{11} xuɑ^{1}”“摇摇 io^{13} io^{2}”“浅浅的 tɕ‘ie^{31} tɕ‘ie^{2} təʔ^{3}”“送送 suə̃ŋ^{53} suə̃ŋ^{2}”“盒盒 xʌʔ^{12} xʌʔ^{2}”。

通过以上对晋东南晋语轻声的描写，可以看出轻声在晋东南晋语各方言中的分布并不平衡：有的方言基本没有轻声，有的方言只在叠字组中有轻声，有的方言叠字组和非叠字组中都有轻声。在晋东南晋语有轻声的方言中，轻声前字一般不变调，后字轻声的调值要受前字声调的制约，并且呈现出以下两个特点：第一，音长缩短，晋东南晋语中轻声音节的音长和单字调的音长都缩短了，都为无调型的轻短调。第二，音高变化，晋东南晋语的轻声音节一律失去原调，其音高或者延续前字声调的终点音高，或者是前字声调终点音高的衰减，或者是前字声调终点音高的上升。以巴公泽州方言为例，阴平（33）、上声（313）、去声（53）后面的轻声音节的调值为 3，都是前字终点音高的延续，阳平（24）后面的轻声音节的调值为 2，则是前字终点音高的衰减，入声（ʔ21）后面的轻声音节的调值为 2，则是前字终点音高的上升。而且，前两种情况在北京话中也存在，北京话中去声（51）后面的轻声音节的调值为 1，则是前字终点音高的延续，阴平（55）后面的轻声音节的调值为 2，则是前字终点音高的衰减（石汝杰 1988）。总之，晋东南晋语中轻声的表现与许多方言的轻声一样，都是“在字组中，整个连调模式只有前字调类控制，而后字失去了原调，其调类在连调格式里被中和的语音现象”[①]。

二 儿尾变调

在晋东南晋语中，儿尾分布在高平、黎城、武乡、韩北武乡、涌泉武乡、南涅水沁县、古寨高平、河西高平、黄崖洞黎城、东阳关黎城。其中，高平、黎城方言的儿尾在字组中不发生变调，仍读原调值。具体情况如下：在高平方言中，“儿”单字音为[l̩^{33}]，除入声字无儿尾只有儿化外，其余调类（平声、上声、去声）的字后都可以加儿尾，前邻词根语素和儿尾都不变调，如“猫儿 mɔo^{33} l̩^{33}”“趁早儿 tʂʻɛ^{53} tʂɔo^{212} l̩^{33}”“杏儿ɕiɑ̃ŋ^{53} l̩^{33}”。在黎城方言中，“儿”单字音为[l̩^{53}]。除阴入、阳入字无儿尾只有儿化外，其余调类（阴平、阳平去、上声、去声）的字后都可以加儿尾。阳平去、上声、去声字加儿尾后，前邻词根语素和儿尾都不变调。如“老婆儿 lɔ^{212} pʻɤ^{53} l̩^{53}”“洞儿 tuŋ^{53} l̩^{53}”“枣儿 tsɔ^{212} l̩^{53}”“小褂儿ɕiɔ^{212} kua^{353} l̩^{53}”，阴平字加儿尾后，前字调值由 33 变为 212，与上声调值相同，儿尾不变调。如“花儿 xuɑ$^{33\text{-}212}$ l̩^{53}”“刀儿 tɔ$^{33\text{-}212}$ l̩^{53}”。

在其余有儿尾的方言中，儿尾都发生变调。这里的儿尾变调是指儿尾与词根语素成词后，儿尾和前邻词根语素的声调变化。在这些方言中，儿尾的前邻词根语素都不变调，儿尾在字组中都读为轻声。下面分别描写各方言儿尾变调的情况。

在武乡方言中，“儿”单字音为[l̩^{33}]。儿尾前字不变调，后字儿尾变为轻声。如：

歌儿 kɤ^{113} l̩^{4}　　桃儿 tʻɔ^{33} l̩^{2}　　袄儿 ŋɔ^{213} l̩^{2}　　个儿 kɤ^{55} l̩^{2}

兀儿那儿 vəʔ^{3} l̩^{2}　　核儿 xuəʔ^{423} l̩^{2}

在涌泉武乡、韩北武乡、南涅水沁县方言中，“儿”单字音为[ər^{33}]。儿尾前字

① 李树俨：《汉语方言的轻声》，《语文研究》2005 年第 3 期。

不变调，后字儿尾变为轻声。以涌泉武乡方言为例，如：

花儿 xuɑ^{33} ər^{3} 官儿 kuæ^{33} ər^{3} 孩儿 xɑi^{33} ər^{3} 芽儿 iɑ^{33} ər^{3}

眼儿 iæ^{213} ər^{3} 命儿 miəŋ^{55} ər^{1} 月儿 yɑʔ^{33} ər^{1} 碟儿 tiɑʔ^{423} ər^{2}

在古寨高平方言中，“儿”单字音为[ɭə^{13}]。除入声字无儿尾只有儿化外，其余调类（阴平、阳平、上声、去声）的字后都可以加儿尾，儿尾前字不变调，后字儿尾变为轻声。如：

歌儿 kə^{112} ɭə^{2} 车儿 tʂʻʅe^{112} ɭə^{2} 砣儿 tʻuo^{13} ɭə^{3} 桃儿 tʻo^{13} ɭə^{3}

团儿 tʻuæ^{13} ɭə^{3} 板儿 pæ^{313} ɭə^{3} 小口儿 sio^{313} kʻʌu^{313} ɭə^{3} 片儿 pʻiæ^{53} ɭə^{2}

在河西高平方言中，“儿”单字音为[ɭə^{24}]。除入声字无儿尾只有儿化外，其余调类（阴平、阳平、上声、去声）的字后都可以加儿尾，儿尾前字不变调，后字儿尾变为轻声。如：

狮儿 ʂʅ^{33} ɭə^{2} 房儿 fɒŋ^{24} ɭə^{3} 饼儿 piŋ^{313} ɭə^{3} 柿儿 ʂʅ^{53} ɭə^{3}

在黄崖洞黎城和东阳关黎城方言中，“儿”单字音为[ər^{53}]。除阴入、阳入字无儿尾只有儿化外，其余调类（阴平、阳平去、上声、去声）的字后都可以加儿尾。儿尾前字不变调，后字儿尾变为轻声。以黄崖洞黎城方言为例，如：

花儿 xuɑ^{213} ər^{3} 小楼儿 ɕiɑo^{535} lou^{53} ər^{5} 洞儿 tuəŋ^{53} ər^{5} 调儿 tiɑo^{53} ər^{5}

影儿 iəŋ^{535} ər^{5} 枣儿 tsɑo^{535} ər^{5} 事儿 sɿ^{353} ər^{4}

三 儿化变调

在晋东南晋语中，儿化分布在黄崖洞黎城、东阳关黎城、黎城、襄垣、上村屯留、屯留、长治、宋村长子、石哲长子、长子、长治县、八义长治县、高平、古寨高平、河西高平、巴公泽州、晋城、水东泽州、西河底陵川，而且，在这些方言中都存在儿化变调。这里的儿化变调主要指非重叠儿化变调，即词根语素在与“儿”融合为儿化韵①后所发生的声调变化，也就是说，儿化韵的声调相对于构成儿化韵的词根本调的变化（蒋平，沈明 2002）。下面我们分别对

① 晋东南晋语儿化韵的语音形式与北京话一致，都为元音卷舌式，关于此问题可参见本章第三节的相关内容。

各方言儿化变调的情况进行说明。

在黄崖洞$_{黎城}$和东阳关$_{黎城}$方言中，非入声字儿化后不变调，阴入字和阳入字儿化后调值都为 53，与阳平去调值相同。以东阳关$_{黎城}$方言为例，如：（只举例说明变调的情况，下同。）

阴入：桌儿 tsuɑr$^{33-53}$　法儿 fɑr$^{33-53}$　鸽儿 kɑr$^{33-53}$

阳入：盒儿 xɑr$^{312-53}$　叶儿 iɑr$^{312-53}$　勺儿 sɑr$^{312-53}$

在黎城方言中，阳平去（53）、上声（212）、去声（353）儿化后不变调，阴平（33）字儿化后变为新调值 31，阴入（ʔ2）字和阳入（ʔ43）字儿化后调值都变为 53，与阳平去调值相同。如：

阴平：摊儿 tʻɑr$^{33-31}$　天儿 tʻiɑr$^{33-31}$　官儿 kuɑr$^{33-31}$　根儿 kə̃r$^{33-31}$

阴入：法儿 fɑr$^{2-53}$　牙刷儿 ia^{53} suɑr$^{2-53}$　小桌儿 ɕiɔ^{212} tsuɑr$^{2-53}$

阳入：干活儿 kæ^{353} xuɑr$^{43-53}$　盒儿 xɑr$^{43-53}$　树叶儿 ɕy^{53} iɑr$^{43-53}$

在襄垣方言中，阳平、上声、去声字儿化后不变调，阴平（33）字儿化后调值变为 11，与阳平调值相同，阴入（ʔ3）字和阳入（ʔ5）字儿化后调值变为 55，与去声调值相同。如：

阴平：花儿 xuar$^{33-11}$　边儿 piar$^{33-11}$　汤儿 tʻar$^{33-11}$　鸡儿 tɕiər$^{33-11}$

阴入：叶儿 iar$^{3-55}$　法儿 far$^{3-55}$　角儿 tɕiar$^{3-55}$　月儿 yar$^{3-55}$

阳入：壳儿 kʻar$^{5-55}$　盒儿 xar$^{5-55}$　包袱儿 pau^{33} fər$^{5-55}$

在上村$_{屯留}$方言中，非入声字儿化后不变调，阴入（ʔ45）字儿化后调值变为 313，与阴平调值相同，阳入（ʔ54）字儿化后调值变为 53，与去声调值相同。如：

阴入：树叶儿 ɕy^{53} iər$^{45-313}$　鸽儿 kɑr$^{45-313}$　活儿 xuɑr$^{45-313}$

阳入：勺儿 sɑr$^{54-53}$　盒儿 xɑr$^{54-53}$

在屯留方言中，阳平去（13）、去声（53）字儿化后不变调，阴平（313）和上声（534）字儿化后都变为新调值 31，阴入（ʔ45）字儿化后调值变为 53，与去声调值相同，阳入（ʔ54）字儿化后调值变为 13，与阳平去调值相同。如：

阴平：根儿 kər$^{313-31}$　双生儿 suɑŋ$^{313-31}$ sə̃r$^{313-31}$

戒镏儿 tɕiɛ^{53} liəur$^{313-31}$　顶针儿 tiŋ$^{534-53}$ tsər$^{313-31}$

上声：门槛儿 mən^{13} k‘ɐr$^{534-31}$ 凉粉儿 liɑŋ^{13} fər$^{534-31}$

阴入：树叶儿 su^{13} iɐr$^{45-53}$ 小月儿 ɕiɔ^{534} yɐr$^{45-53}$ 袜儿 uɐr$^{45-53}$ 法儿 fɐr$^{45-53}$

阳入：匣儿 ɕiər$^{54-13}$ 集儿 tɕiər$^{54-13}$

在长治方言①中，非入声字儿化后不变调，入声字（ʔ54）儿化后，古全浊入声字调值变为 53，与阳去调值相同，古清入和次浊入声字调值变为 44，与阴去调值相同，可见，入声字儿化变调反映古声母清浊的影响。如：

全浊入：小碟儿 ɕiɔ^{535} tiɑr$^{54-53}$ 牛犊儿 iəu^{24} tuɑr$^{54-53}$

小格儿 ɕiɔ^{535} kɑr$^{54-53}$ 墨盒儿 miəʔ^{54} xɑr$^{54-53}$

清入：纸塞儿 tsɿ^{535} sɑr$^{54-44}$ 墙角儿 tɕ‘iɑŋ^{24} tɕiɑr$^{54-44}$

次浊入：树叶儿 su^{53} iɑr$^{54-44}$ 一页儿 iəʔ^{54} iɑr$^{54-44}$

在宋村$_{长子}$方言中，非入声字儿化后不变调，阴入（ʔ33）字儿化后调值变为 24，与阳平调值相同，阳入（ʔ212）字儿化后调值变为 535，与上声调值相同。如：

阴入：办法儿 pɑŋ^{22} fɑr$^{33-24}$ 鸽儿 kɑr$^{33-24}$ 沫儿 mɑr$^{33-24}$

阳入：盒儿 xɑr$^{212-535}$ 格儿 kɑr$^{212-535}$

在石哲$_{长子}$和长子方言中，非入声字儿化后不变调，阴入字儿化后调值变为 24，与阳平调值相同，阳入字儿化后调值变为 324，与上声调值相同。以长子方言为例，如：

阴入：鸽儿 kar$^{4-24}$ 叶儿 iar$^{4-24}$

阳入：盒儿 xar$^{212-324}$ 格儿 kar$^{212-324}$

在长治县方言中，非入声字儿化后不变调，入声（ʔ21）字儿化后调值变为 42，与阳去调值相同。如：

入声：干活儿 kɑŋ^{22} xuɑr$^{21-42}$ 格儿 kɑr$^{21-42}$ 沫儿 mɑr$^{21-42}$ 法儿 fɑr$^{21-42}$

在八义$_{长治县}$方言中，非入声字儿化后不变调，阴入（ʔ33）字和阳入（ʔ31）字儿化后调值都变为 44，与阴去调值相同。如：

阴入：想法儿 ɕiɑŋ^{535} fɑr$^{33-44}$ 一圪节儿 iəʔ^{33} kəʔ^{33} tɕiɑr$^{33-44}$

① 长治方言中儿化变调的情况来源于《长治方言志》（侯精一 1985）。

树叶儿 su^{54} iɑr$^{33\text{-}44}$　牙刷儿 iɑ^{11} suɑr$^{33\text{-}44}$

阳入：盒儿 xɑr$^{31\text{-}44}$　活儿 xɑr$^{31\text{-}44}$　格儿 kɑr$^{31\text{-}44}$

在高平方言中，非入声字儿化后不变调，入声（ʔ22）字儿化后调值变为 53，与去声调值相同。如：

入声：叶儿 iɛr$^{22\text{-}53}$ 屋儿 vər$^{22\text{-}53}$ 牛犊儿 iʌu^{33} tuər$^{22\text{-}53}$ 蝴蝶儿 xu^{33} tiɛr$^{22\text{-}53}$ 墨盒儿 mei^{53} xʌr$^{22\text{-}53}$ 影格儿 iə̃ŋ^{212} kʌr$^{22\text{-}53}$

在古寨$_{高平}$方言中，非入声字儿化后不变调，入声（ʔ33）字儿化后调值变为 53，与去声调值相同。如：

入声：鸽儿 kɑr$^{33\text{-}53}$　盒儿 xɑr$^{33\text{-}53}$　碟儿 tiɑr$^{33\text{-}53}$

刷儿 ʂuɑr$^{33\text{-}53}$　法儿 fər$^{33\text{-}53}$　泡沫儿 p'o^{31} mər$^{33\text{-}53}$

在河西$_{高平}$方言中，非入声字儿化后不变调，入声（ʔ33）字儿化后调值变为 53，与去声调值相同。如：

入声：脖儿 pɑr$^{33\text{-}53}$ 碟儿 tiɑr$^{33\text{-}53}$ 刷儿 ʂuɑr$^{33\text{-}53}$ 鼻儿 piər$^{33\text{-}53}$ 秃儿 t'uər$^{33\text{-}53}$

在巴公$_{泽州}$方言中，阳平（24）和去声（53）字儿化后不变调，阴平（33）、上声（313）字儿化后变为新调值 311，入声（ʔ21）字儿化后调值变为 53，与去声调值相同。如：

阴平：包儿 pɑr$^{33\text{-}311}$　花儿 xuɑr$^{33\text{-}311}$　摊儿 t'ɑr$^{33\text{-}311}$

上声：本儿 pər$^{313\text{-}311}$　鸟儿 niɑr$^{313\text{-}311}$

入声：碟儿 tiər$^{21\text{-}53}$ 刷儿 ʂuər$^{21\text{-}53}$ 鸽儿 kɑr$^{21\text{-}53}$ 盒儿 xər$^{21\text{-}53}$ 屋儿 vər$^{21\text{-}53}$

在晋城方言中，去声（53）字儿化后不变调。大部分阴平（33）字儿化后不变调，只有一小部分阴平字儿化后变为新调值 35，其规律性不强。阳平上（113）是阳平和上声的合流，但儿化后可以把二者区别开来：上声字儿化后不变调，阳平字儿化后有的变为 53，与去声调值相同，有的变为新调值 35，其规律性不强。入声（ʔ22）字儿化后变为 53，与去声调值相同。如：

阴平：花生儿 xuɑ^{33} ʂə̃r^{33}　　针尖儿 tʂẽ^{33} tɕiər^{33}

浇花儿 tɕio^{33} xuɐr$^{33\text{-}35}$　　唱歌儿 tʂ'ɒ̃^{53} kʌr$^{33\text{-}35}$

来源于古浊平的阳平上：小苗儿 ɕio$^{113-11}$ miər$^{113-53}$ 木鱼儿 məʔ^{22} yər$^{113-53}$ 去皮儿 tɕʻy^{53} pʻiər$^{113-35}$　　小羊儿 ɕio$^{113-11}$ iə̃r$^{113-35}$

入声：橘汁儿 tɕyəʔ^{22} tʂər$^{22-53}$　　小屋儿 ɕio$^{113-11}$ uər$^{22-53}$

树叶儿 ʂu^{53} iər$^{22-53}$　　纸盒儿 tʂʅ$^{113-11}$ xər$^{22-53}$

在水东泽州方言中，非入声字儿化后不变调，阴入（ʔ33）字和阳入（ʔ212）字儿化后调值都变为 53，与去声调值相同。如：

阴入：法儿 fɑr$^{33-53}$　　秃儿 tʻuər$^{33-53}$　　刷儿 ʂuər$^{33-53}$

阳入：沫儿 mər$^{212-53}$　　碟儿 tiər$^{212-53}$　　叶儿 iər$^{212-53}$

在西河底陵川方言中，非入声字儿化后不变调，阴入（ʔ33）字和阳入（ʔ12）字儿化后调值都变为 313，与上声调值相同。如：

阴入：法儿 fɑr$^{33-313}$　鸽儿 kɑr$^{33-313}$　刷儿 suɑr$^{33-313}$　秃儿 tʻuər$^{33-313}$

阳入：碟儿 tiɑr$^{12-313}$　核儿 xuər$^{12-313}$　坐月儿 tsuo^{311} yɑr$^{12-313}$

袜儿 vɑr$^{12-313}$　叶儿 iɑr$^{12-313}$

通过以上对各方言儿化变调的描写，可以看出晋东南晋语的儿化变调大致有以下一些特点：①非入声字儿化后不一定变调，入声字儿化后都变为该方言中已有的舒声调，因此，儿化可以说是入声舒化的途径之一。②除个别方言外，在绝大多数方言中，儿化变调的调值都是该方言声调系统中已有的调值，这样就使得单字调本不相同的字儿化后调值变得相同。③在单字调系统中已经合流的调类在儿化变调中可以区别开来，如晋城方言的单字调系统中阳平和上声已经合流，但通过儿化变调可以把二者区别开来。④在有的方言中，入声字的儿化变调反映古声母清浊的影响，如长治方言。

四　子尾变调

子尾变调是指子尾与前邻词根语素成词后，子尾和前邻词根语素的声调变化。在晋东南晋语中，黄崖洞黎城、西营襄垣、襄垣、东阳关黎城、黎城、店上潞城、上村屯留、端氏沁水、古寨高平、河西高平、陵川、西河底陵川、水东泽州、晋城、巴公泽州、北留阳城、阳城、町店阳城共 18 个方言无子尾，其余 32 个方言都有子尾，这些方言中“子”的单字音见表 4.19。

表 4.19　　在有子尾的方言中“子”的单字音

方言点	“子”的读音	方言点	“子”的读音	方言点	“子”的读音
沁源	tsɿ^{424}	长治	tsɿ^{535}	荫城长治县	tsɿ^{535}
王和沁源	tsɿ^{212}	辛安泉潞城	tsɿ^{535}	长治县	tsɿ^{535}
景凤沁源	tsɿ^{212}	潞城	tsɿ^{434}	宋村长子	tsɿ^{535}
南涅水沁县	tsɿ^{535}	豆峪平顺	tsɿ^{535}	南常长子	tsɿ^{535}
涌泉武乡	tsɿ^{213}	上港平顺	tsɿ^{535}	石哲长子	tsɿ^{324}
武乡	tsɿ^{213}	平顺	tsɿ^{424}	长子	tsɿ^{324}
韩北武乡	tsɿ^{213}	龙溪平顺	tsɿ^{424}	琚村长子	tsɿ^{535}
沁县	tsɿ^{213}	壶关	tʂʅ^{535}	高平	tʂʅ^{212}
新店沁县	tsɿ^{213}	树掌壶关	tʃʅ^{535}	陈区高平	tʂʅ^{313}
上马襄垣	tsɿ^{213}	百尺壶关	tʂʅ^{535}	礼义陵川	tʂʅ^{313}
屯留	tsɿ^{534}	八义长治县	tsɿ^{535}		

子尾在以上有子尾的方言中都发生变调。根据子尾前字是否变调，可以将其分为两种情况：一种是子尾前字不变调；另一种是子尾前字变调和不变调兼有。下面分别讨论。

（一）子尾变调，子尾前字不变调的情况

在沁源、王和沁源、景凤沁源、南涅水沁县、涌泉武乡、武乡、韩北武乡、沁县、新店沁县、辛安泉潞城、潞城、豆峪平顺、平顺、龙溪平顺、壶关、树掌壶关、百尺壶关、八义长治县、荫城长治县、长治县、琚村长子、陈区高平、礼义陵川方言中，子尾前字不变调，子尾都变读轻声，并且韵母都为收喉塞尾的入声韵，声母有[ts][t][n][l]等形式，其中，平顺方言中子尾声母的读音与前一音节的今读韵母有关：前一音节为鼻化韵和鼻尾韵时，子尾读[n]声母，前一音节为除鼻化韵和鼻尾韵外的其他韵母时，子尾则读[t]声母。在上马襄垣方言中，子尾前字不变调，子尾读[təʔ^{33}]，调值同阴入。下面以沁源、长治县、平顺、沁县、陈区$_{\text{高平}}$、上马$_{\text{襄垣}}$方言为例分别举例说明。

沁源方言：

阴平：	姑子 ku^{212} tsəʔ^{2}	锅子 kuə^{212} tsəʔ^{2}	钉子 tiə̃^{212} tsəʔ^{2}
阳平：	胰子 i^{33} tsəʔ^{3}	苗子 miɔ^{33} tsəʔ^{3}	皮子 pʻi^{33} tsəʔ^{3}
上声：	斧子 fu^{424} tsəʔ^{4}	傻子 sɑ^{424} tsəʔ^{4}	里子 li^{424} tsəʔ^{4}
去声：	盖子 kɛi^{53} tsəʔ^{3}	辫子 piæ^{53} tsəʔ^{3}	料子 liɔ^{53} tsəʔ^{3}
阴入：	蝎子ɕiaʔ^{3} tsəʔ^{1}	刷子 suaʔ^{3} tsəʔ^{1}	法子 faʔ^{3} tsəʔ^{1}
阳入：	脖子 pəʔ^{32} tsəʔ^{2}	麦子 miaʔ^{32} tsəʔ^{2}	格子 kaʔ^{32} tsəʔ^{2}

长治县方言：

阴平：	姑子 ku^{213} təʔ^{3}	锅子 kuo^{213} təʔ^{3}	包子 pɔ^{213} təʔ^{3}
阳平：	胰子 i^{44} təʔ^{4}	苗子 miɔ^{44} təʔ^{4}	皮子 pʻi^{44} təʔ^{4}
上声：	斧子 fu^{535} təʔ^{2}	傻子 sɑ^{535} təʔ^{2}	板子 pɑŋ^{535} təʔ^{2}
阴去：	盖子 kæ^{22} təʔ^{1}	骗子 pʻiɑŋ^{22} təʔ^{1}	凳子 təŋ^{22} təʔ^{1}
阳去：	辫子 piɑŋ^{42} təʔ^{2}	面子 miɑŋ^{42} təʔ^{2}	料子 liɔ^{213} təʔ^{2}
入声：	麦子 miəʔ^{21} təʔ^{1}	脖子 pəʔ^{21} təʔ^{1}	蝎子ɕiəʔ^{21} təʔ^{1}

平顺方言：

阴平：	锅子 kuo^{313} təʔ^{2}	刀子 tɔ^{313} təʔ^{2}	钉子 tiŋ^{313} nəʔ^{2}
阳平：	胰子 i^{22} təʔ^{2}	盆子 pʻẼ^{22} nəʔ^{2}	聋子 luŋ^{22} nəʔ^{2}
上声：	斧子 fu^{424} təʔ^{1}	里子 li^{424} təʔ^{1}	桶子 tʻuŋ^{424} nəʔ^{1}
阴去：	盖子 kai^{353} təʔ^{3}	褂子 kua^{353} təʔ^{3}	汉子 xæ̃^{353} nəʔ^{3}
阳去：	轿子 ciɔ^{53} təʔ^{1}	棒子 paŋ^{53} nəʔ^{1}	样子 iaŋ^{53} nəʔ^{1}
阴入：	法子 fʌʔ^{2} təʔ^{3}	刷子 suʌʔ^{2} təʔ^{3}	桌子 tsuʌʔ^{2} təʔ^{3}
阳入：	盒子 xʌʔ^{212} təʔ^{1}	叶子 iʌʔ^{212} təʔ^{1}	麦子 miʌʔ^{212} təʔ^{1}

沁县方言：

阴平上：	姑子 ku^{213} ləʔ^{2}	锅子 kuo^{213} ləʔ^{2}	斧子 fu^{213} ləʔ^{2}
阳平：	胰子 zʅ^{33} ləʔ^{2}	苗子 miɔ^{33} ləʔ^{2}	皮子 pʻʅ^{33} ləʔ^{2}
去声：	盖子 kɛ^{55} ləʔ^{1}	辫子 pɪ^{55} ləʔ^{1}	豆子 təu^{55} ləʔ^{1}
阴入：	麦子 miʌʔ^{4} ləʔ^{4}	蝎子ɕiʌʔ^{4} ləʔ^{4}	刷子 suʌʔ^{4} ləʔ^{4}
阳入：	盒子 xʌʔ^{213} ləʔ^{3}	结舌子 tɕiʌʔ^{4} sʌʔ^{213} ləʔ^{3}	围脖子 vei^{33} pəʔ^{213} ləʔ^{3}

陈区$_{高平}$方言：

阴平：	推子 tʻuei^{33} liəʔ^{3}	刀子 tɔ^{33} liəʔ^{3}	箱子 ɕiɑŋ^{33} liəʔ^{3}
阳平：	苗子 miɔ^{12} liəʔ^{1}	胰子 i^{12} liəʔ^{1}	盆子 pʻən^{12} liəʔ^{1}
上声：	傻子ʂa^{313} liəʔ^{2}	里子 li^{313} liəʔ^{2}	毯子 tʻæ^{313} liəʔ^{2}
去声：	盖子 kai^{53} liəʔ^{3}	汉子 xæ^{53} liəʔ^{3}	豆子 təu^{53} liəʔ^{3}
阴入：	法子 fʌʔ^{21} liəʔ^{1}	刷子ʂuʌʔ^{21} liəʔ^{1}	桌子 tʂuʌʔ^{21} liəʔ^{1}
阳入：	盒子 xʌʔ^{12} liəʔ^{2}	碟子 tiʌʔ^{12} liəʔ^{2}	麦子 miʌʔ^{12} liəʔ^{2}

上马$_{襄垣}$方言：

阴平：	摊子 tʻæ^{33} təʔ^{33}	窗子 tsʻuɔ̃^{33} təʔ^{33}	推子 tʻuei^{33} təʔ^{33}
阳平：	苗子 miɑo^{31}təʔ^{33}	皮子 pʻi^{31} təʔ^{33}	牌子 pʻɛ^{31} təʔ^{33}
上声：	斧子 fu^{213} təʔ^{33}	饼子 piŋ^{213} təʔ^{33}	里子 li^{213} təʔ^{33}
去声：	柿子 sɿ^{54} təʔ^{33}	盖子 kɛ^{54} təʔ^{33}	袋子 tɛ^{54} təʔ^{33}
阴入：	法子 fʌʔ^{33} təʔ^{33}	麦子 miəʔ^{33} təʔ^{33}	瞎子ɕiʌʔ^{33} təʔ^{33}
阳入：	盒子 xəʔ^{213} təʔ^{33}	格子 kəʔ^{213} təʔ^{33}	竹子 tsuəʔ^{213} təʔ^{33}

（二）子尾变调，子尾前字变调和不变调兼有的情况

在高平、长治、屯留、长子、石哲$_{长子}$、南常$_{长子}$、宋村$_{长子}$、上港$_{平顺}$方言中，子尾都发生变调，但子尾前字的变调情况不尽一致，具体情况如下：

在高平方言中，子尾读[tʂəʔ^{22}]，调值同入声。当子尾放在平声、上声、入声字后，子尾前字不变调，当子尾放在去声字后，子尾前字变为新调值35。如：

平声：	姑子 ku^{33} tʂəʔ^{22}	锅子 kuɤ^{33} tʂəʔ^{22}	苗子 miɔo^{33} tʂəʔ^{22}
上声：	表子$_{被面}$ piɔo^{212} tʂəʔ^{22}	斧子 fu^{212} tʂəʔ^{22}	傻子ʂɑ^{212} tʂəʔ^{22}
去声：	盖子 kɛe$^{53\text{-}35}$ tʂəʔ^{22}	骗子 pʻiæ$^{53\text{-}35}$ tʂəʔ^{22}	柿子ʂʅ$^{53\text{-}35}$ tʂəʔ^{22}
入声：	麦子 mɛʔ^{22} tʂəʔ^{22}	盒子 xʌʔ^{22} tʂəʔ^{22}	蝎子ɕiɛʔ^{22} tʂəʔ^{22}

在长治方言①中，当子尾放在阴平、阳平、阳去字后，子尾前字不变调，子尾调值分别为ʔ213、ʔ24、ʔ53。当子尾放在上声、阴去字后，子尾前字不变调，子尾调值为ʔ535。当子尾放在入声字后，前字为古清入和次浊入时，

① 长治方言中子尾变调的情况来源于《长治方言志》（侯精一 1985）。

前字调值变为ʔ44，子尾调值也为ʔ44；前字为古全浊入时，前字不变调，子尾调值为ʔ54，可见，当子尾放在入声后，子尾变调反映古声母清浊的影响。如：

阴平：	刀子 tɔ^{213} təʔ^{213}	锅子 kuə^{213} təʔ^{213}
阳平：	胰子 i^{24} təʔ^{24}	苗子 miɔ^{24} təʔ^{24}
上声：	斧子 fu^{535} təʔ^{535}	傻子 sɑ^{535} təʔ^{535}
阴去：	盖子 kᴇ^{44} təʔ^{535}	骗子 p‘iɑŋ^{44} təʔ^{535}
阳去：	辫子 piɑŋ^{53} təʔ^{53}	面子 miɑŋ^{53} təʔ^{53}
入声：	麦子 miəʔ$^{54\text{-}44}$ təʔ^{44}	蝎子ɕiəʔ$^{54\text{-}44}$ təʔ^{44}
	围脖子 uei^{24} pəʔ^{54} təʔ^{54}	结舌子 tɕiəʔ^{54} səʔ^{54} təʔ^{54}

在屯留方言中，子尾读[təʔ^{45}]，调值同阴入。当子尾放在阳平去、去声、阴入、阳入字后，子尾前字不变调，当子尾放在阴平字后，子尾前字变为新调值 21，当子尾放在上声字后，子尾前字调值变为 53，与去声调值相同。如：

阴平：	姑子 ku$^{313\text{-}21}$ təʔ^{45}	锅子 kuo$^{313\text{-}21}$ təʔ^{45}
阳平去：	胰子 i^{13} təʔ^{45}	面子 mian^{13} təʔ^{45}
上声：	斧子 fu$^{534\text{-}53}$ təʔ^{45}	傻子 sɑ$^{534\text{-}53}$ təʔ^{45}
去声：	盖子 kæ^{53} təʔ^{45}	镜子 tɕiŋ^{53} təʔ^{45}
阴入：	麦子 məʔ^{45} təʔ^{45}	蝎子ɕiɛʔ^{45} təʔ^{45}
阳入：	围脖子 uei^{13} pəʔ^{54} təʔ^{45}	结舌子 tɕiɛʔ^{45} sᴀʔ^{54} təʔ^{45}

在长子方言中子尾读[təʔ^{4}]，在石哲$_{长子}$方言中子尾读[təʔ^{44}]，在南常$_{长子}$和宋村$_{长子}$方言中子尾读[təʔ^{33}]。在这些方言中，子尾调值都与其阴入调值一致，而且，当子尾放在阳平、阴去、阳去、阴入和阳入字后，子尾前字都不变调，当子尾放在阴平字后，子尾前字调值都变为 21，当子尾放在上声字后，子尾前字调值都变为 53。以长子方言为例，如：

阴平：	姑子 ku$^{213\text{-}21}$ təʔ^{4}	锅子 kuo$^{213\text{-}21}$ təʔ^{4}
阳平：	胰子 i^{24} təʔ^{4}	苗子 miau^{24} təʔ^{4}
上声：	斧子 fu$^{324\text{-}53}$ təʔ^{4}	傻子 sa$^{324\text{-}53}$ təʔ^{4}
阴去：	盖子 kai^{45} təʔ^{4}	骗子 p‘iæ̃^{45} təʔ^{4}

阳去：　　辫子 $piæ̃^{53}$ $təʔ^{4}$　　面子 $miæ̃^{53}$ $təʔ^{4}$

阴入：　　麦子 $məʔ^{4}$ $təʔ^{4}$　　蝎子 $ɕiɛʔ^{4}$ $təʔ^{4}$

阳入：　　围脖子 vei^{24} $pəʔ^{212}$ $təʔ^{4}$　　结舌子 $tɕiɛʔ^{4}$ $səʔ^{212}$ $təʔ^{4}$

在上港平顺方言中，子尾变读轻声，并且声母为[t]，韵母为[əʔ]。当子尾放在非入声字后，子尾前字不变调，当子尾放在阴入和阳入字后，子尾前字则发生变调：阴入变为新调值ʔ24，阳入变为新调值ʔ53。如：

阴平：　　姑子 ku^{213} $təʔ^{1}$　　锅子 kuo^{213} $təʔ^{1}$

阳平：　　盆子 $p^{ʻ}ei^{33}$ $təʔ^{4}$　　胰子 i^{33} $təʔ^{4}$

上声：　　表子被面 $piɔ^{535}$ $təʔ^{1}$　　斧子 fu^{535} $təʔ^{1}$

阴去：　　盖子 $kæ^{243}$ $təʔ^{2}$　　骗子 $p^{ʻ}iɑn^{243}$ $təʔ^{2}$

阳去：　　辫子 $piɑn^{53}$ $təʔ^{4}$　　面子 $miɑn^{53}$ $təʔ^{4}$

阴入：　　竹子 $tɕyəʔ^{33\text{-}24}$ $təʔ^{1}$　　蝎子 $ɕiʌʔ^{33\text{-}24}$ $təʔ^{1}$

阳入：　　脖子 $pəʔ^{312\text{-}53}$ $təʔ^{2}$　　麦子 $miʌʔ^{312\text{-}53}$ $təʔ^{2}$

综上所述，在高平、长治、屯留、长子、石哲长子、南常长子、宋村长子、上马襄垣方言中子尾都不读轻声，而在沁县等其余24个方言中子尾都读轻声。并且，晋东南晋语子尾的语音形式从声母上看有[ts][tʂ][t][n]和[l]形式，从韵母上看有[əʔ]和[iəʔ]两种形式。见表4.20。

表4.20　　晋东南晋语子尾的声韵形式

方言点	声韵形式
沁源 景凤沁源 王和沁源	tsəʔ
高平 礼义陵川	tʂəʔ
涌泉武乡南涅水沁县武乡 韩北武乡上马襄垣长治 屯留 宋村长子南常长子石哲长子长子 琚村长子长治县 荫城长治县八义长治县壶关 百尺壶关树掌壶关龙溪平顺 豆峪平顺	təʔ
平顺	təʔ/nəʔ
沁县 新店沁县辛安泉潞城 潞城 上港平顺	ləʔ
陈区高平	liəʔ

五　z变调

这里的z变调是指“用一特殊的变调方式表示北京话读轻声的子尾词的现象”[①]，既包括只通过变调而不变韵的方式来表示北京话“子”尾语法意义的情况，也包括通过变调同时也变韵[②]的方式来表示北京话“子”尾语法意义的情况。分布在晋东南晋语的古寨$_{\text{高平}}$、陵川、水东$_{\text{泽州}}$、晋城、巴公$_{\text{泽州}}$、阳城、町店$_{\text{阳城}}$方言中。下面分别描写各方言z变调的情况[③]。

在古寨$_{\text{高平}}$方言中，去声（53）和上声（313）字z化后不变调，阴平（112）和阳平（13）字z化后调值变为313，与上声调值相同，入声（ʔ33）字z化后调值变为53，与去声调值相同。如：（只举例说明变调的情况，下同。）

阴平：鞭^{z} piɒŋ$^{112-313}$　鸡^{z} tɕiŋ$^{112-313}$　孙^{z} ʂuɒŋ$^{112-313}$　筛^{z} ɕiɒŋ$^{112-313}$

阳平：台^{z} tʻiɒŋ$^{13-313}$　茄^{z} tɕʻiɒŋ$^{13-313}$　蚊^{z} vɒŋ$^{13-313}$

入声：袜^{z} vɒŋ$^{33-53}$　鼻^{z} piŋ$^{33-53}$　蝎^{z} ɕiɒŋ$^{33-53}$　虱^{z} ʂəŋ$^{33-53}$

在陵川方言中，非入声字z化后不变调，阴入（ʔ3）字z化后调值变为24，与去声调值相同，阳入（ʔ23）字z化后调值变为53，与阳平调值相同。如：

阴入：竹^{z} tʂo$^{3-24}$　橘^{z} cye$^{3-24}$　瞎^{z} çie$^{3-24}$

阳入：麦^{z} mie$^{23-53}$　碟^{z} tie$^{23-53}$　橛^{z} cye$^{23-53}$

在水东$_{\text{泽州}}$方言中，去声（53）和上声（535）字z化后不变调，阴平（33）和阳平（24）字z化后调值变为212，与上声调值相同，阴入（ʔ33）和阳入（ʔ212）字z化后调值变为53，与去声调值相同。如：

阴平：狮^{z} ʂəŋ$^{33-212}$

阳平：钳^{z} tɕʻiɑŋ$^{24-212}$　茄^{z} tɕʻiɑŋ$^{24-212}$

阴入：鸽^{z} kɒ$^{33-53}$　蝎^{z} ɕiɑŋ$^{33-53}$

阳入：脖^{z} pɒ$^{212-53}$　鼻^{z} piou$^{212-53}$

在晋城方言中，去声（53）和来源于古清上、次浊上的阳平上（113）

---

① 乔全生：《山西方言的“子尾”研究》，《山西大学学报》（哲学社会科学版）1995年第3期。

② 关于z变韵的具体情况，可参见本章第三节的相关内容。

③ 阳城、晋城和陵川方言z变调的材料来源于侯精一《晋东南地区的子变韵母》，《中国语文》1985年第2期，其余方言z变调的材料均为笔者调查所得。

字z化后不变调，阴平（33）和来源于古浊平的阳平上（113）字z化后变为新调值35，入声（ʔ22）字z化后调值变为53，与去声调值相同。如：

阴平：箱^{z} ɕiɒ̃$^{33-35}$　鸡^{z} tɕiːɤ$^{33-35}$　钉^{z} tiə̃n$^{33-35}$　筛^{z} ʂᴇ$^{33-35}$

来源于古浊平的阳平上：孩^{z} xᴇ$^{113-35}$　聋^{z} luoŋ$^{113-35}$

蹄^{z} tʻiːɤ$^{113-35}$　裙^{z} tɕʻyə̃n$^{113-35}$

入声：盒^{z} xɑː$^{22-53}$　瞎^{z} ɕiːɑ$^{22-53}$　鸽^{z} kɑː$^{22-53}$

在巴公$_{\text{泽州}}$方言中，阳平（24）和去声（53）字z化后不变调，阴平（33）和上声（313）字z化后变为新调值311，入声（ʔ21）字z化后调值变为53，与去声调值相同。如：

阴平：狮^{z} ʂəŋ$^{33-311}$　钉^{z} tiŋ$^{33-311}$　孙^{z} ʂuɒŋ$^{33-311}$

上声：剪^{z} tɕiɒŋ$^{313-311}$　椅^{z} iŋ$^{313-311}$

入声：勺^{z} ʂəŋ$^{21-53}$　桌^{z} tʂuɒ$^{21-53}$　袜^{z} vɒ$^{21-53}$　鼻^{z} piou$^{21-53}$

在阳城方言中，阴平（11）、阳平（13）和去声（53）字z化后不变调，上声（31）字z化后调值变为313，入声（ʔ12）字z化后，古清入和次浊入声字z化后调值变为11，与阴平调值相同，古全浊入声字z化后调值变为13，与阳平调值相同，由此可见，入声字z变调反映古声母清浊的影响。如：

上声：点^{z} tiːɔ$^{31-313}$　板^{z} piːɔ$^{31-313}$　嗓^{z} sẽːŋ$^{31-313}$

入声：脚^{z} ciːɔ$^{12-11}$　袜^{z} vːɔ$^{12-11}$　笛^{z} tiːu$^{12-13}$

在町店$_{\text{阳城}}$方言中，非入声字没有z变调，入声（ʔ12）字z化后调值变为213，与上声调值相同。如：

入声：鸽^{z} kɑ$^{12-213}$　叶^{z} iɑ$^{12-213}$　桌^{z} tʂuɑ$^{12-213}$　坐月^{z} tʂuə^{53} yɑ$^{12-213}$

通过对以上各方言z变调的描写，我们可以看出，入声字z化后都变为该方言中已有的舒声调，因此，与儿化类似，z化可以说也是入声舒化的一种方式。而且，以上各方言中z变调都无长音，与晋南多数方言z变调具有长音的特点（王洪君 1999）不同。

第三节　变韵现象

本节所讨论的变韵现象包括儿化韵和z变韵。

一　儿化韵

在晋东南晋语中，王和沁源、景凤沁源、沁县、沁源、新店沁县、上马襄垣、西营襄垣、辛安泉潞城、店上潞城、潞城、豆峪平顺、上港平顺、平顺、龙溪平顺、壶关、树掌壶关、百尺壶关、荫城长治县、琚村长子、南常长子、端氏沁水、陈区高平、礼义陵川、陵川、北留阳城、阳城、町店阳城方言中既没有儿尾，也没有儿化韵，涌泉武乡、南涅水沁县、武乡、韩北武乡方言中只有儿尾没有儿化韵，黄崖洞黎城、东阳关黎城、黎城、高平、古寨高平、河西高平共 6 个方言中既有儿尾，又有儿化韵，其余 13 个方言中只有儿化韵。为了下文便于讨论，我们将既有儿尾又有儿化韵的黎城等 6 个方言称为甲类方言，把只有儿化韵的 13 个方言称为乙类方言。

关于儿化韵的性质，学者们已达成共识。王福堂先生（1999）认为儿化韵“是由‘儿’尾和前一语素合音而成的，它的特点是‘儿’和前一语素两者共存于一个音节之中……儿化韵由于是由基本韵母和‘儿’尾合音生成的，因此是一种变韵，即儿化变韵，简称儿化韵”[①]。钱曾怡先生（1995）也认为儿化韵是“‘儿’音跟前一音节韵母的融合”[②]，并将汉语方言的儿化韵大体归纳为四种形式，即“元音卷舌式、舌面元音式、鼻辅韵尾式和鼻音韵尾式、边音韵尾式”[③]。其中，以北京话为代表的元音卷舌式在北方方言中最为普遍。在晋东南晋语有儿化韵的 19 个方言中，“儿”的单字音在有的方言中读[ər]，属卷舌音，在有的方言中读[l̩]或[l̩ə]，属边音类，不管是哪一类，其儿化韵也都属于元音卷舌式[④]。但是，儿化韵在各方言中的具体读音情况不尽相同，下面我们对其分别讨论。

（一）甲类方言中的儿化韵

如前文所述，甲类方言中都具有儿化韵和自成音节的儿尾两种语音形式，但这两种语音形式是以基本韵母为条件的，表现在：有的基本韵母没有儿化韵，但可以在其后面接自成音节的儿尾，有的基本韵母只有儿化韵，有的基本韵母不仅有儿化韵，也可以在其后面接自成音节的儿尾。并且，

① 王福堂：《汉语方言语音的演变和层次》，语文出版社 1999 年版，第 105 页。

② 钱曾怡：《论儿化》，《中国语言学报》1995 年第 5 期。

③ 同上。

④ 关于“儿”单字音今读边音类的方言中儿化韵为元音卷舌式的原因，既可能是语音演变的结果，也可能与方言之间的接触有关，还有待进一步研究。

各方言中已生成的儿化韵数量的多少也不尽一致，据此，我们将其分为三种类型，即古寨型、黎城型和高平型。下面分别讨论。

1. 古寨型

这种类型分布在古寨高平、河西高平、东阳关黎城、黄崖洞黎城。在这些方言中，儿化韵的数量较少，各方言中基本韵母、生成儿化韵的基本韵母以及儿化韵的数量分别如下：

	基本韵母数	生成儿化韵的基本韵母数	儿化韵数
古寨高平	34	19	8
河西高平	36	20	10
东阳关黎城	42	23	10
黄崖洞黎城	40	19	10

下面分别说明以上各方言中各基本韵母是否有儿化韵以及在其后面能否接自成音节的儿尾的情况。

（1）古寨高平方言

Ⅰ 基本韵母[u uei ɛi iʌu ʌŋ uʌŋ iŋ iɒŋ ɒŋ uɒŋ]既没有儿化韵，也不能在其后面接自成音节的儿尾。

Ⅱ 基本韵母[uo ʅe æ iæ uæ]没有儿化韵，但可以在其后面接自成音节的儿尾。如“锅儿 kuo^{112} ɭə^{2}”“车儿 tʂʻʅe^{112} ɭə^{2}”“板儿 pæ^{313} ɭə^{3}”“片儿 pʻiæ^{53} ɭə^{2}”“团儿 tʻuæ^{13} ɭə^{3}”。

Ⅲ 基本韵母[o ə ʌu]既有儿化韵，也可以在其后面接自成音节的儿尾，至于什么语素后接儿尾，什么语素后发生儿化，则规律性不强。如“嫂儿 ʂo^{313} ɭə^{3}”“歌儿 kə^{112} ɭə^{2}”“楼儿 lʌu^{13} ɭə^{3}”，为后接儿尾，“枣儿 tʂor^{313}”“老婆儿 lo^{313} pʻɑr^{13}”“豆儿 tɑr^{53}”，则发生儿化。

Ⅳ 其余基本韵母则只有儿化韵，具体情况如下：（“<”左边的是儿化韵，“<”右边的是基本韵母以及儿化韵举例。下同。）

ər < ɿ ei əʔ 西瓜子儿 si^{112} kuɑ^{112} tʂər^{313} 袋儿 tər^{53} 法儿 fər$^{33\text{-}53}$

iər < i ie in iəʔ 里儿 liər^{313} 鞋儿 ɕiər^{13} 心儿 siər^{112} 叶儿 iər$^{33\text{-}53}$

uər < uɛi uəʔ 腿儿 tʻuər^{313} 秃儿 tʻuər$^{33\text{-}53}$

or < o 枣儿 tʂor^{313}

ior < io 料儿 lior^{53}

ɑr < ə ɑ ʌu ɑʔ 老婆儿 lo^{313} p‘ɑr^{13} 刀把儿 to^{112} pɑr^{53} 豆儿 tɑr^{53} 鸽儿 kɑr$^{33\text{-}53}$

iɑr < iɑ iɑʔ 架儿 tɕiɑr^{53} 碟儿 tiɑr$^{33\text{-}53}$

uɑr < uɑ uɑʔ 画儿 xuɑr^{53} 刷儿 ʂuɑr$^{33\text{-}53}$

由此可见，古寨$_{\text{高平}}$方言中上述已生成的儿化韵的音变规律大致为：①分别以[i n]收尾的韵母，儿化卷舌后[i n]韵尾丢失，主要元音变为[ə]。②以喉塞音[ʔ]收尾的入声韵母，儿化卷舌后喉塞尾丢失，主要元音不变。③[i]韵母儿化卷舌后增生央元音。④[ʅ]韵母儿化卷舌后变为[ər]。⑤[o io ɑ iɑ uɑ]韵母，儿化卷舌后直接在其后面加卷舌动作。

（2）河西$_{\text{高平}}$方言

Ⅰ 基本韵母[ie uɑi]既没有儿化韵，也不能在其后面接自成音节的儿尾。

Ⅱ 基本韵母[ʅ ʅɤ ɒ ɛi uɛi æ iæ uæ ʌŋ uʌŋ iŋ ɒŋ iɒŋ uɒŋ]没有儿化韵，但可以在其后面接自成音节的儿尾。如“柿儿 ʂʅ^{53} ɭə^{3}”“车儿 tʂ‘ʅɤ^{33} ɭə^{2}”“马儿 mɒ^{313} ɭə^{3}”“杯儿 pɛi^{33} ɭə^{2}”“柜儿 kuɛi^{53} ɭə^{3}”“铲儿 tʂ‘æ^{313} ɭə^{3}”“帘儿 niæ^{24} ɭə^{3}”“团儿 t‘uæ^{24} ɭə^{3}”“灯儿 tʌŋ^{33} ɭə^{2}”“洞儿 tuʌŋ^{53} ɭə^{3}”“瓶儿 p‘iŋ^{24} ɭə^{3}”“房儿 fɒŋ^{24} ɭə^{3}”“箱儿ɕiɒŋ^{33} ɭə^{2}”“窗儿 tʂ‘uɒŋ^{33} ɭə^{2}”。

Ⅲ 基本韵母[u]既有儿化韵，也可以在其后面接自成音节的儿尾，至于什么语素后接儿尾，什么语素后发生儿化，则规律性不强。如“厨儿 tʂ‘u^{24} ɭə^{3}”，为后接儿尾，“铺儿 p‘uər^{53}”，则发生儿化。

Ⅳ 其余基本韵母则只有儿化韵，具体情况如下：

ʌur < ʌu 豆儿 tʌur^{53}

iʌur < iʌu 球儿 tɕ‘iʌur^{24}

ər < ə ən əʔ 歌儿 kər^{33} 盆儿 p‘ər^{24} 沫儿 mər$^{33\text{-}53}$

iər < i in iəʔ 皮儿 p‘iər^{24} 妗儿 tɕiər^{53} 鼻儿 piər$^{33\text{-}53}$

uər < u uo un uəʔ 兔儿 t‘uər^{53} 箩儿 luər^{24} 轮儿 luər^{24} 秃儿 t‘uər$^{33\text{-}53}$

ɔr < ɔ 包儿 pɔr^{33}

iɔr < iɔ 苗儿 miɔr^{24}

ɑr < ɑi ʌʔ 牌儿 p‘ɑr^{24} 脖儿 pɑr$^{33-53}$

iɑr < iɒ iʌʔ 架儿 tɕiɑr^{53} 碟儿 tiɑr$^{33-53}$

uɑr < uɒ uʌʔ 瓜儿 kuɑr^{33} 刷儿 ʂuɑr$^{33-53}$

由此可见，河西高平方言中上述已生成的儿化韵的音变规律大致为：①分别以[i n]收尾的韵母，儿化卷舌后[i n]韵尾丢失，主要元音或不变，或变为[ə]。②以喉塞音[ʔ]收尾的入声韵母，儿化卷舌后喉塞尾丢失，[əʔ]组主要元音不变，[ʌʔ]组主要元音变为[ɑ]。③[i u]韵母儿化卷舌后增生央元音。④[iɒ uɒ uo]韵母，儿化卷舌后主要元音变为[ɑ]或[ə]。⑤[ɔ iɔ ʌu iʌu ə]韵母，儿化卷舌后直接在其后面加卷舌动作。

（3）东阳关黎城方言

Ⅰ 基本韵母[yə uɛ yn iɑŋ uɑŋ yəʔ yʌʔ ər]既没有儿化韵，也不能在其后面接自成音节的儿尾。

Ⅱ 基本韵母[u ɑ uɑ ɑo ou iou əŋ iŋ uŋ yŋ ɑŋ]没有儿化韵，但可以在其后面接自成音节的儿尾。如“布儿 pu^{53} ər^{2}”“把儿 pɑ^{353} ər^{2}”“爪儿 tsuɑ^{535} ər^{5}”“包儿 pɑo^{33} ər^{3}”“豆儿 tou^{53} ər^{2}”“馏儿 liou^{53} ər^{2}”“绳儿 səŋ^{53} ər^{2}”“钉儿 tiŋ^{33} ər^{3}”“洞儿 tuŋ^{53} ər^{2}”“熊儿ɕyŋ^{53} ər^{2}”“小胖儿ɕiɑo^{535} p‘ɑŋ^{353} ər^{4}”。

Ⅲ 基本韵母[ʅ y uo]既有儿化韵，也可以在其后面接自成音节的儿尾，至于什么语素后接儿尾，什么语素后发生儿化，则规律性不强。如“事儿 sʅ^{353} ər^{2}”“鱼儿 y^{53} ər^{2}”“果儿 kuo^{535} ər^{5}”，为后接儿尾，“树枝儿ɕy^{53} tsər^{33}”“毛驴儿 mɑo^{53} lyər^{53}”“一伙儿 iəʔ^{33} xuor^{535}”，则发生儿化。

Ⅳ 其余基本韵母则只有儿化韵，具体情况如下：

ər < ʅ ə ei əʔ 树枝儿 ɕy^{53} tsər^{33} 歌儿 kər^{33} 本儿 pər^{535} 册儿 ts‘ər$^{33-53}$

iər < i iə in iəʔ 皮儿 p‘iər^{53} 小鞋儿 ɕiɑo^{535} ɕiər^{53} 心儿 ɕiər^{33} 七儿 tɕ‘iər$^{33-53}$

uər < uei uəʔ 轮儿 luər^{53} 竹儿 tsuər$^{312-53}$

yər < y 女婿儿 ȵy^{535} ɕyər^{53}

or < o 老婆儿 lɑo^{535} p‘or^{53}

uor < uo 一伙儿 iəʔ^{33} xuor^{535}

ɑr < ɑi æ ʌʔ 带儿 tɑr^{353} 盘儿 p‘ɑr^{53} 法儿 fɑr$^{312-53}$

iɑr < iɑ iɑo iæ iʌʔ 架儿 tɕiɑr^{353} 料儿 liɑr^{53} 帘儿 liɑr^{53} 碟儿 tiɑr$^{312\text{-}53}$

uɑr < uæ uʌʔ 官儿 kuɑr^{33} 桌儿 tsuɑr$^{33\text{-}53}$

yɑr < yæ 圈儿 tɕʻyɑr^{33}

由此可见，东阳关黎城方言中上述已生成的儿化韵的音变规律大致为：①分别以[i n]收尾的韵母，儿化卷舌后[i n]韵尾丢失，主要元音[ɑ ə]不变，[e]变为[ə]。②以喉塞音[ʔ]收尾的入声韵母，儿化卷舌后喉塞尾丢失，主要元音[ə]不变，[ʌ]变为[ɑ]。③[i y]韵母儿化卷舌后增生央元音。④[ʅ]韵母儿化卷舌后变为[ər]。⑤以[o ə]为主要元音的开尾韵以及[iɑ]韵母，儿化卷舌后直接在其后面加卷舌动作。⑥以[æ]为主要元音的开尾韵，儿化卷舌后主要元音变为[ɑ]。

（4）黄崖洞黎城方言

Ⅰ 基本韵母[ɑ uo ye uɑi ei əŋ yŋ uəʔ yəʔ ər]既没有儿化韵，也不能在其后面接自成音节的儿尾。

Ⅱ 基本韵母[u ə ie ɑo iɑo uɑ ou iou iɑŋ uɑŋ iəŋ]没有儿化韵，但可以在其后面接自成音节的儿尾。如“布儿 pu^{53} ər^{5}”“歌儿 kə^{213} ər^{3}”“爷儿 ie^{53} ər^{5}”“道儿 tɑo^{53} ər^{5}”“调儿 tiɑo^{53} ər^{5}”“花儿 xuɑ^{213} ər^{3}”“篓儿 lou^{53} ər^{5}”“球儿 tɕʻiou^{53} ər^{5}”“箱儿 ɕiɑŋ^{213} ər^{3}”“框儿 kʻuɑŋ^{213} ər^{3}”“钉儿 tiəŋ^{213} ər^{3}”。

Ⅲ 基本韵母[ʅ i y iɑ ɑŋ uəŋ]既有儿化韵，也可以在其后面接自成音节的儿尾，至于什么语素后接儿尾，什么语素后发生儿化，则规律性不强。如“事儿 sʅ^{353} ər^{4}”“椅儿 i^{535} ər^{5}”“句儿 tɕy^{353} ər^{4}”“卡儿 tɕʻiɑ^{535} ər^{5}”“药方儿 iɑʔ^{53} fɑŋ^{213} ər^{3}”“空儿 kʻuəŋ^{353} ər^{4}”，为后接儿尾，“刺儿 tsʻər^{353}”“气儿 tɕʻiər^{353}”“鱼儿 yər^{53}”“架儿 tɕiɑr^{353}”“缸儿 kɑ̃r^{213}”“村儿 tsʻuər^{213}”，则发生儿化。

Ⅳ 其余基本韵母则只有儿化韵，具体情况如下：

ər < ʅ əʔ 字儿 tsər^{353} 格儿 kər^{53}

iər < i iəʔ 鸡儿 tɕiər^{213} 七儿 tɕʻiər$^{22\text{-}53}$

uər < uei uəŋ 烟嘴儿 iᴇ^{213} tsuei^{535} 棍儿 kuər^{353}

yər < y 鱼儿 yər^{53}

or < o 山坡儿 sæ^{213} por^{213}

ɑr < ɑi æ ɑʔ 牌儿 p'ɑr^{53} 摊儿 t'ɑr^{213} 鸽儿 kɑr$^{22-53}$

iɑr < iɑ iᴇ iɑʔ 豆芽儿 tou^{53} iɑr^{53} 眼儿 iɑr^{535} 镊儿 ȵiɑr^{53}

uɑr < uæ uɑʔ 官儿 kuɑr^{213} 牙刷儿 iɑ^{53} suɑr$^{22-53}$

yɑr < yᴇ yɑʔ 圈儿 tɕ'yɑr^{213} 主角儿 tsu^{535} tɕyɑr^{53}

ɑ̃r < ɑŋ 鞋帮儿ɕie^{53} pɑ̃r^{213}

由此可见，黄崖洞黎城方言中上述已生成的儿化韵的音变规律大致为：①以[i]收尾的韵母，儿化卷舌后韵尾丢失，主要元音[ɑ]不变，[e]变为[ə]。以[ŋ]收尾的韵母，儿化卷舌后韵尾丢失，主要元音[ə]不变，[ɑ]鼻化。以喉塞音[ʔ]收尾的韵母，儿化卷舌后喉塞尾丢失，主要元音不变。总之，分别以[i n ŋ ʔ]收尾的韵母，儿化卷舌后这些韵尾都丢失，主要元音发生相应的变化。②[i y]韵母儿化卷舌后增生央元音。③[ɿ]韵母儿化卷舌后变为[ər]。④[o iɑ]韵母，儿化卷舌后直接在其后面加卷舌动作。⑤[æ uæ]韵母，儿化卷舌后主要元音都变为[ɑ]。

2. 黎城型

这种类型分布在黎城方言中，与古寨型相比，其儿化韵的数量多一些，其基本韵母、生成儿化韵的基本韵母以及儿化韵的数量分别如下：

	基本韵母数	生成儿化韵的基本韵母数	儿化韵数
黎城	41	28	16

黎城方言各基本韵母是否有儿化韵以及在其后面能否接自成音节的儿尾的情况分别如下：

Ⅰ 基本韵母[yɤ l̩]既没有儿化韵，也不能在其后面接自成音节的儿尾。

Ⅱ 基本韵母[a iəu ɤ uɤ uᴇ iaŋ uaŋ əŋ iŋ uŋ yŋ]没有儿化韵，但可以在其后接自成音节的儿尾。如“把儿 pa^{53} l̩^{53}”“理由儿 li^{53} iəu^{53} l̩^{53}”“歌儿 kɤ$^{33-212}$ l̩^{53}”“果儿 kuɤ^{212} l̩^{53}”“筷儿 k'uᴇ^{53} l̩^{53}”“样儿 iaŋ^{53} l̩^{53}”“筐儿 k'uaŋ^{33} l̩^{53}”“棚儿 p'əŋ^{53} l̩^{53}”“钉儿 tiŋ$^{33-212}$ l̩^{53}”“空儿 k'uŋ^{53} l̩^{53}”“熊儿ɕyŋ^{53} l̩^{53}”。

Ⅲ 基本韵母[i u y ɿ ia ua iɤ ɔ əu aŋ]既有儿化韵，也可以在其后面接自成音节的儿尾，至于什么语素后接儿尾，什么语素后发生儿化，则规律性不强。如“椅儿 i^{212} l̩^{53}”“模儿 mu^{53} l̩^{53}”“句儿 cy^{353} l̩^{53}”“丝儿 sɿ^{33} l̩^{53}”“架儿 cia^{53} l̩^{53}”“花儿 xua^{33} l̩^{53}”“车儿 tɕ'iɤ^{33} l̩^{53}”“袄儿ɣɔ^{212} l̩^{53}”“狗儿 kəu^{212} l̩^{53}”

“缸儿 kaŋ^{33} l̩^{53}”，为后接儿尾；“皮儿 pʻiər^{53}”“牛犊儿 ȵiəu^{53} tuər^{53}”“鱼儿 yər^{53}”“字儿 tsər^{353}”“家儿 ciɑr^{33}”“画儿 xuɑr^{53}”“小鞋儿ɕiɔ^{212} ɕiər^{53}”“桃儿 tʻɔr^{53}”“豆儿 təur^{53}”“帮忙儿 paŋ^{33} mɑ̃r^{53}”，则发生儿化。

Ⅳ 其余基本韵母则只有儿化韵，具体情况如下：

ər < ʅ ei əʔ 事儿 sər^{53} 小辈儿 ɕiɔ^{212}pər^{353} 沫儿 mər$^{43\text{-}53}$

iər <i iɤ iəʔ 蹄儿 tʻiər^{53} 街儿 tɕiər$^{33\text{-}31}$ 叶儿 iər$^{43\text{-}53}$

uər < u uei 炉儿 luər^{53} 水儿 suər^{212}

yər < y 鱼儿 yər^{53}

əur < əu 楼儿 ləur^{53}

ɔr < ɔ 桃儿 tʻɔr^{53}

iɔr < iɔ 料儿 liɔr^{53} 苗儿 miɔr^{53}

ɑr < ᴇ æ ʌʔ 牌儿 pʻɑr^{53} 摊儿 tʻɑr$^{33\text{-}31}$ 盒儿 xɑr$^{43\text{-}53}$

iɑr < ia iᴇ iʌʔ 芽儿 iɑr^{53} 边儿 piɑr$^{33\text{-}31}$ 蝶儿 tiɑr$^{43\text{-}53}$

uɑr < ua uæ uʌʔ 画儿 xuɑr^{53} 团儿 tʻuɑr^{53} 活儿 xuɑr$^{43\text{-}53}$

yɑr < yᴇ yʌʔ 院儿 yɑr^{53} 月儿 yɑr$^{43\text{-}53}$

ə̃r < ᴇ̃ 根儿 kə̃r$^{33\text{-}31}$

iə̃r < iᴇ̃ 心儿 ɕiə̃r$^{33\text{-}31}$

uə̃r < uᴇ̃ 屯儿 tʻuə̃r^{53} 村儿 tsʻuə̃r$^{33\text{-}31}$

yə̃r < yᴇ̃ 群儿 cʻyə̃r^{53}

ɑ̃r < aŋ 帮忙儿 paŋ^{33} mɑ̃r^{53}

由此可见，黎城方言中上述已生成的儿化韵的音变规律大致为：①以[i]收尾的韵母，儿化卷舌后韵尾丢失，主要元音变为[ə]，以[ŋ]收尾的韵母，儿化卷舌后[ŋ]韵尾丢失，主要元音变为[ɑ]并鼻化。②以喉塞音[ʔ]收尾的入声韵母，儿化卷舌后喉塞尾丢失，[əʔ]组主要元音不变，[ʌʔ]组主要元音变为[ɑ]。③[i u y]韵母儿化卷舌后增生央元音。④[ʅ]韵母儿化卷舌后变为[ər]。⑤[ɔ iɔ əu]韵母，儿化卷舌后直接在其后面加卷舌动作。⑥鼻化韵[ᴇ̃ iᴇ̃ uᴇ̃ yᴇ̃]，儿化卷舌后主要元音变为[ə]。⑦[ᴇ iᴇ yᴇ ia ua æ uæ]韵母，儿化卷舌后主要元音变为[ɑ]。

3. 高平型

这种类型分布在高平方言中。其已生成的儿化韵的音变规律是在原韵母后直接加上卷舌动作，与古寨型和黎城型相比，其儿化韵的数量也最多，其基本韵母、生成儿化韵的基本韵母以及儿化韵的数量分别如下：

	基本韵母数	生成儿化韵的基本韵母数	儿化韵数
高平	37	26	25

高平方言各基本韵母是否有儿化韵以及在其后面能否接自成音节的儿尾的情况分别如下：

Ⅰ 基本韵母[ʅɛ uɛe iʌu uõ iuãŋ l̩]既没有儿化韵，也不能在其后面接自成音节的儿尾。

Ⅱ 基本韵母[ʌu iɔo uãŋ iɑ õ]没有儿化韵，但可以在其后面接自成音节的儿尾。如“楼儿 lʌu^{33} l̩^{33}”“苗儿 miɔo^{33} l̩^{33}”“虫儿 tʂʻuãŋ^{33} l̩^{33}”“架儿 ciɑ^{53} l̩^{33}”“缸儿 kõ^{33} l̩^{33}”。

Ⅲ 基本韵母[i ɤ u ɑ ɔo uɤ æ ə̃ŋ iə̃ŋ]既有儿化韵，也可以在其后面接自成音节的儿尾，至于什么语素后接儿尾，什么语素后发生儿化，则规律性不强。如“皮儿 pʻi^{33} l̩^{33}”“歌儿 kɤ^{33} l̩^{33}”“兔儿 tʻu^{53} l̩^{33}”“把儿 pɑ^{53} l̩^{33}”“桃儿 tʻɔo^{33} l̩^{33}”“摊儿 tʻæ^{33} l̩^{33}”“凳儿 tə̃ŋ^{53} l̩^{33}”“钉儿 tiə̃ŋ^{33} l̩^{33}”，为后接儿尾，而“粒儿 lir^{53}”“个儿 kɤr^{53}”“树儿ʂur^{53}”“那儿 nɑr^{53}”“羊羔儿 iõ^{33} kɔor^{33}”“盘儿 pʻær^{33}”“坑儿 kʻə̃r^{33}”“影儿 iə̃r^{212}”，则发生儿化。

Ⅳ 其余基本韵母则只有儿化韵，具体情况如下：

ir < i 猪蹄儿 tʂu^{33} tʻir^{33}

ur < u 媳妇儿 siəʔ^{22} fu^{53}

eir < ei 味儿 veir^{53}

ueir < uei 堆儿 tueir$^{33\text{-}53}$

ɛer < ɛe 小孩儿 siɔo^{212} xɛer^{33}

ɤr < ɤ 个儿 kɤr^{53}

uɤr < uɤ 伙儿 xuɤr^{212}

ər < əʔ 汁儿 tʂər$^{22\text{-}53}$

iər < iəʔ 一滴儿 iəʔ^{22} tiər$^{22\text{-}53}$

uər < uəʔ 叔儿 ʂuər$^{22\text{-}53}$

εr < εʔ 勺儿 ʂεr$^{22-53}$

iεr < iε iεʔ 爷儿 iεr^{33}　蝴蝶儿 xu^{33} tiεr$^{22-53}$

ɔor < ɔo 羊羔儿 iɒ̃^{33} kɔor^{33}

ʌr < ʌʔ 法儿 fʌr$^{22-53}$

uʌr < uʌʔ 活儿 xuʌr$^{22-53}$

ær < æ 盘儿 p'ær^{33}

iær < iæ 边儿 piær^{33}

uær < uæ 官儿 kuær^{33}

ɑr < ɑ 那儿 nɑr^{53}

ə̃r < ə̃ŋ 成儿 tʂ'ə̃r^{33}

iə̃r < iə̃ŋ 镜儿 ciə̃r^{53}

Ẽr < Ẽ 本儿 pẼr^{212}

iẼr < iẼ 音儿 iẼr^{33}

uẼr < uẼ 村儿 tʂ'uẼr^{33}

iɒ̃r < iɒ̃ 样儿 iɒ̃r^{53}

通过上述对各类型方言儿化韵的描写，我们可以看出，高平型方言中已生成的儿化韵与生成儿化韵的基本韵母之间基本呈一一对应的关系，这说明其儿化韵在生成后基本没有发生韵类之间的归并，但在古寨型和黎城型方言中已生成的儿化韵与生成儿化韵的基本韵母之间并不都是一一对应的关系，存在几个基本韵母对应一个儿化韵的情况，这说明这些方言中已生成的儿化韵在生成后韵类之间发生了一定程度的归并。

（二）乙类方言中的儿化韵

乙类方言包括长治县、八义长治县、宋村长子、长治、巴公晋城、襄垣、石哲长子、西河底陵川、长子、晋城、水东晋城、上村屯留、屯留共 13 个方言。

据王福堂先生（1999），“儿化韵在生成后还要不断调整和归并。这是因为儿化韵中的卷舌韵尾是韵腹元音唯一的韵尾语音环境，它使来自基本韵母元音音位的各变体失去分别存在的条件，趋于合并。从另一个角度说，就是方言中基本韵母的元音音位系统对儿化韵元音音位的配置要起到制约的作用……基本韵母元音音位系统的制约，使儿化韵的元音音位逐渐减少。

而音位数量减少导致儿化韵组数减少（儿化韵总量相应也随着减少）”①。在乙类方言中，儿化韵在生成之后也发生了一定的调整和归并，但各方言中儿化韵之间的归并程度以及儿化韵数量的多少不尽一致，据此，可以将其分为两类，即长治型和屯留型。下面分别讨论。

1. 长治型

这种类型分布在长治县、八义长治县、宋村长子、长治、巴公晋城、襄垣、石哲长子、西河底陵川、长子。在这些方言中，儿化韵的数量都较少，只有两组8个（见表4.21）。但是，各方言中儿化韵之间的归并程度都较高，在其儿化韵韵母系统中主要元音只有“低”和“中”的对立，已经没有“央/后、圆/不圆、鼻/非鼻”的对立。王洪君先生（1999）将儿化韵的发展分为六个阶段②，显然，长治型属于第六个阶段——正常单音节阶段，其特点是“当韵腹位置的儿化韵母的逐渐中和，儿化韵聚合系统的结构格局与单字韵母逐渐接近，单字韵母的聚合模式对儿化韵母聚合模式的类化作用将逐渐加强。这种类化作用将使儿化韵腹的央/后、圆/不圆、鼻/非鼻都失去对立”③。

表4.21　长治型方言基本韵母、生成儿化韵的基本韵母以及儿化韵数量表

	基本韵母数	生成儿化韵的基本韵母数	儿化韵数
长治县	36	34	8
八义长治县	36	34	8
宋村长子	36	34	8
长治	36	34	8
巴公泽州	41	38	8
襄垣	40	38	8
石哲长子	42	41	8
西河底陵川	43	41	8
长子	44	41	8

① 王福堂：《汉语方言语音的演变和层次》，语文出版社1999年版，第118页。
② 这六个阶段分别为：两音节阶段、一个半音节阶段、长音节阶段、长度正常的特殊单音节阶段[上]、长度正常的特殊单音节阶段[下]、正常单音节阶段。
③ 王洪君：《汉语非线性音系学》，北京大学出版社1999年版，第210页。

下面以长治县、巴公泽州、石哲长子方言的儿化韵为例举例说明。

（1）长治县方言的儿化韵[①]

ər < ʅ ei əu əŋ 事儿 sər^{42} 小辈儿 ɕiɔ^{535} pər^{22} 小偷儿 ɕiɔ^{535} t‘ər^{213}
板凳儿 paŋ^{535} tər^{42}

iər < i iəu iŋ 皮儿 p‘iər^{44} 球儿 tɕ‘iər^{44} 瓶儿 p‘iər^{44}

uər < u uei uŋ 主儿 tsuər^{535} 汽水儿 tɕ‘i^{53} suər^{535} 虫儿 ts‘uər^{44}

yər < y ye yŋ 鱼儿 yər^{44} 靴儿 ɕyər^{213} 小军儿 ɕiɔ^{535} tɕyər^{213}

ɑr < ɑ ə æ ɔ ɑŋ ɑʔ əʔ 刀把儿 tɔ^{213} pɑr^{22} 老婆儿 lɔ^{535} p‘ɑr^{44} 布袋儿 pu^{22}
tɑr$^{21-42}$ 枣儿 tsɑr^{535} 样方儿 iɑŋ^{42} fɑr^{213} 办法儿
fɑŋ^{42} fɑr$^{21-42}$ 小勺儿 ɕiɔ^{535} sɑr$^{21-42}$

iɑr< iɑ ie iɔ iɑŋ iɑʔ iəʔ 芽儿 iɑr^{44} 老爷儿 lɔ^{535} iɑr^{44} 鸟儿ȵiɑr^{535}
样儿 iɑr^{42} 野鹊儿 iᴇ^{535} tɕ‘iɑr$^{21-42}$ 树叶儿 su^{42} iɑr$^{21-42}$

uɑr< uɑ uo uæ uɑŋ uɑʔ uəʔ 笑话儿ɕiɔ^{42} xuɑr^{42} 窝儿 uɑr^{213}
一块儿 iəʔ^{21} k‘uɑr^{42} 官儿 kuɑr^{213}
牙刷儿 iɑ^{44} suɑr$^{21-42}$
活儿 xuɑr$^{21-42}$ yɑr < yɑŋ yəʔ
圈儿 tɕ‘yɑr^{213} 小匣儿 ɕiɔ^{535} ɕyɑr$^{21-42}$

由此可见，长治县方言中儿化韵的音变规律大致如下：①以[ŋ]收尾的韵母，儿化卷舌后[ŋ]韵尾丢失，主要元音不变。②分别以[i u]收尾的韵母，儿化卷舌后[i u]韵尾丢失，主要元音为[ə]。③以喉塞音[ʔ]收尾的入声韵母，儿化卷舌后喉塞尾丢失，主要元音都为[ə]。④[i u y]韵母儿化卷舌后增生央元音。⑤[ʅ]韵母儿化卷舌后变为[ər]。⑥以[ɑ]为主要元音的开尾韵，儿化卷舌后直接在其后面加卷舌动作。⑦分别以[o ɔ æ]为主要元音的开尾韵，儿化卷舌后主要元音变为[ɑ]。

（2）巴公泽州方言的儿化韵[②]

ər < ʅ o ɛi ʌn əʔ 事儿 ʂər^{53} 坡儿 p‘ər$^{33-311}$ 辈儿 pər^{53} 根儿 kər$^{33-311}$
板凳儿 pæ^{313} tər^{53} 号尺儿 xɔ^{53} tʂ‘ər$^{21-53}$

iər < i ie iʌu in iəʔ 皮儿 p‘iər^{24} 鞋儿 ɕiər^{24} 球儿 tɕ‘iər^{24} 心儿 ɕiər$^{33-311}$

① 只有[yɑʔ ər]韵母没有儿化韵。
② 只有[ə ye yʌʔ]韵母没有儿化韵。

瓶儿 p‘iər^{24}　树叶儿 ʂu^{53} iər$^{21-53}$

uər < u uo uɛi uʌn uəŋ uəʔ 主儿 tsuər$^{313-311}$ 锅儿 kuər$^{33-311}$ 汽水儿 tɕ‘i^{53} ʂuər$^{313-311}$ 村儿 tʂ‘uər$^{33-311}$ 虫儿 tʂ‘uər^{24} 竹儿 tʂuər$^{21-53}$

yər < y yn yŋ yəʔ 鱼儿 yər^{24} 裙儿 tɕ‘yər^{24} 蛹儿 yər$^{313-311}$ 药儿 yər$^{21-53}$

ɑr < ɒ ɛ ou ɔ æ ɒŋ ʌʔ 刀把儿 tɔ^{33} pɑr^{53} 袋儿 tɑr^{53} 瘊儿 xɑr^{24} 枣儿 tʂɑr$^{313-311}$ 盘儿 p‘ɑr^{24} 缸儿 kɑr$^{33-311}$ 法儿 fɑr$^{21-53}$

iɑr < iɒ iɔ iæ iɒŋ iʌʔ 芽儿 iɑr^{24} 鸟儿 niɑr$^{313-311}$ 辫儿 piɑr^{53} 样儿 iɑr^{53} 匣儿 ɕiɑr$^{21-53}$

uɑr < uɒ uɛ uæ uɒŋ uʌʔ 笑话儿 ɕiɔ^{53} xuɑr^{53} 拐儿 kuɑr$^{313-311}$ 窗儿 tʂ‘uɑr$^{33-311}$ 刷儿 ʂuɑr$^{21-53}$

yɑr < yæ 圈儿 tɕ‘yɑr$^{33-311}$

由此可见，巴公泽州方言中儿化韵的音变规律大致如下：①分别以[i u n ŋ]收尾的韵母，儿化卷舌后[i u n ŋ]韵尾丢失，主要元音[ɒ o]变为[ɑ]，[ɛ ʌ]都变为[ə]。②以喉塞音[ʔ]收尾的入声韵母，儿化卷舌后喉塞尾丢失，[əʔ]组主要元音不变，[ʌʔ]组主要元音变为[ɑ]。③[i u y]韵母儿化卷舌后增生央元音。④[ʅ]韵母儿化卷舌后变为[ər]。⑤以[o]为主要元音的开尾韵，儿化卷舌后主要元音都为[ə]。⑥分别以[ɒ ʌ ɛ æ ɔ]为主要元音的开尾韵，儿化卷舌后主要元音都为[ɑ]。

（3）石哲长子方言的儿化韵①

ər < ʅ ei əu ən əŋ 事儿 sər^{53} 小辈儿 ɕiau^{324} pər^{45} 小偷儿 ɕiau^{324} t‘ər^{213} 本儿 pər^{324} 板凳儿 pan^{324} tər^{53}

iər < i iəu in iŋ 皮儿 p‘iər^{24} 球儿 tɕ‘iər^{24} 心儿 ɕiər^{213} 瓶儿 p‘iər^{24}

uər < u uei un uŋ 主儿 tsuər^{324} 汽水儿 tɕ‘i^{53} suər^{324} 村儿 ts‘uər^{213} 虫儿 ts‘uər^{24}

yər < y yn yŋ 鱼儿 yər^{24} 裙儿 tɕ‘yər^{24} 蛹儿 yər^{324}

① 只有[ər]韵母没有儿化韵。

ar < a ə ai au an aŋ aʔ əʔ 刀把儿 tau^{213} par^{45} 歌儿 kar^{213} 布袋儿 pu^{53} tar^{53}
枣儿 tsar^{324} 盘儿 p'ar^{24} 缸儿 kar^{213} 法儿 far$^{44-24}$
小勺儿 ɕiau^{324} sar$^{212-324}$

iar < ia iɛ iau ian iaŋ iaʔ iɛʔ 芽儿 iar^{24} 老爷儿 lau^{324} iar^{24} 鸟儿 ȵiar^{324}
辫儿 piar^{53} 样儿 iar^{53} 匣儿 ɕiar$^{212-324}$
树叶儿 su^{53} iar$^{212-324}$

uar < ua uə uai uan uaŋ uaʔ uəʔ 笑话儿ɕiau^{53} xuar^{53} 窝儿 var^{213} 一块 iəʔ^{44}
k'uar^{53} 弯儿 var^{213} 蛋黄儿 tan^{53} xuar^{24}
牙刷儿 ia^{24} suar$^{44-24}$ 活儿 xuar$^{212-324}$

yar < yan yɛ yɛʔ 圈儿 tɕ'yar^{213} 小靴儿 ɕiau^{324} ɕyar$^{44-24}$ 小药儿 ɕiau^{324} yar$^{212-324}$

由此可见，石哲长子方言中儿化韵的音变规律大致如下：①分别以[i u n ŋ]收尾的韵母，儿化卷舌后[i u n ŋ]韵尾丢失，主要元音或不变，或变为[ə]。②以喉塞音[ʔ]收尾的入声韵母，儿化卷舌后喉塞尾丢失，主要元音变为[a]。③[i u y]韵母儿化卷舌后增生央元音。④[ʅ]韵母儿化卷舌后变为[ər]。⑤以[a]为主要元音的开尾韵，儿化卷舌后直接在其后面加卷舌动作。⑥以[ɛ]为主要元音的开尾韵，儿化卷舌后主要元音变为[a]。

2. 屯留型

这种类型分布在晋城、水东泽州、上村屯留、屯留方言中。这些方言中儿化韵的数量较长治型多一些（见表 4.22）。在其儿化韵韵母系统中主要元音仍存在“低/中、央/后、圆/不圆、鼻/非鼻”的对立，可见，各方言儿化韵之间的归并程度要比长治型低一些，而儿化韵之间归并程度的高低则可以反映出其形成时间的早晚。王福堂先生（1999）曾谈道，“儿化韵发展的时间越长，调整和归并的程度也越甚，儿化韵的组数和总量也越少。所以，通常情况下，从元音音位归并的角度着眼，根据方言中儿化韵元音的音位数、儿化韵的组数和总量的多少，也可以判断它形成时间的早晚”[①]。据此，儿化韵之间归并程度较高的长治型要比屯留型方言儿化韵形成的时

① 王福堂：《汉语语音的演变和层次》，语文出版社 1999 年版，第 120 页。

间早一些。

表 4.22 屯留型方言基本韵母、生成儿化韵的基本韵母以及儿化韵数量表

	基本韵母数	生成儿化韵的基本韵母数	儿化韵数
晋城	40	39	18
水东泽州	44	41	19
上村屯留	44	41	24
屯留	45	43	24

下面以晋城、水东泽州、屯留方言的儿化韵为例举例说明。

（1）晋城方言的儿化韵①

ʌɤr < ʌɤ 狗儿 kʌɤr^{113}

iʌɤr < iʌɤ 加油儿 tɕiɑ^{33} iʌɤr$^{113-53}$

ər < ʅ ᴇ o ɛe æ ᴀʔ əʔ 字儿 tʂər^{53} 带儿 tər^{53} 猫儿 mər^{33} 辈儿 pər^{53}
盘儿 p‘ər$^{113-53}$ 盒儿 xər$^{22-53}$ 汁儿 tʂər$^{22-53}$

iər < i io iɛ iᴀʔ iəʔ 皮儿 p‘iər$^{113-35}$ 桥儿 tɕ‘iər$^{113-35}$ 尖儿 tɕiər^{33}
碟儿 tiər$^{22-53}$ 蜜儿 miər$^{22-53}$

uər < u uᴇ uɛe uæ uᴀʔ uəʔ 兔儿 t‘uər^{53} 块儿 k‘uər^{53} 对儿 tuər^{53} 弯儿 uər^{33}
刷儿 ʂuər$^{22-53}$ 秃儿 t‘uər$^{22-53}$

yər < y yɛ yᴀʔ yəʔ 小驴儿 ɕio^{113} lyər$^{113-53}$ 院儿 yər^{53}
木橛 məʔ^{22} tɕyər$^{22-53}$ 小曲儿 ɕio^{113} tɕ‘yər$^{22-53}$

ʌr < ʌ 车儿 tʂ‘ʌr^{33}

uʌr < uʌ 一窝儿 iəʔ^{22} uər^{33}

ɐr < ɑ 树杈儿 ʂu^{53} tʂ‘ɐr^{53}

iɐr < iɑ 芽儿 iɐr$^{113-53}$

uɐr < uɑ 花儿 xuɐr$^{33-35}$

ə̃r < oŋ 小风儿 ɕio^{113} fə̃r^{33}

iə̃r < iə̃n 心儿 ɕiə̃r^{33}

① 只有[ər]韵母没有儿化韵。

uə̃r < uoŋ 葱儿 tʂʻuə̃r^{33}

yə̃r < yə̃n yoŋ 裙儿 tɕʻyə̃r$^{113-53}$ 小熊儿 ɕio^{113} ɕyə̃r$^{113-53}$

ɐ̃r < ɐ̃ ɒ̃ 根儿 kɐ̃r^{33} 小房儿 ɕio^{113} fɐ̃r$^{113-53}$

iɐ̃r < iɒ̃ 小枪儿 ɕio^{113} tɕʻiɐ̃r^{33}

uɐ̃r < uɒ̃ uɐ̃ 蛋黄儿 tæ^{53} xuɐ̃r$^{113-53}$ 棍儿 kuɐ̃r^{53}

由此可见，晋城方言儿化韵的音变规律大致如下：①以[ŋ]收尾的韵母，儿化卷舌后主要元音变为[ə]并鼻化。②以喉塞音[ʔ]收尾的入声韵母，儿化卷舌后喉塞尾丢失，主要元音不变。③以[n]收尾的韵母，儿化卷舌后[n]韵尾丢失，主要元音不变。④[i u y]韵母儿化后增生央元音。⑤[ʅ]韵母儿化卷舌后变为[ər]。⑥以[ɐ ʌ]为主要元音的韵母，儿化卷舌后直接在其后面加上卷舌动作。⑦以[e o æ ᴇ]为主要元音的开尾韵，儿化卷舌后主要元音都变为[ə]。⑧以[ɑ]或[ɒ]为主要元音的韵母，儿化卷舌后主要元音都变为[ɐ]。

（2）水东泽州方言的儿化韵[①]

ər < ʅ ʅɤ ə ʌn əʔ 字儿 tʂər^{53} 车儿 tʂʻər^{33} 歌儿 kər^{33} 本儿 pər^{535}
泡沫儿 pʻɔ^{53} mər$^{212-53}$

iər < i in iəʔ 鸡儿 tɕiər^{33} 印儿 iər^{53} 树叶儿 ʂu^{53} iər$^{212-53}$

uər < u uo uʌn uəʔ 猪儿 tʂuər^{33} 轮儿 luər^{24} 秃儿 tʻuər$^{33-53}$

yər < y yn yəʔ 鱼儿 yər^{24} 一群儿 iəʔ^{33} tɕʻyər^{24} 玉儿 yər$^{212-53}$

ɛr < ɛi 辈儿 pɛr^{53}

uɛr < uɛi 一会儿 iəʔ^{33} xuɛr^{53}

ɔr < ɔ 枣儿 tʂɔr^{535}

iɔr < iɔ 苗儿 miɔr^{24}

ɑr < ɒ o ɑi ʌu æ ɑʔ 号码儿 xɔ^{53} mɑr^{535} 老婆儿 lɔ^{535} pʻɑr^{24} 带儿 tɑr^{53}
狗儿 kɑr^{535} 盘儿 pʻɑr^{24} 法儿 fɑr$^{33-53}$

iɑr < iɒ iʌu iæ iɑʔ 架儿 tɕiɑr^{53} 球儿 tɕʻiɑr^{24} 边儿 piɑr^{33} 蝶儿 tiɑr$^{212-53}$

uɑr < uɒ uɑi uæ uɑʔ 画儿 xuɑr^{53} 一块儿 iəʔ^{33} kʻuɑr^{53} 官儿 kuɑr^{33}
牙刷儿 iɒ^{24} ʂuɑr$^{33-53}$

---

① 只有[iɛ yɛ yɑʔ]韵母没有儿化韵。

yɑr < yæ 卷儿 tɕyɑr^{535}

ə̃r < əŋ 凳儿 tə̃r^{53}

iə̃r < iŋ 镜儿 tɕiə̃r^{53}

uə̃r < uŋ 洞儿 tuə̃r^{53}

yə̃r < yŋ 小熊儿ɕiɔ^{535} ɕyə̃r^{24}

ɑ̃r < ɑŋ 帮忙儿 pɑŋ^{33} mɑ̃r^{24}

iɑ̃r < iɑŋ 样儿 iɑ̃r^{53}

uɑ̃r < uɑŋ 筐儿 k'uɑ̃r^{33}

由此可见，水东泽州方言中儿化韵的音变规律大致如下：①以[ŋ]收尾的韵母，儿化卷舌后主要元音鼻化。②以喉塞音[ʔ]收尾的入声韵母，儿化卷舌后喉塞尾丢失，主要元音不变。③分别以[i n]收尾的韵母，儿化卷舌后[i n]韵尾丢失，以[i]收尾的韵母的主要元音不变，以[n]收尾的韵母的主要元音变为[ə]。④[i u y]韵母儿化卷舌后增生央元音。⑤[ʅ ɿ ɤ]韵母儿化卷舌后变为[ər]。⑥除上述开尾韵外，[ɔ iɔ ə]韵母儿化卷舌后直接在其后面加上卷舌动作，其他开尾韵儿化后主要元音或变为[ɑ]，或变为[ə]。

（3）屯留方言的儿化韵①

ər < ʅ ei ən əʔ 事儿 sər^{13} 宝贝儿 pɔ^{534} pər^{53} 门儿 mər^{13}

摩坷儿岭 mo^{13} k'ər$^{45\text{-}53}$ liŋ^{534}

iər < i in iəʔ 鸡儿 tɕiər$^{313\text{-}31}$ 劲儿 tɕiər^{53} 一圪截儿 iɛʔ^{45} kəʔ^{45} tɕiər$^{54\text{-}13}$

uər < u uei uən uəʔ 小兔儿 ɕiɔ^{534} t'uər^{53} 味儿 uər^{13} 花纹儿 xua^{313} uər^{13}

一圪撮儿 iɛʔ^{45} kəʔ^{45} tsuər$^{45\text{-}53}$

yər < y yn yəʔ 鱼儿 yər^{13} 一群儿 iɛʔ^{45} tɕ'yər^{13} 曲儿 tɕ'yər$^{45\text{-}53}$

əur < əu 狗儿 kəur$^{534\text{-}31}$

iəur < iəu 圪蚰儿小虫子 kəʔ^{45} iəur^{13}

ɤr < ɤ 蛾儿ɣɤr^{13}

iɛr < iɛ iɛʔ 太阳爷儿 t'æ^{53} iɑŋ^{13} iɛr^{13} 树叶儿 su^{53} iɛr$^{45\text{-}53}$

yɛr < yɛʔ 小月儿 ɕiɔ^{534} yɛr$^{45\text{-}53}$

① 只有[yɛ ɿ]韵母没有儿化韵。

or < o　老婆儿 lɔ^{534} p'or^{13}

uor < uo　一朵儿 iɛʔ^{45} tuor$^{534-31}$

ɔr < ɔ　枣儿 tsɔr$^{534-31}$

iɔr < iɔ　条儿 t'iɔr^{13}

ɐr < a æ an ᴀʔ　树杈儿 su^{53} ts'ɐr^{53}　牌儿 p'ɐr^{13}　伴儿 pɐr^{53}　法儿 fɐr$^{45-53}$

iɐr < ia ian iᴀʔ　芽儿 iɐr^{13}　燕儿 iɐr^{53}　匣儿 ɕiɐr$^{54-13}$

uɐr < ua uæ uan uᴀʔ　里抓儿一种饭食 li^{534} tsuɐr$^{313-31}$　块儿 k'uɐr^{53}　环儿 xuɐr^{13}　袜儿 uɐr$^{45-53}$

yɐr < yan　圈儿 tɕ'yɐr$^{313-31}$

ə̃r < əŋ　草棚儿 ts'ɔ^{534}　p'ə̃r^{13}

iə̃r < iŋ　一圪星儿 iɛʔ^{45} kəʔ^{45} ɕiə̃r$^{313-31}$

uə̃r < uəŋ　单供儿 tan^{313} kuə̃r^{53}

yə̃r < yŋ　小熊儿 ɕiɔ^{534} ɕyə̃r^{13}

ɑ̃r < ɑŋ　缸儿 kɑ̃r$^{313-31}$

iɑ̃r < iɑŋ　样儿 iɑ̃r^{13}

uɑ̃r < uɑŋ　蛋黄儿 tan^{53} xuɑ̃r^{13}

由此可见，屯留方言中儿化韵的音变规律大致如下：①以[ŋ]收尾的韵母，儿化卷舌后主要元音鼻化。②分别以[ɤ o ɔ u]收尾的韵母以及[iɛ]韵母，儿化卷舌后直接在其后面加上卷舌动作。③以喉塞音[ʔ]收尾的入声韵母，儿化卷舌后喉塞尾丢失，[ᴀʔ]组主要元音变为[ɐ]，[ɛʔ]组和[əʔ]组主要元音不变。④分别以[i n]收尾的韵母，儿化卷舌后[i n]韵尾丢失，主要元音[ə]不变，[a]变为[ɐ]，[e]变为[ə]。⑤[i u y]韵母儿化卷舌后增生央元音。⑥[a ia ua æ uæ]韵母，儿化卷舌后主要元音变为[ɐ]。⑦[ʅ]韵母儿化卷舌后变为[ər]。

通过上文对甲类方言中已生成的儿化韵和乙类方言中的儿化韵及其音变规律的描写，可以看出各方言中不同韵母的儿化韵都不尽相同，其韵母儿化总体上有两种情况：一种是在原韵母后面直接加卷舌动作，另一种是在原韵母发生变化之后再加卷舌动作。一般来讲，以[ɑ ɤ o ɔ ʌ]为主要元音的开尾韵，儿化卷舌后直接加卷舌动作，[ɿ ʅ]韵母儿化卷舌后变为[ər]，以[i n ŋ ʔ]收尾的韵母，儿化卷舌后这些韵尾丢失。而这些音变规律则与原韵母和“儿”的发音机制有关。如前所述，儿化韵是“儿”音节失去独立音节的地位，语音特征前移至前面音节的韵尾；主要元音甚至介音、声母，和前面音节发生融合的结果。“儿”具有[-面状]和[-齿龈桥前]两个特征，当其失去独立音节地位时，这一组特征称为浮游特征前移至前一音节，寻找它们适合的根节点，这时“可共存发音的同时性”原则发生作用。当前一音节韵母与其相容时，则直接进入，而与其不相容时，则使前一音节的韵母的发音机理发生变化。也就是说，原韵母变与不变完全取决于韵母是不是便于卷舌，便于卷舌则不变，能卷舌但又不完全便于卷舌的则稍变，不能卷舌的则大变甚至去掉韵尾，增添音素，使其便于卷舌（李巧兰 2007）。上述有关晋东南晋语儿化韵的一些音变规律正是这些发音原理起作用的结果。[ɑ ɤ o ɔ ʌ]的发音部位偏后，而“儿”音的卷舌动作涉及的部位则偏前，在发音上不存在矛盾，符合赵元任先生所说的“可共存发音的同时性”原则，因此，儿化后卷舌特征则直接附在其后。韵尾[ŋ]的鼻音特征与“儿”的非鼻音特征相矛盾，因此，儿化后韵尾[ŋ]丢失。由于喉塞尾的[-持续]特征和卷舌的[+持续]特征矛盾，韵母[ɿ ʅ]和韵尾[i n]的[+前]的特征与卷舌音的[+前]的特征矛盾，因此，分别以[ʔ i n]收尾的韵母儿化后这些韵尾都丢失，韵母[ɿ ʅ]儿化后变为非高非低、非前非后的卷舌央中元音[ər]。

综上所述，儿化韵在晋东南晋语中的分布并不平衡，在武乡等 31 个方言中都没有儿化韵，只有在其余 19 个方言中有儿化韵。即使在有儿化韵的甲类方言和乙类方言中，其儿化韵的发展也不尽一致，甲类方言中儿尾和儿化韵并存，其儿化韵正处于生成的阶段，而乙类方言中则只有儿化韵，并已处于生成后的调整和归并阶段（见图 8）。

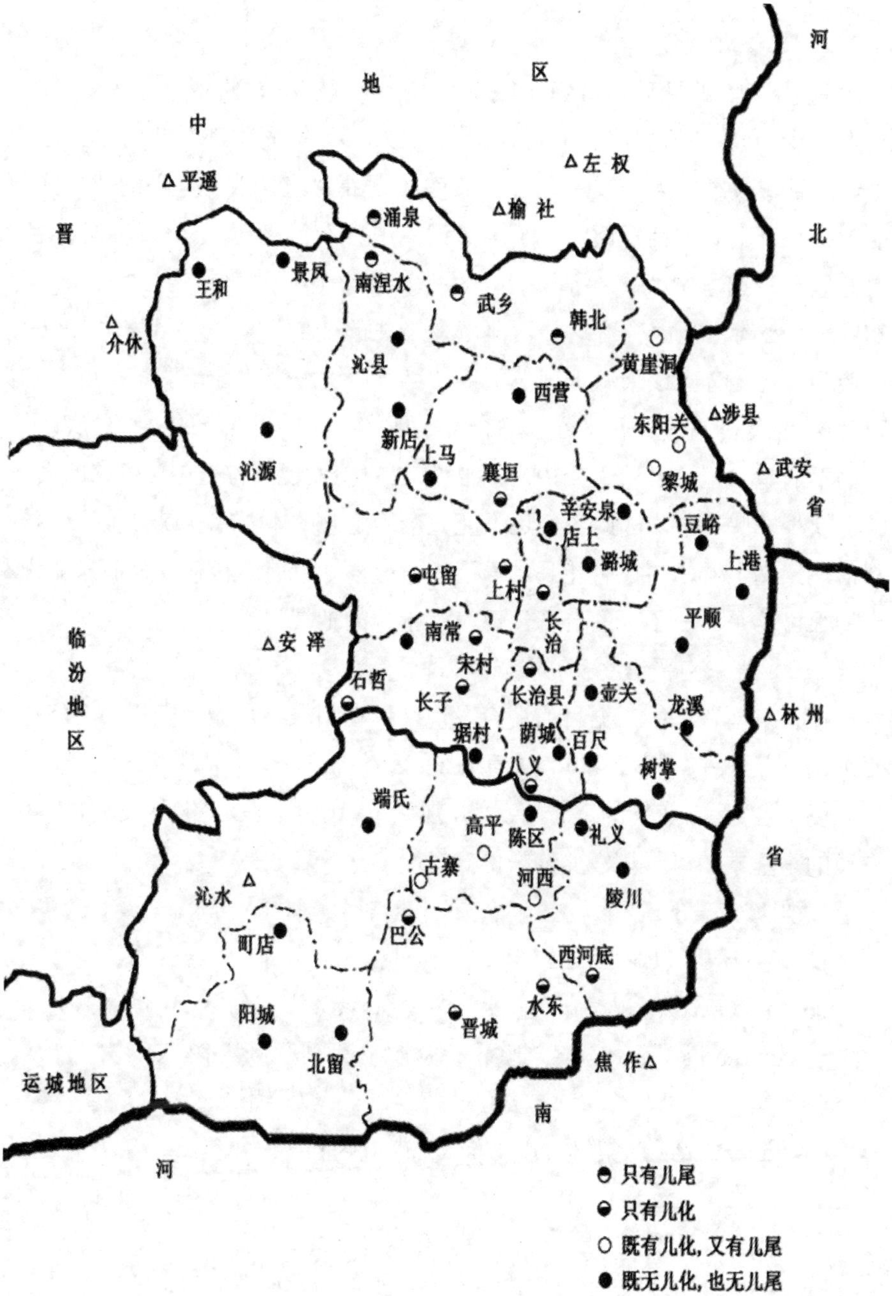

图8　晋东南晋语儿尾和儿化分布图

二 z变韵

关于z变韵的性质，贺巍（1965）、李荣（1978）、侯精一（1985）、王福堂（1999）、王洪君（1999）、乔全生（2000）等先生都对此问题有过讨论，并且形成了较为一致的看法，即z变韵是指“直接改变词根的基本韵母的读音来表示北京话轻读的‘子尾’词的现象”[1]。但关于z变韵如何实现的问题，目前学界尚未搞清楚。王福堂先生（1999）曾谈道，“和儿化韵相同，子变韵也是由合音这一语流音变造成的变韵”[2]。王洪君先生（2004）也谈到，“z变音应该来源于词根单字与另一后缀虚字的合音”[3]。可见，他们都认为z变韵是通过两个音节的合音实现的。但参与合音的语素到底是什么仍不清楚，王洪君先生（1999）曾说，“目前发现的方言中 z 变词的演变链还缺少一些环节，因此我们还不能完全确定它的本源字就是‘子’。尽管从语法意义上看，它很可能是‘一子’……根据目前的材料，我们只能说z变韵很可能是‘一子’的合音，但没有十分的把握”[4]。

（一）晋东南晋语z变韵的读音情况

在晋东南晋语中，据目前调查发现，仅在阳城、晋城、陵川、巴公泽州、水东泽州、古寨高平、町店阳城方言中存在z变韵。

以上各方言z变韵的读音情况[5]分别如下：（“<”左边的是z变韵，“<”右边的是基本韵母[6]以及z变韵举例。）

1. 阳城方言的z变韵

ɿ:ɔ < ɿ 菜子^{z} ts‘æ^{53} tsɿ:ɔ$^{31\text{-}313}$

ʅ:ɔ < ʅ （ɛ̃ ʌʔ）限拼 tʂ组声母 狮^{z} ʂʅ:ɔ^{11} 铲^{z} tʂ‘ʅ:ɔ$^{31\text{-}313}$ 勺^{z} ʂʅ:ɔ$^{12\text{-}13}$

ɔ: < ɑ uɑ uə əʔ ʌʔ uəʔ uʌʔ 把^{z} pɔ:^{53} 娃^{z} vɔ:^{13} 骡^{z} lɔ:^{53} 鸽^{z} kɔ:$^{12\text{-}11}$ 法^{z} fɔ:$^{12\text{-}11}$ 褥^{z} zɔ:$^{12\text{-}11}$ 镯^{z} tʂɔ:$^{12\text{-}13}$

i:ɔ< iɑ ie ɛ̃ iəʔ iʌʔ 架^{z} tɕi:ɔ^{53} 茄^{z} tɕ‘i:ɔ^{13} 鞭^{z} pi:ɔ^{11} 单^{z} ti:ɔ^{11}

---

① 乔全生：《晋方言语法研究》，商务印书馆 2000 年版，第 84 页。
② 王福堂：《汉语方言语音的演变和层次》，语文出版社 1999 年版，第 135 页。
③ 王洪君：《从山西闻喜的小方言差异看z变音的衰变》，《语文研究》2004 年第 1 期。
④ 王洪君：《汉语非线性音系学》，北京大学出版社 1999 年版，第 216 页。
⑤ 阳城、晋城和陵川方言z变韵的材料来源于侯精一《晋东南地区的子变韵母》，《中国语文》1985 年第 2 期，其余方言z变韵的材料均为笔者调查所得。
⑥ 列出的都是已生成z变韵的基本韵母。据目前的调查结果，其余基本韵母都没有z变韵。

媳^{z} ɕiːɔ$^{12\text{-}11}$ 裂^{z} liːɔ$^{12\text{-}11}$

yːɔ < ye uɛ̃ yəʔ yʌʔ 瘸^{z} cʻyːɔ^{13} 卷^{z} cyːɔ^{53} 缀^{z} tyːɔ^{53} 月^{z} yːɔ$^{12\text{-}11}$

疟^{z} nyːɔ$^{12\text{-}11}$

iːu < i 梯^{z} tʻiːu^{11}

ẽːŋ < ə̃n ɑ̃ŋ 本^{z} pẽːŋ$^{31\text{-}313}$ 房^{z} fẽːŋ^{13}

iẽːŋ < iɑ̃ŋ 箱^{z} ɕiẽːŋ^{11}

uẽːŋ < uə̃n uɑ̃ŋ 轮^{z} luẽːŋ^{13} 庄^{z} tʂuẽːŋ^{11}

ʅːoŋ < ə̃n 限拼tʂ组声母 绳^{z} ʂʅːoŋ^{13}

iːoŋ < iə̃n 银^{z} iːoŋ^{13}

yːoŋ < yə̃n yə̃ŋ 裙^{z} tɕʻyːoŋ^{13} 粽^{z} tɕyːoŋ^{53}

阳城方言的z变韵具有长音特征，而且，其韵尾或主要元音多为具有后/圆特征的[ŋ][u][ɔ]。

2. 晋城方言的z变韵

ʅːɤ < ʅ əʔ限拼tʂ组声母 狮^{z} ʂʅːɤ$^{33\text{-}35}$ 虱^{z} ʂʅːɤ$^{22\text{-}53}$

iːɤ < i iəʔ 鸡^{z} tɕiːɤ$^{33\text{-}35}$ 笛^{z} tiːɤ$^{22\text{-}53}$

uːɤ < u 狐^{z} xuːɤ$^{113\text{-}35}$

yːɤ < yəʔ 橘^{z} tɕyːɤ$^{22\text{-}53}$

ɑː < ᴀʔ 鸽^{z} kɑː$^{22\text{-}53}$

iːɑ < iᴀʔ 瞎^{z} ɕiːɑ$^{22\text{-}53}$

uːɑ < uᴀʔ uəʔ 刷^{z} ʂuːɑ$^{22\text{-}53}$ 桌^{z} tʂuːɑ$^{22\text{-}53}$

晋城方言中生成z变韵的基本韵母大多是入声韵，其z变韵也具有长音特征，而且多以舌位较后但不圆唇的[ɤ]收尾。

3. 陵川方言的z变韵

ie < ieʔ iʌʔ 鼻^{z} pie$^{23\text{-}53}$ 裂^{z} lie$^{3\text{-}24}$

ye < yeʔ yʌʔ 褥^{z} ye$^{3\text{-}24}$ 匣^{z} çye$^{23\text{-}53}$

o < ʌʔ uʌʔ 脖^{z} po$^{23\text{-}53}$ 桌^{z} tʂo$^{3\text{-}24}$

iæ̃n < iə̃n 帘^{z} liæ̃n^{53}

uæ̃n < uə̃n 孙^{z} ʂuæ̃n^{33}

yæ̃n < yə̃n 园^{z} yæ̃n^{53}

õŋ < ʌn ɑŋ　篮^{z} lõŋ^{53}　桑^{z} ʂõŋ^{33}

iõŋ < iŋ iɑŋ　饼^{z} piõŋ^{213}　箱^{z} ɕiõŋ^{33}

uõŋ < uʌn uɑŋ　缎^{z} tuõŋ^{24}　窗^{z} tʂʻuõŋ^{33}

yõŋ < yŋ　粽^{z} tɕyõŋ^{24}

4. 巴公泽州方言的z变韵

ɒ < ɑʔ　袜^{z} vɒ$^{21-53}$

uɒ < uɑʔ　桌^{z} tʂuɒ$^{21-53}$

ɒŋ < ʌn　蚊^{z} vɒŋ^{24}

iɒŋ < ie æ iæ　茄^{z} tɕʻiɒŋ^{24}　扇^{z} ɕiɒŋ^{53}　剪^{z} tɕiɒŋ$^{313-311}$

uɒŋ < uʌn　孙^{z} ʂuɒŋ$^{33-311}$

əŋ < ʅ əʔ　柿^{z} ʂəŋ^{53}　勺^{z} ʂəŋ$^{21-53}$

iŋ < i in　椅^{z} iŋ$^{313-311}$　钉^{z} tiŋ$^{33-311}$

iou < uɛ iəʔ　筷^{z} kʻiou^{53}　鼻^{z} piou$^{21-53}$

5. 水东泽州方言的z变韵

əŋ < ʅ　狮^{z} ʂəŋ$^{33-212}$

iŋ < i　椅^{z} iŋ^{535}

iɑŋ < ie æ iæ iʌʔ　茄^{z} tɕʻiɑŋ$^{24-212}$　扇^{z} ɕiɑŋ^{53}　钳^{z} tɕʻiɑŋ$^{24-212}$　蝎^{z} ɕiɑŋ$^{33-53}$

uɑŋ < uʌn uʌʔ　孙^{z} ʂuɑŋ$^{33-212}$　桌^{z} tʂuɑŋ$^{33-53}$

ɒ < ʌʔ　鸽^{z} kɒ$^{33-53}$

uɒ < uʌʔ　袜^{z} uɒ$^{212-53}$

iou < iəʔ　鼻^{z} piou$^{212-53}$

6. 古寨高平方言的z变韵

ɒŋ < ʌŋ ɑʔ　蚊^{z} vɒŋ$^{13-313}$　袜^{z} vɒŋ$^{33-53}$

iɒŋ < ie ei æ iæ iɑʔ　茄^{z} tɕʻiɒŋ$^{13-313}$　筛^{z} ɕiɒŋ$^{112-313}$　扇^{z} ɕiɒŋ^{53}

鞭^{z} piɒŋ$^{112-313}$　蝎^{z} ɕiɒŋ$^{33-53}$

uɒŋ < uʌŋ uɑʔ　孙^{z} ʂuɒŋ$^{112-313}$　桌^{z} tʂuɒŋ$^{33-53}$

iuɒŋ < uei　筷^{z} kʻiuɒŋ^{53}

əŋ < ʅ əʔ　柿^{z} ʂəŋ^{53}　虱^{z} ʂəŋ$^{33-53}$

iŋ < i iʌu iəʔ　李^{z} liŋ^{313}　袖^{z} siŋ^{53}　鼻^{z} piŋ$^{33-53}$

陵川、巴公泽州、水东泽州、古寨高平方言中的z变韵都没有长音特征，已与基本韵母的结构模式相同。

7. 町店阳城方言的z变韵

ɑ < ɑʔ　鸽^{z} kɑ$^{12-213}$

iɑ < iɑʔ　镊^{z} niɑ$^{12-213}$

uɑ < uɑʔ　桌^{z} tʂuɑ$^{12-213}$

yɑ < yəʔ　坐月^{z} tsuo^{53} yɑ$^{12-213}$

町店阳城方言中z变韵的数量很少，并且都已与基本韵母相同。

在以上这些方言中，其周围方言或北京话中的子尾词与其z变韵之间并不完全对等。以巴公泽州方言为例，其周围方言或北京话中的子尾词在巴公晋城方言中有的只用z变韵表示，如“袜^{z}、门^{z}、桌^{z}、狮^{z}、蚊^{z}、茄^{z}、孙^{z}、勺^{z}、鼻^{z}、筷^{z}”，有的只用儿化韵表示，如“刷儿、裙儿、瘊儿、虫儿、窗儿”，有的只用基本韵母表示，如“锁、带、沙、轿、毯”，有的则用重叠的方式来表示，如“胡胡、篓篓、冷冷弹冰雹、盒盒、镊镊、剪剪、果果、屋屋”。而且，即使是一些基本韵母相同的音节，其是否有z变韵的情况也不尽一致。比如，在陵川方言中基本韵母今读[iʌʔ]的一些入声字，如“碟、褶、镊、蝎”，在礼义陵川、壶关、树掌壶关、百尺壶关等周围方言中都是可以带“子”尾的，但是在陵川方言中只有“镊、蝎”有z变韵，而“碟、褶”则没有z变韵。可见，z变韵是不可以随意类推的。

（二）与豫北、晋南方言z变韵的比较

从目前的调查结果来看，z变韵在河南北部、山西南部方言中分布最为密集。下面我们主要以晋南的闻喜城关方言和豫北的长垣、获嘉方言的z变韵为例，比较晋东南晋语的z变韵与它们的异同，从而揭示出晋东南晋语z变韵的特点及其发展趋势。

下面我们先列出晋南闻喜城关方言和豫北长垣、获嘉方言的z变韵①（<左边的是z变韵，<右边的是基本韵母），然后再进行比较。

---

① 获嘉方言z变韵的材料来源于王福堂《汉语方言语音的演变和层次》，语文出版社 1999 年版，第 142 页。闻喜城关方言z变韵的材料来源于王洪君《从山西闻喜的小方言差异看z变音的衰变》，《语文研究》2004 年第 1 期。长垣方言z变韵的材料来源于王洪君《汉语非线性音系学》，北京大学出版社 1999 年版，第 219 页。

闻喜城关方言的z变韵：

ʅ:əu <ʅ	i:əu<i	u: <u	y:u <y
a:u <a	ia:u <ia	ua:u <ua	
	iɛ:u <iɛ		yɛ:u <yɛ
ə:u <ə	iə:u <iə	uə:u <uə	
		ueiu<uei	
æeu<æe		uæeu<uæe	
əu : <əu			
ao : <ao	iao : <iao		
æ:ũ <æ	iæ:ũ <iæ	uæ:ũ <uæ	yæ:ũ <yæ
ẽ:ũ <ẽĩ	iẽ:ũ <iẽĩ	uẽ:ũ <uẽĩ	yẽ:ũ <yẽĩ
ʌ̃:ũ <ʌŋ	ʌ̃:ũ <iʌŋ	uʌ̃:ũ <uʌŋ	

长垣方言的z变韵：

ə:o < ɿ,ʅ,ə	iə:o < i,ie,ei 限唇音,ae 限舌尖音	uə:o/ʮə:o <uə,uei/ʮ限卷舌音	yə:o<y,ye,yə,uei
a:o < a,au	ia:o < ia,iau	ua:o < ua	
ɛ:o < ɛ,ae		uɛ:o/ʮɛ:o < uae,uei/ʮei	
a:e < ae	ia:e < iae	ua:e < uae	ya:e < yae
a:ŋ < aŋ	ia:ŋ < iaŋ	ua:ŋ < uaŋ	

获嘉方言的z变韵：

ï:ou < ï	i:ou < i		yu < y
ɔ < a	iɔ < ia	uɔ < ua	
o <ɤ		uo < uɤ	
io < iɛ			yo < yɛ
io < ai		yo < uai	
ei <i:ou		yu,ui:ou < uei	
ɔ < au	iɔ < iau		
ã < an	iã < ian	uã < uan	yã < yan
i:ŋ <ən	i:ŋ < in	y:ŋ,ui:ŋ < uən	y:ŋ< yn
ɔ̃ < aŋ	iɔ̃ < iaŋ	uɔ̃ < uaŋ	
	i:ŋ < iŋ	y:ŋ < uŋ	

o < aʔ		uo < uaʔ	yo < yaʔ
o <ɐʔ	io < iɐʔ		yo < yɐʔ
ïːou<əʔ	iːou < iʔ	u < uʔ	yu < yʔ
ou< ʅ			

从z变韵的数量上看，数量最多的是闻喜城关方言，其z变韵和生成z变韵的基本韵母之间呈一一对应的关系；其次是获嘉和长垣方言，在获嘉方言中，z变韵和生成z变韵的基本韵母的对应关系较为复杂，生成z变韵的基本韵母数是 40 个，共生成 23 个z变韵，其中，有的是几个基本韵母对应同一个z变韵，有的是一个基本韵母对应几个z变韵，在长垣方言中，生成z变韵的基本韵母数是 26 个，共生成 18 个z变韵，多数情况下是几个基本韵母与同一个z变韵对应。与之相比，晋东南晋语的阳城等方言的z变韵数量则较少，而且，大多数方言中都是几个基本韵母对应一个z变韵。见表 4.23。

表 4.23　　**闻喜城关、长垣、获嘉和晋东南晋语z变韵数量一览表**

	z变韵数	生成z变韵的基本韵母数
闻喜城关	29	29
获嘉	23	40
长垣	18	26
阳城	12	27
陵川	10	16
巴公泽州	8	13
晋城	7	10
水东泽州	7	11
古寨高平	6	15
町店阳城	4	4

从z变韵的语音形式上看，闻喜城关方言的z变韵都具有长音的特点，并且，其韵尾以具有后圆特征的[u]收尾；长垣方言的z变韵也具有长音的特点，其韵尾多是具有后/圆特征的[ŋ]和[o]；而获嘉方言中除前高和舌尖元音

韵母的z变韵为长音外，其余z变韵都与基本韵母的结构模式相同，但都不与基本韵母相混（王洪君 1999，2004）。

如前所述，阳城方言z变韵具有长音、韵尾多为[ŋ]的特点，这与长垣方言z变韵的语音特点基本一致，虽然闻喜城关方言z变韵也具有长音的特点，但其韵尾多是[u]，与阳城方言z变韵的韵尾不同。晋城方言的z变韵也有长音的特点，但其韵尾多是[ɣ]，与闻喜城关、长垣和获嘉方言中z变韵的韵尾都不同。目前，晋城方言中这种收[ɣ]尾的z变韵还比较少见（王福堂 1999）。陵川、巴公泽州、水东泽州、古寨高平、町店阳城方言中z变韵在语音形式上与基本韵母的结构模式相同，这与获嘉方言z变韵的特点基本一致，甚至在陵川和古寨高平方言中部分z变韵已与基本韵母相同，如陵川方言的[ie ye o]，古寨高平方言的[ɒŋ iɒŋ uɒŋ]，町店阳城方言的z变韵已经完全与基本韵母相同。总体上看，在晋东南晋语有z变韵的方言中，大多数方言的z变韵在语音形式上和豫北方言的z变韵比较接近。为了便于更清楚地认识和比较上述各方言z变韵的语音特点，下面列表 4.24 说明。

表 4.24　　**闻喜城关、长垣、获嘉和晋东南晋语z变韵语音特点比较表**

	长音	u 韵尾	ɣ韵尾	与基本韵母的结构模式相同	与基本韵母相同
闻喜城关	+	+	—	—	—
晋城	+	—	+	—	—
长垣	+	—	—	—	—
阳城	+	—	—	—	—
获嘉	—	—	—	+	—
巴公晋城	—	—	—	+	—
水东晋城	—	—	—	+	—
陵川	—	—	—	+	—
古寨高平	—	—	—	+	—
町店阳城	—	—	—	—	+

注：①“+”表示该方言z变韵具有此项特点，反之，则用“—”表示。②阳城、巴公晋城、水东晋城方言中只有个别z变韵收[u]尾。③获嘉方言中只有个别z变韵具有长音特点，也只有少数z变韵收[u]尾。④陵川和古寨高平方言中有部分z变韵与基本韵母相同。

王福堂先生（1999）曾经在讨论豫北获嘉方言z变韵和基本韵母对应关系时发现其部分z变韵和基本韵母的对应关系比较复杂，从音理上很难对其做出解释，但同时也发现："获嘉话子变韵合音的复杂难解是某些基本韵母后来的变化造成的。因为目前的基本韵母是新起的，而对应的子变韵是早期生成的，新的基本韵母自然难以从音理上解释早期生成的子变韵。"[①]而且，获嘉方言中生成这些z变韵的："基本韵母较老的语音形式都只见于山西方言，以致在需要解释河南地区子变韵的合音时不得不转向山西方言寻找线索。也许这些由较老的基本韵母合音生成的子变韵是在山西方言中生成，然后扩散到河南地区的，即这是一种由异方言借入的语言现象？或者说，河南地区早期的方言和山西方言类似，也能生成这类子变韵？这里就可能有一个人口流动的问题。而历史记载表明，事实是支持这后一种推测的。造成山西河南地区子变韵上述情况的原因，是历史上的山西移民……《明太祖实录》卷一九三中说，该年'迁山西泽潞二州之民无田者往彰德、真定、临清、归德、太康诸处闲旷之地'，同卷书一九七、一九八中还提到洪武二十二年沁州民移徙彰德、卫辉、怀庆、归德、临清、东昌等地。泽潞二州即今晋东南晋城、长治地区，沁州即沁县地区，彰德、卫辉、怀庆、归德都在今河南豫北地区和商丘地区。"[②]"豫北地区为移民带来的山西方言所覆盖，……经过六百多年的变化发展，目前河南豫北地区西部的方言仍然和山西方言相同"，"由此可见，子变韵是在数百年前随着山西方言进入河南地区的。"[③]鉴于此，我们认为晋东南晋语z变韵和豫北方言z变韵在语音形式上比较接近很可能也与明代洪武、永乐年间由晋东南往河南移民有关。

从z变韵在上述各方言中的数量以及语音表现可以看出其在各方言中的发展并不平衡。在晋南的闻喜城关方言和豫北的获嘉和长垣方言中，z变韵数量相对较多，系统完整，z变韵正处于兴旺发达的阶段（王福堂 1999）。而在晋东南晋语有z变韵的方言中，z变韵数量相对较少，其中，町店$_{阳城}$方言中z变韵的数量最少，而且，都与基本韵母相同，本地人已经不能鉴别它

① 王福堂：《汉语方言语音的演变和层次》，语文出版社 1999 年版，第 145 页。
② 同上书，第 149 页。
③ 同上书，第 150 页。

们，只把它们看成是单字的另一种读音。类似的现象在河南中部的一些方言中也存在，比如在郑州方言中生成z变韵的基本韵母数是23个，共生成8个z变韵，舞阳方言中z变韵也很少，而且，当地人已经意识不到它们（王福堂 1999）。王福堂先生（1999）认为河南中部方言的z变韵已经趋于衰落，面临消亡。关于其衰亡的原因，他谈道，“子变韵是合音的产物。和儿化韵相同，它的特点也是一个音节中有两个语素并存。但是汉语中一个音节不能包含一个以上的语素。子变韵的情况显然不符合汉语中语素和音节的结构规律，因此其中必然要有一个语素被排除。子变韵中前面的明显的语素因为具有声母以至声调上的语音优势，所以被保存了下来，而后面的隐蔽的语素‘子’本来就已经变形，显然容易被磨损排除”[①]。鉴于此，我们认为，随着说话人z变意识的模糊，再加上语音系统内部音节结构规律的制约，晋东南晋语的z变韵也很有可能像河南中部的一些方言一样趋于衰亡。

① 王福堂：《汉语方言语音的演变和层次》，语文出版社1999年版，第148页。

第五章　词汇差异比较

近些年，随着调查和研究的深入，山西晋语词汇的研究成果逐渐增多，出现了一批方言词典、方言词汇研究的著作和论文，如《太原方言词典》（沈明，1994）、《忻州方言词典》（温端政、张光明，1995）、《山西方言志丛书》（温端政主编，1985—1999）和《山西重点方言研究丛书》（乔全生主编，1999— ）中的分类词表、《晋方言词汇异同例说》（吴建生，1992）、《晋语核心词汇研究》（陈庆延，2001）、《浅析晋中方言词汇的特点》（何莉芳，2004）等。这些成果主要集中在对山西晋语北部、中部某些单点方言的词汇描写上，而涉及到晋东南晋语的词汇研究的成果相对较少，主要集中在方言志的分类词表中，并且有关单点方言的专题词汇研究或晋东南晋语词汇的整体研究、比较研究尚属空白。晋东南晋语作为晋语的一个重要组成部分，这种研究现状对于我们全面认识山西晋语词汇的整体特点是不利的，鉴于此，我们酌选出 1247 条常用词，对其在晋东南晋语 16 个重点方言点中的说法进行全面系统的调查，在揭示晋东南晋语词汇的总体特点的基础上，试图为山西晋语词汇研究的相关问题提供一定的语料参考。

第一节　晋东南晋语词汇的内部比较

根据《汉语方言词汇调查手册》、《汉语方言词汇》以及《秦晋两省沿河方言比较研究》中的“秦晋两省沿河方言词汇对照表”，再结合晋东南晋语的调查实际，拟定晋东南晋语词汇调查表，共收 1247 个词条，词语共分为

24类：天文、地理、时令与方位、农业、植物、动物、房舍、器物、称谓、亲属、身体、疾病、服饰、饮食、红白大事、日常生活、交际、商业、交通、教育、文体、动作、形容词、一般事物、代词、量词。（各义类词条在方言区域中的分布数量比例见表5.1）

表5.1　　　　　　　　晋东南晋语词汇分布情况统计表

类别	总词条	12-16		8-12		4-8		1-4	
		词条数（个）	所占百分比	词条数（个）	所占百分比	词条数（个）	所占百分比	词条数（个）	所占百分比
天文	28	9	32.1%	13	46.4%	5	17.8%	1	3.7%
地理	30	18	60%	5	16.7%	7	23.3%	0	0
时令、方位	60	26	43.3%	11	18.3%	12	20.1%	11	18.3%
农业	26	9	34.6%	7	26.9%	7	26.9%	3	11.6%
植物	69	39	56.5%	20	29%	8	11.6%	2	2.9%
动物	70	24	34.3%	19	27.1%	16	22.9%	11	15.7%
房舍	28	8	28.6%	10	35.7%	9	32.1%	1	3.6%
器物	73	15	20.5%	16	21.9%	31	42.5%	12	16.4%
称谓	52	18	34.6%	14	26.9%	10	19.2%	10	19.2%
亲属	63	22	34.9%	18	28.6%	15	23.8%	8	12.7%
身体	76	30	39.4%	14	18.4%	21	27.6%	11	14.6%
医疗、疾病	44	12	27.3%	19	43.2%	5	11.4%	8	18.1%
服饰	38	9	23.7%	12	31.6%	12	31.6%	5	13.1%
饮食	52	33	63.5%	9	17.3%	10	19.2%	0	0
红白大事	40	15	37.5%	12	30%	11	27.5%	2	5%
日常生活	65	29	44.6%	21	32.3%	9	13.8%	6	9.3%
交际	23	7	30.4%	6	26.1%	9	39.1%	1	4.4%
商业、交通	24	11	45.8%	6	25%	5	20.8%	2	8.4%
教育、文体	38	14	36.8%	16	42.1%	6	15.8%	2	5.3%
动作	150	88	58.7%	44	29.3%	10	6.7%	8	5.3%
形容词	105	69	65.7%	26	24.8%	8	7.6%	2	1.9%

续表

类别	总词条	12-16		8-12		4-8		1-4	
		词条数（个）	所占百分比	词条数（个）	所占百分比	词条数（个）	所占百分比	词条数（个）	所占百分比
一般事物	18	6	33.3%	6	33.3%	5	27.8%	1	5.6%
代词	42	5	11.9%	11	26.2%	9	21.4%	17	40.5%
量词	33	23	69.7%	5	15.1%	4	12.1%	1	3.1%

经过统计，在所搜集的1247个词条中，共有538条词语的分布范围超过12个方言点，约占总词条数的43.1%，共有338条词语的分布范围在8到12个方言点之间，约占总词条数的27.1%。这些词条数量多，分布范围广。这些词条与普通话基本一致或接近（以下括号内为普通话说法。后同。），即使有些与普通话差异较大，但其方言区域内部的一致性较强。如：

星星　刮风　砖　瓦　泥　铜　路　礼拜天(星期天)　里头(里面)　外头(外面)
前头(前面)　笤帚　扫帚　锄　收秋(秋收)　玉茭(玉米)　庄稼　谷　葵花(向日葵)
树圪枝(树枝)　圪蚤(跳蚤)　家　锅　暖壶(暖水瓶)　牙　脸　打哈欠　打扮
哑巴　鞋　衣裳(衣服)　老丈人(岳父)　面(面条)　挂面　打扮　落枕　打架
出洋相　划拳　走　跑　多　少　大　小　东西　声音　颜色　月亮
银河　云　闪电　街　时候　春耕　磨　扁担　黄豆　扁豆　葫芦　树林
老鼠　蝙蝠　蜗牛　窑顶　缝儿　内行　农民　学生　小姨子　大姨子
骨头　猫耳朵　粥　黄花　娶媳妇　祝寿　墓　起床　晒太阳　抽筋儿
钢笔　识字的　下象棋　可怜　淡(盐少)　傻　痒　要紧　热闹　朋友

经统计，在所搜集的1247个词条中，仅有242条词语的分布范围在4到8个方言点之间，约占总词条数的19.4%，仅有129条词语的分布范围在1到4个方言点之间，约占总词条数的10.4%。这些词条与普通话说法不一致，其方言区域内部的差异性也较强。如：

银河、天河(银河)　响雷、响圪雷(打雷)　毛毛雨、圪星(毛毛雨)　蚕、蚕姑姑(蚕)
喇叭花、打碗花(牵牛花)　小虫子、米虫(小虫子)　面(面子)　口袋、布袋儿(口袋儿)
滚水、圪垯水(开水)　水泥、洋灰(水泥)　高阶、茅(厕所)　盖的(被子)　围裙、水裙(围裙)

总而言之，在晋东南晋语16个重点方言中，超过8个方言点的词条总数为876个，占总词条数的70.2%，未超过8个方言点的词条总数为371个，占总词条数的29.8%，分布过半的词汇占总词汇约是分布不过半词汇的2.4倍，其方言词汇内部一致性大大高于内部差异性，这就是晋东南地区各地人们基本能够无障碍顺畅交流的一个重要原因。

第二节　与普通话的词汇差异比较

晋东南晋语与普通话的词汇差异主要体现在词形、词义方面。

一　词形方面

词形方面的差异主要是指晋东南晋语与普通话中意义相同，但词形不同的词语。主要体现在音节数量、构词语素、词的构成格式上。

（一）音节数量的差异

1. 单对双

在意义相同的情况下，晋东南晋语中的单音节词与普通话中的双音节词对应，这种情况很常见。如：（横线前为晋东南晋语，横线后为普通话，下同。）

天——天气　沙——沙子　街——街道　眼——眼睛　泪——眼泪
镰——镰刀　面——面条　甚——什么　绛——彩虹　天——天气
泥——泥土　井——水井　锹——铁锹　麻——苎麻　花——棉花
谷——谷子　蜂——蜜蜂　蝇——苍蝇

2. 双对单

在意义相同的情况下，晋东南晋语中的双音节词与普通话中的单音节词对应，这种情况相对较少。如：

鸡子——鸡　洋镐——镐　冰凌——冰　露水——露　圪蹴——蹲
磨子——磨　的脑——头　箩头——箩　艾草——艾

3. 多对双

在意义相同的情况下，晋东南晋语中的多音节词与普通话中的双音节词对应。如：

大年三十——除夕　八月十五——中秋　水圪道——水坑

吸铁石——磁石　花骨朵——花蕾　冷疙瘩——冰雹

圪廊子——胡同　一根杠——连襟　大舅哥——妻兄

4. 双对多

在意义相同的情况下，晋东南晋语中的双音节词语普通话中的多音节词对应。如：

暖壶——暖水瓶　葵花——向日葵　瓜子——瓜子儿　秃鹫——猫头鹰

洋柿——西红柿　上礼——凑份子

除此之外，晋东南晋语中，更多的情况是，许多单音节词在普通话中都没有与之相对的双音节词，如“寡”表示性格孤僻或者清冷等义，而在普通话中则不单用，其意义与晋东南晋语也不一致。

由此可见，从音节数量上看，晋东南晋语中单音节词的数量比普通话要多得多，保存了古汉语词汇以单音节为主的特点。

（二）构词语素的差异

1. 构词语素使用的不同

晋东南晋语和普通话分别使用不同的语素来表达相同的意义或事物。根据语素是否完全相同，可以分为三种情况。

（1）晋东南晋语和普通话的构词语素完全不同。如：

包——赔　捉虎——骗　短——欠　长虫——蛇　书房——学校

精——聪明　奇特——漂亮　嘴头——下巴　圪都——拳头

高阶——厕所　羊羔儿疯——癫痫　土眼——痦子

（2）晋东南晋语和普通话的构词语素部分相同。如：

年时——去年　嘴片子——嘴唇　酣水——口水　圪咙——喉咙

早起——早晨　晌午——中午　玉茭——玉米　草鸡——母鸡

（3）晋东南晋语和普通话的构词语素相同，但其组合顺序不同。如：

头枕——枕头　乏困——困乏　洗涮——涮洗　收秋——秋收

牲畜——畜牲　肚兜——兜肚　弟兄——兄弟

2. 词的构成格式的差异

与普通话相比，晋东南晋语词汇的构词格式具有以下三个主要特点：①大量的分音词；②丰富的重叠形式；③多样的词缀。（②③详见后文，此不赘述）下面主要讨论一下分音词。

一般来讲，分音词是指“由一个单音节‘字’按声韵分拆的规则分读为两个音节”的单纯词。据目前的调查研究结果显示，分音词在晋语区（侯精一 1999）、河南固始（属中原官话）（安华林 2005）、河南广武（属中原官话）（王森 1994）、山东寿光（属冀鲁官话）（张树铮 2003）、安徽怀远（属江淮官话）（耿军 2011）、江淮流域的临淮关、蚌埠、寿县正阳关一带（属江淮官话）（张天堡 1996）、天津方言（属北京官话）（王国栓 马庆株 2012）中都存在。可见，“分音词就不是晋语所独有”的现象，鉴于此，温端政先生（2003）将晋语的分音词限定为“入头分音词”，这样，“不仅不影响内部一致性，而且具有高度的排他性。”据此，我们这里谈到的分音词就是入头分音词，即“一种前字读入声，后字读l母的双音节单纯词，是通过语音手段分离单音词而构成的一种特殊词汇形式。”①（邢向东 2013）这里把和分音词对应的单音节词称为“本词”。如长治话中分音词“不浪[pəʔ^{54} lɑŋ^{44}]”，其对应的本词是“棒”。

侯精一先生曾在《晋语研究十题》中谈到分音词是晋语的一个重要的特点，并指出“分音词现象主要分布在山西中部、西部及北部邻近中部的少数地区。”②事实上，在晋东南晋语的分布地山西东南部也存在着丰富的分音词，并且各方言之间的分音词构造基本一致，词义也基本相同，下面以长治方言为例，将分音词列举如下。（分音词中的字多是有音无字的或一时无法考出本字的，为统一起见，一律用同音字代替，并用国际音标标示。）

不拉[pəʔ^{54} lɑ^{53}]——拨，如：把白菜～～，要不了[ou^{535}] 啦。（把菜来回翻动一下，要不然就糊了。）

不来[pəʔ^{54} læ^{44}]——摆，如：手[piɔ^{54}]（不要） ～了。

① 邢向东.秦晋沿河方言历史比较研究[M].北京:中华书局，2013

② 侯精一.现代晋语的研究[M].北京:商务印书馆，1999

不捞[pəʔ^{54} lɔ^{44}]——刨，如：鸡在地上～哩。

旮溜[təʔ^{54} liəu^{44}]——丢，如：他睡觉把被子～到地上了。

圪联[kəʔ^{54} lyɑŋ^{44}]——圈 如：尿床啦，被子上一～一～的。

圪捞[kəʔ^{54} lɔ^{44}]——搅，如：舀顿米汤了，～～再舀。

圪略[kəʔ^{54} lyᴇ^{44}]——块，如：把果子切成一～一～才不丁牙咧。

圪料[kəʔ^{54} liɔ^{53}]——翘，如：棍子～了，弄直些儿。

圪轮[kəʔ^{54} luŋ^{24}]——滚，如：不要在地上～啦。

圪榔[kəʔ^{54} lɑŋ^{44}]——秆，如：咱家收的玉茭～哩？

圪敛[kəʔ^{54} lyɑŋ^{535}]——卷，如：把画儿～将来。

圪乱[kəʔ^{54} luɑŋ^{44}]——团，如：一～纸

特拉[t‘əʔ^{54} lɑ^{44}]——拖，如：你每天～上鞋像个甚样儿。

骨噜[ku əʔ^{54} luəʔ^{54}]——咕，如：肚饥了，肚子一直～～响。

骨鲁[ku əʔ^{54} lu^{535}]——股，如：给我一～绳。

扑楞[pəʔ^{54} ləŋ^{44}]——蹦，如：鸡在鸡窝里头直～。

圪搂[kəʔ^{54} ləu^{535}]——钩，如：不要～，容易坏了秤。

圪岭[kəʔ^{54} liŋ^{535}]——埂，如：去~上瞧瞧，瞧有没呢菜。

圪落[kəʔ^{54} la^{53}]——角，如：桌子～都是灰。

窟窿[kuəʔ^{54} luŋ^{24}]——孔，如：桌子上有个～。

不棱[p^{h}əʔ^{54} ləŋ^{44}]——蒙，如：把车子～上，不要荡上灰。

圪路[kəʔ^{54} lu^{53}]——锢，如：～～锅吧，锅也喽啦。

考察这些分音词，可以发现其有如下特点：

第一，语音方面的特点

王洪君认为分音词是“前冠衔接式韵律词”，联系晋东南晋语，也是如此，其分音词的第一个音节都是入声，入声往往读得短而急促，因此具有“前冠”的特点，第二个音节的声母多以响度较大的边音[l]开头，因此，使得前后韵律和谐，形成前暗后亮、前轻后重的响度对比效果。

由于分音词属于方言口语词，很多都很难找到书面记载。因此，在晋东南晋语的分音词中，只有一部分能找到本词，如“不浪（棒）、不拉（拨）”等。考察分音词和本词可以发现，二者在语音上具有一定的对应关系，具

体表现在以下几个方面（侯精一，温端政 1993）：

第一，分音词中第一个音节的声母多是本词的声母，一般为清塞音[p t k p^{h} t^{h} k^{h}]，由于古今声母的演变，分音词声母为[k k^{h}]的，本词声母有的读为[tɕ tɕ^{h}]，如长治方言“圪料[kəʔ^{54} liɔ^{53}]（翘[tɕ^{h}iɔ^{53}]）”。第二，分音词中第一个音节的韵母都是入声韵。第三，分音词中第二个音节的声母为边音[l]。第四，分音词中第二个音节的韵母多是本词的韵母。第五，分音词中第二个音节的调类就是本词的调类。

第二，语法方面的特点

分音词和本词不仅在语音上存在一定的对应关系，而且在词性上也基本一致，主要有名词、动词、量词、象声词等。如：不浪、忽进、不亮、骨碌等。

一般情况下，分音词除了单独使用外，属于动词、量词和象声词的分音词还可以重叠。动词的分音词重叠格式是“ABAB”式，多表示动量小，时量短，具有短时、尝试、反复、持续等语法特点，量词的分音词重叠格式是“一 AB 一 AB”式，象声词的分音词重叠格式也是“ABAB”式。以长治方言为例，如：

不来不来[pəʔ^{54} lai^{24} pəʔ^{54} lai^{24}]——反复快速地清洗某物， 如：快点～这个衣裳算了。

圪轮圪轮[kəʔ^{54} luŋ^{24} kəʔ^{54} luŋ^{24}]——反复滚，如：把这个面来回～。

骨噜骨噜[kuəʔ^{54} luəʔ^{54} kuəʔ^{54} luəʔ^{54}]——咕咕，如：水管里的水一直～响咧。

一圪乱一圪乱[iəʔ^{54} kəʔ^{54} luɑŋ^{44} iəʔ^{54} kəʔ^{54} luɑŋ^{44}]——一团一团，如：废纸是～的扔咧。

一骨鲁一骨鲁[iəʔ^{54} kuəʔ^{54} lu^{535} iəʔ^{54} kuəʔ^{54} lu^{535}]——一股一股，如：毛线就得～得弄咧吧。

第三，语义方面的特点

目前对分音词词义的研究成果较少。从语义上来看，分音词绝大多数是表示当地人民群众劳动生活中最常见的、最基本的事物、动作、状态、声音等，具有浓郁的口语色彩，分音词和本词之间在语义上也存在一定的对应关系。下面我们就从分音词本身的词义以及分音词和本词之间的语义对应关系两个方面来讨论。

首先，从分音词本身的语义来看，分音词并不都是单义词，根据语境，其可以衍生出多个义项，这些引申义与基本义相比，或扩大，或转移。下面以长治方言为例分别举例说明。

得拉[təʔ^{54} la^{213}]——搭，本义是指植物发蔫的样子：就两天没管它，这个花就～了。后泛指各类物体下垂的样子：把这个桌布～下来吧。（属于词义扩大）

圪料[kəʔ^{54} liɔ^{54}]——翘，本义指物体弯曲：这个棍子圪料了。后来还可以泛指人脾气别扭或事情不符合常理：这个人真是圪料死啦。/这个事办得真圪料，想都想不到。（属于词义转移）

其次，从分音词和本词的语义对应关系来看，大致有以下几种情况：

第一，二者意义基本相同，一般情况下可以互换。如“不来——摆”、“圪老——搅”、“圪针——荆”、“不浪——棒”等，但使用分音词可以更加生动形象地表达意思。

第二，有少部分的分音词的词义和本字的字义在某个义项上并非一致，二者不能互换。如长治方言中的“拿过麦圪榔来”不能替换为“拿过麦秆来。”再如“葫芦——壶”，在指“南瓜和冬瓜”的总称时，分音词“葫芦”和本字“壶”在表义上是不一致的，只有指壶具时，二者表义才是相同的。因此可以看出部分分音词和本字的意义范围是不同的。

二 词义方面

这里主要从理性意义和色彩意义两个方面对晋东南晋语和普通话的词汇进行比较。

（一）理性意义的差异

义项是词的理性意义的分项说明。我们主要从义项的差异上来看二者理性意义的差异。主要体现在以下几个方面：

1. 晋东南晋语中有些词的义项多于普通话。如：

“鼻子”：在晋东南晋语的屯留话中，既可以指鼻子，也可指鼻涕，如：

感冒了流着清～。

“袄”：在武乡、沁县等方言中，既可以表示用棉花做成的衣服，还可以指单衣、夹衣、背心等所有上衣。

“打”：除了具有普通话的意义外，在晋东南晋语中，还可以表示秤所能承担的重量高于货物本身的重量，如：这筐鸡蛋～起来有多少。

“挖”：除了具有普通话的意义外， 在晋东南晋语中，还可以指用指甲抓某人或某物。如：这个小孩将将～我来。

“沙”：除了具有普通话的意义外，在晋东南晋语中，还可以是形容词，指西瓜的口感非常好。如：这个西瓜可～咧。

“柿子”除了具有普通话的意义外，在晋东南长治地区还可以指“西红柿”。如：～多少钱一斤？（这个问句出现在菜市场交易中）

“姊妹”：除了具有普通话的意义外，在晋东南高平地区，家里有男有女的也叫“姊妹”。如：问：你家～几个？答：除了我，还有一个哥哥和一个姐姐。

“妈妈”：除了具有普通话对母亲的称呼外，在晋东南地区也指乳房、乳汁，同样的词还有“奶奶”一词。如：孩儿肚饥啦，快叫孩儿吃吃～吧。

2. 晋东南晋语中有些词的义项少于普通话。如：

“孩子”：在晋东南晋语中只指男孩或儿子，而普通话中还指女孩。

“兄弟”：在晋东南晋语中只指弟弟的意思，普通话中还指哥哥。

“饲养员”：在晋东南晋语中只指喂猪、喂牲口的，普通话中还指喂养其他动物的人。

“屠户”：在晋东南晋语中单指杀猪的，而普通话中还指屠宰其他动物的人。

3. 晋东南晋语中有些词词形与普通话相同，但其义项与普通话完全不同。如：

“书房”：在普通话中指读书写字的房间，晋东南晋语指学校。

“绒”：在普通话中是绒毛之意，晋东南晋语里指面汤稠或粥熬得烂糊。

“老爷”：在普通话中是对官吏或由权势的人的称呼，而在晋东南晋语中则是各种宗教的神的统称，在长治县、长治、陵川地区也指太阳。如：

今天是初一，敬过～了吧；今儿个老爷（儿）很好。

4. 晋东南晋语中有些词的义项与普通话相同，但词形不同。如（横线前为晋东南晋语，横线后为普通话）：的脑/圪脑——头、地瓜蛋、山药蛋、地豆、蔓茎蛋——土豆、喇叭花、打碗花——牵牛花、起雾/有雾啦——下雾、前晌——上午、恶撒/圪渣/粪草/灰——垃圾、礼拜天——星期天、夜来——昨天。

（二）色彩意义的差异

1. 感情色彩意义的差异

“憨”：在普通话中有两个意思：“傻”、“朴实”，前者是贬义词，后者是褒义词。在晋东南晋语中，只表示“傻”，是贬义词。

“能”：在普通话中是褒义词，但在晋东南晋语中除了表示褒义外，还表示贬义，指“显能卖巧、得意洋洋”。如：你不要～，这里比你强得人还可多哩！（你不要显能了，这里比你强的人还可多呢。）

“精”：在普通话中是聪明的意思，是褒义词，在晋东南晋语中，若一个人狡猾、滑头，也可以用“精”来表示，此时就有了贬义色彩。如：人家这种人就是精啊，就是有点子。

“风流”：在普通话中有两个意思：“出众、杰出”、“私生活不检点”，前者是褒义词，后者是贬义词，但在晋东南晋语中只表示贬义。

“老几”：在普通话中表示某人在家里的排行，是中性词。在晋东南晋语中，除此之外，还形容人不知天高地厚，不自量力、骄傲自大，是贬义词。如：夸了你几句，你都不知道自己是～了。（夸了你几句，你就不知道天高地厚了。）

“圪渣”：在普通话中为形容词表示一个物品很脏，而在晋东南晋语中，还可以是名词指垃圾，如：你一会儿去把那些～倒喽吧？

“位”：在普通话中是表示人的量词，在晋东南沁县地区的量词床、匹、头、只、幅等也可以用“位”来表示。如：一位被子、一位画、一位牛、一位马等。

2. 形象色彩意义的差异

形象色彩主要指那些以比喻或描绘为手段构成的词，这些词往往在形态、动态、颜色、声音、给人的触觉等方面具有形象色彩，能使人在了解其理性意义之外，产生某种生动具体的形象感。如：

扫帚星——彗星　黑脸沙——雀斑 箩筐腿——“0”形腿

疙瘩脸——长满青春痘的脸　白面——小麦磨出的面粉

玉面——玉米磨出的面粉　喇叭花——由于牵牛花的形状像喇叭

涡沱水——温水　滚水/圪垯水——由开水沸腾时的情形得名

拔人水——凉水给人的感觉很冰　圪星——毛毛雨　背锅——罗锅儿

第六章　词缀

第一节　子尾

一　语音形式

子尾词是指含有后缀“子”的词语。在晋东南晋语中，除襄垣、黎城、阳城、晋城、陵川方言没有子尾外，其余方言都有子尾。子尾的读音形式多样：从声母上看，有[t l n ts tʂ]，包括塞音、边音、鼻音、塞擦音。其中，平顺方言中，子尾声母的读音取决于前一音节的韵母读音：当前一音节为鼻化韵和鼻尾韵时，子尾读[n]声母，其余情况则读为[t]声母。从韵母上看，只有入声韵[əʔ]，从声调上看，只有入声，其中，只有高平方言中的子尾读为非轻声，调值同入声，其余方言中的子尾都读为轻声。具体情况见表 6.1。

表 6.1　　　　晋东南晋语子尾语音形式

<table>
<tr><th rowspan="2"></th><th colspan="3">语音形式</th><th rowspan="2"></th><th colspan="3">语音形式</th></tr>
<tr><th>声母</th><th>韵母</th><th>调类</th><th>声母</th><th>韵母</th><th>调类</th></tr>
<tr><td>长治</td><td rowspan="7">t</td><td rowspan="7">əʔ</td><td rowspan="7">入声轻声</td><td rowspan="2">沁县</td><td rowspan="3">l</td><td rowspan="3">əʔ</td><td rowspan="3">入声轻声</td></tr>
<tr><td>长治县</td></tr>
<tr><td>屯留</td><td>潞城</td></tr>
<tr><td rowspan="2">长子</td><td>平顺</td><td>n/t</td><td>əʔ</td><td>入声轻声</td></tr>
<tr><td>襄垣</td><td colspan="3" rowspan="5">——</td></tr>
<tr><td>壶关</td><td>晋城</td></tr>
<tr><td>武乡</td><td>陵川</td></tr>
<tr><td>沁源</td><td>ts</td><td>əʔ</td><td>入声轻声</td><td>阳城</td></tr>
<tr><td>高平</td><td>tʂ</td><td>əʔ</td><td>入声非轻声</td><td>黎城</td></tr>
</table>

下面长治县、沁源、平顺、沁县、高平方言为例：

长治县：姑子 ꜀ku təʔ　皮子 ꜁pʻi　təʔ　料子 liɔ꜅　təʔ　麦子 miəʔ꜆　təʔ

沁源：　锅子 ꜀kuə tsəʔ　里子 ꜂li tsəʔ　法子 faʔ꜆ tsəʔ　格子 kaʔ꜇ tsəʔ^{2}

平顺：　钉子 ꜀tiŋ nəʔ　盆子 ꜁pʻẼ nəʔ　盖子 kai꜄　təʔ　桌子 tsuʌʔ꜆ təʔ

沁县：　斧子 ꜂fu　ləʔ　豆子 təu꜄　ləʔ　蝎子ɕiʌʔ꜆　ləʔ　盒子 xʌʔ꜇　ləʔ

高平：　苗子 ꜀miɔo tʂəʔ^{22}　表子被面 ꜂piɔo tʂəʔ^{22} 柿子　ʂʅ꜄　tʂəʔ^{22}

二　构词形式

从构词形式上看，子尾可以依附于名词或名词性语素、动词或动词性结构、形容词、量词、数量短语等之后，其中，附着在名词或名词性语素之后的情况最为常见。

1. 名词或名词性结构+子尾

（1）单音节名词或名词性语素＋子尾

锅子　法子　盆子　桃子　布子　柿子　茬子　胰子　院子

鸡子　馅子　麦子　窗子　姑子　窖子　兜子　饼子　杆子

马子　票子　毯子　鞋子　镜子　箱子　橡子　骡子　果子

（2）双音节名词或名词性语素＋子尾

蝎虎子　瓜子子　外甥子　老婆子　圪台子　石子子　六指子

瓦片子　顶针子　媳妇子　蝌蚪子　孙女子　房檐子　河丢[①]子蜻蜓

粉条子　羊羔子　裤裆子　脚镣子　铁丝子　澡堂子　马鞍子

（3）多音节名词或名词性语素＋子尾

屁股蛋子　柿饼霜子　萝卜缨子　二圪尾子　窟窿眼子　眼睛蛋子

接生婆子　花圪嘟子　指甲盖子　炭圪拉子　晚夕黑子　货郎担子小贩

2. 动词或动词性结构+子尾

（1）动词＋子尾

耙子　扇子　捻子　锁子　筛子　刨子　舀子　垫子　礤子

镊子　推子　滚子　起子　插子　印子　叉子　钉子　刮子

戳子　刷子　点子　套子旧棉絮　散子　搭子　裂子　团子

---

① 同音字下加下划线。下同。

（2）动词性结构＋子尾

跑茅子 讨吃子　脚蹬子 背锅子 打摆子 左撇子 干卷子（与烤干的馍块相似）

发疟子 双生子

3. 单音节形容词＋子

尖子　冷子 老子 傻子 瞎子 拐子 聋子 疯子 秃子　瘸子

4. 量词或数量结构＋子

根子 本子 一把子　块把子 一圪截子　一会子　一不阵子 丈把子（一丈左右）

年把子（一年左右）

5. 单音节的人名＋子

人名后加子尾的情况只限于单音节，是长辈对晚辈的昵称，表示长辈对晚辈的喜爱，如“军子、霞子、利子”等，双音节或多音节人名后一般不能加子尾。

此外，还有一种情况不常用，就是在数词“二、四、五”之后常加子尾，表示家里孩子的排行，如“二子、四子、小五子”。

三　使用情况

在子尾词中，有的词根可以单独使用，而有的词根不能单独使用，后面必须加“子”尾。具体情况如下：

（一）必须使用子尾词，词根不能单独使用。如：

*馅——馅子　*板凳——板凳子　*根——根子　*豆芽——豆芽子

*鸡——小鸡子（男童阴）　*洋码——洋码子　*鞋带——鞋带子

*本——本子　*小车——小车子（小型自行车）　*瓶——瓶子

*大伯——大伯子　*小碟——小碟子

（二）必须使用由词根单独构成的词

枣——*枣子　生活——*生活子　家—— *家子　桃——*桃子

（三）由词根单独构成的词与子尾词都可以使用。但二者的意义关系比较复杂，详细情况请参见“四 语法作用和语法意义”部分。

而且，在晋东南晋语有子尾词的方言中，还同时存在着大量的儿化词。

经过考察，一个词根在加“子”尾构成子尾词后或“儿化”构成儿化词之后，我们发现由词根单独构成的词（这里称之为原词）、子尾词、儿化词三者之间在语义上存在一定的差别。

1.当原词不单独使用时，有以下几种情况：

① 它们既可以后加“子”尾，也可以儿化，二者意义基本相同。如：

*瓶——瓶儿　瓶子　　*馅——馅儿　馅子

*豆芽——豆芽儿　豆芽子　　*根——根儿　根子

*本——本儿　本子　　*鞋带——鞋带儿　鞋带子

*小碟——小碟儿　小碟子　　*板凳——板凳儿　板凳子

② 它们既可以后加“子”尾，也可以儿化，但二者意义不同。如：

*一些——一些儿（数量少）　一些子（数量多）

*鸡——小鸡儿　小鸡子（男童阴）

*小车——小车儿（小轿车）　小车子（小型自行车）

③ 它们只能儿化，不能后加“子”尾。如：

*小鸟——小鸟儿　*小鸟子

*北边——北边儿　*北边子

*家货——家货儿（器具）　*家货子

*坐货——坐货儿（坐具）　*坐货子

④ 它们只能后加“子”尾，不能儿化。如：

*架——架子　*架儿　*小柜——小柜子　*小柜儿

*洋码——洋码子　*洋码儿　*大伯——大伯子　*大伯儿

2.当原词可以单独使用时，有以下几种情况：

① 原词可以儿化，但后面不可以加“子”尾，儿化词与原词意义基本相同。如：

桃——桃儿　*桃子　枣——枣儿　*枣子

② 原词可以儿化，但后面不可以加“子”尾，儿化词与原词意义不同。如：

生活——生活儿（活儿）　*生活子　家——家儿（对象）　*家子

③ 它们既可以儿化，也可以后面加“子”尾，但意思有所不同。具体情况如下：

A 原词、子尾词的意义基本相同，它们与儿化词的意义不同。如：

布袋、布袋子（大的布制的袋子）——布袋儿（小的口袋）

B 儿化词、子尾词、原词三者之间意义各不相同。如：

老爷（天老爷）——老爷儿（太阳）——老爷子（对别人父亲的尊称）

④ 原词后面可以加“子”尾，但不能儿化，子尾词和原词意义不同。如：

法（法律等）——法子（办法） *法儿

布（供用来做衣服或其他物件的材料）——布子（专指用过的碎布） *布儿

票（车票、电影票等）——票子（钱） *票儿

台（量词）——台子（指舞台、主席台等） *台儿

四 语法作用和语法意义

（一）构词作用

从子尾的构成形式可以看出，有些构成成分可以单独成词，但有些构成成分则不可以单独成词，必须加子尾才能表达完整的意义，因此，子尾起到了构词的作用。如“打摆子、萝卜缨子、茬子”等中的“打摆、萝卜缨、茬”一般不能单说、单用，必须加子尾才能独立运用。

（二）辨义作用

我们主要从构成子尾的词根与子尾词之间的意义关系着眼来考察子尾的辨义作用，主要表现在以下几个方面：

1.构成子尾词的词根可以单独使用，其词性与子尾词一致，但二者的意义不同，这种情况主要集中在由名词或名词性结构构成的子尾词中。如：

线子（特指电线）——线（一般缝衣服的线） 车子（自行车）——车（汽车）

台（量词） ——台子（指舞台、主席台等）

口（五官之一）——口子（小伤口） 洞（不分大小）——洞子（特指小洞）

法（法律）—— 法子（办法）

窑（烧制砖瓦的建筑物）——窑子（妓院） 老爷（天老爷）—— 老爷子（对别人父亲的尊称）

嘴（嘴巴）——嘴子（物体突出的部分） 票（车票）—— 票子（钱）

布（供用来做衣服或其他物件的材料）—— 布子（专指用过的碎布）

2.构成子尾词的词根可以单独使用，但其词性与意义都不同，这种情况主要集中在由动词或动词性结构、形容词构成的子尾词中，这些词根加上子尾后则变为名词性的。如：

冷（形容词 寒冷）——冷子（名词 冰雹） 滚（动词 滚动）——滚子（名词 刷墙的一种工具）

尖（形容词 尖锐）——尖子（形容词 拔尖的人） 两口（数量结构）——两口子（夫妻）

脚蹬（动词性）——脚蹬子（名词） 背锅（动词性）——背锅子（名词）

3.表达多种感情色彩

第一，可以表示褒义色彩，如“老爷子”，表示自己或别人父亲的昵称。再如“小车子、洋码子”等。

第二，可以表示贬义色彩，多是表人的子尾词。如“半吊子”，表示有点不正经的人，含贬义。再如“傻子、瘸子、南蛮子”等。

第三，可以表示中性色彩，多是表物的子尾词，如“法子、布袋子、牙刷子、水缸子”等。

五 晋东南晋语子尾词与普通话子尾词的比较

（一）晋东南晋语与普通话都用子尾，二者完全对应。如：

斧子 麦子 瘸子 聋子 骗子 柿子 被子 蝎子 筷子

这些词与普通话的子尾词是完全对应的。有些词去掉“子尾”后其词根不能独立运用，如“蝎子、筷子、斧子”。有些子尾词与其词根之间的词性或意义不同，如“骗子（名词）——骗（动词）、聋子（名词）——聋（形容词）”。

（二） 晋东南晋语用“子尾”，普通话不能用“子尾”。如：

案板子 长袍子 媳妇子 粉皮子 侄儿子 外甥子 葵花籽子

在普通话中，这些词不能加子尾，其词根可以单独使用，而在晋东南晋语中，这些词根必须加子尾后才能使用，但其表示的意义和所属的词性都与普通话一致。

（三）晋东南晋语不用“子尾”，普通话用“子尾”。

普通话中的子尾词在晋东南晋语的一些方言中不用，而改用其他的方式来表示相应的意义，主要有以下几种情况：

1.普通话中的子尾词在晋东南晋语中直接用其对应的词根来表示。（横线前为方言，后为普通话。下同。）如：

谷——谷子　黍——黍子　钳——钳子　领——领子

裤——裤子　麦——麦子　虱——虱子　茄——茄子

蚊——蚊子　剪——剪子　嗓——嗓子　钩——钩子

2.普通话中的子尾词在晋东南晋语中用换个说法的方式来表示。如：

苦腮——腮帮子　手脖腰——手腕子　圪芦——瓶子

笼花——箅子

3.普通话中的子尾词在晋东南晋语中用儿化词、儿尾词来表示。如：

镜儿——镜子　兔儿——兔子　鸽儿——鸽子

4.普通话中的子尾词在晋东南晋语中用重叠词来表示。如：

叶叶——叶子　盖盖——盖子

第二节 儿尾

一 读音与分布

据我们的调查情况来看，在晋东南晋语中，儿尾仅分布在武乡、黎城、高平方言中，其余方言中都没有儿尾。在武乡、黎城方言中，儿尾读作[꜓l̩]，在高平方言中，儿尾读作[꜔l̩]。

二 构词形式

从构词形式上看，儿尾可以依附于名词或名词性语素、动词、形容词、量词、数量短语等之后，其中，附着在名词或名词性语素之后的情况最为常见。

（一）名词或名词性结构+儿尾

名词或名词性语素加儿尾后构成名词，而且，大部分词根必须与儿尾搭配使用来表示相应的意义。

1. 单音节名词或名词性语素＋儿尾

鸟儿　花儿　猴儿　叶儿　根儿　火儿　凳儿　镜儿　绳儿 椅儿

糁儿　坡儿　词儿　样儿　名儿　影儿　丝儿　料儿　链儿

2. 双音节名词或名词性语素＋儿尾

圪虫儿　小鸡儿　小熊儿　蛋清儿　蛋黄儿　桑葚儿　虾卷儿

粉皮儿　蜜枣儿　茶缸儿　按钮儿　戒指儿　红包儿　口罩儿

竹签儿　外套儿　鞋靿儿　小鞋儿　眼珠儿　耳膜儿　酒窝儿

风筝儿　圪痂儿　药方儿

3. 多音节名词或名词性语素＋儿尾

树圪枝儿 扑棱蛾儿　衣裳里儿 盖地里儿 碎布条儿 小轿车儿

（二）动词或动词性结构+儿尾

单音节动词加儿尾后构成名词，双音节动词（动词性结构）和多音节动词（动词性结构）加儿尾后仍为动词。

包儿 缝儿 套儿 加油儿 打盹儿 合眼儿 打条儿 有数儿 赶趟儿

够劲儿 挂名儿 没准儿

（三）形容词＋儿尾

好好说话儿　高高儿些　厚厚儿些　尖儿 秃儿 聋儿

其中，单音节形容词重叠后加儿有程度夸大的意思。

（四）数量结构＋儿尾

一道儿　一窝儿　一圪撮儿　一圪绺儿

三　儿尾的使用情况

在儿尾词中，有的词根可以单独使用，而有的词根不能单独使用，必须后加“儿”尾。具体情况如下：

（一）必须使用儿尾词，词根不能单独使用。如：

*小偷—小偷儿　*够本—够本儿　*一瓶——瓶儿　*挂名—挂名儿

*小鸡——小鸡儿　*名——名儿　*眼镜——眼镜儿　*门铃——门铃儿

*人影——人影儿　*没准——没准儿　*秧——秧儿　*桶——桶儿

*网——网儿　*词——词儿　*火——火儿　*包——包儿

*猫——猫儿 *果——果儿 *猴——猴儿

（二）必须使用由词根单独构成的词

没错——*没错儿 饱嗝——*饱嗝儿 照片——*照片儿

字眼——*字眼儿 瓜子——*瓜子儿 煤球——*煤球儿

（三）由词根单独构成的词与儿尾词都可以使用，但意义上有所区别，儿尾词具有表示小称、统称的意义。

刀（比较大的刀）——刀儿（较小的刀）

布（大块的布）——布儿（小碎布，如擦桌布等）

椅（大椅子）——椅儿（小椅子）

豆（只表示黄豆）——豆儿（包括黄豆、绿豆、红豆）

四 语法作用和语法意义

（一）构词作用

在晋东南晋语有儿尾的方言中，有些词根后不加“儿”就不能单用，只有加上“儿”才能构成独立的词。如：

*猫——猫儿 *梨——梨儿 *杏——杏儿 *果——果儿

*猴——猴儿 *摆谱——摆谱儿

（二）辨义作用

有些词加儿尾后，其词义发生了变化。如：

车（所有的车）——小车儿（小轿车）

椅（大椅子）——椅儿（小椅子）

布（大块的布，如床单等）——布儿（小碎布）

有空（物体或墙壁有空隙）——有空儿（有时间做某事）

挑尖（挑剔）——挑尖儿（挑选最优的、最好的）

打酱油（对一些无力解决的事情很无奈）—— 打酱油儿（拿瓶子等盛具去买点酱油）

加油（给汽车加油）——加油儿（鼓励某人做某事或者踩汽车油门）

丝（粗丝）——丝儿（细丝儿）

鸡（所有的鸡）——鸡儿（表示小鸡）

袋（装粮食用的袋子）—— 袋儿（放衣服的或者一次性的袋子）

（三）区分词性

有些词加儿尾后，其词性发生了变化，多变为名词。如：

扣（动词）——扣儿（名词） 盖（动词）——盖儿（名词）

笑话（动词）——笑话儿（名词） 卷（动词）——卷儿（名词）

（四）修辞作用

有些词加儿尾后，表示亲切、喜爱等感情色彩。如：

小嘴儿　小脚儿 小狗儿

有时在人名后面也可以使用儿尾，表达出对对方的喜爱之情。如：

琴儿 小周儿　牛儿

第三节　词缀“圪”

在晋东南晋语中，词缀“圪”的分布范围非常广，而且使用频率较高，由其构成的词语结构类型丰富，语义特点鲜明，口语色彩浓重。

关于“圪”的性质问题，学者们看法不一。邢向东先生（1995）认为它是一个表音字词头，温端政先生（1997）认为它是一个不表义入声音节，侯精一先生（1999）认为它是一个表音字，乔全生先生（2000）认为它是一个没有词汇意义，只起构词、构形作用的词缀。之所以会产生这么多观点，正是“圪”类词本身的复杂性使然。王临惠先生（2001）认为“圪”是一个构成合成词的词缀，而事实上，由“圪”构成的词中不只是合成词，还有单纯词。因此，这就提醒我们考察“圪”的性质，可以从单纯词和合成词两类词中着手。在单纯词中，“圪”与后面的成分结合在一起才能构成单纯词，此时的“圪”具有成词作用，它是一个构词成分，如“圪糁”。在合成词中，“圪”黏附在后面的词根语素上，具有构词、转类、变义等作用，它就是“一个构成合成词的词缀”[①]。如“圪扯”，“扯”是动词性的词根语素，而与“圪”连用后则变为名词，同时意义也发生了变化，由一种动作变为一种面食。另外，还有一种情况，“圪”放在形容词和其后缀之间，如“白圪生生”，这类词中的“圪”没有实在的意义，也可以省

① 王临惠：《山西方言的“圪”字研究》，《语文研究》2002年第3期。

略不说，起衬音的作用。因此，对于圪的性质问题，我们应当分情况讨论，不能一概而论。但为了讨论方便，我们这里将由“圪”构成的词统称为圪缀词。

一　“圪”的用字和读音

从词缀“圪”的用字上来看，除了“圪”字外，还有“个、疙、仡、屹、纥”等字。“山西方言中这类词数量大、义类多，不可能一一因义取字，因此，人们在使用‘圪’字结构时约定俗成，选‘圪’作为这类字的代表。”①

“圪”的读音内部具有很强的一致性，声母都读为[k]，韵母都为入声韵[əʔ]，主要的差异在声调上。在入声不分阴阳的方言里，“圪”字读入声，包括高平、晋城、阳城等方言，在入声分阴阳的方言里，“圪”字读阳入，包括长治、长治县、长子、屯留、壶关、潞城、黎城、平顺、沁县、沁源、武乡、襄垣等方言。

二　语法功能和语义特点

在晋东南晋语中，“圪”的意义虽然已经虚化，但其构词能力比较强。“圪”与其他成分结合可以构成名词、动词、形容词、量词、象声词。下面分别讨论。

（一）构成名词

1.构成形式

构成名词的结构形式常是“圪A”式。如：

蛇蚤——指跳蚤　圪渣——专指比较小的成堆的垃圾

圪褶——小皱纹　圪脑——脑袋　圪落——旮旯　圪栏——杆

圪糁——指米糁　圪丁——老茧　圪堆——堆积起来的东西

圪枝子——小的树枝　圪瘩——疙瘩　圪都——指拳头

圪捞——手指肚上圆形的指纹

圪多——指玉米棒子去掉玉米粒后的棒状物

① 王临惠：《山西方言的“圪”字研究》，《语文研究》2002年第3期。。

圪台——指台状物　圪扯——一种面食

在名词性圪缀词中，有些词根语素不能单用，如“圪都”指拳头，但是“都”却无所指，不能单用，有些词根语素可以单用，其中，有些词性与圪缀词一致，如“圪台”与“台”都是名词，有些词性与圪缀词则不一致，如“圪扯”是名词，而“扯”是动词。

2.主要的语法特点

除了具有名词可以做主语、宾语的典型特点外，名词性圪缀词还具有如下主要特点：

第一，名词性圪缀词一般不能重叠。

第二，常常可以在前面加修饰成分，构成B圪A式。如：

圪练——尿圪练 / 柿圪练　圪洞子——扁圪洞子 / 小圪洞子

圪多——独圪多 / 花圪多

第三，有些圪缀词后可以加“子”或“儿”，构成“圪A子式”或“圪A儿式”。如：

圪台子　圪斗子　圪针子　圪栏子　圪台儿　圪落儿

在没有子尾的方言中，常加“儿”，如黎城方言中“圪斗儿”，在既有儿化又有子尾的方言中，在圪缀词后加“子”还是加“儿”，这是当地人的使用习惯。如长治方言中，在“圪针、圪栏”后面加“子”不加“儿”，在“圪落、圪堆”后面加“儿”不加“子”。有的词后面既可以加“子”，也可以加“儿”，但表达的意义不同，如“圪台子”指一般的台状物，“圪台儿”指比较低的台阶。

3.语义特征

构成名词词缀“圪”的语义特征主要有以下几种情况：

第一，具有“表示物体表面突起”的语义特征，如：圪针（表示尖状物）、圪堆（表示堆积起来的东西）、圪丁（表示附着在手或脚上突出的圆形突出物）、圪蛋（土丘）。

第二，具有“表示小的语义特征”，一些圪缀词用来指称较细小的东西，如：圪渣（比较小的垃圾）。

第三，不表示任何语义特征，只起构词的作用。如：圪都、圪缨等。

（二）构成动词

1.构成形式

词缀“圪”构成动词的形式通常是“圪A”式。如：

圪蹴——缩　圪颤——表示打颤　圪挤—— 表示互相拥挤

圪捣——指找麻烦；又指捣东西　圪转——表示来回溜达

圪星——表示下着毛毛雨　圪出——指从某一高处滑下来

圪捞——表示来回搅拌　圪夹——表示夹着某物

圪擦——指较长时间炖菜或肉等

圪列——指和好的面长时间放置而使其表面发硬

圪叉——指叉开　圪卷——指卷起来　圪蹲——指蹲下

圪唆——指舔　圪摇——指来回摇动

圪擞——指不停地打颤或指来回抖动

在动词性圪缀词中，有些词根语素不能单用，甚至本字不明，如“圪星”，其中“星”却无所指，不能单用，而有些词根语素可以单独构成动词，其词性与圪缀词一致，如“挤”是动词，“圪挤”也是动词。

2.主要的语法特点

除了具有动词可以做谓语的典型特点外，动词性圪缀词还具有如下主要特点：

第一，大多数动词性圪缀词可以重叠，构成“圪 A 圪 A”式，表示动作的反复进行。如：

圪转圪转——表示不停地溜达　圪擞圪擞——表示来回抖动几下

圪扫圪扫——表示来回扫一扫　圪挖圪挖——表示挖几下

圪敲圪敲——表示不停地敲　圪唆圪唆——表示舔一舔

圪摸圪摸——表示来回不停地摸　圪照圪照——表示照一下镜子

第二，圪缀词常常可以在后面加助词“了”再加补语，其中，补语一定是表示短暂之义。如：

圪蒙了一会——表示小睡了一会儿　圪瞅了一眼——表示瞅了一眼

圪眊了一眼——表示偷看了一眼　圪写了一会——表示写了一小会儿

第三，有些动词性圪缀词中的“圪”可以用于中缀，并且可以省略，省略后词的意义和结构都不受影响。如：瞎圪诌——瞎说八道 响圪雷——打雷。

3.语义特征

构成动词词缀"圪"的语义特征主要有以下几种情况：

第一，具有"表示动作短暂性"的语义特征。如：圪溜、圪转、圪撒、圪等、圪蒙等。

第二，具有"表示动作持续性"的语义特征。如：圪擦、圪唆、圪爬、圪捣、圪扫等。

有些学者根据"圪"在动词前表示"短暂性或持续性"的语义特点，认为这种情况下的"圪"带有副词的性质或者就是副词。关于此问题，王临惠先生曾做过讨论，我们同意王临惠（2002）的观点，认为"圪"的性质仍是词缀。理由如下：其一，"圪"发展到现在只是一种粘着语素，任何情况下都不能单独使用；其二，学者们判定"圪"为副词性或者副词的理据恰好是"圪"的附加性词汇意义而非语法意义。如果动词前的"圪" 是副词性的，那么形容词、名词、量词、拟声词前的"圪"又是什么词性的呢？"①

（三）构成形容词

1.构成形式

构成形容词的结构形式有"圪A"式、"A圪BB"式。如：

圪亲——太过亲热而让人生厌 圪绞——指心里像刀绞一般的难受

圪蔫——指打蔫 圪蹙——指皱皱巴巴的样子 圪敛——指卷曲的样子

平圪展展——表示十分展平 亮圪闪闪——表示非常亮

白圪叉叉——表示特别白 黑圪咚咚——表示非常漆黑

黄圪生生——表示颜色特别黄 黑圪顶顶——表示颜色特别黑

硬圪邦邦——表示特别硬 白圪生生——表示特别白

胖圪噔噔——表示小孩儿胖乎乎的样子

在形容词性圪缀词"圪 A"式中，有些词根语素不能单用，甚至本字不明，如"圪敛"，其中"敛"却无所指，不能单用，而有些词根语素可以单独使用，其词性有些与圪缀词一致，如"蔫"是形容词，"圪蔫"也是形

① 王临惠：《山西方言的"圪"字研究》，《语文研究》2002年第3期。

容词，而有些则与圪缀词不同，如“绞”是动词，“圪绞”则为形容词。在“A 圪 BB”式中，实际上是“圪”嵌入到“ABB”式中，可以类推成词，其中 A 语素一般都是形容词性的，此形式可以类推。

2.主要的语法特点

第一，形容词性圪缀词常常可以做谓语，但不可以单独做谓语。其中，在“圪 A”式前面有相应的修饰成分，或者后面有相应的补语，或者后面加“了”。如：可以说“这个衣裳圪蹙了”。但不可以说“这个衣裳圪蹙”。在“A 圪 BB”式后面常加“的”。如：可以说“蒸的这个馍白圪生生的”，但不可以说“蒸的这个馍白圪生生”。

第二，形容词性圪缀词不可以做定语。

第三，不论是“圪 A”式还是“A 圪 BB”式形容词都不能重叠。

第四，“圪 A”式形容词可以与表示程度的词连用，常见的情况是前面可以受“真、可、囊（那样的合音）、掌（这样的合音）”等词修饰，也可以在后面接“死”等程度补语。如“真圪蹙”和“圪蹙死了”都表示皱巴得很厉害。

3.语义特征

第一，就“圪 A”式而言，没有词汇、语法意义，其分布环境要受到后面语素语义上的影响。“圪 A”式在表示事物性状时，还带有不好、粗劣的贬义色彩。

第二，就“A 圪 BB”式而言，其中，“圪”起衬音的作用，去掉“圪”后不影响意义的表达。“BB”部分起增强对事物性状的描写性，带有鲜明的形象感。“A 圪 BB”式在表示事物性状时，表示让人喜爱、适中等褒义色彩或中性色彩。

（四）构成量词

1.构成形式

构成量词的结构形式有“圪 A”式，数量较少。如：

圪绺——相当于“绺”　圪撮——表示一小撮儿

圪朵——相当于“朵”　圪节——相当于“节”

圪沓——相当于“打”

2.语法特点和语义特征

第一，“圪 A”式中的词根语素可以重叠，构成“圪 AA”式，表示更小或更少的量。如“一圪沓沓纸”表示“很少的一沓纸”。

第二，有些词根语素后面可以带“子”尾，构成“圪 A 子”式，表示更少的量。如“一圪节子绳子”。

不管是“圪 A”式、“圪 AA”式、“圪 A 子”式，它们表示的都是“小量、少量”的语法意义，具有“不多、不值得计较”的意思。如果词根语素本身就可以表示“少量”，“圪”也可以省去，如“一圪绺线”可以说成“一绺线”。

（五）构成象声词

构成象声词的结构形式是“圪 A”式，数量非常少，表示模拟相应的声音。如“圪咚、圪咕、圪噔、圪哇、圪砰、圪嘟、圪嘣、圪啦、圪哒”。这些词常常可以重叠，表示声音的持续不断，具有鲜明的形象色彩。如“圪嚓圪嚓、圪哇圪哇、圪嘣圪嘣”等。

从上文的分析可以看出，由“圪”可以构成名词、动词、形容词、量词、拟声词，可见，“圪”并不是某一类词的标志。

第七章　重叠

重叠是“汉藏语系、南岛语系、南亚语系等亚太地区语言中最常见的现象”（李宇明 2000）“是汉语存在的一种典型形态。”（石毓智 2000）早在新中国成立初期学界已经开始关注重叠现象。一开始，人们将研究对象主要集中在动词和形容词上，如《名词和副名词的叠用》、《用叠字组成的形容词》、《动词叠用》（季高 1952）、《现代汉语形容词研究》（朱德熙 1956）、《试论汉语动词的重迭法》（何融 1962）、《动词重叠》（王还 1963）等。随着研究的深入，之后关于重叠的研究更加全面、更加深入，不仅仅局限在对某几类词的重叠研究上，研究内容呈现多样化，研究成果也非常丰富。

不仅有对重叠现象的微观考察，如《论现代汉语动词的重叠形式》（戴雪梅 1980）、《动词 A A B B 重叠式探讨》（李晋霞 1999）、《现代汉语 AABB 重叠式词构成基础的统计分析》（任海波 2001）等，也有对重叠现象理论的宏观分析，如朱德熙先生（1982）在《语法讲义》中讨论了重叠的类型，再如《论词语重叠的意义》（李宇明 1996）、《从类型学及认知语法角度看汉语重叠的意义》（张敏 1997）、《动词重叠式的基本意义》（杨平 2003）、《论动词重叠的语法意义》（陈立民 2005）都讨论了重叠的意义。不仅有共时状态下的分析，还有历时演变的讨论，如《单音节动词重叠形式探源》（徐正考 1990）、《动词重叠式及其功能的历史发展》（华玉明 2003）、《论“A 里 AB”重叠形式的历史来源》（石锓 2005）、《动词重叠式的源流》（李文浩 2007）等。不仅有对普通话重叠现象的研究，如《谈谈动词和形容词的重叠》（龚继华 1981）、《动词重叠与语义、结构及语境的关系》(王建军 1988)、

《试论汉语的句法重叠》（石毓智 1996）、《代词的重叠用法及其表意特点》（华玉明 2001）、《现代汉语副词重叠现象考察》（王继红 2001）、《试论重叠式形容词的构成方式》（张兴旺、马德全 2002）、《汉语名词重叠研究的类型学视角》》（张则顺 2009）等，同时还出现了大量的关于方言重叠现象的研究成果，如《重庆方言名词的重叠和儿化》（范继淹 1962）、《潮阳话和北京话重叠式象声词的构造》（朱德熙 1982）、《潮州方言的象声词重叠式》(张盛裕 1982)、《湖北省西南官话的重叠式》（汪平 1982）、《苏州方言重叠式研究》（刘丹青 1986）、《汕头方言动词短语重叠式》(施其生 1988)、《上海方言形容词重叠式研究》（徐烈炯 邵敬敏 1997）、《河北官话方言区形容词重叠式》（吴继章 1998）、《襄樊方言的重叠式》（罗自群 2002）等，其中，也出现了一些关于山西晋语重叠现象讨论的文章，如《平遥方言的重叠式》（侯精一 1988）、《忻州方言形容词的重叠式》（张光明 1992）、《山西临县方言名词重叠式的构词特点》（李小平 1999）、《晋语重叠式研究》（乔全生 2000）、《山西晋语形容词重叠研究》（刘莉芳 2004）、祁县方言重叠式名词研究（温春燕 2005）、《阳城方言的重叠式》（姬建丽 2008）、《山西娄烦方言的重叠式形容词》（郭校珍 2010）、《山西五台方言的重叠式研究》（崔丽珍 2010）、《晋城方言重叠式研究》（郜晋亮 2011）、《山西右玉方言重叠式研究》（林静 2011）等。这些研究成果或是对单点方言重叠现象的考察研究，或是选取某些代表点对某一类重叠现象的分析，而关于某一区域方言重叠现象的探讨较少，我们以晋东南晋语的重叠为研究对象，在对其进行全面描写的基础上，较为系统、全面地探讨这一区域方言中重叠的特点和规律，旨在为其他区域方言的相关研究提供一份参考。

朱德熙先生（1982）在《语法讲话》中提出重叠分为三种类型：音节的重叠、语素的重叠和词的重叠。其中，前两种属于构词重叠，第三种属于构形重叠。据此，本部分所讨论的重叠就包括这三种类型。重叠前的形式称为基式，重叠后的形式称为重叠式。

根据我们所调查的材料，与晋语其他片方言相比，晋东南晋语中的重叠现象并不是非常丰富。从分布地域上来看，重叠使用较多的方言主要集中在沁源、沁县、晋城[1]、阳城方言中，其余方言也都有一些重叠词，但其使用频率并不太高，而且表现形式也不丰富。从词类来看，以动词和形容词的重叠为主，名词的重叠在多数方言中的使用范围小，数量有限，形式较为单一，除在儿语中较多使用重叠外，主要限于部分亲属称谓和少数物名，如"爸爸、爷爷、奶奶、姑姑、蛐蛐、猩猩"等。

第一节　构词的重叠

一　音节的重叠

在由音节重叠而形成的词中，有许多音节都找不到本字，对于有音无字的情况，用同音字代替，并下加下画线表示。涉及与普通话相同的情况，不再讨论。

1. 构成形式

一般而言，音节的重叠没有基式，从构成形式上主要有以下几种：

① AA 式

a 蛛蛛　荞荞　辘辘（晋城方言）

b 款款　可可正好　（晋城方言）　将将（沁县方言）停停静静地　安安稳稳地（阳城方言）

c 公公（外祖父）　嬷嬷（舅妈）　婆婆（姥姥）　（晋城方言）

d 下下　霎霎　（沁县方言）

这类形式的词语并不多。a 类是普通名词，b 类是副词，c 类是亲属称谓，d 类是量词。

② ABB 式

a 继饭饭早饭　墓生生遗腹子　垫窝窝最小的儿子　树拨拨树根（沁县方言）

蟢蛛蛛蜘蛛　千巴巴啄木鸟　水虹虹蜻蜓　水蜓蜓蜻蜓

大姑姑一种野菜　蚕姑姑家蚕　瓜馍馍瓜饼（晋城方言）

b 圪几几高处　胸傍傍旁边（沁县方言）

① 本章中有关晋城方言重叠的材料来源于郝晋亮《晋城方言重叠式研究》，青海师范大学硕士学位论文，2011 年。

c 这几几　外霎霎　兀贴贴　外些些　这晃晃（沁县方言）

d 圪星星（沁县方言）（一）圪几几　（一）圪捏捏一点点　（长治方言）

e 漂煞煞　新展展　利煞煞　活脱脱　黄兰兰（沁县方言）

慢腾腾 臭烘烘 灰土土　硬嘣嘣　（阳城方言）

平展展　光油油　干叭叭　黏糊糊　直年年　软溜溜　黑嘟嘟

紧绷绷　冷呵呵

稠咚咚 直绷绷 瘦巴巴 傻愣愣　慢悠悠 展拍拍 红扑扑 酸丝丝

明晃晃 黑洞洞 病恹恹 白光光 宣腾腾 黏抓抓 脆生生 （长治方言）

这类词数量较多，a 类为普通名词，b 类和 c 类都表示方位，b 类为方位名词，c 类中含有指示代词，d 类为量词，e 类为形容词。

③ AAB 式

a　茴茴旦（洋白菜）　咕咕库（斑鸠）（沁县方言）

濛濛雨（毛毛雨）　花花鸡（毛红黄白相间的鸡）　秸秸梢（高粱穗上的细秆）

荞荞毛（做笤帚的高粱穗）　灰灰菜（一种野菜）　茴茴白（一种蔬菜）　汪汪根（一种野草）

冉冉秧（一种野草）　涩涩秧（一种野草）　（晋城方言）

b　掌掌上（最里面）　跟跟起（跟前）　（沁县方言）

④ ABCC 式

梅豆角角（梅豆角）　啞水牌牌（围嘴）　黄瓜蔓蔓（沁县方言）

这类词都是普通名词。

⑤ AXBB 式

红不出出　白圪生生　绿圪英英　紫不嗖嗖　齐圪登登

重不叭叭　俊不生生　清圪铮铮　软圪浓浓　展不捏捏（阳城方言）

脆圪生生　饱圪腾腾　（沁县方言）

凉不丁丁　咸不丁丁　滚不哒哒（水滚烫）　黑不乎乎　光不秃秃　光不溜溜

光不瘩瘩　烂不差差（形容衣服很破烂）　烂不乎乎（肉炖得很烂）　烂不哄哄（水果很软）

亲不哒哒（形容很漂亮）　肉不腩腩　灰不溜溜（孤单）　血不淋淋（形容流血很多）

麻不服服　（晋城方言）

白圪叉叉 灰不叉叉　胖圪墩墩 干圪嘣嘣 黑不出出

傻不几几 （长治方言）

甜不滋滋 干圪巴巴 酸不几几 （沁源方言）

这类形式的数量较多，构成形容词。其中，“X”表示“圪、不”等词缀，A为形容词性的语素，BB为叠音成分。

⑥ AABB式

嘟嘟扯扯（东西太多，拿不过来的情状） 拉拉拖拖（连续不断的样子） （沁县方言）

滑滑叉叉 大大咧咧（长治方言）

这类形式的数量很少，构成形容词。

⑦ AAAA式

拖拖拖拖（形容人来人往地非常多） （沁县方言）

这类形式的数量很少，构成形容词。

2. 语法功能

音节重叠后可以构成名词、形容词、量词、代词，其中，重叠式名词和重叠式形容词相对多一些。在各方言中，这些音节重叠词的语法功能与普通话中相应词类的语法功能基本一致，此不赘述。

3. 语义特征

音节的重叠都没有基式，其“在结构上具有一定的凝固性，表义上也有专门固定的意义，不能随意拆开”。比如“ABB”式中，“A”与“BB”之间的搭配较为固定，如“丝丝”多与“凉、酸、甜”搭配，而不与“黑、辣、热”等其他语素搭配。“黑”常与“洞洞、乎乎”等叠音成分搭配，而不与其他成分搭配。

而且，除了AA式外，其余形式的音节重叠词“都是选取某一个或某一部分语义区别特征，中心词是类属词，修饰、补充成分表示的是相关、相似、相同等语义特征”（乔全生2000）。比如：ABB式中，“黄兰兰”，整个词的意义主要是通过中心词“黄”来体现，而且整个词的构成成分不可分割。

4. 语法意义

音节的重叠主要是一种构词的手段，不表示更多的语法意义。叠音成分的意义，有的比较明确，有的不明确，后来可能有意义，只是不知道本字，只能拿同音字代替，如“出出、几几”等。对于重叠式形容词而言，其中心成分本身多是形容词性的成词语素，因此，就语法意义而言，重叠前后有一定的区别。重叠后，表示程度加深的语法意义，并且有时还具有了动态的形象色彩。如“新展展”（ABB 式）、“绿圪英英”（AXBB 式）、“硬圪邦邦”等。

二 语素的重叠

1.构成形式

① AA 式

a 蛹蛹 肚肚（晋城方言）床床小凳子 口口出入的通道 筐筐 罐罐 片片尿布（沁县方言）

b 亲亲（晋城方言） 画画画儿 圈圈圈子 盖盖盖子 锤锤 戳戳（沁县方言）卡卡卡子（沁源方言）

c 明明灯烛等能照明的东西 尖尖刀锥的顶端 黄黄蛋黄（沁县方言）小小男孩（沁源方言）

由 AA 式构成的 a、b、c 三类都是名词，其中，a 类是有名词性的语素重叠而成的，b 类是由动词性的语素重叠而成的，c 类是由形容词性的语素重叠而成的，其中 c 类现象“在其他方言区比较少见”[①]。据郭校珍（2008），“在山西的临县、文水、忻州等方言点都有这种现象”[②]。

② A 儿 A 儿式

a 粑儿粑儿屎；脏东西 *粑儿 窝儿窝儿被窝儿 *窝儿

叶儿叶儿植物的叶子 *叶儿 人儿人儿动画片的小人儿 *人儿 （晋城方言）

b 毛儿毛儿杨絮柳絮之类的毛毛 毛儿 包儿包儿（包） 包儿 （晋城方言）

据目前的调查情况，在晋东南晋语中，只有晋城方言中有这种重叠现象。这种形式是名词性语素儿化后的重叠，重叠后仍为名词。其中，a 类没有基式，只有重叠式，如，可以说“人儿人儿”，但不能说“人儿”，b 类有基式，即 A 儿，重叠式为 A 儿 A 儿，但基式和重叠式所表示的意义不同，比如，当单说“包儿”时，指“包子”，重叠后，“包儿包儿”则指“普通的包”。

③ ABB（儿）式

① 郭校珍：《山西晋语语法专题研究》，华东师范大学出版社 2008 年版，第 136 页。
② 同上。

a 圪角角（角落） 圪梁梁 圪台台（台阶） 圪杈杈（树杈）（阳城方言）

b 圪节节 圪绺绺 圪堆堆（沁县方言）

圪把把 （晋城方言）

c 圪塞塞儿（塞住，反复塞几次） 圪揸揸儿（反复用手和） 圪追追儿（稍稍蹲下）

圪顿顿儿（摇晃，不稳）

圪涮涮儿（反复洗涮几次） 圪搓搓儿（反复搓） 圪掏掏儿（反复掏几次）（晋城方言）

d 圪弯弯（弯弯的） 圪皱皱（皱巴巴的） 圪堆堆（形容很满） 圪整整（形容衣服等很平整）

圪板板（形容很正直） （晋城方言）

e 纸箱箱 酒瓶瓶 纸袋袋 布兜兜 水沟沟 （阳城方言）

栅栏栏 手巾巾 酒盅盅 窗帘帘 坎肩肩 糖旦旦

独轮轮（沁源方言）

刀背背 门搭搭 酒壶壶 （武乡方言）

f 研究究儿 拾掇掇儿 调查查儿 商议议儿 讨论论儿（讨论讨论）

捣鼓鼓儿 合计计儿 打扫扫儿（晋城方言）

在这些方言中，AB 式都可以单说、单用。其基式是 AB，重叠式是 ABB。a 类、b 类、c 类和 d 类都是圪头词，其中，a 类是名词，b 类是量词，c 类是动词，d 类是形容词。e 类是普通名词，f 类是普通动词。

④ AAB 式

蹦蹦床 格格纸 对对眼 香香屁比较牛气的人 道道纸（阳城方言）

温温水 耍耍货 兔兔花白头翁 冷冷蛋 （沁县方言）

这种形式构成名词，其没有基式，只有重叠式。

2.语法功能

① AA 式

AA 式都构成名词，具有名词的语法功能，在句中充当主语、定语、宾语。由于晋东南晋语中“AA”式语法功能大同小异，列举例句时不再标地点。（下同）如：

床床擦干净了没呢？（主语）

黄黄最难吃。（主语）

你在口口左边等我哇。（定语）

把明明的灯打亮些。（定语）

他买了个筐筐。（宾语）

要小心这个尖尖。（宾语）

② A儿A儿式

A儿A儿式也是名词，在句中常常充当主语和宾语。如：

快去给我拽些叶儿叶儿来。（宾语）

包儿包儿也找不着了。（主语）

③ ABB（儿）式

在ABB式中，a类和e类是名词，在句中充当主语、宾语和定语。如：

纸箱箱多不结实哩。（主语）

在那个圪角角有个水沟沟。（主语　宾语）

渴得我一口就喝完水壶壶的水。（定语）

在ABB式中，c类和f类是动词，据目前掌握的材料，在晋东南晋语中，这两种形式只在晋城方言中存在。在句中主要充当谓语。如：

你给我圪捶捶儿腿哇，不得劲儿呀。

你们再把这个问题研究究儿。

在ABB式中，d类是形容词，在句中通常充当主语、谓语、定语和补语，而且不管做什么成分，ABB式都不能单独使用，后面必须加上助词“呢”。比如：

哎呀，圪皱皱呢真难看。（主语）

圪弯弯（呢）一条路实在不好走。（定语）

衣服圪整整呢。（谓语）

看你衣裳圪卷呢圪皱皱呢。（补语）

在ABB式中，b类是量词，通常与数词搭配构成数量结构，在句中充当主语、宾语和定语。如：

只余下一圪把把口兰，你可不敢都拿走唠。（宾语）

把那一圪堆堆菜拿过来。（定语）

④ AAB式

AAB式具有名词的语法功能，能做主语、宾语和定语。如：

温温水一时子就凉凉了。（主语）

他是个勾勾眼。（宾语）

蹦蹦床的网网坏了。（定语）

3. 语法作用

① 重叠后语法性质发生了变化。比如：在 AA 式中，有些语素是动词性的，重叠后构成了名词，“亲——亲亲、盖——盖盖”等。

② 重叠后词义发生了变化。比如：AA 式中，“床”，单说是供睡觉的家具，重叠为“床床”后指小凳子。再如：在 A 儿 A 儿式中，有些“A 儿”的意义与重叠后不一样，如“包儿（包子）——包儿包儿（书包）”。

4. 语法意义

晋东南晋语中，很多语素重叠词都没有基式，无法关照重叠前后语法意义的变化。对于有基式的 ABB（儿）式而言，构成名词的 a 类和 e 类都表示“小”的语法意义，构成量词的 b 类表示“少量”的语法意义，构成动词的 c 类和 f 类表示动作的连续反复进行，构成动词的 d 类表示“尝试”的意义。

第二节 构形的重叠

一 名词的重叠

1. 构成形式和语法意义

① AA 式

车车 钉钉 瓜瓜 花花 草草 树树 叶叶 果果 鸟鸟 爪爪

虫虫 房房 板板 门门 柱柱 刀刀（沁源方言）

大大 （沁县方言）

牛牛（专指昆虫） 包包（小包） （沁源）

坡坡 冰冰 馍馍 （晋城方言）

此类的基式是 A，重叠式是 AA。

② A 儿 A 儿式

娃儿娃儿（新生婴儿） 缸儿缸儿（茶缸） 口儿口儿（乳房） 油儿油儿（擦脸油）

兜儿兜儿（衣服的口袋）　根儿根儿（植物的根儿）　缝儿缝儿　痘儿痘儿 碗儿碗儿　屋儿屋儿 管儿管儿 灰儿灰儿（烧完东西剩下的灰）　本儿本儿　水儿水儿（植物分泌的液体）袋儿袋儿　口儿口儿（巷子口、破的洞等） 棍儿棍儿（晋城方言）

此类的基式是 A 儿，重叠式是 A 儿 A 儿。

③ AABB 式

汤汤水水　盆盆罐罐 花花草草　眉眉眼眼（沁源）

这种形式是“AA”和“BB”重叠而成的，不是“AB”重叠而成。

2. 语法功能

名词重叠后，仍然还是名词，具备名词的句法功能，可以在句中充当主语、宾语、定语等。

① AA 式

果果都摘完了。（主语）

买上几个钉钉吧。（宾语）

车车的链子找不着了。（定语）

②　A 儿 A 儿式

本儿本儿也找不着了。（主语）

把门错上一道缝儿缝儿。（宾语）

娃儿娃儿的小被子在哪儿哇？（定语）

③ AABB 式

祖祖辈辈都住这的。（主语）

他就不待见这花花草草。（宾语）

我最不爱吃这汤汤水水的饭。（定语）

3. 语法意义

相对于基式而言，重叠式“AA”式和“A 儿 A 儿”式都表示“小称”，有时也带有亲切、喜爱的色彩。比如，“刀”，即可指“大刀”，也可指“小刀”，而重叠后的“刀刀”，如果没有特殊说明，一般是指“小刀”。重叠式“AABB”式一般是泛指，表示数量较多，具有一定的描述性。比如，“吃了饭，锅碗摆的哪都是。”中的“锅碗”专指“锅和碗”，而“吃了饭，锅锅碗碗摆的哪都是。”中的“锅锅碗碗”泛指餐具，强调数量多。

二　动词的重叠

1.构成形式

① AA 式

擦擦 抓抓 挠挠　列列扫一扫　抹抹　掇掇往上拾一下　置置（长治方言）

AA 式的凝固性不强，通常中间都可以加“一”，构成“A 一 A”式。

② AA 儿式

歇歇儿　踢踢儿　走走儿　泡泡儿浸泡一会儿　摆摆儿用清水漂洗　拽拽儿 吃吃儿吃几口 试试儿

摸摸儿　打打儿（拍拍）　拍拍儿　看看儿探望　醒醒儿催促赶紧醒来　挑挑儿挑选；治疗头痛的土法

置置儿称称 捶捶儿　吹吹儿 捣捣儿 说说儿责备

此类的基式是 A，重叠式是 AA 儿。

③圪 AA 儿式

圪歇歇儿　圪踢踢儿　圪走走儿　圪泡泡儿　圪摆摆儿　圪拽拽儿 圪吃吃儿

圪试试儿　圪摸摸儿　圪打打儿　圪拍拍儿　圪看看儿　圪醒醒儿 圪置置儿

圪捶捶儿　圪吹吹儿　圪捣捣儿　圪说说儿

此类中，基式是“AA”，重叠式是“圪 AA 儿”。

④ ABAB 式

拾掇拾掇　安置安置　洗涮洗涮　导拨导拨　拨活拨活　（阳城方言）

此类中，基式是“AB”，重叠式是“ABAB”。

⑤ XAXA 式

圪瞅圪瞅　圪挤圪挤　圪拖圪拖　圪走圪走（沁县方言）

圪抓圪抓　圪搅圪搅　不拉不拉　忽拥忽拥（阳城方言）

此类中，基式是“XA”，重叠式是“XAXA”。其中，“A”为“圪、不、忽”等成分。

⑥ AXAX 式

拍打拍打　说打说打　闯打闯打　敲打敲打　侃打侃打　喷打喷打（阳城方言）

此类中，基式是“AX”，重叠式是“AXAX”。其中，“X”为“打”。

⑦ AABB 式

a 鬼鬼捣捣　抠抠掐掐　拼拼凑凑　（阳城方言）

嘟嘟囔囔（长治方言）

说说笑笑 涂涂画画 蹦蹦跳跳 抠抠掐掐 （沁源方言）

b 拉拉扭扭　哭哭啼啼　来来去去　（阳城方言）

a 类中，基式是 AB，重叠式是 ABAB。b 类中，是由两个单音节动词 A 和 B 分别重叠后再并列而成的。

2. 语法功能

动词重叠后仍为动词，具备动词的基本功能——充当谓语，如：

你把这个篮子往上掇掇。

赶紧捣捣儿蒜。

你抱起娃儿圪走走儿哇。

你圪转圪转。

咱都好好喷打喷打。

除此之外，动词重叠式的语法功能还体现在以下几个方面：

① 从带宾语的情况来看

从带宾语的情况来看，具体情况比较复杂，规律性不是太强。

A 有的基式可以带宾语，但其重叠式则不可以带宾语。比如：有的“XA 式”可以带宾语，但“XAXA”式则不可以带宾语，如，可以说：“圪捞着鱼了。”但不能说：“圪捞圪捞着鱼了。”

B 与上一种情况正好相反，有些基式不可以带宾语，但其重叠式则可以带宾语。比如：有的“A”式不可以带宾语，但“AA（儿）式”则可以带宾语，如，可以说：“置置这几斤葱吧。”但不能说：“置这几斤葱吧。”

C 有的基式和重叠式都可以带宾语，比如：有的“A”式和“AA”式都可以带宾语，如，可以说："你去瞧他了？"也可以说："你去瞧瞧他？"再比如：有的"AA 式"和"圪 AA 儿式"也都可以带宾语，如，可以说："去圪踢踢儿他。"也可以说："去踢踢儿他。"

② 从否定形式上看

一般来讲，AA 式、AA 儿式、ABAB 式都可以受"不"或"不要"的否定，"圪 AA 儿式"一般没有否定形式。比如："不擦擦就更邋遢啦。""不要摆摆儿。""不拾掇拾掇能行了？"

③ 从后面是否带动态助词的情况看

一般情况下，基式后都可以带动态助词，但重叠式后一般不带动态助词。比如：可以说："把米汤圪搅了。"但不能说："把米汤圪搅圪搅了。"

3. 语法意义

不同的构成形式所表示的语法意义不尽一致，下面分别讨论。

① AA 式、AA 儿式和 ABAB 式都表示"时量短"（即动作延续时间短暂）和"动量小"（即动作次数较少）的语法意义。如："擦擦"表示"擦"这个动作所延续的时间较短。

② XAXA 式、AXAX 式在表示"时量短"和"动量小"的同时，还表示动作的反复进行。如："圪搅圪搅"除了表示"搅"这个动作延续的时间较短和次数较少外，还表示不断反复地"搅"。

③ AABB 式和"圪 AA 式"，在表示动作的反复进行的同时，还具有一定的描写性，侧重表示动作行为的某种状态。如："嘟嘟囔囔"在表示不停地嘟囔的同时，还侧重表示处于一种不断嘟囔的状态。

④ AXAX 式在表示动作反复进行的同时，还带有随意、不正式的意味。如："侃打侃打"就带有随便聊聊的意味。

三　形容词的重叠

1. 构成形式

① AA 式

a 大大嘞　松松嘞　甜甜嘞　苦苦嘞　黑黑嘞　（沁县方言）

高高的　稳稳的　好好的　硬硬的　（阳城方言）

早早儿 好好儿 大大儿 慢慢儿 瘦瘦儿 薄薄儿 稀稀儿 稠稠儿 黑黑儿

净净儿 甜甜儿 轻轻儿 厚厚儿 咸咸儿 淡淡儿 苦苦儿（长治方言）

b 好好 早早 真真 紧紧 白白 活活 （阳城方言）

此类的基式是 A，重叠式是“AA”。

② AABB 式

绵绵善善 周周正正 消消停停 日日能能 （阳城方言）

红红火火 展展挂挂 大大方方 消消停停 张张急急 （长治方言）

此类的基式是 AB，重叠式是“AABB”。

③ ABAB 式

老大老大 老美老美 老香老香 老酸老酸 （阳城方言）

干廋干廋的 拔凉拔凉的 （长子方言）

此类中，基式是“AB”，重叠式是“ABAB”。

④ A 了个 A 式

长了个长 抠了个抠 低了个低 （长治方言）

2.语法功能

① 形容词重叠后，上述四种形容词重叠式都可以做谓语、状语和补语。其中，“AA”式、AABB 式作谓语和补语时，不能单独使用，后面需要加上“的”。如：

你家俩要好好的，不能打架。（谓语）

这个人绵绵善善的。（谓语）

这个闺女干廋干廋的。（谓语）

他抠了个抠。（谓语）

这个桃吃着甜甜的。（补语）

这衣裳叠得展展挂挂的。（补语）

瞧捏他衣裳穿得周周正正的。（补语）

那个房子瞧上去老大老大。（补语）

那个脸长的是长了个长。（补语）

稠稠地喝上一碗。（状语）

咱家消消停停地走吧。（状语）

② 做定语

一般来讲，AA 式、ABAB 式、AABB 式可以做定语，而且后面必须加助词“的”，“A 了个 A”一般不作定语。如：

这是个老好老好的人。

瓦凉瓦凉的屋。

日日能能的娃。

高高的个子。

3. 语法意义

形容词重叠后具备了状态形容词的特征，重在对事物情状的描写，而且，不管哪种构成形式的重叠式，都表示程度进一步加深的语法意义，重叠得越多，描述性越强，程度越深，如：“黑→黑洞洞→黑圪洞洞”，三个词所表示的“黑”的程度越来越深。

四　量词的重叠

1. 构成形式

① AA 式

家家 件件 个个 条条 顿顿

② 一 A 一 A

一套一套 一条一条　一口一口　一下一下 一趟一趟

③ A 儿 A 儿

家儿家儿　门儿门儿　根儿根儿　　（晋城方言）

④ 一 A 儿一 A 儿

家儿家儿　门儿门儿　根儿根儿　　（晋城方言）

⑤ 一 AB 一 AB

一圪嘟一圪嘟　一圪节一圪节　一圪绺一圪绺　一汽车一汽车

⑥ AAA 式

些些些(很少) (沁县方言)

2. 语法意义

"AA 式"、"A 儿 A 儿式"表示"每一"。

"一 A 一 A 式" "一 A 儿一 A 儿式"表示"逐一"。

"一 AB 一 AB"式表示"量多"。

"AAA"式表示"量少"。

3. 语法功能

① AA 式

a 作状语。如:一步赶不上,步步赶不上。

b 作主语。如:个个都不错。

② 一 A 一 A

a 作主语。如:你瞧瞧你都,一个一个都是甚样?(表示"每一")

b 作状语。如:做事要一步一步来。(表示逐步,含有"不着急"之义)

c 作谓语。如:他说起话来,一套一套的。(表示接连不断)

③ A 儿 A 儿

a 做定语。如: 门儿门儿作业都做呢不好。

b 作主语。如:家儿家儿有本儿难念呢经。

④ 一 A 儿一 A 儿

作状语。如:不要急,咱们一家儿一家儿问。

⑤ 一 AB 一 AB

a 组成"的"字短语作主语。如:窗子上那个一圪绺一圪绺的是甚?

b 作补语。如:瞧你把葱弄得一圪截一圪截咧。

c 作状语。如:你一圪堆一圪堆地剥。

综上所述,在晋东南晋语中,同一重叠形式,其表示的语法意义因词性的不同而不同。比如:名词、动词、形容词的重叠式都可以是"AA"式,但其表示的语法意义却截然不同。名词的"AA"式表示小称,动词的"AA"式表示短暂,形容词的"AA"式表示程度加深。而且,与普通话相比,晋东南晋语的重叠形式丰富多样,而且有些没有基式。见表 7.1。

表 7.1 **晋东南晋语与普通话重叠形式比较表**

		晋东南方言			普通话		
		基式	重叠式	用例	基式	重叠式	用例
构词重叠	音节重叠		AA	蛛蛛		AA	姥姥
			ABB	水蜓蜓			
			AAB	跟跟起			
			ABCC	梅豆角角			
			AXBB	白圪生生			
			AABB	大大咧咧			
			AAAA	拖拖拖拖			
	语素重叠		AA	片片尿布		AA	奶奶
			A儿A儿	毛儿毛儿			
			ABB（儿）	研究究（儿）			
			AAB	要要货		AAB	泡泡糖
构形重叠	名词	A	AA	车车	A	AA	爸爸
		A儿	A儿A儿	水儿水儿			
			AABB	汤汤水水		AABB	花花草草
	动词	A	AA	置置	A	AA	说说
		A	AA儿	走走儿			
		AA	圪AA儿	圪吃吃儿			
		AB	ABAB	导拨导拨	AB	ABAB	休息休息
		XA	XAXA	圪搅圪搅			
		AX	AXAX	说打说打			
		AB	AABB	拼拼凑凑			
	形容词	A	AA	厚厚儿	A	AA	大大的
		AB	AABB	周周正正	AB	AABB	整整齐齐
		AB	ABAB	拔凉拔凉	AB	ABAB	凉快凉快
			A了个A	低了个低			
	量词	A	AA	家家	A	AA	个个
		A儿	A儿A儿	家儿家儿			
		一A	一A一A	一套一套	一A	一A一A	一件一件
		一XB	一XB一XB	一圪堆一圪堆			
		A	AAA	些些些			

余论　从语音比较看晋东南晋语的形成

晋东南晋语处于晋冀豫三省交界地带，既与晋语腹地相接，又与官话方言相邻，本部分在比较晋东南晋语与晋语腹地方言、官话方言语音特点异同的基础上对晋东南晋语的形成问题做初步的讨论。

一　晋东南晋语与晋语腹地方言的语音比较

关于晋语腹地的范围，温端政先生（1997）曾谈道，“经过这些年的调查研究，逐渐形成了一个共识，就是晋语有个中心地区，范围大致包括以山西省中部汾河两岸为核心的晋语并州片和吕梁片大部分点的方言”①。关于晋语腹地的语音特点，侯精一先生在《晋语总论》（1996）、《晋语研究十题》（1999）中提出晋语的十个特点，涉及语音、词汇和语法三个方面，同时指出，“文中提出的十个特点除有入声一条是整个晋语区都具有的，其他九个特点多见于晋语中心地带”②。因此，我们把这10个特点看作晋语腹地方言特点的总结，其中，有关语音方面的特点有7个。下面我们以这7个特点为参照项来逐条对晋东南晋语和晋语腹地方言做一比较。

1．晋语区的发音特点

（1）送气塞音声母[pʻ tʻ kʻ]带有舌根擦音[x]现象比较明显。赵元任先生称作“摩擦送气”（赵元任 1935），太原的“怕”字标作[pʻxɑ]。

（2）鼻音声母[m n ȵ ŋ]通常分别带有同部位的塞音声母，实际读音标作[m^{b} n^{d} ȵ^{d} ŋ^{g}]。

---

① 温端政：《试论晋语的特点与归属》，《语文研究》1997年第2期。

② 侯精一：《晋语研究十题》，《现代晋语的研究》，商务印书馆1999年版，第14页。

（3）某些复合元音（北京话的“桃”[-au]“条”[-iau]；“盖”[-ai]“怪”[-uai]）的单元音化。

晋语区发音特点的第（1）、（2）条，晋东南晋语都不具备。在晋东南晋语中，送气塞音声母不带有舌根擦音，鼻音声母也不带有同部位的塞音声母，其发音特点都与官话方言一致。而第（3）条则在晋东南晋语多数方言中普遍存在，以长治、武乡、晋城方言为例：

	桃	条	盖	怪
长治	ɔ	iɔ	æ	uæ
武乡	ɔ	iɔ	ɛ	uɛ
晋城	o	io	ᴇ	uᴇ

2．崇母平声字的擦音化

崇母平声字白读音的擦音化现象见于晋语中心地带太原盆地（太原除外）。例如：

	茬	馋	锄	柴	愁	床
平遥	s	s	s	s	s	s
太谷	s	s	f	s	s	f
文水	s	—	s	s	s	s
祁县	s	—	—	s	s	s
孝义	s	—	s	—	—	s

在晋东南晋语中，崇母平声字读擦音的现象只在一些方言的个别字中存在，没有系统性，如沁县方言的“铡”、沁源方言的“超”、阳城方言的“尝锄窗”、高平方言的“窗疮偿”、河西高平方言的“窗”。而更为普遍的情况是崇母平声字今读送气塞擦音声母，不读擦音，与官话方言一致，以长治、武乡、晋城方言为例，上文所举的“茬馋锄柴愁床”字在这些方言中的声母读音如下：

	茬	馋	锄	柴	愁	床
长治	tsʻ	tsʻ	tsʻ	tsʻ	tsʻ	tsʻ
武乡	tsʻ	tsʻ	tsʻ	tsʻ	tsʻ	tsʻ
晋城	tʂʻ	tʂʻ	tʂʻ	tʂʻ	tʂʻ	tʂʻ

3．古全浊声母今读塞音、塞擦音平声不送气

山西中部地区清徐、榆次、交城、太谷、文水、祁县、孝义、平遥、

介休古全浊声母今读塞音、塞擦音平声，白读不送气声母，文读送气声母。如平遥："盘"（～问）[pʻ]文读。"盘"（盘腿）[p]白读。

在晋东南晋语中，中古全浊塞音、塞擦音声母的分化规律是平声送气，仄声不送气，与官话方言一致，以长治、武乡和晋城方言为例：

	牌並	田定	洞从
长治	pʻ	tʻ	t
武乡	pʻ	tʻ	t
晋城	pʻ	tʻ	t

4．蟹、止两摄部分合口字今白读[y]

山西中部平遥、灵石、交城、孝义、清徐、介休、太谷、山西西部中阳、临县、方山、离石、岚县、静乐、石楼、隰县、蒲县、汾西总共有十几个县市有这种情况。例如：

	喂（止合三）		脆（蟹合三）	
	文	白	文	白
介休	uei	y	uei	y
孝义	uei	y	uei	y
清徐	—	y	uai	y
中阳	—	y	uæ	y
临县	uei	y	uei	y

晋东南晋语目前未发现此类文白异读现象。

5．鼻音韵尾的合流与消失

中古[-m -n -ŋ]三个鼻音韵尾，晋语只保存舌根鼻音韵尾[-ŋ]。这种现象在晋语区是很普遍的。

但是，在晋东南晋语中，除沁源一点鼻音韵尾已消失外，只有景凤沁源、南涅水沁县、涌泉武乡、武乡、韩北武乡、黄崖洞黎城、西营襄垣、新店沁县、上马襄垣、襄垣、黎城、平顺、潞城、长治、宋村长子、长治县、琚村长子、八义长治县、壶关、树掌壶关、高平、端氏沁水共 22 个方言只保存舌根鼻音韵尾-ŋ，其余 27 个方言中还保留着-n 和-ŋ两个韵尾，与官话方言一致。

6．入声喉塞尾及入舒同调型

从发音看，晋语区入声只收喉塞尾[ʔ]，[ʔ]的爆破很明显，很像吴语的入声尾[ʔ]。所谓“入舒同调型”是指入声的调型与舒声的某个调型有明显的一致性。就是说，舒入之分只是长短调的不同。

晋东南晋语各方言的入声也都是只收喉塞尾[ʔ]，并且在绝大多数方言中也存在入舒同调型的现象。

7．文白异读

晋语的文白异读现象主要分布在山西的中西部及北部邻近中部的地区，晋语的文白异读表现在字音的声母、韵母上。声母比较简单，韵母要复杂得多。总起来看，晋语的文白异读是成套的、有规律的，在地域分布上是相连成片的。晋语的文读系统与北方官话的韵类分合大致相同，白读则有自身的系统，与北方官话的韵类系统差别比较明显。

而在晋东南晋语中，文白异读现象并不是普遍的、成系统的，而是零星的、个别的。比如“挽、抱、孵、堡、寻”等的文白读在多数方言中比较常见。以长治方言为例，“挽”白读音为[piaŋ^{535}]，如“挽起袖子”，文读音为[uaŋ^{535}]，如“挽留”；“抱”白读音为[pu^{53}]，如“抱孩子”，文读音为[pɔ^{53}]，如“拥抱”；“孵”白读音为[pu^{53}]，如“孵小鸡”，文读音为[fu^{213}]，如“孵卵”；“堡”白读音为[pu^{535}]，如“后堡地名”，文读音为[pɔ^{535}]，如“碉堡”；“寻”白读音为[ɕiŋ^{24}]，如“寻一寻”，文读音为[ɕyŋ^{24}]，如“寻找”。

可见，晋语腹地方言的七个语音特点中，仅有第六个、第一个特点中的第三小点晋东南晋语各方言基本都具备，第五个特点只有部分方言具备，其余特点晋东南晋语各方言均不具备，而有趣的是，这些语音特点在晋东南晋语中的表现则多与官话方言一致，这就启发我们将晋东南晋语与官话方言的语音特点做一比较，看看官话方言的语音特点在晋东南晋语中的表现如何？

二　晋东南晋语与官话方言的语音比较

官话方言内部各区方言语音特点不尽一致，我们这里仅以官话方言语音的总体特点与晋东南晋语进行比较。在《现代汉语方言概论》（侯精一2002）中提到当前学界大体认可的官话方言的四个语音特点，分别为：1. 古全浊声母今读清音，平声送气、仄声不送气。2. 鼻辅韵尾只有-n、-ŋ两个（-m 并入-n）。3. 全浊上声归去声、去声不分阴阳，声调类别少。4. 大多数地区没有入声，没有入声当然也就没有塞音韵尾；有入声的地区有的有塞音韵尾，有的没有塞音韵尾。丁声树、李荣先生1955年在《汉语方言调查》一文中曾提到官话方言的三个共同点，分别为：1. 浊声母清化后平声送气、仄声不送气。2. -m 尾并入-n 尾。3. 多数无入声。上述四个特点中已包括这三个特点。因此，下面我们结合上述《现代汉语方言概论》（侯精一 2002）中所提到的四个语音特点逐一对官话方言和晋东南晋语进行比较。

1. 古全浊声母今读清音，平声送气、仄声不送气

如前文所述，与官话方言一致，在晋东南晋语中，全浊声母清化后，中古全浊塞音、塞擦音声母的分化规律也是平声送气，仄声不送气。而在晋语腹地的清徐、榆次、交城、太谷、文水、祁县、孝义、平遥、介休方言的白读系统中，古全浊塞音、塞擦音声母清化后，不论平仄今都读不送气声母。

2. 鼻辅韵尾只有-n、-ŋ两个（-m 并入-n）

在晋东南晋语中，荫城长治县、屯留、上村屯留、长子、石哲长子、南常长子、东阳关黎城、店上潞城、辛安泉潞城、上港平顺、豆峪平顺、龙溪平顺、百尺壶关、沁县、王和沁源、陈区高平、古寨高平、河西高平、晋城、水东泽州、巴公泽州、阳城、町店阳城、北留阳城、陵川、西河底陵川、礼义陵川27个方言中也是只有-n 和-ŋ两个韵尾，与官话方言一致，而除沁源方言没有鼻音韵尾外其余22个方言中只有舌根鼻音韵尾-ŋ，与晋语腹地方言一致。

3. 全浊上声归去声、去声不分阴阳，声调类别少

在晋东南晋语中，沁县等26个方言去声不分阴阳，全浊上声归去声，单字调调类数为4－6个，在长治等24个方言中去声都分阴阳，全浊上声归阳去，单字调调类数为6－7个。在晋语腹地方言中，去声都不分阴阳，全浊上声归去声，单字调调类数为5－6个。

4. 大多数地区没有入声，没有入声当然也就没有塞音韵尾；有入声的地区有的有塞音韵尾，有的没有塞音韵尾。

在晋东南晋语和晋语腹地方言中都有入声，并且都有明显的喉塞尾。

可见，上述官话方言的四个语音特点中，第一个特点晋东南晋语完全具备，第四个特点晋东南晋语各方言都不具备，第二个、第三个特点部分方言具备。

为了更清楚地说明晋东南晋语与晋语腹地方言、官话方言语音的异同，我们下面以表 8.1 说明。

表 8.1　　**晋东南晋语与晋语腹地方言和官话方言语音特点比较表**

<table>
<tr><th></th><th></th><th>晋语腹地方言</th><th>晋东南晋语</th><th>官话方言</th></tr>
<tr><td rowspan="9">晋语腹地方言语音特点</td><td>1. 送气塞音声母带有舌根擦音[x]</td><td rowspan="9">+</td><td colspan="2">—</td></tr>
<tr><td>2. 鼻音声母后带有同部位的塞音声母</td><td colspan="2">—</td></tr>
<tr><td>3. 某些复合元音的单元音化</td><td>+</td><td>—</td></tr>
<tr><td>4. 崇母平声字的擦音化</td><td colspan="2">—</td></tr>
<tr><td>5. 古全浊声母今读塞音、塞擦音平声不送气</td><td colspan="2">—</td></tr>
<tr><td>6. 蟹、止两摄部分合口字今白读[y]</td><td colspan="2">—</td></tr>
<tr><td>7. 鼻韵尾只有-ŋ</td><td>+*</td><td>—</td></tr>
<tr><td>8. 入声喉塞尾及入舒同调型</td><td>+</td><td>—</td></tr>
<tr><td>9. 文白异读</td><td>—</td><td>+*</td></tr>
<tr><td rowspan="4">官话方言语音特点</td><td>1. 古全浊声母今读清音，平声送气、仄声不送气</td><td>+*</td><td>+</td><td rowspan="4">+</td></tr>
<tr><td>2. 鼻辅韵尾只有-n、-ŋ两个</td><td>—</td><td rowspan="2">+*</td></tr>
<tr><td>3. 全浊上声归去声、去声不分阴阳，声调类别少</td><td>+</td></tr>
<tr><td>4. 没有入声，没有塞音韵尾</td><td colspan="2">—</td></tr>
</table>

注：①“+”表示该方言具有此语音特点，“—”表示该方言不具有此语音特点，“+*”表示该方言区中部分方言具有此语音特点。②在江淮官话中有入声也有塞音韵尾，在西南官话四川省有近三分之一的地区、山东的利津、章丘、邹平、桓台、河北中部的灵寿、平山、元氏、赞皇方言中只有独立的入声调而没有塞音韵尾（钱曾怡 2000）。

三 晋东南晋语的形成问题初论

通过前文一、二两个部分的讨论，我们可以看出，晋东南晋语既具有晋语最主要的特征——保留入声，同时也具有官话方言的许多特点。那么，其原因是什么呢？下面我们从语言内部特征和地理历史背景两个方面来尝试着对此问题作初步的讨论。

（一） 从语言内部特征来看

“有入声是晋语区别于周围官话区方言的最主要、最基本的特征。”[①]如前文所述，与晋语腹地一致，晋东南晋语也保留着入声，其入声韵也都收喉塞尾。官话方言曾经也有入声，但在发展演变的过程中，除部分方言外，其他多数方言的入声已经消失。虽然在江淮官话中也保留着入声韵，但其表现出的特点与晋东南晋语和晋语腹地方言则不尽一致：第一，除高平和屯留方言外，入声韵在晋东南晋语其他方言中今都读两组入声韵母，一组为低元音[ʌʔ]组入声韵母，一组为较高元音[əʔ]组入声韵母，与晋语腹地大多数方言（温端政 1996）一致。而在江淮官话中，有些方言的入声韵为两组，如合肥，有些方言的入声韵为五组，如扬州、泰州，甚至有些方言的入声韵则多达七组，如涟水。可见，江淮官话的入声韵母并不像晋东南晋语和晋语腹地方言那样简化。第二，在晋东南晋语和晋语腹地方言中，入声韵韵尾都为喉塞尾，而在江淮官话的北端则“可以明显地感觉到，宕江二摄入声韵保留-k尾”[②]。第三，通摄合口一等与合口三等精组入声字今读韵母在晋东南晋语和晋语腹地方言中读音有分别：一等字今多读合口呼，三等字今多读撮口呼，如“族$_{\text{通合一入屋从}}$”今读合口呼[uəʔ]韵母，“足$_{\text{通合三入烛精}}$”今读撮口呼[yəʔ]韵母，其既保留着入声，又保留着一三等的区别。而在江淮官话中，虽然保留着入声，但一三等的区别已经消失，以南京方言为例，如“族$_{\text{通合一入屋从}}$”和“足$_{\text{通合三入烛精}}$”今都读[uʔ]韵母（乔全生 2003）。总之，“晋语的入声与江淮官话的入声相比，表面上看不出区别，但仔细分析就会发现，

---

① 温端政：《晋语区的形成和晋语入声的特点》，陈庆延等：《首届晋方言国际学术研讨会论文集》，山西高校联合出版社 1996 年版，第 10 页。

② 陈旻：《淮阴话入声的 k 尾》，钱曾怡、李行杰：《首届官话方言国际学术研讨会论文集》，青岛出版社 2000 年版，第 115 页。

相同只是表面现象，不同之处才是根本”[①]。

即使在入声韵今已消失的其他官话方言中，从韵类的角度来看，其入声韵的特点与晋东南晋语和晋语腹地也不相同。与晋东南晋语相邻的官话方言主要是中原官话，下面我们以晋东南晋语的长治、沁县、壶关、晋城、晋语腹地的太原、静乐、介休、中原官话的洛阳方言以及北京官话的北京话为例来考察一下入声韵韵类在晋东南晋语、晋语腹地以及中原官话、北京官话中的特点。我们先来看一下古入声韵在以上方言中的今读音情况。见表8.2。

表8.2 古入声韵在长治、太原、北京、洛阳等方言中的今读音情况

古音韵地位及例字				长治	沁县	壶关	晋城	静乐	太原	介休	北京	洛阳
咸山摄开口	一等	非见系	达	ɑʔ	ʌʔ	ʌʔ	ʌʔ	aʔ	aʔ	ʌʔ	a	a
		见系	渴	əʔ	ʌʔ	ʌʔ	ʌʔ	aʔ	aʔ	ʌʔ	ɤ	ə
	二等		杀	ɑʔ	ʌʔ	ʌʔ	ʌʔ	aʔ	aʔ	ʌʔ	a	a
	三四等		铁	iəʔ	iʌʔ	iʌʔ	iʌʔ	iəʔ	iaʔ	iʌʔ	iɛ	iɛ
宕江摄开口	一等		各	əʔ	ʌʔ	ʌʔ	ʌʔ	aʔ	aʔ	ʌʔ	ɤ	ə
	二等		剥	əʔ	ʌʔ	ʌʔ	ʌʔ	aʔ	aʔ	ʌʔ	o	ə
	三等		药	yəʔ	iʌʔ	iʌʔ	iʌʔ	iəʔ	iaʔ	iʌʔ	iau	iə
梗摄开口	二等	帮系	白	iəʔ	iʌʔ	iəʔ	ʌʔ	iəʔ	iaʔ	iʌʔ	ai	æ
		非帮系	摘	əʔ	əʔ	əʔ	əʔ	əʔ	aʔ	ʌʔ	ai	æ
	三等	知系	石	əʔ	əʔ	iəʔ	əʔ	əʔ	əʔ	ʌʔ	ʅ	ʅ
		非知系	席	iəʔ	iəʔ	iəʔ	iəʔ	iəʔ	iəʔ	iʌʔ	i	i
	四等		笛	iəʔ	iəʔ	iəʔ	iəʔ	iəʔ	iəʔ	iʌʔ	i	i
深臻摄开口	知系		质	əʔ	əʔ	iəʔ	əʔ	əʔ	aʔ	ʌʔ	ʅ	ʅ
	非知系		七	iəʔ	iəʔ	iəʔ	iəʔ	iəʔ	iəʔ	iʌʔ	i	i

① 乔全生：《晋语与官话非同步发展（一）》，《方言》2003 年第 2 期。

续表

古音韵地位及例字 \ 方言点				长治	沁县	壶关	晋城	静乐	太原	介休	北京	洛阳
曾摄开口	一等	非见系	墨	iəʔ	iəʔ	iəʔ	ᴀʔ	iəʔ	iəʔ	iᴀʔ	o	ei
		见系	黑	ɑʔ	ʌʔ	ʌʔ	ᴀʔ	əʔ	əʔ	ᴀʔ	ei	ɯ
	三等	知章组	织	əʔ	əʔ	iəʔ	əʔ	əʔ	əʔ	ᴀʔ	ʅ	ʅ
		庄组	侧	əʔ	əʔ	əʔ	əʔ	əʔ	aʔ	ᴀʔ	ɤ	ə
		其他	力	iəʔ	iəʔ	iəʔ	iəʔ	iəʔ	iəʔ	iᴀʔ	i	i
咸山摄合口	一等		活	uəʔ	uʌʔ	uʌʔ	uᴀʔ	uaʔ	uaʔ	uᴀʔ	uo	uə
	二等		刷	uɑʔ	uʌʔ	uʌʔ	uᴀʔ	uaʔ	uaʔ	uᴀʔ	ua	ua
	三等		月	yəʔ	yʌʔ	yʌʔ	yᴀʔ	yəʔ	yəʔ	yᴀʔ	yɛ	yɛ
宕摄合口	一等		郭	uəʔ	uʌʔ	uʌʔ	uᴀʔ	uaʔ	uaʔ	uᴀʔ	uo	uə
	三等		镢	yəʔ	yʌʔ	yʌʔ	yᴀʔ	yəʔ	yəʔ	yᴀʔ	yɛ	yɛ
臻摄合口	三等		突	uəʔ	uəʔ	uəʔ	uəʔ	uəʔ	uəʔ	uᴀʔ	u	u
曾梗通摄合口	一等		国	uəʔ	uəʔ	uəʔ	uəʔ	uəʔ	uəʔ	uᴀʔ	uo	uə
	二等		获	uəʔ	uəʔ	uəʔ	uəʔ	uəʔ	uaʔ	uᴀʔ	uo	uə
	三等		菊	yəʔ	yəʔ	yəʔ	yəʔ	yəʔ	yəʔ	yᴀʔ	y	y

资料来源：晋东南晋语长治等方言的资料来源于笔者调查。太原方言的资料来源于《太原方言词典》（沈明 1994）。静乐方言的资料来源于《静乐方言研究》（李建校 2005）。介休方言的资料来源于《介休方言志》（张益梅 1991）。洛阳方言的资料来源于《洛阳方言记略》（贺巍 1984）。

从表8.2可以看出，北京话和洛阳话中，入声韵尾已经消失，咸山摄除开口一等非见系外仍保持着一二三四等的区别，宕曾通摄都分别保持着一三等的区别，梗摄二三等仍不相同，曾梗摄开口一二等也不同。而且，宕江摄开口和咸山摄开口之间仍保持着较为清晰的类的区别，宕江摄开口和深臻曾梗通摄开口之间也保持着较为清晰的类的区别。在晋语腹地的太原、静乐、介休方言中，入声韵收喉塞尾，太原方言中，宕江摄并入咸山摄，咸山摄三四等和宕摄三等相同，咸山摄一二等相同，宕江摄一二等相同。在静乐方言中，宕江摄也并入咸山摄，咸山摄一二等相同，宕江摄一二等相同，咸山摄三四等和深臻曾梗摄三四等、通摄三等相同。在介休方言中，咸山深臻宕江曾梗通摄都合并为一类，是韵类合并的极端形式。可见，在晋语腹地的这些方言中，入声韵韵类之间存在不同程度的合并，而且，其中的界限也非常模糊了。在晋东南晋语的长治、沁县、壶关和晋城方言中，入声韵也收喉塞尾，长治方言中，宕江摄并入深臻曾梗通摄，咸山摄三四等和深臻曾梗摄非知系三四等、通摄三等相同，并且，宕江摄一二等相同，除曾开一见系外曾梗摄一二等也相同。沁县、壶关和晋城方言中，宕江摄并入咸山摄，咸山摄三四等和宕摄三等相同，咸山摄一二等相同，宕江摄一二等相同，可见，与晋语腹地方言类似，在晋东南晋语的以上这些方言中，入声韵韵类也发生了不同程度的合并。

总之，北京、洛阳方言在入声韵韵类方面表现出的特点是丢失了入声韵尾，而保留了韵类的区别和等的区别，而晋东南晋语与晋语腹地方言则都是保留了入声韵尾，而韵类和等的区别则不同程度地消失了，尤其表现在宕江摄与其他韵摄的归并上：或并入咸山摄，或并入深臻曾梗通摄。可见，从韵类的角度来看，晋东南晋语入声韵的特点与晋语腹地一致，而与官话方言不同，这说明晋东南晋语的入声不可能是官话方言古入声的保留。而且，我们认为入声韵在晋东南晋语与晋语腹地方言中所表现出来的这种相似性的特点并不是偶然的，这正说明了在长期的发展演变过程中，晋东南晋语与晋语腹地方言在历史上是曾沿着同一语音规则演变的。那么，为什么晋东南晋语在一些语音特征上则表现得与晋语腹地方言不同而与官话方言相同了呢？我们认为这很可能与其受官话方言的影响有关。众所周知，中原一带自古以来就是汉族先民繁衍生息之地。从上古直至唐宋，中原地区一直是我国政治文化的中心区域，其间虽伴随着改朝换代、国都的迁移，但中原地区始终是汉语基础方言的中心地区，中原官话一直是汉语的强势方言。元明清三代北京音借助北京政治、经济、文化的力量而崛起，“但北京音还未能在短时间内继承共同语标准音的地位，只是到了清代中叶以后，它才真正代替了中原音而上升为‘正音’”[①]并开始对各地方言发挥作

① 李新魁：《汉语共同语的形成和发展》，《语文建设》1987 年第 6 期。

用。晋东南晋语处于晋语腹地的边缘，长期处于北方官话方言的包围之中，较容易受到权威方言——中原官话和北京官话的浸染，因此，在长期的历史发展演变过程中，作为强势方言的中原官话和北京官话对晋东南晋语的影响力之大是可想而知的。比如，古全浊塞音、塞擦音声母清化后，在晋东南晋语中没有文白异读，与官话方言一致，都是依声调的平仄分化为送气音和不送气音，即平声送气，仄声不送气，而在晋语腹地的一些方言中则有文白异读，文读层与官话方言一致，白读层不论平仄一律读为不送气音。“北宋邵雍的《皇极经世》反映中原地区北方方言的特点，它已清楚地显示全浊塞音、塞擦音有两种不同的音值：浊平声配送气清音，浊仄声配不送气清音，送气不送气是有条件的，说明它们是一个音位的两个变体（李荣 1952，165－167）。随着语言的发展，浊音清化后，这两种不同的音值就从同一音位的不同变体转化为不同的音位。”[①]而且，“语言的各种迹象显示，浊塞音、浊塞擦音以声调的平仄为条件而分化为送气音和不送气音的方言自宋元以来一直是一种权威方言”[②]，因此，这种以中原官话和北京官话为代表的权威方言对晋语的影响力是不言而喻的，处于晋语腹地边缘的晋东南晋语，其浊塞音、塞擦音今平声送气仄声不送气的情况无疑是受中原官话和北京官话影响的结果。而且，这种影响力还波及浊塞音、塞擦音今不论平仄一律读为不送气的一些晋语腹地的方言，并使其产生了文白异读。这些方言主要分布在地处太原盆地北端的晋中地区，其四面环山，地理环境相对封闭，这些方言的语音演变受外界影响的可能性相对较小，全浊声母早期按照自身的发展规律进行演变，后来，由于晋中成为山西经济、政治、文化中心，与外界的交流日益频繁，中原官话和北京官话对其的影响力也随之不断增强，因此，产生了平声送气仄声不送气的文读层，并且，文读音的运用范围在不断地扩大，如太原方言中平声送气仄声不送气的文读音已经占据了绝对优势，不论平仄都读不送气的白读音的情况只残留在少数土词中，如“填$_{\text{填房婆姨}}$[tiɛ]”“钱$_{\text{钱工}}$[tɕiɛ]”“墙$_{\text{墙儿}}$[tɕiɒ̃]”（温

① 徐通锵：《山西方言古全浊塞音、浊塞擦音今音的三种类型和语言史的研究》，《语文研究》1990 年第 1 期。
② 同上。

端政 1981）。

（二）从独特的地理地貌特征和稳定的历史政区来看

据《晋语的分区（稿）》（侯精一 1986）和《中国语言地图集》（中国社会科学院，澳大利亚人文科学院 1987/1989），位于山西境内的方言主要有属晋语的并州片、吕梁片、上党片、五台片、大包片和属中原官话的汾河片。在第一章中已谈到，从分布范围上看，晋东南晋语大体相当于晋语的“上党片”。侯精一先生（1999）曾谈道，“不同的地貌特征很大程度影响晋语区的分片”[①]。也就是说，包括上党片在内的山西晋语各片的形成与其独特的地理特征有关。“山西省为山地型黄土高原，境内多山，地貌分区明显，中部为一系列盆地，东西两侧为山地、高原。……山西据地形地貌大致可以划分为7个区域：5个盆地、2个高原，即大同盆地、忻定盆地、太原盆地、临汾盆地、运城盆地、沁潞高原、晋西高原，除临汾、运城两个盆地之间没有太大的自然界线外，其他5个区域间均有明确的自然界限。”[②]晋东南晋语处于晋冀豫三省交界地带，位于沁潞高原之上，与山西其他地区界线分明，这种独特的地理特征是其形成的一个重要因素。同时，“历史政区的稳定是形成一种语言或方言的客观保证”[③]。今晋东南地区有着悠久的历史。夏商时期，今晋东南一带属冀州，春秋时期，曾为狄人所据，晋景公四年（前598）晋国剪灭众狄，占据了今晋东南地区。据史书记载，晋国初立，面积很小，其建都于翼（今临汾翼城东南），至晋献公八年（前669），迁都于绛（今临汾翼城城关），公元前636年，晋文公重耳即位，他以今晋南为中心，不断向北、向东拓展，在消灭了周围诸多“戎狄”之后逐渐把今晋中、晋东南、晋北的大部分地区划入了自己的势力范围，其实力不断增强，“自西及东，延袤两千余里，有今山西省的大半土地”[④]，遂成为“春秋五霸”之一。“这时，以晋国的中心地带——今晋南为代表的古晋语已经形成。”[⑤]《左传·文公十三年》记载，“秦伯师于河西，魏人在

① 侯精一：《晋语区的形成》，《现代晋语的研究》，商务印书馆 1999 年版，第 44 页。
② 乔全生：《论晋方言区的形成》，《山西大学学报》（哲学社会科学版）2004 年第 4 期。
③ 同上。
④ 同上。
⑤ 王临惠：《汾河流域方言的语音特点及其流变》，中国社会科学出版社 2003 年版，第 136 页。

东。寿余曰：‘请东人之能与夫二三有司言者，吾与之先。’士会行”[①]。可见，当时秦、晋方言是不同的（王临惠 2003）。而且，晋国在不断扩充自己领地的过程中也顺势将古晋语带入了晋中、晋东南、晋北的大部分地区。春秋末，周定王十六年，韩魏赵三家分晋，赵国建都晋阳(今山西太原市)，领有今晋中、晋东南以及晋北大部分地区，而今晋南则分属魏国和韩国。之后，秦统一六国，在山西设置六郡：河东、太原、上党、云中、雁门、代郡，其中，上党郡所辖区域相当于今晋东南晋语的范围。西汉至魏晋南北朝时期州郡辖区变化不大。隋统一南北后，将上党郡分立为上党郡和长平郡，前者所辖区域相当于今长治地区，后者所辖区域相当于今晋城地区，但不久后，将长平郡并入了上党郡。至宋代，将上党郡分立为潞州和泽州，同属河东路。之后，潞州和泽州虽行政名称时常发生变化，但其始终属于同一个管辖区域。并且，除河东外的山西其他地区在历史上也始终隶属于同一个管辖范围，“到西汉时，河东与京师等地共隶属于司隶校尉部，太原、上党、云中、定襄、雁门、代郡隶属于并州刺史部。……曹魏郡国建制与汉略同。河东与平阳、河内、河南、原武、弘农、野王属司隶州，太原、上党、乐平、西河、雁门、新兴属并州。西晋统一后其建制为：河东、平阳等十二郡属司州，太原、上党、雁门等四郡二国属并州。可以看出，这近五百余年内河东郡与京师、河南等地同属一个管辖范围，其他六片始终为一个管辖范围”[②]。正是由于今晋东南地区长期以来与晋中地区始终同属一个管辖范围，所以，晋东南晋语虽处于晋语腹地的边缘，但仍保留着晋语最显著的特点——有入声，同时，又由于晋东南晋语更靠近官话方言，所以有更多的特点容易受官话方言的影响而与之相同。

综上所述，我们认为晋东南晋语的底层应当与晋语腹地方言是一致的，但由于其处于晋语腹地的边缘，与官话方言相邻，在长期的发展演变过程中，更容易受到强势方言北京官话和中原官话的影响，从而导致许多特点与晋语腹地方言不同，而与官话方言一致。

---

① 《十三经注疏》(下册)》，中华书局 1980 年版，第 1852 页。

② 乔全生：《论晋方言区的形成》，《山西大学学报》（哲学社会科学版）2004 年第 4 期。

附　　录

一　十六个重点方言声韵调对照表

（一）声母表

	布	步	盘	别	门	非	到	道	同	扭	女	难	兰	贵	跪	葵	开	化	精	秋
长治	p	p	pʻ	p	m	f	t	t	tʻ	ȵ	ȵ	n	l	k	k	kʻ	kʻ	x	tɕ	tɕʻ
长治县	p	p	pʻ	p	m	f	t	t	tʻ	ȵ	ȵ	n	l	k	k	kʻ	kʻ	x	tɕ	tɕʻ
长子	p	p	pʻ	p	m	f	t	t	tʻ	ȵ	ȵ	n	l	k	k	kʻ	kʻ	x	tɕ	tɕʻ
屯留	p	p	pʻ	p	m	f	t	t	tʻ	ȵ	ȵ	n	l	k	k	kʻ	kʻ	x	tɕ	tɕʻ
黎城	p	p	pʻ	p	m	f	t	t	tʻ	ȵ	ȵ	n	l	k	k	kʻ	kʻ	x	tɕ	tɕʻ
潞城	p	p	pʻ	p	m	f	t	t	tʻ	ȵ	ȵ	n	l	k	k	kʻ	kʻ	x	tʃ	tʃʻ
平顺	p	p	pʻ	p	m	f	t	t	tʻ	ȵ	ȵ	n	l	k	k	kʻ	kʻ	x	ts	tsʻ
壶关	p	p	pʻ	p	m	f	t	t	tʻ	ȵ	ȵ	n	l	k	k	kʻ	kʻ	x	ts	tsʻ
襄垣	p	p	pʻ	p	m	f	t	t	tʻ	ȵ	ȵ	n	l	k	k	kʻ	kʻ	x	tɕ	tɕʻ
武乡	p	p	pʻ	p	m	f	t	t	tʻ	ȵ	nz	n	l	k	k	kʻ	kʻ	x	tɕ	tɕʻ
沁县	p	p	pʻ	p	m	f	t	t	tʻ	ȵ	nz	n	l	k	k	kʻ	kʻ	x	tɕ	tɕʻ
沁源	p	p	pʻ	p	m	f	t	t	tʻ	ȵ	ȵ	n	l	k	k	kʻ	kʻ	x	tɕ	tɕʻ
高平	p	p	pʻ	p	m	f	t	t	tʻ	l	n	n	n	k	k	kʻ	kʻ	x	ts	tsʻ
阳城	p	p	pʻ	p	m	f	t	t	tʻ	n	n	n	l	k	k	kʻ	kʻ	x	tɕ	tɕʻ
晋城	p	p	pʻ	p	m	f	t	t	tʻ	n	n	n	l	k	k	kʻ	kʻ	x	tɕ	tɕʻ
陵川	p	p	pʻ	p	m	f	t	t	tʻ	n	n	n	l	k	k	kʻ	kʻ	x	tɕ	tɕʻ

	齐	修	旋	经	结	丘	旗	休	玄	糟	造	资	嘴	仓	曹	词	散	丝	岁	罩
长治	tɕʻ	ɕ	ɕ	tɕ	tɕ	tɕʻ	tɕʻ	ɕ	ɕ	ts	ts	ts	ts	tsʻ	tsʻ	tsʻ	s	s	s	ts
长治县	tɕʻ	ɕ	ɕ	tɕ	tɕ	tɕʻ	tɕʻ	ɕ	ɕ	ts	ts	ts	ts	tsʻ	tsʻ	tsʻ	s	s	s	ts
长子	tɕʻ	ɕ	ɕ	tɕ	tɕ	tɕʻ	tɕʻ	ɕ	ɕ	ts	ts	ts	ts	tsʻ	tsʻ	tsʻ	s	s	s	ts
屯留	tɕʻ	ɕ	ɕ	tɕ	tɕ	tɕʻ	tɕʻ	ɕ	ɕ	ts	ts	ts	ts	tsʻ	tsʻ	tsʻ	s	s	s	ts
黎城	tɕʻ	ɕ	ɕ	c	c	cʻ	cʻ	ç	ç	ts	ts	ts	ts	tsʻ	tsʻ	tsʻ	s	s	s	ts
潞城	tʃʻ	ʃ	ʃ	tɕ	tɕ	tɕʻ	tɕʻ	ɕ	ɕ	ts	ts	ts	ts	tsʻ	tsʻ	tsʻ	s	s	s	ts
平顺	tsʻ	s	s	c	c	cʻ	cʻ	ç	ç	ts	ts	ts	ts	tsʻ	tsʻ	tsʻ	s	s	s	ts
壶关	tsʻ	s	s	c	c	cʻ	cʻ	ç	ç	tʂ	tʂ	tʂ	tʂ	tʂʻ	tʂʻ	tʂʻ	ʂ	ʂ	ʂ	tʂ
襄垣	tɕʻ	ɕ	ɕ	tɕ	tɕ	tɕʻ	tɕʻ	ɕ	ɕ	ts	ts	ts	ts	tsʻ	tsʻ	tsʻ	s	s	s	ts
武乡	tsʻ	ɕ	s	tɕ	tɕ	tɕʻ	tsʻ	ɕ	s	ts	ts	ts	ts	tsʻ	tsʻ	tsʻ	s	s	s	ts
沁县	tsʻ	ɕ	s	tɕ	tɕ	tɕʻ	tsʻ	ɕ	s	ts	ts	ts	ts	tsʻ	tsʻ	tsʻ	s	s	s	ts
沁源	tɕʻ	ɕ	ɕ	tɕ	tɕ	tɕʻ	tɕʻ	ɕ	ɕ	ts	ts	ts	ts	tsʻ	tsʻ	tsʻ	s	s	s	ts
高平	tsʻ	s	s	c	c	cʻ	cʻ	ɕ	ɕ	tʂ	tʂ	tʂ	tʂ	tʂʻ	tʂʻ	tʂʻ	ʂ	ʂ	ʂ	tʂ
阳城	tɕʻ	ɕ	ɕ	c	c	cʻ	cʻ	ç	ç	ts	ts	ts	ts	tsʻ	tsʻ	tsʻ	s	s	s	tʂ
晋城	tɕʻ	ɕ	ɕ	tɕ	tɕ	tɕʻ	tɕʻ	ɕ	ɕ	tʂ	tʂ	tʂ	tʂ	tʂʻ	tʂʻ	tʂʻ	ʂ	ʂ	ʂ	tʂ
陵川	tɕʻ	ɕ	ɕ	c	c	cʻ	cʻ	ç	ç	tʂ	tʂ	tʂ	tʂ	tʂʻ	tʂʻ	tʂʻ	ʂ	ʂ	ʂ	tʂ

	站	知	追	制	直	捉	猪	抄	茶	沙	书	杀	儿	人	袄	医	王	微	云
长治	ts	ts	ts	ts	ts	ts	ts	tsʻ	tsʻ	s	s	s	Ø	Ø	Ø	Ø	Ø	Ø	Ø
长治县	ts	ts	ts	ts	ts	ts	ts	tsʻ	tsʻ	s	s	s	Ø	Ø	Ø	Ø	Ø	Ø	Ø
长子	ts	ts	ts	ts	ts	ts	ts	tsʻ	tsʻ	s	s	s	l̩	Ø	ŋ	Ø	v	v	Ø
屯留	ts	ts	ts	ts	ts	ts	ts	tsʻ	tsʻ	s	s	s	l̩	Ø	ɣ	Ø	Ø	Ø	Ø
黎城	ts	tɕ	ts	tɕ	tɕ	ts	tɕ	tsʻ	tsʻ	s	ɕ	s	l̩	Ø	ɣ	Ø	Ø	Ø	Ø
潞城	ts	tɕ	ts	tɕ	tɕ	ts	tɕ	tsʻ	tsʻ	s	ɕ	s	l̩	Ø	ɣ	Ø	Ø	Ø	Ø
平顺	ts	tɕ	ts	tɕ	tɕ	ts	tɕ	tsʻ	tsʻ	s	ɕ	s	l̩	Ø	ɣ	Ø	Ø	Ø	Ø
壶关	tʂ	tʃ	tʂ	tʃ	tʃ	tʂ	tʂ	tʂʻ	tʂʻ	ʂ	ʂ	ʂ	l̩	Ø	ɣ	Ø	Ø	Ø	Ø
襄垣	ts	ts	ts	ts	ts	ts	ts	tsʻ	tsʻ	s	s	s	l̩	ʐ	ŋ	Ø	v	v	Ø
武乡	ts	ts	ts	ts	ts	ts	ts	tsʻ	tsʻ	s	s	s	l̩	z	ŋ	z	v	v	Ø
沁县	ts	ts	ts	ts	ts	ts	ts	tsʻ	tsʻ	s	s	s	Ø	z	ŋ	z	v	v	Ø
沁源	ts	tʂ	ts	tʂ	tʂ	ts	ts	tsʻ	tsʻ	s	s	s	Ø	ʐ	ŋ	Ø	v	v	Ø
高平	tʂ	tʂ	tʂ	tʂ	tʂ	tʂ	tʂ	tʂʻ	tʂʻ	ʂ	ʂ	ʂ	l̩	ʐ	ɣ	Ø	v	v	Ø
阳城	tʂ	tʂ	tʂ	tʂ	tʂ	tʂ	tʂ	tʂʻ	tʂʻ	ʂ	ʂ	ʂ	Ø	ʐ	ɣ	Ø	Ø	v	Ø
晋城	tʂ	tʂ	tʂ	tʂ	tʂ	tʂ	tʂ	tʂʻ	tʂʻ	ʂ	ʂ	ʂ	Ø	ʐ	ɣ	Ø	Ø	Ø	Ø
陵川	tʂ	tɕ	tʂ	tɕ	tɕ	tʂ	tʂ	tʂʻ	tʂʻ	ʂ	ʂ	ʂ	ɭ	l	ɣ	Ø	Ø	Ø	Ø

（二）韵母表

	资	支	知	地	鸡	鼻	波	猪	初	女	吕	耳	爬	家	花	河	车	科	坐
长治	ɿ	ɿ	ɿ	i	i	iəʔ	o	u	uə	y	y	ər	ɑ	iɑ	uɑ	ə	ə	uə	uə
长治县	ɿ	ɿ	i	i	i	iəʔ	o	u	uo	y	y	ər	ɑ	iɑ	uɑ	ə	ie	uo	uo
长子	ɿ	ɿ	ɿ	i	i	iɛʔ	o	u	uə	y	y	ɭ̩	a	ia	ua	ə	ə	uə	uə
屯留	ɿ	ɿ	ɿ	i	i	iəʔ	o	u	uo	y	y	ɭ̩	a	ia	ua	ɤ	ɤ	uo	uo
黎城	ɿ	ɿ	i	i	i	iəʔ	ɤ	u	uɤ	y	y	ɭ̩	a	ia	ua	ɤ	iɤ	uɤ	uɤ
潞城	ɿ	ɿ	i	i	i	iəʔ	ə	u	uə	y	y	ɭ̩	ɑ	iɑ	uɑ	ə	iə	uə	uə
平顺	ɿ	ɿ	i	i	i	iəʔ	o	u	uo	y	y	ɭ̩	a	ia	ua	ə	ie	uo	uo
壶关	ʅ	ʅ	i	i	i	iəʔ	ə	u	uə	y	y	ɭ̩	a	ia	ua	ə	ə	uə	uə
襄垣	ɿ	ɿ	ɿ	i	i	iəʔ	o	u	uo	y	y	ɭ̩	a	ia	ua	ɤ	ɤ	uo	uo
武乡	ɿ	ɿ	ɿ	ɿ	ɿ	iəʔ	ɤ	u	uɤ	ʮ	uei	ɭ̩	a	ia	ua	ɤ	iɛ	uɤ	uɤ
沁县	ɿ	ɿ	ɿ	ɿ	ɿ	iəʔ	ɤ	u	uo	ʮ	uei	ər	a	ia	ua	ɤ	iɛ	uo	uo
沁源	ɿ	ɿ	ʅ	i	i	iəʔ	iɛ	u	uə	y	y	ər	ɑ	iɑ	uɑ	iɛ	ʅɛ	uə	uə
高平	ʅ	ʅ	ʅ	i	i	iəʔ	ɤ	u	u	i	i	ɭ̩	ɑ	iɑ	uɑ	ɤ	ʅɛ	uɤ	uɤ
阳城	ɿ	ʅ	ʅ	i	i	iəʔ	ə	u	u	y	y	ər	ɑ	iɑ	uɑ	ə	ʅe	uə	uə
晋城	ʅ	ʅ	ʅ	i	i	iəʔ	uʌ	u	u	y	y	ər	ɑ	iɑ	uɑ	ʌ	ʌ	uʌ	uʌ
陵川	ʅ	ʅ	i	i	i	ieʔ	o	u	u	y	y	ə	ᴀ	iᴀ	uᴀ	ɤ	ie	uo	uo

	姐	鞋	靴	贝	妹	雷	贵	最	开	怪	包	条	斗	流	酒
长治	iᴇ	iᴇ	yᴇ	ei	ei	uei	uei	uei	æ	uæ	ɔ	iɔ	əu	iəu	iəu
长治县	ie	ie	ye	ei	ei	uei	uei	uei	æ	uæ	ɔ	iɔ	əu	iəu	iəu
长子	iɛ	iɛ	yɛ	ei	ei	uei	uei	uei	ai	uai	au	iau	əu	iəu	iəu
屯留	iɛ	iɛ	yɛ	ei	ei	uei	uei	uei	æ	uæ	ɔ	iɔ	əu	iəu	iəu
黎城	iɤ	iɤ	yɤ	ei	ei	uei	uei	uei	ᴇ	uᴇ	ɔ	iɔ	əu	iəu	iəu
潞城	iə	iə	yə	ei	ei	uei	uei	uei	ai	uai	ɔ	iɔ	əu	iəu	iəu
平顺	ie	ie	ye	ei	ei	uei	uei	uei	ai	uai	ɔ	iɔ	əu	iəu	iəu
壶关	iᴇ	iᴇ	yᴇ	ei	ei	uei	uei	uei	ai	uai	ɔ	iɔ	əu	iəu	iəu
襄垣	ie	ie	ye	ei	ei	uei	uei	uei	ai	uai	au	iau	ou	iou	iou
武乡	iɛ	iɛ	yɛ	ei	ei	uei	uei	uei	ɛ	uɛ	ɔ	iɔ	əu	iəu	iəu
沁县	iɛ	iɛ	yɛ	ei	ei	uei	uei	uei	ɛ	uɛ	ɔ	iɔ	əu	iəu	iəu
沁源	ie	ie	ye	ei	ei	ei	uei	uei	ɛi	uɛi	ɔ	iɔ	ei	iəu	iəu

续表

	姐	鞋	靴	贝	妹	雷	贵	最	开	怪	包	条	斗	流	酒
高平	iɛ	iɛ	iɛ	ei	ei	uei	uei	uei	ɛe	uɛe	ɔo	iɔo	ʌu	iʌu	iʌu
阳城	ie	ie	ye	æ	æ	uæ	uæ	uæ	æ	uæ	o	io	ɐu	iɐu	iɐu
晋城	iɛ	iɛ	yɛ	ɛe	ɛe	uɛe	uɛe	uɛe	ᴇ	uᴇ	o	io	ʌɤ	iʌɤ	iʌɤ
陵川	ie	ie	ye	ei	ei	uei	uei	uei	ᴀi	uᴀi	ɑo	iɑo	əu	iəu	iəu

	难	山	简	连	专	官	权	根	心	魂	春	群	云
长治	ɑŋ	ɑŋ	iɑŋ	iɑŋ	uɑŋ	uɑŋ	yɑŋ	əŋ	iŋ	uŋ	uŋ	yŋ	yŋ
长治县	ɑŋ	ɑŋ	iɑŋ	iɑŋ	uɑŋ	uɑŋ	yɑŋ	əŋ	iŋ	uŋ	uŋ	yŋ	yŋ
长子	æ̃	æ̃	iæ̃	iæ̃	uæ̃	uæ̃	yæ̃	ən	in	uən	uən	yn	yn
屯留	an	an	ian	ian	uan	uan	yan	ən	in	uən	uən	yn	yn
黎城	æ	æ	iᴇ	iᴇ	uæ	uæ	yᴇ	ᴇ̃	iᴇ̃	uᴇ̃	uᴇ̃	yᴇ̃	yᴇ̃
潞城	æ̃	æ̃	iæ̃	iæ̃	uæ̃	uæ̃	yæ̃	ᴇ̃	iᴇ̃	uᴇ̃	uᴇ̃	yᴇ̃	yᴇ̃
平顺	æ̃	æ̃	iæ̃	iæ̃	uæ̃	uæ̃	yæ̃	ᴇ̃	iᴇ̃	uᴇ̃	uᴇ̃	yᴇ̃	yᴇ̃
壶关	aŋ	aŋ	iaŋ	uaŋ	uaŋ	uaŋ	yaŋ	əŋ	iŋ	iŋ	uŋ	yŋ	yŋ
襄垣	æ	æ	iei	iei	uæ	uæ	yei	əŋ	iŋ	uŋ	uŋ	yŋ	yŋ
武乡	æ	æ	ei	ei	uæ	uæ	uei	ɐŋ	iɐŋ	uɐŋ	uɐŋ	yɐŋ	yɐŋ
沁县	an	an	ɪ	ɪ	uan	uan	uei	əŋ	iŋ	uəŋ	uəŋ	yŋ	yŋ
沁源	æ	æ	iæ	iæ	uæ	uæ	yæ	ə̃	iə̃	uə̃	uə̃	yə̃	yə̃
高平	æ	æ	iæ	iæ	uæ	uæ	iæ	ᴇ̃	iᴇ̃	uᴇ̃	uᴇ̃	iᴇ̃	iᴇ̃
阳城	ɛ̃	ɛ̃	ie	ie	uɛ̃	uɛ̃	ye	ə̃n	iə̃n	uə̃n	uə̃n	yə̃n	yə̃n
晋城	æ	æ	iɛ	iɛ	uæ	uæ	yɛ	ɐ̃	iə̃n	uɐ̃	uɐ̃	yə̃n	yə̃n
陵川	ᴀn	ᴀn	iə̃n	iə̃n	uᴀn	uᴀn	yə̃n	ə̃n	iə̃n	uə̃n	uə̃n	yə̃n	yə̃n

	帮	党	江	黄	窗	等	蒸	生	星	凝	红	兄	穷
长治	ɑŋ	ɑŋ	iɑŋ	uɑŋ	uɑŋ	əŋ	əŋ	əŋ	iŋ	iŋ	uŋ	yŋ	yŋ
长治县	ɑŋ	ɑŋ	iɑŋ	uɑŋ	uɑŋ	əŋ	əŋ	əŋ	iŋ	iŋ	uŋ	yŋ	yŋ
长子	aŋ	aŋ	iaŋ	uaŋ	uaŋ	əŋ	əŋ	əŋ	iŋ	iŋ	uŋ	yŋ	yŋ
屯留	ɑŋ	ɑŋ	iɑŋ	uɑŋ	uɑŋ	əŋ	əŋ	əŋ	iŋ	iŋ	uŋ	yŋ	yŋ
黎城	aŋ	aŋ	iaŋ	uaŋ	uaŋ	əŋ	əŋ	əŋ	iŋ	iŋ	uŋ	yŋ	yŋ
潞城	ɑŋ	ɑŋ	iɑŋ	uɑŋ	uɑŋ	əŋ	əŋ	əŋ	iŋ	iŋ	uŋ	yŋ	yŋ
平顺	aŋ	aŋ	iaŋ	uaŋ	uaŋ	əŋ	əŋ	əŋ	iŋ	iŋ	uŋ	yŋ	yŋ
壶关	aŋ	aŋ	iaŋ	uaŋ	uaŋ	əŋ	əŋ	əŋ	iŋ	iŋ	uŋ	yŋ	yŋ
襄垣	aŋ	aŋ	iaŋ	uaŋ	uaŋ	əŋ	əŋ	əŋ	iŋ	iŋ	uŋ	yŋ	yŋ

续表

	帮	党	江	黄	窗	等	蒸	生	星	凝	红	兄	穷
武乡	ɔ̃	ɔ̃	iɔ̃	uɔ̃	uɔ̃	ɐŋ	ɐŋ	ɐŋ	iɐŋ	iɐŋ	uɐŋ	yɐŋ	yɐŋ
沁县	ɔ̃	ɔ̃	iɔ̃	uɔ̃	uɔ̃	əŋ	əŋ	əŋ	iŋ	iŋ	uəŋ	yŋ	yŋ
沁源	ɑ	ɑ	iɑ	uə	uə	ə̃	ə̃	ə̃	iə̃	iə̃	uə̃	yə̃	yə̃
高平	ɒ̃	ɒ̃	iɒ̃	uɒ̃	uɒ̃	ə̃ŋ	ə̃ŋ	ə̃ŋ	iə̃ŋ	iə̃ŋ	uə̃ŋ	iuə̃ŋ	iuə̃ŋ
阳城	ɑ̃ŋ	ɑ̃ŋ	iɑ̃ŋ	uɑ̃ŋ	uɑ̃ŋ	ə̃n	ə̃n	ə̃n	iə̃n	iən	uə̃ŋ	yə̃ŋ	yə̃ŋ
晋城	ɒ̃	ɒ̃	iɒ̃	uɒ̃	uɒ̃	ɐ̃	ɐ̃	ɐ̃	iə̃n	iə̃n	uoŋ	yoŋ	yoŋ
陵川	ɑŋ	ɑŋ	iɑŋ	uɑŋ	uɑŋ	əŋ	əŋ	əŋ	iŋ	iŋ	uŋ	yŋ	yŋ

	答	八	黑	甲	滑	鸽	摄	识	格	博	测	汁	勺
长治	ɑʔ	ɑʔ	ɑʔ	iɑʔ	uɑʔ	əʔ	əʔ	əʔ	əʔ	əʔ	əʔ	əʔ	əʔ
长治县	ɑʔ	ɑʔ	ɑʔ	iɑʔ	uɑʔ	əʔ	iəʔ	əʔ	əʔ	əʔ	əʔ	iəʔ	iəʔ
长子	aʔ	aʔ	aʔ	iaʔ	uaʔ	əʔ	əʔ	əʔ	əʔ	əʔ	əʔ	əʔ	əʔ
屯留	ᴀʔ	ᴀʔ	əʔ	iɛʔ	uᴀʔ	əʔ	əʔ	əʔ	əʔ	əʔ	əʔ	əʔ	əʔ
黎城	ʌʔ	ʌʔ	ʌʔ	iʌʔ	uʌʔ	ʌʔ	iʌʔ	iəʔ	ʌʔ	ʌʔ	ʌʔ	iəʔ	iʌʔ
潞城	aʔ	aʔ	aʔ	iaʔ	uaʔ	aʔ	iaʔ	iəʔ	aʔ	aʔ	aʔ	iəʔ	iaʔ
平顺	ʌʔ	ʌʔ	ʌʔ	iʌʔ	uʌʔ	ʌʔ	iʌʔ	iəʔ	ʌʔ	ʌʔ	ʌʔ	iəʔ	ɔ
壶关	ʌʔ	ʌʔ	ʌʔ	iʌʔ	uʌʔ	ʌʔ	iʌʔ	iəʔ	ʌʔ	ʌʔ	ʌʔ	iəʔ	iʌʔ
襄垣	ʌʔ	ʌʔ	ʌʔ	iʌʔ	uʌʔ	ʌʔ	ʌʔ	əʔ	ʌʔ	ʌʔ	ʌʔ	əʔ	əʔ
武乡	ʌʔ	ʌʔ	ʌʔ	iʌʔ	uʌʔ	ʌʔ	ʌʔ	əʔ	ʌʔ	ʌʔ	əʔ	əʔ	əʔ
沁县	ʌʔ	ʌʔ	ʌʔ	iʌʔ	uʌʔ	ʌʔ	ʌʔ	əʔ	ʌʔ	ʌʔ	əʔ	əʔ	əʔ
沁源	aʔ	aʔ	aʔ	iaʔ	uaʔ	aʔ	aʔ	əʔ	aʔ	aʔ	əʔ	əʔ	əʔ
高平	ʌʔ	ʌʔ	ʌʔ	iɛʔ	uʌʔ	ʌʔ	ʌʔ	əʔ	ʌʔ	ʌʔ	əʔ	əʔ	ɛʔ
阳城	ʌʔ	ʌʔ	ʌʔ	iʌʔ	uʌʔ	ʌʔ	ʌʔ	əʔ	ʌʔ	ʌʔ	əʔ	əʔ	ʌʔ
晋城	ᴀʔ	ᴀʔ	ᴀʔ	iᴀʔ	uᴀʔ	ᴀʔ	ᴀʔ	əʔ	əʔ	ᴀʔ	əʔ	əʔ	ᴀʔ
陵川	ʌʔ	ʌʔ	ʌʔ	iʌʔ	uʌʔ	ɤʔ	iʌʔ	ieʔ	ʌʔ	ʌʔ	ɤʔ	ieʔ	iʌʔ

	剥	节	麦	接	劣	积	骨	括	桌	郭	哭	六	岳	俗
长治	əʔ	iəʔ	iəʔ	iəʔ	iəʔ	iəʔ	uəʔ	uəʔ	uəʔ	uəʔ	uəʔ	uəʔ	yəʔ	yəʔ
长治县	əʔ	iəʔ	iəʔ	iəʔ	iəʔ	iəʔ	uəʔ	uəʔ	uəʔ	uəʔ	uəʔ	uəʔ	yəʔ	yəʔ
长子	əʔ	iɛʔ	əʔ	iɛʔ	iɛʔ	iɛʔ	uəʔ	uəʔ	uəʔ	uəʔ	uəʔ	uəʔ	yɛʔ	yɛʔ
屯留	əʔ	iɛʔ	əʔ	iɛʔ	iɛʔ	iəʔ	uəʔ	uəʔ	uəʔ	uəʔ	uəʔ	uəʔ	iɛʔ	uəʔ
黎城	ʌʔ	iʌʔ	iʌʔ	iʌʔ	iʌʔ	iəʔ	uəʔ	uʌʔ	uʌʔ	uʌʔ	uəʔ	uəʔ	yʌʔ	yəʔ
潞城	aʔ	iaʔ	iaʔ	iaʔ	iaʔ	iəʔ	uəʔ	uaʔ	uaʔ	uaʔ	uəʔ	uəʔ	yaʔ	yəʔ

续表

	剥	节	麦	接	劣	积	骨	括	桌	郭	哭	六	岳	俗
平顺	ʌʔ	iʌʔ	iʌʔ	iʌʔ	iʌʔ	iəʔ	uəʔ	uʌʔ	uʌʔ	uʌʔ	uəʔ	uəʔ	yʌʔ	yəʔ
壶关	ʌʔ	iʌʔ	iʌʔ	iʌʔ	iʌʔ	iəʔ	uəʔ	uʌʔ	uʌʔ	uʌʔ	uəʔ	uəʔ	yʌʔ	yəʔ
襄垣	ʌʔ	iʌʔ	iʌʔ	iʌʔ	iʌʔ	iəʔ	uəʔ	uʌʔ	uʌʔ	uʌʔ	uəʔ	uəʔ	iʌʔ	yəʔ
武乡	ʌʔ	iʌʔ	iʌʔ	iʌʔ	iʌʔ	iəʔ	uəʔ	uʌʔ	uʌʔ	uʌʔ	uəʔ	uəʔ	yʌʔ	yəʔ
沁县	ʌʔ	iʌʔ	iʌʔ	iʌʔ	iʌʔ	iəʔ	uəʔ	uʌʔ	uʌʔ	uʌʔ	uəʔ	iəu	iʌʔ	yəʔ
沁源	aʔ	iaʔ	iaʔ	iaʔ	iaʔ	iəʔ	uəʔ	uaʔ	uaʔ	uaʔ	uəʔ	uəʔ	yəʔ	yəʔ
高平	ʌʔ	iɛʔ	ɛʔ	iɛʔ	iɛʔ	iəʔ	uəʔ	uʌʔ	uʌʔ	uʌʔ	uəʔ	uəʔ	iɛʔ	iəʔ
阳城	ʌʔ	iʌʔ	ʌʔ	iʌʔ	iʌʔ	iəʔ	uəʔ	uʌʔ	uʌʔ	uʌʔ	uəʔ	uəʔ	yʌʔ	yəʔ
晋城	ᴀʔ	iᴀʔ	ᴀʔ	iᴀʔ	iᴀʔ	iəʔ	uəʔ	uʌʔ	uᴀʔ	uᴀʔ	uəʔ	uəʔ	iᴀʔ	yəʔ
陵川	ʌʔ	iʌʔ	ʌʔ	iʌʔ	iʌʔ	ieʔ	uɤʔ	uʌʔ	uʌʔ	uʌʔ	uɤʔ	uɤʔ	yʌʔ	yeʔ

（三） 声调表

	清平	浊平	清上	次浊上	全浊上	全浊去	次浊去	清去	清入	次浊入	全浊入
	高安	穷人	古碗	女有	近抱	共饭	帽用	盖汉	急黑	月六	白服
长治	213	24	535	535	53	53	53	44	ʔ54	ʔ54	ʔ54
长治县	213	44	535	535	42	42	42	22	ʔ21	ʔ21	ʔ21
长子	213	24	324	324	53	53	53	45	ʔ4	ʔ4	ʔ212
屯留	313	13	534	534	13	13	13	53	ʔ45	ʔ45	ʔ54
黎城	33	53	212	212	53	53	53	353	ʔ2	ʔ43	ʔ43
潞城	213	13	434	434	343	343	343	53	ʔ12	ʔ43	ʔ43
平顺	313	22	424	424	53	53	53	353	ʔ2	ʔ212	ʔ212
壶关	33	13	535	535	353	353	353	42	ʔ2	ʔ21	ʔ21
襄垣	33	11	213	213	55	55	55	55	ʔ3	ʔ3	ʔ5
武乡	113	33	213	213	55	55	55	55	ʔ3	ʔ3	ʔ423
沁县	213	33	213	213	55	55	55	55	ʔ4	ʔ4	ʔ213
沁源	212	33	424	424	53	53	53	53	ʔ3	ʔ32	ʔ32
高平	33	33	212	212	53	53	53	53	ʔ22	ʔ22	ʔ22
阳城	11	13	31	31	53	53	53	53	ʔ12	ʔ12	ʔ12
晋城	33	113	113	113	53	53	53	53	ʔ22	ʔ22	ʔ22
陵川	33	53	213	213	24	24	24	24	ʔ3	ʔ3	ʔ23

二　十六个重点方言字音对照表

本部分共选录 1102 个汉字对其在晋东南晋语十六个重点方言中的字音进行比较对照。为了便于查询，对照表中的例字按《汉语方言调查字表》的韵摄、开合口、声母的顺序排列。调类用发圈法表示，如：꜀□平声/阴平/阴平上，꜁□阳平/阳平上，꜂□上声，□꜄去声/阴去，□꜅阳去，□꜆入声/阴入，□꜇阳入。例字如有多个读音，各读音之间用“/”隔开。个别易混的字在例字后组词以示区别，如：“都都城”。

例字 / 方言点	果开一							
	多	拖	大	挪	左	哥	饿	科
	平端歌	平透歌	去定箇	平泥歌	上精哿	平见哥	去疑箇	平匣歌
长治	꜀tuə	꜀tʻuə	tɑ꜅	꜁nuə	꜂tsuə	꜀kə	ə꜅	꜀kʻuə
长治县	꜀tuo	꜀tʻuo	tɑ꜅	꜁nuo	꜂tsuo	꜀kə	ə꜅	꜀kʻuo
长子	꜀tuə	꜀tʻuə	ta꜅	꜁nuə	꜂tsuə	꜀kə	ŋə꜅	꜀kʻuə
屯留	꜀tuo	꜀tʻuo	꜁ta	꜁nuo	꜂tsuo	꜀kɤ	꜁ɣɤ	꜀kʻuo
黎城	꜀tuɤ	꜀tʻuɤ	꜁ta	꜁nuɤ	꜂tsuɤ	꜀kɤ	꜁ɣɤ	꜀kʻuɤ
潞城	꜀tuə	꜀tʻuə	tɑ꜅	꜁nuə	꜂tsuə	꜀kə	ɣə꜅	꜀kʻuə
平顺	꜀tuo	꜀tʻuo	ta꜅	꜁nuo	꜂tsuo	꜀kə	ɣə꜅	꜀kʻuo
壶关	꜀tuə	꜀tʻuə	ta꜅	꜁nuə	꜂tʂuə	꜀kə	ɣə꜅	꜀kʻuə
襄垣	꜀tuə	꜀tʻuə	ta꜄	꜁nuo	꜂tsuo	꜀kɤ	ŋɤ꜄	꜀kʻuo
武乡	꜀tuɤ	꜀tʻuɤ	ta꜄	꜁nuɤ	꜂tsuɤ	꜀kɤ	ŋɤ꜄	꜀kʻuɤ
沁县	꜀tuo	꜀tʻuo	ta꜄	꜁nuo	꜀tsuo	꜀kɤ	ŋɤ꜄	꜀kʻuo
沁源	꜀tuə	꜀tʻuə	tɑ꜄	꜁nuə	꜂tsuə	꜀kiɛ	ŋiɛ꜄	꜀kʻuə
高平	꜀tuɤ	꜀tʻuɤ	tɑ꜄	꜀nuɤ	꜂tʂuɤ	꜀kɤ	ɣɤ꜄	꜀kʻuɤ
阳城	꜀tuə	꜀tʻuə	tɑ꜄	꜁nuə	꜂tsuə	꜀kə	ɣə꜄	꜀kʻuə
晋城	꜀tuʌ	꜀tʻuʌ	tɑ꜄	꜁nuʌ	꜁tʂuʌ	꜀kʌ	ɣʌ꜄	꜀kʻuʌ
陵川	꜀tuo	꜀tʻuo	tᴀ꜄	꜁nuo	꜂tʂuo	꜀kɤ	ɣɤ꜄	꜀kʻuo

例字 / 方言点	果开三	果合一						
	茄	破	婆	朵	摞	坐	果	和和面	窝
	平群戈	去滂过	去定箇	上端果	去来过	上从果	上见果	去匣过	平影戈
长治	꜁tɕʻiᴇ	pʻə꜄	꜁pʻə	꜂tuə	luə꜅	tsuə꜅	꜂kuə	꜁xuə	꜀uə
长治县	꜁tɕʻie	pʻo꜄	꜁pʻo	꜂tuo	luo꜅	tsuo꜅	꜂kuo	꜁xuo	꜀uo
长子	꜁tɕʻiɛ	pʻə꜄	꜂pʻə	꜂tuə	luə꜅	tsuə꜅	꜂kuə	꜁xuə	꜀və
屯留	꜁tɕʻiɛ	pʻo꜄	꜁pʻo	꜂tuo	꜁luo	꜁tsuo	꜂kuo	꜁xuo	꜀uo
黎城	꜁cʻiɤ	pʻɤ꜄	꜁pʻɤ	꜂tuɤ	꜁luɤ	꜁tsuɤ	꜂kuɤ	꜁xuɤ	꜀uɤ
潞城	꜁tɕʻiə	pʻuə꜄	꜁pʻuə	꜂tuə	luə꜅	tsuə꜅	꜂kuə	꜁xuə	꜀uə

续表

例字 / 方言点	果开三	果合一							
	茄	破	婆	朵	摞	坐	果	和和面	窝
	平群戈	去滂过	去定箇	上端果	去来过	上从果	上见果	去匣过	平影戈
平顺	꜁c‘ie	p‘o꜄	꜁p‘o	꜂tuo	luo꜅	tsuo꜅	꜂kuo	꜁xuo	꜀uo
壶关	꜁c‘iᴇ	p‘ə꜄	꜁p‘ə	꜂tuə	luə꜅	tʂuə꜅	꜂kuə	꜁xuə	꜀uə
襄垣	꜁tɕ‘ie	p‘o꜄	꜁p‘o	꜂tuo	luo꜄	tsuo꜄	꜂kuo	꜁xuo	꜀vo
武乡	꜁tɕ‘iɛ	p‘ɣ꜄	꜁p‘ɣ	꜂tuɣ	luɣ꜄	tsuɣ꜄	꜂kuɣ	꜁xuɣ	꜀vɣ
沁县	꜁tɕ‘iɛ	p‘o꜄	꜁p‘o	꜀tuo	luo꜄	tsuo꜄	꜀kuo	꜁xuo	꜀vo
沁源	꜁tɕ‘ie	p‘iɛ꜄	꜁p‘iɛ	꜂tei	luə꜄	tsuə꜄	꜂kuə	꜁xuə	꜀və
高平	꜀c‘ie	p‘ɣ꜄	꜀p‘ɣ	꜂tuɣ	luɣ꜄	tʂuɣ꜄	꜂kuɣ	꜀xuɣ	꜀vɣ
阳城	꜁c‘ie	p‘ə꜄	꜁p‘ə	꜂tuə	luə꜄	tsuə꜄	꜂kuə	꜁xuə	꜀uə
晋城	꜁tɕ‘iɛ	p‘uʌ꜄	꜁p‘uʌ	꜁tuʌ	luʌ꜄	tʂuʌ꜄	꜁kuʌ	꜁xuʌ	꜀uʌ
陵川	꜁c‘ie	p‘o꜄	꜁p‘o	꜂tuo	luo꜄	tʂuo꜄	꜂kuo	꜁xuo	꜀uo

例字 / 方言点	果合一	果合三		假开二					
	卧	瘸	靴	巴	爬	麻	拿	茶	查
	去疑过	平群戈	平晓戈	平帮麻	平並麻	平明麻	平泥麻	平澄麻	平庄麻
长治	uə꜅	꜁tɕ‘yɛ	꜀ɕyɛ	꜀pɑ/pəʔ꜆	꜁p‘ɑ	꜁mɑ	꜁nɑ	꜁ts‘ɑ	꜁ts‘ɑ
长治县	uo꜅	꜁c‘yɛ	꜀çyɛ	꜀pɑ	꜁p‘ɑ	꜁mɑ	꜁nɑ	꜁ts‘ɑ	꜁ts‘ɑ
长子	və꜅	꜁tɕ‘yɛ	꜀ɕyɛ	꜀pa	꜁p‘a	꜁ma	꜁na	꜁ts‘a	꜁ts‘a
屯留	꜁uo	꜁tɕ‘yɛ	꜀ɕyɛ	꜀pa	꜁p‘a	꜁ma	꜁na	꜁ts‘a	꜁ts‘a
黎城	꜁uɣ	꜁c‘yɣ	꜀çyɣ	꜀pa	꜁p‘a	꜁ma	꜁na	꜁ts‘a	꜁ts‘a
潞城	uə꜅	꜁tɕ‘yə	꜀ɕyə	꜀pɑ	꜁p‘ɑ	꜁mɑ	꜁nɑ	꜁ts‘ɑ	꜁ts‘ɑ
平顺	uo꜅	꜁c‘ye	꜀çye	꜀pa	꜁p‘a	꜁ma	꜁na	꜁ts‘a	꜁ts‘a
壶关	uə꜅	꜁c‘yᴇ	꜀çyᴇ	꜀pa	꜁p‘a	꜁ma	꜁na	꜁tʂ‘a	꜁tʂ‘a
襄垣	vo꜄	꜁tɕ‘ye	꜀ɕye	꜀pa	꜁p‘a	꜁ma	꜁na	꜁ts‘a	꜁ts‘a
武乡	vɣ꜄	꜁tɕ‘yɛ	꜀ɕyɛ	꜀pa	꜁p‘a	꜁ma	꜁na	꜁ts‘a	꜁ts‘a
沁县	vo꜄	꜁tɕ‘yɛ	꜀ɕyɛ	꜀pa	꜁p‘a	꜁ma	꜁na	꜁ts‘a	꜁ts‘a
沁源	və꜄	꜁tɕ‘ye	꜀ɕye	꜀pɑ	꜁p‘ɑ	꜁mɑ	꜁nɑ	꜁ts‘ɑ	꜁ts‘ɑ
高平	vɣ꜄	꜀tɕ‘ie	꜀ɕie	꜀pɑ	꜀p‘ɑ	꜀mɑ	꜀nɑ	꜀tʂ‘ɑ	꜀tʂ‘ɑ
阳城	uə꜄	꜁c‘ye	꜀çye	꜀pɑ	꜁p‘ɑ	꜁mɑ	꜁nɑ	꜁tʂ‘ɑ	꜁tʂ‘ɑ
晋城	uʌ꜄	꜁tɕ‘yɛ	꜀ɕyɛ	꜀pɑ	꜁p‘ɑ	꜁mɑ	꜁nɑ	꜁tʂ‘ɑ	꜁tʂ‘ɑ
陵川	uo꜄	꜁c‘ye	꜀çye	꜀pᴀ	꜁p‘ᴀ	꜁mᴀ	꜁nᴀ	꜁tʂ‘ᴀ	꜁tʂ‘ᴀ

例字／方言点	假开二						假开三		
	叉	沙	家	牙	霞	鸦	姐	车马车	夜
	平初麻	平生麻	平见麻	平疑麻	平霞麻	平影麻	上精马	平昌麻	去以禡
长治	꜀tsʻɑ	꜀sɑ	꜀tɕiɑ/tɕiəʔ꜆	꜁iɑ	꜁ɕiɑ	꜀iɑ	꜂tɕiᴇ	꜀tsʻə	iᴇ꜅
长治县	꜀tsʻɑ	꜀sɑ	꜀tɕiɑ	꜁iɑ	꜁ɕiɑ	꜀iɑ	꜂tɕie	꜀tsʻə	ie꜄
长子	꜀tsʻa	꜀sa	꜀tɕia	꜁ia	꜁ɕia	꜀ia	꜂tɕiᴇ	꜀tsʻə	iᴇ꜅
屯留	꜀tsʻa	꜀sa	꜀tɕia	꜁ia	꜁ɕia	꜀ia	꜂tɕiɛ	꜀tsʻə	꜁iɛ
黎城	꜀tsʻa	꜀sa	꜀cia	꜁ia	꜁çia	꜀ia	꜂tɕiɤ	꜀tɕʻiɤ	꜁iɤ
潞城	꜀tsʻɑ	꜀sɑ	꜀tɕiɑ	꜁iɑ	꜁ɕiɑ	꜀iɑ	꜂tɕiə	꜀tɕʻiə	iə꜅
平顺	꜀tsʻa	꜀sa	꜀cia	꜁ia	꜁çia	꜀ia	꜂tɕie	꜀tɕʻie	ie꜅
壶关	꜀tʂʻa	꜀ʂa	꜀cia	꜁ia	꜁çia	꜀ia	꜂tsiᴇ	꜀tʃʻiᴇ	iᴇ꜅
襄垣	꜀tsʻa	꜀sa	꜀tɕia	꜁ia	꜁ɕia	꜀ia	꜂tɕie	꜀tsʻɤ	ie꜄
武乡	꜀tsʻa	꜀sa	꜀tɕia	꜁ȵia	꜁ɕia	꜀ia	꜂tɕiɛ	꜀tɕʻiɛ	iɛ꜄
沁县	꜀tsʻa	꜀sa	꜀tɕia	꜁ia	꜁ɕia	꜀ia	꜀tɕiɛ	꜀tɕʻiɛ	iɛ꜄
沁源	꜀tsʻɑ	꜀sɑ	꜀tɕiɑ	꜁ȵiɑ	꜁ɕiɑ	꜀ȵiɑ	꜂tɕie	꜀tʂʻʅɛ	iɛ꜄
高平	꜀tʂʻɑ	꜀ʂɑ	꜀ciɑ	꜀iɑ	꜀ɕiɑ	꜀iɑ	꜂tsie	꜀tʂʻʅɛ	ie꜄
阳城	꜀tʂʻɑ	꜀ʂɑ	꜀ciɑ	꜁iɑ	꜁çiɑ	꜀iɑ	꜂tɕie	꜀tʂʻʅe	ie꜄
晋城	꜀tʂʻɑ	꜀ʂɑ	꜀tɕiɑ	꜁iɑ	꜁ɕiɑ	꜀iɑ	꜁tɕiɛ	꜀tʂʻʌ	iɛ꜄
陵川	꜀tʂʻᴀ	꜀ʂᴀ	꜀ciᴀ	꜁iᴀ	꜁çiᴀ	꜀iᴀ	꜂tɕie	꜀tɕʻie	ie꜄

例字／方言点	假合二				遇合一				
	傻	瓜	花	华中华	布	普	步	墓	都都城
	上生麻	平见麻	平晓麻	平匣麻	去帮暮	上滂姥	去並暮	去明暮	平端模
长治	꜂sɑ	꜀kuɑ	꜀xuɑ	꜁xuɑ	pu꜄	꜂pʻu	pu꜅	mu꜅	꜀tu
长治县	꜂sɑ	꜀kuɑ	꜀xuɑ	꜁xuɑ	pu꜄	꜂pʻu	pu꜅	mu꜅	꜀tu
长子	꜂sa	꜀kua	꜀xua	꜁xua	pu꜄	꜂pʻu	pu꜅	m̩꜅	꜀tu
屯留	꜂sa	꜀kua	꜀xua	꜁xua	pu꜄	꜂pʻu	꜁pu	꜁m̩	꜀tu
黎城	꜂ɕia	꜀kua	꜀xua	꜁xua	pu꜄	꜂pʻu	꜁pu	꜁mu	꜀tu
潞城	꜂ɕiɑ	꜀kuɑ	꜀xuɑ	꜁xuɑ	pu꜄	꜂pʻu	pu꜅	mu꜅	꜀tu
平顺	꜂sa	꜀kua	꜀xua	꜁xua	pu꜄	꜂pʻu	pu꜅	mu꜅	꜀tu
壶关	꜂ʂa	꜀kua	꜀xua	꜁xua	pu꜄	꜂pʻu	pu꜅	m̩꜅	꜀tu
襄垣	꜂sa	꜀kua	꜀xua	꜁xua	pu꜄	꜂pʻu	pu꜄	m̩꜄	꜀tu
武乡	꜂sa	꜀kua	꜀xua	꜁xua	pu꜄	꜂pʻu	pu꜄	mu꜄	꜀tu
沁县	꜀sa	꜀kua	꜀xua	꜁xua	pu꜄	꜀pʻu	pu꜄	mu꜄	꜀tu
沁源	꜂sɑ	꜀kuɑ	꜀xuɑ	꜁xuɑ	pu꜄	꜂pʻu	pu꜄	mu꜄	꜀tu
高平	꜂ʂɑ	꜀kuɑ	꜀xuɑ	꜀xuɑ	pu꜄	꜂pʻu	pu꜄	m̩꜄	꜀tu
阳城	꜂ʂɑ	꜀kuɑ	꜀xuɑ	꜀xuɑ	pu꜄	꜂pʻu	pu꜄	muŋ꜄	꜀tu
晋城	꜁ʂɑ	꜀kuɑ	꜀xuɑ	꜁xuɑ	pu꜄	꜁pʻu	pu꜄	moŋ꜄	꜀tu
陵川	꜂ʂᴀ	꜀kuᴀ	꜀xuᴀ	꜁xuᴀ	pu꜄	꜂pʻu	pu꜄	mu꜄	꜀tu

例字 / 方言点	遇合一								
	土	度	努	路	租	醋	苏	姑	苦
	上透姥	去定暮	上泥姥	去来暮	平精模	去清暮	平心模	平见模	上溪姥
长治	ᶜtʻu	tuᵓ̲	ᶜnu	luᵓ̲	꜀tsu	tsʻuᵓ	꜀su	꜀ku	ᶜkʻu
长治县	ᶜtʻu	tuᵓ̲	ᶜnu	luᵓ̲	꜀tsu	tsʻuᵓ	꜀su	꜀ku	ᶜkʻu
长子	ᶜtʻu	tuᵓ̲	ᶜnu	luᵓ̲	꜀tsu	tsʻuᵓ	꜀su	꜀ku	ᶜkʻu
屯留	ᶜtʻu	꜀̲tu	ᶜnu	꜀̲lu	꜀tsu	tsʻuᵓ	꜀su	꜀ku	ᶜkʻu
黎城	ᶜtʻu	꜀̲tu	ᶜnu	꜀̲lu	꜀tsu	tsʻuᵓ	꜀su	꜀ku	ᶜkʻu
潞城	ᶜtʻu	tuᵓ̲	ᶜnu	luᵓ̲	꜀tsu	tsʻuᵓ	꜀su	꜀ku	ᶜkʻu
平顺	ᶜtʻu	tuᵓ̲	ᶜnu	luᵓ̲	꜀tsu	tsʻuᵓ	꜀su	꜀ku	ᶜkʻu
壶关	ᶜtʻu	tuᵓ̲	ᶜnu	luᵓ̲	꜀tʂu	tʂʻuᵓ	꜀ʂu	꜀ku	ᶜkʻu
襄垣	ᶜtʻu	tuᵓ̲	ᶜnu	luᵓ	꜀tsu	tsʻuᵓ	꜀su	꜀ku	ᶜkʻu
武乡	ᶜtʻu	tuᵓ	ᶜnəu	ləuᵓ	꜀tsu	tsʻuᵓ	꜀su	꜀ku	ᶜkʻu
沁县	꜀tʻu	tuᵓ	꜀nəu	ləuᵓ	꜀tsu	tsʻuᵓ	꜀su	꜀ku	꜀kʻu
沁源	ᶜtʻu	tuᵓ	ᶜnei	leiᵓ	꜀tsei	tsʻeiᵓ	꜀sei	꜀ku	ᶜkʻu
高平	ᶜtʻu	tuᵓ	ᶜnu	luᵓ	꜀tʂu	tʂʻuᵓ	꜀ʂu	꜀ku	ᶜkʻu
阳城	ᶜtʻu	tuᵓ	ᶜnu	luᵓ	꜀tsu	tsʻuᵓ	꜀su	꜀ku	ᶜkʻu
晋城	꜀̲tʻu	tuᵓ	꜀̲nu	luᵓ	꜀tʂu	tʂʻuᵓ	꜀ʂu	꜀ku	꜀̲kʻu
陵川	ᶜtʻu	tuᵓ	ᶜnu	luᵓ	꜀tʂu	tʂʻuᵓ	꜀ʂu	꜀ku	ᶜkʻu

例字 / 方言点	遇合一			遇合三					
	五	呼	乌	女	吕	蛆	序	猪	除
	上疑姥	平晓模	平影模	上泥语	上来语	平清鱼	上邪语	平知鱼	平澄鱼
长治	ᶜu	꜀xu	꜀u	ᶜȵy	ᶜly	꜀tɕʻy	ɕyᵓ̲	꜀tsu	꜀̲tsʻu
长治县	ᶜu	꜀xu	꜀u	ᶜȵy	ᶜly	꜀tɕʻy	ɕyᵓ̲	꜀tsu	꜀̲tsʻu
长子	ᶜvu	꜀xu	꜀vu	ᶜȵy	ᶜly	꜀tɕʻy	ɕyᵓ̲	꜀tsu	꜀̲tsʻu
屯留	ᶜu	꜀xu	꜀u	ᶜȵy	ᶜly	꜀tɕʻy	꜀̲ɕy	꜀tsu	꜀̲tsʻu
黎城	ᶜu	꜀xu	꜀u	ᶜȵy	ᶜly	꜀tɕʻy	꜀̲ɕy	꜀tɕy	꜀̲tɕʻy
潞城	ᶜu	꜀xu	꜀u	ᶜȵy	ᶜly	꜀tʃʻy	ʃyᵓ̲	꜀tɕy	꜀̲tɕʻy
平顺	ᶜu	꜀xu	꜀u	ᶜȵy	ᶜly	꜀tsʻy	syᵓ̲	꜀tɕy	꜀̲tɕʻy
壶关	ᶜu	꜀xu	꜀u	ᶜȵy	ᶜly	꜀tsʻy	syᵓ̲	꜀tʂu	꜀̲tʂʻu
襄垣	ᶜvu	꜀xu	꜀vu	ᶜȵy	ᶜly	꜀tɕʻy	ɕyᵓ	꜀tsu	꜀̲tsʻu
武乡	ᶜvu	꜀xu	꜀vu	ᶜnzʮ	ᶜluei	꜀tsʻʮ	sʮᵓ	꜀tsu	꜀̲tsʻu
沁县	꜀vu	꜀xu	꜀vu	꜀nzʮ	꜀luei	꜀tsʻʮ	sʮᵓ	꜀tsu	꜀̲tsʻu
沁源	ᶜvu	꜀xu	꜀vu	ᶜȵy	ᶜly	꜀tɕʻy	ɕyᵓ	꜀tsu	꜀̲tsʻu
高平	ᶜvu	꜀xu	꜀vu	ᶜni	ᶜli	꜀tsʻi	siᵓ	꜀tʂu	꜀̲tʂʻu
阳城	ᶜu	꜀xu	꜀u	ᶜny	ᶜly	꜀tɕʻy	ɕyᵓ	꜀tʂu	꜀̲tʂʻu
晋城	꜀̲u	꜀xu	꜀u	꜀̲ny	꜀̲ly	꜀tɕʻy	ɕyᵓ	꜀tʂu	꜀̲tʂʻu
陵川	ᶜu	꜀xu	꜀u	ᶜny	ᶜly	꜀tɕʻy	ɕyᵓ	꜀tʂu	꜀̲tʂʻu

例字 / 方言点	遇合三								
	阻	初	锄	蔬	暑	如	举	巨	鱼
	上庄语	平初鱼	平崇鱼	平生鱼	上书语	平日鱼	上见语	上群语	平疑鱼
长治	ᶜtsuə	꜀tsʻuə	꜁tsʻuə	꜀suə	ᶜsu	꜁y	ᶜtɕy	tɕy꜅	꜁y
长治县	ᶜtsu	꜀tsʻuo	꜁tsʻuo	꜀suo	ᶜsu	꜁y	ᶜtɕy	tɕy꜅	꜁y
长子	ᶜtsuə	꜀tsʻuə	꜁tsʻuə	꜀suə	ᶜsu	꜁y	ᶜtɕy	tɕy꜅	꜁y
屯留	ᶜtsuo	꜀tsʻuo	꜁tsʻuo	꜀suo	ᶜsu	꜁y	ᶜtɕy	꜁tɕy	꜁y
黎城	ᶜtsu	꜀tsʻuo	꜁tsʻuo	꜀suo	ᶜɕy	꜁y	ᶜcy	꜁cy	꜁y
潞城	ᶜtsuə	꜀tsʻuə	꜁tsʻuə	꜀suə	ᶜɕy	꜁y	ᶜtɕy	tɕy꜅	꜁y
平顺	ᶜtsuo	꜀tsʻuo	꜁tsʻuo	꜀suo	ᶜɕy	꜁y	ᶜcy	cy꜅	꜁y
壶关	ᶜtʂu	꜀tʂʻuə	꜁tʂʻuə	꜀ʂuə	ᶜʂu	꜁y	ᶜcy	cy꜅	꜁y
襄垣	ᶜtsuo	꜀tsʻuo	꜁tsʻuo	꜀suo	ᶜsu	꜁ʐu	ᶜtɕy	tɕy꜄	꜁y
武乡	ᶜtsuɤ	꜀tsʻuɤ	꜁tsʻuɤ	꜀suɤ	ᶜsu	꜁zu	ᶜtsɥ	tsɥ꜄	꜁zɥ
沁县	꜀tsuo	꜀tsʻuo	꜁tsʻuo	꜀suo	꜀su	꜁zu	꜀tsɥ	tsɥ꜄	꜁zɥ
沁源	ᶜtsei	꜀tsʻei	꜁tsʻei	꜀sei	ᶜsu	꜁ʐu	ᶜtɕy	tɕy꜄	꜁y
高平	ᶜtʂu	꜀tʂʻu	꜀tʂʻu	꜀ʂu	ᶜʂu	꜀ʐu	ᶜci	ci꜄	꜀i
阳城	ᶜtʂu	꜀tʂʻu	꜁tʂʻu	꜀ʂu	ᶜʂu	꜁ʐu	ᶜcy	cy꜄	꜁y
晋城	꜁tʂu	꜀tʂʻu	꜁tʂʻu	꜀ʂu	꜁ʂu	꜁ʐu	꜁tɕy	tɕy꜄	꜁y
陵川	ᶜtʂu	꜀tʂʻu	꜁tʂʻu	꜀ʂu	ᶜʂu	꜁lu	ᶜcy	cy꜄	꜁y

例字 / 方言点	遇合三							
	虚	预	府	孵	父	雾	缕	取
	平晓鱼	去以御	上非麌	平敷虞	上奉麌	去微遇	上来麌	上清麌
长治	꜀ɕy	y꜅	ᶜfu	꜀pu	fu꜅	u꜅	ᶜly	ᶜtɕʻy
长治县	꜀ɕy	y꜅	ᶜfu	꜀pu	fu꜅	u꜅	ᶜly	ᶜtɕʻy
长子	꜀ɕy	y꜅	ᶜfu	꜀fu	fu꜅	vu꜅	ᶜly	ᶜtɕʻy/tɕʻyəʔ꜇
屯留	꜀ɕy	꜁y	ᶜfu	꜀fu	꜁fu	꜁u	ᶜly	ᶜtɕʻy
黎城	꜀ɕy	꜁y	ᶜfu	꜀fu	꜁fu	꜁u	ᶜly	ᶜtɕʻy/tɕʻyəʔ꜆
潞城	꜀ɕy	y꜅	ᶜfu	꜀fu	fu꜅	u꜅	ᶜly	ᶜtʃʻy/tʃʻyəʔ꜇
平顺	꜀çy	y꜅	ᶜfu	꜀fu	fu꜅	u꜅	ᶜly	ᶜtsʻy/tsʻyəʔ꜆
壶关	꜀çy	y꜅	ᶜfu	꜀fu	fu꜅	u꜅	ᶜly	ᶜtsʻy/tsʻyəʔ꜆
襄垣	꜀ɕy	y꜄	ᶜfu	꜀fu	fu꜄	u꜄	ᶜly	ᶜtɕʻy/tɕʻyəʔ꜇
武乡	꜀sɥ	zɥ꜄	ᶜfu	꜀fu	fu꜄	u꜄	ᶜluei	ᶜtsʻɥ/tɕʻyəʔ꜆
沁县	꜀sɥ	zɥ꜄	꜀fu	꜀fu	fu꜄	vu꜄	꜀luei	꜀tsʻɥ/tɕʻyəʔ꜆
沁源	꜀ɕy	y꜄	ᶜfu	꜀fu	fu꜄	u꜄	ᶜly	ᶜtɕʻy/tɕʻyəʔ꜆
高平	꜀si	i꜄	ᶜfu	꜀fu	fu꜄	vu꜄	ᶜli	ᶜtsʻi
阳城	꜀çy	y꜄	ᶜfu	꜀fu	fu꜄	vu꜄	ᶜly	ᶜtɕʻy
晋城	꜀ɕy	y꜄	꜁fu	꜀fu	fu꜄	u꜄	꜁ly	꜁tɕʻy
陵川	꜀ɕy	y꜄	ᶜfu	꜀fu	fu꜄	u꜄	ᶜly	ᶜtɕʻy

例字 / 方言点	遇合三								
	聚	须	注	厨	数动词	主	输	竖	乳
	上从麌	平心虞	去章遇	平澄虞	上生麌	上章麌	平书虞	上禅麌	上日麌
长治	tɕy$^{\underline{ɔ}}$	$_{c}$ɕy	tsu^{ɔ}	$_{\underline{c}}$tsʻu	^{c}suə	^{c}tsu	$_{c}$su	su$^{\underline{ɔ}}$	^{c}lu
长治县	tɕy$^{\underline{ɔ}}$	$_{c}$ɕy	tsu^{ɔ}	$_{\underline{c}}$tsʻu	^{c}suə	^{c}tsu	$_{c}$su	su$^{\underline{ɔ}}$	^{c}lu
长子	tɕy$^{\underline{ɔ}}$	$_{c}$ɕy	tsu^{ɔ}	$_{\underline{c}}$tsʻu	^{c}suə	^{c}tsu	$_{c}$su	su$^{\underline{ɔ}}$	^{c}y
屯留	$_{\underline{c}}$tɕy	$_{c}$ɕy	tsu^{ɔ}	$_{\underline{c}}$tsʻu	^{c}suo	^{c}tsu	$_{c}$su	$_{\underline{c}}$su	^{c}lu
黎城	$_{\underline{c}}$tɕy	$_{c}$ɕy	tɕy^{ɔ}	$_{\underline{c}}$tɕʻy	^{c}suo	^{c}tɕy	$_{c}$ɕy	$_{\underline{c}}$ɕy	^{c}y
潞城	tʃy$^{\underline{ɔ}}$	$_{c}$ʃy	tɕy^{ɔ}	$_{\underline{c}}$tɕʻy	^{c}suo	^{c}tɕy	$_{c}$ɕy	ɕy$^{\underline{ɔ}}$	^{c}y
平顺	tsy$^{\underline{ɔ}}$	$_{c}$sy	tɕy^{ɔ}	$_{\underline{c}}$tɕʻy	^{c}suo	^{c}tɕy	$_{c}$ɕy	ɕy$^{\underline{ɔ}}$	^{c}y
壶关	tsy$^{\underline{ɔ}}$	$_{c}$sy	tʂu^{ɔ}	$_{\underline{c}}$tʂʻu	^{c}ʂuə	^{c}tʂu	$_{c}$ʂu	ʂu$^{\underline{ɔ}}$	^{c}y
襄垣	tɕy^{ɔ}	$_{c}$ɕy	tsu^{ɔ}	$_{\underline{c}}$tsʻu	^{c}suo	^{c}tsu	$_{c}$su	su^{ɔ}	^{c}ʐu
武乡	tsʮ^{ɔ}	$_{c}$sʮ	tsu^{ɔ}	$_{\underline{c}}$tsʻu	^{c}suɤ	^{c}tsu	$_{c}$su	su^{ɔ}	^{c}zu
沁县	tsʮ^{ɔ}	$_{c}$sʮ	tsu^{ɔ}	$_{\underline{c}}$tsʻu	$_{c}$suo	$_{c}$tsu	$_{c}$su	su^{ɔ}	$_{c}$zu
沁源	tɕy^{ɔ}	$_{c}$ɕy	tsu^{ɔ}	$_{\underline{c}}$tsʻu	^{c}sei	^{c}tsu	$_{c}$su	su^{ɔ}	^{c}ʐu
高平	tsi^{ɔ}	$_{c}$si	tʂu^{ɔ}	$_{\underline{c}}$tʂʻu	^{c}ʂu	^{c}tʂu	$_{c}$ʂu	ʂu^{ɔ}	^{c}ʐu
阳城	tɕy^{ɔ}	$_{c}$ɕy	tʂu^{ɔ}	$_{\underline{c}}$tʂʻu	^{c}ʂu	^{c}tʂu	$_{c}$ʂu	ʂu^{ɔ}	^{c}ʐu
晋城	tɕy^{ɔ}	$_{c}$ɕy	tʂu^{ɔ}	$_{\underline{c}}$tʂʻu	$_{\underline{c}}$ʂu	$_{\underline{c}}$tʂu	$_{c}$ʂu	ʂu^{ɔ}	$_{\underline{c}}$ʐu
陵川	tɕy^{ɔ}	$_{c}$ɕy	tʂu^{ɔ}	$_{\underline{c}}$tʂʻu	^{c}ʂu	^{c}tʂu	$_{c}$ʂu	ʂu^{ɔ}	^{c}lu

例字 / 方言点	遇合三						蟹开一		
	句	区	具	遇	雨	榆	贝	戴	台天台
	去见遇	平溪虞	去群遇	去疑遇	上云麌	平以虞	去帮泰	去端代	平透咍
长治	tɕy^{ɔ}	$_{c}$tɕʻy	tɕy$^{\underline{ɔ}}$	y$^{\underline{ɔ}}$	^{c}y	$_{\underline{c}}$y	pei^{ɔ}	tæ^{ɔ}	$_{\underline{c}}$tʻæ
长治县	tɕy^{ɔ}	$_{c}$tɕʻy	tɕy$^{\underline{ɔ}}$	y$^{\underline{ɔ}}$	^{c}y	$_{\underline{c}}$y	pei^{ɔ}	tæ^{ɔ}	$_{\underline{c}}$tʻæ
长子	tɕy^{ɔ}	$_{c}$tɕʻy	tɕy$^{\underline{ɔ}}$	y$^{\underline{ɔ}}$	^{c}y	$_{\underline{c}}$y	pei^{ɔ}	tai^{ɔ}	$_{\underline{c}}$tʻai
屯留	tɕy^{ɔ}	$_{c}$tɕʻy	$_{\underline{c}}$tɕy	$_{\underline{c}}$y	^{c}y	$_{\underline{c}}$y	pei^{ɔ}	tæ^{ɔ}	$_{\underline{c}}$tʻæ
黎城	cy^{ɔ}	$_{c}$cʻy	$_{\underline{c}}$cy	$_{\underline{c}}$y	^{c}y	$_{\underline{c}}$y	pei^{ɔ}	tᴇ^{ɔ}	$_{\underline{c}}$tʻᴇ
潞城	tɕy^{ɔ}	$_{c}$tɕʻy	tɕy$^{\underline{ɔ}}$	y$^{\underline{ɔ}}$	^{c}y	$_{\underline{c}}$y	pei^{ɔ}	tai^{ɔ}	$_{\underline{c}}$tʻai
平顺	cy^{ɔ}	$_{c}$cʻy	cy$^{\underline{ɔ}}$	y$^{\underline{ɔ}}$	^{c}y	$_{\underline{c}}$y	pei^{ɔ}	tai^{ɔ}	$_{\underline{c}}$tʻai
壶关	cy^{ɔ}	$_{c}$cʻy	cy$^{\underline{ɔ}}$	y$^{\underline{ɔ}}$	^{c}y	$_{\underline{c}}$y	pei^{ɔ}	tai^{ɔ}	$_{\underline{c}}$tʻai
襄垣	tɕy^{ɔ}	$_{c}$tɕʻy	tɕy^{ɔ}	y^{ɔ}	^{c}y	$_{\underline{c}}$y	pei^{ɔ}	tai^{ɔ}	$_{\underline{c}}$tʻai
武乡	tsʮ^{ɔ}	$_{c}$tsʻʮ	tsʮ^{ɔ}	zʮ^{ɔ}	^{c}zʮ	$_{\underline{c}}$zʮ	pei^{ɔ}	tɛ^{ɔ}	$_{\underline{c}}$tʻɛ
沁县	tsʮ^{ɔ}	$_{c}$tsʻʮ	tsʮ^{ɔ}	zʮ^{ɔ}	$_{c}$zʮ	$_{\underline{c}}$zʮ	pei^{ɔ}	tɛ^{ɔ}	$_{\underline{c}}$tʻɛ
沁源	tɕy^{ɔ}	$_{c}$tɕʻy	tɕy^{ɔ}	y^{ɔ}	^{c}y	$_{\underline{c}}$y	pei^{ɔ}	tɛi^{ɔ}	$_{\underline{c}}$tʻɛi
高平	ci^{ɔ}	$_{c}$cʻi	ci^{ɔ}	i^{ɔ}	^{c}i	$_{c}$i	pei^{ɔ}	tɛe^{ɔ}	$_{c}$tʻɛe
阳城	cy^{ɔ}	$_{c}$cʻy	cy^{ɔ}	y^{ɔ}	^{c}y	$_{\underline{c}}$y	pæ^{ɔ}	tæ^{ɔ}	$_{\underline{c}}$tʻæ
晋城	tɕy^{ɔ}	$_{c}$tɕʻy	tɕy^{ɔ}	y^{ɔ}	$_{\underline{c}}$y	$_{\underline{c}}$y	pɛe^{ɔ}	tᴇ^{ɔ}	$_{\underline{c}}$tʻᴇ
陵川	cy^{ɔ}	$_{c}$cʻy	cy^{ɔ}	y^{ɔ}	^{c}y	$_{\underline{c}}$y	pei^{ɔ}	tᴀi^{ɔ}	$_{\underline{c}}$tʻᴀi

例字 / 方言点	蟹开一								
	代	耐	来	灾	菜	才	赛	改	开
	去定代	去泥代	平来咍	平精咍	去清代	平从咍	去心代	上见海	平溪咍
长治	tæ꜅	næ꜅	꜁læ	꜀tsæ	tsʻæ꜄	꜁tsʻæ	sæ꜄	꜂kæ	꜀kʻæ
长治县	tæ꜅	næ꜅	꜁læ	꜀tsæ	tsʻæ꜄	꜁tsʻæ	sæ꜄	꜂kæ	꜀kʻæ
长子	tai꜅	nai꜅	꜁lai	꜀tsai	tsʻai꜄	꜁tsʻai	sai꜄	꜂kai	꜀kʻai
屯留	꜁tæ	꜁næ	꜁læ	꜀tsæ	tsʻæ꜄	꜁tsʻæ	sæ꜄	꜂kæ	꜀kʻæ
黎城	꜁tᴇ	꜁nᴇ	꜁lᴇ	꜀tsᴇ	tsʻᴇ꜄	꜁tsʻᴇ	sᴇ꜄	꜂kæ	꜀kʻᴇ
潞城	tai꜅	nai꜅	꜁lai	꜀tsai	tsʻai꜄	꜁tsʻai	sai꜄	꜂kai	꜀kʻai
平顺	tai꜅	nai꜅	꜁lai	꜀tsai	tsʻai꜄	꜁tsʻai	sai꜄	꜂kai	꜀kʻai
壶关	tai꜅	nai꜅	꜁lai	꜀tʂai	tʂʻai꜄	꜁tʂʻai	ʂai꜄	꜂kai	꜀kʻai
襄垣	tai꜄	nai꜄	꜁lai	꜀tsai	tsʻai꜄	꜁tsʻai	sai꜄	꜂kæ	꜀kʻai
武乡	tɛ꜄	nɛ꜄	꜁lɛ	꜀tsɛ	tsʻɛ꜄	꜁tsʻɛ	sɛ꜄	꜂kɛ	꜀kʻɛ
沁县	tɛ꜄	nɛ꜄	꜁lɛ	꜀tsɛ	tsʻɛ꜄	꜁tsʻɛ	sɛ꜄	꜀kɛ	꜀kʻɛ
沁源	tɛi꜄	nɛi꜄	꜁lɛi	꜀tsɛi	tsʻɛi꜄	꜁tsʻɛi	sɛi꜄	꜂kɛi	꜀kʻɛi
高平	tɛe꜄	nɛe꜄	꜀lɛe	꜀tʂɛe	tʂʻɛe꜄	꜀tʂʻɛe	ʂɛe꜄	꜂kɛe	꜀kʻɛe
阳城	tæ꜄	næ꜄	꜁læ	꜀tsæ	tsʻæ꜄	꜁tsʻæ	sæ꜄	꜂kæ	꜀kʻæ
晋城	tᴇ꜄	nᴇ꜄	꜁lᴇ	꜀tʂᴇ	tʂʻᴇ꜄	꜁tʂʻᴇ	ʂᴇ꜄	꜀kᴇ	꜀kʻᴇ
陵川	tᴀi꜄	nᴀi꜄	꜁lᴀi	꜀tʂᴀi	tʂʻᴀi꜄	꜁tʂʻᴀi	ʂᴀi꜄	꜂kᴀi	꜀kʻᴀi

例字 / 方言点	蟹开一				蟹开二				
	呆	海	孩	爱	拜	排	埋	豺	介
	平疑咍	上晓海	平匣咍	去影代	去帮怪	平並皆	平明皆	平崇皆	去见怪
长治	꜀tæ	꜂xæ	꜁xæ	æ꜄	pæ꜄	꜁pʻæ	꜁mei	꜁tsʻæ	tɕiᴇ꜄
长治县	꜀tæ	꜂xæ	꜁xæ	æ꜄	pæ꜄	꜁pʻæ	꜁mei	꜁tsʻæ	tɕie꜄
长子	꜀tai	꜂xai	꜁xai	ŋai꜄	pai꜄	꜁pʻai	꜁mei	꜁tsʻai	tɕiɛ꜄
屯留	꜀tæ	꜂xæ	꜁xæ	ɣæ꜄	pæ꜄	꜁pʻæ	꜁mei	꜁tsʻæ	tɕie꜄
黎城	꜀tᴇ	꜂xæ	꜁xᴇ	ɣᴇ꜄	pᴇ꜄	꜁pʻᴇ	꜁mei	꜁tsʻᴇ	ciɤ꜄
潞城	꜀tai	꜂xai	꜁xai	ɣai꜄	pai꜄	꜁pʻai	꜁mei	꜁tsʻai	tɕiə꜄
平顺	꜀tai	꜂xai	꜁xai	ɣai꜄	pai꜄	꜁pʻai	꜁mei	꜁tsʻai	cie꜄
壶关	꜀tai	꜂xai	꜁xai	ɣai꜄	pai꜄	꜁pʻai	꜁mei	꜁tʂʻai	cie꜄
襄垣	꜀tai	꜂xæ	꜁xai	ŋai꜄	pai꜄	꜁pʻai	꜁mei	꜁tsʻai	tɕiɛ꜄
武乡	꜀tɛ	꜂xɛ	꜁xɛ	ŋɛ꜄	pɛ꜄	꜁pʻɛ	꜁mei	꜁tsʻɛ	tɕiɛ꜄
沁县	꜀tɛ	꜀xɛ	꜁xɛ	ŋɛ꜄	pɛ꜄	꜁pʻɛ	꜁mɛ	꜁tsʻɛ	tɕiɛ꜄
沁源	꜀tɛi	꜂xɛi	꜁xɛi	ŋɛi꜄	pɛi꜄	꜁pʻɛi	꜁mei	꜁tsʻɛi	tɕie꜄
高平	꜀tɛe	꜂xɛe	꜀xɛe	ɣɛe꜄	pɛe꜄	꜀pʻɛe	꜀mɛe	꜀tʂʻɛe	cie꜄
阳城	꜀tæ	꜂xæ	꜁xæ	ɣæ꜄	pæ꜄	꜁pʻæ	꜁mæ	꜁tʂʻæ	cie꜄
晋城	꜀tᴇ	꜁xᴇ	꜁xᴇ	ɣᴇ꜄	pᴇ꜄	꜁pʻᴇ	꜁mᴇ	꜁tʂʻᴇ	tɕiɛ꜄
陵川	꜀tᴀi	꜂xᴀi	꜁xᴀi	ɣᴀi꜄	pᴀi꜄	꜁pʻᴀi	꜁mᴀi	꜁tʂʻᴀi	cie꜄

例字／方言点	蟹开二								
	楷	械	挨	摆	派	败	买	奶	债
	上溪骇	去匣怪	平影皆	上帮蟹	去滂卦	去並夬	上明蟹	上泥蟹	去庄卦
长治	ᶜkʻæ	tɕi꜅	꜁æ	ᶜpæ	pʻæ꜄	pæ꜅	ᶜmæ	ᶜnæ	tsæ꜄
长治县	ᶜkʻæ	çie꜅	꜁æ	ᶜpæ	pʻæ꜄	pæ꜅	ᶜmæ	ᶜnæ	tsæ꜄
长子	ᶜkʻai	çiɛ꜅	꜁ŋai	ᶜpai	pʻai꜄	pai꜄	ᶜmai	ᶜnai	tsai꜄
屯留	ᶜkʻæ	꜀tɕiɛ	꜁ɣæ	ᶜpæ	pʻæ꜄	꜁pæ	ᶜmæ	ᶜnæ	tsæ꜄
黎城	ᶜkʻæ	꜁çiɤ	꜁ɣᴇ	ᶜpæ	pʻᴇ꜄	꜁pᴇ	ᶜmæ	ᶜnæ	tsᴇ꜄
潞城	ᶜkʻai	tɕiə꜅	꜁ɣai	ᶜpai	pʻai꜄	pai꜅	ᶜmai	ᶜnai	tsai꜄
平顺	ᶜkʻai	çie꜅	꜁ɣai	ᶜpai	pʻai꜄	pai꜅	ᶜmai	ᶜnai	tsai꜄
壶关	ᶜkʻai	çiᴇ꜅	꜁ɣai	ᶜpai	pʻai꜄	pai꜄	ᶜmai	ᶜnai	tʂai꜄
襄垣	ᶜkʻæ	çie꜄	꜁ŋai	ᶜpæ	pʻai꜄	pai꜄	ᶜmæ	ᶜnæ	tsai꜄
武乡	ᶜkʻɛ	çie꜄	꜁ŋɛ	ᶜpɛ	pʻɛ꜄	pɛ꜄	ᶜmɛ	ᶜnɛ	tsɛ꜄
沁县	꜀kʻɛ	çie꜄	꜁ŋɛ	꜀pɛ	pʻɛ꜄	pɛ꜄	꜁mɛ	꜁nɛ	tsɛ꜄
沁源	ᶜkʻɛi	çie꜄	꜁ŋɛi	ᶜpɛi	pʻɛi꜄	pɛi꜄	ᶜmɛi	ᶜnɛi	tsɛi꜄
高平	ᶜkʻɛe	çie꜄	꜀ɣɛe	ᶜpɛe	pʻɛe꜄	pɛe꜄	ᶜmɛe	ᶜnɛe	tʂɛe꜄
阳城	ᶜkʻæ	çie꜄	꜁ɣæ	ᶜpæ	pʻæ꜄	pæ꜄	ᶜmæ	ᶜnæ	tʂæ꜄
晋城	꜀kʻᴇ	çiɛ꜄	꜁ɣᴇ	꜀pᴇ	pʻᴇ꜄	pᴇ꜄	꜁mᴇ	꜁nᴇ	tʂᴇ꜄
陵川	ᶜkʻᴀi	çie꜄	꜁ɣᴀi	ᶜpᴀi	pʻᴀi꜄	pᴀi꜄	ᶜmᴀi	ᶜnᴀi	tʂᴀi꜄

例字／方言点	蟹开二							蟹开三	
	差出差	柴	晒	佳	崖	鞋	矮	蔽	弊
	平初佳	平崇佳	去生卦	平见佳	平疑佳	平匣佳	上影蟹	去帮祭	去並祭
长治	꜀tsʻæ	꜁tsʻæ	sæ꜄	꜀tɕiɑ	꜁iɑ	꜁çiᴇ	ᶜæ	pi꜄	pi꜅
长治县	꜀tsʻæ	꜁tsʻæ	sæ꜄	꜀tɕiɑ	꜁iɑ	꜁çiᴇ	ᶜæ	pi꜄	pi꜅
长子	꜀tsʻai	꜁tsʻai	sai꜄	꜀tɕiɑ	꜁iɑ	꜁çiɛ	ᶜŋai	pi꜄	pi꜅
屯留	꜀tsʻæ	꜁tsʻæ	sæ꜄	꜀tɕia	꜁ia	꜁çiɛ	ᶜɣæ	pi꜄	꜁pi
黎城	꜀tsʻᴇ	꜁tsʻᴇ	sᴇ꜄	꜀cia	꜁ia	꜁çiɤ	ᶜɣᴇ	pi꜄	꜁pi
潞城	꜀tsʻai	꜁tsʻai	sai꜄	꜀tɕiɑ	꜁iɑ	꜁çiə	ᶜɣai	pi꜄	pi꜅
平顺	꜀tsʻai	꜁tsʻai	sai꜄	꜀cia	꜁ia	꜁çie	ᶜɣai	pi꜄	pi꜅
壶关	꜀tʂʻai	꜁tʂʻai	ʂai꜄	꜀cia	꜁ia	꜁çie	ᶜɣai	pi꜄	pi꜅
襄垣	꜀tsʻai	꜁tsʻai	sai꜄	꜀tɕia	꜁ia	꜁çie	ᶜŋai	pi꜄	pi꜄
武乡	꜀tsʻɛ	꜁tsʻɛ	sɛ꜄	꜀tɕia	꜁ȵia	꜁çiɛ	ᶜŋɛ	pɿ꜄	pɿ꜄
沁县	꜀tsʻɛ	꜁tsʻɛ	sɛ꜄	꜀tɕia	꜁ia	꜁çiɛ	꜁ŋɛ	pɿ꜄	pɿ꜄
沁源	꜀tsʻɛi	꜁tsʻɛi	sɛi꜄	꜀tɕiɑ	꜁ȵiɑ	꜁çie	ᶜŋɛi	pi꜄	pi꜄
高平	꜀tʂʻɛe	꜀tʂʻɛe	ʂɛe꜄	꜀ciɑ	꜀iɑ	꜀çie	ᶜɣɛe	pi꜄	pi꜄
阳城	꜀tʂʻæ	꜁tʂʻæ	ʂæ꜄	꜀ciɑ	꜁iɑ	꜁çie	ᶜɣæ	pi꜄	pi꜄
晋城	꜀tʂʻᴇ	꜁tʂʻᴇ	ʂᴇ꜄	꜀tɕiɑ	꜁iɑ	꜁çiɛ	꜁ɣᴇ	pi꜄	pi꜄
陵川	꜀tʂʻᴀi	꜁tʂʻᴀi	ʂᴀi꜄	꜀ciᴀ	꜁iᴀ	꜁çie	ᶜɣᴀi	pi꜄	pi꜄

例字＼方言点	蟹开三							蟹开四	
	例	际	滞	制	世	逝	艺	闭	批
	去来祭	去精祭	去澄祭	去章祭	去书祭	去禅祭	去疑祭	去帮霁	平滂齐
长治	li꜅	tɕi꜄	tsɿ꜅	tsɿ꜄	sɿ꜄	sɿ꜅	i꜅	pi꜄	꜀pʻi
长治县	liə꜆/li꜅	tɕi꜄	tsɿ꜅	tsɿ꜄	sɿ꜄	sɿ꜅	i꜅	pi꜄	꜀pʻi
长子	li꜅	tɕi꜄	tsɿ꜅	tsɿ꜄	sɿ꜄	sɿ꜅	i꜅	pi꜄	꜀pʻi
屯留	lieʔ꜆	tɕi꜄	꜁tsɿ	tsɿ꜄	sɿ꜄	꜁sɿ	꜁i	pi꜄	꜀pʻi
黎城	꜁li	tɕi꜄	꜁tɕi	tɕi꜄	ɕi꜄	꜁ɕi	꜁i	pi꜄	꜀pʻi
潞城	li꜅	tʃi꜄	tɕi꜅	tɕi꜄	ɕi꜄	ɕi꜅	i꜅	pi꜄	꜀pʻi
平顺	li꜅	tsi꜄	tɕi꜅	tɕi꜄	ɕi꜄	ɕi꜅	i꜅	pi꜄	꜀pʻi
壶关	li꜅	tsi꜄	tʃi꜅	tʃi꜄	ʃi꜄	ʃi꜅	i꜅	pi꜄	꜀pʻi
襄垣	li꜄	tɕi꜄	tsɿ꜄	tsɿ꜄	sɿ꜄	sɿ꜄	i꜄	pi꜄	꜀pʻi
武乡	lɿ꜄	tɕi꜄	tsɿ꜄	tsɿ꜄	sɿ꜄	sɿ꜄	zɿ꜄	pɿ꜄	꜀pʻɿ
沁县	lɿ꜄	tɕi꜄	tsɿ꜄	tsɿ꜄	sɿ꜄	sɿ꜄	zɿ꜄	pɿ꜄	꜀pʻɿ
沁源	li꜄	tɕi꜄	tʂʅ꜄	tʂʅ꜄	ʂʅ꜄	ʂʅ꜄	i꜄	pi꜄	꜀pʻi
高平	li꜄	tsi꜄	tʂʅ꜄	tʂʅ꜄	ʂʅ꜄	ʂʅ꜄	i꜄	pi꜄	꜀pʻi
阳城	li꜄	tɕi꜄	tʂʅ꜄	tʂʅ꜄	ʂʅ꜄	ʂʅ꜄	i꜄	pi꜄	꜀pʻi
晋城	li꜄	tɕi꜄	tʂʅ꜄	tʂʅ꜄	ʂʅ꜄	ʂʅ꜄	i꜄	pi꜄	꜀pʻi
陵川	li꜄	tɕi꜄	tɕi꜄	tɕi꜄	ɕi꜄	ɕi꜄	i꜄	pi꜄	꜀pʻi

例字＼方言点	蟹开四								
	陛	米	低	梯	题	泥	礼	挤	妻
	上並荠	上明荠	平端齐	平透齐	平定齐	平泥齐	上来荠	上精荠	平清齐
长治	pi꜅	꜂mi	꜀ti	꜀tʻi	꜁tʻi	꜁mi	꜂li	꜂tɕi	꜀tɕʻi
长治县	pi꜅	꜂mi	꜀ti	꜀tʻi	꜁tʻi	꜁mi	꜂li	꜂tɕi	꜀tɕʻi
长子	pi꜅	꜂mi	꜀ti	꜀tʻi	꜁tʻi	꜁mi	꜂li	꜂tɕi	꜀tɕʻi
屯留	꜁pi	꜂mi	꜀ti	꜀tʻi	꜁tʻi	꜁ȵi	꜂li	꜂tɕi	꜀tɕʻi
黎城	꜁pi	꜂mi	꜀ti	꜀tʻi	꜁tʻi	꜁ȵi	꜂li	꜂tɕi	꜀tɕʻi
潞城	pi꜅	꜂mi	꜀ti	꜀tʻi	꜁tʻi	꜁mi	꜂li	꜂tʃi	꜀tʃʻi
平顺	pi꜅	꜂mi	꜀ti	꜀tʻi	꜁tʻi	꜁mi	꜂li	꜂tsi	꜀tsʻi
壶关	pi꜅	꜂mi	꜀ti	꜀tʻi	꜁tʻi	꜁mi	꜂li	꜂tsi	꜀tsʻi
襄垣	pi꜄	꜂mi	꜀ti	꜀tʻi	꜁tʻi	꜁ȵi	꜂li	꜂tɕi	꜀tɕʻi
武乡	pɿ꜄	꜂mɿ	꜀tsɿ	꜀tsʻɿ	꜁tsʻɿ	꜁nzɿ	꜂lɿ	꜂tsɿ	꜀tsʻɿ
沁县	pɿ꜄	꜀mɿ	꜀tsɿ	꜀tsʻɿ	꜁tsʻɿ	꜁nzɿ	꜀lɿ	꜀tsɿ	꜀tsʻɿ
沁源	pi꜄	꜂mi	꜀ti	꜀tʻi	꜁tʻi	꜁mi	꜂li	꜂tɕi	꜀tɕʻi
高平	pi꜄	꜂miᴇ̃	꜀ti	꜀tʻi	꜀tʻi	꜀niᴇ̃	꜂li	꜂tsi	꜀tsʻi
阳城	pi꜄	꜂mi	꜀ti	꜀tʻi	꜁tʻi	꜁mi	꜂li	꜂tɕi	꜀tɕʻi
晋城	pi꜄	꜁mi	꜀ti	꜀tʻi	꜁tʻi	꜁mi	꜁li	꜁tɕi	꜀tɕʻi
陵川	pi꜄	꜂mi	꜀ti	꜀tʻi	꜁tʻi	꜁mi	꜂li	꜂tɕi	꜀tɕʻi

例字 / 方言点	蟹开四					蟹合一			
	齐	洗	鸡	溪	系	背	配	陪	妹
	平从齐	上心荠	平见齐	平溪齐	去匣霁	去帮队	去滂队	平並灰	去明队
长治	꜁tɕʻi	꜂ɕi	꜀tɕi	꜀ɕi	ɕi꜅	pei꜄	pʻei꜄	꜁pʻei	mei꜅
长治县	꜁tɕʻi	꜂ɕi	꜀tɕi	꜀ɕi	ɕi꜅	pei꜄	pʻei꜄	꜁pʻei	mei꜅
长子	꜁tɕʻi	꜂ɕi	꜀tɕi	꜀ɕi	ɕi꜅	pei꜄	pʻei꜄	꜁pʻei	mei꜅
屯留	꜁tɕʻi	꜂ɕi	꜀tɕi	꜀ɕi	꜁ɕi	pei꜄	pʻei꜄	꜁pʻei	꜁mei
黎城	꜁tɕʻi	꜂ɕi	꜀ci	꜀çi	꜁çi	pei꜄	pʻei꜄	꜁pʻei	꜁mei
潞城	꜁tʃʻi	꜂ʃi	꜀tɕi	꜀ɕi	ɕi꜅	pei꜄	pʻei꜄	꜁pʻei	mei꜅
平顺	꜁tsʻi	꜂si	꜀ci	꜀çi	çi꜅	pei꜄	pʻei꜄	꜁pʻei	mei꜅
壶关	꜁tsʻi	꜂si	꜀ci	꜀çi	çi꜅	pei꜄	pʻei꜄	꜁pʻei	mei꜅
襄垣	꜁tɕʻi	꜂ɕi	꜀tɕi	꜀ɕi	ɕi꜄	pei꜄	pʻei꜄	꜁pʻei	mei꜄
武乡	꜁tsʻʅ	꜂sʅ	꜀tsʅ	꜀sʅ	sʅ꜄	pei꜄	pʻei꜄	꜁pʻei	mei꜄
沁县	꜁tsʻʅ	꜀sʅ	꜀tsʅ	꜀sʅ	sʅ꜄	pei꜄	pʻei꜄	꜁pʻei	mei꜄
沁源	꜁tɕʻi	꜂ɕi	꜀tɕi	꜀ɕi	ɕi꜄	pei꜄	pʻei꜄	꜁pʻei	mei꜄
高平	꜀tsʻi	꜂si	꜀ci	꜀ɕi	ɕi꜄	pei꜄	pʻei꜄	꜀pʻei	mẽ꜄
阳城	꜁tɕʻi	꜂ɕi	꜀ci	꜀çi	çi꜄	pæ꜄	pʻæ꜄	꜁pʻæ	mæ꜄
晋城	꜁tɕʻi	꜁ɕi	꜀tɕi	꜀ɕi	ɕi꜄	pɛe꜄	pʻɛe꜄	꜁pʻɛe	mɛe꜄
陵川	꜁tɕʻi	꜂ɕi	꜀ci	꜀çi	çi꜄	pei꜄	pʻei꜄	꜁pʻei	mei꜄

例字 / 方言点	蟹合一								
	推	腿	内	雷	最	崔姓	罪	碎	会会计
	平端灰	上透贿	去泥队	平来灰	去精泰	平清灰	上从贿	去心队	去见泰
长治	꜀tʻuei	꜂tʻuei	nuei꜅	꜁luei	tsuei꜄	꜀tsʻuei	tsuei꜅	suei꜄	kʻuæ꜄
长治县	꜀tʻei	꜂tʻei	nei꜅	꜁lei	tsei꜄	꜀tsʻei	tsei꜅	sei꜄	kʻuɑi꜄
长子	꜀tʻuei	꜂tʻuei	nuei꜅	꜁luei	tsuei꜄	꜀tsʻuei	tsuei꜅	suei꜄	kʻuai꜄
屯留	꜀tʻuei	꜂tʻuei	꜁nuei	꜁luei	tsuei꜄	꜀tsʻuei	꜁tsuei	suei꜄	kʻuæ꜄
黎城	꜀tʻuei	꜂tʻuei	꜁nuei	꜁luei	tsuei꜄	꜀tsʻuei	꜁tsuei	suei꜄	kʻuᴇ꜄
潞城	꜀tʻuei	꜂tʻuei	nuei꜅	꜁luei	tsuei꜄	꜀tsʻuei	tsuei꜅	suei꜄	kʻuai꜄
平顺	꜀tʻuei	꜂tʻuei	nuei꜅	꜁luei	tsuei꜄	꜀tsʻuei	tsuei꜅	suei꜄	kʻuai꜄
壶关	꜀tʻuei	꜂tʻuei	nuei꜅	꜁luei	tʂuei꜄	꜀tʂʻuei	tʂuei꜅	ʂuei꜄	kʻuai꜄
襄垣	꜀tʻuei	꜂tʻuei	nuei꜄	꜁luei	tsuei꜄	꜀tsʻuei	tsuei꜄	suei꜄	kʻuai꜄
武乡	꜀tʻuei	꜂tʻuei	nzei꜄	꜁luei	tsuei꜄	꜀tsʻuei	tsuei꜄	suei꜄	kʻuɛ꜄
沁县	꜀tʻuei	꜀tʻuei	nuei꜄	꜁luei	tsuei꜄	꜀tsʻuei	tsuei꜄	suei꜄	kʻuɛ꜄
沁源	꜀tʻuei	꜂tʻuei	nuei꜄	꜁lei	tsuei꜄	꜀tsʻuei	tsuei꜄	suei꜄	kʻuɛi꜄
高平	꜀tʻuei	꜂tʻuei	nuei꜄	꜀luei	tʂuei꜄	꜀tʂʻuei	tʂuei꜄	ʂuei꜄	kʻuɛe꜄
阳城	꜀tʻuæ	꜂tʻuæ	nuæ꜄	꜁luæ	tsuæ꜄	꜀tsʻuæ	tsuæ꜄	suæ꜄	kʻuæ꜄
晋城	꜀tʻuɛe	꜁tʻuɛe	nuɛe꜄	꜁luɛe	tʂuɛe꜄	꜀tʂʻuɛe	tʂuɛe꜄	ʂuɛe꜄	kʻuᴇ꜄
陵川	꜀tʻuei	꜂tʻuei	nuei꜄	꜁luei	tʂuei꜄	꜀tʂʻuei	tʂuei꜄	ʂuei꜄	kʻuᴀi꜄

例字 / 方言点	蟹合一					蟹合二			
	恢	外	灰	回	煨	怪	歪	怀	话
	平溪灰	去疑泰	平晓灰	平匣灰	平影灰	去见怪	平晓佳	平匣皆	去匣夬
长治	꜀xuei	uæ꜅	꜀xuei	꜁xuei	꜀uei	kuæ꜄	꜀uæ	꜁xuæ	xuɑ꜅
长治县	꜀xuei	uæ꜅	꜀xuei	꜁xuei	꜀uei	kuæ꜄	꜀uæ	꜁xuæ	xuɑ꜅
长子	꜀xuei	vai꜅	꜀xuei	꜁xuei	꜀vei	kuai꜄	꜀vai	꜁xuai	xua꜅
屯留	꜀xuei	꜁uæ	꜀xuei	꜁xuei	꜀uei	kuai꜄	꜀uæ	꜁xuæ	꜁xua
黎城	꜀xuei	꜁uᴇ	꜀xuei	꜁xuei	꜀uei	kuai꜄	꜀uᴇ	꜁xuᴇ	꜁xua
潞城	꜀xuei	uai꜅	꜀xuei	꜁xuei	꜀uei	kuai꜄	꜀uai	꜁xuai	xuɑ꜅
平顺	꜀xuei	uai꜅	꜀xuei	꜁xuei	꜀uei	kuai꜄	꜀uai	꜁xuai	xua꜅
壶关	꜀xuei	uai꜅	꜀xuei	꜁xuei	꜀uei	kuai꜄	꜀uai	꜁xuai	xua꜅
襄垣	꜀xuei	vai꜄	꜀xuei	꜁xuei	꜀vei	kuai꜄	꜀uai	꜁xuai	xua꜄
武乡	꜀xuei	vɛ꜄	꜀xuei	꜁xuei	꜀vei	kuɛ꜄	꜀uɛ	꜁xuɛ	xua꜄
沁县	꜀xuei	vɛ꜄	꜀xuei	꜁xuei	꜀vei	kuɛ꜄	꜀uɛ	꜁xuɛ	xua꜄
沁源	꜀xuei	vɛi꜄	꜀xuei	꜁xuei	꜀vei	kuɛi꜄	꜀uɛi	꜁xuɛi	xuɑ꜄
高平	꜀xuei	vai꜄	꜀xuei	꜀xuei	꜀vei	kuɛe꜄	꜀uɛe	꜀xuɛe	xuɑ꜄
阳城	꜀xuæ	uæ꜄	꜀xuæ	꜁xuæ	꜀uæ	kuæ꜄	꜀uæ	꜁xuæ	xuɑ꜄
晋城	꜀xuɛe	uᴇ꜄	꜀xuɛe	꜁xuɛe	꜀uɛe	kuᴇ꜄	꜀uᴇ	꜁xuᴇ	xuɑ꜄
陵川	꜀xuei	uᴀi꜄	꜀xuei	꜁xuei	꜀uei	kuᴀi꜄	꜀uᴀi	꜁xuᴀi	xuᴀ꜄

例字 / 方言点	蟹合二	蟹合三							
	画	废	肺	脆	岁	缀点缀	赘	税	卫
	去匣卦	去非废	去敷废	去清祭	去心祭	去知祭	去章祭	去影废	去云祭
长治	xuɑ꜅	fei꜄	fei꜄	tsʻuei꜄	suei꜄	tsuei꜄	tsuei꜄	suei꜄	uei꜅
长治县	xuɑ꜅	fei꜄	fei꜄	tsʻei꜄	sei꜄	tsuei꜄	tsuei꜄	suei꜄	uei꜅
长子	xua꜅	fei꜄	fei꜄	tsʻuei꜄	suei꜄	tsuei꜄	tsuei꜄	suei꜄	vei꜅
屯留	꜁xua	fei꜄	fei꜄	tsʻuei꜄	suei꜄	tsuei꜄	tsuei꜄	suei꜄	꜁uei
黎城	꜁xua	fei꜄	fei꜄	tsʻuei꜄	suei꜄	tsuei꜄	tsuei꜄	suei꜄	꜁uei
潞城	xuɑ꜅	fei꜄	fei꜄	tsʻuei꜄	suei꜄	tsuei꜄	tsuei꜄	suei꜄	uei꜅
平顺	xua꜅	fei꜄	fei꜄	tsʻuei꜄	suei꜄	tsuei꜄	tsuei꜄	suei꜄	uei꜅
壶关	xua꜅	fei꜄	fei꜄	tʂʻuei꜄	ʂuei꜄	tʂuei꜄	tʂuei꜄	ʂuei꜄	uei꜅
襄垣	xua꜄	fei꜄	fei꜄	tsʻuei꜄	suei꜄	tsuei꜄	tsuei꜄	suei꜄	vei꜄
武乡	xua꜄	fei꜄	fei꜄	tsʻuei꜄	suei꜄	tsuei꜄	tsuei꜄	suei꜄	vei꜄
沁县	xua꜄	fei꜄	fei꜄	tsʻuei꜄	suei꜄	tsuei꜄	tsuei꜄	suei꜄	vei꜄
沁源	xuɑ꜄	fei꜄	fei꜄	tsʻuei꜄	suei꜄	tsuei꜄	tsuei꜄	suei꜄	vei꜄
高平	xuɑ꜄	fei꜄	fei꜄	tʂʻuei꜄	ʂuei꜄	tʂuei꜄	tʂuei꜄	ʂuei꜄	vei꜄
阳城	xuɑ꜄	fi꜄	fi꜄	tsʻuæ꜄	suæ꜄	tʂuæ꜄	tʂuæ꜄	ʂuæ꜄	uæ꜄
晋城	xuɑ꜄	fɛe꜄	fɛe꜄	tʂʻuɛe꜄	ʂuɛe꜄	tʂuɛe꜄	tʂuɛe꜄	ʂuɛe꜄	uɛe꜄
陵川	xuᴀ꜄	fei꜄	fei꜄	tʂʻuei꜄	ʂuei꜄	tʂuei꜄	tʂuei꜄	ʂuei꜄	uei꜄

例字 / 方言点	蟹合三	蟹合四		止开三					
	锐	桂	慧	碑	披	被被子	离离别	紫	此
	去以祭	去见霁	去匣霁	平帮支	平滂支	上並纸	平来支	上精纸	上清纸
长治	luei꜅	kuei꜄	xuei꜅	꜀pei	꜀pʻi	pi꜅	꜁li	꜂tsɿ	꜂tsʻɿ
长治县	luei꜅	kuei꜄	xuei꜅	꜀pei	꜀pʻi	pi꜅	꜁li	꜂tsɿ	꜂tsʻɿ
长子	luei꜅	kuei꜄	xuei꜅	꜀pei	꜀pʻi	pi꜅	꜁li	꜂tsɿ	꜂tsʻɿ
屯留	꜁luei	kuei꜄	꜁xuei	꜀pei	꜀pʻi	꜁pi	꜁li	꜂tsɿ	꜂tsʻɿ
黎城	꜁luei	kuei꜄	꜁xuei	꜀pei	꜀pʻi	꜁pi	꜁li	꜂tsɿ	꜂tsʻɿ
潞城	ʐuei꜅	kuei꜄	xuei꜅	꜀pei	꜀pʻi	pi꜅	꜁li	꜂tsɿ	꜂tsʻɿ
平顺	ʐuei꜅	kuei꜄	xuei꜅	꜀pei	꜀pʻi	pi꜅	꜁li	꜂tsɿ	꜂tsʻɿ
壶关	ʐuei꜅	kuei꜄	xuei꜅	꜀pei	꜀pʻi	pi꜅	꜁li	꜂tʂʅ	꜂tʂʻʅ
襄垣	ʐuei꜄	kuei꜄	xuei꜄	꜀pei	꜀pʻi	pi꜄	꜁li	꜂tsɿ	꜂tsʻɿ
武乡	zuei꜄	kuei꜄	xuei꜄	꜀pei	꜀pʻɿ	pɿ꜄	꜁lɿ	꜂tsɿ	꜂tsʻɿ
沁县	zuei꜄	kuei꜄	xuei꜄	꜀pei	꜀pʻɿ	pɿ꜄	꜁lɿ	꜀tsɿ	꜀tsʻɿ
沁源	ʐuei꜄	kuei꜄	xuei꜄	꜀pei	꜀pʻi	pi꜄	꜁li	꜂tsɿ	꜂tsʻɿ
高平	ʐuei꜄	kuei꜄	xuei꜄	꜀pei	꜀pʻi	pi꜄	꜀li	꜂tʂʅ	꜂tʂʻʅ
阳城	ʐuæ꜄	kuæ꜄	xuæ꜄	꜀pæ	꜀pʻi	pi꜄	꜀li	꜂tsɿ	꜂tsʻɿ
晋城	ʐuɛe꜄	kuɛe꜄	xuɛe꜄	꜀pɛe	꜀pʻi	pi꜄	꜁li	꜁tʂʅ	꜁tʂʻʅ
陵川	ʐuei꜄	kuei꜄	xuei꜄	꜀pei	꜀pʻi	pi꜄	꜁li	꜂tʂʅ	꜂tʂʻʅ

例字 / 方言点	止开三								
	撕	知	池	差参差	筛筛子	纸	施	是	儿
	平心支	平知支	平澄支	平初支	平生支	上章纸	平书支	上禅纸	平日支
长治	꜀sɿ	꜀tsɿ	꜁tsʻɿ	꜀tsʻɿ	꜀sæ	꜂tsɿ	꜀sɿ	sɿ꜅	꜁ər
长治县	꜀sɿ	꜀tsɿ	꜁tsʻɿ	꜀tsʻɿ	꜀sæ	꜂tsɿ	꜀sɿ	sɿ꜅	꜁ər
长子	꜀sɿ	꜀tsɿ	꜁tsʻɿ	꜀tsʻɿ	꜀sai	꜂tsɿ	꜀sɿ	sɿ꜅	꜁l̩
屯留	꜀sɿ	꜀tsɿ	꜁tsʻɿ	꜀tsʻɿ	꜀sæ	꜂tsɿ	꜀sɿ	꜁sɿ	꜁l̩
黎城	꜀sɿ	꜀tɕi	꜁tɕʻi	꜀tsʻɿ	꜀sE	꜂tsɿ	꜀ sɿ	꜁sɿ	꜁l̩
潞城	꜀sɿ	꜀tɕi	꜁tɕʻi	꜀tsʻɿ	꜀sai	꜂tsɿ	꜀ sɿ	sɿ꜅	꜁l̩
平顺	꜀sɿ	꜀tɕi	꜁tɕʻi	꜀tsʻɿ	꜀sai	꜂tsɿ	꜀sɿ	sɿ꜅	꜁l̩
壶关	꜀ʂʅ	꜀tʃi	꜁tʃʻi	꜀tʂʻʅ	꜀ʂai	꜂tʂʅ	꜀ʂʅ	ʂʅ꜅	꜁l̩
襄垣	꜀sɿ	꜀tsɿ	꜁tsʻɿ	꜀tsʻɿ	꜀sai	꜂tsɿ	꜀sɿ	sɿ꜄	꜁l̩
武乡	꜀sɿ	꜀tsɿ	꜁tsʻɿ	꜀tsʻɿ	꜀sɛ	꜂tsɿ	꜀sɿ	sɿ꜄	꜁l̩
沁县	꜀sɿ	꜀tsɿ	꜁tsʻɿ	꜀tsʻɿ	꜀sɛ	꜀tsɿ	꜀sɿ	sɿ꜄	꜁ər
沁源	꜀sɿ	꜀tʂʅ	꜁tʂʻʅ	꜀tsʻɿ	꜀sɛi	꜀tsɿ	꜀ʂʅ	sɿ꜄	꜁ər
高平	꜀ʂʅ	꜀tʂʅ	꜀tʂʻʅ	꜀tʂʻʅ	꜀ʂɛe	꜂tʂʅ	꜀ʂʅ	ʂʅ꜄	꜀l̩
阳城	꜀sɿ	꜀tʂʅ	꜀tʂʻʅ	꜀tsʻɿ	꜀ʂæ	꜂tʂʅ	꜀ʂʅ	ʂʅ꜄	꜁ər
晋城	꜀ʂʅ	꜀tʂʅ	꜁tʂʻʅ	꜀tʂʻʅ	꜀ʂE	꜁tʂʅ	꜀ʂʅ	ʂʅ꜄	꜁ər
陵川	꜀ʂʅ	꜀tɕi	꜁tɕʻi	꜀tʂʻʅ	꜀ʂAi	꜂tʂʅ	꜀ʂʅ	ʂʅ꜄	꜁lə

例字 / 方言点	止开三								
	寄	企	奇	议	戏	移	悲	比比较	屁
	去见实	上溪纸	平群支	去疑实	去晓实	平以支	平帮脂	上帮旨	去滂至
长治	tɕi꜄	ᶜtɕʻi	꜁tɕʻi	i꜅	ɕi꜄	꜁i	꜀pei	ᶜpi	pʻi꜄
长治县	tɕi꜄	ᶜtɕʻi	꜁tɕʻi	i꜅	ɕi꜄	꜁i	꜀pei	ᶜpi	pʻi꜄
长子	tɕi꜄	ᶜtɕʻi	꜁tɕʻi	i꜅	ɕi꜄	꜁i	꜀pei	ᶜpi	pʻi꜄
屯留	tɕi꜄	ᶜtɕʻi	꜁tɕʻi	꜁i	ɕi꜄	꜁i	꜀pei	ᶜpi	pʻi꜄
黎城	ci꜄	ᶜcʻi	꜁cʻi	꜁i	çi꜄	꜁i	꜀pei	ᶜpi	pʻi꜄
潞城	tɕi꜄	ᶜtɕʻi	꜁tɕʻi	i꜅	ɕi꜄	꜁i	꜀pei	ᶜpi	pʻi꜄
平顺	ci꜄	ᶜcʻi	꜁cʻi	i꜅	çi꜄	꜁i	꜀pei	ᶜpi	pʻi꜄
壶关	ci꜄	ᶜcʻi	꜁cʻi	i꜅	çi꜄	꜁i	꜀pei	ᶜpi	pʻi꜄
襄垣	tɕi꜄	ᶜtɕʻi	꜁tɕʻi	i꜄	ɕi꜄	꜁i	꜀pei	ᶜpi	pʻi꜄
武乡	tsɿ꜄	ᶜtsʻɿ	꜁tsʻɿ	zɿ꜄	si꜄	꜁zɿ	꜀pei	ᶜpɿ	pʻɿ꜄
沁县	tsɿ꜄	꜀tsʻɿ	꜁tsʻɿ	zɿ꜄	si꜄	꜁zɿ	꜀pei	꜀pɿ	pʻɿ꜄
沁源	tɕi꜄	ᶜtɕʻi	꜁tɕʻi	i꜄	ɕi꜄	꜁i	꜀pei	ᶜpi	pʻi꜄
高平	ci꜄	ᶜcʻi	꜀cʻi	i꜄	çi꜄	꜀i	꜀pei	ᶜpi	pʻi꜄
阳城	ci꜄	ᶜcʻi	꜁cʻi	i꜄	çi꜄	꜁i	꜀pæ	ᶜpi	pʻi꜄
晋城	tɕi꜄	꜁tɕʻi	꜁tɕʻi	i꜄	ɕi꜄	꜁i	꜀pɛe	꜁pi	pʻi꜄
陵川	ci꜄	ᶜcʻi	꜁cʻi	i꜄	çi꜄	꜁i	꜀pei	ᶜpi	pʻi꜄

例字 / 方言点	止开三								
	鼻	美	地	腻	梨	资	次	自	四
	去並至	上明旨	去定至	去泥至	平来脂	平精脂	去清至	去从至	去心至
长治	piəʔ꜆	ᶜmei	ti꜅	ȵi꜅	꜁li	꜀tsɿ	tsʻɿ꜄	tsɿ꜅	sɿ꜄
长治县	piəʔ꜆	ᶜmei	ti꜅	ȵi꜅	꜁li	꜀tsɿ	tsʻɿ꜄	tsɿ꜅	sɿ꜄
长子	piɛʔ꜇	ᶜmei	ti꜅	ȵi꜅	꜁li	꜀tsɿ	tsʻɿ꜄	tsɿ꜅	sɿ꜄
屯留	piəʔ꜆	ᶜmei	꜁ti	꜁ȵi	꜁li	꜀tsɿ	tsʻɿ꜄	꜁tsɿ	sɿ꜄
黎城	piəʔ꜇	ᶜmei	꜁ti	꜁ȵi	꜁li	꜀tsɿ	tsʻɿ꜄	꜁tsɿ	sɿ꜄
潞城	piəʔ꜇	ᶜmei	ti꜅	ȵi꜅	꜁li	꜀tsɿ	tsʻɿ꜄	tsɿ꜅	sɿ꜄
平顺	piəʔ꜇	ᶜmei	ti꜅	ȵi꜅	꜁li	꜀tsɿ	tsʻɿ꜄	tsɿ꜅	sɿ꜄
壶关	piəʔ꜇	ᶜmei	ti꜅	ȵi꜅	꜁li	꜀tʂʅ	tʂʻʅ꜄	tʂʅ꜅	ʂʅ꜄
襄垣	piəʔ꜆	ᶜmei	ti꜄	ȵi꜄	꜁li	꜀tsɿ	tsʻɿ꜄	tsɿ꜄	sɿ꜄
武乡	piəʔ꜇	ᶜmei	tsɿ꜄	nzɿ꜄	꜁lɿ	꜀tsɿ	tsʻɿ꜄	tsɿ꜄	sɿ꜄
沁县	piəʔ꜇	꜀mei	tsɿ꜄	nzɿ꜄	꜁lɿ	꜀tsɿ	tsʻɿ꜄	tsɿ꜄	sɿ꜄
沁源	piəʔ꜇	ᶜmei	ti꜄	ȵi꜄	꜁li	꜀tsɿ	tsʻɿ꜄	tsɿ꜄	sɿ꜄
高平	piəʔ꜆	ᶜmẽ	ti꜄	niẽ꜄	꜀li	꜀tʂʅ	tʂʻʅ꜄	tʂʅ꜄	ʂʅ꜄
阳城	piəʔ꜆	ᶜmæ	ti꜄	ni꜄	꜁li	꜀tsɿ	tsʻɿ꜄	tsɿ꜄	sɿ꜄
晋城	piəʔ꜆	꜁mɛe	ti꜄	ni꜄	꜁li	꜀tʂʅ	tʂʻʅ꜄	tʂʅ꜄	ʂʅ꜄
陵川	pieʔ꜇	ᶜmei	ti꜄	ni꜄	꜁li	꜀tʂʅ	tʂʻʅ꜄	tʂʅ꜄	ʂʅ꜄

例字 方言点	止开三								
	死	致	迟	狮	指	屎	视	二	几茶几
	上心旨	去知至	平澄脂	平生脂	上章旨	上禅旨	去禅至	去日至	上见旨
长治	꜂sɿ	tsɿ꜄	꜁tsʻɿ	꜀sɿ	꜂tsɿ/tsəʔ꜆	꜂sɿ	sɿ꜅	ər꜅	꜀tɕi
长治县	꜂sɿ	tsɿ꜄	꜁tsʻɿ	꜀sɿ	꜂tsɿ/tsəʔ꜆	꜂sɿ	sɿ꜅	ər꜅	꜀tɕi
长子	꜂sɿ	tsɿ꜄	꜁tsʻɿ	꜀sɿ	꜂tsɿ/tsəʔ꜇	꜂sɿ	sɿ꜅	ɭ꜅	꜀tɕi
屯留	꜂sɿ	tsɿ꜄	꜁tsʻɿ	꜀sɿ	꜂tsɿ/tsəʔ꜆	꜂sɿ	꜁sɿ	꜁ɭ	꜀tɕi
黎城	꜂sɿ	tɕi꜄	꜁tɕʻi	꜀sɿ	꜂tsɿ/tsəʔ꜆	꜂sɿ	꜁sɿ	꜁ɭ	꜀ci
潞城	꜂sɿ	tɕi꜄	꜁tɕʻi	꜀ɕi	꜂tsɿ/tsəʔ꜆	꜂sɿ	sɿ꜅	ɭ꜅	꜀tɕi
平顺	꜂sɿ	tɕi꜄	꜁tɕʻi	꜀sɿ	꜂tsɿ/tsəʔ꜇	꜂sɿ	sɿ꜅	ɭ꜅	꜀ci
壶关	꜂ʂʅ	tʂʅ꜄	꜁tʃʻi	꜀ʂʅ	꜂tʂʅ/tsəʔ꜇	꜂ʂʅ	ʂʅ꜅	ɭ꜅	꜀ci
襄垣	꜂sɿ	tsɿ꜄	꜁tsʻɿ	꜀sɿ	꜂tsɿ/tsəʔ꜆	꜂sɿ	sɿ꜄	ɭ꜄	꜀tɕi
武乡	꜂sɿ/sʌʔ꜆	tsɿ꜄	꜁tsʻɿ	꜀sɿ	꜂tsɿ/tsəʔ꜆	꜂sɿ	sɿ꜄	ɭ꜄	꜀tsɿ
沁县	꜀sɿ/sʌʔ꜆	tsɿ꜄	꜁tsʻɿ	꜀sɿ	꜀tsɿ/tsəʔ꜆	꜀sɿ	sɿ꜄	ər꜄	꜀tsɿ
沁源	꜂sɿ	tʂʅ꜄	꜁tʂʻʅ	꜀sɿ	꜂tsɿ/tsəʔ꜇	꜂sɿ	sɿ꜄	ər꜄	꜀tɕi
高平	꜂ʂʅ	tʂʅ꜄	꜀tʂʻʅ	꜀ʂʅ	꜂tʂʅ/tʂəʔ꜆	꜂ʂʅ	ʂʅ꜄	ɭ꜄	꜀ci
阳城	꜂sɿ	tʂʅ꜄	꜁tʂʻʅ	꜀ʂʅ	꜂tʂʅ/tʂəʔ꜆	꜂ʂʅ	ʂʅ꜄	ər꜄	꜀ci
晋城	꜁ʂʅ	tʂʅ꜄	꜁tʂʻʅ	꜀ʂʅ	꜁tʂʅ/tʂəʔ꜆	꜁ʂʅ	ʂʅ꜄	ər꜄	꜀tɕi
陵川	꜂ʂʅ	tʂʅ꜄	꜁tɕʻi	꜀ʂʅ	꜂tʂʅ/tʂəʔ꜆	꜂ʂʅ	ʂʅ꜄	ɭə꜄	꜀ci

例字 方言点	止开三							
	姨	你	李	字	丝	词	置	耻
	平以脂	上泥止	上来止	去从志	平心之	平邪之	去知志	上彻止
长治	꜁i	꜂ȵi	꜂li	tsɿ꜅	꜀sɿ	꜁tsʻɿ	tsɿ꜄	꜂tsʻɿ
长治县	꜁i	꜂ȵi	꜂li	tsɿ꜅	꜀sɿ	꜁tsʻɿ	tsəʔ꜄	꜂tsʻɿ
长子	꜁i	꜂ȵi	꜂li	tsɿ꜅	꜀sɿ	꜁tsʻɿ	tsɿ꜄	꜂tsʻɿ
屯留	꜁i	꜂ȵi	꜂li	꜁tsɿ	꜀sɿ	꜁tsʻɿ	tsəʔ꜆	꜂tsʻɿ
黎城	꜁i	꜂ȵi	꜂li	꜁tsɿ	꜀sɿ	꜁tsʻɿ	tɕiəʔ꜆	꜂tɕʻi
潞城	꜁i	꜂ȵi	꜂li	tsɿ꜅	꜀sɿ	꜁tsʻɿ	tɕiəʔ꜆	꜂tɕʻi
平顺	꜁i	꜂ȵi	꜂li	tsɿ꜅	꜀sɿ	꜁tsʻɿ	tɕiəʔ꜆	꜂tɕʻi
壶关	꜁i	꜂ȵi	꜂li	tʂʅ꜅	꜀ʂʅ	꜁tʂʻʅ	tʃiəʔ꜆	꜂tʃʻi
襄垣	꜁i	꜂n̩	꜂li	tsɿ꜄	꜀sɿ	꜁tsʻɿ	tsɿ꜄	꜂tsʻɿ
武乡	꜁zɿ	꜂nzɿ	꜂lɿ	tsɿ꜄	꜀sɿ	꜁tsʻɿ	tsɿ꜄	꜂tsʻɿ
沁县	꜁zɿ	꜀n̩	꜀lɿ	tsɿ꜄	꜀sɿ	꜁tsʻɿ	tsɿ꜄	꜀tsʻɿ
沁源	꜁i	꜂ȵi	꜂li	tsɿ꜄	꜀sɿ	꜁tsʻɿ	tʂʅ꜄	꜂tʂʻʅ
高平	꜀i	꜂niẼ	꜂li	tʂʅ꜄	꜀ʂʅ	꜀tʂʻʅ	tʂəʔ꜆	꜂tʂʻʅ
阳城	꜁i	꜂ni	꜂li	tsɿ꜄	꜀sɿ	꜁tsʻɿ	tʂʅ꜄	꜂tʂʻʅ
晋城	꜁i	꜁ni	꜁li	tʂʅ꜄	꜀ʂʅ	꜁tʂʻʅ	tʂʅ꜄	꜁tʂʻʅ
陵川	꜁i	꜂ni	꜂li	tʂʅ꜄	꜀ʂʅ	꜁tʂʻʅ	tɕieʔ꜆	꜂tɕʻi

例字 / 方言点	止开三								
	痔	事	使	志	齿	诗	时	耳	记
	上澄止	去崇志	上生止	去章志	上昌止	平书之	平禅之	上日止	去见志
长治	tsɿ꜅	sɿ꜅	ᶜsɿ	tsɿ꜄	ᶜtsʻɿ	꜀sɿ	꜁sɿ	ᶜər	tɕi꜄
长治县	tsɿ꜅	sɿ꜅	ᶜsɿ	tsɿ꜄	ᶜtsʻɿ	꜀sɿ	꜁sɿ	ᶜər	tɕi꜄
长子	tsɿ꜅	sɿ꜅	ᶜsɿ	tsɿ꜄	ᶜtsʻɿ	꜀sɿ	꜁sɿ	ᶜl̩	tɕi꜄
屯留	꜁tsɿ	꜁sɿ	ᶜsɿ	tsɿ꜄	ᶜtsʻɿ	꜀sɿ	꜁sɿ	ᶜl̩	tɕi꜄
黎城	꜁tɕi	꜁sɿ	ᶜsɿ	tsɿ꜄	ᶜtsʻɿ	꜀sɿ	꜁sɿ	ᶜl̩	ci꜄
潞城	tɕi꜅	sɿ꜅	ᶜsɿ	tsɿ꜄	ᶜtsʻɿ	꜀sɿ	꜁sɿ	ᶜl̩	tɕi꜄
平顺	tɕi꜅	sɿ꜅	ᶜsɿ	tsɿ꜄	ᶜtsʻɿ	꜀sɿ	꜁sɿ	ᶜl̩	ci꜄
壶关	tʃi꜅	ʂʅ꜅	ᶜʂʅ	tʂʅ꜄	ᶜtʂʻʅ	꜀ʂʅ	꜁ʂʅ	ᶜl̩	ci꜄
襄垣	tsɿ꜄	sɿ꜄	ᶜsɿ	tsɿ꜄	ᶜtsʻɿ	꜀sɿ	꜁sɿ	ᶜər	tɕi꜄
武乡	tsɿ꜄	sɿ꜄	ᶜsɿ	tsɿ꜄	ᶜtsʻɿ	꜀sɿ	꜁sɿ	ᶜl̩	tsɿ꜄
沁县	tsɿ꜄	sɿ꜄	꜀sɿ	tsɿ꜄	꜀tsʻɿ	꜀sɿ	꜁sɿ	꜀ər	tsɿ꜄
沁源	tʂʅ꜄	ʂʅ꜄	ᶜsɿ	tsɿ꜄	ᶜtsʻɿ	꜀sɿ	꜁sɿ	ᶜər	tɕi꜄
高平	tʂʅ꜄	ʂʅ꜄	ᶜʂʅ	tʂʅ꜄	ᶜtʂʻʅ	꜀ʂʅ	꜁ʂʅ	ᶜl̩	ci꜄
阳城	tʂʅ꜄	ʂʅ꜄	ᶜʂʅ	tʂʅ꜄	ᶜtʂʻʅ	꜀ʂʅ	꜁ʂʅ	ᶜər	ci꜄
晋城	tʂʅ꜄	ʂʅ꜄	꜁ʂʅ	tʂʅ꜄	꜁tʂʻʅ	꜀ʂʅ	꜁ʂʅ	꜁ər	tɕi꜄
陵川	tɕi꜄	ʂʅ꜄	ᶜʂʅ	tʂʅ꜄	ᶜtʂʻʅ	꜀ʂʅ	꜁ʂʅ	ᶜl̩ə	ci꜄

例字 / 方言点	止开三								
	起	棋	拟	喜	医	已	机	气	希
	上溪止	平群之	上疑止	上晓止	平影之	上以止	平见微	去溪未	平晓微
长治	ᶜtɕʻi	꜁tɕʻi	ᶜȵi	ᶜɕi	꜀i	ᶜi	꜀tɕi/tɕiəʔ꜆	tɕʻi꜄	꜀ɕi
长治县	ᶜtɕʻi	꜁tɕʻi	ᶜȵi	ᶜɕi	꜀i	ᶜi	꜀tɕi	tɕʻi꜄	꜀ɕi
长子	ᶜtɕʻi	꜁tɕʻi	ᶜi	ᶜɕi	꜀i	ᶜi	꜀tɕi	tɕʻi꜄	꜀ɕi
屯留	ᶜtɕʻi	꜁tɕʻi	ᶜi	ᶜɕi	꜀i	ᶜi	꜀tɕi	tɕʻi꜄	꜀ɕi
黎城	ᶜcʻi	꜁cʻi	ᶜȵi	ᶜçi	꜀i	ᶜi	꜀ci	cʻi꜄	꜀çi
潞城	ᶜtɕʻi	꜁tɕʻi	ᶜȵi	ᶜɕi	꜀i	ᶜi	꜀tɕi	tɕʻi꜄	꜀ɕi
平顺	ᶜcʻi	꜁cʻi	ᶜȵi	ᶜçi	꜀i	ᶜi	꜀ci	cʻi꜄	꜀çi
壶关	ᶜcʻi	꜁cʻi	ᶜȵi	ᶜçi	꜀i	ᶜi	꜀ci	cʻi꜄	꜀çi
襄垣	ᶜtɕʻi	꜁tɕʻi	ᶜȵi	ᶜɕi	꜀i	ᶜi	꜀tɕi	tɕʻi꜄	꜀ɕi
武乡	ᶜtsʻɿ	꜁tsʻɿ	ᶜnzɿ	ᶜsɿ	꜀zɿ	ᶜzɿ	꜀tsɿ	tsʻɿ꜄	꜀sɿ
沁县	꜀tsʻɿ	꜁tsʻɿ	꜀zɿ	꜀sɿ	꜀zɿ	꜀zɿ	꜀tsɿ	tsʻɿ꜄	꜀sɿ
沁源	ᶜtɕʻi	꜁tɕʻi	ᶜȵi	ᶜɕi	꜀ȵi	꜀i	꜀tɕʻi	tɕʻi꜄	ᶜɕi
高平	ᶜcʻi	꜀cʻi	ᶜniẽ	ᶜɕi	꜀i	ᶜi	꜀ci	cʻi꜄	꜀ɕi
阳城	ᶜcʻi	꜁cʻi	ᶜi	ᶜçi	꜀i	ᶜi	꜀ci	cʻi꜄	꜀çi
晋城	꜁tɕʻi	꜁tɕʻi	꜁i	꜁ɕi	꜀i	꜁i	꜀tɕi	tɕʻi꜄	꜀ɕi
陵川	ᶜcʻi	꜁cʻi	ᶜi	ᶜçi	꜀i	ᶜi	꜀ci	cʻi꜄	꜀çi

例字／方言点	止开三	止合三							
	衣	累连累	嘴	随	揣	吹	睡	蕊	规
	平影微	去来实	上精纸	平邪支	上初纸	平昌支	去禅实	上日纸	平见支
长治	꜀i	luei꜅	ᶜtsuei	꜁suei	꜀tsʻuai	꜀tsʻuei	suei꜅	ᶜluei	꜀kuei
长治县	꜀i	lei꜅	ᶜtsei	꜁sei	꜀tsʻuai	꜀tsʻuei	suei꜅	ᶜluei	꜀kuei
长子	꜀i	luei꜅	ᶜtsei	꜁sei	꜀tsʻuai	꜀tsʻuei	suei꜅	ᶜluei	꜀kuei
屯留	꜀i	꜁luei	ᶜtsuei	꜁suei	꜀tsʻuæ	꜀tsʻuei	꜁suei	ᶜluei	꜀kuei
黎城	꜀i	꜁luei	ᶜtsuei	꜁suei	꜀tsʻuᴇ	꜀tsʻuei	꜁suei	ᶜluei	꜀kuei
潞城	꜀i	luei꜅	ᶜtsuei	꜁suei	꜀tsʻuai	꜀tsʻuei	suei꜅	ᶜluei	꜀kuei
平顺	꜀i	luei꜅	ᶜtsuei	꜁suei	꜀tsʻuai	꜀tsʻuei	suei꜅	ᶜluei	꜀kuei
壶关	꜀i	luei꜅	ᶜtʂuei	꜁ʂuei	꜀tʂʻuai	꜀tʂʻuei	ʂuei꜅	ᶜluei	꜀kuei
襄垣	꜀i	lueiᵓ	ᶜtsuei	꜁suei	꜀tsʻuai	꜀tsʻuei	sueiᵓ	ᶜʐuei	꜀kuei
武乡	꜀zʅ	lueiᵓ	ᶜtsuei	꜁suei	꜀tsʻuɛ	꜀tsʻuei	sueiᵓ	ᶜluei	꜀kuei
沁县	꜀zʅ	lueiᵓ	꜀tsuei	꜁suei	꜀tsʻuɛ	꜀tsʻuei	sueiᵓ	꜀luei	꜀kuei
沁源	꜀i	leiᵓ	ᶜtsuei	꜁suei	꜀tsʻuɛi	꜀tsʻuei	sueiᵓ	ᶜʐuei	꜀kuei
高平	꜀i	lueiᵓ	ᶜtʂuei	꜁ʂuei	꜀tʂʻuɛe	꜀tʂʻuei	ʂueiᵓ	ᶜʐuei	꜀kuei
阳城	꜀i	luæᵓ	ᶜtsuæ	꜁suæ	꜀tʂʻuæ	꜀tʂʻuæ	ʂuæᵓ	ᶜʐuæ	꜀kuæ
晋城	꜀i	luɛeᵓ	꜁tʂuɛe	꜁ʂuɛe	꜀tʂʻuᴇ	꜀tʂʻuɛe	ʂuɛeᵓ	꜁ʐuɛe	꜀kuɛe
陵川	꜀i	lueiᵓ	ᶜtʂuei	꜁ʂuei	꜀tʂʻuᴀi	꜀tʂʻuei	ʂueiᵓ	ᶜʐuei	꜀kuei

例字／方言点	止合三								
	跪	危	毁	委	泪	醉	翠	穗	帅
	上群纸	平疑支	上晓纸	上影纸	去来至	去精至	去清至	去邪至	去生至
长治	kuei꜅	꜀uei	ᶜxuei	ᶜuei	luei꜅	tsueiᵓ	tsʻueiᵓ	suei꜅	suæᵓ
长治县	kuei꜅	꜀uei	ᶜxuei	ᶜuei	lei꜅	tseiᵓ	tsʻeiᵓ	sei꜅	suæᵓ
长子	kuei꜅	꜀vei	ᶜxuei	ᶜvei	luei꜅	tsueiᵓ	tsʻueiᵓ	suei꜅	suaiᵓ
屯留	꜁kuei	꜀uei	ᶜxuei	ᶜuei	꜁luei	tsueiᵓ	tsʻueiᵓ	꜁suei	suæᵓ
黎城	꜁kuei	꜀uei	ᶜxuei	ᶜuei	꜁luei	tsueiᵓ	tsʻueiᵓ	꜁suei	suᴇᵓ
潞城	kuei꜅	꜀uei	ᶜxuei	ᶜuei	luei꜅	tsueiᵓ	tsʻueiᵓ	suei꜅	suaiᵓ
平顺	kuei꜅	꜀uei	ᶜxuei	ᶜuei	luei꜅	tsueiᵓ	tsʻueiᵓ	suei꜅	suaiᵓ
壶关	kuei꜅	꜀uei	ᶜxuei	ᶜuei	luei꜅	tʂueiᵓ	tʂʻueiᵓ	ʂuei꜅	ʂuæᵓ
襄垣	kueiᵓ	꜀vei	ᶜxuei	ᶜuei	lueiᵓ	tsueiᵓ	tsʻueiᵓ	sueiᵓ	suaiᵓ
武乡	kueiᵓ	꜀vei	ᶜxuei	ᶜvei	lueiᵓ	tsueiᵓ	tsʻueiᵓ	sueiᵓ	suɛᵓ
沁县	kueiᵓ	꜀vei	꜀xuei	꜀vei	lueiᵓ	tsueiᵓ	tsʻueiᵓ	sueiᵓ	suɛᵓ
沁源	kueiᵓ	꜀vei	ᶜxuei	ᶜvei	leiᵓ	tsueiᵓ	tsʻueiᵓ	sueiᵓ	suɛiᵓ
高平	kueiᵓ	꜀vei	ᶜxuei	ᶜvei	lueiᵓ	tʂueiᵓ	tʂʻueiᵓ	ʂueiᵓ	ʂuɛeᵓ
阳城	kueiᵓ	꜀uei	ᶜxuei	ᶜuei	lueiᵓ	tsueiᵓ	tsʻueiᵓ	sueiᵓ	ʂuaiᵓ
晋城	kuɛeᵓ	꜀uɛe	꜁xuɛe	꜁uɛe	luɛeᵓ	tʂuɛeᵓ	tʂʻuɛeᵓ	ʂuɛeᵓ	ʂuᴇᵓ
陵川	kueiᵓ	꜀uei	ᶜxuei	ᶜuei	lueiᵓ	tʂueiᵓ	tʂʻueiᵓ	ʂueiᵓ	ʂuᴀiᵓ

例字 / 方言点	止合三								
	锥	水	谁	龟	葵	位	非	费费用	肥
	平章脂	上书旨	平禅脂	平见脂	平群脂	去云至	平非微	去敷未	平奉微
长治	꜀tsuei	ᶜsuei	꜁suei	꜀kuei	꜁k'uei	uei꜅	꜀fei	fei꜄	꜁fei
长治县	꜀tsuei	ᶜsuei	꜁suei	꜀kuei	꜁k'uei	uei꜅	꜀fei	fei꜄	꜁fei
长子	꜀tsuei	ᶜsuei	꜁suei	꜀kuei	꜁k'uei	vei꜅	꜀fei	fei꜄	꜁fei
屯留	꜀tsuei	ᶜsuei	꜁suei	꜀kuei	꜁k'uei	꜁uei	꜀fei	fei꜄	꜁fei
黎城	꜀tsuei	ᶜsuei	꜁suei	꜀kuei	꜁k'uei	꜁uei	꜀fei	fei꜄	꜁fei
潞城	꜀tsuei	ᶜsuei	꜁suei	꜀kuei	꜁k'uei	uei꜅	꜀fei	fei꜄	꜁fei
平顺	꜀tsuei	ᶜsuei	꜁suei	꜀kuei	꜁k'uei	uei꜅	꜀fei	fei꜄	꜁fei
壶关	꜀tʂuei	ᶜʂuei	꜁ʂuei	꜀kuei	꜁k'uei	uei꜅	꜀fei	fei꜄	꜁fei
襄垣	꜀tsuei	ᶜsuei	꜁suei	꜀kuei	꜁k'uei	vei꜄	꜀fei	fei꜄	꜁fei
武乡	꜀tsuei	ᶜsuei	꜁suei	꜀kuei	꜁k'uei	vei꜄	꜀fei	fei꜄	꜁fei
沁县	꜀tsuei	꜀suei	꜁suei	꜀kuei	꜁k'uei	vei꜄	꜀fei	fei꜄	꜁fei
沁源	꜀tsuei	ᶜsu	꜁su	꜀kuei	꜁k'uei	vei꜄	꜀fei	fei꜄	꜁fei
高平	꜀tʂuei	ᶜʂuei	꜁ʂuei	꜀kuei	꜁k'uei	vei꜄	꜀fei	fei꜄	꜀fei
阳城	꜀tʂuæ	ᶜʂuæ	꜁ʂuæ	꜀kuæ	꜁k'uæ	uæ꜄	꜀fi	fi꜄	꜁fi
晋城	꜀tʂuɛe	꜁ʂuɛe	꜁ʂuɛe	꜀kuɛe	꜁k'uɛe	uɛe꜄	꜀fei	fei꜄	꜁fei
陵川	꜀tʂuei	ᶜʂuei	꜁ʂuei	꜀kuei	꜁k'uei	uei꜄	꜀fei	fei꜄	꜁fei

例字 / 方言点	止合三					效开一			
	尾	归	魏	挥	伟	保	堡	抱	毛
	上微尾	平见微	去疑未	平晓微	上云尾	上帮皓	上帮皓	上並皓	平明豪
长治	ᶜuei	꜀kuei	uei꜅	꜀xuei	ᶜuei	ᶜpɔ	ᶜpu	pu꜅	꜁mɔ
长治县	ᶜuei	꜀kuei	uei꜅	꜀xuei	ᶜuei	ᶜpɔ	ᶜpɔ	pu꜅	꜁mɔ
长子	ᶜvei	꜀kuei	vei꜅	꜀xuei	ᶜvei	ᶜpau	ᶜpu	pau꜅	꜁mau
屯留	ᶜuei	꜀kuei	꜁uei	꜀xuei	ᶜuei	ᶜpɔ	ᶜpu	꜁pɔ	꜁mɔ
黎城	ᶜuei	꜀kuei	꜁uei	꜀xuei	ᶜuei	ᶜpɔ	ᶜpɔ	꜁pu	꜁mɔ
潞城	ᶜuei	꜀kuei	uei꜅	꜀xuei	ᶜuei	ᶜpɔ	ᶜpɔ	pu꜅	꜁mɔ
平顺	ᶜuei	꜀kuei	uei꜅	꜀xuei	ᶜuei	ᶜpɔ	ᶜpɔ	pu꜅	꜁mɔ
壶关	ᶜuei	꜀kuei	uei꜅	꜀xuei	ᶜuei	ᶜpɔ	ᶜpu	pu꜅	꜁mɔ
襄垣	ᶜvei	꜀kuei	vei꜄	꜀xuei	ᶜvei	ᶜpaŋ	ᶜpu	pau꜄	꜁mau
武乡	ᶜvei	꜀kuei	vei꜄	꜀xuei	ᶜvei	ᶜpɔ	ᶜpɔ	pɔ꜄	꜁mɔ
沁县	꜀vei	꜀kuei	vei꜄	꜀xuei	꜀vei	꜀pɔ	꜀pɔ	pɔ꜄	꜁mɔ
沁源	ᶜvei	꜀kuei	vei꜄	꜀xuei	ᶜvei	ᶜpɔ	ᶜpɔ	pu꜄	꜁mɔ
高平	ᶜvei	꜀kuei	vei꜄	꜀xuei	ᶜvei	ᶜpɔo	ᶜpɔo	pɔo꜄	꜀mɔo
阳城	ᶜvæ	꜀kuæ	uæ꜄	꜀xuæ	ᶜuæ	ᶜpo	ᶜpo	po꜄	꜁mo
晋城	꜁uɛe	꜀kuɛe	uɛe꜄	꜀xuɛe	꜁uɛe	꜁po	꜁po	po꜄	꜁mo
陵川	ᶜuei	꜀kuei	uei꜄	꜀xuei	ᶜuei	ᶜpɑo	ᶜpɑo	pu꜄	꜁mɑo

例字 / 方言点	效开一									
	刀	岛	讨	道	脑	老	早	草	曹	扫
	平端豪	上端皓	上透皓	上定皓	上泥皓	上来皓	上精皓	上清皓	平从豪	去心号
长治	꜀tɔ	꜂tɔ	꜂t‘ɔ	tɔ꜅	꜂nɔ	꜂lɔ	꜂tsɔ	꜂ts‘ɔ	꜁ts‘ɔ	꜂sɔ
长治县	꜀tɔ	꜂tɔ	꜂t‘ɔ	tɔ꜅	꜂nɔ	꜂lɔ	꜂tsɔ	꜂ts‘ɔ	꜁ts‘ɔ	꜂sɔ
长子	꜀tau	꜂tau	꜂t‘au	tau꜅	꜂nau	꜂lau	꜂tsau	꜂ts‘au	꜁ts‘au	꜂sau
屯留	꜀tɔ	꜂tɔ	꜂t‘ɔ	꜁tɔ	꜂nɔ	꜂lɔ	꜂tsɔ	꜂ts‘ɔ	꜁ts‘ɔ	꜂sɔ
黎城	꜀tɔ	꜂tɔ	꜂t‘ɔ	꜁tɔ	꜂nɔ	꜂lɔ	꜂tsɔ	꜂ts‘ɔ	꜁ts‘ɔ	꜂sɔ
潞城	꜀tɔ	꜂tɔ	꜂t‘ɔ	tɔ꜅	꜂nɔ	꜂lɔ	꜂tsɔ	꜂ts‘ɔ	꜁ts‘ɔ	꜂sɔ
平顺	꜀tɔ	꜂tɔ	꜂t‘ɔ	tɔ꜅	꜂nɔ	꜂lɔ	꜂tsɔ	꜂ts‘ɔ	꜁ts‘ɔ	꜂sɔ
壶关	꜀tɔ	꜂tɔ	꜂t‘ɔ	tɔ꜅	꜂nɔ	꜂lɔ	꜂tʂɔ	꜂tʂ‘ɔ	꜁tʂ‘ɔ	꜂ʂɔ
襄垣	꜀tau	꜂taŋ	꜂t‘aŋ	tau꜄	꜂naŋ	꜂laŋ	꜂tsaŋ	꜂ts‘aŋ	꜁ts‘au	꜂saŋ
武乡	꜀tɔ	꜂tɔ	꜂t‘ɔ	tɔ꜄	꜂nɔ	꜂lɔ	꜂tsɔ	꜂ts‘ɔ	꜁ts‘ɔ	꜂sɔ
沁县	꜀tɔ	꜀tɔ	꜀t‘ɔ	tɔ꜄	꜀nɔ	꜀lɔ	꜀tsɔ	꜀ts‘ɔ	꜁ts‘ɔ	꜀sɔ
沁源	꜀tɔ	꜂tɔ	꜂t‘ɔ	tɔ꜄	꜂nɔ	꜂lɔ	꜂tsɔ	꜂ts‘ɔ	꜁ts‘ɔ	꜂sɔ
高平	꜀tɔo	꜂tɔo	꜂t‘ɔo	tɔo꜄	꜂nɔo	꜂lɔo	꜂tʂɔo	꜂tʂ‘ɔo	꜀tʂ‘ɔo	꜂ʂɔo
阳城	꜀to	꜂to	꜂t‘o	to꜄	꜂no	꜂lo	꜂tso	꜂ts‘o	꜁ts‘o	꜂so
晋城	꜀to	꜁to	꜁t‘o	to꜄	꜁no	꜁lo	꜁tʂo	꜁tʂ‘o	꜀tʂ‘o	꜁ʂo
陵川	꜀tɑo	꜂tɑo	꜂t‘ɑo	tɑo꜄	꜂nɑo	꜂lɑo	꜂tʂɑo	꜂tʂ‘ɑo	꜁tʂ‘ɑo	꜂ʂɑo

例字 / 方言点	效开一						效开二		
	高	考	熬	好好坏	豪	奥	包	泡	貌
	平见豪	上溪皓	平疑豪	上晓皓	平匣豪	去影号	平帮肴	平滂肴	去明效
长治	꜀kɔ	꜂k‘ɔ	꜁ɔ	꜂xɔ	꜁xɔ	ɔ꜄	꜀pɔ	p‘ɔ꜄/p‘əʔ꜆	mɔ꜅
长治县	꜀kɔ	꜂k‘ɔ	꜁ɔ	꜂xɔ	꜁xɔ	ɔ꜄	꜀pɔ	p‘ɔ꜄	mɔ꜅
长子	꜀kau	꜂k‘au	꜁ŋau	꜂xau	꜁xau	ŋau꜄	꜀pau	p‘au꜄	mau꜅
屯留	꜀kɔ	꜂k‘ɔ	꜁ɣɔ	꜂xɔ	꜁xɔ	ɣɔ꜄	꜀pɔ	p‘ɔ꜄/p‘əʔ꜆	꜁mɔ
黎城	꜀kɔ	꜂k‘ɔ	꜁ɣɔ	꜂xɔ	꜁xɔ	ɣɔ꜄	꜀pɔ	p‘ɔ꜄/p‘əʔ꜆	꜁mɔ
潞城	꜀kɔ	꜂k‘ɔ	꜁ɣɔ	꜂xɔ	꜁xɔ	ɣɔ꜄	꜀pɔ	p‘ɔ꜄/p‘əʔ꜆	mɔ꜅
平顺	꜀kɔ	꜂k‘ɔ	꜁ɣɔ	꜂xɔ	꜁xɔ	ɣɔ꜄	꜀pɔ	p‘ɔ꜄	mɔ꜅
壶关	꜀kɔ	꜂k‘ɔ	꜁ɣɔ	꜂xɔ	꜁xɔ	ɣɔ꜄	꜀pɔ	p‘ɔ꜄/p‘əʔ꜆	mɔ꜅
襄垣	꜀kau	꜂k‘aŋ	꜁ŋau	꜂xaŋ	꜁xau	ŋau꜄	꜀pau	p‘au/p‘əʔ꜆	mau꜄
武乡	꜀kɔ	꜂k‘ɔ	꜁ŋɔ	꜂xɔ	꜁xɔ	ŋɔ꜄	꜀pɔ	p‘ɔ꜄	mɔ꜄
沁县	꜀kɔ	꜀k‘ɔ	꜁ŋɔ	꜀xɔ	꜁xɔ	ŋɔ꜄	꜀pɔ	p‘ɔ꜄/p‘əʔ꜆	mɔ꜄
沁源	꜀kɔ	꜂k‘ɔ	꜁ŋɔ	꜂xɔ	꜁xɔ	ŋɔ꜄	꜀pɔ	p‘ɔ꜄/p‘əʔ꜆	mɔ꜄
高平	꜀kɔo	꜂k‘ɔo	꜀ɣɔo	꜂xɔo	꜀xɔo	ɣɔo꜄	꜀pɔo	p‘ɔo꜄	mɔo꜄
阳城	꜀ko	꜂k‘o	꜁ɣo	꜂xo	꜁xo	ɣo꜄	꜀po	p‘o꜄	mo꜄
晋城	꜀ko	꜁k‘o	꜀ɣo	꜁xo	꜀xo	ɣo꜄	꜀po	p‘o꜄/p‘əʔ꜆	mo꜄
陵川	꜀kɑo	꜂k‘ɑo	꜁ɣɑo	꜂xɑo	꜁xɑo	ɣɑo꜄	꜀pɑo	p‘ɑo꜄	mɑo꜄

例字 / 方言点	效开二								
	闹	罩	抓	炒	巢	捎捎带	交	巧	孝
	去泥效	去知效	平庄肴	上初巧	平崇肴	平生肴	平见肴	上溪巧	去晓效
长治	nɔ꜅	tsɔ꜄	꜀tsuɑ	꜂tsʻɔ	꜁tsʻɔ	꜀sɔ	꜀tɕiɔ	꜂tɕʻiɔ	ɕiɔ꜄
长治县	nɔ꜅	tsɔ꜄	꜀tsuɑ	꜂tsʻɔ	꜁tsʻɔ	꜀sɔ	꜀tɕiɔ	꜂tɕʻiɔ	ɕiɔ꜄
长子	nau꜅	tsau꜄	꜀tsua	꜂tsʻau	꜁tsʻau	꜀sau	꜀tɕiau	꜂tɕʻiau	ɕiau꜄
屯留	꜁nɔ	tsɔ꜄	꜀tsua	꜂tsʻɔ	꜁tsʻɔ	꜀sɔ	꜀tɕiɔ	꜂tɕʻiɔ	ɕiɔ꜄
黎城	꜁nɔ	tsɔ꜄	꜀tsua	꜂tsʻɔ	꜁tsʻɔ	꜀sɔ	꜀ciɔ	꜂cʻiɔ	çiɔ꜄
潞城	nɔ꜅	tsɔ꜄	꜀tsuɑ	꜂tsʻɔ	꜁tsʻɔ	꜀sɔ	꜀tɕiɔ	꜂tɕʻiɔ	ɕiɔ꜄
平顺	nɔ꜅	tsɔ꜄	꜀tsua	꜂tsʻɔ	꜁tsʻɔ	꜀sɔ	꜀ciɔ	꜂cʻiɔ	çiɔ꜄
壶关	nɔ꜅	tʂɔ꜄	꜀tʂua	꜂tʂʻɔ	꜁tʂʻɔ	꜀ʂɔ	꜀ciɔ	꜂cʻiɔ	çiɔ꜄
襄垣	nau꜄	tsau꜄	꜀tsua	꜂tsʻaŋ	꜁tsʻau	꜀sau	꜀tɕiau	꜂tɕʻiaŋ	ɕiau꜄
武乡	nɔ꜄	tsɔ꜄	꜀tsua	꜂tsʻɔ	꜁tsʻɔ	꜀sɔ	꜀tɕiɔ	꜂tɕʻiɔ	ɕiɔ꜄
沁县	nɔ꜄	tsɔ꜄	꜀tsua	꜀tsʻɔ	꜁tsʻɔ	꜀sɔ	꜀tɕiɔ	꜀tɕʻiɔ	ɕiɔ꜄
沁源	nɔ꜄	tsɔ꜄	꜀tsuɑ	꜂tsʻɔ	꜁tsʻɔ	꜀sɔ	꜀tɕiɔ	꜂tɕʻiɔ	ɕiɔ꜄
高平	nɔo꜄	tʂɔo꜄	꜀tʂuɑ	꜂tʂʻɔ	꜁tʂʻɔo	꜀ʂɔo	꜀ciɔo	꜂cʻiɔo	ɕiɔo꜄
阳城	no꜄	tʂo꜄	꜀tʂuɑ	꜂tʂʻo	꜁tʂʻo	꜀ʂo	꜀cio	꜂cʻio	çio꜄
晋城	no꜄	tʂo꜄	꜀tʂuɑ	꜁tʂʻo	꜁tʂʻo	꜀ʂo	꜀tɕio	꜁tɕʻio	ɕio꜄
陵川	nɑo꜄	tʂɑo꜄	꜀tʂuᴀ	꜂tʂʻɑo	꜁tʂʻɑo	꜀ʂɑo	꜀ciɑo	꜂cʻiɑo	çiɑo꜄

例字 / 方言点	效开二	效开三							
	校学校	表	飘	苗	燎	焦	悄静悄悄	小	超
	去匣效	上帮小	平滂宵	平明宵	平来宵	平精宵	上清小	上心小	平彻宵
长治	ɕiɔ꜅	꜂piɔ	꜀pʻiɔ	꜁miɔ	꜁liɔ	꜀tɕiɔ	꜀tɕʻiɔ	꜂ɕiɔ	꜀tsʻɔ
长治县	ɕiɔ꜅	꜂piɔ	꜀pʻiɔ	꜁miɔ	꜁liɔ	꜀tɕiɔ	꜀tɕʻiɔ	꜂ɕiɔ	꜀tsʻɔ
长子	ɕiau꜅	꜂piau	꜀pʻiau	꜁miau	꜁liau	꜀tɕiau	꜀tɕʻiau	꜂ɕiau	꜀tsʻau
屯留	꜁ɕiɔ	꜂piɔ	꜀pʻiɔ	꜁miɔ	꜁liɔ	꜀tɕiɔ	꜀tɕʻiɔ	꜂ɕiɔ	꜀tsʻɔ
黎城	꜁çiɔ	꜂piɔ	꜀pʻiɔ	꜁miɔ	꜁liɔ	꜀tɕiɔ	꜀tɕʻiɔ	꜂ɕiɔ	꜀tɕʻiɔ
潞城	ɕiɔ꜅	꜂piɔ	꜀pʻiɔ	꜁miɔ	꜁liɔ	꜀tʃiɔ	꜀tʃʻiɔ	꜂ʃiɔ	꜀tɕʻiɔ
平顺	çiɔ꜅	꜂piɔ	꜀pʻiɔ	꜁miɔ	꜁liɔ	꜀tsiɔ	꜀tsʻiɔ	꜂siɔ	꜀tsʻɔ
壶关	çiɔ꜅	꜂piɔ	꜀pʻiɔ	꜁miɔ	꜁liɔ	꜀tsiɔ	꜀tsʻiɔ	꜂siɔ	꜀tʂʻɔ
襄垣	ɕiaŋ꜄	꜂piaŋ	꜀pʻiau	꜁miau	꜁liau	꜀tɕiau	꜀tɕʻiau	꜂ɕiaŋ	꜀tsʻau
武乡	ɕiɔ꜄	꜂piɔ	꜀pʻiɔ	꜁miɔ	꜁liɔ	꜀tɕiɔ	꜀tɕʻiɔ	꜂ɕiɔ	꜀tsʻɔ
沁县	ɕiɔ꜄	꜀piɔ	꜀pʻiɔ	꜁miɔ	꜁liɔ	꜀tɕiɔ	꜀tɕʻiɔ	꜀ɕiɔ	꜀tsʻɔ
沁源	ɕiɔ꜄	꜂piɔ	꜀pʻiɔ	꜁miɔ	꜁liɔ	꜀tɕiɔ	꜀tɕʻiɔ	꜂ɕiɔ	꜀tʂʻɔ/ ꜀ʂo
高平	ɕiɔo꜄	꜂piɔo	꜀pʻiɔo	꜀miɔo	꜀liɔo	꜀tsiɔo	꜀tsʻiɔo	꜂siɔo	꜀tʂʻɔo
阳城	çio꜄	꜂pio	꜀pʻio	꜁mio	꜁lio	꜀tɕio	꜀tɕʻio	꜂ɕio	꜀tʂʻo
晋城	ɕio꜄	꜁pio	꜀pʻio	꜁mio	꜁lio	꜀tɕio	꜀tɕʻio	꜁ɕio	꜀tʂʻo
陵川	çiɑo꜄	꜂piɑo	꜀pʻiɑo	꜁miɑo	꜁liɑo	꜀tɕiɑo	꜀tɕʻiɑo	꜂ɕiɑo	꜀tʂʻɑo

例字/方言点	效开三									
	赵	招	烧	邵	绕绕线	娇	桥	轿	腰	摇
	上澄小	平章宵	平书宵	去禅笑	去日笑	平见宵	平群宵	去群笑	平影宵	平以宵
长治	tsɔ꜆	꜀tsɔ	꜀sɔ	sɔ꜆	iɔ꜆	꜀tɕiɔ	꜄tɕʻiɔ	tɕiɔ꜆	꜀iɔ	꜄iɔ
长治县	tsɔ꜆	꜀tsɔ	꜀sɔ	sɔ꜆	iɔ꜆	꜀tɕiɔ	꜄tɕʻiɔ	tɕiɔ꜆	꜀iɔ	꜄iɔ
长子	tsau꜆	꜀tsau	꜀sau	sau꜆	iau꜆	꜀tɕiau	꜄tɕʻiau	tɕiau꜆	꜀iau	꜄iau
屯留	꜄tsɔ	꜀tsɔ	꜀sɔ	꜄sɔ	꜄iɔ	꜀tɕiɔ	꜄tɕʻiɔ	꜄tɕiɔ	꜀iɔ	꜄iɔ
黎城	꜄tɕiɔ	꜀tɕiɔ	꜀ɕiɔ	꜄ɕiɔ	꜄iɔ	꜀ciɔ	꜄cʻiɔ	꜄ciɔ	꜀iɔ	꜄iɔ
潞城	tɕiɔ꜆	꜀tɕiɔ	꜀ɕiɔ	ɕiɔ꜆	iɔ꜆	꜀tɕiɔ	꜄tɕʻiɔ	tɕiɔ꜆	꜀iɔ	꜄iɔ
平顺	tsɔ꜆	꜀tsɔ	꜀sɔ	sɔ꜆	iɔ꜆	꜀ciɔ	꜄cʻiɔ	ciɔ꜆	꜀iɔ	꜄iɔ
壶关	tʂɔ꜆	꜀tʂɔ	꜀ʂɔ	ʂɔ꜆	iɔ꜆	꜀ciɔ	꜄cʻiɔ	ciɔ꜆	꜀iɔ	꜄iɔ
襄垣	tsau꜂	꜀tsau	꜀sau	sau꜂	ʐau꜂	꜀tɕiau	꜄tɕʻiau	tɕiau꜂	꜀iau	꜄iau
武乡	tsɔ꜂	꜀tsɔ	꜀sɔ	sɔ꜂	zɔ꜂	꜀tɕiɔ	꜄tɕʻiɔ	tɕiɔ꜂	꜀iɔ	꜄iɔ
沁县	tsɔ꜂	꜀tsɔ	꜀sɔ	sɔ꜂	zɔ꜂	꜀tɕiɔ	꜄tɕʻiɔ	tɕiɔ꜂	꜀iɔ	꜄iɔ
沁源	tʂɔ꜂	꜀tʂɔ	꜀ʂɔ	ʂɔ꜂	ʐɔ꜂	꜀tɕiɔ	꜄tɕʻiɔ	tɕiɔ꜂	꜀iɔ	꜄iɔ
高平	tʂɔo꜂	꜀tʂɔo	꜀ʂɔo	ʂɔo꜂	ʐɔo꜂	꜀ciɔo	꜀cʻiɔo	ciɔo꜂	꜀iɔo	꜀iɔo
阳城	tʂo꜂	꜀tʂo	꜀ʂo	ʂo꜂	ʐo꜂	꜀cio	꜄cʻio	cio꜂	꜀io	꜄io
晋城	tʂo꜂	꜀tʂo	꜀ʂo	ʂo꜂	ʐo꜂	꜀tɕio	꜄tɕʻio	tɕio꜂	꜀io	꜄io
陵川	tʂɑo꜂	꜀tʂɑo	꜀ʂɑo	ʂɑo꜂	lɑo꜂	꜀ciɑo	꜄cʻiɑo	ciɑo꜂	꜀iɑo	꜄iɑo

例字/方言点	效开四								
	鸟	挑	条	尿	聊	萧	叫	尧	晓
	上端篠	平透萧	平定萧	去泥啸	平来萧	平心萧	去见啸	平疑萧	上晓篠
长治	꜁ȵiɔ	꜀tʻiɔ	꜄tʻiɔ	ȵiɔ꜆	꜄liɔ	꜀ɕiɔ	tɕiɔ꜂	꜄iɔ	꜁ɕiɔ
长治县	꜁ȵiɔ	꜀tʻiɔ	꜄tʻiɔ	ȵiɔ꜆	꜄liɔ	꜀ɕiɔ	tɕiɔ꜂	꜄iɔ	꜁ɕiɔ
长子	꜁ȵiau	꜀tʻiau	꜄tʻiau	ȵiau꜆	꜄liau	꜀ɕiau	tɕiau꜂	꜄iau	꜁ɕiau
屯留	꜁ȵiɔ	꜀tʻiɔ	꜄tʻiɔ	꜄ȵiɔ	꜄liɔ	꜀ɕiɔ	tɕiɔ꜂	꜄iɔ	꜁ɕiɔ
黎城	꜁ȵiɔ	꜀tʻiɔ	꜄tʻiɔ	꜄ȵiɔ	꜄liɔ	꜀ɕiɔ	ciɔ꜂	꜄iɔ	꜁çiɔ
潞城	꜁ȵiɔ	꜀tʻiɔ	꜄tʻiɔ	ȵiɔ꜆	꜄liɔ	꜀ʃiɔ	tɕiɔ꜂	꜄iɔ	꜁ɕiɔ
平顺	꜁ȵiɔ	꜀tʻiɔ	꜄tʻiɔ	ȵiɔ꜆	꜄liɔ	꜀siɔ	ciɔ꜂	꜄iɔ	꜁çiɔ
壶关	꜁ȵiɔ	꜀tʻiɔ	꜄tʻiɔ	ȵiɔ꜆	꜄liɔ	꜀siɔ	ciɔ꜂	꜄iɔ	꜁çiɔ
襄垣	꜁ȵiaŋ	꜀tʻiau	꜄tʻiau	ȵiau꜂	꜄liau	꜀ɕiau	tɕiau꜂	꜄iau	꜁ɕiaŋ
武乡	꜁ȵiɔ	꜀tʻiɔ	꜄tʻiɔ	ȵiɔ꜂	꜄liɔ	꜀ɕiɔ	tɕiɔ꜂	꜄iɔ	꜁ɕiɔ
沁县	꜀ȵiɔ	꜀tʻiɔ	꜄tʻiɔ	ȵiɔ꜂	꜄liɔ	꜀ɕiɔ	tɕiɔ꜂	꜄iɔ	꜀ɕiɔ
沁源	꜁ȵiɔ	꜀tʻiɔ	꜄tʻiɔ	ȵiɔ꜂	꜄liɔ	꜀ɕiɔ	tɕiɔ꜂	꜄iɔ	꜁ɕiɔ
高平	꜁liɔo	꜀tʻiɔo	꜀tʻiɔo	liɔo꜂	꜀liɔo	꜀siɔo	ciɔo꜂	꜀iɔo	꜁ɕiɔ
阳城	꜁nio	꜀tʻio	꜄tʻio	nio꜂	꜄lio	꜀ɕio	cio꜂	꜄io	꜁çio
晋城	꜄nio	꜀tʻio	꜄tʻio	nio꜂	꜄lio	꜀ɕio	tɕio꜂	꜄io	꜄ɕio
陵川	꜁niɑo	꜀tʻiɑo	꜄tʻiɑo	niɑo꜂	꜄liɑo	꜀ɕiɑo	ciɑo꜂	꜄iɑo	꜁çiɑo

例字 / 方言点	流开一								
	剖	某	斗	透	豆	楼	走	凑	嗽咳嗽
	上滂厚	上明厚	上端厚	去透候	去定候	平来侯	上精厚	去清候	去心候
长治	꜀pʻɔ	ᶜmu	ᶜtəu	tʻəuᵓ	təuᵓ̲	꜀̲ləu	ᶜtsəu	tsʻəuᵓ	səuᵓ
长治县	꜀pʻɔ	ᶜmu	ᶜtəu	tʻəuᵓ	təuᵓ̲	꜀̲ləu	ᶜtsəu	tsʻəuᵓ	səuᵓ
长子	꜀pʻau	ᶜmu	ᶜtəu	tʻəuᵓ	təuᵓ̲	꜀̲ləu	ᶜtsəu	tsʻəuᵓ	səuᵓ
屯留	꜀pʻɔ	ᶜmu	ᶜtəu	tʻəuᵓ	꜀̲təu	꜀̲ləu	ᶜtsəu	tsʻəuᵓ	səuᵓ
黎城	꜀pʻɔ	ᶜmu	ᶜtəu	tʻəuᵓ	꜀̲təu	꜀̲ləu	ᶜtsəu	tsʻəuᵓ	səuᵓ
潞城	꜀pʻɔ	ᶜmu	ᶜtəu	tʻəuᵓ	təuᵓ̲	꜀̲ləu	ᶜtsəu	tsʻəuᵓ	səuᵓ
平顺	꜀pʻɔ	ᶜmu	ᶜtəu	tʻəuᵓ	təuᵓ̲	꜀̲ləu	ᶜtsəu	tsʻəuᵓ	səuᵓ
壶关	꜀pʻɔ	ᶜmu	ᶜtəu	tʻəuᵓ	təuᵓ̲	꜀̲ləu	ᶜtʂəu	tʂʻəuᵓ	ʂəuᵓ
襄垣	꜀pʻau	ᶜmu	ᶜtou	tʻouᵓ	touᵓ	꜀̲lou	ᶜtsou	tsʻouᵓ	souᵓ
武乡	꜀pʻɔ	ᶜmu	ᶜtəu	tʻəuᵓ	təuᵓ	꜀̲ləu	ᶜtsəu	tsʻəuᵓ	səuᵓ
沁县	꜀pʻɔ	꜀mu	꜀təu	tʻəuᵓ	təuᵓ	꜀̲ləu	꜀tsəu	tsʻəuᵓ	səuᵓ
沁源	꜀pʻɔ	ᶜmu	ᶜtei	tʻeiᵓ	teiᵓ	꜀̲lei	ᶜtsei	tsʻeiᵓ	seiᵓ
高平	꜀pʻɔo	ᶜmu	ᶜtʌu	tʻʌuᵓ	tʌuᵓ	꜀lʌu	ᶜtʂʌu	tʂʻʌuᵓ	ʂʌuᵓ
阳城	꜀pʻo	ᶜmu	ᶜtɐu	tʻɐuᵓ	tɐuᵓ	꜀̲lɐu	ᶜtsɐu	tsʻɐuᵓ	sɐuᵓ
晋城	꜀pʻo	꜀̲mu	꜀̲tɐu	tʻɐuᵓ	tɐuᵓ	꜀̲lɐu	꜀̲tʂɐu	tʂʻɐuᵓ	ʂɐuᵓ
陵川	꜀pʻɑo	ᶜmu	ᶜtəu	tʻəuᵓ	təuᵓ	꜀̲ləu	ᶜtʂəu	tʂʻəuᵓ	ʂəuᵓ

例字 / 方言点	流开一						流开三		
	狗	口	偶配偶	吼	后	欧	否	副	浮
	上见厚	上溪厚	上疑厚	上晓厚	上匣厚	平影候	上非有	去敷宥	平奉尤
长治	ᶜkəu	ᶜkʻəu	ᶜəu	ᶜxəu	xəuᵓ̲	꜀əu	ᶜfu	fuᵓ	꜀̲fu
长治县	ᶜkəu	ᶜkʻəu	ᶜəu	ᶜxəu	xəuᵓ̲	꜀əu	ᶜfu	fuᵓ	꜀̲fu
长子	ᶜkəu	ᶜkʻəu	ᶜŋəu	ᶜxəu	xəuᵓ̲	꜀ŋəu	ᶜfu	fuᵓ	꜀̲fu
屯留	ᶜkəu	ᶜkʻəu	ᶜɣəu	ᶜxəu	꜀̲xəu	꜀ɣəu	ᶜfu	fuᵓ	꜀̲fu
黎城	ᶜkəu	ᶜkʻəu	ᶜɣəu	ᶜxəu	꜀̲xəu	꜀ɣəu	ᶜfu	fuᵓ	꜀̲fu
潞城	ᶜkəu	ᶜkʻəu	ᶜɣəu	ᶜxəu	xəuᵓ̲	꜀ɣəu	ᶜfu	fuᵓ	꜀̲fu
平顺	ᶜkəu	ᶜkʻəu	ᶜɣəu	ᶜxəu	xəuᵓ̲	꜀ɣəu	ᶜfu	fuᵓ	꜀̲fu
壶关	ᶜkəu	ᶜkʻəu	ᶜɣəu	ᶜxəu	xəuᵓ̲	꜀ɣəu	ᶜfu	fuᵓ	꜀̲fu
襄垣	ᶜkou	ᶜkʻou	ᶜŋou	ᶜxou	xouᵓ	꜀ŋou	ᶜfu	fuᵓ	꜀̲fu
武乡	ᶜkəu	ᶜkʻəu	ᶜŋəu	ᶜxəu	xəuᵓ	꜀ŋəu	ᶜfu	fuᵓ	꜀̲fu
沁县	꜀kəu	꜀kʻəu	꜀ŋəu	꜀xəu	xəuᵓ	꜀ŋəu	꜀fu	fuᵓ	꜀̲fu
沁源	ᶜkiəu	ᶜkʻiəu	ᶜŋiəu	ᶜxiəu	xiəuᵓ	꜀ŋiəu	ᶜfu	fuᵓ	꜀̲fu
高平	ᶜkʌu	ᶜkʻʌu	ᶜɣʌu	ᶜxʌu	xʌuᵓ	꜀ɣʌu	ᶜfu	fuᵓ	꜀fu
阳城	ᶜkɐu	ᶜkʻɐu	ᶜɣɐu	ᶜxɐu	xɐuᵓ	꜀ɣɐu	ᶜfu	fuᵓ	꜀̲fu
晋城	꜀̲kʌɤ	꜀̲kʻʌɤ	꜀̲ɣʌɤ	꜀̲xʌɤ	xʌɤᵓ	꜀ɣʌɤ	꜀̲fu	fuᵓ	꜀̲fu
陵川	ᶜkəu	ᶜkʻəu	ᶜɣəu	ᶜxəu	xəuᵓ	꜀ɣəu	ᶜfu	fuᵓ	꜀̲fu

例字 方言点	流开三								
	谋	扭	流	酒	秋	就	修	袖	肘
	平明尤	上泥有	平来尤	上精有	平清尤	去从宥	平心尤	去邪宥	上知有
长治	꜁mu	ᶜȵiəu	꜁liəu	ᶜtɕiəu	꜀tɕʻiəu	tɕiəu꜅	꜀ɕiəu	ɕiəu꜅	ᶜtsəu
长治县	꜁mu	ᶜȵiəu	꜁liəu	ᶜtɕiəu	꜀tɕʻiəu	tɕiəu꜅	꜀ɕiəu	ɕiəu꜅	ᶜtsəu
长子	꜁mu	ᶜȵiəu	꜁liəu	ᶜtɕiəu	꜀tɕʻiəu	tɕiəu꜅	꜀ɕiəu	ɕiəu꜅	ᶜtsəu
屯留	꜁mu	ᶜȵiəu	꜁liəu	ᶜtɕiəu	꜀tɕʻiəu	꜁tɕiəu	꜀ɕiəu	꜁ɕiəu	ᶜtsəu
黎城	꜁mu	ᶜȵiəu	꜁liəu	ᶜtɕiəu	꜀tɕʻiəu	꜁tɕiəu	꜀ɕiəu	꜁ɕiəu	ᶜtɕiəu
潞城	꜁mu	ᶜȵiəu	꜁liəu	ᶜtʃiəu	꜀tʃʻiəu	tʃiəu꜅	꜀ʃiəu	ʃiəu꜅	ᶜtɕiəu
平顺	꜁mu	ᶜȵiəu	꜁liəu	ᶜtsiəu	꜀tsʻiəu	tsiəu꜅	꜀siəu	siəu꜅	ᶜtsəu
壶关	꜁mu	ᶜȵiəu	꜁liəu	ᶜtsiəu	꜀tsʻiəu	tsiəu꜅	꜀siəu	siəu꜅	ᶜtʂəu
襄垣	꜁mu	ᶜȵiou	꜁liou	ᶜtɕiou	꜀tɕʻiou	tɕiouᵓ	꜀ɕiou	ɕiouᵓ	ᶜtsou
武乡	꜁mu	ᶜȵiəu	꜁liəu	ᶜtɕiəu	꜀tɕʻiəu	tɕiəuᵓ	꜀ɕiəu	ɕiəuᵓ	ᶜtsəu
沁县	꜁mu	꜁ȵiəu	꜁liəu	꜀tɕiəu	꜀tɕʻiəu	tɕiəuᵓ	꜀ɕiəu	ɕiəuᵓ	꜀tsəu
沁源	꜁mu	ᶜȵiəu	꜁liəu	ᶜtɕiəu	꜀tɕʻiəu	tɕiəuᵓ	꜀ɕiəu	ɕiəuᵓ	ᶜtʂei
高平	꜁mu	ᶜliʌu	꜁liʌu	ᶜtsiʌu	꜀tsʻiʌu	tsiʌuᵓ	꜀siʌu	siʌuᵓ	ᶜtʂʌu
阳城	꜁mɐu	ᶜniɐu	꜁liɐu	ᶜtɕiɐu	꜀tɕʻiɐu	tɕiɐuᵓ	꜀ɕiɐu	ɕiɐuᵓ	ᶜtʂɐu
晋城	꜁mu	꜁niʌɤ	꜁liʌɤ	꜁tɕiʌɤ	꜀tɕʻiʌɤ	tɕiʌɤᵓ	꜀ɕiʌɤ	ɕiʌɤᵓ	꜁tʂʌɤ
陵川	꜁mu	ᶜniəu	꜁liəu	ᶜtɕiəu	꜀tɕʻiəu	tɕiəuᵓ	꜀ɕiəu	ɕiəuᵓ	ᶜtʂəu

例字 方言点	流开三								
	丑	宙	皱	愁	瘦	周	臭香臭	手	仇
	上彻有	去澄宥	去庄宥	平崇尤	去生宥	平章尤	去昌宥	上书有	平禅尤
长治	ᶜtsʻəu	tsəu꜅	tsəuᵓ	꜁tsʻəu	səuᵓ	꜀tsəu	tsʻəuᵓ	ᶜsəu	꜁tsʻəu
长治县	ᶜtsʻəu	tsəu꜅	tsəuᵓ	꜁tsʻəu	səuᵓ	꜀tsəu	tsʻəuᵓ	ᶜsəu	꜁tsʻəu
长子	ᶜtsʻəu	tsəu꜅	tsəuᵓ	꜁tsʻəu	səuᵓ	꜀tsəu	tsʻəuᵓ	ᶜsəu	꜁tsʻəu
屯留	ᶜtsʻəu	꜁tsəu	tsəuᵓ	꜁tsʻəu	səuᵓ	꜀tsəu	tsʻəuᵓ	ᶜsəu	꜁tɕʻiəu
黎城	ᶜtɕʻiəu	꜁tɕiəu	tsəuᵓ	꜁tsʻəu	səuᵓ	꜀tɕiəu	tɕʻiəuᵓ	ᶜɕiəu	꜁tɕʻiəu
潞城	ᶜtɕʻiəu	tɕiəu꜅	tsəuᵓ	꜁tsʻəu	səuᵓ	꜀tɕiəu	tɕʻiəuᵓ	ᶜɕiəu	꜁tɕʻiəu
平顺	ᶜtsʻou	tsou꜅	tsouᵓ	꜁tsʻou	souᵓ	꜀tsou	tsʻouᵓ	ᶜsou	꜁tsʻou
壶关	ᶜtʂʻəu	tʂəu꜅	tʂəuᵓ	꜁tʂʻəu	ʂəuᵓ	꜀tʂəu	tʂʻəuᵓ	ᶜʂəu	꜁tʂʻəu
襄垣	ᶜtsʻou	tsouᵓ	tsouᵓ	꜁tsʻou	souᵓ	꜀tsou	tsʻouᵓ	ᶜsou	꜁tsʻou
武乡	ᶜtsʻəu	tsəuᵓ	tsəuᵓ	꜁tsʻəu	səuᵓ	꜀tsəu	tsʻəuᵓ	ᶜsəu	꜁tsʻəu
沁县	꜀tsʻəu	tsəuᵓ	tsəuᵓ	꜁tsʻəu	səuᵓ	꜀tsəu	tsʻəuᵓ	꜀səu	꜁tsʻəu
沁源	ᶜtʂʻei	tʂeiᵓ	tʂeiᵓ	꜁tʂʻei	ʂeiᵓ	꜀tʂei	tʂʻeiᵓ	ᶜʂei	꜁tʂʻei
高平	ᶜtʂʻʌu	tʂʌuᵓ	tʂʌuᵓ	꜀tʂʻʌu	ʂʌuᵓ	꜀tʂʌu	tʂʻʌuᵓ	ᶜʂʌu	꜀tʂʻʌu
阳城	ᶜtʂʻɐu	tʂɐuᵓ	tʂɐuᵓ	꜁tʂʻɐu	ʂɐuᵓ	꜀tʂɐu	tʂʻɐuᵓ	ᶜʂɐu	꜁tʂʻɐu
晋城	꜁tʂʻʌɤ	tʂʌɤᵓ	tʂʌɤᵓ	꜁tʂʻʌɤ	ʂʌɤᵓ	꜀tʂʌɤ	tʂʻʌɤᵓ	꜁ʂʌɤ	꜀tʂʻʌɤ
陵川	ᶜtʂʻəu	tʂəuᵓ	tʂəuᵓ	꜀tʂʻəu	ʂəuᵓ	꜀tʂəu	tʂʻəuᵓ	ᶜʂəu	꜁tʂʻəu

例字／方言点	流开三								
	柔	九	丘	球	牛	休	有	纠纠正	幼
	平日尤	上见有	平溪尤	平群尤	平疑尤	平晓尤	上云有	上见黝	去影幼
长治	꜁iəu	ᶜtɕiəu	꜀tɕʻiəu	꜁tɕʻiəu	꜁iəu	꜀ɕiəu	ᶜiəu	꜀tɕiəu	iəuᵓ
长治县	꜁iəu	ᶜtɕiəu	꜀tɕʻiəu	꜁tɕʻiəu	꜁iəu	꜀ɕiəu	ᶜiəu	꜀tɕiəu	iəuᵓ
长子	꜁iəu	ᶜtɕiəu	꜀tɕʻiəu	꜁tɕʻiəu	꜁ȵiəu	꜀ɕiəu	ᶜiəu	꜀tɕiəu	iəuᵓ
屯留	꜁iəu	ᶜtɕiəu	꜀tɕʻiəu	꜁tɕʻiəu	꜁iəu	꜀ɕiəu	ᶜiəu	꜀tɕiəu	iəuᵓ
黎城	꜁iəu	ᶜciəu	꜀cʻiəu	꜁cʻiəu	꜁iəu	꜀çiəu	ᶜiəu	꜀ciəu	iəuᵓ
潞城	꜁iəu	ᶜtɕiəu	꜀tɕʻiəu	꜁tɕʻiəu	꜁ȵiəu	꜀ɕiəu	ᶜiəu	꜀tɕiəu	iəuᵓ
平顺	꜁iəu	ᶜciəu	꜀cʻiəu	꜁cʻiəu	꜁iəu	꜀çiəu	ᶜiəu	꜀ciəu	iəuᵓ
壶关	꜁iəu	ᶜciəu	꜀cʻiəu	꜁cʻiəu	꜁iəu	꜀çiəu	ᶜiəu	꜀ciəu	iəuᵓ
襄垣	꜁ʐou	ᶜtɕiou	꜀tɕʻiou	꜁tɕʻiou	꜁iou	꜀ɕiou	ᶜiou	꜀tɕiou	iouᵓ
武乡	꜁zəu	ᶜtɕiəu	꜀tɕʻiəu	꜁tɕʻiəu	꜁ȵiəu	꜀ɕiəu	ᶜiəu	꜀tɕiəu	iəuᵓ
沁县	꜁zəu	꜀tɕiəu	꜀tɕʻiəu	꜁tɕʻiəu	꜁ȵiəu	꜀ɕiəu	꜀iəu	꜀tɕiəu	iəuᵓ
沁源	꜁ʐei	ᶜtɕiəu	꜀tɕʻiəu	꜁tɕʻiəu	꜁ȵiəu	꜀ɕiəu	ᶜiəu	꜀tɕiəu	iəuᵓ
高平	꜀ʐʌu	ᶜciʌu	꜀cʻiʌu	꜀cʻiʌu	꜀iʌu	꜀çiʌu	ᶜiʌu	꜀ciʌu	iʌuᵓ
阳城	꜁ʐɐu	ᶜciɐu	꜀cʻiɐu	꜁cʻiɐu	꜁ɣɐu	꜀çiɐu	ᶜiɐu	꜀ciɐu	iɐuᵓ
晋城	꜁ʐʌɤ	꜁tɕiʌɤ	꜀tɕʻiʌɤ	꜁tɕʻiʌɤ	꜁iʌɤ	꜀ɕiʌɤ	꜁iʌɤ	꜀tɕiʌɤ	iʌɤᵓ
陵川	꜁ləu	ᶜciəu	꜀cʻiəu	꜁cʻiəu	꜁ɣəu	꜀çiəu	ᶜiəu	꜀ciəu	iəuᵓ

例字／方言点	咸开一								
	担担任	贪	谈	男	蓝	惨	惭	感	含
	平端谈	平透覃	平定谈	平泥谈	平来谈	上清感	平从谈	上见感	平匣覃
长治	꜀tɑŋ	꜀tʻɑŋ	꜁tʻɑŋ	꜁nɑŋ	꜁lɑŋ	ᶜtsʻɑŋ	꜁tsʻɑŋ	ᶜkɑŋ	꜁xɑŋ
长治县	꜀tɑŋ	꜀tʻɑŋ	꜁tʻɑŋ	꜁nɑŋ	꜁lɑŋ	ᶜtsʻɑŋ	꜁tsʻɑŋ	ᶜkɑŋ	꜁xɑŋ
长子	꜀tæ̃	꜀tʻæ̃	꜁tʻæ̃	꜁næ̃	꜁læ̃	ᶜtsʻæ̃	꜀tsʻæ̃	ᶜkæ̃	꜁xæ̃
屯留	꜀tan	꜀tʻan	꜁tʻan	꜁nan	꜁lan	ᶜtsʻan	꜁tsʻan	ᶜkan	꜁xan
黎城	꜀tæ	꜀tʻæ	꜁tʻæ	꜁næ	꜁læ	ᶜtsʻæ	꜁tsʻæ	ᶜkæ	꜁xæ
潞城	꜀tæ̃	꜀tʻæ̃	꜁tʻæ̃	꜁næ̃	꜁læ̃	ᶜtsʻæ̃	꜀tsʻæ̃	ᶜkæ̃	꜁xæ̃
平顺	꜀tæ̃	꜀tʻæ̃	꜁tʻæ̃	꜁næ̃	꜁læ̃	ᶜtsʻæ̃	꜀tsʻæ̃	ᶜkæ̃	꜁xæ̃
壶关	꜀taŋ	꜀tʻaŋ	꜁tʻaŋ	꜁naŋ	꜁laŋ	ᶜtʂʻaŋ	꜁tʂʻaŋ	ᶜkaŋ	꜁xaŋ
襄垣	꜀tæ	꜀tʻæ	꜁tʻæ	꜁næ	꜁læ	ᶜtsʻæ	꜁tsʻæ	ᶜkæ	꜁xæ
武乡	꜀tæ	꜀tʻæ	꜁tʻæ	꜁næ	꜁læ	ᶜtsʻæ	꜁tsʻæ	ᶜkæ	꜁xæ
沁县	꜀tan	꜀tʻan	꜁tʻan	꜁nan	꜁lan	꜀tsʻan	꜁tsʻan	꜀kan	꜁xan
沁源	꜀tæ	꜀tʻæ	꜁tʻæ	꜁næ	꜁læ	ᶜtsʻæ	꜁tsʻæ	ᶜkæ	꜁xæ
高平	꜀tæ	꜀tʻæ	꜀tʻæ	꜀næ	꜀næ	ᶜtʂʻæ	꜀tʂʻæ	ᶜkæ	꜀xæ
阳城	꜀tɛ̃	꜀tʻɛ̃	꜁tʻɛ̃	꜁nɛ̃	꜁lɛ̃	ᶜtsʻɛ̃	꜀tsʻɛ̃	ᶜkɛ̃	꜁xɛ̃
晋城	꜀tæ	꜀tʻæ	꜁tʻæ	꜁næ	꜁læ	꜁tʂʻæ	꜁tʂʻæ	꜁kæ	꜁xæ
陵川	꜀tʌn	꜀tʻʌn	꜁tʻʌn	꜁nʌn	꜁lʌn	ᶜtʂʻʌn	꜁tʂʻʌn	ᶜkʌn	꜁xʌn

例字／方言点	咸开一								
	喊	暗	答	踏	杂	纳	拉	腊	鸽
	上晓敢	去影勘	入端合	入透合	入从合	入泥合	入来合	入来盍	入见合
长治	ᶜxɑŋ	ɑŋ꜄	tɑʔ꜆	tʻɑʔ꜆	tsɑʔ꜆	nɑʔ꜆	꜀lɑ	lɑʔ꜆	kəʔ꜆
长治县	ᶜxɑŋ	ɑŋ꜄	tɑʔ꜆	tʻɑʔ꜆	tsɑʔ꜆	nɑʔ꜆	꜀lɑ	lɑʔ꜆	kəʔ꜆
长子	ᶜxæ̃	ŋæ̃꜄	taʔ꜆	tʻaʔ꜆	tsaʔ꜇	naʔ꜆	꜀la	laʔ꜆	kəʔ꜆
屯留	ᶜxan	ɣan꜄	tᴀʔ꜆	tʻᴀʔ꜆	tsᴀʔ꜇	nᴀʔ꜆	꜀la/ləʔ꜆	lᴀʔ꜆	kəʔ꜆
黎城	ᶜxæ	ɣæ꜄	tʌʔ꜆	tʻʌʔ꜆	tsʌʔ꜇	nʌʔ꜇	꜀la	lʌʔ꜇	kʌʔ꜆
潞城	ᶜxæ̃	ɣæ̃꜄	taʔ꜆	tʻaʔ꜆	tsaʔ꜇	naʔ꜇	laʔ꜇	laʔ꜇	kaʔ꜆
平顺	ᶜxæ̃	ɣæ̃꜄	tʌʔ꜆	tʻʌʔ꜆	tsʌʔ꜇	nʌʔ꜇	꜀la	lʌʔ꜇	kʌʔ꜆
壶关	ᶜxaŋ	ɣaŋ꜄	tʌʔ꜆	tʻʌʔ꜆	tʂʌʔ꜇	nʌʔ꜇	꜀la	lʌʔ꜇	kʌʔ꜆
襄垣	ᶜxæ	ŋæ꜄	tʌʔ꜆	tʻʌʔ꜆	tsʌʔ꜇	nʌʔ꜆	꜀la/ləʔ꜆	lʌʔ꜆	kʌʔ꜆
武乡	ᶜxæ	ŋæ꜄	tʌʔ꜆	tʻʌʔ꜆	tsʌʔ꜇	nʌʔ꜆	꜀la	lʌʔ꜆	kʌʔ꜆
沁县	꜀xan	ŋan꜄	tʌʔ꜆	tʻʌʔ꜆	tsʌʔ꜇	nʌʔ꜆	꜀la	lʌʔ꜆	kʌʔ꜆
沁源	ᶜxæ	ŋæ꜄	taʔ꜆	tʻaʔ꜆	tsaʔ꜇	naʔ꜆	꜀lɑ	laʔ꜆	kaʔ꜆
高平	ᶜxæ	ɣæ꜄	tʌʔ꜆	tʻʌʔ꜆	tʂʌʔ꜆	nʌʔ꜆	lʌʔ꜆	lʌʔ꜆	kʌʔ꜆
阳城	ᶜxɛ̃	ɣɛ̃꜄	tʌʔ꜆	tʻʌʔ꜆	tsʌʔ꜆	nʌʔ꜆	lʌʔ꜆	lʌʔ꜆	kʌʔ꜆
晋城	꜁xæ	ɣæ꜄	tᴀʔ꜆	tʻᴀʔ꜆	tʂᴀʔ꜆	nᴀʔ꜆	꜀lɑ	lᴀʔ꜆	kᴀʔ꜆
陵川	ᶜxᴀn	ɣᴀn꜄	tʌʔ꜆	tʻʌʔ꜆	tʂʌʔ꜇	nʌʔ꜇	ᶜlᴀ	lʌʔ꜇	kʌʔ꜆

例字／方言点	咸开一	咸开二								
	合	夹	插	衫	监监察	嵌	岩	衔	甲	洽
	入匣合	入见洽	入初洽	平生衔	平见衔	平溪衔	平疑衔	平匣衔	入见狎	入匣洽
长治	xəʔ꜆	tɕiɑʔ꜆	tsʻɑʔ꜆	꜀sɑŋ	꜀tɕiɑŋ	tɕʻiɑŋ꜄	꜁iɑŋ	꜁ɕiɑŋ	tɕiɑʔ꜆	tɕʻiɑ꜅
长治县	xəʔ꜆	tɕiɑʔ꜆	tsʻɑʔ꜆	꜀sɑŋ	꜀tɕiɑŋ	tɕʻiɑŋ꜄	꜁iɑŋ	꜁ɕiɑŋ	tɕiɑʔ꜆	tɕʻiɑ꜅
长子	xəʔ꜇	tɕiaʔ꜆	tsʻaʔ꜆	꜀sæ̃	꜀tɕiæ̃	tɕʻiæ̃꜄	꜁iæ̃	꜁ɕiæ̃	tɕiaʔ꜆	tɕʻia꜅
屯留	xəʔ꜇	tɕiɛʔ꜆	tsʻᴀʔ꜇	꜀san	꜀tɕian	tɕʻian꜄	꜁ian	꜁ɕian	tɕiɛʔ꜆	tɕʻia꜄
黎城	xʌʔ꜇	ciʌʔ꜆	tsʻʌʔ꜇	꜀sæ	꜀ciæ	cʻiæ꜄	꜁iæ	꜁çiæ	ciʌʔ꜆	꜁cʻia
潞城	xaʔ꜇	tɕiaʔ꜆	tsʻaʔ꜇	꜀sæ̃	꜀tɕiæ̃	tɕʻiæ̃꜄	꜁iæ̃	꜁ɕiæ̃	tɕiaʔ꜆	tɕʻiɑ꜅
平顺	xʌʔ꜇	ciʌʔ꜆	tsʻʌʔ꜇	꜀sæ̃	꜀ciæ̃	cʻiæ̃꜄	꜁iæ̃	꜁çiæ̃	tɕiʌʔ꜆	tɕʻiʌʔ꜆
壶关	xʌʔ꜇	ciʌʔ꜆	tʂʻʌʔ꜇	꜀saŋ	꜀ciaŋ	cʻiaŋ꜄	꜁iaŋ	꜁çiaŋ	ciʌʔ꜆	cʻiʌʔ꜆
襄垣	xʌʔ꜇	tɕiʌʔ꜆	tsʻʌʔ꜆	꜀sæ	꜀tɕiei	tɕʻiei꜄	꜁iei	꜁ɕiei	tɕiʌʔ꜆	tɕʻiʌʔ꜆
武乡	xʌʔ꜇	tɕiʌʔ꜆	tsʻʌʔ꜆	꜀sæ	꜀tsei	tsʻei꜄	꜁zei	꜁sei	tɕiʌʔ꜆	tɕʻia꜄
沁县	xʌʔ꜆	tɕiʌʔ꜆	tsʻʌʔ꜆	꜀san	꜀tɕɪ	tɕʻɪ꜄	꜁ɪ	꜁ɕɪ	tɕiʌʔ꜆	tɕʻiʌʔ꜆
沁源	xaʔ꜇	tɕiaʔ꜆	tsʻaʔ꜆	꜀sæ	꜀tɕiæ	tɕʻiæ꜄	꜁iæ	꜁ɕiæ	tɕiaʔ꜆	tɕʻiɑ꜄
高平	xʌʔ꜆	ciɛʔ꜆	tʂʻʌʔ꜆	꜀ʂæ	꜀ciæ	cʻiæ꜄	꜀iæ	꜀çiæ	ciɛʔ꜆	cʻiɑ꜄
阳城	xʌʔ꜆	ciʌʔ꜆	tʂʻʌʔ꜆	꜀ʂɛ̃	꜀cie	cʻie꜄	꜁ie	꜁çie	ciʌʔ꜆	cʻiʌʔ꜆
晋城	xᴀʔ꜆	tɕiᴀʔ꜆	tʂʻᴀʔ꜆	꜀ʂæ	꜀tɕiɛ	tɕʻiɛ꜄	꜁iɛ	꜁ɕiɛ	tɕiᴀʔ꜆	tɕʻiᴀʔ꜆
陵川	xʌʔ꜇	ciʌʔ꜆	tʂʻʌʔ꜆	꜀ʂᴀn	꜀ciə̃n	cʻiə̃n꜄	꜁iə̃n	꜁çiə̃n	ciʌʔ꜆	cʻiʌʔ꜆

例字 / 方言点	咸开二		咸开三						
	峡	鸭	黏黏米	镰	尖	渐	占占卜	陕	染
	入洽匣	入影狎	平泥盐	平来盐	平精盐	上从琰	平章盐	上书琰	上日琰
长治	ɕiɑ꜄	iɑʔ꜆	꜁ȵiɑŋ	꜁liɑŋ	꜀tɕiɑŋ	tɕiɑŋ꜅	꜀tsɑŋ	꜂sɑŋ	꜂iɑŋ
长治县	ɕiɑ꜄	iɑʔ꜆	꜁ȵiɑŋ	꜁liɑŋ	꜀tɕiɑŋ	tɕiɑŋ꜅	꜀tsɑŋ	꜂sɑŋ	꜂iɑŋ
长子	ɕia꜄	iaʔ꜆	꜁ȵi æ̃	꜁liæ̃	꜀tɕiæ̃	tɕiæ̃꜅	꜀tsæ̃	꜂sæ̃	꜂iæ̃
屯留	ɕiɛʔ꜇	iɛʔ꜆/꜁ia	꜁ȵian	꜁lian	꜀tɕian	꜁tɕian	꜀tsan	꜂san	꜂ian
黎城	çiʌʔ꜇	iʌʔ꜆	꜁ȵiæ	꜁liæ	꜀tɕiæ	꜁tɕiæ	꜀tɕiæ	꜂ɕiæ	꜂iæ
潞城	ɕia꜄	iaʔ꜆	꜁ȵiæ̃	꜁liæ̃	꜀tʃiæ̃	tʃiæ̃꜅	꜀tɕiæ̃	꜂ɕiæ̃	꜂iæ̃
平顺	ɕiɑ꜄	iʌʔ꜆	꜁ȵiæ̃	꜁liæ̃	꜀tsiæ̃	tsiæ̃꜅	꜀tsæ̃	꜂sæ̃	꜂iæ̃
壶关	çiʌʔ꜇	iʌʔ꜆/ia꜄	꜁ȵiaŋ	꜁liaŋ	꜀tsiaŋ	tsiaŋ꜅	꜀tʂaŋ	꜂ʂaŋ	꜂iaŋ
襄垣	ɕiʌʔ꜇	iʌʔ꜆	꜁ȵiei	꜁liei	꜀tɕiei	tɕiei꜄	꜀tsæ	꜂sæ	꜂ʐæ
武乡	ɕiʌʔ꜇	iʌʔ꜆	꜁nzei	꜁lei	꜀tsei	tsei꜄	꜀tsæ	꜂sæ	꜂zæ
沁县	ɕiʌʔ꜇	iʌʔ꜆	꜁nɪ	꜁lɪ	꜀tɕɪ	tɕɪ꜄	꜀tsan	꜀san	꜀zan
沁源	ɕiaʔ꜇	ȵiaʔ꜆	꜁ȵiæ	꜁liæ	꜀tɕiæ	tɕiæ꜄	꜀tʂæ	꜂ʂæ	꜂ʐæ
高平	ɕiɛʔ꜆	iɛʔ꜆	꜀niæ	꜀niæ	꜀tsiæ	tsiæ꜄	꜀tʂæ	꜂ʂæ	꜂ʐæ
阳城	çiʌʔ꜆	꜀iɑ	꜁nie	꜁lie	꜀tɕie	tɕie꜄	꜀tʂɛ̃	꜂ʂɛ̃	꜂ʐɛ̃
晋城	ɕiᴀʔ꜆	꜀iɑ	꜁niɛ	꜁liɛ	꜀tɕiɛ	tɕiɛ꜄	꜀tʂæ	꜁ʂæ	꜁ʐæ
陵川	çiʌʔ꜇	꜀iᴀ	꜁niᴀn	꜁liə̃n	꜀tɕiə̃n	tɕiə̃n꜄	꜀tʂᴀn	꜂ʂᴀn	꜂lən

例字 / 方言点	咸开三								
	脸	钳	严	险	淹	聂	猎	涉	摄
	上见琰	平群盐	平疑严	上晓琰	平影盐	入泥叶	入来叶	入禅叶	入船叶
长治	꜂liɑŋ	꜁tɕʻiɑŋ	꜁iɑŋ	꜂ɕiɑŋ	꜀iɑŋ	ȵiəʔ꜆	liəʔ꜆	səʔ꜆	səʔ꜆
长治县	꜂liɑŋ	꜁tɕʻiɑŋ	꜁iɑŋ	꜂ɕiɑŋ	꜀iɑŋ	ȵiəʔ꜆	liəʔ꜆	ɕiəʔ꜆	ɕiəʔ꜆
长子	꜂liæ̃	꜁tɕʻiæ̃	꜁iæ̃	꜂ɕiæ̃	꜀iæ̃	ȵiɛʔ꜆	liɛʔ꜆	səʔ꜇	səʔ꜇
屯留	꜂lian	꜁tɕʻian	꜁ian	꜂ɕian	꜀ian	ȵiɛʔ꜆	liɛʔ꜆	səʔ꜇	səʔ꜇
黎城	꜂liæ	꜁cʻiæ	꜁iæ	꜂çiæ	꜀iæ	ȵiʌʔ꜇	liʌʔ꜇	ɕiʌʔ꜇	ɕiʌʔ꜇
潞城	꜂liæ̃	꜁tɕʻiæ̃	꜁iæ̃	꜂ɕiæ̃	꜀iæ̃	ȵiaʔ꜇	liaʔ꜇	ɕiaʔ꜇	ɕiaʔ꜇
平顺	꜂liæ̃	꜁cʻiæ̃	꜁iæ̃	꜂çiæ̃	꜀iæ̃	ȵiʌʔ꜇	liʌʔ꜇	ɕiʌʔ꜇	ɕiʌʔ꜇
壶关	꜂liaŋ	꜁cʻiaŋ	꜁iaŋ	꜂çiaŋ	꜀iaŋ	ȵiʌʔ꜇	liʌʔ꜇	ʃiʌʔ꜇	ʃiʌʔ꜇
襄垣	꜂liei	꜁tɕʻiei	꜁iei	꜂çiei	꜀iei	ȵiʌʔ꜆	liʌʔ꜆	sʌʔ꜇	sʌʔ꜇
武乡	꜂lei	꜁tsʻei	꜁zei	꜂sei	꜀zei	ȵiʌʔ꜆	liʌʔ꜆	sʌʔ꜇	sʌʔ꜇
沁县	꜀lɪ	꜁tɕʻɪ	꜁ɪ	꜀ɕɪ	꜀ɪ	ȵiʌʔ꜆	liʌʔ꜆	sʌʔ꜇	sʌʔ꜇
沁源	꜂liæ	꜁tɕʻiæ	꜁iæ	꜂çiæ	꜀iæ	ȵiaʔ꜇	liaʔ꜇	ʂaʔ꜇	ʂaʔ꜇
高平	꜂niæ	꜀cʻiæ	꜀iæ	꜂çiæ	꜀iæ	niɛʔ꜆	liɛʔ꜆	ʂʌʔ꜆	ʂʌʔ꜆
阳城	꜂lie	꜁cʻie	꜁ie	꜂çie	꜀ie	niʌʔ꜆	liʌʔ꜆	ʂʌʔ꜆	ʂʌʔ꜆
晋城	꜁liɛ	꜁tɕʻiɛ	꜁iɛ	꜁ɕiɛ	꜀iɛ	niᴀʔ꜆	liᴀʔ꜆	ʂᴀʔ꜆	ʂᴀʔ꜆
陵川	꜂liə̃n	꜁cʻiə̃n	꜁iə̃n	꜂çiə̃n	꜀iə̃n	niʌʔ꜇	liʌʔ꜇	ɕiʌʔ꜇	ɕiʌʔ꜇

例字／方言点	咸开三		咸开四						
	叶	胁	店	添	甜	念	兼	谦	嫌
	入以叶	入晓业	去端掭	平透添	平定添	去泥掭	平见添	平溪添	平匣添
长治	iəʔ꜆	ɕiəʔ꜆	tiɑŋ꜄	꜀tʻiɑŋ	꜁tʻiɑŋ	ȵiɑŋ꜅	꜀tɕiɑŋ	꜀tɕʻiɑŋ	꜁ɕiɑŋ
长治县	iəʔ꜆	ɕiəʔ꜆	tiɑŋ꜄	꜀tʻiɑŋ	꜁tʻiɑŋ	ȵiɑŋ꜅	꜀tɕiɑŋ	꜀tɕʻiɑŋ	꜁ɕiɑŋ
长子	iɛʔ꜆	ɕiɛʔ꜆	tiæ̃꜄	꜀tʻiæ̃	꜁tʻiæ̃	ȵiæ̃꜅	꜀tɕiæ̃	꜀tɕʻiæ̃	꜁ɕiæ̃
屯留	iɛʔ꜆	ɕiəʔ꜆	tian꜄	꜀tʻian	꜁tʻian	꜁ȵian	꜀tɕian	꜀tɕʻian	꜁ɕian
黎城	iʌʔ꜇	çiʌʔ꜇	tiæ꜄	꜀tʻiæ	꜁tʻiæ	꜁ȵiæ	꜀ciæ	꜀cʻiæ	꜁çiæ
潞城	iaʔ꜇	ɕiaʔ꜇	tiæ̃꜄	꜀tʻiæ̃	꜁tʻi æ̃	ȵiæ̃꜅	꜀tɕiæ̃	꜀tɕʻiæ̃	꜁ɕiæ̃
平顺	iʌʔ꜇	çiʌʔ꜇	tiæ̃꜄	꜀tʻiæ̃	꜁tʻi æ̃	ȵiæ̃꜅	꜀ciæ̃	꜀cʻiæ̃	꜁çiæ̃
壶关	iʌʔ꜇	çiʌʔ꜇	tiaŋ꜄	꜀tʻiaŋ	꜁tʻiaŋ	ȵiaŋ꜅	꜀ciaŋ	꜀cʻiaŋ	꜁çiaŋ
襄垣	iʌʔ꜆	ɕiʌʔ꜆	tiei꜄	꜀tʻiei	꜁tʻiei	ȵiei꜄	꜀tɕiei	꜀tɕʻiei	꜁ɕiei
武乡	iʌʔ꜆	ɕiʌʔ꜆	tei꜄	꜀tʻei	꜁tʻei	nzei꜄	꜀tsei	꜀tsʻei	꜁sei
沁县	iʌʔ꜆	ɕiʌʔ꜆	tɪ꜄	꜀tʻɪ	꜁tʻɪ	nɪ꜄	꜀tɕɪ	꜀tɕʻɪ	꜁ɕɪ
沁源	iaʔ꜇	ɕiaʔ꜇	tiæ꜄	꜀tʻiæ	꜁tʻiæ	ȵiæ꜄	꜀tɕiæ	꜀tɕʻiæ	꜁ɕiæ
高平	iɛʔ꜆	ɕiɛʔ꜆	tiæ꜄	꜀tʻiæ	꜀tʻiæ	niæ꜄	꜀ciæ	꜀cʻiæ	꜀ɕiæ
阳城	iʌʔ꜆	çiʌʔ꜆	tie꜄	꜀tʻie	꜁tʻie	nie꜄	꜀cie	꜀cʻie	꜁çie
晋城	iʌʔ꜆	ɕiɛ꜄	tiɛ꜄	꜀tʻiɛ	꜁tʻiɛ	niɛ꜄	꜀tɕiɛ	꜀tɕʻiɛ	꜁ɕiɛ
陵川	iʌʔ꜇	çiʌʔ꜇	tiə̃n꜄	꜀tʻiə̃n	꜁tʻiə̃n	niə̃n꜄	꜀ciə̃n	꜀cʻiə̃n	꜁çiə̃n

例字／方言点	咸开四				咸合三			深开三	
	跌	贴	挟	协	泛	凡	法方法	品	林
	入端帖	入透帖	入定帖	入匣帖	去敷梵	平奉凡	入非乏	上滂寝	平来侵
长治	tiəʔ꜆	tʻiəʔ꜆	ɕiᴇ꜄	꜁ɕiᴇ	fɑŋ꜄	꜁fɑŋ	fɑʔ꜆	꜂pʻiŋ	꜁liŋ
长治县	tiəʔ꜆	tʻiəʔ꜆	ɕiəʔ꜆	ɕie꜄	fɑŋ꜄	꜁fɑŋ	fɑʔ꜆	꜂pʻiŋ	꜁liŋ
长子	tiɛʔ꜆	tʻiɛʔ꜆	ɕiɛʔ꜆	ɕiɛʔ꜇	fæ̃꜄	꜁fæ̃	faʔ꜆	꜂pʻin	꜁lin
屯留	tiɛʔ꜆	tʻiɛʔ꜆	ɕiɛʔ꜆	ɕiɛʔ꜇	fan꜄	꜁fan	fᴀʔ꜆	꜂pʻin	꜁lin
黎城	tiʌʔ꜆	tʻiʌʔ꜆	çiʌʔ꜇	çiʌʔ꜇	fæ꜄	꜁fæ	fʌʔ꜆	꜂pʻiẼ	꜁liẼ
潞城	tiaʔ꜆	tʻiaʔ꜆	ɕiaʔ꜇	ɕiə꜅	fæ̃꜄	꜁fæ̃	faʔ꜆	꜂pʻiẼ	꜁liẼ
平顺	tiʌʔ꜆	tʻiʌʔ꜆	çiʌʔ꜇	çie꜅	fæ̃꜄	꜁fæ̃	fʌʔ꜆	꜂pʻiẼ	꜁liẼ
壶关	tiʌʔ꜆	tʻiʌʔ꜆	çiʌʔ꜇	꜁çiᴇ	faŋ꜄	꜁faŋ	fʌʔ꜆	꜂pʻiŋ	꜁liŋ
襄垣	tiʌʔ꜆	tʻiʌʔ꜆	ɕiʌʔ꜆	ɕie꜄	fæ꜄	꜁fæ	fʌʔ꜆	꜂pʻiŋ	꜁liŋ
武乡	tiʌʔ꜆	tʻiʌʔ꜆	ɕiʌʔ꜆	ɕiɛ꜄	fæ꜄	꜁fæ	fʌʔ꜆	꜂pʻieŋ	꜁lieŋ
沁县	tiʌʔ꜆	tʻiʌʔ꜆	ɕiʌʔ꜆	ɕiɛ꜄	fan꜄	꜁fan	fʌʔ꜆	꜀pʻiŋ	꜁liŋ
沁源	tiaʔ꜆	tʻiaʔ꜆	ɕiaʔ꜇	ɕiaʔ꜆	fæ꜄	꜁fæ	faʔ꜆	꜂pʻiə̃	꜁liə̃
高平	tiɛʔ꜆	tʻiɛʔ꜆	ɕiɛʔ꜆	꜀ɕiɛ	fæ꜄	꜀fæ	fʌʔ꜆	꜂pʻiẼ	꜀niẼ
阳城	tieʔ꜆	tʻieʔ꜆	çiʌʔ꜇	꜁çie	fɛ̃꜄	꜁fɛ̃	fʌʔ꜆	꜂pʻiə̃n	꜁liə̃n
晋城	tiᴀʔ꜆	tʻiᴀʔ꜆	ɕiᴀʔ꜆	ɕiɛ꜄	fæ꜄	꜁fæ	fᴀʔ꜆	꜁pʻiə̃n	꜁liə̃n
陵川	tiʌʔ꜆	tʻiʌʔ꜆	çiʌʔ꜇	çie꜄	fᴀn꜄	꜁fᴀn	fʌʔ꜆	꜂pʻiə̃n	꜁liə̃n

例字 / 方言点	深开三								
	浸	心	寻	沉	参参差	森	针	深	沈
	去精沁	平心侵	平邪侵	平澄侵	平初侵	平生侵	平章侵	平书侵	上书寝
长治	tɕiŋ꜄	꜀ɕiŋ	꜁ɕiŋ	꜁tsʻəŋ	꜀tsʻəŋ	꜀səŋ	꜀tsəŋ	꜀səŋ	꜂səŋ
长治县	tɕiŋ꜄	꜀ɕiŋ	꜁ɕiŋ	꜁tsʻəŋ	꜀tsʻəŋ	꜀səŋ	꜀tsəŋ	꜀səŋ	꜂səŋ
长子	tɕin꜄	꜀ɕin	꜁ɕin	꜁tsʻən	꜀tsʻən	꜀sən	꜀tsən	꜀sən	꜂sən
屯留	tɕin꜄	꜀ɕin	꜁ɕin	꜁tsʻən	꜀tsʻən	꜀sən	꜀tsən	꜀sən	꜂sən
黎城	tɕiẼ꜄	꜀ɕiẼ	꜁ɕiẼ	꜁tɕʻiẼ	꜀tsʻẼ	꜀sẼ	꜀tɕiẼ	꜀ɕiẼ	꜂ɕiẼ
潞城	tʃiẼ꜄	꜀ʃi Ẽ	꜁ʃi Ẽ	꜁tɕʻiẼ	꜀tsʻẼ	꜀sẼ	꜀tɕiẼ	꜀ɕiẼ	꜂ɕiẼ
平顺	tsiẼ꜄	꜀siẼ	꜁siẼ	꜁tɕʻiẼ	꜀tsʻẼ	꜀sẼ	꜀tɕiẼ	꜀ɕiẼ	꜂ɕiẼ
壶关	tsiŋ꜄	꜀siŋ	꜁siŋ	꜁tʂʻəŋ	꜀tʂʻəŋ	꜀ʂəŋ	꜀tʂəŋ	꜀ʂəŋ	꜂ʂəŋ
襄垣	tɕiŋ꜄	꜀ɕiŋ	꜁ɕiŋ	꜁tsʻəŋ	꜀tsʻəŋ	꜀səŋ	꜀tsəŋ	꜀səŋ	꜂səŋ
武乡	tɕiɐŋ꜄	꜀ɕiɐŋ	꜁ɕiɐŋ	꜁tsʻɐŋ	꜀tsʻɐŋ	꜀sɐŋ	꜀tsɐŋ	꜀sɐŋ	꜂sɐŋ
沁县	tɕiŋ꜄	꜀ɕiŋ	꜁ɕiŋ	꜁tsʻəŋ	꜀tsʻəŋ	꜀səŋ	꜀tsəŋ	꜀səŋ	꜀səŋ
沁源	tɕiə̃꜄	꜀ɕiə̃	꜁ɕiə̃	꜁tʂʻə̃	꜀tʂʻə̃	꜀ʂə̃	꜀tʂə̃	꜀ʂə̃	꜂ʂə̃
高平	tsiẼ꜄	꜀siẼ	꜀siẼ	꜀tʂʻẼ	꜀tʂʻẼ	꜀ʂẼ	꜀tʂẼ	꜀ʂẼ	꜂ʂẼ
阳城	tɕiə̃n꜄	꜀ɕiə̃n	꜁ɕiə̃n	꜁tʂʻə̃n	꜀tʂʻə̃n	꜀ʂə̃n	꜀tʂə̃n	꜀ʂə̃n	꜂ʂə̃n
晋城	tɕiə̃n꜄	꜀ɕiə̃n	꜁ɕiə̃n	꜁tʂʻɐ̃	꜀tʂʻɐ̃	꜀ʂɐ̃	꜀tʂɐ̃	꜀ʂɐ̃	꜁ʂɐ̃
陵川	tɕiə̃n꜄	꜀ɕiə̃n	꜁ɕiə̃n	꜁tʂʻə̃n	꜀tʂʻə̃n	꜀ʂə̃n	꜀tʂə̃n	꜀ʂə̃n	꜂ʂə̃n

例字 / 方言点	深开三								
	任责任	金	琴	音	立	集	习	蛰惊蛰	涩
	去日沁	平见侵	平群侵	平影侵	入来缉	入从缉	入邪缉	入澄缉	入生缉
长治	iŋ꜅	꜀tɕiŋ	꜁tɕʻiŋ	꜀iŋ	liəʔ꜆	tɕiəʔ꜆	ɕiəʔ꜆	tsəʔ꜆	səʔ꜆
长治县	iŋ꜅	꜀tɕiŋ	꜁tɕʻiŋ	꜀iŋ	liəʔ꜆	tɕiəʔ꜆	ɕiəʔ꜆	tɕiəʔ꜆	səʔ꜆
长子	in꜅	꜀tɕin	꜁tɕʻin	꜀in	liɛʔ꜆	tɕiɛʔ꜇	ɕiɛʔ꜇	tsəʔ꜇	səʔ꜆
屯留	꜁in	꜀tɕin	꜁tɕʻin	꜀in	liəʔ꜆	tɕiəʔ꜇	ɕiəʔ꜇	tsəʔ꜇	səʔ꜆
黎城	꜁iẼ	꜀ciẼ	꜁cʻiẼ	꜀iẼ	liəʔ꜆	tɕiəʔ꜇	ɕiəʔ꜇	tɕiəʔ꜇	səʔ꜆
潞城	iẼ꜅	꜀tɕiẼ	꜁tɕʻiẼ	꜀iẼ	liəʔ꜇	tʃiəʔ꜇	ʃiəʔ꜇	tɕiəʔ꜇	səʔ꜆
平顺	iẼ꜅	꜀ciẼ	꜁cʻiẼ	꜀iẼ	liəʔ꜇	tsiəʔ꜇	siəʔ꜇	tɕiəʔ꜇	səʔ꜆
壶关	iŋ꜅	꜀ciŋ	꜁cʻiŋ	꜀iŋ	liəʔ꜇	tsiəʔ꜇	siəʔ꜇	tʃiəʔ꜇	ʂəʔ꜆
襄垣	zəŋ꜄	꜀tɕiŋ	꜁tɕʻiŋ	꜀iŋ	liəʔ꜆	tɕiəʔ꜆	ɕiəʔ꜆	tsəʔ꜆	səʔ꜆
武乡	zɐŋ꜄	꜀tɕiɐŋ	꜁tɕʻiɐŋ	꜀iɐŋ	liəʔ꜆	tɕiəʔ꜆	ɕiəʔ꜆	tsəʔ꜆	səʔ꜆
沁县	zəŋ꜄	꜀tɕiŋ	꜁tɕʻiŋ	꜀iŋ	liəʔ꜆	tɕiəʔ꜆	ɕiəʔ꜆	tsəʔ꜆	səʔ꜆
沁源	ʐə̃꜄	꜀tɕiə̃	꜁tɕʻiə̃	꜀iə̃	liəʔ꜆	tɕiəʔ꜆	ɕiəʔ꜆	tʂəʔ꜆	ʂəʔ꜆
高平	ʐẼ꜄	꜀ciẼ	꜀cʻiẼ	꜀iẼ	liəʔ꜆	tsiəʔ꜆	siəʔ꜆	tʂəʔ꜆	ʂəʔ꜆
阳城	ʐə̃n꜄	꜀ciə̃n	꜁cʻiə̃n	꜀iə̃n	liəʔ꜆	tɕiəʔ꜆	ɕiəʔ꜆	tʂəʔ꜆	ʂəʔ꜆
晋城	ʐɐ̃꜄	꜀tɕiə̃n	꜁tɕʻiə̃n	꜀iə̃n	liəʔ꜆	tɕiəʔ꜆	ɕiəʔ꜆	tʂəʔ꜆	ʂəʔ꜆
陵川	lə̃n꜄	꜀ciə̃n	꜁cʻiə̃n	꜀iə̃n	liəʔ꜇	tɕiəʔ꜇	ɕiəʔ꜇	tʂəʔ꜇	ʂəʔ꜆

例字 / 方言点	深开三								山开一
	执 入章缉	湿 入书缉	十 入禅缉	入 入日缉	急 入见缉	及 入群缉	吸 入晓缉	揖 入影缉	丹 平端寒
长治	tsəʔ꜆	səʔ꜆	səʔ꜆	yəʔ꜆	tɕiəʔ꜆	tɕiəʔ꜆	ɕiəʔ꜆	i꜄	꜀tɑŋ
长治县	tsəʔ꜆	səʔ꜆	səʔ꜆	yəʔ꜆	tɕiəʔ꜆	tɕiəʔ꜆	ɕiəʔ꜆	i꜅	꜀tɑŋ
长子	tsəʔ꜆	səʔ꜆	səʔ꜇	yɛʔ꜆	tɕiɛʔ꜆	tɕiɛʔ꜇	ɕiɛʔ꜆	i꜄	꜀tæ̃
屯留	tsəʔ꜆	səʔ꜆	səʔ꜇	yəʔ꜆	tɕiəʔ꜆	tɕiəʔ꜇	ɕiəʔ꜆	꜁i	꜀tan
黎城	tɕiəʔ꜆	ɕiəʔ꜆	ɕiəʔ꜇	yəʔ꜇	ciəʔ꜆	ciəʔ꜇	çiəʔ꜆	i꜄	꜀tæ
潞城	tɕiəʔ꜆	ɕiəʔ꜆	ɕiəʔ꜇	yəʔ꜇	tɕiəʔ꜆	tɕiəʔ꜇	ɕiəʔ꜆	i꜄	꜀tæ̃
平顺	tɕiəʔ꜆	ɕiəʔ꜆	ɕiəʔ꜇	yəʔ꜇	ciəʔ꜆	ciəʔ꜇	çiəʔ꜆	i꜄	꜀tæ̃
壶关	tʃiəʔ꜆	ʃiəʔ꜆	ʃiəʔ꜇	yəʔ꜇	ciəʔ꜆	ciəʔ꜇	çiəʔ꜆	i꜄	꜀taŋ
襄垣	tsəʔ꜆	səʔ꜆	səʔ꜆	zʅuəʔ꜆	tɕiəʔ꜆	tɕiəʔ꜆	ɕiəʔ꜆	i꜄	꜀tæ
武乡	tsəʔ꜆	səʔ꜆	səʔ꜆	zuəʔ꜆	tɕiəʔ꜆	tɕiəʔ꜆	ɕiəʔ꜆	iəʔ꜆	꜀tæ
沁县	tsəʔ꜆	səʔ꜆	səʔ꜆	zuəʔ꜆	tɕiəʔ꜆	tɕiəʔ꜆	ɕiəʔ꜆	zʅ꜄	꜀tan
沁源	tʂəʔ꜆	ʂəʔ꜆	ʂəʔ꜆	zʅuəʔ꜆	tɕiəʔ꜆	tɕiəʔ꜆	ɕiəʔ꜆	iəʔ꜆	꜀tæ
高平	tʂəʔ꜆	ʂəʔ꜆	ʂəʔ꜆	zʅuəʔ꜆	ciəʔ꜆	ciəʔ꜆	çiəʔ꜆	i꜄	꜀tæ
阳城	tʂəʔ꜆	ʂəʔ꜆	ʂəʔ꜆	zʅuəʔ꜆	ciəʔ꜆	ciəʔ꜆	çiəʔ꜆	i꜄	꜀tɛ̃
晋城	tʂəʔ꜆	ʂəʔ꜆	ʂəʔ꜆	zʅuəʔ꜆	tɕiəʔ꜆	tɕiəʔ꜆	ɕiəʔ꜆	iəʔ꜆	꜀tæ
陵川	tɕieʔ꜆	ɕieʔ꜆	ɕieʔ꜇	luəʔ꜇	ciəʔ꜆	ciəʔ꜇	çiəʔ꜆	i꜄	꜀tʌn

例字 / 方言点	山开一								
	摊 平透寒	但 去定翰	难难易 平泥寒	兰 平来寒	赞 去精翰	餐 平清寒	残 平从寒	散散步 上心旱	伞 上心旱
长治	꜀t‘ɑŋ	tɑŋ꜅	꜁nɑŋ	꜁lɑŋ	tsɑŋ꜄	꜀ts‘ɑŋ	꜁ts‘ɑŋ	sɑŋ꜄	꜂sɑŋ
长治县	꜀t‘ɑŋ	tɑŋ꜅	꜁nɑŋ	꜁lɑŋ	tsɑŋ꜄	꜀ts‘ɑŋ	꜁ts‘ɑŋ	sɑŋ꜄	꜂sɑŋ
长子	꜀t‘æ̃	tæ̃꜅	꜁næ̃	꜁læ̃	tsæ̃꜄	꜀ts‘æ̃	꜁ts‘æ̃	sæ̃꜄	꜂sæ̃
屯留	꜀t‘an	꜁tan	꜁nan	꜁lan	tsan꜄	꜀ts‘an	꜁ts‘an	san꜄	꜂san
黎城	꜀t‘æ	꜁tæ	꜁næ	꜁læ	tsæ꜄	꜀ts‘æ	꜁ts‘æ	sæ꜄	꜂sæ
潞城	꜀t‘æ̃	tæ̃꜅	꜁næ̃	꜁læ̃	tsæ̃꜄	꜀ts‘æ̃	꜁ts‘æ̃	sæ̃꜄	꜂sæ̃
平顺	꜀t‘æ̃	tæ̃꜅	꜁næ̃	꜁læ̃	tsæ̃꜄	꜀ts‘æ̃	꜁ts‘æ̃	sæ̃꜄	꜂sæ̃
壶关	꜀t‘aŋ	taŋ꜅	꜁naŋ	꜁laŋ	tʂaŋ꜄	꜀tʂ‘aŋ	꜁tʂ‘aŋ	ʂuaŋ꜄	꜂ʂaŋ
襄垣	꜀t‘æ	tæ꜄	꜁næ	꜁læ	tsæ꜄	꜀ts‘æ	꜁ts‘æ	sæ꜄	꜂sæ
武乡	꜀t‘æ	tæ꜄	꜁næ	꜁læ	tsæ꜄	꜀ts‘æ	꜁ts‘æ	sæ꜄	꜂sæ
沁县	꜀t‘an	tan꜄	꜁nan	꜁lan	tsan꜄	꜀ts‘an	꜁ts‘an	san꜄	꜀san
沁源	꜀t‘æ	tæ꜄	꜁næ	꜁læ	tsæ꜄	꜀ts‘æ	꜁ts‘æ	sæ꜄	꜂sæ
高平	꜀t‘æ	tæ꜄	꜀næ	꜀næ	tʂæ꜄	꜀tʂ‘æ	꜀tʂ‘æ	ʂæ꜄	꜂ʂæ
阳城	꜀t‘ɛ̃	tɛ̃꜄	꜁nɛ̃	꜁lɛ̃	tsɛ̃꜄	꜀ts‘ɛ̃	꜁ts‘ɛ̃	sɛ̃꜄	꜂sɛ̃
晋城	꜀t‘æ	tæ꜄	꜁næ	꜁læ	tʂæ꜄	꜀tʂ‘æ	꜁tʂ‘æ	ʂæ꜄	꜁ʂæ
陵川	꜀t‘ʌn	tʌn꜄	꜁nʌn	꜁lʌn	tʂʌn꜄	꜀tʂ‘ʌn	꜁tʂ‘ʌn	ʂʌn꜄	꜂ʂʌn

例字 / 方言点	山开一									
	干	看看见	汉	寒	安	达	辣	擦	萨	撒
	平见寒	去溪翰	去晓翰	平匣寒	平影寒	入定曷	入来曷	入清曷	入心曷	入心曷
长治	꜀kɑŋ	kʻɑŋ꜄	xɑŋ꜄	꜁xɑŋ	꜀ɑŋ	tɑʔ꜆	lɑ꜆/ lɑ꜄	tsʻɑʔ꜆	sɑ꜄	sɑʔ꜆
长治县	꜀kɑŋ	kʻɑŋ꜄	xɑŋ꜄	꜁xɑŋ	꜀ɑŋ	tɑʔ꜆	lɑʔ꜆	tsʻɑʔ꜆	sɑ꜄	sɑ꜄
长子	꜀kæ̃	kʻæ̃꜄	xæ̃꜄	꜁xæ̃	꜀ŋæ̃	taʔ꜇	laʔ꜆	tsʻaʔ꜆	꜁sa	saʔ꜆
屯留	꜀kan	kʻan꜄	xan꜄	꜁xan	꜀ɣan	tᴀʔ꜇	lᴀʔ꜆	tsʻᴀʔ꜆	sa꜄	sa꜄
黎城	꜀kæ	kʻæ꜄	xæ꜄	꜁xæ	꜀ɣæ	tʌʔ꜇	lʌʔ꜇	tsʻʌʔ꜆	sa꜄	sʌʔ꜆
潞城	꜀kæ̃	kʻæ̃꜄	xæ̃꜄	꜁xæ̃	꜀ɣæ̃	taʔ꜇	laʔ꜇	tsʻaʔ꜆	sɑ꜄	sɑ꜄
平顺	꜀kæ̃	kʻæ̃꜄	xæ̃꜄	꜁xæ̃	꜀ɣæ̃	tʌʔ꜇	lʌʔ꜇	tsʻʌʔ꜆	sa꜄	sʌʔ꜆
壶关	꜀kaŋ	kʻaŋ꜄	xaŋ꜄	꜁xaŋ	꜀ɣaŋ	tʌʔ꜇	lʌʔ꜇	tʂʻʌʔ꜆	ʂa꜄	ʂa꜄
襄垣	꜀kæ	kʻæ꜄	xæ꜄	꜁xæ	꜀ŋæ	tʌʔ꜇	lʌʔ꜆	tsʻʌʔ꜆	sa꜄	sa꜄
武乡	꜀kæ	kʻæ꜄	xæ꜄	꜁xæ	꜀ŋæ	tʌʔ꜇	lʌʔ꜆	tsʻʌʔ꜆	sa꜄	sa꜄
沁县	꜀kan	kʻan꜄	xan꜄	꜁xan	꜀ŋan	tʌʔ꜇	lʌʔ꜆	tsʻʌʔ꜆	sa꜄	sa꜄
沁源	꜀kæ	kʻæ꜄	xæ꜄	꜁xæ	꜀ŋæ	taʔ꜇	laʔ꜆	tsʻaʔ꜆	sɑ꜄	saʔ꜆
高平	꜀kæ	kʻæ꜄	xæ꜄	꜀xæ	꜀ɣæ	tʌʔ꜆	lʌʔ꜆	tʂʻʌʔ꜆	ʂɑ꜄	ʂʌʔ꜆
阳城	꜀kɛ̃	kʻɛ̃꜄	xɛ̃꜄	꜁xɛ̃	꜀ɣɛ̃	tʌʔ꜆	lʌʔ꜆	tsʻʌʔ꜆	sɑ꜄	sʌʔ꜆
晋城	꜀kæ	kʻæ꜄	xæ꜄	꜁xæ	꜀ɣæ	tᴀʔ꜆	lᴀʔ꜆	tʂʻᴀʔ꜆	ʂɑ꜄	ʂɑ꜄
陵川	꜀kᴀn	kʻᴀn꜄	xᴀn꜄	꜁xᴀn	꜀ɣᴀn	tʌʔ꜇	lʌʔ꜇	tʂʻʌʔ꜆	ʂᴀ꜄	ʂʌʔ꜆

例字 / 方言点	山开一		山开二							
	割	渴	扮	盼	瓣	慢	绽破绽	盏	铲	山
	入见曷	入溪曷	去帮裥	去滂裥	去並裥	去明谏	上澄裥	上庄产	上初产	平生山
长治	kəʔ꜆	kʻəʔ꜆	pɑŋ꜄	pʻɑŋ꜄	pɑŋ꜅	mɑŋ꜅	tsɑŋ꜅	꜂tsɑŋ	꜂tsʻɑŋ	꜀sɑŋ
长治县	kəʔ꜆	kʻəʔ꜆	pɑŋ꜄	pʻɑŋ꜄	pɑŋ꜅	mɑŋ꜅	tsɑŋ꜅	꜂tsɑŋ	꜂tsʻɑŋ	꜀sɑŋ
长子	kəʔ꜆	kʻəʔ꜆	pæ̃꜄	pʻæ̃꜄	pæ̃꜅	mæ̃꜅	tsæ̃꜅	꜂tsæ̃	꜂tsʻæ̃	꜀sæ̃
屯留	kəʔ꜆	kʻəʔ꜆	pan꜄	pʻan꜄	꜁pan	꜁man	꜁tsan	꜂tsan	꜂tsʻan	꜀san
黎城	kʌʔ꜆	kʻʌʔ꜆	pæ꜄	pʻæ꜄	꜁pæ	꜁mæ	꜁tsæ	꜂tsæ	꜂tsʻæ	꜀sæ
潞城	kaʔ꜆	kʻaʔ꜆	pæ̃꜄	pʻæ̃꜄	pæ̃꜅	mæ̃꜅	tsæ̃꜅	꜂tsæ̃	꜂tsʻæ̃	꜀sæ̃
平顺	kʌʔ꜆	kʻʌʔ꜆	pæ̃꜄	pʻæ̃꜄	pæ̃꜅	mæ̃꜅	tsæ̃꜅	꜂tsæ̃	꜂tsʻæ̃	꜀sæ̃
壶关	kʌʔ꜆	kʻʌʔ꜆	paŋ꜄	pʻaŋ꜄	paŋ꜅	maŋ꜅	tʂaŋ꜅	꜂tʂaŋ	꜂tʂʻaŋ	꜀ʂaŋ
襄垣	kʌʔ꜆	kʻʌʔ꜆	pæ꜄	pʻæ꜄	pæ꜄	mæ꜄	tsæ꜄	꜂tsæ	꜂tsʻæ	꜀sæ
武乡	kʌʔ꜆	kʻʌʔ꜆	pæ꜄	pʻæ꜄	pæ꜄	mæ꜄	tsæ꜄	꜂tsæ	꜂tsʻæ	꜀sæ
沁县	kʌʔ꜆	kʻʌʔ꜆	pan꜄	pʻan꜄	pan꜄	man꜄	tsan꜄	꜀tsan	꜀tsʻan	꜀san
沁源	kaʔ꜆	kʻaʔ꜆	pæ꜄	pʻæ꜄	pæ꜄	mæ꜄	tsæ꜄	꜂tsæ	꜂tsʻæ	꜀sæ
高平	kʌʔ꜆	kʻʌʔ꜆	pæ꜄	pʻæ꜄	pæ꜄	mæ꜄	tʂæ꜄	꜂tʂæ	꜂tʂʻæ	꜀ʂæ
阳城	kʌʔ꜆	kʻʌʔ꜆	pɛ̃꜄	pʻɛ̃꜄	pɛ̃꜄	mɛ̃꜄	tʂɛ̃꜄	꜂tʂɛ̃	꜂tʂʻɛ̃	꜀ʂɛ̃
晋城	kᴀʔ꜆	kʻᴀʔ꜆	pæ꜄	pʻæ꜄	pæ꜄	mæ꜄	tʂæ꜄	꜁tʂæ	꜁tʂʻæ	꜀ʂæ
陵川	kʌʔ꜆	kʻʌʔ꜆	pᴀn꜄	pʻᴀn꜄	pᴀn꜄	mᴀn꜄	tʂᴀn꜄	꜂tʂᴀn	꜂tʂʻᴀn	꜀ʂᴀn

例字 / 方言点	山开二								
	间中间	眼	闲	八	扎	察	杀	轧轧棉花	瞎
	平见山	上疑产	平匣山	入帮黠	入庄黠	入初黠	入生黠	入影黠	入晓鎋
长治	꜀tɕiɑŋ	꜂iɑŋ	꜁ɕiɑŋ	pɑʔ꜆	tsɑʔ꜆	tsʻɑʔ꜆	sɑʔ꜆	iɑʔ꜆	ɕiɑʔ꜆
长治县	꜀tɕiɑŋ	꜂iɑŋ	꜁ɕiɑŋ	pɑʔ꜆	tsɑʔ꜆	tsʻɑʔ꜆	sɑʔ꜆	iɑʔ꜆	ɕiɑʔ꜆
长子	꜀tɕiæ̃	꜂iæ̃	꜁ɕiæ̃	paʔ꜆	tsaʔ꜆	tsʻaʔ꜆	saʔ꜆	iaʔ꜆	ɕiaʔ꜆
屯留	꜀tɕian	꜂ian	꜁ɕian	pᴀʔ꜆	tsᴀʔ꜆	tsʻᴀʔ꜆	sᴀʔ꜆	iᴀʔ꜆	ɕiɛʔ꜆
黎城	꜀ciᴇ	꜂iᴇ	꜁çiᴇ	pʌʔ꜆	tsʌʔ꜆	tsʻʌʔ꜆	sʌʔ꜆	ia꜄	çiʌʔ꜆
潞城	꜀tɕiæ̃	꜂iæ̃	꜁ɕiæ̃	paʔ꜆	tsaʔ꜆	tsʻaʔ꜆	saʔ꜆	iaʔ꜆	ɕiaʔ꜆
平顺	꜀ciæ̃	꜂iæ̃	꜁çiæ̃	pʌʔ꜆	tsʌʔ꜆	tsʻʌʔ꜆	sʌʔ꜆	iʌʔ꜆	çiʌʔ꜆
壶关	꜀ciaŋ	꜂iaŋ	꜁çiaŋ	pʌʔ꜆	tʂʌʔ꜆	tʂʻʌʔ꜆	ʂʌʔ꜆	iʌʔ꜆	çiʌʔ꜆
襄垣	꜀tɕiei	꜂iei	꜁ɕiei	pʌʔ꜆	tsʌʔ꜆	tsʻʌʔ꜆	sʌʔ꜆	ia꜄	ɕiʌʔ꜆
武乡	꜀tsei	꜂zei	꜁sei	pʌʔ꜆	tsʌʔ꜆	tsʻa꜄	sʌʔ꜆	ia꜄	ɕiʌʔ꜆
沁县	꜀tɕɪ	꜀ɪ	꜁ɕɪ	pʌʔ꜆	tsʌʔ꜆	tsʻʌʔ꜆	sʌʔ꜆	iʌʔ꜆	ɕiʌʔ꜆
沁源	꜀tɕiæ	꜂ȵiæ	꜁ɕiæ	paʔ꜆	tsaʔ꜆	tsʻaʔ꜆	saʔ꜆	ȵiaʔ꜆	ɕiaʔ꜆
高平	꜀ciæ	꜂iæ	꜁ɕiæ	pʌʔ꜆	tʂʌʔ꜆	tʂʻʌʔ꜆	ʂʌʔ꜆	iɛʔ꜆	ɕiɛʔ꜆
阳城	꜀cie	꜂ie	꜁çie	pʌʔ꜆	tʂʌʔ꜆	tʂʻʌʔ꜆	ʂʌʔ꜆	iɑ꜄	çiʌʔ꜆
晋城	꜀tɕiɛ	꜁iɛ	꜁ɕiɛ	pᴀʔ꜆	tʂᴀʔ꜆	tʂʻᴀʔ꜆	ʂᴀʔ꜆	iɑ꜄	ɕiᴀʔ꜆
陵川	꜀ciə̃n	꜂iə̃n	꜁çiə̃n	pʌʔ꜆	tʂʌʔ꜆	tʂʻʌʔ꜆	ʂʌʔ꜆	iᴀ꜄	çiʌʔ꜆

例字 / 方言点	山开三								
	变	篇	便便宜	面	连	剪	浅	钱	线
	去帮线	平滂仙	平並仙	去明线	平来仙	上精狝	上清狝	平从仙	去心线
长治	piɑŋ꜄	꜀pʻiɑŋ	꜁pʻiɑŋ	miɑŋ꜅	꜁liɑŋ	꜂tɕiɑŋ	꜂tɕʻiɑŋ	꜁tɕʻiɑŋ	ɕiɑŋ꜄
长治县	piɑŋ꜄	꜀pʻiɑŋ	꜁pʻiɑŋ	miɑŋ꜅	꜁liɑŋ	꜂tɕiɑŋ	꜂tɕʻiɑŋ	꜁tɕʻiɑŋ	ɕiɑŋ꜄
长子	piæ̃꜄	꜀pʻiæ̃	꜁pʻiæ̃	miæ̃꜅	꜁liæ̃	꜂tɕiæ̃	꜂tɕʻiæ̃	꜁tɕʻiæ̃	ɕiæ̃꜄
屯留	pian꜄	꜀pʻian	꜁pʻian	꜁mian	꜁lian	꜂tɕian	꜂tɕʻian	꜁tɕʻian	ɕian꜄
黎城	piᴇ꜄	꜀pʻiᴇ	꜁pʻiᴇ	꜁miᴇ	꜁liᴇ	꜂tɕiᴇ	꜂tɕʻiᴇ	꜁tɕʻiᴇ	ɕiᴇ꜄
潞城	piæ̃꜄	꜀pʻiæ̃	꜁pʻiæ̃	miæ̃꜅	꜁liæ̃	꜂tʃiæ̃	꜂tʃʻiæ̃	꜁tʃʻiæ̃	ʃiæ̃꜄
平顺	piæ̃꜄	꜀pʻiæ̃	꜁pʻiæ̃	miæ̃꜅	꜁liæ̃	꜂tsiæ̃	꜂tsʻiæ̃	꜁tsʻiæ̃	siæ̃꜄
壶关	piaŋ꜄	꜀pʻiaŋ	꜁pʻiaŋ꜄	miaŋ꜅	꜁liaŋ	꜂tsiaŋ	꜂tsʻiaŋ	꜁tsʻiaŋ	siaŋ꜄
襄垣	piei꜄	꜀pʻiei	꜁pʻiei	miei꜄	꜁liei	꜂tɕiei	꜂tɕʻiei	꜁tɕʻiei	ɕiei꜄
武乡	pei꜄	꜀pʻei	꜁pʻei	mei꜄	꜁lei	꜂tsei	꜂tsʻei	꜁tsʻei	sei꜄
沁县	pɪ꜄	꜀pʻɪ	꜁pʻɪ	mɪ꜄	꜁lɪ	꜀tɕɪ	꜀tɕʻɪ	꜁tɕʻɪ	ɕɪ꜄
沁源	piæ꜄	꜀pʻiæ	꜁pʻiæ	miæ꜄	꜁liæ	꜂tɕiæ	꜂tɕʻiæ	꜁tɕʻiæ	ɕiæ꜄
高平	piæ꜄	꜀pʻiæ	꜀pʻiæ	miæ꜄	꜀niæ	꜂tsiæ	꜂tsʻiæ	꜀tsʻiæ	siæ꜄
阳城	pie꜄	꜀pʻie	꜁pʻie	mie꜄	꜁lie	꜂tɕie	꜂tɕʻie	꜁tɕʻie	ɕie꜄
晋城	piɛ꜄	꜀pʻiɛ	꜁pʻiɛ	miɛ꜄	꜁liɛ	꜁tɕiɛ	꜁tɕʻiɛ	꜁tɕʻiɛ	ɕiɛ꜄
陵川	piə̃n꜄	꜀pʻiə̃n	꜁pʻiə̃n	miə̃n꜄	꜁liə̃n	꜂tɕiə̃n	꜂tɕʻiə̃n	꜁tɕʻiə̃n	ɕiə̃n꜄

例字/方言点	山开三								
	展	缠	战	扇	善	然	件	谚	延
	上知仙	平澄仙	去章线	去书线	上禅仙	平日仙	上群狝	去疑线	平以仙
长治	ᶜtsɑŋ	꜁ts'ɑŋ	tsɑŋᵓ	sɑŋᵓ	sɑŋ꜅	꜁iɑŋ	tɕiɑŋ꜅	iɑŋ꜅	꜁iɑŋ
长治县	ᶜtsɑŋ	꜁ts'ɑŋ	tsɑŋᵓ	sɑŋᵓ	sɑŋ꜅	꜁iɑŋ	tɕiɑŋ꜅	iɑŋ꜅	꜁iɑŋ
长子	ᶜtsæ̃	꜁ts'æ̃	tsæ̃ᵓ	sæ̃ᵓ	sæ̃꜅	꜁iæ̃	tɕiæ̃꜅	iæ̃꜅	꜁iæ̃
屯留	ᶜtsan	꜁ts'an	tsanᵓ	sanᵓ	꜁san	꜁ian	꜁tɕian	꜁ian	꜁ian
黎城	ᶜtɕiE	꜁tɕ'iE	tɕiEᵓ	ɕiEᵓ	꜁ɕiE	꜁iE	꜁ciE	꜁iE	꜁iE
潞城	ᶜtɕiæ̃	꜁tɕ'iæ̃	tɕiæ̃ᵓ	ɕiæ̃ᵓ	ɕiæ̃꜅	꜁iæ̃	tɕiæ̃꜅	iæ̃꜅	꜁iæ̃
平顺	ᶜtsæ̃	꜁ts'æ̃	tsæ̃ᵓ	sæ̃ᵓ	sæ̃꜅	꜁iæ̃	ciæ̃꜅	iæ̃꜅	꜁iæ̃
壶关	ᶜtʂaŋ	꜁tʂ'aŋ	tʂaŋᵓ	ʂaŋᵓ	ʂaŋ꜅	꜁iaŋ	ciaŋ꜅	iaŋ꜅	꜁iaŋ
襄垣	ᶜtsæ	꜁ts'æ	tsæᵓ	sæᵓ	sæᵓ	꜁zæ	tɕieiᵓ	ieiᵓ	꜁iei
武乡	ᶜtsæ	꜁ts'æ	tsæᵓ	sæᵓ	sæᵓ	꜁zæ	tseiᵓ	zeiᵓ	꜁zei
沁县	꜀tsan	꜁ts'an	tsanᵓ	sanᵓ	sanᵓ	꜁zan	tɕɪᵓ	ɪᵓ	꜁ɪ
沁源	ᶜtʂæ	꜁tʂ'æ	tʂæᵓ	ʂæᵓ	ʂæᵓ	꜁ʐæ	tɕiæᵓ	iæᵓ	꜁iæ
高平	ᶜtʂæ	꜀tʂ'æ	tʂæᵓ	ʂæᵓ	ʂæᵓ	꜀ʐæ	ciæᵓ	iæᵓ	꜀iæ
阳城	ᶜtʂɛ̃	꜁tʂ'ɛ̃	tʂɛ̃ᵓ	ʂɛ̃ᵓ	ʂɛ̃ᵓ	꜁ie	cieᵓ	ieᵓ	꜁ie
晋城	꜁tʂæ	꜁tʂ'æ	tʂæᵓ	ʂæᵓ	ʂæᵓ	꜁ʐæ	tɕiɛᵓ	iɛᵓ	꜁iɛ
陵川	ᶜtʂᴀn	꜁tʂ'ᴀn	tʂᴀnᵓ	ʂᴀnᵓ	ʂᴀnᵓ	꜁lᴀn	ciə̃nᵓ	iə̃nᵓ	꜁iə̃n

例字/方言点	山开三								
	别区别	灭	列	薛	哲	彻	辙	折折断	舌
	入帮薛	入明薛	入来薛	入心薛	入知薛	入澄薛	入澄薛	入章薛	入船薛
长治	꜁piE/piəʔ꜆	miəʔ꜆	liəʔ꜆	ɕyəʔ꜆	tsəʔ꜆	ts'əʔ꜆	tsəʔ꜆	tsəʔ꜆	səʔ꜆
长治县	pieᵓ/piəʔ꜆	miəʔ꜆	liəʔ꜆	ɕyəʔ꜆	tɕiəʔ꜆	tɕ'iəʔ꜆	tɕiəʔ꜆	tsəʔ꜆	ɕiəʔ꜆
长子	piɛᵓ/piɛʔ꜆	miɛʔ꜆	liɛʔ꜆	ɕyɛʔ꜆	tsəʔ꜆	ts'əʔ꜇	tsəʔ꜇	꜀tsua	səʔ꜇
屯留	piɛᵓ/piɛʔ꜆	miɛʔ꜆	liɛʔ꜆	ɕyɛʔ꜆	tsəʔ꜆	ts'əʔ꜇	tsəʔ꜇	tsəʔ꜆	səʔ꜇
黎城	piʌʔ꜆	miʌʔ꜇	liʌʔ꜇	ɕyʌʔ꜆	tɕiʌʔ꜆	tɕ'iʌʔ꜇	tɕiʌʔ꜇	tɕiʌʔ꜆	ɕiʌʔ꜇
潞城	piəᵓ/piaʔ꜆	miaʔ꜇	liaʔ꜇	ɕyaʔ꜆	tɕiaʔ꜆	tɕ'iaʔ꜇	tɕiaʔ꜇	tɕiaʔ꜆	ɕiaʔ꜇
平顺	pieᵓ/piʌʔ꜆	miʌʔ꜇	liʌʔ꜇	syʌʔ꜆	tɕiʌʔ꜆	tɕ'iʌʔ꜇	tɕiʌʔ꜇	tɕiʌʔ꜆	ɕiʌʔ꜇
壶关	piEᵓ/piʌʔ꜆	miʌʔ꜇	liʌʔ꜇	syʌʔ꜆	tʃiʌʔ꜆	tʃ'iʌʔ꜇	tʃiʌʔ꜇	tʃiʌʔ꜆	ʃiʌʔ꜇
襄垣	pieᵓ/piʌʔ꜆	miʌʔ꜆	liʌʔ꜆	ɕyʌʔ꜆	tsʌʔ꜆	ts'ʌʔ꜇	tsʌʔ꜇	tsʌʔ꜆	sʌʔ꜇
武乡	piʌʔ꜆	miʌʔ꜆	liʌʔ꜆	ɕyʌʔ꜆	tsʌʔ꜆	ts'ʌʔ꜇	tsʌʔ꜇	tsʌʔ꜆	sʌʔ꜇
沁县	piʌʔ꜆	miʌʔ꜆	liʌʔ꜆	ɕyʌʔ꜆	tsʌʔ꜆	ts'ʌʔ꜇	tsʌʔ꜇	tsʌʔ꜆	sʌʔ꜇
沁源	piaʔ꜆	miaʔ꜇	liaʔ꜇	ɕyəʔ꜆	tʂəʔ꜆	tʂ'əʔ꜇	tʂəʔ꜇	tʂəʔ꜆	ʂəʔ꜇
高平	piɛᵓ/piɛʔ꜆	miɛʔ꜆	liɛʔ꜆	siɛʔ꜆	tʂʌʔ꜆	tʂ'ʌʔ꜆	tʂʌʔ꜆	tʂʌʔ꜆	ʂɛʔ꜆
阳城	pieᵓ/piʌʔ꜆	miʌʔ꜆	liʌʔ꜆	ɕyʌʔ꜆	tʂʌʔ꜆	tʂ'ʌʔ꜆	tʂʌʔ꜆	tʂʌʔ꜆	ʂʌʔ꜆
晋城	piᴀʔ꜆	miᴀʔ꜆	liᴀʔ꜆	ɕiᴀʔ꜆	tʂᴀʔ꜆	tʂ'ᴀʔ꜆	tʂᴀʔ꜆	tʂᴀʔ꜆	ʂᴀʔ꜆
陵川	piʌʔ꜆	miʌʔ꜇	liʌʔ꜇	ɕiʌʔ꜆	tɕiʌʔ꜆	tɕ'iʌʔ꜇	tɕiʌʔ꜇	tɕiʌʔ꜆	ɕiʌʔ꜇

例字/方言点	山开三							山开四		
	设	热	杰	孽	烈	揭	歇	边	片	辫
	入书薛	入日薛	入群薛	入疑薛	入来薛	入见月	入晓月	平帮先	去滂霰	平明先
长治	səʔ꜆	iəʔ꜆	tɕiəʔ꜆	ȵiəʔ꜆	liəʔ꜆	tɕiəʔ꜆	ɕiəʔ꜆	꜀piɑŋ	pʻiɑŋ꜄	piɑŋ꜅
长治县	ɕiəʔ꜆	iəʔ꜆	tɕiəʔ꜆	ȵiəʔ꜆	liəʔ꜆	tɕiəʔ꜆	ɕiəʔ꜆	꜀piɑŋ	pʻiɑŋ꜄	piɑŋ꜅
长子	səʔ꜆	iɛʔ꜆	tɕiɛʔ꜇	ȵiɛʔ꜆	liɛʔ꜆	tɕiɛʔ꜆	ɕiɛʔ꜆	꜀piæ̃	pʻiæ̃꜄	piæ̃꜅
屯留	səʔ꜆	iɛʔ꜆	tɕiɛʔ꜇	ȵiɛʔ꜆	liɛʔ꜆	tɕiɛʔ꜆	ɕiɛʔ꜆	꜀pian	pʻian꜄	꜁pian
黎城	ɕiʌʔ꜆	iʌʔ꜇	ciʌʔ꜇	ȵiʌʔ꜇	liʌʔ꜇	ciʌʔ꜆	çiʌʔ꜆	꜀piæ	pʻiæ꜄	꜁piᴇ
潞城	ɕiaʔ꜆	iaʔ꜇	tɕiaʔ꜇	ȵiaʔ꜇	liaʔ꜇	tɕiaʔ꜆	ɕiaʔ꜆	꜀piæ̃	pʻiæ̃꜄	piæ̃꜅
平顺	ɕiʌʔ꜆	iʌʔ꜇	ciʌʔ꜇	ȵiʌʔ꜇	liʌʔ꜇	ciʌʔ꜆	çiʌʔ꜆	꜀piæ̃	pʻiæ̃꜄	piæ̃꜅
壶关	ʃiʌʔ꜆	iʌʔ꜇	ciʌʔ꜇	ȵiʌʔ꜇	liʌʔ꜇	ciʌʔ꜆	çiʌʔ꜆	꜀piaŋ	pʻiaŋ꜄	piaŋ꜅
襄垣	sʌʔ꜆	ʐʌʔ꜆	tɕiʌʔ꜇	niʌʔ꜆	liʌʔ꜆	tɕiʌʔ꜆	ɕiʌʔ꜆	꜀piei	pʻiei꜄	piei꜄
武乡	sʌʔ꜆	zʌʔ꜆	tɕiʌʔ꜇	ȵiʌʔ꜆	liʌʔ꜆	tɕiʌʔ꜆	ɕiʌʔ꜆	꜀pei	pʻei꜄	pei꜄
沁县	sʌʔ꜆	zʌʔ꜆	tɕiʌʔ꜇	ȵiʌʔ꜆	liʌʔ꜆	tɕiʌʔ꜆	ɕiʌʔ꜆	꜀pɪ	pʻɪ꜄	pɪ꜄
沁源	ʂaʔ꜆	ʐaʔ꜇	tɕiaʔ꜇	ȵiaʔ꜆	liaʔ꜇	tɕiaʔ꜆	ɕiaʔ꜆	꜀piæ	pʻiæ꜄	piæ꜄
高平	ʂʌʔ꜆	ʐɛʔ꜆	ciɛʔ꜆	niɛʔ꜆	liɛʔ꜆	ciɛʔ꜆	ɕiɛʔ꜆	꜀piæ	pʻiæ꜄	piæ꜄
阳城	ʂʌʔ꜆	ʐʌʔ꜆	ciʌʔ꜆	niəʔ꜆	liʌʔ꜆	ciʌʔ꜆	çiʌʔ꜆	꜀pie	pʻie꜄	pie꜄
晋城	ʂᴀʔ꜆	ʐᴀʔ꜆	tɕiᴀʔ꜆	niᴀʔ꜆	liᴀʔ꜆	tɕiᴀʔ꜆	ɕiᴀʔ꜆	꜀piɛ	pʻiɛ꜄	piɛ꜄
陵川	ɕiʌʔ꜆	iʌʔ꜇	ciʌʔ꜇	niʌʔ꜇	liʌʔ꜇	ciʌʔ꜆	çiʌʔ꜆	꜀piə̃n	pʻiə̃n꜄	piə̃n꜄

例字/方言点	山开四								
	眠	颠	天	田	年	怜	荐	千	前
	平明先	平端先	平透先	平定先	平泥先	平来先	去精霰	平清先	平从先
长治	꜁miɑŋ	꜀tiɑŋ	꜀tʻiɑŋ	꜁tʻiɑŋ	꜁ȵiɑŋ	꜁liɑŋ	tɕiɑŋ꜄	꜀tɕʻiɑŋ	꜁tɕʻiɑŋ
长治县	꜁miɑŋ	꜀tiɑŋ	꜀tʻiɑŋ	꜁tʻiɑŋ	꜁ȵiɑŋ	꜁liɑŋ	tɕiɑŋ꜄	꜀tɕʻiɑŋ	꜁tɕʻiɑŋ
长子	꜁miæ̃	꜀tiæ̃	꜀tʻiæ̃	꜁tʻiæ̃	꜁ȵiæ̃	꜁liæ̃	tɕiæ̃꜄	꜀tɕʻiæ̃	꜁tɕʻiæ̃
屯留	꜁mian	꜀tian	꜀tʻian	꜁tʻian	꜁ȵian	꜁lian	tɕian꜄	꜀tɕʻian	꜁tɕʻian
黎城	꜁miᴇ	꜀tiᴇ	꜀tʻiᴇ	꜁tʻiᴇ	꜁ȵiᴇ	꜁liᴇ	tɕiᴇ꜄	꜀tɕʻiᴇ	꜁tɕʻiᴇ
潞城	꜁miæ̃	꜀tiæ̃	꜀tʻiæ̃	꜁tʻiæ̃	꜁ȵiæ̃	꜁liæ̃	tʃiæ̃꜄	꜀tʃʻiæ̃	꜁tʃʻiæ̃
平顺	꜁miæ̃	꜀tiæ̃	꜀tʻiæ̃	꜁tʻiæ̃	꜁ȵiæ̃	꜁liæ̃	tsiæ̃꜄	꜀tsiæ̃	꜁tsiæ̃
壶关	꜁miaŋ	꜀tiaŋ	꜀tʻiaŋ	꜁tʻiaŋ	꜁ȵiaŋ	꜁liaŋ	tsiaŋ꜄	꜀tsʻiaŋ	꜁tsʻiaŋ
襄垣	꜁miei	꜀tiei	꜀tʻiei	꜁tʻiei	꜁ȵiei	꜁liei	tɕiei꜄	꜀tɕʻiei	꜁tɕʻiei
武乡	꜁mei	꜀tei	꜀tʻei	꜁tʻei	꜁nzei	꜁lei	tsei꜄	꜀tsʻei	꜁tsʻei
沁县	꜁mɪ	꜀tɪ	꜀tʻɪ	꜁tʻɪ	꜁nɪ	꜁lɪ	tɕɪ꜄	꜀tɕʻɪ	꜁tɕʻɪ
沁源	꜁miæ	꜀tiæ	꜀tʻiæ	꜁tʻiæ	꜁ȵiæ	꜁liæ	tɕiæ꜄	꜀tɕʻiæ	꜁tɕʻiæ
高平	꜁miæ	꜀tiæ	꜀tʻiæ	꜀tʻiæ	꜀niæ	꜀niæ	tsiæ꜄	꜀tsʻiæ	꜀tsʻiæ
阳城	꜁mie	꜀tie	꜀tʻie	꜁tʻie	꜁nie	꜁lie	tɕie꜄	꜀tɕʻie	꜁tɕʻie
晋城	꜁miɛ	꜀tiɛ	꜀tʻiɛ	꜁tʻiɛ	꜁niɛ	꜁liɛ	tɕiɛ꜄	꜀tɕʻiɛ	꜁tɕʻiɛ
陵川	꜁miə̃n	꜀tiə̃n	꜀tʻiə̃n	꜁tʻiə̃n	꜁niə̃n	꜁liə̃n	tɕiə̃n꜄	꜀tɕʻiə̃n	꜁tɕʻiə̃n

例字 / 方言点	山开四								
	先	肩	牵	显	烟	憋	篾竹篾	铁	捏
	平心先	平见先	平溪先	上晓铣	平影先	入帮屑	入明屑	入透屑	入泥屑
长治	꜀ɕiɑŋ	꜀tɕiɑŋ	꜀tɕ‘iɑŋ	꜂ɕiɑŋ	꜀iɑŋ	piəʔ꜆	miəʔ꜆	t‘iəʔ꜆	ȵiəʔ꜆
长治县	꜀ɕiɑŋ	꜀tɕiɑŋ	꜀tɕ‘iɑŋ	꜂ɕiɑŋ	꜀iɑŋ	piəʔ꜆	mie꜄	t‘iəʔ꜆	ȵiəʔ꜆
长子	꜀ɕiæ̃	꜀tɕiæ̃	꜀tɕ‘iæ̃	꜂ɕiæ̃	꜀iæ̃	piɛʔ꜆	miɛ꜄	t‘iɛʔ꜆	ȵiɛʔ꜆
屯留	꜀ɕian	꜀tɕian	꜀tɕ‘ian	꜂ɕian	꜀ian	piɛʔ꜆	miɛʔ꜆	t‘iɛʔ꜆	ȵiɛʔ꜆
黎城	꜀ɕiᴇ	꜀ciᴇ	꜀c‘iᴇ	꜂çiᴇ	꜀iᴇ	piʌʔ꜆	miʌʔ꜇	t‘iʌʔ꜆	ȵiʌʔ꜇
潞城	꜀ʃiæ̃	꜀tɕiæ̃	꜀tɕ‘iæ̃	꜂ɕiæ̃	꜀iæ̃	piʌʔ꜆	miʌʔ꜇	t‘iaʔ꜆	ȵiaʔ꜇
平顺	꜀siæ̃	꜀ciæ̃	꜀c‘iæ̃	꜂çiæ̃	꜀iæ̃	piʌʔ꜆	miʌʔ꜇	t‘iʌʔ꜆	ȵiʌʔ꜇
壶关	꜀siaŋ	꜀ciaŋ	꜀c‘iaŋ	꜂çiaŋ	꜀iaŋ	piʌʔ꜆	miʌʔ꜇	t‘iʌʔ꜆	ȵiʌʔ꜇
襄垣	꜀ɕiei	꜀tɕiei	꜀tɕ‘iei	꜂ɕiei	꜀iei	piʌʔ꜆	miʌʔ꜆	t‘iʌʔ꜆	ȵiʌʔ꜆
武乡	꜀sei	꜀tsei	꜀ts‘ei	꜂sei	꜀zei	piʌʔ꜆	miʌʔ꜆	t‘iʌʔ꜆	ȵiʌʔ꜆
沁县	꜀ɕɪ	꜀tɕɪ	꜀tɕ‘ɪ	꜀ɕɪ	꜀ɪ	piʌʔ꜆	miʌʔ꜆	t‘iʌʔ꜆	ȵiʌʔ꜆
沁源	꜀ɕiæ	꜀tɕiæ	꜀tɕ‘iæ	꜂ɕiæ	꜀iæ	piaʔ꜆	miaʔ꜇	t‘iaʔ꜆	ȵiaʔ꜇
高平	꜀siæ	꜀ciæ	꜀c‘iæ	꜂çiæ	꜀iæ	piɛʔ꜆	miɛʔ꜆	t‘iɛʔ꜆	niɛʔ꜆
阳城	꜀ɕie	꜀cie	꜀c‘ie	꜂çie	꜀ie	piʌʔ꜆	miʌʔ꜆	t‘iʌʔ꜆	niʌʔ꜆
晋城	꜀ɕiɛ	꜀tɕiɛ	꜀tɕ‘iɛ	꜁ɕiɛ	꜀iɛ	piᴀʔ꜆	miᴀʔ꜆	t‘iᴀʔ꜆	niᴀʔ꜆
陵川	꜀ɕiə̃n	꜀ciə̃n	꜀c‘iə̃n	꜂çiə̃n	꜀iə̃n	piʌʔ꜆	miʌʔ꜇	t‘iʌʔ꜆	niʌʔ꜇

例字 / 方言点	山开四						山合一		
	节	切	截	屑木屑	结	噎	半	拼	盘
	入精屑	入清屑	入从屑	入心屑	入见屑	入影屑	去帮换	平滂桓	平並桓
长治	tɕiəʔ꜆	tɕ‘iəʔ꜆	tɕiəʔ꜆	ɕiəʔ꜆	tɕiəʔ꜆	iəʔ꜆	pɑŋ꜄	꜀p‘iŋ	꜁p‘ɑŋ
长治县	tɕiəʔ꜆	tɕ‘iəʔ꜆	tɕiəʔ꜆	ɕiəʔ꜆	tɕiəʔ꜆	iəʔ꜆	pɑŋ꜄	꜀p‘iŋ	꜁p‘ɑŋ
长子	tɕiɛʔ꜆	tɕ‘iɛʔ꜆	tɕiɛʔ꜇	ɕiɛʔ꜆	tɕiɛʔ꜆	iɛʔ꜆	pæ̃꜄	꜀p‘in	꜁p‘æ̃
屯留	tɕiɛʔ꜆	tɕ‘iɛʔ꜆	tɕiɛʔ꜇	ɕiɛʔ꜆	tɕiɛʔ꜆	iɛʔ꜆	pan꜄	꜀p‘in	꜁p‘an
黎城	tɕiʌʔ꜆	tɕ‘iʌʔ꜆	tɕiʌʔ꜇	ɕiʌʔ꜆	ciʌʔ꜆	iʌʔ꜆	pæ꜄	꜀p‘iᴇ̃	꜁p‘æ
潞城	tʃiaʔ꜆	tʃ‘iaʔ꜆	tʃiaʔ꜇	ʃiaʔ꜆	tɕiaʔ꜆	iaʔ꜆	pæ̃꜄	꜀p‘iᴇ̃	꜁p‘æ̃
平顺	tsiʌʔ꜆	ts‘iʌʔ꜆	tsiʌʔ꜇	siʌʔ꜆	ciʌʔ꜆	iʌʔ꜆	pæ̃꜄	꜀p‘iᴇ̃	꜁p‘æ̃
壶关	tsiʌʔ꜆	ts‘iʌʔ꜆	tsiʌʔ꜇	siʌʔ꜆	ciʌʔ꜆	iʌʔ꜆	paŋ꜄	꜀p‘iŋ	꜁p‘aŋ
襄垣	tɕiʌʔ꜆	tɕ‘iʌʔ꜆	tɕiʌʔ꜇	ɕiʌʔ꜆	tɕiʌʔ꜆	iʌʔ꜆	pæ꜄	꜀p‘iŋ	꜁p‘æ
武乡	tɕiʌʔ꜆	tɕ‘iʌʔ꜆	tɕiʌʔ꜇	ɕiʌʔ꜆	tɕiʌʔ꜆	iʌʔ꜆	pæ꜄	꜀p‘iaŋ	꜁p‘æ
沁县	tɕiʌʔ꜆	tɕ‘iʌʔ꜆	tɕiʌʔ꜇	ɕiʌʔ꜆	tɕiʌʔ꜆	iʌʔ꜆	pan꜄	꜀p‘iŋ	꜁p‘an
沁源	tɕiaʔ꜆	tɕ‘iaʔ꜆	tɕiaʔ꜇	ɕiaʔ꜆	tɕiaʔ꜆	iaʔ꜆	pæ꜄	꜀p‘iə̃	꜁p‘æ
高平	tsiɛʔ꜆	ts‘iɛʔ꜆	tsiɛʔ꜆	siɛʔ꜆	ciɛʔ꜆	iɛʔ꜆	pæ꜄	꜀p‘iᴇ̃	꜀p‘æ
阳城	tɕiʌʔ꜆	tɕ‘iʌʔ꜆	tɕiʌʔ꜆	ɕiʌʔ꜆	ciʌʔ꜆	iʌʔ꜆	pɛ̃꜄	꜀p‘iə̃n	꜁p‘ɛ̃
晋城	tɕiᴀʔ꜆	tɕ‘iᴀʔ꜆	tɕiᴀʔ꜆	ɕiᴀʔ꜆	tɕiᴀʔ꜆	iᴀʔ꜆	pæ꜄	꜀p‘iə̃n	꜁p‘æ
陵川	tɕiʌʔ꜆	tɕ‘iʌʔ꜆	tɕiʌʔ꜇	ɕiʌʔ꜆	ciʌʔ꜆	iʌʔ꜆	pᴀn꜄	꜀p‘iə̃n	꜁p‘ᴀn

例字 / 方言点	山合一								
	满	端	段	暖	乱	攒积攒	氽氽丸子	酸	官
	上明缓	平端桓	去定换	上泥缓	去来换	上精缓	平清桓	平心桓	平见桓
长治	ᶜmɑŋ	꜀tɑŋ	tuɑŋᵓ̱	ᶜnɑŋ	luɑŋᵓ̱	ᶜtsɑŋ	꜀tsʻuɑŋ	꜀suɑŋ	꜀kuɑŋ
长治县	ᶜmɑŋ	꜀tɑŋ	tuɑŋᵓ̱	ᶜnuɑŋ	luɑŋᵓ̱	ᶜtsɑŋ	꜀tsʻuɑŋ	꜀suɑŋ	꜀kuɑŋ
长子	ᶜmæ̃	꜀tuæ̃	tuæ̃ᵓ̱	ᶜnuæ̃	luæ̃ᵓ̱	ᶜtsæ̃	꜀tsʻuæ̃	꜀suæ̃	꜀kuæ̃
屯留	ᶜman	꜀tuan	꜁tuan	ᶜnan	꜁luan	ᶜtsan	꜀tsʻuan	꜀suan	꜀kuan
黎城	ᶜmæ	꜀tuæ	꜁tuæ	ᶜnæ	꜁luæ	ᶜtsæ	꜀tsʻuæ	꜀suæ	꜀kuæ
潞城	ᶜmæ̃	꜀tuæ̃	tuæ̃ᵓ̱	ᶜnæ̃	luæ̃ᵓ̱	ᶜtsæ̃	꜀tsʻuæ̃	꜀suæ̃	꜀kuæ̃
平顺	ᶜmæ̃	꜀tuæ̃	tuæ̃ᵓ̱	ᶜnæ̃	luæ̃ᵓ̱	ᶜtsæ̃	꜀tsʻuæ̃	꜀suæ̃	꜀kuæ̃
壶关	ᶜmaŋ	꜀tuaŋ	tuaŋᵓ̱	ᶜnuaŋ	luaŋᵓ̱	ᶜtʂaŋ	꜀tʂʻuaŋ	꜀ʂuaŋ	꜀kuaŋ
襄垣	ᶜmæ	꜀tuæ	tuæᵓ	ᶜnæ	luæᵓ	ᶜtsæ	꜀tsʻuæ	꜀suæ	꜀kuæ
武乡	ᶜmæ	꜀tuæ	tuæᵓ	ᶜnuæ	luæᵓ	ᶜtsæ	꜀tsʻuæ	꜀suæ	꜀kuæ
沁县	꜀man	꜀tuan	tuanᵓ	꜀nuan	luanᵓ	꜀tsan	꜀tsʻuan	꜀suan	꜀kuan
沁源	ᶜmæ	꜀tuæ	tuæᵓ	ᶜnuæ	luæᵓ	ᶜtsæ	꜀tsʻuæ	꜀suæ	꜀kuæ
高平	ᶜmæ	꜀tuæ	tuæᵓ	ᶜnuæ	nuæᵓ	ᶜtʂæ	꜀tʂʻuæ	꜀ʂuæ	꜀kuæ
阳城	ᶜmɛ̃	꜀tuɛ̃	tuɛ̃ᵓ	ᶜnuɛ̃	luɛ̃ᵓ	ᶜtsɛ̃	꜀tsʻuɛ̃	꜀suɛ̃	꜀kuɛ̃
晋城	꜁mæ	꜀tuæ	tuæᵓ	꜁nuæ	luæᵓ	꜁tʂæ	꜀tʂʻuæ	꜀ʂuæ	꜀kuæ
陵川	ᶜmᴀn	꜀tuᴀn	tuᴀnᵓ	ᶜnuᴀn	luᴀnᵓ	ᶜtʂᴀn	꜀tʂʻuᴀn	꜀ʂuᴀn	꜀kuᴀn

例字 / 方言点	山合一								
	宽	欢	完	拨	泼	沫	掇拾掇	脱	夺
	平溪桓	平晓桓	平匣桓	入帮末	入滂末	入明末	入端末	入透末	入定末
长治	꜀kʻuɑŋ	꜀xuɑŋ	꜁uɑŋ	pəʔ꜀	pʻəʔ꜀	məʔ꜀	tuəʔ꜀	tʻuəʔ꜀	tuəʔ꜀
长治县	꜀kʻuɑŋ	꜀xuɑŋ	꜁uɑŋ	pəʔ꜀	pʻəʔ꜀	məʔ꜀	tuəʔ꜀	tʻuəʔ꜀	tuəʔ꜀
长子	꜀kʻuæ̃	꜀xuæ̃	꜁væ̃	pəʔ꜀	pʻəʔ꜀	məʔ꜀	tuəʔ꜀	tʻuəʔ꜀	tuəʔ꜁
屯留	꜀kʻuan	꜀xuan	꜁uan	pəʔ꜀	pʻəʔ꜀	məʔ꜀	tuəʔ꜀	tʻuəʔ꜀	tuəʔ꜁
黎城	꜀kʻuæ	꜀xuæ	꜁uæ	pʌʔ꜀	pʻʌʔ꜀	mʌʔ꜁	tuʌʔ꜀	tʻuʌʔ꜀	tuʌʔ꜁
潞城	꜀kʻuæ̃	꜀xuæ̃	꜁uæ̃	paʔ꜀	pʻaʔ꜀	maʔ꜁	tuaʔ꜀	tʻuaʔ꜀	tuaʔ꜁
平顺	꜀kʻuæ̃	꜀xuæ̃	꜁uæ̃	pʌʔ꜀	pʻʌʔ꜀	mʌʔ꜁	tuʌʔ꜀	tʻuʌʔ꜀	tuʌʔ꜁
壶关	꜀kʻuaŋ	꜀xuaŋ	꜁uaŋ	pʌʔ꜀	pʻʌʔ꜀	mʌʔ꜁	tuʌʔ꜀	tʻuʌʔ꜀	tuʌʔ꜁
襄垣	꜀kʻuæ	꜀xuæ	꜁væ	pʌʔ꜀	pʻʌʔ꜀	mʌʔ꜀	tuʌʔ꜀	tʻuʌʔ꜀	tuʌʔ꜁
武乡	꜀kʻuæ	꜀xuæ	꜁væ	pʌʔ꜀	pʻʌʔ꜀	mʌʔ꜀	tuʌʔ꜀	tʻuʌʔ꜀	tuʌʔ꜁
沁县	꜀kʻuan	꜀xuan	꜁van	pʌʔ꜀	pʻʌʔ꜀	mʌʔ꜀	tuʌʔ꜀	tʻuʌʔ꜀	tuʌʔ꜁
沁源	꜀kʻuæ	꜀xuæ	꜁væ	paʔ꜀	pʻaʔ꜀	maʔ꜁	tuaʔ꜀	tʻuaʔ꜀	tuaʔ꜁
高平	꜀kʻuæ	꜀xuæ	꜀væ	pʌʔ꜀	pʻʌʔ꜀	mʌʔ꜀	tuʌʔ꜀	tʻuʌʔ꜀	tuʌʔ꜀
阳城	꜀kʻuɛ̃	꜀xuɛ̃	꜁uɛ̃	pʌʔ꜀	pʻʌʔ꜀	mʌʔ꜀	tuʌʔ꜀	tʻuʌʔ꜀	tuʌʔ꜀
晋城	꜀kʻuæ	꜀xuæ	꜁uæ	pᴀʔ꜀	pʻᴀʔ꜀	mᴀʔ꜀	tuᴀʔ꜀	tʻuᴀʔ꜀	tuᴀʔ꜀
陵川	꜀kʻuᴀn	꜀xuᴀn	꜁uᴀn	pʌʔ꜀	pʻʌʔ꜀	mʌʔ꜁	tuʌʔ꜀	tʻuʌʔ꜀	tuʌʔ꜁

例字／方言点	山合一			山合二				
	括包括	阔	活	关	拴	涮	滑	挖
	入见末	入溪末	入匣末	平见删	平生删	去生谏	入匣黠	入影黠
长治	kʻuəʔ꜆	kʻuəʔ꜆	xuəʔ꜆	꜀kuɑŋ	꜀suɑŋ	suɑŋ꜄	xuɑʔ꜆	꜀uɑ
长治县	kʻuəʔ꜆	kʻuəʔ꜆	xuəʔ꜆/xuo꜅	꜀kuɑŋ	꜀suɑŋ	suɑŋ꜄	xuɑʔ꜆	uɑʔ꜆
长子	kʻuəʔ꜆	kʻuəʔ꜆	xuəʔ꜇	꜀kuæ̃	꜀suæ̃	suæ̃꜄	xuaʔ꜇	꜀va
屯留	kʻuəʔ꜆	kʻuəʔ꜆	xuəʔ꜇	꜀kuan	꜀suan	suan꜄	xuᴀʔ꜇	꜀ua
黎城	kʻuʌʔ꜆	kʻuʌʔ꜆	xuʌʔ꜇	꜀kuæ	꜀suæ	suæ꜄	xuʌʔ꜇	꜀ua
潞城	kʻuaʔ꜆	kʻuaʔ꜆	xuaʔ꜇	꜀kuæ̃	꜀suæ̃	suæ̃꜄	xuaʔ꜇	꜀ua
平顺	kʻuʌʔ꜆	kʻuʌʔ꜆	xuʌʔ꜇	꜀kuæ̃	꜀suæ̃	suæ̃꜄	xuʌʔ꜇	꜀uɑ
壶关	kʻuʌʔ꜆	kʻuʌʔ꜆	xuʌʔ꜇/xuə꜅	꜀kuaŋ	꜀ʂuaŋ	ʂuaŋ꜄	xuʌʔ꜇	꜀ua
襄垣	kʻuʌʔ꜆	kʻuʌʔ꜆	xuʌʔ꜇	꜀kuæ	꜀suæ	suæ꜄	xuʌʔ꜇	va꜄
武乡	kʻuʌʔ꜆	kʻuʌʔ꜆	xuʌʔ꜇	꜀kuæ	꜀suæ	suæ꜄	xuʌʔ꜇	꜀va
沁县	kʻuʌʔ꜆	kʻuʌʔ꜆	xuʌʔ꜇	꜀kuan	꜀suan	suan꜄	xuʌʔ꜇	va꜄
沁源	kʻuaʔ꜆	kʻuaʔ꜆	xuaʔ꜇	꜀kuæ	꜀suæ	suæ꜄	xuaʔ꜇	꜀vɑ
高平	kʻuʌʔ꜆	kʻuʌʔ꜆	xuʌʔ꜆	꜀kuæ	꜀ʂuæ	ʂuæ꜄	xuʌʔ꜆	vʌʔ꜆
阳城	kʻuʌʔ꜆	kʻuʌʔ꜆	xuʌʔ꜆	꜀kuɛ̃	꜀ʂuɛ̃	ʂuɛ̃꜄	xuʌʔ꜆	uʌʔ꜆
晋城	kʻuᴀʔ꜆	kʻuᴀʔ꜆	xuᴀʔ꜆	꜀kuæ	꜀ʂuæ	ʂuæ꜄	xuᴀʔ꜆	uᴀʔ꜆
陵川	kʻuʌʔ꜆	kʻuʌʔ꜆	xuʌʔ꜇	꜀kuᴀn	꜀ʂuᴀn	ʂuᴀn꜄	xuʌʔ꜇	uᴀ꜄

例字／方言点	山合二			山合三					
	湾	刷	刮	反	翻	饭	晚	恋	全
	平影删	入生鎋	入见鎋	上非阮	平敷元	去奉愿	上微阮	去来线	平从仙
长治	꜀uɑŋ	suɑʔ꜆	kuəʔ꜆/kuɑ꜄	꜂fɑŋ	꜀fɑŋ	fɑŋ꜅	꜂uɑŋ	liɑŋ꜅	꜁tɕʻyɑŋ
长治县	꜀uɑŋ	suɑʔ꜆	kuəʔ꜆/kuɑ꜅	꜂fɑŋ	꜀fɑŋ	fɑŋ꜅	꜂uɑŋ	liɑŋ꜅	꜁tɕʻyɑŋ
长子	꜀væ̃	suaʔ꜆	kuəʔ꜆/꜀kua	꜂fæ̃	꜀fæ̃	fæ̃꜅	꜂væ̃	liæ̃꜅	꜁tɕʻyæ̃
屯留	꜀uan	suᴀʔ꜆	kuəʔ꜆/꜀kua	꜂fan	꜀fan	꜁fan	꜂uan	꜁lian	꜁tɕʻyan
黎城	꜀uæ	suʌʔ꜆	kuʌʔ꜆/꜀kua	꜂fæ	꜀fæ	꜁fæ	꜂uæ	꜁liæ	꜁tɕʻyᴇ
潞城	꜀uæ̃	suaʔ꜆	kuaʔ꜆/꜀kua	꜂fæ̃	꜀fæ̃	fæ̃꜅	꜂uæ̃	liæ̃꜅	꜁tʃʻyæ̃
平顺	꜀uæ̃	suʌʔ꜆	kuʌʔ꜆/꜀kuɑ	꜂fæ̃	꜀fæ̃	fæ̃꜅	꜂uæ̃	liæ̃꜅	꜁tsʻyæ̃
壶关	꜀uaŋ	ʂuʌʔ꜆	kuʌʔ꜆/꜀kua	꜂faŋ	꜀faŋ	faŋ꜅	꜂uaŋ	liaŋ꜅	꜁tsʻyaŋ
襄垣	꜀væ	suʌʔ꜆	kuʌʔ꜆/kua꜄	꜂fæ	꜀fæ	fæ꜄	꜂væ	liæ꜄	꜁tɕʻyei
武乡	꜀væ	suʌʔ꜆	kuʌʔ꜆/꜀kua	꜂fæ	꜀fæ	fæ꜄	꜂væ	liæ꜄	꜁tsʻuei
沁县	꜀van	suʌʔ꜆	kuʌʔ꜆/꜀kua	꜀fan	꜀fan	fan꜄	꜀van	lian꜄	꜁tsʻuei
沁源	꜀væ	suaʔ꜆	kuaʔ꜆/꜀kuɑ	꜂fæ	꜀fæ	fæ꜄	꜂væ	liæ꜄	꜁tɕʻyæ
高平	꜀væ	ʂuʌʔ꜆	kuʌʔ꜆	꜂fæ	꜀fæ	fæ꜄	꜂væ	liæ꜄	꜀tsʻiæ
阳城	꜀uɛ̃	ʂuʌʔ꜆	kuʌʔ꜆/꜀kuɑ	꜂fɛ̃	꜀fɛ̃	fɛ̃꜄	꜂vɛ̃	niɛ̃꜄	꜁tɕʻye
晋城	꜀uæ	ʂuᴀʔ꜆	kuᴀʔ꜆	꜁fæ	꜀fæ	fæ꜄	꜁uæ	liæ꜄	꜁tɕʻyɛ
陵川	꜀uᴀn	ʂuʌʔ꜆	kuʌʔ꜆/kuᴀ꜄	꜂fᴀn	꜀fᴀn	fᴀn꜄	꜂uᴀn	liə̃n꜄	꜁tɕʻyə̃n

例字 / 方言点	山合三								
	选	旋	转	传	专	川	船	软	卷卷起
	上心狝	平邪仙	上知狝	平澄仙	平章仙	平昌仙	平船仙	上日狝	上见狝
长治	꜁ɕyɑŋ	꜄ɕyɑŋ	꜁tsuɑŋ	꜄tsʻuɑŋ	꜀tsuɑŋ	꜀tsʻuɑŋ	꜄tsʻuɑŋ	꜁yɑŋ	꜁tɕyɑŋ
长治县	꜁ɕyɑŋ	꜄ɕyɑŋ	꜁tsuɑŋ	꜄tsʻuɑŋ	꜀tsuɑŋ	꜀tsʻuɑŋ	꜄tsʻuɑŋ	꜁yɑŋ	꜁tɕyɑŋ
长子	꜁ɕyæ̃	꜄ɕyæ̃	꜁tsuæ̃	꜄tsʻuæ̃	꜀tsuæ̃	꜀tsʻuæ̃	꜄tsʻuæ̃	꜁yæ̃	꜁tɕyæ̃
屯留	꜁ɕyan	꜄ɕyan	꜁tsuan	꜄tsʻuan	꜀tsuan	꜀tsʻuan	꜄tsʻuan	꜁yan	꜁tɕyan
黎城	꜁ɕyᴇ	꜄ɕyᴇ	꜁tɕyᴇ	꜄tɕʻyᴇ	꜀tɕyᴇ	꜀tɕʻyᴇ	꜄tɕʻyᴇ	꜁yᴇ	꜁cyᴇ
潞城	꜁ʃyæ̃	꜄ʃyæ̃	꜁tɕyæ̃	꜄ tɕʻyæ̃	꜀tɕyæ̃	꜀tɕʻyæ̃	꜄tɕʻyæ̃	꜁yæ̃	꜁tɕyæ̃
平顺	꜁syæ̃	꜄syæ̃	꜁tɕyæ̃	꜄tsʻuæ̃	꜀tsuæ̃	꜀tsʻuæ̃	꜄tsʻuæ̃	꜁yæ̃	꜁cyæ̃
壶关	꜁syaŋ	꜄syaŋ	꜁tʂuaŋ	꜄tʂʻuaŋ	꜀tʂuaŋ	꜀tʂʻuaŋ	꜄tʂʻuaŋ	꜁yaŋ	꜁cyaŋ
襄垣	꜁ɕyei	꜄ɕyei	꜁tsuæ	꜄tsʻuæ	꜀tsuæ	꜀tsʻuæ	꜄tsʻuæ	꜁ʐuæ	꜁tɕyei
武乡	꜁suei	꜄suei	꜁tsuæ	꜄tsʻuæ	꜀tsuæ	꜀tsʻuæ	꜄tsʻuæ	꜁zuæ	꜁tsuei
沁县	꜀suei	꜄suei	꜀tsuan	꜄tsʻuan	꜀tsuan	꜀tsʻuan	꜄tsʻuan	꜀zuei	꜀tsuei
沁源	꜁ɕyæ	꜄ɕyæ	꜁tsuæ	꜄tsʻuæ	꜀tsuæ	꜀tsʻuæ	꜄tsʻuæ	꜁ʐuæ	꜁tɕyæ
高平	꜁siæ	꜀siæ	꜁tʂuæ	꜀tʂʻuæ	꜀tʂuæ	꜀tʂʻuæ	꜀tʂʻuæ	꜁ʐuæ	꜁ciæ
阳城	꜁ɕye	꜄ɕye	꜁tʂuɛ̃	꜄tʂʻuɛ̃	꜀tʂuɛ̃	꜀tʂʻuɛ̃	꜄tʂʻuɛ̃	꜁ʐuɛ̃	꜁cye
晋城	꜄ɕyɛ	꜄ɕyɛ	꜄tʂuæ	꜄tʂʻuæ	꜀tʂuæ	꜀tʂʻuæ	꜄tʂʻuæ	꜄ʐuæ	꜄tɕyæ
陵川	꜁ɕyə̃n	꜄ɕyə̃n	꜁tʂuᴀn	꜄tʂʻuᴀn	꜀tʂuᴀn	꜀tʂʻuᴀn	꜄tʂʻuᴀn	꜁luᴀn	꜁cyə̃n

例字 / 方言点	山合三								
	圈圆圈	权	元	园	发	罚	袜	劣	雪
	平溪仙	平群仙	平疑元	平影元	入非月	入奉月	入微月	入来薛	入心薛
长治	꜀tɕʻyɑŋ	꜄tɕʻyɑŋ	꜄yɑŋ	꜄yɑŋ	fɑʔ꜃	fɑʔ꜇	uɑʔ꜇	liəʔ꜇	ɕyəʔ꜃
长治县	꜀tɕʻyɑŋ	꜄tɕʻyɑŋ	꜄yɑŋ	꜄yɑŋ	fɑʔ꜃	fɑʔ꜇	uɑʔ꜇	liəʔ꜇	ɕyəʔ꜃
长子	꜀tɕʻyæ̃	꜄tɕʻyæ̃	꜄yæ̃	꜄yæ̃	faʔ꜃	faʔ꜇	uaʔ꜇	liɛʔ꜇	ɕyɛʔ꜃
屯留	꜀tɕʻyan	꜄tɕʻyan	꜄yan	꜄yan	fᴀʔ꜃	fᴀʔ꜇	uᴀʔ꜇	liɛʔ꜇	ɕyɛʔ꜃
黎城	꜀cʻyæ	꜄cʻyæ	꜄yæ	꜄yæ	fʌʔ꜃	fʌʔ꜇	uʌʔ꜇	liʌʔ꜇	ɕyʌʔ꜃
潞城	꜀tɕʻyæ̃	꜄tɕʻyæ̃	꜄yæ̃	꜄yæ̃	faʔ꜃	faʔ꜇	uaʔ꜇	liaʔ꜇	ʃyaʔ꜃
平顺	꜀cʻyæ̃	꜄cʻyæ̃	꜄yæ̃	꜄yæ̃	fʌʔ꜃	fʌʔ꜇	uʌʔ꜇	liʌʔ꜇	syʌʔ꜃
壶关	꜀cʻyaŋ	꜄cʻyaŋ	꜄yaŋ	꜄yaŋ	fʌʔ꜃	fʌʔ꜇	uʌʔ꜇	liʌʔ꜇	syʌʔ꜃
襄垣	꜀tɕʻyei	꜄tɕʻyei	꜄yei	꜄yei	fʌʔ꜃	fʌʔ꜇	vʌʔ꜇	liʌʔ꜇	ɕyʌʔ꜃
武乡	꜀tsʻuei	꜄tsʻuei	꜄zuei	꜄zuei	fʌʔ꜃	fʌʔ꜇	vʌʔ꜇	liʌʔ꜇	ɕyʌʔ꜃
沁县	꜀tsʻuei	꜄tsʻuei	꜄zuei	꜄zuei	fʌʔ꜃	fʌʔ꜇	vʌʔ꜇	liʌʔ꜇	ɕyʌʔ꜃
沁源	꜀tɕʻyæ	꜄tɕʻyæ	꜄yæ	꜄yæ	faʔ꜃	faʔ꜇	vaʔ꜇	liaʔ꜇	ɕyaʔ꜃
高平	꜀cʻiæ	꜀cʻiæ	꜀iæ	꜀iæ	fʌʔ꜃	fʌʔ꜃	vʌʔ꜃	liɛʔ꜃	sɛʔ꜃
阳城	꜀cʻye	꜄cʻye	꜄ye	꜄ye	fʌʔ꜃	fʌʔ꜇	vʌʔ꜇	liʌʔ꜇	ɕyʌʔ꜃
晋城	꜀tɕʻye	꜄tɕʻye	꜄ye	꜄ye	fᴀʔ꜃	fᴀʔ꜇	uᴀʔ꜇	liᴀʔ꜇	ɕyᴀʔ꜃
陵川	꜀cʻyə̃n	꜄cʻyə̃n	꜄yə̃n	꜄yə̃n	fʌʔ꜃	fʌʔ꜇	uʌʔ꜇	liʌʔ꜇	ɕyʌʔ꜃

例字／方言点	山合三					山合四				
	绝	拙	说说话	月	越	犬	玄	渊	缺	血
	入从薛	入章薛	入书薛	入疑月	入云月	上溪铣	平匣先	平影先	入溪屑	入晓屑
长治	tɕyəʔ꜆	tsuəʔ꜆	suəʔ꜆	yəʔ꜆	yəʔ꜆	꜂tɕ‘yɑŋ	꜁ɕyɑŋ	꜀yɑŋ	tɕ‘yəʔ꜆	ɕiəʔ꜆
长治县	tɕyəʔ꜆	tsuəʔ꜆	suəʔ꜆	yəʔ꜆	yəʔ꜆	꜂tɕ‘yɑŋ	꜁ɕyɑŋ	꜀yɑŋ	tɕ‘yəʔ꜆	ɕiəʔ꜆
长子	tɕyɛʔ꜇	tsuəʔ꜆	suəʔ꜆	yɛʔ꜆	yɛʔ꜆	꜂tɕ‘yæ̃	꜁ɕyæ̃	꜀yæ̃	tɕ‘yɛʔ꜆	ɕiɛʔ꜆
屯留	tɕyɛʔ꜇	tsuəʔ꜆	suəʔ꜆	yɛʔ꜆	yɛʔ꜆	꜂tɕ‘yan	꜁ɕyan	꜀yan	tɕ‘yɛʔ꜆	ɕiɛʔ꜆
黎城	tɕyʌʔ꜇	tsuʌʔ꜆	ɕyʌʔ꜆	yʌʔ꜇	yʌʔ꜇	꜂c‘yan	꜁çyan	꜀yæ	c‘yʌʔ꜆	çyʌʔ꜆
潞城	tʃyaʔ꜇	tɕyaʔ꜆	ɕyaʔ꜆	yaʔ꜇	yaʔ꜇	꜂tɕ‘yæ̃	꜁ɕyæ̃	꜀yæ̃	tɕ‘yaʔ꜆	ɕyaʔ꜆
平顺	tsyʌʔ꜇	tɕyʌʔ꜆	ɕyʌʔ꜆	yʌʔ꜇	yʌʔ꜇	꜂c‘yæ̃	꜁çyæ̃	꜀yæ̃	c‘yʌʔ꜆	çyʌʔ꜆
壶关	tsyʌʔ꜇	tʃyʌʔ꜆	ʃyʌʔ꜆	yʌʔ꜇	yʌʔ꜇	꜂c‘yaŋ	꜁çyaŋ	꜀yaŋ	c‘yʌʔ꜆	çyʌʔ꜆
襄垣	tɕyʌʔ꜇	tsuʌʔ꜆	suəʔ꜆	yʌʔ꜆	yʌʔ꜆	꜂tɕ‘yei	꜁ɕyei	꜀yei	tɕ‘yʌʔ꜆	ɕiʌʔ꜆
武乡	tɕyʌʔ꜇	tsuʌʔ꜆	suəʔ꜆	yʌʔ꜆	yʌʔ꜆	꜂ts‘uei	꜁suei	꜀zuei	tɕ‘yʌʔ꜆	ɕiʌʔ꜆
沁县	tɕyʌʔ꜇	tsuʌʔ꜆	suəʔ꜆	yʌʔ꜆	yʌʔ꜆	꜀ts‘uei	꜁suei	꜀zuei	tɕ‘yʌʔ꜆	ɕiʌʔ꜆
沁源	tɕyəʔ꜇	tʂuaʔ꜆	ʂuaʔ꜆	yəʔ꜇	yəʔ꜇	꜂tɕ‘yæ	꜁ɕyæ	꜀yæ	tɕ‘yəʔ꜆	ɕiaʔ꜆
高平	tsɛʔ꜆	tʂuʌʔ꜆	ʂuʌʔ꜆	yɛʔ꜆	yɛʔ꜆	꜂ts‘iæ	꜀siæ	꜀iæ	c‘iɛʔ꜆	ɕiɛʔ꜆
阳城	tɕyʌʔ꜆	tʂuʌʔ꜆	ʂuʌʔ꜆	yʌʔ꜆	yʌʔ꜆	꜂c‘ye	꜁çye	꜀ye	c‘yʌʔ꜆	çiʌʔ꜆
晋城	tɕyᴀʔ꜆	tʂuᴀʔ꜆	ʂuᴀʔ꜆	yᴀʔ꜆	yᴀʔ꜆	꜁tɕ‘yɛ	꜁ɕyɛ	꜀ye	tɕ‘yᴀʔ꜆	ɕiᴀʔ꜆
陵川	tɕyʌʔ꜇	tʂuʌʔ꜆	ʂuʌʔ꜆	yʌʔ꜇	yʌʔ꜇	꜂c‘yə̃n	꜁çyə̃n	꜀yə̃n	c‘yʌʔ꜆	çiʌʔ꜆

例字／方言点	臻开一					臻开三			
	吞	根	垦	很	恩	宾	贫	民	邻
	平透痕	平见痕	上溪很	上匣很	平影痕	平帮真	平並真	平明真	平来真
长治	꜀t‘uŋ	꜀kəŋ	꜂k‘əŋ	꜂xəŋ	꜀əŋ	꜀piŋ	꜁p‘iŋ	꜁miŋ	꜁liŋ
长治县	꜀t‘uŋ	꜀kəŋ	꜂k‘əŋ	꜂xəŋ	꜀əŋ	꜀piŋ	꜁p‘iŋ	꜁miŋ	꜁liŋ
长子	꜀t‘uən	꜀kən	꜂k‘ən	꜂xən	꜀ŋən	꜀pin	꜁p‘in	꜁min	꜁lin
屯留	꜀t‘uən	꜀kən	꜂k‘ən	꜂xən	꜀ɣən	꜀pin	꜁p‘in	꜁min	꜁lin
黎城	꜀t‘uẼ	꜀kẼ	꜂k‘Ẽ	꜂xẼ	꜀ɣẼ	꜀piẼ	꜁p‘iẼ	꜁miẼ	꜁liẼ
潞城	꜀t‘uẼ	꜀kẼ	꜂k‘Ẽ	꜂xẼ	꜀ɣẼ	꜀piẼ	꜁p‘iẼ	꜁miẼ	꜁liẼ
平顺	꜀t‘uẼ	꜀kẼ	꜂k‘Ẽ	꜂xẼ	꜀ɣẼ	꜀piẼ	꜁p‘iẼ	꜁miẼ	꜁liẼ
壶关	꜀t‘uəŋ	꜀kəŋ	꜂k‘əŋ	꜂xəŋ	꜀ɣəŋ	꜀piŋ	꜁p‘iŋ	꜁miŋ	꜁liŋ
襄垣	꜀t‘uŋ	꜀kəŋ	꜂k‘əŋ	꜂xəŋ	꜀ŋəŋ	꜀piŋ	꜁p‘iŋ	꜁miŋ	꜁liŋ
武乡	꜀t‘uɐŋ	꜀kɐŋ	꜂k‘ɐŋ	꜂xɐŋ	꜀ŋɐŋ	꜀piɐŋ	꜁p‘iɐŋ	꜁miɐŋ	꜁liɐŋ
沁县	꜀t‘uəŋ	꜀kəŋ	꜀k‘əŋ	꜀xəŋ	꜀ŋəŋ	꜀piŋ	꜁p‘iŋ	꜁miŋ	꜁liŋ
沁源	꜀t‘uə̃	꜀kə̃	꜂k‘ə̃	꜂xə̃	꜀ŋə̃	꜀piə̃	꜁p‘iə̃	꜁miə̃	꜁liə̃
高平	꜀t‘uẼ	꜀kẼ	꜂k‘Ẽ	꜂xẼ	꜀ɣẼ	꜀piẼ	꜀p‘iẼ	꜀miẼ	꜀niẼ
阳城	꜀t‘uə̃n	꜀kə̃n	꜂k‘ə̃n	꜂xə̃n	꜀ɣə̃n	꜀piə̃n	꜁p‘iə̃n	꜁miə̃n	꜁liə̃n
晋城	꜀t‘uɐ̃	꜀kɐ̃	꜁k‘ɐ̃	꜁xɐ̃	꜀ɣɐ̃	꜀piə̃n	꜁p‘iə̃n	꜁mi	꜁liə̃n
陵川	꜀t‘uə̃n	꜀kə̃n	꜂k‘ə̃n	꜂xə̃n	꜀ɣə̃n	꜀piə̃n	꜁p‘iə̃n	꜁miə̃n	꜁liə̃n

例字 / 方言点	臻开三								
	津	亲	秦	辛	珍	趁	陈	衬	真
	平精真	平亲真	平从真	平心真	平知真	去彻震	平澄真	去初震	平章真
长治	꜀tɕiŋ	꜀tɕʻiŋ	꜁tɕʻiŋ	꜀ɕiŋ	꜀tsəŋ	tsʻəŋᵓ	꜁tsʻəŋ	tsʻəŋᵓ	꜀tsəŋ
长治县	꜀tɕiŋ	꜀tɕʻiŋ	꜁tɕʻiŋ	꜀ɕiŋ	꜀tsəŋ	tsʻəŋᵓ	꜁tsʻəŋ	tsʻəŋᵓ	꜀tsəŋ
长子	꜀tɕin	꜀tɕʻin	꜁tɕʻin	꜀ɕin	꜀tsən	tsʻənᵓ	꜁tsʻən	tsʻənᵓ	꜀tsən
屯留	꜀tɕin	꜀tɕʻin	꜁tɕʻin	꜀ɕin	꜀tsən	tsʻənᵓ	꜁tsʻən	tsʻənᵓ	꜀tsən
黎城	꜀tɕiẼ	꜀tɕʻiẼ	꜁tɕʻiẼ	꜀ɕiẼ	꜀tɕiẼ	tɕʻiẼᵓ	꜁tɕʻiẼ	tɕʻiẼᵓ	꜀tɕiẼ
潞城	꜀tʃiẼ	꜀tʃʻiẼ	꜁tʃʻiẼ	꜀ʃiẼ	꜀tɕiẼ	tɕʻiẼᵓ	꜁tɕʻiẼ	tsʻẼᵓ	꜀tɕiẼ
平顺	꜀tsiẼ	꜀tsʻiẼ	꜁tsʻiẼ	꜀siẼ	꜀tɕiẼ	tɕʻiẼᵓ	꜁tɕʻiẼ	tsʻẼᵓ	꜀tɕiẼ
壶关	꜀tsiŋ	꜀tsʻiŋ	꜁tsʻiŋ	꜀siŋ	꜀tʂəŋ	tʂʻəŋᵓ	꜁tʂʻəŋ	tʂʻəŋᵓ	꜀tʂəŋ
襄垣	꜀tɕiŋ	꜀tɕʻiŋ	꜁tɕʻiŋ	꜀ɕiŋ	꜀tsəŋ	tsʻəŋᵓ	꜁tsʻəŋ	tsʻəŋᵓ	꜀tsəŋ
武乡	꜀tɕiɐŋ	꜀tɕʻiɐŋ	꜁tɕʻiɐŋ	꜀ɕiɐŋ	꜀tsɐŋ	tsʻɐŋᵓ	꜁tsʻɐŋ	tsʻɐŋᵓ	꜀tsɐŋ
沁县	꜀tɕiŋ	꜀tɕʻiŋ	꜁tɕʻiŋ	꜀ɕiŋ	꜀tsəŋ	tsʻəŋᵓ	꜁tsʻəŋ	tsʻəŋᵓ	꜀tsəŋ
沁源	꜀tɕiə̃	꜀tɕʻiə̃	꜁tɕʻiə̃	꜀ɕiə̃	꜀tʂə̃	tʂʻə̃ᵓ	꜁tʂʻə̃	tʂʻə̃ᵓ	꜀tʂə̃
高平	꜀tsiẼ	꜀tsʻiẼ	꜁tsʻiẼ	꜀siẼ	꜀tʂẼ	tʂʻẼᵓ	꜁tʂʻẼ	tʂʻẼᵓ	꜀tʂẼ
阳城	꜀tɕiə̃n	꜀tɕʻiə̃n	꜁tɕʻiə̃n	꜀ɕiə̃n	꜀tʂə̃n	tʂʻə̃nᵓ	꜁tʂʻə̃n	tʂʻə̃nᵓ	꜀tʂə̃n
晋城	꜀tɕiə̃n	꜀tɕʻiə̃n	꜁tɕʻiə̃n	꜀ɕiə̃n	꜀tʂɐ̃	tʂʻɐ̃ᵓ	꜁tʂʻɐ̃	tʂʻɐ̃ᵓ	꜀tʂɐ̃
陵川	꜀tɕiə̃n	꜀tɕʻiə̃n	꜁tɕʻiə̃n	꜀ɕiə̃n	꜀tʂə̃n	tʂʻə̃nᵓ	꜁tʂʻə̃n	tʂʻə̃nᵓ	꜀tʂə̃n

例字 / 方言点	臻开三									
	神	身	肾	人	巾	近	银	印	引	笔
	平船真	平书真	上禅真	平日真	平见真	上群隐	平疑真	去影震	去以震	入帮质
长治	꜁səŋ	꜀səŋ	səŋᵓ	꜁iŋ	꜀tɕiŋ	tɕiŋᵓ	꜁iŋ	iŋᵓ	ᶜiŋ	piəʔ꜆
长治县	꜁səŋ	꜀səŋ	səŋᵓ	꜁iŋ	꜀tɕiŋ	tɕiŋᵓ	꜁iŋ	iŋᵓ	ᶜiŋ	piəʔ꜆
长子	꜁sən	꜀sən	sənᵓ	꜁in	꜀tɕin	tɕinᵓ	꜁in	inᵓ	ᶜin	piəʔ꜆
屯留	꜁sən	꜀sən	꜁sən	꜁in	꜀tɕin	꜁tɕin	꜁in	inᵓ	ᶜin	piəʔ꜆
黎城	꜁ɕiẼ	꜀ɕiẼ	꜁ɕiẼ	꜁iẼ	꜀ciẼ	꜁ciẼ	꜁iẼ	iẼᵓ	ᶜiẼ	piəʔ꜆
潞城	꜁ɕiẼ	꜀ɕiẼ	ɕiẼᵓ	꜁iẼ	꜀tɕiẼ	tɕiẼᵓ	꜁iẼ	iẼᵓ	ᶜiẼ	piəʔ꜆
平顺	꜁ɕiẼ	꜀ɕiẼ	ɕiẼᵓ	꜁iẼ	꜀ciẼ	ciẼᵓ	꜁iẼ	iẼᵓ	ᶜiẼ	piəʔ꜆
壶关	꜁ʂəŋ	꜀ʂəŋ	ʂəŋᵓ	꜁iŋ	꜀ciŋ	ciŋᵓ	꜁iŋ	iŋᵓ	ᶜiŋ	piəʔ꜆
襄垣	꜁səŋ	꜀səŋ	səŋᵓ	꜁zəŋ	꜀tɕiŋ	tɕiŋᵓ	꜁iŋ	iŋᵓ	ᶜiŋ	piəʔ꜆
武乡	꜁sɐŋ	꜀sɐŋ	sɐŋᵓ	꜁zɐŋ	꜀tɕiɐŋ	tɕiɐŋᵓ	꜁iɐŋ	iɐŋᵓ	ᶜiɐŋ	piəʔ꜆
沁县	꜁səŋ	꜀səŋ	səŋᵓ	꜁zəŋ	꜀tɕiŋ	tɕiŋᵓ	꜁iŋ	iŋᵓ	꜀iŋ	piəʔ꜆
沁源	꜁ʂə̃	꜀ʂə̃	ʂə̃ᵓ	꜁ʐə̃	꜀tɕiə̃	tɕiə̃ᵓ	꜁iə̃	iə̃ᵓ	ᶜiə̃	piəʔ꜆
高平	꜁ʂẼ	꜀ʂẼ	ʂẼᵓ	꜁ʐẼ	꜀ciẼ	ciẼᵓ	꜁iẼ	iẼᵓ	ᶜiẼ	piəʔ꜆
阳城	꜁ʂə̃n	꜀ʂə̃n	ʂə̃nᵓ	꜁ʐə̃n	꜀ciə̃n	ciə̃nᵓ	꜁iə̃n	iə̃nᵓ	ᶜiə̃n	piəʔ꜆
晋城	꜁ʂə̃n	꜀ʂə̃n	ʂə̃nᵓ	꜁ʐə̃n	꜀ciə̃n	ciə̃nᵓ	꜁iə̃n	iə̃nᵓ	꜁iə̃n	piəʔ꜆
陵川	꜁ʂə̃n	꜀ʂə̃n	ʂə̃nᵓ	꜁lə̃n	꜀ciə̃n	ciə̃nᵓ	꜁iə̃n	iə̃nᵓ	ᶜiə̃n	piəʔ꜆

例字 / 方言点	臻开三								
	匹	密	栗	七	疾	膝	秩	虱	质
	入滂质	入明质	入来质	入清质	入从质	人心质	入澄质	入生质	入章质
长治	ᶜpʻi	miəʔ꜃	liəʔ꜃	tɕʻiəʔ꜃	tɕiəʔ꜃	ɕiəʔ꜃	tsəʔ꜃	səʔ꜃	tsəʔ꜃
长治县	ᶜpʻi	miəʔ꜃	liəʔ꜃	tɕʻiəʔ꜃	tɕiəʔ꜃	ɕiəʔ꜃	tsəʔ꜃	səʔ꜃	tsəʔ꜃
长子	pʻiᵓ	miəʔ꜃	liəʔ꜃	tɕʻiəʔ꜃	tɕiəʔ꜃̲	ɕiəʔ꜃̲	tsəʔ꜃̲	səʔ꜃	tsəʔ꜃
屯留	pʻiᵓ	miəʔ꜃	liəʔ꜃	tɕʻiəʔ꜃	tɕiəʔ꜃̲	ɕiəʔ꜃̲	tsəʔ꜃̲	səʔ꜃	tsəʔ꜃
黎城	ᶜpʻi	miəʔ꜃̲	liəʔ꜃̲	tɕʻiəʔ꜃	tɕiəʔ꜃̲	ɕiəʔ꜃̲	tɕiəʔ꜃̲	səʔ꜃	tɕiəʔ꜃
潞城	ᶜpʻi	miəʔ꜃̲	liəʔ꜃̲	tʃʻiəʔ꜃	tʃiəʔ꜃̲	ʃiəʔ꜃꜃̲	tɕiəʔ꜃꜃̲	səʔ꜃	tɕiəʔ꜃
平顺	ᶜpʻi	miəʔ꜃̲	liəʔ꜃̲	tsʻiəʔ꜃	tsiəʔ꜃̲	siəʔ꜃̲	tɕiəʔ꜃̲	səʔ꜃	tɕiəʔ꜃
壶关	ᶜpʻi	miəʔ꜃̲	liəʔ꜃̲	tsʻiəʔ꜃	tsiəʔ꜃̲	siəʔ꜃̲	tʃiəʔ꜃̲	ʂəʔ꜃	tʃiəʔ꜃
襄垣	pʻiᵓ	miəʔ꜃	liəʔ꜃	tɕʻiəʔ꜃	tɕiəʔ꜃̲	ɕiəʔ꜃̲	tsəʔ꜃̲	səʔ꜃	tsəʔ꜃
武乡	ᶜpʻɿ	miəʔ꜃	liəʔ꜃	tɕʻiəʔ꜃	tɕiəʔ꜃̲	ɕiəʔ꜃̲	tsəʔ꜃̲	səʔ꜃	tsəʔ꜃
沁县	꜀pʻɿ	miəʔ꜃	liəʔ꜃	tɕʻiəʔ꜃	tɕiəʔ꜃̲	ɕiəʔ꜃̲	tsəʔ꜃̲	səʔ꜃	tsəʔ꜃
沁源	pʻiəʔ꜃	miəʔ꜃̲	liəʔ꜃̲	tɕʻiəʔ꜃	tɕiəʔ꜃̲	ɕiəʔ꜃̲	tʂəʔ꜃̲	səʔ꜃	tʂəʔ꜃
高平	ᶜpʻi	miəʔ꜃	liəʔ꜃	tsʻiəʔ꜃	tsiəʔ꜃	siəʔ꜃	tʂəʔ꜃	ʂəʔ꜃	tʂəʔ꜃
阳城	pʻiəʔ꜃	miəʔ꜃	liəʔ꜃	tɕʻiəʔ꜃	tɕiəʔ꜃	ɕiəʔ꜃	tʂəʔ꜃	ʂəʔ꜃	tʂəʔ꜃
晋城	pʻiəʔ꜃	miəʔ꜃	liəʔ꜃	tɕʻiəʔ꜃	tɕiəʔ꜃	ɕiəʔ꜃	tʂəʔ꜃	ʂəʔ꜃	tʂəʔ꜃
陵川	pʻieʔ꜃	mieʔ꜃̲	lieʔ꜃̲	tɕʻiəʔ꜃	tɕiəʔ꜃	ɕiəʔ꜃̲	tɕieʔ꜃̲	ʂəʔ꜃	tɕieʔ꜃

例字 / 方言点	臻开三					臻合一			
	实	失	日	吉	一	本	喷	盆	门
	入船质	入书质	入日质	入见质	入影质	上帮魂	平滂魂	平並魂	平明魂
长治	səʔ꜃	səʔ꜃	iəʔ꜃	tɕiəʔ꜃	iəʔ꜃	ᶜpəŋ	꜀pʻəŋ	꜀̲pʻəŋ	꜀̲məŋ
长治县	ɕiəʔ꜃	ɕiəʔ꜃	iəʔ꜃	tɕiəʔ꜃	iəʔ꜃	ᶜpəŋ	꜀pʻəŋ	꜀̲pʻəŋ	꜀̲məŋ
长子	səʔ꜃̲	səʔ꜃	iəʔ꜃	tɕiəʔ꜃	iəʔ꜃	ᶜpən	꜀pʻən	꜀̲pʻən	꜀̲mən
屯留	səʔ꜃̲	səʔ꜃	iəʔ꜃	tɕiəʔ꜃	iəʔ꜃	ᶜpən	꜀pʻən	꜀̲pʻən	꜀̲mən
黎城	ɕiəʔ꜃̲	ɕiəʔ꜃	iəʔ꜃̲	ciəʔ꜃	iəʔ꜃	ᶜpẼ	꜀pʻẼ	꜀̲pʻẼ	꜀̲mẼ
潞城	ɕiəʔ꜃̲	ɕiəʔ꜃	iəʔ꜃̲	tɕiəʔ꜃	iəʔ꜃	ᶜpẼ	꜀pʻẼ	꜀̲pʻẼ	꜀̲mẼ
平顺	ɕiəʔ꜃̲	ɕiəʔ꜃	iᵓ/ iəʔ꜃̲	ciəʔ꜃	iəʔ꜃	ᶜpẼ	꜀pʻẼ	꜀̲pʻẼ	꜀̲mẼ
壶关	ʃiəʔ꜃̲	ʃiəʔ꜃	iᵓ/iəʔ꜃̲	ciəʔ꜃	iəʔ꜃	ᶜpəŋ	꜀pʻəŋ	꜀̲pʻəŋ	꜀̲məŋ
襄垣	səʔ꜃̲	səʔ꜃	zəʔ꜃	tɕiəʔ꜃	iəʔ꜃	ᶜpəŋ	꜀pʻəŋ	꜀̲pʻəŋ	꜀̲məŋ
武乡	səʔ꜃̲	səʔ꜃	zəʔ꜃	tɕiəʔ꜃	iəʔ꜃	ᶜpɐŋ	꜀pʻɐŋ	꜀̲pʻɐŋ	꜀̲mɐŋ
沁县	səʔ꜃̲	səʔ꜃	zəʔ꜃	tɕiəʔ꜃	iəʔ꜃	꜀pəŋ	꜀pʻəŋ	꜀̲pʻəŋ	꜀̲məŋ
沁源	ʂəʔ꜃̲	ʂəʔ꜃	ʐəʔ꜃̲	tɕiəʔ꜃	iəʔ꜃	ᶜpə̃	꜀pʻə̃	꜀̲pʻə̃	꜀̲mə̃
高平	ʂəʔ꜃	ʂəʔ꜃	ʐʅᵓ/ʐəʔ꜃	ciəʔ꜃	iəʔ꜃	ᶜpẼ	꜀pʻẼ	꜀pʻẼ	꜀mẼ
阳城	ʂəʔ꜃	ʂəʔ꜃	ʐəʔ꜃	ciəʔ꜃	iəʔ꜃	ᶜpə̃n	꜀pʻə̃n	꜀̲pʻə̃n	꜀̲mə̃n
晋城	ʂəʔ꜃	ʂəʔ꜃	ʐʅᵓ/ʐəʔ꜃	tɕiəʔ꜃	iəʔ꜃	꜀̲pɐ̃	꜀pʻɐ̃	꜀̲pʻɐ̃	꜀̲mɐ̃
陵川	ɕieʔ꜃̲	ɕieʔ꜃	iəʔ꜃̲	ciəʔ꜃	iəʔ꜃	꜀pə̃n	꜀pʻə̃n	꜀̲pʻə̃n	꜀̲mə̃n

例字／方言点	臻合一								
	顿	屯	论议论	尊	村	存	孙	昆	困
	去端慁	平定魂	去来慁	平精魂	平清魂	平从魂	平心魂	平见魂	去溪慁
长治	tuŋ꜄	꜁tʻuŋ	luŋ꜅	꜀tsuŋ	꜀tsʻuŋ	꜁tsʻuŋ	꜀suŋ	꜀kʻuŋ	kʻuŋ꜄
长治县	tuŋ꜄	꜁tʻuŋ	luŋ꜅	꜀tsuŋ	꜀tsʻuŋ	꜁tsʻuŋ	꜀suŋ	꜀kʻuŋ	kʻuŋ꜄
长子	tuən꜄	꜁tʻuən	luən꜅	꜀tsuən	꜀tsʻuən	꜁tsʻuən	꜀suən	꜀kʻuən	kʻuən꜄
屯留	tuən꜄	꜁tʻuən	꜁luən	꜀tsuən	꜀tsʻuən	꜁tsʻuən	꜀suən	꜀kʻuən	kʻuən꜄
黎城	tuẼ꜄	꜁tʻuẼ	꜁luẼ	꜀tsuẼ	꜀tsʻuẼ	꜁tsʻuẼ	꜀suẼ	꜀kʻuẼ	kʻuẼ꜄
潞城	tuẼ꜄	꜁tʻuẼ	luẼ꜅	꜀tsuẼ	꜀tsʻuẼ	꜁tsʻuẼ	꜀suẼ	꜀kʻuẼ	kʻuẼ꜄
平顺	tuẼ꜄	꜁tʻuẼ	luẼ꜅	꜀tsuẼ	꜀tsʻuẼ	꜁tsʻuẼ	꜀suẼ	꜀kʻuẼ	kʻuẼ꜄
壶关	tuŋ꜄	꜁tʻuŋ	luŋ꜅	꜀tʂuŋ	꜀tʂʻuŋ	꜁tʂʻuŋ	꜀ʂuŋ	꜀kʻuŋ	kʻuŋ꜄
襄垣	tuŋ꜄	꜁tʻuŋ	luŋ꜄	꜀tsuŋ	꜀tsʻuŋ	꜁tsʻuŋ	꜀suŋ	꜀kʻuŋ	kʻuŋ꜄
武乡	tuɐŋ꜄	꜁tʻuɐŋ	luɐŋ꜄	꜀tsuɐŋ	꜀tsʻuɐŋ	꜁tsʻuɐŋ	꜀suɐŋ	꜀kʻuɐŋ	kʻuɐŋ꜄
沁县	tuəŋ꜄	꜁tʻuəŋ	luəŋ꜄	꜀tsuəŋ	꜀tsʻuəŋ	꜁tsʻuəŋ	꜀suəŋ	꜀kʻuəŋ	kʻuəŋ꜄
沁源	tuə̃꜄	꜁tʻuə̃	luə̃꜄	꜀tsuə̃	꜀tsʻuə̃	꜁tsʻuə̃	꜀suə̃	꜀kʻuə̃	kʻuə̃꜄
高平	tuẼ꜄	꜀tʻuẼ	nuẼ꜄	꜀tʂuẼ	꜀tʂʻuẼ	꜁tʂʻuẼ	꜀ʂuẼ	꜀kʻuẼ	kʻuẼ꜄
阳城	tuə̃n꜄	꜁tʻuə̃n	luə̃n꜄	꜀tsuə̃n	꜀tsʻuə̃n	꜁tsʻuə̃n	꜀suə̃n	꜀kʻuə̃n	kʻuə̃n꜄
晋城	tuẽ꜄	꜁tʻuẽ	luẽ꜄	꜀tʂuẽ	꜀tʂʻuẽ	꜁tʂʻuẽ	꜀ʂuẽ	꜀kʻuẽ	kʻuẽ꜄
陵川	tuə̃n꜄	꜁tʻuə̃n	luə̃n꜄	꜀tʂuə̃n	꜀tʂʻuə̃n	꜁tʂʻuə̃n	꜀ʂuə̃n	꜀kʻuə̃n	kʻuə̃n꜄

例字／方言点	臻合一								
	婚	混相混	温	不	没	突	卒兵卒	骨	忽
	平晓魂	上匣混	平影魂	入帮没	入明没	入定没	入精没	入见没	入晓没
长治	꜀xuŋ	xuŋ꜅	꜀uŋ	pəʔ꜆	məʔ꜇	tʻuəʔ꜇	tsuəʔ꜆	kuəʔ꜆	xuəʔ꜆
长治县	꜀xuŋ	xuŋ꜅	꜀uŋ	pəʔ꜆	məʔ꜇	tʻuəʔ꜇	tsuəʔ꜆	kuəʔ꜆	xuəʔ꜆
长子	꜀xuən	xuən꜅	꜀vən	pəʔ꜆	məʔ꜇	tʻuəʔ꜇	tsuəʔ꜆	kuəʔ꜆	xuəʔ꜆
屯留	꜀xuən	꜁xuən	꜀uən	pəʔ꜆	məʔ꜇	tʻuəʔ꜇	tsuəʔ꜆	kuəʔ꜆	xuəʔ꜆
黎城	꜀xuẼ	꜁xuẼ	꜀uẼ	pəʔ꜆	məʔ꜇	tʻuəʔ꜇	tsuəʔ꜆	kuəʔ꜆	xuəʔ꜆
潞城	꜀xuẼ	xuẼ꜅	꜀uẼ	pəʔ꜆	məʔ꜇	tʻuəʔ꜇	tsuəʔ꜆	kuəʔ꜆	xuəʔ꜆
平顺	꜀xuẼ	xuẼ꜅	꜀uẼ	pəʔ꜆	məʔ꜇	tʻuəʔ꜇	tsuəʔ꜆	kuəʔ꜆	xuəʔ꜆
壶关	꜀xuŋ	xuŋ꜅	꜀uŋ	pəʔ꜆	məʔ꜇	tʻuəʔ꜇	tʂuəʔ꜆	kuəʔ꜆	xuəʔ꜆
襄垣	꜀xuŋ	xuŋ꜄	꜀vəŋ	pəʔ꜆	məʔ꜇	tʻuəʔ꜇	tsuəʔ꜆	kuəʔ꜆	xuəʔ꜆
武乡	꜀xuɐŋ	xuɐŋ꜄	꜀vɐŋ	pəʔ꜆	məʔ꜇	tʻuəʔ꜇	tsuəʔ꜆	kuəʔ꜆	xuəʔ꜆
沁县	꜀xuəŋ	xuəŋ꜄	꜀vəŋ	pəʔ꜆	məʔ꜇	tʻuəʔ꜇	tsuəʔ꜆	kuəʔ꜆	xuəʔ꜆
沁源	꜀xuə̃	xuə̃꜄	꜀və̃	pəʔ꜆	məʔ꜇	tʻuəʔ꜇	tsuəʔ꜆	kuəʔ꜆	xuəʔ꜆
高平	꜀xuẼ	xuẼ꜄	꜀vẼ	pəʔ꜆	məʔ꜇	tʻuəʔ꜇	tʂuəʔ꜆	kuəʔ꜆	xuəʔ꜆
阳城	꜀xuə̃n	xuə̃n꜄	꜀uə̃n	pəʔ꜆	məʔ꜇	tʻuəʔ꜇	tsuəʔ꜆	kuəʔ꜆	xuəʔ꜆
晋城	꜀xuẽ	xuẽ꜄	꜀uẽ	pəʔ꜆	məʔ꜇	tʻuəʔ꜇	tʂuəʔ꜆	kuəʔ꜆	xuəʔ꜆
陵川	꜀xuə̃n	xuə̃n꜄	꜀uə̃n	pəʔ꜆	məʔ꜇	tʻuəʔ꜇	tʂuəʔ꜆	kuəʔ꜆	xuəʔ꜆

例字＼方言点	臻合三								
	轮	遵	巡	椿	准	春	顺	纯	闰
	平来谆	平精谆	平邪谆	平彻谆	上章准	平昌谆	去船稕	平禅谆	去日稕
长治	꜁luŋ	꜀tsuŋ	꜁ɕyŋ	꜀tsʻuŋ	꜂tsuŋ	꜀tsʻuŋ	suŋ꜅	꜁tsʻuŋ	yŋ꜅
长治县	꜁luŋ	꜀tsuŋ	꜁ɕyŋ	꜀tsʻuŋ	꜂tsuŋ	꜀tsʻuŋ	suŋ꜅	꜁tsʻuŋ	yŋ꜅
长子	꜁luən	꜀tsuən	꜁ɕyn	꜀tsʻuən	꜂tsuən	꜀tsʻuən	suən꜅	꜁tsʻuən	yn꜅
屯留	꜁luən	꜀tsuən	꜁ɕyn	꜀tsʻuən	꜂tsuən	꜀tsʻuən	꜁suən	꜁tsʻuən	꜁yn
黎城	꜁luẼ	꜀tsuẼ	꜁ɕyẼ	꜀tɕʻyẼ	꜂tɕyẼ	꜀tɕʻyẼ	꜁ɕyẼ	꜁tɕʻyẼ	꜁yẼ
潞城	꜁luẼ	꜀tsuẼ	꜁ʃyẼ	꜀tɕʻyẼ	꜂tɕyẼ	꜀tɕʻyẼ	ɕyẼ꜅	꜁tɕʻyẼ	yẼ꜅
平顺	꜁luẼ	꜀tsuẼ	꜁syẼ	꜀tsʻuẼ	꜂tsuẼ	꜀tsʻuẼ	suẼ꜅	꜁tsʻuẼ	yẼ꜅
壶关	꜁luŋ	꜀tʂuŋ	꜁syŋ	꜀tʂʻuŋ	꜂tʂuŋ	꜀tʂʻuŋ	ʂuŋ꜅	꜁tʂʻuŋ	yŋ꜅
襄垣	꜁luŋ	꜀tsuŋ	꜁ɕyŋ	꜀tsʻuŋ	꜂tsuŋ	꜀tsʻuŋ	suŋ꜄	꜁tsʻuŋ	ʐuŋ꜄
武乡	꜁luɐŋ	꜀tsuɐŋ	꜁ɕyɐŋ	꜀tsʻuɐŋ	꜂tsuɐŋ	꜀tsʻuɐŋ	suɐŋ꜄	꜁tsʻuɐŋ	zuɐŋ꜄
沁县	꜁luəŋ	꜀tsuəŋ	꜁ɕyŋ	꜀tsʻuəŋ	꜀tsuəŋ	꜀tsʻuəŋ	suəŋ꜄	꜁tsʻuəŋ	zuəŋ꜄
沁源	꜁luə̃	꜀tsuə̃	꜁ɕyə̃	꜀tsʻuə̃	꜂tsuə̃	꜀tsʻuə̃	suə̃꜄	꜁tsʻuə̃	ʐuə̃꜄
高平	꜀nuẼ	꜀tʂuẼ	꜀siẼ	꜀tʂʻuẼ	꜂tʂuẼ	꜀tʂʻuẼ	ʂuẼ꜄	꜀tʂʻuẼ	ʐuẼ꜄
阳城	꜁luə̃n	꜀tsuə̃n	꜁ɕyə̃n	꜀tʂʻuə̃n	꜂tʂuə̃n	꜀tʂʻuə̃n	ʂuə̃n꜄	꜁tʂʻuə̃n	ʐuə̃n꜄
晋城	꜁luẽ	꜀tsuẽ	꜁ɕyə̃n	꜀tʂʻuẽ	꜁tʂuẽ	꜀tʂʻuẽ	ʂuẽ꜄	꜁tʂʻuẽ	ʐuẽ꜄
陵川	꜁luə̃n	꜀tʂuə̃n	꜁ɕyə̃n	꜀tʂʻuə̃n	꜂tʂuə̃n	꜀tʂʻuə̃n	ʂuə̃n꜄	꜁tʂʻuə̃n	luə̃n꜄

例字＼方言点	臻合三								
	粉	芬	坟	文	均	群	训	军	云
	上非吻	平敷文	平奉文	平微文	平见谆	平群文	去晓问	平见文	平云文
长治	꜂fəŋ	꜀fəŋ	꜁fəŋ	꜁uŋ	꜀tɕyŋ	꜁tɕʻyŋ	ɕyŋ꜄	꜀tɕyŋ	꜁yŋ
长治县	꜂fəŋ	꜀fəŋ	꜁fəŋ	꜁uŋ	꜀tɕyŋ	꜁tɕʻyŋ	ɕyŋ꜄	꜀tɕyŋ	꜁yŋ
长子	꜂fən	꜀fən	꜁fən	꜁vən	꜀tɕyn	꜁tɕʻyn	ɕyn꜄	꜀tɕyn	꜁yn
屯留	꜂fən	꜀fən	꜁fən	꜁uən	꜀tɕyn	꜁tɕʻyn	ɕyn꜄	꜀tɕyn	꜁yn
黎城	꜂fẼ	꜀fẼ	꜁fẼ	꜁uẼ	꜀cyẼ	꜁cʻyẼ	çyẼ꜄	꜀cyẼ	꜁yẼ
潞城	꜂fẼ	꜀fẼ	꜁fẼ	꜁uẼ	꜀tɕyẼ	꜁tɕʻyẼ	ɕyẼ꜄	꜀tɕyẼ	꜁yẼ
平顺	꜂fẼ	꜀fẼ	꜁fẼ	꜁uẼ	꜀cyẼ	꜁cʻyẼ	çyẼ꜄	꜀cyẼ	꜁yẼ
壶关	꜂fəŋ	꜀fəŋ	꜁fəŋ	꜁uŋ	꜀cyŋ	꜁cʻyŋ	çyŋ꜄	꜀cyŋ	꜁yŋ
襄垣	꜂fəŋ	꜀fəŋ	꜁fəŋ	꜁vəŋ	꜀tɕyŋ	꜁tɕʻyŋ	ɕyŋ꜄	꜀tɕyŋ	꜁yŋ
武乡	꜂fɐŋ	꜀fɐŋ	꜁fɐŋ	꜁vɐŋ	꜀tɕyɐŋ	꜁tɕʻyɐŋ	ɕyɐŋ꜄	꜀tɕyɐŋ	꜁yɐŋ
沁县	꜀fəŋ	꜀fəŋ	꜁fəŋ	꜁vəŋ	꜀tɕyŋ	꜁tɕʻyŋ	ɕyŋ꜄	꜀tɕyŋ	꜁yŋ
沁源	꜂fə̃	꜀fə̃	꜁fə̃	꜁və̃	꜀tɕyə̃	꜁tɕʻyə̃	ɕyə̃꜄	꜀tɕyə̃	꜁yə̃
高平	꜂fẼ	꜀fẼ	꜀fẼ	꜀vẼ	꜀ciẼ	꜀cʻiẼ	ɕiẼ꜄	꜀ciẼ	꜀iẼ
阳城	꜂fə̃n	꜀fə̃n	꜁fə̃n	꜁və̃n	꜀cyə̃n	꜁cʻyə̃n	çyə̃n꜄	꜀cyə̃n	꜁yə̃n
晋城	꜁fẽ	꜀fẽ	꜁fẽ	꜁uẽ	꜀tɕyə̃n	꜁tɕʻyə̃n	ɕyə̃n꜄	꜀tɕyə̃n	꜁yə̃n
陵川	꜂fə̃n	꜀fə̃n	꜁fə̃n	꜁uə̃n	꜀cyə̃n	꜁cʻyə̃n	çyə̃n꜄	꜀cyə̃n	꜁yə̃n

例字 / 方言点	臻合三							
	律	率率领	出	术	橘	佛	物	屈
	入来术	入生术	入昌术	入船术	入见术	入奉物	入微物	入溪物
长治	lyəʔ꜆	suæ꜄	tsʻuəʔ꜆	suəʔ꜆	tɕyəʔ꜆	fəʔ꜆	uəʔ꜆	tɕʻyəʔ꜆
长治县	ly꜄/luəʔ꜆	suæ꜄	tsʻuəʔ꜆	suəʔ꜆	tɕyəʔ꜆	fəʔ꜆	uəʔ꜆	tɕʻyəʔ꜆
长子	ly꜄/luəʔ꜆	suai꜄	tsʻuəʔ꜆	suəʔ꜇	tɕyɛʔ꜆	fəʔ꜇	vəʔ꜆	tɕʻyəʔ꜆
屯留	lyəʔ꜆	꜁suæ	tsʻuəʔ꜆	suəʔ꜇	tɕyəʔ꜆	fəʔ꜇	uəʔ꜆	tɕʻyəʔ꜆
黎城	lyəʔ꜇	suᴇ꜄	tɕʻyəʔ꜆	ɕyəʔ꜇	cyəʔ꜆	fəʔ꜇	uəʔ꜇	tɕʻyəʔ꜆
潞城	lyəʔ꜇	suai꜄	tɕʻyəʔ꜆	ɕyəʔ꜇	tɕyəʔ꜆	fəʔ꜇	uəʔ꜇	tɕʻyəʔ꜆
平顺	lyəʔ꜇	suai꜄	tsʻuəʔ꜆	suəʔ꜇	cyəʔ꜆	fəʔ꜇	uəʔ꜇	cʻyəʔ꜆
壶关	lyəʔ꜇	ʂuai꜄	tʂʻuəʔ꜆	ʂuəʔ꜇	cyəʔ꜆	fəʔ꜇	uəʔ꜇	cʻyəʔ꜆
襄垣	lyəʔ꜆	suai꜄	tsʻuəʔ꜆	suəʔ꜇	tɕyəʔ꜆	fəʔ꜇	vəʔ꜆	tɕʻyəʔ꜆
武乡	lyəʔ꜆	suɛ꜄	tsʻuəʔ꜆	suəʔ꜇	tɕyəʔ꜆	fəʔ꜇	vəʔ꜆	tɕʻyəʔ꜆
沁县	lyəʔ꜆	suɛ꜄	tsʻuəʔ꜆	suəʔ꜇	tɕyəʔ꜆	fəʔ꜇	vəʔ꜆	tɕʻyəʔ꜆
沁源	lyəʔ꜆	suɛi꜄	tsʻuəʔ꜆	suəʔ꜇	tɕyəʔ꜆	fəʔ꜇	vəʔ꜆	tɕʻyəʔ꜆
高平	li꜄	ʂuɛe꜄	tʂʻuəʔ꜆	ʂuəʔ꜆	ciəʔ꜆	fəʔ꜆	vəʔ꜆	cʻiəʔ꜆
阳城	lyəʔ꜆	ʂuæ꜄	tʂʻuəʔ꜆	ʂuəʔ꜆	cyəʔ꜆	fəʔ꜆	vəʔ꜆	cʻyəʔ꜆
晋城	ly꜄	ʂuᴇ꜄	tʂʻuəʔ꜆	ʂuəʔ꜆	tɕyəʔ꜆	fəʔ꜆	uəʔ꜆	tɕʻyəʔ꜆
陵川	ly꜄	ʂuᴀi꜄	tʂʻuəʔ꜆	ʂuəʔ꜇	cyəʔ꜆	fəʔ꜇	uəʔ꜇	cʻyəʔ꜆

例字 / 方言点	臻合三	宕开一							
	倔倔强	帮	滂	旁	忙	党	汤	堂	囊
	入群物	平帮唐	平滂唐	平並唐	平明唐	上端荡	平透唐	平定唐	平泥唐
长治	tɕyəʔ꜆	꜀pɑŋ	꜁pʻɑŋ	꜁pʻɑŋ	꜁mɑŋ	꜂tɑŋ	꜀tʻɑŋ	꜁tʻɑŋ	꜁nɑŋ
长治县	tɕyəʔ꜆	꜀pɑŋ	꜁pʻɑŋ	꜁pʻɑŋ	꜁mɑŋ	꜂tɑŋ	꜀tʻɑŋ	꜁tʻɑŋ	꜁nɑŋ
长子	tɕyəʔ꜇	꜀paŋ	꜁pʻaŋ	꜁pʻaŋ	꜁maŋ	꜂taŋ	꜀tʻaŋ	꜁tʻaŋ	꜁naŋ
屯留	tɕyəʔ꜇	꜀paŋ	꜁pʻaŋ	꜁pʻaŋ	꜁maŋ	꜂taŋ	꜀tʻaŋ	꜁tʻaŋ	꜁naŋ
黎城	tɕyəʔ꜇	꜀paŋ	꜁pʻaŋ	꜁pʻaŋ	꜁maŋ	꜂taŋ	꜀tʻaŋ	꜁tʻaŋ	꜁naŋ
潞城	tɕyəʔ꜇	꜀pɑŋ	꜁pʻɑŋ	꜁pʻɑŋ	꜁mɑŋ	꜂tɑŋ	꜀tʻɑŋ	꜁tʻɑŋ	꜁nɑŋ
平顺	cyəʔ꜇	꜀paŋ	꜁pʻaŋ	꜁pʻaŋ	꜁maŋ	꜂taŋ	꜀tʻaŋ	꜁tʻaŋ	꜁naŋ
壶关	cyəʔ꜇	꜀paŋ	꜁pʻaŋ	꜁pʻaŋ	꜁maŋ	꜂taŋ	꜀tʻaŋ	꜁tʻaŋ	꜁naŋ
襄垣	tɕyəʔ꜇	꜀paŋ	꜁pʻaŋ	꜁pʻaŋ	꜁maŋ	꜂taŋ	꜀tʻaŋ	꜁tʻaŋ	꜁naŋ
武乡	tɕyəʔ꜇	꜀pɔ̃	꜁pʻɔ̃	꜁pʻɔ̃	꜁mɔ̃	꜂tɔ̃	꜀tʻɔ̃	꜁tʻɔ̃	꜁nɔ̃
沁县	tɕyəʔ꜇	꜀pɔ̃	꜁pʻɔ̃	꜁pʻɔ̃	꜁mɔ̃	꜀tɔ̃	꜀tʻɔ̃	꜁tʻɔ̃	꜁nɔ̃
沁源	tɕyəʔ꜇	꜀pɑ	꜁pʻɑ	꜁pʻɑ	꜁mɑ	꜂tɑ	꜀tʻɑ	꜁tʻɑ	꜁nɑ
高平	cie꜄	꜀pɒ̃	꜀pʻɒ̃	꜀pʻɒ̃	꜀mɒ̃	꜂tɒ̃	꜀tʻɒ̃	꜀tʻɒ̃	꜀nɒ̃
阳城	cye꜄	꜀pãŋ	꜁pʻãŋ	꜁pʻãŋ	꜁mãŋ	꜂tãŋ	꜀tʻãŋ	꜁tʻãŋ	꜁nãŋ
晋城	tɕyəʔ꜆	꜀pɒ̃	꜁pʻɒ̃	꜁pʻɒ̃	꜁mɒ̃	꜁tɒ̃	꜀tʻɒ̃	꜁tʻɒ̃	꜁nɒ̃
陵川	cyeʔ꜇	꜀pɑŋ	꜁pʻɑŋ	꜁pʻɑŋ	꜁mɑŋ	꜂tɑŋ	꜀tʻɑŋ	꜁tʻɑŋ	꜁nɑŋ

方言点＼例字	宕开一								
	郎	脏	仓	藏西藏	桑	刚	康	昂	行银行
	平来唐	平精唐	平清唐	去从宕	平心唐	平见唐	平溪唐	平疑唐	平匣唐
长治	꜁lɑŋ	꜀tsɑŋ	꜀ts'ɑŋ	tsɑŋ꜅	꜀sɑŋ	꜀kɑŋ	꜀k'ɑŋ	꜁ɑŋ	꜁xɑŋ
长治县	꜁lɑŋ	꜀tsɑŋ	꜀ts'ɑŋ	tsɑŋ꜅	꜀sɑŋ	꜀kɑŋ	꜀k'ɑŋ	꜁ɑŋ	꜁xɑŋ
长子	꜁laŋ	꜀tsaŋ	꜀ts'aŋ	tsaŋ꜅	꜀saŋ	꜀kaŋ	꜀k'aŋ	꜁ŋaŋ	꜁xaŋ
屯留	꜁laŋ	꜀tsaŋ	꜀ts'aŋ	꜁tsaŋ	꜀saŋ	꜀kaŋ	꜀k'aŋ	꜁ɣaŋ	꜁xaŋ
黎城	꜁laŋ	꜀tsaŋ	꜀ts'aŋ	꜁tsaŋ	꜀saŋ	꜀kaŋ	꜀k'aŋ	꜁ɣaŋ	꜁xaŋ
潞城	꜁lɑŋ	꜀tsɑŋ	꜀ts'ɑŋ	tsɑŋ꜅	꜀sɑŋ	꜀kɑŋ	꜀k'ɑŋ	꜁ɣɑŋ	꜁xɑŋ
平顺	꜁laŋ	꜀tsaŋ	꜀ts'aŋ	tsaŋ꜅	꜀saŋ	꜀kaŋ	꜀k'aŋ	꜁ɣaŋ	꜁xaŋ
壶关	꜁laŋ	꜀tʂaŋ	꜀tʂ'aŋ	tʂaŋ꜅	꜀ʂaŋ	꜀kaŋ	꜀k'aŋ	꜁ɣaŋ	꜁xaŋ
襄垣	꜁laŋ	꜀tsaŋ	꜀ts'aŋ	tsaŋ꜄	꜀saŋ	꜀kaŋ	꜀k'aŋ	꜁ŋaŋ	꜁xaŋ
武乡	꜁lɔ̃	꜀tsɔ̃	꜀ts'ɔ̃	tsɔ̃꜄	꜀sɔ̃	꜀kɔ̃	꜀k'ɔ̃	꜁ŋɔ̃	꜁xɔ̃
沁县	꜁lɔ̃	꜀tsɔ̃	꜀ts'ɔ̃	tsɔ̃꜄	꜀sɔ̃	꜀kɔ̃	꜀k'ɔ̃	꜁ŋɔ̃	꜁xɔ̃
沁源	꜁lɑ	꜀tsɑ	꜀ts'ɑ	tsɑ꜄	꜀sɑ	꜀kɑ	꜀k'ɑ	꜁ŋɑ	꜁xɑ
高平	꜀nɒ̃	꜀tʂɒ̃	꜀tʂ'ɒ̃	tʂɒ̃꜄	꜀ʂɒ̃	꜀kɒ̃	꜀ k'ɒ̃	꜀ɣɒ̃	꜀xɒ̃
阳城	꜁lãŋ	꜀tsãŋ	꜀ts'ãŋ	tsãŋ꜄	꜀sãŋ	꜀kãŋ	꜀k'ãŋ	꜁ɣãŋ	꜁xãŋ
晋城	꜁lɒ̃	꜀tʂɒ̃	꜀tʂ'ɒ̃	tʂɒ̃꜄	꜀ʂɒ̃	꜀kɒ̃	꜀k'ɒ̃	꜁ɣɒ̃	꜀xɒ̃
陵川	꜁laŋ	꜀tʂaŋ	꜀tʂ'aŋ	tʂaŋ꜄	꜀ʂaŋ	꜀kaŋ	꜀k'aŋ	꜁ɣaŋ	꜁xaŋ

方言点＼例字	宕开一								
	博	薄	膜	踱	诺	落	作工作	错错杂	昨
	入帮铎	入並铎	入明铎	入定铎	入泥铎	入来铎	入精铎	入清铎	入从铎
长治	pəʔ꜆	pəʔ꜆	məʔ꜆	tuəʔ꜆	nuəʔ꜆	luəʔ꜆	tsuəʔ꜆	ts'uə꜄	tsuəʔ꜆
长治县	pəʔ꜆	pəʔ꜆	məʔ꜆	tuəʔ꜆	nuəʔ꜆	luəʔ꜆	tsuəʔ꜆	ts'uəʔ꜆	tsuəʔ꜆
长子	pəʔ꜆	pəʔ꜇	məʔ꜆	tuəʔ꜇	nuəʔ꜆	luəʔ꜆	tsuəʔ꜆	ts'uə꜄	tsuəʔ꜇
屯留	pəʔ꜆	pəʔ꜇	məʔ꜆	tuəʔ꜇	꜀nuo	luəʔ꜆	tsuəʔ꜆	ts'uəʔ꜆	tsuəʔ꜇
黎城	pʌʔ꜆	pʌʔ꜇	mʌʔ꜇	tuʌʔ꜇	nuʌʔ꜇	luʌʔ꜇	tsuʌʔ꜆	ts'uɤ꜄	tsuʌʔ꜇
潞城	paʔ꜆	paʔ꜇	maʔ꜇	tuaʔ꜇	nuaʔ꜇	luaʔ꜇	tsuaʔ꜆	ts'uə꜄	tsuaʔ꜇
平顺	pʌʔ꜆	pʌʔ꜇	mo꜄	tuʌʔ꜇	nuʌʔ꜇	luʌʔ꜇	tsuʌʔ꜆	ts'uo꜄	tsuʌʔ꜇
壶关	pʌʔ꜆	pʌʔ꜇	mo꜄	tuʌʔ꜇	nuəʔ꜇	luʌʔ꜇	tʂuʌʔ꜆	tʂ'uə꜄	tʂuʌʔ꜇
襄垣	pʌʔ꜆	pʌʔ꜇	mʌʔ꜆	tuʌʔ꜇	nuʌʔ꜆	luʌʔ꜆	tsuʌʔ꜆	ts'uo꜄	tsuʌʔ꜇
武乡	pʌʔ꜆	pʌʔ꜇	mʌʔ꜆	tuʌʔ꜇	nuɤ꜄	luʌʔ꜆	tsuʌʔ꜆	ts'uʌʔ꜆	tsuʌʔ꜇
沁县	pʌʔ꜆	pʌʔ꜇	mo꜄	tuʌʔ꜇	nuo꜄	luʌʔ꜆	tsuʌʔ꜆	ts'uo꜄	tsuʌʔ꜇
沁源	paʔ꜆	paʔ꜇	muə꜄	tuaʔ꜇	nuə꜄	luaʔ꜇	tsuaʔ꜆	ts'uaʔ꜆	tsuaʔ꜇
高平	pʌʔ꜆	pʌʔ꜆	mʌʔ꜆	tuʌʔ꜆	nuɤ꜄	luʌʔ꜆	tʂuʌʔ꜆	tʂ'uɤ꜄	tʂuʌʔ꜆
阳城	pə꜄	pʌʔ꜆	məʔ꜆	tuʌʔ꜆	nuʌʔ꜆	luʌʔ꜆	tsuʌʔ꜆	ts'uʌʔ꜆	tsuʌʔ꜆
晋城	pᴀʔ꜆	pᴀʔ꜆	muʌ꜄	tuᴀʔ꜆	nuʌ꜄	luᴀʔ꜆	tʂuᴀʔ꜆	ts'uʌ꜄	tʂuᴀʔ꜆
陵川	pʌʔ꜆	pʌʔ꜇	mʌʔ꜇	tuʌʔ꜇	nuo꜄	luʌʔ꜇	tʂuʌʔ꜆	tʂ'uʌʔ꜆	tʂuʌʔ꜇

例字 / 方言点	宕开一				宕开三				
	索绳索	各	鹤	骆	娘	亮	蒋	枪	墙
	入心铎	入见铎	入匣铎	入来铎	平泥阳	去来漾	上精养	平清阳	平从阳
长治	suəʔ꜆	kəʔ꜆	xə꜄	luəʔ꜆	꜁ȵiɑ	liɑŋ꜅	꜂tɕiɑŋ	꜀tɕʻiɑŋ	꜁tɕʻiɑŋ
长治县	suəʔ꜆	kəʔ꜆	xe꜄	luəʔ꜆	꜁ȵiɑ	liɑŋ꜅	꜂tɕiɑŋ	꜀tɕʻiɑŋ	꜁tɕʻiɑŋ
长子	suəʔ꜆	kəʔ꜆	xə꜅	luəʔ꜆	꜁ȵiaŋ	liaŋ꜅	꜂tɕiaŋ	꜀tɕʻiaŋ	꜁tɕʻiaŋ
屯留	suəʔ꜆	kəʔ꜆	xəʔ꜇	luəʔ꜆	꜁ȵiaŋ	꜁liaŋ	꜂tɕiaŋ	꜀tɕʻiaŋ	꜁tɕʻiaŋ
黎城	suʌʔ꜆	kʌʔ꜆	xʌʔ꜇	luɤ꜄	꜁ȵiaŋ	꜁liaŋ	꜂tɕiaŋ	꜀tɕʻiaŋ	꜁tɕʻiaŋ
潞城	suaʔ꜆	kaʔ꜆	xaʔ꜇	luaʔ꜇	꜁ȵiɑŋ	liɑŋ꜅	꜂tʃiɑŋ	꜀tʃʻiɑŋ	꜁tʃʻiɑŋ
平顺	suʌʔ꜆	kʌʔ꜆	xʌʔ꜇	luʌʔ꜇	꜁ȵiaŋ	liaŋ꜅	꜂tsiaŋ	꜀tsʻiaŋ	꜁tsʻiaŋ
壶关	ʂuʌʔ꜆	kʌʔ꜆	xə꜅	luʌʔ꜇	꜁ȵiaŋ	liaŋ꜅	꜂tsiaŋ	꜀tsʻiaŋ	꜁tsʻiaŋ
襄垣	suʌʔ꜆	kʌʔ꜆	xʌʔ꜇	luʌʔ꜆	꜁ȵiaŋ	liaŋ꜄	꜂tɕiaŋ	꜀tɕʻiaŋ	꜁tɕʻiaŋ
武乡	suʌʔ꜆	kʌʔ꜆	xʌʔ꜇	luʌʔ꜆	꜁ȵiɔ̃	liɔ̃꜄	꜂tɕiɔ̃	꜀tɕʻiɔ̃	꜁tɕʻiɔ̃
沁县	suʌʔ꜆	kʌʔ꜆	xɤ꜄	luʌʔ꜆	꜁ȵiɔ̃	liɔ̃꜄	꜁tɕiɔ̃	꜀tɕʻiɔ̃	꜁tɕʻiɔ̃
沁源	suaʔ꜆	kaʔ꜆	xiɛ꜄	luə꜄	꜁ȵiɑ	liɑ꜄	꜂tɕiɑ	꜀tɕʻiɑ	꜁tɕʻiɑ
高平	ʂuʌʔ꜆	kʌʔ꜆	xɤ꜄	luɤ꜄	꜀niɒ̃	niɒ̃꜄	꜂tsiɒ̃	꜀tsʻiɒ̃	꜀tsʻiɒ̃
阳城	suʌʔ꜆	kʌʔ꜆	xə꜄	luʌʔ꜆	꜁niɑŋ	liɑŋ꜄	꜂tɕiɑŋ	꜀tɕʻiɑŋ	꜁tɕʻiɑŋ
晋城	ʂuᴀʔ꜆	kᴀʔ꜆	xᴀʔ꜆	luᴀʔ꜆	꜁niɒ̃	liɒ̃꜄	꜁tɕiɒ̃	꜀tɕʻiɒ̃	꜁tɕʻiɒ̃
陵川	ʂuʌʔ꜆	kʌʔ꜆	xʌʔ꜇	luʌʔ꜇	꜁niɑŋ	liɑŋ꜄	꜂tɕiɑŋ	꜀tɕʻiɑŋ	꜁tɕʻiɑŋ

例字 / 方言点	宕开三								
	箱	象	张	畅	丈	庄	创	床	霜
	平心阳	上邪养	平知阳	去彻漾	上澄养	平庄庄	去初漾	平崇阳	平生阳
长治	꜀ɕiɑŋ	ɕiɑŋ꜅	꜀tsɑŋ	tsʻɑŋ꜄	tsɑŋ꜅	꜀tsuɑŋ	tsʻuɑŋ꜄	꜁tsʻuɑŋ	꜀suɑŋ
长治县	꜀ɕiɑŋ	ɕiɑŋ꜅	꜀tsɑŋ	tsʻɑŋ꜄	tsɑŋ꜅	꜀tsɑŋ	tsʻɑŋ꜄	꜁tsʻɑŋ	꜀suɑŋ
长子	꜀ɕiaŋ	ɕiaŋ꜅	꜀tsaŋ	tsʻaŋ꜄	tsaŋ꜅	꜀tsuaŋ	tsʻuaŋ꜄	꜁tsʻuaŋ	꜀suaŋ
屯留	꜀ɕiaŋ	꜁ɕiaŋ	꜀tsaŋ	tsʻaŋ꜄	꜁tsaŋ	꜀tsuaŋ	tsʻuaŋ꜄	꜁tsʻuaŋ	꜀suaŋ
黎城	꜀ɕiaŋ	꜁ɕiaŋ	꜀tɕiaŋ	tɕʻiaŋ꜄	꜁tɕiaŋ	꜀tsuaŋ	tsʻuaŋ꜄	꜁tsʻuaŋ	꜀suaŋ
潞城	꜀ʃiɑŋ	ʃiɑŋ꜅	꜀tɕiɑŋ	tɕʻiɑŋ꜄	tɕiɑŋ꜅	꜀tsuɑŋ	tsʻuɑŋ꜄	꜁tsʻuɑŋ	꜀suɑŋ
平顺	꜀siaŋ	siaŋ꜅	꜀tsaŋ	tsʻaŋ꜄	tsaŋ꜅	꜀tsuaŋ	tsʻuaŋ꜄	꜁tsʻuaŋ	꜀suaŋ
壶关	꜀siaŋ	siaŋ꜅	꜀tʂaŋ	tʂʻaŋ꜄	tʂaŋ꜅	꜀tʂuaŋ	tʂʻuaŋ꜄	꜁tʂʻuaŋ	꜀ʂuaŋ
襄垣	꜀ɕiaŋ	ɕiaŋ꜄	꜀tsaŋ	tsʻaŋ꜄	tsaŋ꜄	꜀tsuaŋ	tsʻuaŋ꜄	꜁tsʻuaŋ	꜀suaŋ
武乡	꜀ɕiɔ̃	ɕiɔ̃꜄	꜀tsɔ̃	tsʻɔ̃꜄	tsɔ̃꜄	꜀tsuɔ̃	tsʻuɔ̃꜄	꜁tsʻuɔ̃	꜀suɔ̃
沁县	꜀ɕiɔ̃	ɕiɔ̃꜄	꜀tsɔ̃	tsʻɔ̃꜄	tsɔ̃꜄	꜀tsuɔ̃	tsʻuɔ̃꜄	꜁tsʻuɔ̃	꜀suɔ̃
沁源	꜀ɕiɑ	ɕiɑ꜄	꜀tʂɑ	tʂʻɑ꜄	tʂɑ̃꜄	꜀tʂuə	tʂʻuə꜄	꜁tʂʻuə	꜀ʂuə
高平	꜀siɒ̃	siɒ̃꜄	꜀tʂɒ̃	tʂʻɒ̃꜄	tʂɒ̃꜄	꜀tʂuɒ̃	tʂʻuɒ̃꜄	꜀tʂʻuɒ̃	꜀ʂuɒ̃
阳城	꜀ɕiɑ̃ŋ	ɕiɑ̃ŋ꜄	꜀tʂɑ̃ŋ	tʂʻɑ̃ŋ꜄	tʂɑ̃ŋ꜄	꜀tʂuɑ̃ŋ	tʂʻuɑ̃ŋ꜄	꜁tʂʻuɑ̃ŋ	꜀ʂuɑ̃ŋ
晋城	꜀ɕiɒ̃	ɕiɒ̃꜄	꜀tʂɒ̃	tʂʻɒ̃꜄	tʂɒ̃꜄	꜀tʂuɒ̃	tʂʻuɒ̃꜄	꜁tʂʻuɒ̃	꜀ʂuɒ̃
陵川	꜀ɕiɑŋ	ɕiɑŋ꜄	꜀tʂɑŋ	tʂʻɑŋ꜄	tʂɑŋ꜄	꜀tʂuɑŋ	tʂʻuɑŋ꜄	꜁tʂʻuɑŋ	꜀ʂuɑŋ

例字＼方言点	宕开三								
	章	昌	商	常	让	疆	强勉强	仰	香
	平章阳	平昌阳	平书阳	平禅阳	去日漾	平见阳	上群养	上疑养	平晓阳
长治	꜀tsɑŋ	꜀tsʻɑŋ	꜀sɑŋ	꜁tsʻɑŋ	iɑŋ꜅	꜀tɕiɑŋ	꜁tɕʻiɑŋ	꜂iɑŋ	꜀ɕiɑŋ
长治县	꜀tsɑŋ	꜀tsʻɑŋ	꜀sɑŋ	꜁tsʻɑŋ	iɑŋ꜅	꜀tɕiɑŋ	꜁tɕʻiɑŋ	꜂iɑŋ	꜀ɕiɑŋ
长子	꜀tsaŋ	꜀tsʻaŋ	꜀saŋ	꜁tsʻaŋ	iaŋ꜅	꜀tɕiaŋ	꜁tɕʻiaŋ	꜂iaŋ	꜀ɕiaŋ
屯留	꜀tsaŋ	꜀tsʻaŋ	꜀saŋ	꜁tsʻaŋ	꜁iaŋ	꜀tɕiaŋ	꜁tɕʻiaŋ	꜂iaŋ	꜀ɕiaŋ
黎城	꜀tɕiaŋ	꜀tɕʻiaŋ	꜀ɕiaŋ	꜁tɕʻiaŋ	꜁iaŋ	꜀ciaŋ	꜁cʻiaŋ	꜂iaŋ	꜀çiaŋ
潞城	꜀tɕiaŋ	꜀tɕʻiaŋ	꜀ɕiaŋ	꜁tɕʻiaŋ	iaŋ꜅	꜀tɕiaŋ	꜁tɕʻiaŋ	꜂iaŋ	꜀ɕiaŋ
平顺	꜀tsaŋ	꜀tsʻaŋ	꜀saŋ	꜁tsʻaŋ	iaŋ꜅	꜀ciaŋ	꜁cʻiaŋ	꜂iaŋ	꜀çiaŋ
壶关	꜀tṣaŋ	꜀tṣʻaŋ	꜀ṣaŋ	꜁tṣʻaŋ	iaŋ꜅	꜀ciaŋ	꜁cʻiaŋ	꜂iaŋ	꜀çiaŋ
襄垣	꜀tsaŋ	꜀tsʻaŋ	꜀saŋ	꜁tsʻaŋ	ẓaŋ꜄	꜀tɕiaŋ	꜁tɕʻiaŋ	꜂iaŋ	꜀ɕiaŋ
武乡	꜀tsɔ̃	꜀tsʻɔ̃	꜀sɔ̃	꜁tsʻɔ̃	zɔ̃꜄	꜀tɕiɔ̃	꜁tɕʻiɔ̃	꜂ȵiɔ̃	꜀ɕiɔ̃
沁县	꜀tsɔ̃	꜀tsʻɔ̃	꜀sɔ̃	꜁tsʻɔ̃	zɔ̃꜄	꜀tɕiɔ̃	꜁tɕʻiɔ̃	꜀iɔ̃	꜀ɕiɔ̃
沁源	꜀tṣɑ	꜀tṣʻɑ	꜀ṣɑ	꜁tṣʻɑ	ẓɑ꜄	꜀tɕiɑ	꜁tɕʻiɑ	꜂iɑ	꜀ɕiɑ
高平	꜀tṣɒ̃	꜀tṣʻɒ̃	꜀ṣɒ̃	꜁tṣʻɒ̃	ẓɒ̃꜄	꜀ciɒ̃	꜀cʻiɒ̃	꜂iɒ̃	꜀ɕiɒ̃
阳城	꜀tṣɑ̃ŋ	꜀tṣʻɑ̃ŋ	꜀ṣɑ̃ŋ	꜁tṣʻɑ̃ŋ	ẓɑ̃ŋ꜄	꜀ciɑ̃ŋ	꜁cʻiɑ̃ŋ	꜂iɑ̃ŋ	꜀çiɑ̃ŋ
晋城	꜀tṣɒ̃	꜀tṣʻɒ̃	꜀ṣɒ̃	꜁tṣʻɒ̃	ẓɒ̃꜄	꜀tɕiɒ̃	꜁tɕʻiɒ̃	꜁iɒ̃	꜀ɕiɒ̃
陵川	꜀tṣaŋ	꜀tṣʻaŋ	꜀ṣaŋ	꜁tṣʻaŋ	laŋ꜄	꜀ciaŋ	꜁cʻiaŋ	꜂iaŋ	꜀çiaŋ

例字＼方言点	宕开三							
	央	样	略	雀	鹊	嚼	削	着睡着
	平影阳	去以漾	入来药	入精药	入清药	入从药	入心药	入澄药
长治	꜀iɑŋ	iɑŋ꜅	lyəʔ꜆	tɕʻyəʔ꜆	tɕʻyəʔ꜆	꜁tɕiɔ	ɕyəʔ꜆	tsəʔ꜆
长治县	꜀iɑŋ	iɑŋ꜅	lyəʔ꜆	tɕʻyəʔ꜆	tɕʻyəʔ꜆	꜁tɕiɔ	ɕyəʔ꜆	tɕiəʔ꜆
长子	꜀iaŋ	iaŋ꜅	lyɛʔ꜆	tɕʻyɛʔ꜆	tɕʻyɛʔ꜆	꜁tɕiɔ	ɕyɛʔ꜆	tsəʔ꜇
屯留	꜀iaŋ	꜁iaŋ	liɛʔ꜆	tɕʻiɛʔ꜆	tɕʻiɛʔ꜆	tɕiɛʔ꜇	ɕyɛʔ꜆	tsəʔ꜇
黎城	꜀iaŋ	꜁iaŋ	lyʌʔ꜆	tɕʻyʌʔ꜆	tɕʻyʌʔ꜆	tɕyʌʔ꜇	ɕyʌʔ꜆	tɕiʌʔ꜇
潞城	꜀iɑŋ	iɑŋ꜅	lyaʔ꜆	tʃʻyaʔ꜆	tʃʻyaʔ꜆	tʃyaʔ꜇	ʃyaʔ꜆	tɕiaʔ꜇
平顺	꜀iaŋ	iaŋ꜅	lyʌʔ꜇	tsʻyʌʔ꜆	tsʻyʌʔ꜆	꜁tsiɔ	çyʌʔ꜆	tɕiʌʔ꜇
壶关	꜀iaŋ	iaŋ꜅	lyʌʔ꜇	tsʻyʌʔ꜆	tsʻyʌʔ꜆	꜁tsiɔ	çyʌʔ꜆	tɕiʌʔ꜇
襄垣	꜀iaŋ	iaŋ꜄	liʌʔ꜆	tɕʻiʌʔ꜆	tɕʻiʌʔ꜆	tɕyʌʔ꜆	ɕyʌʔ꜆	tsʌʔ꜇
武乡	꜀iɔ̃	iɔ̃꜄	lyʌʔ꜆	tɕʻyʌʔ꜆	tɕʻyʌʔ꜆	tɕyʌʔ꜆	ɕyʌʔ꜆	tsʌʔ꜇
沁县	꜀iɔ̃	iɔ̃꜄	liʌʔ꜆	tɕʻiʌʔ꜆	tɕʻiʌʔ꜆	tɕiʌʔ꜇	ɕyəʔ꜆	tsəʔ꜇
沁源	꜀iɑ	iɑ꜄	lyəʔ꜆	tɕʻyəʔ꜆	tɕʻyəʔ꜆	tɕiəʔ꜇	ɕyəʔ꜆	tṣaʔ꜆
高平	꜀iɒ̃	iɒ̃꜄	liɛʔ꜆	tsʻiɛʔ꜆	tsʻiɛʔ꜆	tsiɛʔ꜆	siɛʔ꜆	tṣɛʔ꜆
阳城	꜀iɑ̃ŋ	iɑ̃ŋ꜄	lyʌʔ꜆	tɕʻyʌʔ꜆	tɕʻyʌʔ꜆	tɕyʌʔ꜆	ɕyʌʔ꜆	tṣʌʔ꜆
晋城	꜀iɒ̃	iɒ̃꜄	liᴀʔ꜆	tɕʻiᴀʔ꜆	tɕʻiᴀʔ꜆	tɕiᴀʔ꜆	ɕyᴀʔ꜆	tṣᴀʔ꜆
陵川	꜀iɑŋ	iɑŋ꜄	liʌʔ꜇	tɕʻyʌʔ꜆	tɕʻyʌʔ꜆	tɕyʌʔ꜇	ɕyʌʔ꜆	tɕiʌʔ꜇

例字 方言点	宕开三							宕合一		
	勺	弱	脚	却	约	药	跃	光	荒	黄
	入禅药	入日药	入见药	入溪药	入影药	入以药	入以药	平见唐	平晓唐	平匣唐
长治	səʔ꜆	iəʔ꜆	tɕiəʔ꜆	tɕʻiəʔ꜆	iəʔ꜆	yəʔ꜇	yᴇ꜅	꜀kuɑŋ	꜀xuɑŋ	꜁xuɑŋ
长治县	ɕiəʔ꜆	yəʔ꜆	tɕiəʔ꜆	tɕʻyəʔ꜆	yəʔ꜆	yəʔ꜆	yəʔ꜆	꜀kuɑŋ	꜀xuɑŋ	꜁xuɑŋ
长子	səʔ꜇	iɛʔ꜆	tɕiɛʔ꜆	tɕʻiɛʔ꜆	iɛʔ꜆	yɛʔ꜆	yɛ꜅	꜀kuaŋ	꜀xuaŋ	꜁xuaŋ
屯留	səʔ꜇	iɛʔ꜆	tɕiɛʔ꜆	tɕʻiɛʔ꜆	iɛʔ꜆	iɛʔ꜆	yɛ꜄	꜀kuaŋ	꜀xuaŋ	꜁xuaŋ
黎城	ɕiʌʔ꜇	yʌʔ꜇	cyʌʔ꜆	cʻyʌʔ꜆	yʌʔ꜆	iʌʔ꜇	yʌʔ꜇	꜀kuaŋ	꜀xuaŋ	꜁xuaŋ
潞城	ɕiaʔ꜇	yaʔ꜇	tɕiaʔ꜆	tɕʻyaʔ꜆	yaʔ꜆	i aʔ꜇	yaʔ꜇	꜀kuɑŋ	꜀xuɑŋ	꜁xuɑŋ
平顺	sɔ꜅	iʌʔ꜇	ciʌʔ꜆	cʻyʌʔ꜆	yʌʔ꜆	iʌʔ꜇	yʌʔ꜇	꜀kuaŋ	꜀xuaŋ	꜁xuaŋ
壶关	ʃiʌʔ꜇	yʌʔ꜇	cyʌʔ꜆	cʻyʌʔ꜆	iʌʔ꜆	iʌʔ꜇	yʌʔ꜇	꜀kuaŋ	꜀xuaŋ	꜁xuaŋ
襄垣	sʌʔ꜇	ʐuʌʔ꜆	tɕiʌʔ꜆	tɕʻiʌʔ꜆	yʌʔ꜆	iʌʔ꜆	yʌʔ꜆	꜀kuaŋ	꜀xuaŋ	꜁xuaŋ
武乡	sʌʔ꜇	zuʌʔ꜆	tɕiʌʔ꜆	tɕʻiʌʔ꜆	iʌʔ꜆	iʌʔ꜆	yʌʔ꜆	꜀kuɔ̃	꜀xuɔ̃	꜁xuɔ̃
沁县	sʌʔ꜇	zuʌʔ꜆	tɕiʌʔ꜆	tɕʻiʌʔ꜆	iʌʔ꜆	iʌʔ꜆	yʌʔ꜆	꜀kuɔ̃	꜀xuɔ̃	꜁xuɔ̃
沁源	ʂaʔ꜇	ʐuaʔ꜇	tɕiaʔ꜆	tɕʻyəʔ꜆	yəʔ꜆	iəʔ꜆	yəʔ꜆	꜀kuə	꜀xuə	꜁xuə
高平	ʂɛʔ꜆	ʐɛʔ꜆	ciɛʔ꜆	cʻiɛʔ꜆	iɛʔ꜆	iɛʔ꜆	iɛ꜄	꜀kuɒ̃	꜀xuɒ̃	꜀xuɒ̃
阳城	ʂʌʔ꜆	ʐuʌʔ꜆	cyʌʔ꜆	cʻyʌʔ꜆	yʌʔ꜆	yʌʔ꜆	ye꜄	꜀kuɑ̃ŋ	꜀xuɑ̃ŋ	꜁xuɑ̃ŋ
晋城	ʂᴀʔ꜆	ʐᴀʔ꜆	tɕiᴀʔ꜆	tɕʻiᴀʔ꜆	iᴀʔ꜆	iᴀʔ꜆	iᴀʔ꜆	꜀kuɒ̃	꜀xuɒ̃	꜁xuɒ̃
陵川	ɕiʌʔ꜇	iʌʔ꜇	cyʌʔ꜆	cʻyʌʔ꜆	yʌʔ꜆	yʌʔ꜇	ye꜄	꜀kuɑŋ	꜀xuɑŋ	꜁xuɑŋ

例字 方言点	宕合一		宕合三						
	郭	藿藿香	方	纺	房	忘	逛	筐	狂
	入见铎	入晓铎	平非阳	上敷阳	平奉阳	去微漾	去见漾	平溪阳	平群阳
长治	kuəʔ꜆	xuəʔ꜆	꜀fɑŋ	꜂fɑŋ	꜁fɑŋ	uɑŋ꜅	kuɑŋ꜄	꜀kʻuɑŋ	꜁kʻuɑŋ
长治县	kuəʔ꜆	xuəʔ꜆	꜀fɑŋ	꜂fɑŋ	꜁fɑŋ	uɑŋ꜅	kuɑŋ꜄	꜀kʻuɑŋ	꜁kʻuɑŋ
长子	kuəʔ꜆	xuəʔ꜆	꜀faŋ	꜂faŋ	꜁faŋ	vaŋ꜅	kuaŋ꜄	꜀kʻuaŋ	꜁kʻuaŋ
屯留	kuəʔ꜆	xuəʔ꜆	꜀faŋ	꜂faŋ	꜁faŋ	꜁uaŋ	kuaŋ꜄	꜀kʻuaŋ	꜁kʻuaŋ
黎城	kuʌʔ꜆	xuʌʔ꜆	꜀faŋ	꜂faŋ	꜁faŋ	꜁uaŋ	kuaŋ꜄	꜀kʻuaŋ	꜁kʻuaŋ
潞城	kuʌʔ꜆	xuʌʔ꜆	꜀fɑŋ	꜂fɑŋ	꜁fɑŋ	uɑŋ꜅	kuɑŋ꜄	꜀kʻuɑŋ	꜁kʻuɑŋ
平顺	kuʌʔ꜆	xuʌʔ꜆	꜀faŋ	꜂faŋ	꜁faŋ	uaŋ꜅	kuaŋ꜄	꜀kʻuaŋ	꜁kʻuaŋ
壶关	kuʌʔ꜆	xuʌʔ꜆	꜀faŋ	꜂faŋ	꜁faŋ	uaŋ꜅	kuaŋ꜄	꜀kʻuaŋ	꜁kʻuaŋ
襄垣	kuʌʔ꜆	xuʌʔ꜆	꜀faŋ	꜂faŋ	꜁faŋ	vaŋ꜄	kuaŋ꜄	꜀kʻuaŋ	꜁kʻuaŋ
武乡	kuʌʔ꜆	xuʌʔ꜆	꜀fɔ̃	꜂fɔ̃	꜁fɔ̃	vɔ̃꜄	kuɔ̃꜄	꜀kʻuɔ̃	꜁kʻuɔ̃
沁县	kuʌʔ꜆	xuʌʔ꜆	꜀fɔ̃	꜀fɔ̃	꜁fɔ̃	vɔ̃꜄	kuɔ̃꜄	꜀kʻuɔ̃	꜁kʻuɔ̃
沁源	kuəʔ꜆	xuəʔ꜆	꜀fɑ	꜂fɑ	꜁fɑ	vɑ꜄	kuə꜄	꜀kʻuə	꜁kʻuə
高平	kuʌʔ꜆	xuʌʔ꜆	꜀fɒ̃	꜂fɒ̃	꜀fɒ̃	vɒ̃꜄	kuɒ̃꜄	꜀kʻuɒ̃	꜀kʻuɒ̃
阳城	kuʌʔ꜆	xuʌʔ꜆	꜀faŋ	꜂fɑ̃ŋ	꜁fɑ̃ŋ	vɑ̃ŋ꜄	kuɑ̃ŋ꜄	꜀kʻuɑ̃ŋ	꜁kʻuɑ̃ŋ
晋城	kuᴀʔ꜆	xuᴀʔ꜆	꜀fɒ̃	꜁fɒ̃	꜁fɒ̃	uɒ̃꜄	kuɒ̃꜄	꜀kʻuɒ̃	꜁kʻuɒ̃
陵川	kuʌʔ꜆	xuʌʔ꜆	꜀fɑŋ	꜂fɑŋ	꜁fɑŋ	uɑŋ꜄	kuɑŋ꜄	꜀kʻuɑŋ	꜁kʻuɑŋ

例字 方言点	宕合三			江开二				
	况	王	镢大锄	邦	胖	棒	撞	窗
	去晓漾	平云阳	入见药	平帮江	平滂江	上並讲	去澄绛	平初江
长治	kʻuɑŋ꜄	꜁uɑŋ	tɕyəʔ꜆	꜀pɑŋ	pʻɑŋ꜄	pɑŋ꜅	tsuɑŋ꜅	꜀tsʻuɑŋ
长治县	kʻuɑŋ꜄	꜁uɑŋ	tɕyəʔ꜆	꜀pɑŋ	pʻɑŋ꜄	pɑŋ꜅	tsuɑŋ꜅	꜀tsʻuɑŋ
长子	kʻuaŋ꜄	꜁vaŋ	tɕyɛʔ꜆	꜀paŋ	pʻaŋ꜄	paŋ꜅	tsuaŋ꜅	꜀tsʻuaŋ
屯留	kʻuaŋ꜄	꜁uaŋ	tɕyɛʔ꜆	꜀paŋ	pʻaŋ꜄	꜁paŋ	꜁tsuaŋ	꜀tsʻuaŋ
黎城	kʻuaŋ꜄	꜁uaŋ	cyʌʔ꜆	꜀paŋ	pʻaŋ꜄	꜁paŋ	꜁tsuaŋ	꜀tsʻuaŋ
潞城	kʻuɑŋ꜄	꜁uɑŋ	tɕyaʔ꜆	꜀pɑŋ	pʻɑŋ꜄	pɑŋ꜅	tsuɑŋ꜅	꜀tsʻuɑŋ
平顺	kʻuaŋ꜄	꜁uaŋ	cyʌʔ꜆	꜀paŋ	pʻaŋ꜄	paŋ꜅	tsuaŋ꜅	꜀tsʻuaŋ
壶关	kʻuaŋ꜄	꜁uaŋ	cyʌʔ꜆	꜀paŋ	pʻaŋ꜄	paŋ꜅	tʂuaŋ꜅	꜀tʂʻuaŋ
襄垣	kʻuaŋ꜄	꜁vaŋ	tɕyʌʔ꜆	꜀paŋ	pʻaŋ꜄	paŋ꜄	tsuaŋ꜄	꜀tsʻuaŋ
武乡	kʻuɔ̃꜄	꜁vɔ̃	tɕyʌʔ꜆	꜀pɔ̃	pʻɔ̃꜄	pɔ̃꜄	tsuɔ̃꜄	꜀tsʻuɔ̃
沁县	kʻuɔ̃꜄	꜁vɔ̃	tɕyʌʔ꜆	꜀pɔ̃	pʻɔ̃꜄	pɔ̃꜄	tsuɔ̃꜄	꜀tsʻuɔ̃
沁源	kʻuə꜄	꜁vɑ	tɕyəʔ꜆	꜀pɑ	pʻɑ꜄	pɑ꜄	tʂuə꜄	꜀tʂʻuə
高平	kʻuɒ̃꜄	꜀vɒ̃	ciʌʔ꜆	꜀pɒ̃	pʻɒ̃꜄	pɒ̃꜄	tʂuɒ̃꜄	꜀tʂʻuɒ̃
阳城	kʻuãŋ꜄	꜁uãŋ	cyʌʔ꜆	꜀pãŋ	pʻãŋ꜄	pãŋ꜄	tʂuãŋ꜄	꜀tʂʻuãŋ
晋城	kʻuɒ̃꜄	꜁uɒ̃	tɕyᴀʔ꜆	꜀pɒ̃	pʻɒ̃꜄	pɒ̃꜄	tʂuɒ̃꜄	꜀tʂuʻɒ̃
陵川	kʻuɑŋ꜄	꜁uɑŋ	cyʌʔ꜆	꜀pɑŋ	pʻɑŋ꜄	pɑŋ꜄	tʂuɑŋ꜄	꜀tʂʻuɑŋ

例字 方言点	江开二							
	双	江	腔	夯	项	剥	朴	桌
	平生江	平见江	平溪江	平晓江	上匣讲	入帮觉	入滂觉	入知觉
长治	꜀suɑŋ	꜀tɕiɑŋ	꜀tɕʻiɑŋ	꜀xɑŋ	ɕiɑŋ꜅	pəʔ꜆	pʻəʔ꜆	tsuəʔ꜆
长治县	꜀suɑŋ	꜀tɕiɑŋ	꜀tɕʻiɑŋ	꜀xɑŋ	ɕiɑŋ꜅	pəʔ꜆	pʻəʔ꜆	tsuəʔ꜆
长子	꜀suaŋ	꜀tɕiaŋ	꜀tɕʻiaŋ	꜀xaŋ	ɕiaŋ꜅	pəʔ꜆	pʻəʔ꜆	tsuəʔ꜆
屯留	꜀suaŋ	꜀tɕiaŋ	꜀tɕʻiaŋ	꜀xaŋ	꜁ɕiaŋ	pəʔ꜆	pʻəʔ꜆	tsuəʔ꜆
黎城	꜀suaŋ	꜀ciaŋ	꜀cʻiaŋ	꜀xaŋ	꜁çiaŋ	pʌʔ꜆	pʻʌʔ꜆	tsuʌʔ꜆
潞城	꜀suɑŋ	꜀tɕiɑŋ	꜀tɕʻiɑŋ	꜀xɑŋ	ɕiɑŋ꜅	pʌʔ꜆	pʻʌʔ꜆	tsuaʔ꜆
平顺	꜀suaŋ	꜀ciaŋ	꜀cʻiaŋ	꜀xaŋ	çiaŋ꜅	pʌʔ꜆	pʻʌʔ꜆	tsuʌʔ꜆
壶关	꜀ʂuaŋ	꜀ciaŋ	꜀cʻiaŋ	꜀xaŋ	çiaŋ꜅	pʌʔ꜆	pʻʌʔ꜆	tʂuʌʔ꜆
襄垣	꜀suaŋ	꜀tɕiaŋ	꜀tɕʻiaŋ	꜀xaŋ	ɕiɑŋ꜄	pʌʔ꜆	pʻʌʔ꜆	tsuʌʔ꜆
武乡	꜀suɔ̃	꜀tɕiɔ̃	꜀tɕʻiɔ̃	꜀xɔ̃	ɕiɔ̃꜄	pʌʔ꜆	pʻʌʔ꜆	tsuʌʔ꜆
沁县	꜀suɔ̃	꜀tɕiɔ̃	꜀tɕʻiɔ̃	꜀xɔ̃	ɕiɔ̃꜄	pʌʔ꜆	pʻʌʔ꜆	tsuʌʔ꜆
沁源	꜀ʂuə	꜀tɕiɑ	꜀tɕʻiɑ	꜀xɑ	ɕiɑ꜄	paʔ꜆	pʻaʔ꜆	tʂuaʔ꜆
高平	꜀ʂuɒ̃	꜀ciɒ̃	꜀cʻiɒ̃	꜀xɒ̃	ɕiɒ̃꜄	pəʔ꜆	pʻəʔ꜆	tʂuʌʔ꜆
阳城	꜀ʂuãŋ	꜀ciãŋ	꜀cʻiãŋ	꜀xãŋ	çiãŋ꜄	pʌʔ꜆	pʻʌʔ꜆	tʂuʌʔ꜆
晋城	꜀ʂuɒ̃	꜀tɕiɒ̃	꜀tɕʻiɒ̃	꜀xɒ̃	ɕiɒ̃꜄	pᴀʔ꜆	pʻᴀʔ꜆	tʂuᴀʔ꜆
陵川	꜀ʂuɑŋ	꜀ciɑŋ	꜀cʻiɑŋ	꜀xɑŋ	çiɑŋ꜄	pʌʔ꜆	pʻʌʔ꜆	tʂuʌʔ꜆

例字/方言点	江开二								曾开一
	戳	镯	朔	觉知觉	确	岳	学	握	崩
	入彻觉	入崇觉	入生觉	入见觉	入溪觉	入疑觉	入匣觉	入影觉	平帮登
长治	tsʻuəʔ꜆	tsuəʔ꜆	suəʔ꜆	tɕyəʔ꜆	tɕʻyəʔ꜆	yəʔ꜆	ɕyəʔ꜆	uəʔ꜆	꜀pəŋ
长治县	tsʻuəʔ꜆	tsuəʔ꜆	suəʔ꜆	tɕyəʔ꜆	tɕʻyəʔ꜆	yəʔ꜆	ɕyəʔ꜆	uəʔ꜆	꜀pəŋ
长子	tsʻuəʔ꜆	tsuəʔ꜇	suəʔ꜆	tɕyɛʔ꜆	tɕʻiaʔ꜆	yɛʔ꜆	ɕyɛʔ꜇	vəʔ꜆	꜀pəŋ
屯留	tsʻuəʔ꜆	tsuəʔ꜇	suəʔ꜆	tɕyɛʔ꜆	tɕʻiɛʔ꜆	iɛʔ꜆	ɕiɛʔ꜇	uəʔ꜆	꜀pəŋ
黎城	tsʻuʌʔ꜆	tsuʌʔ꜇	꜁suɤ	cyʌʔ꜆	cʻyʌʔ꜆	yʌʔ꜇	çyʌʔ꜆	uʌʔ꜆	꜀pəŋ
潞城	tsʻuaʔ꜆	tsuaʔ꜇	suaʔ꜆	tɕyaʔ꜆	tɕʻyaʔ꜆	yaʔ꜇	ɕyaʔ꜇	uaʔ꜆	꜀pəŋ
平顺	tsʻuʌʔ꜆	tsuʌʔ꜇	suʌʔ꜆	cyʌʔ꜆	cʻyʌʔ꜆	yʌʔ꜇	çyʌʔ꜇	uʌʔ꜆	꜀pəŋ
壶关	tʂʻuʌʔ꜆	tʂuʌʔ꜇	suʌʔ꜆	cyʌʔ꜆	cʻyʌʔ꜆	yʌʔ꜇	çyʌʔ꜇	uʌʔ꜆	꜀pəŋ
襄垣	tsʻuʌʔ꜆	tsuʌʔ꜇	suʌʔ꜆	tɕiʌʔ꜆	tɕʻiʌʔ꜆	iʌʔ꜆	ɕiʌʔ꜇	uəʔ꜆	꜀pəŋ
武乡	tsʻuʌʔ꜆	tsuʌʔ꜇	suʌʔ꜆	tɕiʌʔ꜆	tɕʻiʌʔ꜆	yʌʔ꜆	ɕiʌʔ꜇	vəʔ꜆	꜀pɐŋ
沁县	tsʻuʌʔ꜆	tsuʌʔ꜇	suʌʔ꜆	tɕiʌʔ꜆	tɕʻiʌʔ꜆	iʌʔ꜆	ɕiʌʔ꜇	uʌʔ꜆	꜀pəŋ
沁源	tʂʻuaʔ꜆	tʂuaʔ꜇	suaʔ꜆	tɕyəʔ꜆	tɕʻyəʔ꜆	yəʔ꜇	ɕyəʔ꜇	uaʔ꜆	꜀pə̃
高平	tʂʻuʌʔ꜆	tʂuʌʔ꜆	ʂuʌʔ꜆	ciɛʔ꜆	cʻiɛʔ꜆	iɛʔ꜆	ɕiɛʔ꜆	uəʔ꜆	꜀pə̃ŋ
阳城	tʂʻuʌʔ꜆	tʂuʌʔ꜆	ʂuʌʔ꜆	cyʌʔ꜆	cʻyʌʔ꜆	yʌʔ꜆	çyʌʔ꜆	uʌʔ꜆	꜀pə̃n
晋城	tʂʻuᴀʔ꜆	tʂuᴀʔ꜆	ʂuᴀʔ꜆	tɕiᴀʔ꜆	tɕʻiᴀʔ꜆	yᴀʔ꜆	ɕiᴀʔ꜆	uᴀʔ꜆	꜀pɐ̃
陵川	tʂʻuʌʔ꜆	tʂuʌʔ꜇	ʂuʌʔ꜆	cyʌʔ꜆	cʻyʌʔ꜆	yʌʔ꜇	çyʌʔ꜇	uʌʔ꜆	꜀pəŋ

例字/方言点	曾开一								
	朋	等	邓	能	楞	增	蹭磨蹭	层	僧
	平並登	上端等	去定嶝	平泥登	平来登	平精登	去清嶝	平从登	平心登
长治	꜁pʻəŋ	꜂təŋ	təŋ꜅	꜁nəŋ	ləŋ꜅	꜀tsəŋ	tsʻəŋ꜄	꜁tsʻəŋ	꜀səŋ
长治县	꜁pʻəŋ	꜂təŋ	təŋ꜅	꜁nəŋ	ləŋ꜅	꜀tsəŋ	tsʻəŋ꜄	꜁tsʻəŋ	꜀səŋ
长子	꜁pʻəŋ	꜂təŋ	təŋ꜅	꜁nəŋ	ləŋ꜅	꜀tsəŋ	tsʻəŋ꜄	꜁tsʻəŋ	꜀səŋ
屯留	꜁pʻəŋ	꜂təŋ	꜁təŋ	꜁nəŋ	꜁ləŋ	꜀tsəŋ	tsʻəŋ꜄	꜁tsʻəŋ	꜀səŋ
黎城	꜁pʻəŋ	꜂təŋ	꜁təŋ	꜁nəŋ	꜁ləŋ	꜀tsəŋ	tsʻəŋ꜄	꜁tsʻəŋ	꜀səŋ
潞城	꜁pʻəŋ	꜂təŋ	təŋ꜅	꜁nəŋ	ləŋ꜅	꜀tsəŋ	tsʻəŋ꜄	꜁tsʻəŋ	꜀səŋ
平顺	꜁pʻəŋ	꜂təŋ	təŋ꜅	꜁nəŋ	ləŋ꜅	꜀tsəŋ	tsʻəŋ꜄	꜁tsʻəŋ	꜀səŋ
壶关	꜁pʻəŋ	꜂təŋ	təŋ꜅	꜁nəŋ	ləŋ꜅	꜀tʂəŋ	tʂʻəŋ꜄	꜁tʂʻəŋ	꜀ʂəŋ
襄垣	꜁pʻəŋ	꜂təŋ	təŋ꜄	꜁nəŋ	ləŋ꜄	꜀tsəŋ	tsʻəŋ꜄	꜁tsʻəŋ	꜀səŋ
武乡	꜁pʻɐŋ	꜂tɐŋ	tɐŋ꜄	꜁nɐŋ	lɐŋ꜄	꜀tsɐŋ	tsʻɐŋ꜄	꜁tsʻɐŋ	꜀sɐŋ
沁县	꜁pʻəŋ	꜀təŋ	təŋ꜄	꜁nəŋ	ləŋ꜄	꜀tsəŋ	tsʻəŋ꜄	꜁tsʻəŋ	꜀səŋ
沁源	꜁pʻə̃	꜂tə̃	tə̃꜄	꜁nə̃	lə̃꜄	꜀tsə̃	tsʻə̃꜄	꜁tsʻə̃	꜀sə̃
高平	꜀pʻə̃ŋ	꜂tə̃ŋ	tə̃ŋ꜄	꜀nə̃ŋ	nə̃ŋ꜄	꜀tʂə̃ŋ	tʂʻə̃ŋ꜄	꜀tʂʻə̃ŋ	꜀ʂə̃ŋ
阳城	꜁pʻə̃n	꜂tə̃n	tə̃n꜄	꜁nə̃n	lə̃n꜄	꜀tsə̃n	tsʻə̃n꜄	꜁tsʻə̃n	꜀sə̃n
晋城	꜁pʻɐ̃	꜁tɐ̃	tɐ̃꜄	꜁nɐ̃	lɐ̃꜄	꜀tʂɐ̃	tʂʻɐ̃꜄	꜁tʂʻɐ̃	꜀ʂɐ̃
陵川	꜁pʻəŋ	꜂təŋ	təŋ꜄	꜁nəŋ	ləŋ꜄	꜀tʂəŋ	tʂʻəŋ꜄	꜁tʂʻəŋ	꜀ʂəŋ

方言点 \ 例字	曾开一							
	肯	恒	北	墨	德	特	肋	则
	上溪等	平匣登	入帮德	入明德	入端德	入定德	入来德	入精德
长治	ᶜk'əŋ	꜁xəŋ	pəʔ꜆ /pei꜄	miəʔ꜆	təʔ꜆	t'əʔ꜆	liəʔ꜆	tsəʔ꜆
长治县	ᶜk'əŋ	꜁xəŋ	pəʔ꜆	mo꜅/miəʔ꜆	təʔ꜆	t'əʔ꜆	ləʔ꜆	tsəʔ꜆
长子	ᶜk'əŋ	꜁xəŋ	pəʔ꜆/pei꜅	məʔ꜆	təʔ꜆	t'əʔ꜇	ləʔ꜆	tsəʔ꜆
屯留	ᶜk'əŋ	꜁xəŋ	pəʔ꜆	miəʔ꜆	təʔ꜆	t'əʔ꜇	ləʔ꜆	tsəʔ꜆
黎城	ᶜk'əŋ	꜁xəŋ	pəʔ꜆	miɛʔ꜇	təʔ꜆	t'əʔ꜇	liəʔ꜇	tsəʔ꜆
潞城	ᶜk'əŋ	꜁xəŋ	paʔ꜆	miaʔ꜇	təʔ꜆	t'əʔ꜇	ləʔ꜇	tsəʔ꜆
平顺	ᶜk'əŋ	꜁xəŋ	piəʔ꜆	mo꜅/məʔ꜇	təʔ꜆	t'əʔ꜇	liəʔ꜇	tsəʔ꜆
壶关	ᶜk'əŋ	꜁xəŋ	ᶜpei	miəʔ꜇	təʔ꜆	t'əʔ꜇	liəʔ꜇	tʂəʔ꜆
襄垣	ᶜk'əŋ	꜁xəŋ	piəʔ꜆	miəʔ꜆	təʔ꜆	t'əʔ꜇	liəʔ꜆	tsəʔ꜆
武乡	ᶜk'ɐŋ	꜁xɐŋ	piəʔ꜆	miəʔ꜆	təʔ꜆	t'əʔ꜇	liəʔ꜆	tsəʔ꜆
沁县	꜀k'əŋ	꜁xəŋ	piəʔ꜆	miəʔ꜆	təʔ꜆	t'əʔ꜇	ləʔ꜆	tsəʔ꜆
沁源	ᶜk'ə̃	꜁xə̃	piəʔ꜆	miəʔ꜆	təʔ꜆	t'əʔ꜇	ləʔ꜇	tsəʔ꜇
高平	ᶜk'ə̃ŋ	꜀xə̃ŋ	pəʔ꜆/ᶜpei	mei꜄	təʔ꜆	t'əʔ꜆	ləʔ꜆	tʂəʔ꜆
阳城	ᶜk'ə̃n	꜁xə̃n	ᶜpɛi	mæ꜄	təʔ꜆	t'əʔ꜆	ləʔ꜆	tsəʔ꜆
晋城	꜁k'ɐ̃	꜁xɐ̃	꜁pɛe/pəʔ꜆	mʌʔ꜆	təʔ꜆	t'əʔ꜆	ləʔ꜆	tʂəʔ꜆
陵川	ᶜk'əŋ	꜁xəŋ	pəʔ꜆	mʌʔ꜇	təʔ꜆	t'əʔ꜇	liʌʔ꜇	tʂəʔ꜆

方言点 \ 例字	曾开一				曾开三				
	贼	塞	克	黑	冰	凭	陵	徵	澄
	入从德	入心德	入溪德	入晓德	平帮蒸	平並蒸	平来蒸	平知蒸	平澄蒸
长治	tsei꜄	səʔ꜆	k'ɑʔ꜆	xɑʔ꜆	꜀piŋ	꜁p'iŋ	꜁liŋ	꜀tsəŋ	꜁ts'əŋ
长治县	tsei꜄	səʔ꜆	k'əʔ꜆	xəʔ꜆	꜀piŋ	꜁p'iŋ	꜁liŋ	꜀tsəŋ	꜁ts'əŋ
长子	tsuei꜅	səʔ꜆	k'əʔ꜆	xəʔ꜆	꜀piŋ	꜁p'iŋ	꜁liŋ	꜀tsəŋ	꜁ts'əŋ
屯留	꜁tsei	səʔ꜆	k'əʔ꜆	xəʔ꜆	꜀piŋ	꜁p'iŋ	꜁liŋ	꜀tsəŋ	꜁ts'əŋ
黎城	tsəʔ꜇	səʔ꜆	k'ʌʔ꜆	xʌʔ꜆	꜀piŋ	꜁p'iŋ	꜁liŋ	꜀tɕiŋ	꜁tɕ'iŋ
潞城	tsəʔ꜇	səʔ꜆	k'aʔ꜆	xaʔ꜆	꜀piŋ	꜁p'iŋ	꜁liŋ	꜀tɕiŋ	꜁tɕ'iŋ
平顺	꜁tsei	səʔ꜆	k'ʌʔ꜆	xʌʔ꜆	꜀piŋ	꜁p'iŋ	꜁liŋ	꜀tsəŋ	꜁ts'əŋ
壶关	tʂəʔ꜇	ʂəʔ꜆	k'ʌʔ꜆	xʌʔ꜆	꜀piŋ	꜁p'iŋ	꜁liŋ	꜀tʂəŋ	꜁tʂ'əŋ
襄垣	tsəʔ꜇	səʔ꜆	k'ʌʔ꜆	xʌʔ꜆	꜀piŋ	꜁p'iŋ	꜁liŋ	꜀tsəŋ	꜁ts'əŋ
武乡	tsəʔ꜇	səʔ꜆	k'ʌʔ꜆	xʌʔ꜆	꜀piɐŋ	꜁p'iɐŋ	꜁liɐŋ	꜀tsɐŋ	꜁ts'ɐŋ
沁县	tsəʔ꜇	səʔ꜆	k'ʌʔ꜆	xʌʔ꜆	꜀piŋ	꜁p'iŋ	꜁liŋ	꜀tsəŋ	꜁ts'əŋ
沁源	꜁tsei	ʂəʔ꜆	k'əʔ꜆	xəʔ꜆	꜀piə̃	꜁p'iə̃	꜁liə̃	꜀tʂə̃	꜁tʂ'ə̃
高平	tʂəʔ꜆	ʂəʔ꜆	k'əʔ꜆	xəʔ꜆	꜀piə̃ŋ	꜀p'iə̃ŋ	꜀niə̃ŋ	꜀tʂə̃ŋ	꜀tʂ'ə̃ŋ
阳城	꜁tsei	səʔ꜆	k'əʔ꜆	xəʔ꜆	꜀piə̃n	꜁p'iə̃n	꜁liə̃n	꜀tʂə̃n	꜁tʂ'ə̃n
晋城	꜁tʂei	ʂəʔ꜆	k'əʔ꜆	xəʔ꜆	꜀piə̃n	꜁p'iə̃n	꜁liə̃n	꜀tʂə̃n	꜁tʂ'ə̃n
陵川	tʂəʔ꜇	ʂəʔ꜆	k'ʌʔ꜆	xʌʔ꜆	꜀piŋ	꜁p'iŋ	꜁liŋ	꜀tʂəŋ	꜁tʂ'əŋ

例字 / 方言点	曾开三									
	蒸	称称呼	剩	升	承	仍	凝	兴	应应当	蝇
	平章蒸	平昌蒸	去船证	平书蒸	平禅蒸	平日蒸	平疑蒸	平晓蒸	平影蒸	平以蒸
长治	꜀tsəŋ	꜀tsʻəŋ	səŋ꜅	꜀səŋ	꜁tsʻəŋ	꜁iŋ	꜁ȵiŋ	꜀ɕiŋ	꜀iŋ	꜁iŋ
长治县	꜀tsəŋ	꜀tsʻəŋ	səŋ꜅	꜀səŋ	꜁tsʻəŋ	꜁iŋ	꜁ȵiŋ	꜀ɕiŋ	꜀iŋ	꜁iŋ
长子	꜀tsəŋ	꜀tsʻəŋ	səŋ꜅	꜀səŋ	꜁tsʻəŋ	꜁iŋ	꜁ȵiŋ	꜀ɕiŋ	꜀iŋ	꜁iŋ
屯留	꜀tsəŋ	꜀tsʻəŋ	꜁səŋ	꜀səŋ	꜁tsʻəŋ	꜁iŋ	꜁ȵiŋ	꜀ɕiŋ	꜀iŋ	꜁iŋ
黎城	꜀tɕiŋ	꜀tɕʻiŋ	꜁ɕiŋ	꜀ɕiŋ	꜁tɕʻiŋ	꜁iŋ	꜁ȵiŋ	꜀çiŋ	꜀iŋ	꜁iŋ
潞城	꜀tɕiŋ	꜀tɕʻiŋ	ɕiŋ꜅	꜀ɕiŋ	꜁tɕʻiŋ	꜁iŋ	꜁ȵiŋ	꜀ɕiŋ	꜀iŋ	꜁iŋ
平顺	꜀tsəŋ	꜀tsʻəŋ	səŋ꜅	꜀səŋ	꜁tsʻəŋ	꜁iŋ	꜁ȵiŋ	꜀çiŋ	꜀iŋ	꜁iŋ
壶关	꜀tʂəŋ	꜀tʂʻəŋ	ʂəŋ꜅	꜀ʂəŋ	꜁tʂʻəŋ	꜁iŋ	꜁ȵiŋ	꜀çiŋ	꜀iŋ	꜁iŋ
襄垣	꜀tsəŋ	꜀tsʻəŋ	səŋ꜄	꜀səŋ	꜁tsʻəŋ	꜁ʐəŋ	꜁ȵiŋ	꜀ɕiŋ	꜀iŋ	꜁iŋ
武乡	꜀tsɐŋ	꜀tsʻɐŋ	sɐŋ꜄	꜀sɐŋ	꜁tsʻɐŋ	꜁zɐŋ	꜁ȵiɐŋ	꜀ɕiɐŋ	꜀iɐŋ	꜁iɐŋ
沁县	꜀tsəŋ	꜀tsʻəŋ	səŋ꜄	꜀səŋ	꜁tsʻəŋ	꜁zəŋ	꜁niŋ	꜀ɕiŋ	꜀iŋ	꜁iŋ
沁源	꜀tʂə̃	꜀tʂʻə̃	ʂə̃꜄	꜀ʂə̃	꜁tʂʻə̃	꜁ʐə̃	꜁niə̃	꜀ɕiə̃	꜀iə̃	꜁iə̃
高平	꜀tʂə̃ŋ	꜀tʂʻə̃ŋ	ʂə̃ŋ꜄	꜀ʂə̃ŋ	꜀tʂʻə̃ŋ	꜁ʐə̃ŋ	꜀iə̃ŋ	꜀ɕiə̃ŋ	꜀iə̃ŋ	꜀iə̃ŋ
阳城	꜀tʂə̃n	꜀tʂʻə̃n	ʂə̃n꜄	꜀ʂə̃n	꜁tʂʻə̃n	꜁ʐə̃n	꜁iə̃n	꜀çiə̃n	꜀iə̃n	꜁iə̃n
晋城	꜀tʂɐ̃	꜀tʂʻɐ̃	ʂɐ̃꜄	꜀ʂɐ̃	꜁tʂʻɐ̃	꜁ʐɐ̃	꜁iə̃n	꜀ɕiə̃n	꜀iə̃n	꜁iə̃n
陵川	꜀tʂəŋ	꜀tʂʻəŋ	ʂəŋ꜄	꜀ʂəŋ	꜁tʂʻəŋ	꜁ləŋ	꜁iŋ	꜀çiŋ	꜀iŋ	꜁iŋ

例字 / 方言点				曾开三						
	逼	匿	力	息	直	测	侧	色	亿	抑
	入帮职	入泥职	入来职	入心职	入澄职	入初职	入庄职	入生职	入影职	入影职
长治	piəʔ꜆	ȵiəʔ꜆	liəʔ꜆	ɕiəʔ꜆/ɕi꜄	tsəʔ꜆	tsʻəʔ꜆	tsʻəʔ꜆	səʔ꜆	i꜄	i꜄
长治县	piəʔ꜆	ȵi꜄	liəʔ꜆	ɕiəʔ꜆	tɕiəʔ꜆	tɕʻiəʔ꜆	tsʻəʔ꜆	səʔ꜆	i꜄	i꜄
长子	piəʔ꜆	ȵiəʔ꜆	liəʔ꜆	ɕiəʔ꜆	tsəʔ꜇	tsʻəʔ꜆	tsʻəʔ꜆	səʔ꜆	i꜄	i꜅
屯留	piəʔ꜆	ȵiəʔ꜆	liəʔ꜆	ɕiəʔ꜆	tsəʔ꜇	tsʻəʔ꜆	tsʻəʔ꜆	səʔ꜆	꜁i	iəʔ꜆
黎城	piəʔ꜆	ȵiəʔ꜇	liəʔ꜇	ɕiəʔ꜆	tɕiəʔ꜇	tsʻəʔ꜆	tsʻəʔ꜆	səʔ꜆	꜁i	꜁i
潞城	piəʔ꜆	ȵi꜅	liəʔ꜇	ʃiəʔ꜆	tɕiəʔ꜇	tsʻəʔ꜆	tsʻəʔ꜆	səʔ꜆	i꜄	i꜅
平顺	piəʔ꜆	ȵiəʔ꜇	liəʔ꜇	siəʔ꜆	tɕiəʔ꜇	tsʻəʔ꜆	tsʻəʔ꜆	səʔ꜆	i꜄	iəʔ꜆
壶关	piəʔ꜆	ȵiəʔ꜇	liəʔ꜇	siəʔ꜆	tʃiəʔ꜇	tʂʻəʔ꜆	tʃʻiəʔ꜆	ʂəʔ꜆	i꜄	i꜅
襄垣	piəʔ꜆	ȵiəʔ꜆	liəʔ꜆	ɕiəʔ꜆	tsəʔ꜇	tsʻəʔ꜆	tsʻəʔ꜆	səʔ꜆	i꜄	iəʔ꜆
武乡	piəʔ꜆	ȵiəʔ꜆	liəʔ꜆	ɕiəʔ꜆	tsəʔ꜇	tsʻəʔ꜆	tsʻəʔ꜆	səʔ꜆	zʅ꜄	iəʔ꜆
沁县	piəʔ꜆	ȵiəʔ꜆	liəʔ꜆	ɕiəʔ꜆	tsəʔ꜇	tsʻəʔ꜆	tsʻəʔ꜆	səʔ꜆	zʅ꜄	iəʔ꜆
沁源	piəʔ꜆	ȵi꜄	liəʔ꜆	ɕiəʔ꜆	tʂəʔ꜇	tsʻəʔ꜆	tsʻəʔ꜆	səʔ꜆	i꜄	iəʔ꜆
高平	piəʔ꜆	niəʔ꜆	liəʔ꜆	ɕiəʔ꜆	tʂəʔ꜆	tʂʻəʔ꜆	tʂʻəʔ꜆	ʂəʔ꜆	i꜄	iəʔ꜆
阳城	piəʔ꜆	niəʔ꜆	liəʔ꜆	ɕiəʔ꜆	tʂəʔ꜆	tʂʻəʔ꜆	tʂʻəʔ꜆	ʂəʔ꜆	i꜄	꜂i
晋城	piəʔ꜆	niəʔ꜆	liəʔ꜆	ɕiəʔ꜆	tʂəʔ꜆	tʂʻəʔ꜆	tʂʻəʔ꜆	ʂəʔ꜆	i꜄	꜁i
陵川	piəʔ꜆	ni꜄	liəʔ꜇	ɕiəʔ꜆	tɕieʔ꜇	tʂʻəʔ꜆	tʂʻəʔ꜆	ʂəʔ꜆	i꜄	i꜄

例字 / 方言点	曾开三						曾合一		
	织	食	识	植	极	忆	弘	国	或
	入章职	入船职	入书职	入禅职	入群职	入影职	平匣登	入见德	入匣德
长治	tsəʔ꜆	səʔ꜆	səʔ꜆	tsəʔ꜆	tɕiəʔ꜆	i꜄	꜁xuŋ	kuəʔ꜆	xuəʔ꜆
长治县	tɕiəʔ꜆	ɕiəʔ꜆	ɕiəʔ꜆	tɕiəʔ꜆	tɕiəʔ꜆	i꜄	꜁xuŋ	kuəʔ꜆	xuəʔ꜆
长子	tsəʔ꜆	səʔ꜇	səʔ꜆	tsəʔ꜇	tɕiɛʔ꜇	i꜄	꜁xuŋ	kuəʔ꜆	xuəʔ꜇
屯留	tsəʔ꜆	səʔ꜇	səʔ꜆	tsəʔ꜇	tɕiəʔ꜇	꜁i	꜁xuŋ	kuəʔ꜆	xuəʔ꜇
黎城	tɕiəʔ꜆	ɕiəʔ꜆	ɕiəʔ꜆	tɕiəʔ꜆	ciəʔ꜆	꜁i	꜁xuŋ	kuəʔ꜆	xuəʔ꜇
潞城	tɕiəʔ꜆	ɕiəʔ꜇	ɕiəʔ꜆	tɕiəʔ꜇	tɕiəʔ꜇	i꜄	꜁xuŋ	kuəʔ꜆	xuəʔ꜇
平顺	tɕiəʔ꜆	ɕiəʔ꜇	ɕiəʔ꜆	tɕiəʔ꜇	ciəʔ꜆	i꜄	꜁xuŋ	kuəʔ꜆	xuəʔ꜇
壶关	tʃiəʔ꜆	ʃiəʔ꜇	ʃiəʔ꜆	tʃiəʔ꜇	ciəʔ꜇	i꜄	꜁xuŋ	kuəʔ꜆	xuəʔ꜇
襄垣	tsəʔ꜆	səʔ꜇	səʔ꜆	tsəʔ꜇	tɕiəʔ꜇	i꜄	꜁xuŋ	kuəʔ꜆	xuəʔ꜇
武乡	tsəʔ꜆	səʔ꜇	səʔ꜆	tsəʔ꜇	tɕiəʔ꜆	zʅ꜄	꜁xuɐŋ	kuəʔ꜆	xuəʔ꜇
沁县	tsəʔ꜆	səʔ꜇	səʔ꜆	tsəʔ꜇	tɕiəʔ꜆	zʅ꜄	꜁xuəŋ	kuəʔ꜆	xuəʔ꜇
沁源	tʂəʔ꜆	ʂəʔ꜇	ʂəʔ꜆	tʂəʔ꜇	tɕiəʔ꜆	i꜄	꜁xuə̃	kuəʔ꜆	xuəʔ꜇
高平	tʂəʔ꜆	ʂəʔ꜆	ʂəʔ꜆	tʂəʔ꜆	ciəʔ꜆	i꜄	꜀xuə̃ŋ	kuəʔ꜆	xuəʔ꜆
阳城	tʂəʔ꜆	ʂəʔ꜆	ʂəʔ꜆	tʂəʔ꜆	ciəʔ꜆	i꜄	꜁xuə̃ŋ	kuəʔ꜆	xuəʔ꜆
晋城	tʂəʔ꜆	ʂəʔ꜆	ʂəʔ꜆	tʂəʔ꜆	tɕiəʔ꜆	i꜄	꜁xuoŋ	kuəʔ꜆	xuəʔ꜆
陵川	tɕieʔ꜆	ɕieʔ꜇	ɕieʔ꜆	tɕieʔ꜇	cieʔ꜇	i꜄	꜁xuŋ	kuəʔ꜆	xuəʔ꜇

例字 / 方言点	曾合三	梗开二							
	域	烹	膨	猛	打	冷	撑	生	栅
	入云职	平滂庚	平並庚	上明梗	上端梗	上来梗	平彻庚	平生庚	入初麦
长治	y꜄	꜀p‘əŋ	꜁p‘əŋ	꜂məŋ	꜂tɑ	꜂ləŋ	꜀ts‘əŋ	꜀səŋ	tsɑ꜄
长治县	y꜄	꜀p‘əŋ	꜁p‘əŋ	꜂məŋ	꜂tɑ	꜂ləŋ	꜀ts‘əŋ	꜀səŋ	tsɑ꜄
长子	y꜄	꜀p‘əŋ	꜁p‘əŋ	꜂məŋ	꜂ta	꜂ləŋ	꜀ts‘əŋ	꜀səŋ	tsa꜅
屯留	꜀y	꜀p‘əŋ	꜁p‘əŋ	꜂məŋ	꜂ta	꜂ləŋ	꜀ts‘əŋ	꜀səŋ	tsa꜄
黎城	꜀y	꜀p‘əŋ	꜁p‘əŋ	꜂məŋ	꜂ta	꜂ləŋ	꜀ts‘əŋ	꜀səŋ	tsʌʔ꜇
潞城	y꜅	꜀p‘əŋ	꜁p‘əŋ	꜂məŋ	꜂tɑ	꜂ləŋ	꜀ts‘əŋ	꜀səŋ	tsa꜄
平顺	y꜅	꜀p‘əŋ	꜁p‘əŋ	꜂məŋ	꜂ta	꜂ləŋ	꜀ts‘əŋ	꜀səŋ	tsʌʔ꜇
壶关	y꜅	꜀p‘əŋ	꜁p‘əŋ	꜂məŋ	꜂ta	꜂ləŋ	꜀tʂ‘əŋ	꜀ʂəŋ	tʂʌʔ꜇
襄垣	yəʔ꜆	꜀p‘əŋ	꜁p‘əŋ	꜂məŋ	꜂ta	꜂ləŋ	꜀ts‘əŋ	꜀səŋ	tsa꜄
武乡	yəʔ꜆	꜀p‘ɐŋ	꜁p‘ɐŋ	꜂mɐŋ	꜂ta	꜂lɐŋ	꜀ts‘ɐŋ	꜀sɐŋ	tsa꜄
沁县	yəʔ꜆	꜀p‘əŋ	꜁p‘əŋ	꜀məŋ	꜀ta	꜀ləŋ	꜀ts‘əŋ	꜀səŋ	tsa꜄
沁源	yəʔ꜆	꜀p‘ə̃	꜁p‘ə̃	꜂mə̃	꜂tɑ	꜂lə̃	꜀ts‘ə̃	꜀sə̃	tsɑ꜄
高平	iɛʔ꜆	꜀p‘ə̃ŋ	꜁p‘ə̃ŋ	꜂mə̃ŋ	꜂tɑ	꜂lə̃ŋ	꜀tʂ‘ə̃ŋ	꜀ʂə̃ŋ	tʂɑ꜄
阳城	yəʔ꜆	꜀p‘ə̃n	꜁p‘ə̃n	꜂mə̃n	꜂tɑ	꜁lə̃n	꜀tʂ‘ə̃n	꜀ʂə̃n	tʂʌʔ꜆
晋城	yəʔ꜆	꜀p‘ə̃n	꜁p‘ə̃n	꜁mə̃n	꜁tɑ	꜂lə̃n	꜀tʂ‘ə̃n	꜀ʂə̃n	tʂɑ꜄
陵川	y꜄	꜀p‘əŋ	꜁p‘əŋ	꜂məŋ	꜂tᴀ	꜂ləŋ	꜀tʂ‘əŋ	꜀ʂəŋ	tʂɑ꜄

例字 方言点	梗开二								
	更更换	坑	杏	百	拍	白	陌陌生	拆	择
	平见庚	平溪庚	上匣梗	入帮陌	入滂陌	入並陌	入明陌	入彻陌	入知麦
长治	꜀kəŋ	꜀kʻəŋ	ɕiŋ꜅	piəʔ꜆	pʻiəʔ꜆	piəʔ꜆/pæ꜄	miəʔ꜆	tsʻəʔ꜆	tsəʔ꜆
长治县	꜀kəŋ	꜀kʻəŋ	ɕiŋ꜅	piəʔ꜆	pʻiəʔ꜆/pʻæ꜄	piəʔ꜆	mo꜄	tsʻəʔ꜆	tsəʔ꜆
长子	꜀kəŋ	꜀kʻəŋ	ɕiŋ꜅	pəʔ꜆	pʻiəʔ꜆/pʻai꜅	pəʔ꜇	məʔ꜆	tsʻəʔ꜆	tsəʔ꜆
屯留	꜀kəŋ	꜀kʻəŋ	ɕiŋ꜅	pəʔ꜆	pʻəʔ꜆/pʻæ꜄	pəʔ꜇	məʔ꜆	tsʻəʔ꜆	tsəʔ꜆
黎城	꜀kəŋ	꜀kʻəŋ	çiŋ꜅	piʌʔ꜆	pʻiʌʔ꜆	piʌʔ꜇	mʌʔ꜇	tsʻəʔ꜆	tsəʔ꜆
潞城	꜀kəŋ	꜀kʻəŋ	ɕiŋ꜅	piaʔ꜆	pʻiaʔ꜆	piaʔ꜇	maʔ꜇	tsʻəʔ꜆	tsəʔ꜆
平顺	꜀kəŋ	꜀kʻəŋ	çiŋ꜅	piʌʔ꜆	pʻiʌʔ꜆	pʌʔ꜇	mʌʔ꜇	tsʻəʔ꜆	tsəʔ꜆
壶关	꜀kəŋ	꜀kʻəŋ	çiŋ꜅	piʌʔ꜆	pʻiʌʔ꜆	pʌʔ꜇	mʌʔ꜇	tʂʻəʔ꜆	tʂəʔ꜆
襄垣	꜀kəŋ	꜀kʻəŋ	ɕiŋ꜄	piʌʔ꜆	pʻiʌʔ꜆	piʌʔ꜆	miʌʔ꜆	tsʻəʔ꜆	tsəʔ꜆
武乡	꜀kɐŋ	꜀kʻɐŋ	ɕiɐŋ꜄	piʌʔ꜆	pʻiʌʔ꜆/pʻɛ꜄	piʌʔ꜆	miʌʔ꜆	tsʻəʔ꜆	tsəʔ꜆
沁县	꜀kəŋ	꜀kʻəŋ	ɕiŋ꜄	piʌʔ꜆	pʻiʌʔ꜆	piʌʔ꜆	mʌʔ꜆	tsʻəʔ꜆	tsəʔ꜆
沁源	꜀kə̃	꜀kʻə̃	ɕiə̃꜄	piaʔ꜆	pʻiaʔ꜆	piaʔ꜇	maʔ꜆	tsʻəʔ꜆	tsəʔ꜆
高平	꜀kə̃ŋ	꜀kʻə̃ŋ	ɕiə̃ŋ꜄	pɛʔ꜆	pʻɛʔ꜆/pʻɛe꜄	pɛʔ꜇	mɛʔ꜆	tʂʻəʔ꜆	tʂəʔ꜆
阳城	꜀kə̃n	꜀kʻə̃n	çiə̃n꜄	pʌʔ꜆	pʻʌʔ꜆	꜁pæ	mʌʔ꜆	tʂʻəʔ꜆	tʂəʔ꜆
晋城	꜀kẽ	꜀kʻẽ	ɕiə̃n꜄	pᴀʔ꜆	pʻiᴀʔ꜆	pᴀʔ꜆/pᴇ꜄	mᴀʔ꜆	tʂʻəʔ꜆	tʂəʔ꜆
陵川	꜀kəŋ	꜀kʻəŋ	çiŋ꜄	pʌʔ꜆	pʻʌʔ꜆/pʻᴀi꜄	pʌʔ꜇	mʌʔ꜇	tʂʻəʔ꜆	tʂəʔ꜆

例字 方言点	梗开二								
	窄	格	客	额	麦	摘	责	册	革
	入庄陌	入见陌	入溪陌	入疑陌	入明麦	入知麦	入庄麦	入初麦	入见麦
长治	tsəʔ꜆	kəʔ꜆	kʻəʔ꜆	əʔ꜆	miəʔ꜆/mæ꜄	tsəʔ꜆	tsəʔ꜆	tsʻəʔ꜆	kəʔ꜆
长治县	tsəʔ꜆	kəʔ꜆	kʻəʔ꜆	ə꜅	miəʔ꜆	tsəʔ꜆	tsəʔ꜆	tsʻəʔ꜆	kəʔ꜆
长子	tsəʔ꜆	kəʔ꜆	kʻəʔ꜆	ŋəʔ꜆	məʔ꜆	tsəʔ꜆	tsəʔ꜆	tsʻəʔ꜆	kəʔ꜆
屯留	tsəʔ꜆	kəʔ꜆	kʻəʔ꜆	ɣəʔ꜆	məʔ꜆	tsəʔ꜆	tsəʔ꜆	tsʻəʔ꜆	kəʔ꜆
黎城	tsəʔ꜆	kəʔ꜆	kʻəʔ꜆	ɣəʔ꜇	miʌʔ꜇	tsəʔ꜆	tsəʔ꜆	tsʻəʔ꜆	kəʔ꜆
潞城	tsəʔ꜆	kəʔ꜆	kʻəʔ꜆	ɣəʔ꜇	miaʔ꜇	tsəʔ꜆	tsəʔ꜆	tsʻəʔ꜆	kəʔ꜆
平顺	tsəʔ꜆	kəʔ꜆	kʻəʔ꜆	ɣə꜅	miʌʔ꜇	tsəʔ꜆	tsəʔ꜆	tsʻəʔ꜆	kəʔ꜆
壶关	tʂəʔ꜆	kəʔ꜆	kʻəʔ꜆	ɣəʔ꜇	miʌʔ꜇	tʂəʔ꜆	tʂəʔ꜆	tʂʻəʔ꜆	kəʔ꜆
襄垣	tsəʔ꜆	kəʔ꜆	kʻəʔ꜆	ŋəʔ꜆	miʌʔ꜆	tsəʔ꜆	tsəʔ꜆	tsʻəʔ꜆	kəʔ꜆
武乡	tsəʔ꜆	kəʔ꜆	kʻəʔ꜆	ŋəʔ꜆	miʌʔ꜆	tsəʔ꜆	tsəʔ꜆	tsʻəʔ꜆	kəʔ꜆
沁县	tsəʔ꜆	kəʔ꜆	kʻəʔ꜆	ŋəʔ꜆	miʌʔ꜆	tsəʔ꜆	tsəʔ꜆	tsʻəʔ꜆	kəʔ꜆
沁源	tsəʔ꜆	kəʔ꜆	kʻəʔ꜆	꜁ŋiɛ	miaʔ꜆	tsəʔ꜆	tsəʔ꜆	tsʻəʔ꜆	kəʔ꜆
高平	tʂəʔ꜆	kəʔ꜆	kʻəʔ꜆	ɣʌʔ꜆	mɛʔ꜆	tʂəʔ꜆	tʂəʔ꜆	tʂʻəʔ꜆	kəʔ꜆
阳城	tʂəʔ꜆	kəʔ꜆	kʻəʔ꜆	ɣəʔ꜆	mʌʔ꜆	tʂəʔ꜆	tʂəʔ꜆	tʂʻəʔ꜆	kəʔ꜆
晋城	tʂəʔ꜆	kəʔ꜆	kʻəʔ꜆	ɣəʔ꜆	mᴀʔ꜆	tʂəʔ꜆	tʂəʔ꜆	tʂʻəʔ꜆	kəʔ꜆
陵川	tʂəʔ꜆	kəʔ꜆	kʻəʔ꜆	ɣəʔ꜇	mʌʔ꜇	tʂəʔ꜆	tʂəʔ꜆	tʂʻəʔ꜆	kəʔ꜆

例字 / 方言点	梗开二	梗开三								
	核果子核	兵	平	明	领	精	清	晶	静	姓
	入匣麦	平帮庚	平並庚	平明清	上来静	平精清	平清清	平精清	去从静	去心劲
长治	xuəʔ꜆	꜀piŋ	꜁p'iŋ	꜁miŋ	꜂liŋ	꜀tɕiŋ	꜀tɕ'iŋ	꜀tɕiŋ	tɕiŋ꜅	ɕiŋ꜄
长治县	xuəʔ꜆	꜀piŋ	꜁p'iŋ	꜁miŋ	꜂liŋ	꜀tɕiŋ	꜀tɕ'iŋ	꜀tɕiŋ	tɕiŋ꜄	ɕiŋ꜄
长子	xuəʔ꜇	꜀piŋ	꜁p'iŋ	꜁miŋ	꜂liŋ	꜀tɕiŋ	꜀tɕ'iŋ	꜀tɕiŋ	tɕiŋ꜅	ɕiŋ꜄
屯留	xuəʔ꜇	꜀piŋ	꜁p'iŋ	꜁miŋ	꜂liŋ	꜀tɕiŋ	꜀tɕ'iŋ	꜀tɕiŋ	꜁tɕiŋ	ɕiŋ꜄
黎城	xuəʔ꜇	꜀piŋ	꜁p'iŋ	꜁miŋ	꜂liŋ	꜀tɕiŋ	꜀tɕ'iŋ	꜀tɕiŋ	꜁tɕiŋ	ɕiŋ꜄
潞城	xuəʔ꜇	꜀piŋ	꜁p'iŋ	꜁miŋ	꜂liŋ	꜀tʃiŋ	꜀tʃ'iŋ	꜀tʃiŋ	tʃiŋ꜅	ʃiŋ꜄
平顺	xuəʔ꜇	꜀piŋ	꜁p'iŋ	꜁miŋ	꜂liŋ	꜀tsiŋ	꜀ts'iŋ	꜀tsiŋ	tsiŋ꜅	siŋ꜄
壶关	xuəʔ꜇	꜀piŋ	꜁p'iŋ	꜁miŋ	꜂liŋ	꜀tsiŋ	꜀ts'iŋ	꜀tsiŋ	tsiŋ꜅	siŋ꜄
襄垣	xuəʔ꜇	꜀piŋ	꜁p'iŋ	꜁miŋ	꜂liŋ	꜀tɕiŋ	꜀tɕ'iŋ	꜀tɕiŋ	tɕiŋ꜄	ɕiŋ꜄
武乡	xuəʔ꜇	꜀piɐŋ	꜁p'iɐŋ	꜁miɐŋ	꜂liɐŋ	꜀tɕiɐŋ	꜀tɕ'iɐŋ	꜀tɕiɐŋ	tɕiɐŋ꜄	ɕiɐŋ꜄
沁县	xuəʔ꜇	꜀piŋ	꜁p'iŋ	꜁miŋ	꜀liŋ	꜀tɕiŋ	꜀tɕ'iŋ	꜀tɕiŋ	tɕiŋ꜄	ɕiŋ꜄
沁源	xuəʔ꜇	꜀piə̃	꜁p'iə̃	꜁miə̃	꜂liə̃	꜀tɕiə̃	꜀tɕ'iə̃	꜀tɕiə̃	tɕiə̃꜄	ɕiə̃꜄
高平	xuəʔ꜆	꜀piə̃ŋ	꜀p'iə̃ŋ	꜀miə̃ŋ	꜂niə̃ŋ	꜀tsiə̃ŋ	꜀ts'iə̃ŋ	꜀tsiə̃ŋ	tsiə̃ŋ꜄	siə̃ŋ꜄
阳城	xuəʔ꜆	꜀piə̃n	꜁p'iə̃n	꜁miə̃n	꜂liə̃n	꜀tɕiə̃n	꜀tɕ'iə̃n	꜀tɕiə̃n	tɕiə̃n꜄	ɕiə̃n꜄
晋城	xuəʔ꜆	꜀piə̃n	꜁p'iə̃n	꜁mi	꜁liə̃n	꜀tɕiə̃n	꜀tɕ'iə̃n	꜀tɕiə̃n	tɕiə̃n꜄	ɕiə̃n꜄
陵川	xuəʔ꜇	꜀piŋ	꜁p'iŋ	꜁miŋ	꜂liŋ	꜀tɕiŋ	꜀tɕ'iŋ	꜀tɕiŋ	tɕiŋ꜄	ɕiŋ꜄

例字 / 方言点	梗开三								
	贞	逞	郑	征	声	成	京	轻	鲸
	平知清	上彻静	去澄劲	平章清	平书清	平禅清	平见庚	平溪清	平去庚
长治	꜀tsəŋ	꜂ts'əŋ	tsəŋ꜅	꜀tsəŋ	꜀səŋ	꜁ts'əŋ	꜀tɕiŋ	꜀tɕ'iŋ	꜀tɕiŋ
长治县	꜀tsəŋ	꜂ts'əŋ	tsəŋ꜅	꜀tsəŋ	꜀səŋ	꜁ts'əŋ	꜀tɕiŋ	꜀tɕ'iŋ	꜀tɕiŋ
长子	꜀tsəŋ	꜂ts'əŋ	tsəŋ꜅	꜀tsəŋ	꜀səŋ	꜁ts'əŋ	꜀tɕiŋ	꜀tɕ'iŋ	꜀tɕiŋ
屯留	꜀tsəŋ	꜂ts'əŋ	꜁tsəŋ	꜀tsəŋ	꜀səŋ	꜁ts'əŋ	꜀tɕiŋ	꜀tɕ'iŋ	꜀tɕiŋ
黎城	꜀tɕiŋ	꜂tɕ'iŋ	꜁tɕiŋ	꜀tɕiŋ	꜀ɕiŋ	꜁tɕ'iŋ	꜀ciŋ	꜀c'iŋ	꜀ciŋ
潞城	꜀tɕiŋ	꜂tɕ'iŋ	tɕiŋ꜅	꜀tɕiŋ	꜀ɕiŋ	꜁tɕ'iŋ	꜀tɕiŋ	꜀tɕ'iŋ	꜀tɕiŋ
平顺	꜀tsəŋ	꜂ts'əŋ	tsəŋ꜅	꜀tsəŋ	꜀səŋ	꜁ts'əŋ	꜀ciŋ	꜀c'iŋ	꜀ciŋ
壶关	꜀tʂəŋ	꜂tʂ'əŋ	tʂəŋ꜅	꜀tʂəŋ	꜀ʂəŋ	꜁tʂ'əŋ	꜀ciŋ	꜀c'iŋ	꜀ciŋ
襄垣	꜀tsəŋ	꜂ts'əŋ	tsəŋ꜄	꜀tsəŋ	꜀səŋ	꜁ts'əŋ	꜀tɕiŋ	꜀tɕ'iŋ	꜀tɕiŋ
武乡	꜀tsɐŋ	꜂ts'ɐŋ	tsɐŋ꜄	꜀tsɐŋ	꜀sɐŋ	꜁ts'ɐŋ	꜀tɕiɐŋ	꜀tɕ'iɐŋ	꜀tɕiɐŋ
沁县	꜀tsəŋ	꜀ts'əŋ	tsəŋ꜄	꜀tsəŋ	꜀səŋ	꜁ts'əŋ	꜀tɕiŋ	꜀tɕ'iŋ	꜀tɕiŋ
沁源	꜀tʂə̃	꜂tʂ'ə̃	tʂə̃꜄	꜀tʂə̃	꜀ʂə̃	꜁tʂ'ə̃	꜀tɕiə̃	꜀tɕ'iə̃	꜀tɕiə̃
高平	꜀tʂə̃ŋ	꜂tʂ'ə̃ŋ	tʂə̃ŋ꜄	꜀tʂə̃ŋ	꜀ʂə̃ŋ	꜀tʂ'ə̃ŋ	꜀ciə̃ŋ	꜀c'iə̃ŋ	꜀ciə̃ŋ
阳城	꜀tʂə̃n	꜂tʂ'ə̃n	tʂə̃n꜄	꜀tʂə̃n	꜀ʂə̃n	꜁tʂ'ə̃n	꜀ciə̃n	꜀c'iə̃n	꜀ciə̃n
晋城	꜀tʂɐ̃	꜁tʂ'ɐ̃	tʂɐ̃꜄	꜀tʂɐ̃	꜀ʂɐ̃	꜁tʂ'ɐ̃	꜀tɕiə̃n	꜀tɕ'iə̃n	꜀tɕiə̃n
陵川	꜀tʂəŋ	꜂tʂ'əŋ	tʂəŋ꜄	꜀tʂəŋ	꜀ʂəŋ	꜁tʂ'əŋ	꜀ciŋ	꜀c'iŋ	꜀ciŋ

例字 / 方言点	梗开三								
	迎	英	碧	剧	逆	僻	积	籍	译
	平疑庚	平影庚	入帮陌	入群陌	入疑陌	入滂昔	入精昔	入从昔	入以昔
长治	꜁iŋ	꜀iŋ	piəʔ꜆	tɕy꜄	ȵi꜄	pʻiəʔ꜆	tɕiəʔ꜆	tɕiəʔ꜆	i꜄
长治县	꜁iŋ	꜀iŋ	piəʔ꜆	tɕy꜄	ȵi꜄	pʻiəʔ꜆	tɕiəʔ꜆	tɕiəʔ꜆	i꜄
长子	꜁iŋ	꜀iŋ	piɛʔ꜆	tɕy꜅	ȵi꜄	pʻiɛʔ꜆	tɕiɛʔ꜆	tɕiɛʔ꜇	i꜅
屯留	꜁iŋ	꜀iŋ	piəʔ꜆	tɕyəʔ꜇	꜁ȵi	pʻiəʔ꜆	tɕiəʔ꜆	tɕiəʔ꜇	꜁i
黎城	꜁iŋ	꜀iŋ	piəʔ꜆	꜁cy	ȵiəʔ꜇	pʻiəʔ꜆	tɕiəʔ꜆	tɕiəʔ꜇	꜁i
潞城	꜁iŋ	꜀iŋ	piəʔ꜆	tɕy꜄	ȵi꜅	pʻiəʔ꜆	tʃiəʔ꜆	tʃiəʔ꜇	i꜅
平顺	꜁iŋ	꜀iŋ	piəʔ꜆	cy꜅	ȵiəʔ꜇	pʻiəʔ꜆	tsiəʔ꜆	tsiəʔ꜇	i꜅
壶关	꜁iŋ	꜀iŋ	piəʔ꜆	cy꜅	ȵi꜅	pʻi꜅	tsiəʔ꜆	tsiəʔ꜇	i꜅
襄垣	꜁iŋ	꜀iŋ	piəʔ꜆	tɕy꜄	ȵiəʔ꜇	pʻiəʔ꜆	tɕiəʔ꜆	tɕiəʔ꜇	iəʔ꜆
武乡	꜁iɐŋ	꜀iɐŋ	piəʔ꜆	tsʮ꜄	ȵiəʔ꜇	pʻiəʔ꜆	tɕiəʔ꜆	tɕiəʔ꜇	zʅ꜄
沁县	꜁iŋ	꜀iŋ	piəʔ꜆	tɕy꜄	ȵiəʔ꜇	pʻiəʔ꜆	tɕiəʔ꜆	tɕiəʔ꜇	iəʔ꜆
沁源	꜁iə̃	꜀iə̃	piəʔ꜆	tɕy꜄	ȵiəʔ꜇	pʻiəʔ꜆	tɕiəʔ꜆	tɕiəʔ꜇	i꜄
高平	꜀iə̃ŋ	꜀iə̃ŋ	piəʔ꜆	ci꜄	i꜄	pʻiəʔ꜆	tsiəʔ꜆	tsiəʔ꜆	i꜄
阳城	꜁iə̃n	꜀iə̃n	piəʔ꜆	cy꜄	niəʔ꜆	pʻiəʔ꜆	tɕiəʔ꜆	tɕiəʔ꜆	iəʔ꜆
晋城	꜁iə̃n	꜀iə̃n	piəʔ꜆	tɕy꜄	ni꜄	pʻiəʔ꜆	tɕiəʔ꜆	tɕiəʔ꜆	iəʔ꜆
陵川	꜁iŋ	꜀iŋ	pieʔ꜆	cyeʔ꜇	ni꜄	pʻieʔ꜆	tɕieʔ꜆	tɕieʔ꜇	i꜄

例字 / 方言点	梗开三								
	惜	席	只	尺	赤	释	石	易交易	液
	入心昔	入邪昔	入章昔	入昌昔	入昌昔	入书昔	入禅昔	入以昔	入以昔
长治	ɕiəʔ꜆	ɕiəʔ꜆	tsəʔ꜆	tsʻəʔ꜆	tsʻəʔ꜆	səʔ꜆	səʔ꜆	i꜄	iᴇ꜅
长治县	ɕiəʔ꜆	ɕiəʔ꜆	tɕiəʔ꜆	tɕʻiəʔ꜆	tɕʻiəʔ꜆	ɕiəʔ꜆	ɕiəʔ꜆	i꜄	iəʔ꜆
长子	ɕiɛʔ꜆	ɕiɛʔ꜇	tsəʔ꜆	tsʻəʔ꜆	tsʻəʔ꜆	səʔ꜆	səʔ꜇	i꜅	iᴇ꜅
屯留	ɕiəʔ꜆	ɕiəʔ꜇	tsəʔ꜆	tsʻəʔ꜆	tsʻəʔ꜆	səʔ꜆	səʔ꜇	꜁i	iəʔ꜆
黎城	ɕiəʔ꜆	ɕiəʔ꜇	꜀tɕi	tɕʻiəʔ꜆	tɕʻiəʔ꜆	ɕiəʔ꜆	ɕiəʔ꜇	꜁i	꜁iɤ
潞城	ʃiəʔ꜆	ʃiəʔ꜇	꜀tɕi	tɕʻiəʔ꜆	tɕʻiəʔ꜆	ɕiəʔ꜆	ɕiəʔ꜇	i꜅	iə꜄
平顺	siəʔ꜆	siəʔ꜇	tɕiəʔ꜆	tɕʻiəʔ꜆	tɕʻiəʔ꜆	ɕiəʔ꜆	ɕiəʔ꜇	i꜅	ie꜅
壶关	siəʔ꜆	siəʔ꜇	tɕiəʔ꜆	tɕʻiəʔ꜆	tɕʻiəʔ꜆	ɕiəʔ꜆	ɕiəʔ꜇	i꜅	iᴇ꜅
襄垣	ɕiəʔ꜆	ɕiəʔ꜇	tsəʔ꜆	tsʻəʔ꜆	tsʻəʔ꜆	səʔ꜆	səʔ꜇	i꜄	ie꜄
武乡	ɕiəʔ꜆	ɕiəʔ꜇	tsəʔ꜆	tsʻəʔ꜆	tsʻəʔ꜆	səʔ꜆	səʔ꜇	zʅ꜄	iɛ꜄
沁县	ɕiəʔ꜆	ɕiəʔ꜇	tsəʔ꜆	tsʻəʔ꜆	tsʻəʔ꜆	səʔ꜆	səʔ꜇	zʅ꜄	iɛ꜄
沁源	ɕiəʔ꜆	ɕiəʔ꜇	tʂəʔ꜆	tʂʻəʔ꜆	tʂʻəʔ꜆	ʂəʔ꜆	ʂəʔ꜇	i꜄	iɛ꜄
高平	siəʔ꜆	siəʔ꜆	tʂəʔ꜆	tʂʻəʔ꜆	tʂʻəʔ꜆	ʂəʔ꜆	ʂəʔ꜆	i꜄	ie꜄
阳城	ɕiəʔ꜆	ɕiəʔ꜆	tʂəʔ꜆	tʂʻəʔ꜆	tʂʻəʔ꜆	ʂəʔ꜆	ʂəʔ꜆	i꜄	ie꜄
晋城	ɕiəʔ꜆	ɕiəʔ꜆	tʂəʔ꜆	tʂʻəʔ꜆	tʂʻəʔ꜆	ʂəʔ꜆	ʂəʔ꜆	i꜄	iɛ꜄
陵川	ɕieʔ꜆	ɕieʔ꜇	tɕieʔ꜆	tɕʻieʔ꜆	tɕʻieʔ꜆	ɕieʔ꜆	ɕieʔ꜇	i꜄	iəʔ꜆

例字/方言点	梗开四								
	瓶	铭	丁	听	停	定	宁	零	青
	平並青	平明青	平端青	平透青	平定青	去定径	平泥青	平来青	平清青
长治	꜁pʻiŋ	꜁miŋ	꜀tiŋ	꜀tʻiŋ	꜁tʻiŋ	tiŋ꜄	꜁ȵiŋ	꜁liŋ	꜀tɕʻiŋ
长治县	꜁pʻiŋ	꜁miŋ	꜀tiŋ	꜀tʻiŋ	꜁tʻiŋ	tiŋ꜄	꜁ȵiŋ	꜁liŋ	꜀tɕʻiŋ
长子	꜁pʻiŋ	꜁miŋ	꜀tiŋ	꜀tʻiŋ	꜁tʻiŋ	tiŋ꜄	꜁ȵiŋ	꜁liŋ	꜀tɕʻiŋ
屯留	꜁pʻiŋ	꜁miŋ	꜀tiŋ	꜀tʻiŋ	꜁tʻiŋ	꜁tiŋ	꜁ȵiŋ	꜁liŋ	꜀tɕʻiŋ
黎城	꜁pʻiŋ	꜁miŋ	꜀tiŋ	꜀tʻiŋ	꜁tʻiŋ	꜁tiŋ	꜁ȵiŋ	꜁liŋ	꜀tɕʻiŋ
潞城	꜁pʻiŋ	꜁miŋ	꜀tiŋ	꜀tʻiŋ	꜁tʻiŋ	tiŋ꜄	꜁ȵiŋ	꜁liŋ	꜀tʃʻiŋ
平顺	꜁pʻiŋ	꜁miŋ	꜀tiŋ	꜀tʻiŋ	꜁tʻiŋ	tiŋ꜄	꜁ȵiŋ	꜁liŋ	꜀tsʻiŋ
壶关	꜁pʻiŋ	꜁miŋ	꜀tiŋ	꜀tʻiŋ	꜁tʻiŋ	tiŋ꜄	꜁ȵiŋ	꜁liŋ	꜀tsʻiŋ
襄垣	꜁pʻiŋ	꜁miŋ	꜀tiŋ	꜀tʻiŋ	꜁tʻiŋ	tiŋ꜄	꜁ȵiŋ	꜁liŋ	꜀tɕʻiŋ
武乡	꜁pʻiɐŋ	꜁miɐŋ	꜀tiɐŋ	꜀tʻiɐŋ	꜁tʻiɐŋ	tiɐŋ꜄	꜁ȵiɐŋ	꜁liɐŋ	꜀tɕʻiɐŋ
沁县	꜁pʻiŋ	꜁miŋ	꜀tiŋ	꜀tʻiŋ	꜁tʻiŋ	tiŋ꜄	꜁ȵiŋ	꜁liŋ	꜀tɕʻiŋ
沁源	꜁pʻiə̃	꜁miə̃	꜀tiə̃	꜀tʻiə̃	꜁tʻiə̃	tiə̃꜄	꜁ȵiə̃	꜁liə̃	꜀tɕʻiə̃
高平	꜀pʻiə̃ŋ	꜀miə̃ŋ	꜀tiə̃ŋ	꜀tʻiə̃ŋ	꜀tʻiə̃ŋ	tiə̃ŋ꜄	꜀niə̃ŋ	꜀niə̃ŋ	꜀tsʻiə̃ŋ
阳城	꜁pʻiə̃n	꜁miə̃n	꜀tiə̃n	꜀tʻiə̃n	꜁tʻiə̃n	tiə̃n꜄	꜁niə̃n	꜁liə̃n	꜀tɕʻiə̃n
晋城	꜁pʻiə̃n	꜁mi	꜀tiə̃n	꜀tʻiə̃n	꜁tʻiə̃n	tiə̃n꜄	꜁niə̃n	꜁liə̃n	꜀tɕʻiə̃n
陵川	꜁pʻiŋ	꜁miŋ	꜀tiŋ	꜀tʻiŋ	꜁tʻiŋ	tiŋ꜄	꜁ȵiŋ	꜁liŋ	꜀tɕʻiŋ

例字/方言点	梗开四								
	星	经	馨	形	壁	劈	觅	滴	踢
	平心青	平见青	平晓青	平匣青	入帮锡	入滂锡	入明锡	入端锡	入透锡
长治	꜀ɕiŋ	꜀tɕiŋ	꜀ɕiŋ	꜁ɕiŋ	piəʔ꜆	pʻiəʔ꜆	miəʔ꜆	tiəʔ꜆	tʻiəʔ꜆
长治县	꜀ɕiŋ	꜀tɕiŋ	꜀ɕiŋ	꜁ɕiŋ	piəʔ꜆	pʻiəʔ꜆	miəʔ꜆	tiəʔ꜆	tʻiəʔ꜆
长子	꜀ɕiŋ	꜀tɕiŋ	꜀ɕiŋ	꜁ɕiŋ	piɛʔ꜆	pʻiɛʔ꜆	miɛʔ꜆	tiɛʔ꜆	tʻiɛʔ꜆
屯留	꜀ɕiŋ	꜀tɕiŋ	꜀ɕiŋ	꜁ɕiŋ	piəʔ꜆	pʻiəʔ꜆	miəʔ꜆	tiəʔ꜆	tʻiəʔ꜆
黎城	꜀ɕiŋ	꜀ciŋ	꜀çiŋ	꜁çiŋ	piəʔ꜆	pʻiəʔ꜆	miəʔ꜇	tiəʔ꜆	tʻiəʔ꜆
潞城	꜀ʃiŋ	꜀tɕiŋ	꜀ɕiŋ	꜁ɕiŋ	piəʔ꜆	pʻiəʔ꜆	miəʔ꜇	tiəʔ꜆	tʻiəʔ꜆
平顺	꜀siŋ	꜀ciŋ	꜀çiŋ	꜁çiŋ	piəʔ꜆	pʻiəʔ꜆	miəʔ꜇	tiəʔ꜆	tʻiəʔ꜆
壶关	꜀siŋ	꜀ciŋ	꜀çiŋ	꜁çiŋ	piəʔ꜆	pʻiəʔ꜆	miəʔ꜇	tiəʔ꜆	tʻiəʔ꜆
襄垣	꜀ɕiŋ	꜀tɕiŋ	꜀ɕiŋ	꜁ɕiŋ	piəʔ꜆	pʻiəʔ꜆	miəʔ꜆	tiəʔ꜆	tʻiəʔ꜆
武乡	꜀ɕiɐŋ	꜀tɕiɐŋ	꜀ɕiɐŋ	꜁ɕiɐŋ	piəʔ꜆	pʻiəʔ꜆	miəʔ꜆	tiəʔ꜆	tʻiəʔ꜆
沁县	꜀ɕiŋ	꜀tɕiŋ	꜀ɕiŋ	꜁ɕiŋ	piəʔ꜆	pʻiəʔ꜆	miəʔ꜆	tiəʔ꜆	tʻiəʔ꜆
沁源	꜀ɕiə̃	꜀tɕiə̃	꜀ɕiə̃	꜁ɕiə̃	piəʔ꜆	pʻiəʔ꜆	miəʔ꜆	tiəʔ꜆	tʻiəʔ꜆
高平	꜀siə̃ŋ	꜀ciə̃ŋ	꜀ɕiə̃ŋ	꜀ɕiə̃ŋ	piəʔ꜆	pʻiəʔ꜆	miəʔ꜆	tiəʔ꜆	tʻiəʔ꜆
阳城	꜀ɕiə̃n	꜀ciə̃n	꜀çiə̃n	꜁çiə̃n	piəʔ꜆	pʻiəʔ꜆	miəʔ꜆	tiəʔ꜆	tʻiəʔ꜆
晋城	꜀ɕiə̃n	꜀tɕiə̃n	꜀ɕiə̃n	꜁ɕiə̃n	piəʔ꜆	pʻiəʔ꜆	miəʔ꜆	tiəʔ꜆	tʻiəʔ꜆
陵川	꜀ɕiŋ	꜀ciŋ	꜀çiŋ	꜁çiŋ	piəʔ꜆	pʻiəʔ꜆	miəʔ꜇	tiəʔ꜆	tʻiəʔ꜆

例字 / 方言点	梗开四							
	笛	历	绩	戚	析	击	吃	历
	入定锡	入来锡	入精锡	入清锡	入心锡	入见锡	入溪锡	入锡来
长治	tiəʔ꜆	liəʔ꜆	tɕiəʔ꜆	tɕʻi꜅	ɕiəʔ꜆	tɕiəʔ꜆	tsʻəʔ꜆	li꜄
长治县	tiəʔ꜆	liəʔ꜆	tɕiəʔ꜆	tɕʻi꜅	ɕiəʔ꜆	tɕiəʔ꜆	tɕʻiəʔ꜆	liəʔ꜆
长子	tiɛʔ꜇	liɛʔ꜆	tɕiɛʔ꜆	tɕʻiɛʔ꜆	ɕiɛʔ꜆	tɕiɛʔ꜆	tsʻəʔ꜆	li꜅
屯留	tiəʔ꜇	liəʔ꜆	tɕiəʔ꜆	tɕʻiəʔ꜆	ɕiəʔ꜆	tɕiəʔ꜆	tsʻəʔ꜆	liəʔ꜆
黎城	tiəʔ꜇	liəʔ꜇	tɕiəʔ꜆	tɕʻiəʔ꜆	ɕiəʔ꜆	ciəʔ꜆	tɕʻiəʔ꜆	꜁li
潞城	tiəʔ꜇	liəʔ꜇	tʃiəʔ꜆	tʃʻiəʔ꜆	ʃiəʔ꜆	tɕiəʔ꜆	tɕʻiəʔ꜆	liəʔ꜇
平顺	tiəʔ꜇	liəʔ꜇	tsiəʔ꜆	꜀tsʻi	siəʔ꜆	ciəʔ꜆	tɕʻiəʔ꜆	li꜅
壶关	tiəʔ꜇	liəʔ꜇	tsiəʔ꜆	tsʻiəʔ꜆	siəʔ꜆	ciəʔ꜆	cʻiəʔ꜆	li꜅
襄垣	tiəʔ꜇	liəʔ꜆	tɕiəʔ꜆	tɕʻiəʔ꜆	ɕiəʔ꜆	tɕiəʔ꜆	tsʻəʔ꜆	liəʔ꜆
武乡	tiəʔ꜇	liəʔ꜆	tɕiəʔ꜆	tɕʻiəʔ꜆	ɕiəʔ꜆	tɕiəʔ꜆	tsʻəʔ꜆	liəʔ꜆
沁县	tiəʔ꜇	liəʔ꜆	tɕiəʔ꜆	꜀tsʻɿ	ɕiəʔ꜆	tɕiəʔ꜆	tsʻəʔ꜆	liəʔ꜆
沁源	tiəʔ꜇	liəʔ꜇	tɕiəʔ꜆	tɕʻiəʔ꜆	ɕiəʔ꜆	tɕiəʔ꜆	tʂʻəʔ꜆	liəʔ꜇
高平	tiəʔ꜆	liəʔ꜆	tɕiəʔ꜆	tsʻəʔ꜆	ɕiəʔ꜆	ciəʔ꜆	tʂʻəʔ꜆	liəʔ꜆
阳城	tiəʔ꜆	liəʔ꜆	tsiəʔ꜆	tsʻiəʔ꜆	siəʔ꜆	ciəʔ꜆	tʂʻəʔ꜆	liəʔ꜆
晋城	tiəʔ꜆	liəʔ꜆	tɕiəʔ꜆	tɕʻiəʔ꜆	ɕiəʔ꜆	tɕiəʔ꜆	tʂʻəʔ꜆	liəʔ꜆
陵川	tieʔ꜇	liəʔ꜇	tɕieʔ꜆	tɕʻieʔ꜆	ɕieʔ꜆	cieʔ꜆	tɕʻieʔ꜆	li꜄

例字 / 方言点	梗合二				梗合三				
	矿	横横直	宏	划	倾	琼	兄	荣	疫
	上见梗	平匣庚	平匣耕	入匣麦	平溪清	平群清	平晓庚	平云庚	入以昔
长治	kʻuɑŋ꜄	꜁xəŋ	꜁xuŋ	꜁xuɑ	꜀tɕʻiŋ	꜁tɕʻyŋ	꜀ɕyŋ	꜁yŋ	i꜄
长治县	kʻuɑŋ꜄	꜁xəŋ	꜁xuŋ	꜁xuɑ	꜀tɕʻiŋ	꜁tɕʻyŋ	꜀ɕyŋ	꜁yŋ	i꜅
长子	kʻuaŋ꜄	꜁xəŋ	꜁xuŋ	꜁xua	꜀tɕʻiŋ	꜁tɕʻyŋ	꜀ɕyŋ	꜁yŋ	i꜄
屯留	kʻuaŋ꜄	꜁xəŋ	꜁xuŋ	꜁xua	꜀tɕʻiŋ	꜁tɕʻyŋ	꜀ɕyŋ	꜁yŋ	꜀i
黎城	kʻuaŋ꜄	꜁xəŋ	꜁xuŋ	꜁xua	꜀cʻiŋ	꜁cʻyŋ	꜀çyŋ	꜁yŋ	꜀i
潞城	kʻuɑŋ꜄	꜁xəŋ	꜁xuŋ	꜁xuɑ	꜀tɕʻiŋ	꜁tɕʻyŋ	꜀ɕyŋ	꜁yŋ	i꜅
平顺	kʻuaŋ꜄	꜁xəŋ	꜁xuŋ	꜁xua	꜀cʻiŋ	꜁cʻyŋ	꜀çyŋ	꜁yŋ	i꜄
壶关	kʻuaŋ꜄	꜁xəŋ	꜁xuŋ	꜁xua	꜀cʻiŋ	꜁cʻyŋ	꜀çyŋ	꜁yŋ	i꜄
襄垣	kʻuɑŋ꜄	꜁xəŋ	꜁xuŋ	xuʌʔ꜇	꜀tɕʻiŋ	꜁tɕʻyŋ	꜀ɕyŋ	꜁yŋ	iəʔ꜆
武乡	kʻuɐŋ꜄	꜁xɐŋ	꜁xuɐŋ	xuʌʔ꜇	꜀tɕʻiɐŋ	꜁tɕʻyɐŋ	꜀ɕyɐŋ	꜁yɐŋ	iəʔ꜆
沁县	kʻuɔ̃꜄	꜁xəŋ	꜁xuəŋ	xuʌʔ꜇	꜀tɕʻiŋ	꜁tɕʻyŋ	꜀ɕyŋ	꜁yŋ	iəʔ꜆
沁源	kʻuə꜄	꜁xə̃	꜁xuə̃	꜁xuɑ	꜀tɕʻiə̃	꜁tɕʻyə̃	꜀ɕyə̃	꜁ʐuə̃	i꜄
高平	kʻuɒ̃꜄	꜀xə̃ŋ	꜀xuə̃ŋ	꜀xuɑ	꜀cʻiə̃ŋ	꜀cʻyə̃ŋ	꜀ɕyə̃ŋ	꜀iuə̃ŋ	i꜄
阳城	kʻuɑ̃ŋ꜄	꜁xə̃n	꜁xuə̃ŋ	xuʌʔ꜆	꜀cʻiə̃n	꜁cʻyə̃ŋ	꜀çyə̃ŋ	꜁yə̃ŋ	i꜄
晋城	kʻuɒ̃꜄	꜁xẽ	꜁xuoŋ	꜁xuɑ	꜀tɕʻiə̃n	꜁tɕʻyoŋ	꜀ɕyoŋ	꜁yoŋ	i꜄
陵川	kʻuɑŋ꜄	꜁xəŋ	꜁xuŋ	꜁xuʌ	꜀cʻiŋ	꜁cʻyŋ	꜀çyŋ	꜁yŋ	i꜄

例字 / 方言点	梗合三	通合一							
	役	蓬	蒙	东	桶	同	洞	笼	总
	入昔以	平並东	平明东	平端东	上透董	平定东	去定送	平来东	上精董
长治	i꜄	꜁pʻəŋ	꜁məŋ	꜀tuŋ	꜂tʻuŋ	꜁tʻuŋ	tuŋ꜅	꜁luŋ	꜂tsuŋ
长治县	i꜅	꜁pʻəŋ	꜁məŋ	꜀tuŋ	꜂tʻuŋ	꜁tʻuŋ	tuŋ꜅	꜁luŋ	꜂tsuŋ
长子	i꜄	꜁pʻəŋ	꜁məŋ	꜀tuŋ	꜂tʻuŋ	꜁tʻuŋ	tuŋ꜅	꜁luŋ	꜂tsuŋ
屯留	꜀i	꜁pʻəŋ	꜁məŋ	꜀tuŋ	꜂tʻuŋ	꜁tʻuŋ	꜁tuŋ	꜁luŋ	꜂tsuŋ
黎城	꜀i	꜁pʻəŋ	꜁məŋ	꜀tuŋ	꜂tʻuŋ	꜁tʻuŋ	꜁tuŋ	꜁luŋ	꜂tsuŋ
潞城	i꜅	꜁pʻəŋ	꜁məŋ	꜀tuŋ	꜂tʻuŋ	꜁tʻuŋ	tuŋ꜅	꜁luŋ	꜂tsuŋ
平顺	i꜄	꜁pʻəŋ	꜁məŋ	꜀tuŋ	꜂tʻuŋ	꜁tʻuŋ	tuŋ꜅	꜁luŋ	꜂tsuŋ
壶关	i꜄	꜁pʻəŋ	꜁məŋ	꜀tuŋ	꜂tʻuŋ	꜁tʻuŋ	tuŋ꜅	꜁luŋ	꜂tʂuŋ
襄垣	iəʔ꜆	꜁pʻəŋ	꜁məŋ	꜀tuŋ	꜂tʻuŋ	꜁tʻuŋ	tuŋ꜄	꜁luŋ	꜂tsuŋ
武乡	iəʔ꜆	꜁pʻəŋ	꜁məŋ	꜀tuŋ	꜂tʻuŋ	꜁tʻuŋ	tuŋ꜄	꜁luŋ	꜂tsuŋ
沁县	iəʔ꜆	꜁pʻəŋ	꜁məŋ	꜀tuŋ	꜀tʻuŋ	꜁tʻuŋ	tuŋ꜄	꜁luŋ	꜀tsuŋ
沁源	i꜄	꜁pʻə̃	꜁mə̃	꜀tuə̃	꜂tʻuə̃	꜁tʻuə̃	tuə̃꜄	꜁luə̃	꜂tsuə̃
高平	i꜄	꜀pʻə̃ŋ	꜀mə̃ŋ	꜀tuə̃ŋ	꜂tʻuə̃ŋ	꜀tʻuə̃ŋ	tuə̃ŋ꜄	꜀nuə̃ŋ	꜂tʂuə̃ŋ
阳城	i꜄	꜁pʻə̃n	꜁mə̃n	꜀tuə̃ŋ	꜂tʻuə̃ŋ	꜁tʻuə̃ŋ	tuə̃ŋ꜄	꜁luə̃ŋ	꜂tsuə̃ŋ
晋城	iəʔ꜆	꜁pʻoŋ	꜁moŋ	꜀tuoŋ	꜁tʻuoŋ	꜁tʻuoŋ	tuoŋ꜄	꜁luoŋ	꜁tʂuoŋ
陵川	i꜄	꜁pʻəŋ	꜁məŋ	꜀tuŋ	꜂tʻuŋ	꜁tʻuŋ	tuŋ꜄	꜁luŋ	꜂tʂuŋ

例字 / 方言点	通合一								
	葱	从	送	公	空	烘	红	翁	扑
	平清东	平从东	去心送	平见东	平溪东	平晓东	平匣东	平影东	入帮屋
长治	꜀tsʻuŋ	꜁tsʻuŋ	suŋ꜄	꜀kuŋ	꜀kʻuŋ	꜀xuŋ	꜁xuŋ	꜀uŋ	pʻəʔ꜆
长治县	꜀tsʻuŋ	꜁tsʻuŋ	suŋ꜄	꜀kuŋ	꜀kʻuŋ	꜀xuŋ	꜁xuŋ	꜀uŋ	pʻəʔ꜆
长子	꜀tsʻuŋ	꜁tsʻuŋ	suŋ꜄	꜀kuŋ	꜀kʻuŋ	꜀xuŋ	꜁xuŋ	꜀vəŋ	pʻəʔ꜆
屯留	꜀tsʻuŋ	꜁tsʻuŋ	suŋ꜄	꜀kuŋ	꜀kʻuŋ	꜀xuŋ	꜁xuŋ	꜀uŋ	pʻəʔ꜆
黎城	꜀tsʻuŋ	꜁tsʻuŋ	suŋ꜄	꜀kuŋ	꜀kʻuŋ	꜀xuŋ	꜁xuŋ	꜀uŋ	pʻəʔ꜆
潞城	꜀tsʻuŋ	꜁tsʻuŋ	suŋ꜄	꜀kuŋ	꜀kʻuŋ	꜀xuŋ	꜁xuŋ	꜀uŋ	pʻəʔ꜆
平顺	꜀tsʻuŋ	꜁tsʻuŋ	suŋ꜄	꜀kuŋ	꜀kʻuŋ	꜀xuŋ	꜁xuŋ	꜀uŋ	pʻəʔ꜆
壶关	꜀tʂʻuŋ	꜁tʂʻuŋ	ʂuŋ꜄	꜀kuŋ	꜀kʻuŋ	꜀xuŋ	꜁xuŋ	꜀uŋ	pʻəʔ꜆
襄垣	꜀tsʻuŋ	꜁tsʻuŋ	suŋ꜄	꜀kuŋ	꜀kʻuŋ	꜀xuŋ	꜁xuŋ	꜀vəŋ	pʻəʔ꜆
武乡	꜀tsʻuɐŋ	꜁tsʻuɐŋ	suɐŋ꜄	꜀kuɐŋ	꜀kʻuɐŋ	꜀xuɐŋ	꜁xuɐŋ	꜀vɐŋ	pʻəʔ꜆
沁县	꜀tsʻuəŋ	꜁tsʻuəŋ	suəŋ꜄	꜀kuəŋ	꜀kʻuəŋ	꜀xuəŋ	꜁xuəŋ	꜀vəŋ	pʻəʔ꜆
沁源	꜀tsʻuə̃	꜁tsʻuə̃	suə̃꜄	꜀kuə̃	꜀kʻuə̃	꜀xuə̃	꜁xuə̃	꜀və̃	pʻəʔ꜆
高平	꜀tʂʻuə̃ŋ	꜀tʂʻuə̃ŋ	ʂuə̃ŋ꜄	꜀kuə̃ŋ	꜀kʻuə̃ŋ	꜀xuə̃ŋ	꜀xuə̃ŋ	꜀və̃ŋ	pʻəʔ꜆
阳城	꜀tsʻuə̃ŋ	꜁tsʻuə̃ŋ	suə̃ŋ꜄	꜀kuə̃ŋ	꜀kʻuə̃ŋ	꜀xuə̃ŋ	꜁xuə̃ŋ	꜀uə̃ŋ	pʻəʔ꜆
晋城	꜀tʂʻuoŋ	꜁tʂʻuoŋ	ʂuoŋ꜄	꜀kuoŋ	꜀kʻuoŋ	꜀xuoŋ	꜁xuoŋ	꜀uoŋ	pʻəʔ꜆
陵川	꜀tʂʻuŋ	꜁tʂʻuŋ	ʂuŋ꜄	꜀kuŋ	꜀kʻuŋ	꜀xuŋ	꜁xuŋ	꜀uŋ	pʻəʔ꜆

例字 / 方言点	通合一								
	瀑	木	秃	毒	独	鹿	族	速	谷
	入並屋	入明屋	入透屋	入定沃	入定屋	入来屋	入从屋	入心屋	入见屋
长治	pʻəʔ꜆	məʔ꜆	tʻuəʔ꜆	tuəʔ꜆	tuəʔ꜆	luəʔ꜆	tsuəʔ꜆	suəʔ꜆	kuəʔ꜆
长治县	pʻəʔ꜆	məʔ꜆	tʻuəʔ꜆	tuəʔ꜆	tuəʔ꜆	luəʔ꜆	tsuəʔ꜆	suəʔ꜆	kuəʔ꜆
长子	pʻəʔ꜇	məʔ꜆	tʻuəʔ꜆	tuəʔ꜇	tuəʔ꜇	luəʔ꜆	tsuəʔ꜇	suəʔ꜆	kuəʔ꜆
屯留	pʻəʔ꜇	məʔ꜆	tʻuəʔ꜆	tuəʔ꜇	tuəʔ꜇	luəʔ꜆	tsuəʔ꜇	suəʔ꜆	kuəʔ꜆
黎城	pʻəʔ꜇	məʔ꜇	tʻuəʔ꜆	tuəʔ꜇	tuəʔ꜇	luəʔ꜇	tsuəʔ꜇	suəʔ꜆	kuəʔ꜆
潞城	pʻəʔ꜇	məʔ꜇	tʻuəʔ꜆	tuəʔ꜇	tuəʔ꜇	luəʔ꜇	tsuəʔ꜇	suəʔ꜆	kuəʔ꜆
平顺	pʻəʔ꜇	məʔ꜇	tʻuəʔ꜆	tuəʔ꜇	tuəʔ꜇	luəʔ꜇	tsuəʔ꜇	suəʔ꜆	kuəʔ꜆
壶关	pʻəʔ꜇	məʔ꜇	tʻuəʔ꜆	tuəʔ꜇	tuəʔ꜇	luəʔ꜇	tʂuəʔ꜇	ʂuəʔ꜆	kuəʔ꜆
襄垣	pʻəʔ꜇	məʔ꜇	tʻuəʔ꜆	tuəʔ꜇	tuəʔ꜇	luəʔ꜆	tsuəʔ꜇	suəʔ꜆	kuəʔ꜆
武乡	pʻəʔ꜇	məʔ꜆	tʻuəʔ꜆	tuəʔ꜇	tuəʔ꜇	luəʔ꜆	tsuəʔ꜇	suəʔ꜆	kuəʔ꜆
沁县	pʻəʔ꜇	məʔ꜆	tʻuəʔ꜆	tuəʔ꜇	tuəʔ꜇	luəʔ꜆	tsuəʔ꜇	suəʔ꜆	kuəʔ꜆
沁源	pʻəʔ꜇	məʔ꜇	tʻuəʔ꜆	tuəʔ꜇	tuəʔ꜇	luəʔ꜇	tsuəʔ꜇	suəʔ꜆	kuəʔ꜆
高平	pʻəʔ꜆	məʔ꜆	tʻuəʔ꜆	tuəʔ꜆	tuəʔ꜆	luəʔ꜆	tʂuəʔ꜆	ʂuəʔ꜆	kuəʔ꜆
阳城	pʻəʔ꜆	məʔ꜆	tʻuəʔ꜆	tuəʔ꜆	tuəʔ꜆	luəʔ꜆	tsuəʔ꜆	suəʔ꜆	kuəʔ꜆
晋城	pʻəʔ꜆	məʔ꜆	tʻuəʔ꜆	tuəʔ꜆	tuəʔ꜆	luəʔ꜆	tʂuəʔ꜆	ʂuəʔ꜆	kuəʔ꜆
陵川	pʻəʔ꜇	məʔ꜇	tʻuəʔ꜆	tuəʔ꜇	tuəʔ꜇	luəʔ꜇	tʂuəʔ꜇	ʂuəʔ꜆	kuəʔ꜆

例字 / 方言点	通合一			通合三				
	哭	沃	屋	风	丰	凤	梦	隆
	入溪屋	入影沃	入影屋	平非东	平敷东	去奉送	去明送	平来东
长治	kʻuəʔ꜆	uəʔ꜆	꜀u	꜀fəŋ	꜀fəŋ	fəŋ꜅	məŋ꜅	꜁luŋ
长治县	kʻuəʔ꜆	uəʔ꜆	uəʔ꜆	꜀fəŋ	꜀fəŋ	fəŋ꜅	məŋ꜅	꜁luŋ
长子	kʻuəʔ꜆	vəʔ꜆	vəʔ꜆	꜀fəŋ	꜀fəŋ	fəŋ꜅	məŋ꜅	꜁luŋ
屯留	kʻuəʔ꜆	uəʔ꜆	uəʔ꜆	꜀fəŋ	꜀fəŋ	꜁fəŋ	꜁məŋ	꜁luŋ
黎城	kʻuəʔ꜆	uəʔ꜆	uəʔ꜆	꜀fəŋ	꜀fəŋ	꜁fəŋ	꜁məŋ	꜁luŋ
潞城	kʻuəʔ꜆	uəʔ꜆	uəʔ꜆	꜀fəŋ	꜀fəŋ	fəŋ꜅	məŋ꜅	꜁luŋ
平顺	kʻuəʔ꜆	uəʔ꜆	uəʔ꜆	꜀fəŋ	꜀fəŋ	fəŋ꜅	məŋ꜅	꜁luŋ
壶关	kʻuəʔ꜆	uəʔ꜆	꜀u	꜀fəŋ	꜀fəŋ	fəŋ꜅	məŋ꜅	꜁luŋ
襄垣	kʻuəʔ꜆	vəʔ꜆	vəʔ꜆	꜀fəŋ	꜀fəŋ	fəŋ꜄	məŋ꜄	꜁luŋ
武乡	kʻuəʔ꜆	vɤ꜄	vɤ꜄	꜀feŋ	꜀feŋ	feŋ꜄	meŋ꜄	꜁lueŋ
沁县	kʻuəʔ꜆	vəʔ꜆	vəʔ꜆	꜀fəŋ	꜀fəŋ	fəŋ꜄	məŋ꜄	꜁luəŋ
沁源	kʻuəʔ꜆	vəʔ꜆	vəʔ꜆	꜀fə̃	꜀fə̃	fə̃꜄	mə̃꜄	꜁luə̃
高平	kʻuəʔ꜆	vəʔ꜆	vəʔ꜆	꜀fə̃ŋ	꜀fə̃ŋ	fə̃ŋ꜄	mə̃ŋ꜄	꜀nuə̃ŋ
阳城	kʻuəʔ꜆	uəʔ꜆	u꜄	꜀fə̃n	꜀fə̃n	fə̃n꜄	mə̃n꜄	꜁luə̃ŋ
晋城	kʻuəʔ꜆	uəʔ꜆	uəʔ꜆	꜀foŋ	꜀foŋ	foŋ꜄	moŋ꜄	꜁luoŋ
陵川	kʻuɤʔ꜆	uʌʔ꜆	uʌʔ꜆	꜀fəŋ	꜀fəŋ	fəŋ꜄	məŋ꜄	꜁luŋ

例字 / 方言点	通合三								
	中当中	虫	崇	终	充	绒	弓	穷	熊
	平知东	平澄东	平崇东	平章东	平昌东	平日东	平见东	平群东	平云东
长治	꜀tsuŋ	꜁tsʻuŋ	꜁tsʻuŋ	꜀tsuŋ	꜀tsʻuŋ	꜁yŋ	꜀kuŋ	꜁tɕʻyŋ	꜁ɕyŋ
长治县	꜀tsuŋ	꜁tsʻuŋ	꜁tsʻuŋ	꜀tsuŋ	꜀tsʻuŋ	꜁yŋ	꜀kuŋ	꜁tɕʻyŋ	꜁ɕyŋ
长子	꜀tsuŋ	꜁tsʻuŋ	꜁tsʻuŋ	꜀tsuŋ	꜀tsʻuŋ	꜁yŋ	꜀kuŋ	꜁tɕʻyŋ	꜁ɕyŋ
屯留	꜀tsuŋ	꜁tsʻuŋ	꜁tsʻuŋ	꜀tsuŋ	꜀tsʻuŋ	꜁yŋ	꜀kuŋ	꜁tɕʻyŋ	꜁ɕyŋ
黎城	꜀tsuŋ	꜁tsʻuŋ	꜁tsʻuŋ	꜀tsuŋ	꜀tsʻuŋ	꜁yŋ	꜀kuŋ	꜁cʻyŋ	꜁çyŋ
潞城	꜀tsuŋ	꜁tsʻuŋ	꜁tsʻuŋ	꜀tsuŋ	꜀tsʻuŋ	꜁yŋ	꜀kuŋ	꜁tɕʻyŋ	꜁ɕyŋ
平顺	꜀tsuŋ	꜁tsʻuŋ	꜁tsʻuŋ	꜀tsuŋ	꜀tsʻuŋ	꜁yŋ	꜀kuŋ	꜁cʻyŋ	꜁çyŋ
壶关	꜀tʂuŋ	꜁tʂʻuŋ	꜁tʂʻuŋ	꜀tʂuŋ	꜀tʂʻuŋ	꜁yŋ	꜀kuŋ	꜁cʻyŋ	꜁çyŋ
襄垣	꜀tsuŋ	꜁tsʻuŋ	꜁tsʻuŋ	꜀tsuŋ	꜀tsʻuŋ	꜁ʐuŋ	꜀kuŋ	꜁tɕʻyŋ	꜁ɕyŋ
武乡	꜀tsuɐŋ	꜁tsʻuɐŋ	꜁tsʻuɐŋ	꜀tsuɐŋ	꜀tsʻuɐŋ	꜁zuɐŋ	꜀kuɐŋ	꜁tɕʻyɐŋ	꜁ɕyɐŋ
沁县	꜀tsuəŋ	꜁tsʻuəŋ	꜁tsʻuəŋ	꜀tsuəŋ	꜀tsʻuəŋ	꜁zuəŋ	꜀kuəŋ	꜁tɕʻyŋ	꜁ɕyŋ
沁源	꜀tsuə̃	꜁tsʻuə̃	꜁tsʻuə̃	꜀tsuə̃	꜀tsʻuə̃	꜁ʐuə̃	꜀kuə̃	꜁tɕʻyə̃	꜁ɕyə̃
高平	꜀tʂuə̃ŋ	꜀tʂʻuə̃ŋ	꜀tʂʻuə̃ŋ	꜀tʂuə̃ŋ	꜀tʂʻuə̃ŋ	꜀ʐuə̃ŋ	꜀kuə̃ŋ	꜀cʻiuə̃ŋ	꜀ɕiuə̃ŋ
阳城	꜀tʂuə̃ŋ	꜁tʂʻuə̃ŋ	꜁tʂʻuə̃ŋ	꜀tʂuə̃ŋ	꜀tʂʻuə̃ŋ	꜁ʐuə̃ŋ	꜀kuə̃ŋ	꜁cʻyə̃ŋ	꜁çyə̃ŋ
晋城	꜀tʂuoŋ	꜁tʂʻuoŋ	꜁tʂʻuoŋ	꜀tʂuoŋ	꜀tʂʻuoŋ	꜁ʐuoŋ	꜀kuoŋ	꜁tɕʻyoŋ	꜁ɕyoŋ
陵川	꜀tʂuŋ	꜁tʂʻuŋ	꜁tʂʻuŋ	꜀tʂuŋ	꜀tʂʻuŋ	꜁yŋ	꜀kuŋ	꜁cʻyŋ	꜁çyŋ

例字 / 方言点	通合三								
	融	封	蜂	逢	浓	龙	纵	从从容	松
	平以东	平非钟	平敷钟	平奉钟	平泥钟	平来钟	去精用	平清钟	平邪钟
长治	꜁yŋ	꜀fəŋ	꜀fəŋ	꜁fəŋ	꜁nuŋ	꜁lyŋ	tsuŋ꜄	꜁tsʻuŋ	꜀ɕyŋ
长治县	꜁yŋ	꜀fəŋ	꜀fəŋ	꜁fəŋ	꜁nuŋ	꜁lyŋ	tsuŋ꜄	꜁tsʻuŋ	꜀ɕyŋ
长子	꜁yŋ	꜀fəŋ	꜀fəŋ	꜁fəŋ	꜁nuŋ	꜁lyŋ	tsuŋ꜄	꜁tsʻuŋ	꜀ɕyŋ
屯留	꜁yŋ	꜀fəŋ	꜀fəŋ	꜁fəŋ	꜁nuŋ	꜁lyŋ	tsuŋ꜄	꜁tsʻuŋ	꜀ɕyŋ
黎城	꜁yŋ	꜀fəŋ	꜀fəŋ	꜁fəŋ	꜁nuŋ	꜁lyŋ	tsuŋ꜄	꜁tsʻuŋ	꜀ɕyŋ
潞城	꜁yŋ	꜀fəŋ	꜀fəŋ	꜁fəŋ	꜁nuŋ	꜁lyŋ	tsuŋ꜄	꜁tsʻuŋ	꜀ʃyŋ
平顺	꜁yŋ	꜀fəŋ	꜀fəŋ	꜁fəŋ	꜁nuŋ	꜁lyŋ	tsuŋ꜄	꜁tsʻuŋ	꜀syŋ
壶关	꜁yŋ	꜀fəŋ	꜀fəŋ	꜁fəŋ	꜁nuŋ	꜁lyŋ	tʂuŋ꜄	꜁tʂʻuŋ	꜀syŋ
襄垣	꜁ʐuŋ	꜀fəŋ	꜀fəŋ	꜁fəŋ	꜁nuŋ	꜁lyŋ	tsuŋ꜄	꜁tsʻuŋ	꜀suŋ
武乡	꜁zuɐŋ	꜀fɐŋ	꜀fɐŋ	꜁fɐŋ	꜁nuɐŋ	꜁luɐŋ	tsuɐŋ꜄	꜁tsʻuɐŋ	꜀suɐŋ
沁县	꜁zuŋ	꜀fəŋ	꜀fəŋ	꜁fəŋ	꜁nuŋ	꜁luəŋ	tsuəŋ꜄	꜁tsʻuəŋ	꜀suəŋ
沁源	꜁ʐuə̃	꜀fə̃	꜀fə̃	꜁fə̃	꜁nuə̃	꜁luə̃	tsuə̃꜄	꜁tsʻuə̃	꜀suə̃
高平	꜀ʐuə̃ŋ	꜀fə̃ŋ	꜀fə̃ŋ	꜀fə̃ŋ	꜀nuə̃ŋ	꜀nuə̃ŋ	tʂuə̃ŋ꜄	꜀tʂʻuə̃ŋ	꜀ʂuə̃ŋ
阳城	꜁ʐuə̃ŋ	꜀fə̃ŋ	꜀fə̃n	꜁fə̃n	꜁nuə̃ŋ	꜁lyə̃ŋ	tsuə̃ŋ꜄	꜁tsʻuə̃ŋ	꜀suə̃ŋ
晋城	꜁ʐuoŋ	꜀foŋ	꜀foŋ	꜁foŋ	꜁nuoŋ	꜁luoŋ	tʂuoŋ꜄	꜁tʂʻuoŋ	꜀ɕyoŋ
陵川	꜁luŋ	꜀fəŋ	꜀fəŋ	꜁fəŋ	꜁nuŋ	꜁lyŋ	tʂuŋ꜄	꜁tʂʻuŋ	꜀çyŋ

例字 方言点	通合三								
	讼 去邪用	冢 上知钟	宠 上彻钟	重 平澄钟	钟 平章钟	冲 平昌钟	舂 平书钟	茸 平日钟	供供给 平见钟
长治	suŋ꜄	꜂tsuŋ	꜂ts‘uŋ	tsuŋ꜄	꜀tsuŋ	꜀ts‘uŋ	꜀ts‘uŋ	꜁yŋ	kuŋ꜃
长治县	suŋ꜄	꜂tsuŋ	꜂ts‘uŋ	tsuŋ꜄	꜀tsuŋ	꜀ts‘uŋ	꜀ts‘uŋ	꜁yŋ	kuŋ꜃
长子	suŋ꜄	꜂tsuŋ	꜂ts‘uŋ	tsuŋ꜄	꜀tsuŋ	꜀ts‘uŋ	꜀ts‘uŋ	꜁yŋ	kuŋ꜃
屯留	꜁suŋ	꜂tsuŋ	꜂ts‘uŋ	꜁tsuŋ	꜀tsuŋ	꜀ts‘uŋ	꜀ts‘uŋ	꜁yŋ	kuŋ꜃
黎城	꜁suŋ	꜂tsuŋ	꜂ts‘uŋ	꜁tsuŋ	꜀tsuŋ	꜀ts‘uŋ	꜀ts‘uŋ	꜁yŋ	kuŋ꜃
潞城	suŋ꜄	꜂tsuŋ	꜂ts‘uŋ	tsuŋ꜄	꜀tsuŋ	꜀ts‘uŋ	꜀ts‘uŋ	꜁yŋ	kuŋ꜃
平顺	suŋ꜄	꜂tsuŋ	꜂ts‘uŋ	tsuŋ꜄	꜀tsuŋ	꜀ts‘uŋ	꜀ts‘uŋ	꜁yŋ	kuŋ꜃
壶关	ʂ̻uŋ꜄	꜂tʂ̻uŋ	꜂tʂ̻‘uŋ	tʂ̻uŋ꜄	꜀tʂ̻uŋ	꜀tʂ̻‘uŋ	꜀tʂ̻‘uŋ	꜁yŋ	kuŋ꜃
襄垣	suŋ꜃	꜂tsuŋ	꜂ts‘uŋ	tsuŋ꜃	꜀tsuŋ	꜀ts‘uŋ	꜀ts‘uŋ	꜁zʅuŋ	kuŋ꜃
武乡	suɐŋ꜃	꜂tsuɐŋ	꜂ts‘uɐŋ	tsuɐŋ꜃	꜀tsuɐŋ	꜀ts‘uɐŋ	꜀ts‘uɐŋ	꜁zuɐŋ	kuɐŋ꜃
沁县	suəŋ꜃	꜀tsuəŋ	꜀ts‘uəŋ	tsuəŋ꜃	꜀tsuəŋ	꜀ts‘uəŋ	꜀ts‘uəŋ	꜁zuəŋ	kuəŋ꜃
沁源	suə̃꜃	꜂tsuə̃	꜂ts‘uə̃	tsuə̃꜃	꜀tsuə̃	꜀ts‘uə̃	꜀ts‘uə̃	꜁zʅuə̃	kuə̃꜃
高平	ʂ̻uə̃ŋ꜃	꜂tʂ̻uə̃ŋ	꜂tʂ̻‘uə̃ŋ	tʂ̻uə̃ŋ꜃	꜀tʂ̻uə̃ŋ	꜀tʂ̻‘uə̃ŋ	꜀tʂ̻‘uə̃ŋ	꜀zʅuə̃ŋ	kuə̃ŋ꜃
阳城	suə̃ŋ꜃	꜂tʂ̻uə̃ŋ	꜂tʂ̻‘uə̃ŋ	tʂ̻uə̃ŋ꜃	꜀tʂ̻uə̃ŋ	꜀tʂ̻‘uə̃ŋ	꜀tʂ̻‘uə̃ŋ	꜁zʅuə̃ŋ	kuə̃ŋ꜃
晋城	ʂ̻uoŋ꜃	꜁tʂ̻uoŋ	꜁tʂ̻‘uoŋ	tʂ̻uoŋ꜃	꜀tʂ̻uoŋ	꜀tʂ̻‘uoŋ	꜀tʂ̻‘uoŋ	꜁zʅuoŋ	kuoŋ꜃
陵川	ʂ̻uŋ꜃	꜂tʂ̻uŋ	꜂tʂ̻‘uŋ	tʂ̻uŋ꜃	꜀tʂ̻uŋ	꜀tʂ̻‘uŋ	꜀tʂ̻‘uŋ	꜁yŋ	kuŋ꜃

例字 方言点	通合三								
	胸 平晓钟	凶吉凶 平晓钟	容 平以钟	福 入非屋	服 入奉屋	覆 入敷屋	目 入明屋	六 入来屋	陆 入来屋
长治	꜀ɕyŋ	꜀ɕyŋ	꜁yŋ	fəʔ꜆	fəʔ꜇	fəʔ꜆	mu꜃/məʔ꜆	luəʔ꜆	luəʔ꜆
长治县	꜀ɕyŋ	꜀ɕyŋ	꜁yŋ	fəʔ꜆	fəʔ꜇	fəʔ꜆	məʔ꜆	luəʔ꜆	luəʔ꜆
长子	꜀ɕyŋ	꜀ɕyŋ	꜁yŋ	fəʔ꜆	fəʔ꜇	fəʔ꜆	məʔ꜆/mu꜄	luəʔ꜆	luəʔ꜆
屯留	꜀ɕyŋ	꜀ɕyŋ	꜁yŋ	fəʔ꜆	fəʔ꜇	fəʔ꜆	məʔ꜆/mu꜄	luəʔ꜆	luəʔ꜆
黎城	꜀çyŋ	꜀çyŋ	꜁yŋ	fəʔ꜆	fəʔ꜇	fəʔ꜆	꜁mu	꜀liəu	luəʔ꜇
潞城	꜀ɕyŋ	꜀ɕyŋ	꜁yŋ	fəʔ꜆	fəʔ꜇	fəʔ꜆	məʔ꜇	luəʔ꜇	luəʔ꜇
平顺	꜀çyŋ	꜀çyŋ	꜁yŋ	fəʔ꜆	fəʔ꜇	fəʔ꜆	məʔ꜇/mu꜄	luəʔ꜇	luəʔ꜇
壶关	꜀çyŋ	꜀çyŋ	꜁yŋ	fəʔ꜆	fəʔ꜇	fəʔ꜆	məʔ꜇/mu꜄	luəʔ꜇	luəʔ꜇
襄垣	꜀ɕyŋ	꜀ɕyŋ	꜁zʅuŋ	fəʔ꜆	fəʔ꜆	fəʔ꜆	məʔ꜆	luəʔ꜆	luəʔ꜆
武乡	꜀ɕyɐŋ	꜀ɕyɐŋ	꜁zuɐŋ	fəʔ꜆	fəʔ꜆	fəʔ꜆	məʔ꜆	luəʔ꜆	luəʔ꜆
沁县	꜀ɕyŋ	꜀ɕyŋ	꜁zuəŋ	fəʔ꜆	fəʔ꜆	fəʔ꜆	məʔ꜆	liəu꜃	luəʔ꜆
沁源	꜀ɕyə̃	꜀ɕyə̃	꜁zʅuə̃	fəʔ꜆	fəʔ꜆	fəʔ꜆	məʔ꜆	liou꜃	luəʔ꜆
高平	꜀ɕiuə̃ŋ	꜀ɕiuə̃ŋ	꜀zʅuə̃ŋ	fəʔ꜆	fəʔ꜆	fəʔ꜆	məʔ꜆	luəʔ꜆	luəʔ꜆
阳城	꜀çyə̃ŋ	꜀çyə̃ŋ	꜁zʅuə̃ŋ	fəʔ꜆	fəʔ꜆	fəʔ꜆	məʔ꜆	luəʔ꜆	luəʔ꜆
晋城	꜀ɕyoŋ	꜀ɕyoŋ	꜁zoŋ	fəʔ꜆	fəʔ꜆	fəʔ꜆	məʔ꜆	luəʔ꜆	luəʔ꜆
陵川	꜀çyŋ	꜀çyŋ	꜁luŋ	fəʔ꜆	fəʔ꜇	fəʔ꜆	mu꜃/məʔ꜇	liəu꜃	luəʔ꜇

例字 / 方言点	通合三								
	竹	畜畜生	逐	缩	祝	叔	熟煮熟	牧	郁
	入知屋	入彻屋	入澄屋	入生屋	入章屋	入书屋	入禅屋	入明屋	入影屋
长治	tsuəʔ꜆	tsʻuəʔ꜆	tsuəʔ꜆	suəʔ꜆	tsuəʔ꜆	suəʔ꜆	suəʔ꜆	mu꜅	y꜄
长治县	tsuəʔ꜆	tsʻuəʔ꜆	tsuəʔ꜆	suəʔ꜆	tsuəʔ꜆	suəʔ꜆	suəʔ꜆	məʔ꜆	y꜄
长子	tsuəʔ꜆	tsʻuəʔ꜆	tsuəʔ꜇	suəʔ꜆	tsuəʔ꜆	suəʔ꜆	suəʔ꜇	mu꜄	y꜄
屯留	tsuəʔ꜆	tsʻuəʔ꜆	tsuəʔ꜇	suəʔ꜆	tsuəʔ꜆	suəʔ꜆	suəʔ꜇	məʔ꜇	y꜄
黎城	tɕyəʔ꜆	tɕʻyəʔ꜆	tɕyəʔ꜇	suəʔ꜆	tɕyəʔ꜆	꜁suɤ	ɕyəʔ꜇	꜁mu	y꜄
潞城	tɕyəʔ꜆	tɕʻyəʔ꜆	tɕyəʔ꜇	suəʔ꜆	tɕyəʔ꜆	ɕyəʔ꜆	ɕyəʔ꜇	məʔ꜇	y꜄
平顺	tsuəʔ꜆	tsʻuəʔ꜆	tsuəʔ꜇	suəʔ꜆	tsuəʔ꜆	suəʔ꜆	suəʔ꜇	məʔ꜇	yəʔ꜆
壶关	tʂuəʔ꜆	tʂʻuəʔ꜆	tʂuəʔ꜇	ʂuəʔ꜆	tʂuəʔ꜆	ʂuəʔ꜆	ʂuəʔ꜇	mu꜅	y꜄
襄垣	tsuəʔ꜆	tsʻuəʔ꜆	tsuəʔ꜇	suəʔ꜆	tsuəʔ꜆	suəʔ꜆	suəʔ꜇	mu꜄	yəʔ꜆
武乡	tsuəʔ꜆	tsʻuəʔ꜆	tsuəʔ꜇	suəʔ꜆	tsuəʔ꜆	suəʔ꜆	suəʔ꜇	mu꜄	yəʔ꜆
沁县	tsuəʔ꜆	tsʻuəʔ꜆	tsuəʔ꜇	suəʔ꜆	tsuəʔ꜆	suəʔ꜆	suəʔ꜇	mu꜄	yəʔ꜆
沁源	tsuəʔ꜆	tsʻuəʔ꜆	tsuəʔ꜇	suəʔ꜆	tsuəʔ꜆	suəʔ꜆	suəʔ꜇	məʔ꜆	y꜄
高平	tʂuəʔ꜆	tʂʻuəʔ꜆	tʂuəʔ꜆	ʂuəʔ꜆	tʂuəʔ꜆	ʂuəʔ꜆	ʂuəʔ꜆	mu꜄	i꜄
阳城	tʂuəʔ꜆	tʂʻuəʔ꜆	tʂuəʔ꜆	ʂuəʔ꜆	tʂuəʔ꜆	꜀ʂu	꜁ʂu	mu꜄	yəʔ꜆
晋城	tʂuəʔ꜆	tʂʻuəʔ꜆	tʂuəʔ꜆	ʂuəʔ꜆	tʂuəʔ꜆	꜀ʂu /ʂuəʔ꜆	ʂuəʔ꜆	mu꜄	yəʔ꜆
陵川	tʂuəʔ꜆	tʂʻuəʔ꜆	tʂuəʔ꜇	ʂuəʔ꜆	tʂuəʔ꜆	ʂuəʔ꜆	ʂuəʔ꜇	məʔ꜇	y꜄

例字 / 方言点	通合三								
	肉	菊	畜畜牧	育	绿	足	促	俗	烛	触
	入日屋	入见屋	入晓屋	入以屋	入来烛	入精烛	入清烛	入邪烛	入章烛	入昌烛
长治	iəu꜄	tɕyəʔ꜆	ɕyəʔ꜆	y꜄	lyəʔ꜆	tɕyəʔ꜆	tsʻuəʔ꜆	ɕyəʔ꜆	tsuəʔ꜆	tsuəʔ꜆
长治县	iəu꜄	tɕyəʔ꜆	ɕyəʔ꜆	y꜄	lyəʔ꜆	tɕyəʔ꜆	tsʻuəʔ꜆	ɕyəʔ꜆	tsuəʔ꜆	tsuəʔ꜆
长子	iəu꜅	tɕyɛʔ꜆	ɕyɛʔ꜆	y꜅	lyɛʔ꜆	tɕyɛʔ꜆	tsʻuəʔ꜆	ɕyɛʔ꜇	tsuəʔ꜆	tsuəʔ꜆
屯留	iəu꜄	tɕyəʔ꜆	ɕyəʔ꜆	꜀y	lyəʔ꜆	tɕyəʔ꜆	tsʻuəʔ꜆	ɕyəʔ꜇	tsuəʔ꜆	tsuəʔ꜆
黎城	iəʔ꜇	cyəʔ꜆	çyəʔ꜆	꜀y	lyəʔ꜇	tɕyəʔ꜆	tsʻuəʔ꜆	ɕyəʔ꜇	tɕyəʔ꜆	tɕyəʔ꜆
潞城	iəu꜄	tɕyəʔ꜆	ɕyəʔ꜆	y꜅	lyəʔ꜇	tʃyəʔ꜆	tʃʻyəʔ꜆	ʃyəʔ꜇	tɕyəʔ꜆	tɕyəʔ꜆
平顺	iəu꜅	cyəʔ꜆	çyəʔ꜆	y꜅	lyəʔ꜇	tsyəʔ꜆	tsʻyəʔ꜆	syəʔ꜇	tsuəʔ꜆	tsuəʔ꜆
壶关	iəu꜅	cyəʔ꜆	çyəʔ꜆	y꜄	lyəʔ꜇	tsyəʔ꜆	tʂʻuəʔ꜆	syəʔ꜇	tʂuəʔ꜆	tʂuəʔ꜆
襄垣	ʐou꜄	tɕyəʔ꜆	ɕyəʔ꜆	y꜄	lyəʔ꜆	tɕyəʔ꜆	tsʻuəʔ꜆	ɕyəʔ꜇	tsuəʔ꜆	tsuəʔ꜆
武乡	zəu꜄	tɕyəʔ꜆	ɕyəʔ꜆	yəʔ꜆	lyəʔ꜆	tɕyəʔ꜆	tsʻuəʔ꜆	ɕyəʔ꜇	tsuəʔ꜆	tsuəʔ꜆
沁县	zəu꜄	tɕyəʔ꜆	ɕyəʔ꜆	yəʔ꜆	lyəʔ꜆	tɕyəʔ꜆	tsʻuəʔ꜆	ɕyəʔ꜇	tsuəʔ꜆	tsuəʔ꜆
沁源	ʐei꜄	tɕyəʔ꜆	ɕyəʔ꜆	yəʔ꜆	lyəʔ꜆	tɕyəʔ꜆	tsʻuəʔ꜆	ɕyəʔ꜇	tsuəʔ꜆	tsuəʔ꜆
高平	ʐʌu꜄	ciəʔ꜆	ɕiəʔ꜆	i꜄	liɛʔ꜆	tsiəʔ꜆	tʂʻuəʔ꜆	siəʔ꜆	tʂuəʔ꜆	tʂuəʔ꜆
阳城	ʐɐu꜄	cyəʔ꜆	çyəʔ꜆	yəʔ꜆	lyəʔ꜆	tɕyəʔ꜆	tʂʻuəʔ꜆	ɕyəʔ꜆	tʂuəʔ꜆	tʂuəʔ꜆
晋城	ʐʌɤ꜄	tɕyəʔ꜆	ɕyəʔ꜆	y꜄	lyəʔ꜆	tɕyəʔ꜆	tʂʻuəʔ꜆	ɕyəʔ꜆	tʂuəʔ꜆	tʂuəʔ꜆
陵川	ləu꜄	cyeʔ꜆	çyeʔ꜆	y꜄	lyeʔ꜇	tɕyeʔ꜆	tʂʻuəʔ꜆	ɕyeʔ꜆	tʂuəʔ꜆	tʂuəʔ꜆

例字 / 方言点	通合三									
	玉	浴	赎	束	属	褥	局	曲曲折	狱	穆
	入疑烛	入以烛	入船烛	入书烛	入禅烛	入日烛	入群烛	入溪烛	入疑烛	入明屋
长治	y꜄	y꜄	suəʔ꜆	suəʔ꜆	suəʔ꜆	yəʔ꜆	tɕyəʔ꜆	tɕ‘yəʔ꜆	y꜅	məʔ꜆
长治县	y꜄	y꜄	suəʔ꜆	suəʔ꜆	suəʔ꜆	y꜄	tɕyəʔ꜆	tɕ‘yəʔ꜆	y꜅	məʔ꜆
长子	yəʔ꜆	y꜄	suəʔ꜇	suəʔ꜆	suəʔ꜇	yɛʔ꜆	tɕyɛʔ꜇	tɕ‘yɛʔ꜆	yəʔ꜆	məʔ꜆
屯留	yəʔ꜆	yəʔ꜆	suəʔ꜇	suəʔ꜆	suəʔ꜇	yəʔ꜆	tɕyəʔ꜇	tɕ‘yəʔ꜆	꜁y	məʔ꜆
黎城	yəʔ꜇	꜁y	ɕyəʔ꜇	ɕyəʔ꜆	ɕyəʔ꜇	yəʔ꜇	cyəʔ꜇	c‘yəʔ꜆	꜀y	mu꜄
潞城	y꜄	y꜄	ɕyəʔ꜇	ɕyəʔ꜆	ɕyəʔ꜇	yəʔ꜇	tɕyəʔ꜇	tɕ‘yəʔ꜆	y꜅	məʔ꜇
平顺	y꜅	y꜅	suəʔ꜇	suəʔ꜆	suəʔ꜇	yəʔ꜇	cyəʔ꜇	c‘yəʔ꜆	y꜅	məʔ꜇
壶关	y꜄	y꜄	ʂuəʔ꜇	ʂuəʔ꜆	ʂuəʔ꜇	yəʔ꜇	cyəʔ꜇	c‘yəʔ꜆	y꜅	məʔ꜇
襄垣	yəʔ꜆	yəʔ꜆	suəʔ꜇	suəʔ꜆	suəʔ꜇	ʐuəʔ꜆	tɕyəʔ꜆	tɕ‘yəʔ꜆	yəʔ꜆	məʔ꜆
武乡	yəʔ꜆	y꜄	suəʔ꜇	suəʔ꜆	suəʔ꜇	zuəʔ꜆	tɕyəʔ꜆	tɕ‘yəʔ꜆	yəʔ꜆	məʔ꜆
沁县	yəʔ꜆	yəʔ꜆	suəʔ꜇	suəʔ꜆	suəʔ꜇	zuəʔ꜆	tɕyəʔ꜆	tɕ‘yəʔ꜆	yəʔ꜆	məʔ꜆
沁源	y꜄	y꜄	suəʔ꜇	suəʔ꜆	suəʔ꜇	ʐuəʔ꜆	tɕyəʔ꜆	tɕ‘yəʔ꜆	yəʔ꜆	məʔ꜆
高平	iəʔ꜆	i꜄	ʂuəʔ꜆	ʂuəʔ꜆	ʂuəʔ꜆	ʐuəʔ꜆	ciəʔ꜆	c‘iəʔ꜆	i꜄	məʔ꜆
阳城	yəʔ꜆	y꜄	ʂuəʔ꜆	ʂuəʔ꜆	ʂuəʔ꜆	ʐuəʔ꜆	cyəʔ꜆	c‘yəʔ꜆	yəʔ꜆	mu꜄
晋城	yəʔ꜆	y꜄	ʂuəʔ꜆	ʂuəʔ꜆	ʂuəʔ꜆	ʐuəʔ꜆	tɕyəʔ꜆	tɕ‘yəʔ꜆	y꜄	məʔ꜆
陵川	y꜄	y꜄	ʂuəʔ꜇	ʂuəʔ꜆	ʂuəʔ꜇	yeʔ꜇	cyeʔ꜇	c‘yeʔ꜆	y꜄	mu꜄

三 晋东南晋语各方言音系[1]

1 长治方言音系

（1）声母 19

p 布伴边被　p‘ 怕皮盘朋　m 门墨木泥　f 飞福冯凡

t 帝多夺道　t‘ 太铁统塔　n 脑难暖嫩　l 蓝雷路拉

ts 祖皱走追　ts‘ 采昌翅曹　s 思水师傻

tɕ 叫举精挤　tɕ‘ 去抢齐清　ȵ 女年你宁　ɕ 笑戏虚心

k 瓜共贵古　k‘ 看考开葵　x 河黑化孩

ø 人安闰晚

说明：[tɕ tɕ‘ ɕ]的发音部位比北京音偏后。

（2）韵母 37

ɿ 支紫世迟　i 祭被题衣　u 部某鼠抱　y 句女雨如

ɑ 爬骂打巴　iɑ 假牙架霞　uɑ 瓜花抓瓦

ə 歌可河鹅　iᴇ 邪姐夜爷　yᴇ 瘸靴哕

1 白读例字下加下画线。

o 波婆磨破		uə 多科课和	
æ 台耐才灾		uæ 拐外坏帅	
ɔ 刀保少剖	iɔ 交小桥条		
ei 非杯美废		uei 卫归亏嘴	
əu 头走宙欧	iəu 救刘求肉		
ɑŋ 党昌干安	iɑŋ 项央闲盐	uɑŋ 庄光穿酸	yɑŋ 权选远卷
əŋ 等城坑喷	iŋ 精幸琴金	uŋ 轰中准顿	yŋ 穷勇军闰
ɑʔ 法特辣八	iɑʔ 瞎叶甲鸭	uɑʔ 刷滑刮袜	yɑʔ 爵嚼
əʔ 革磕不各	iəʔ 列业积节	uəʔ 骨活获脱	yəʔ 月菊雪橘
ər 二儿耳而			

说明：[iŋ uŋ yŋ]拼零声母时，主要元音与鼻音韵尾之间都有过渡音[ə]。

（3）声调 6

阴平：　213　　高猪粗昏央开抽初飞三

阳平：　24　　陈才人麻云穷寒娘鹅文

上声：　535　　古纸口女有楚好老展走

阴去：　44　　破到菜放案盖抗醉对怕

阳去：　53　　淡运帽右大抱社共阵岸

入声：　ʔ54　　瞎热黑桌月席鼻碟白俗

2 长治县方言音系

（1）声母 19

p 布伴边被	pʻ 怕皮盘朋	m 门墨木泥	f 飞福冯凡	
t 帝多夺道	tʻ 太铁统塔	n 脑难暖嫩		l 蓝雷路拉
ts 祖皱走追	tsʻ 采昌翅曹		s 思水师傻	
tɕ 者姐哲举	tɕʻ 去彻车齐	ȵ 女年你宁	ɕ 笑十蛇虚	
k 瓜共贵古	kʻ 看考开葵		x 河黑化孩	
ø 人安晚儿				

说明：[ts tsʻ s]拼[ʅ]韵以外的韵母时发音部位稍偏后。

（2）韵母 37

ʅ 支紫世枝	i 祭被迟衣	u 部某鼠抱	y 句女雨如
ɑ 爬骂打巴	iɑ 假牙架霞	uɑ 瓜花抓瓦	
ə 歌可河鹅	ie 邪姐夜车		ye 瘸靴哕
o 波婆磨破		uo 多科课和	
æ 台耐才灾		uæ 拐外坏帅	
ɔ 刀保少剖	iɔ 交小桥条		

ei 非杯嘴对		uei 卫归亏水	
əu 头走宙欧	iəu 救刘求肉		
ɑŋ 党昌干安	iɑŋ 项央闲盐	uɑŋ 庄光穿酸	yɑŋ 权选远卷
əŋ 等城坑喷	iŋ 精幸琴金	uŋ 轰中准顿	yŋ 穷勇军闰
ɑʔ 法特辣八	iɑʔ 瞎叶甲鸭	uɑʔ 刷滑刮袜	yɑʔ 爵嚼
əʔ 革磕不各	iəʔ 列业积节	uəʔ 骨活获脱	yəʔ 月菊雪橘
ər 二儿耳而			

说明：[iŋ uŋ yŋ]拼零声母时，主要元音与鼻音韵尾之间都有过渡音[ə]。

（3）声调 6

阴平： 213 高猪粗昏央开抽初飞三

阳平： 44 陈才人麻云穷寒娘鹅文

上声： 535 古纸口女有楚好老展走

阴去： 22 破到菜放案盖抗醉对怕

阳去： 42 淡运帽右大抱社共阵岸

入声： ʔ21 瞎热黑桌月席鼻碟白俗

说明：上声的实际调值接近 534，为了醒目起见这里记作 535。

3 长子方言音系

（1）声母 21

p 布伴边被	pʻ 怕皮盘朋	m 门梅墨木	f 飞福冯凡	v 午武晚王
t 帝多夺道	tʻ 太铁统塔	n 脑难暖嫩		l 蓝雷路拉
ts 祖皱走追	tsʻ 采昌翅曹		s 思水师傻	
tɕ 叫举精挤	tɕʻ 去抢齐清	ȵ 女年你宁	ɕ 笑戏虚心	
k 瓜共贵古	kʻ 看考开葵		x 河黑化孩	ŋ 安爱昂熬
ø 人音云闰				

说明：[tɕ tɕʻ ɕ]和[ts tsʻ s]的发音部位都较北京话略靠后。

（2）韵母 44

ɿ 支紫世迟	i 祭被题米	u 猪部某抱	y 句女雨如
a 爬骂打巴	ia 假牙架霞	ua 瓜花抓瓦	
o 破磨坡菠		uə 多科课和	
ə 歌可河个	iɛ 邪姐夜爷		yɛ 瘸靴唦
ai 台耐才灾		uai 拐外坏帅	
au 刀保少剖	iau 交小桥条		
ei 非杯美废		uei 卫归亏嘴	
əu 头走宙欧	iəu 救刘求肉		

æ̃ 谈山干安	iæ̃ 闲减盐浅	uæ̃ 专狂穿酸	yæ̃ 权卷玄员
aŋ 党昌昂刚	iaŋ 项央将强	uaŋ 庄光黄床	
ən 沉喷跟每	in 琴金心因	uən 昆棍准顿	yn 云熏军闰
əŋ 等朋城坑	iŋ 精幸应清	uŋ 轰中虫共	yŋ 穷勇荣窘
aʔ 法特辣八	iaʔ 瞎叶甲鸭	uaʔ 刷滑刮袜	yaʔ 爵嚼
əʔ 革磕不各	iɛʔ 列业积节	uəʔ 骨活获脱	yɛʔ 月菊雪橘
l̩ 二儿耳而			

说明：[aʔ]组的主要元音接近后半低不圆唇元音[ʌ]。

（3）声调 7

阴平：	213	高猪粗昏央开抽初飞三
阳平：	24	陈才人麻云穷寒娘鹅文
上声：	324	古纸口女有楚好老展走
阴去：	45	破到菜放案盖抗醉对怕
阳去：	53	淡运帽右大抱社共阵岸
阴入：	ʔ4	瞎热缺黑桌月曲尺切歇
阳入：	ʔ212	席鼻碟白局合服食读俗

4 屯留方言音系

（1） 声母 20

p 布伴边被	pʻ 怕皮盘朋	m 门墨木泥	f 飞福冯凡	
t 帝多夺道	tʻ 太铁统塔	n 脑难暖嫩		l 蓝雷路拉
ts 祖皱走追	tsʻ 采昌翅曹		s 思水师傻	
tɕ 叫举精挤	tɕʻ 去抢齐清	ȵ 女年你宁	ɕ 笑戏虚心	
k 瓜共贵古	kʻ 看考开葵		x 河黑化孩	ɣ 安爱昂熬
ø 人微闰晚				

（2） 韵母 45

ɿ 支紫世迟	i 祭被题米	u 亩部某抱	y 句女雨猪
a 爬骂打巴	ia 假牙架霞	ua 瓜花抓瓦	
o 波婆磨破		uo 多科课和	
ɤ 歌可河鹅	iɛ 邪姐夜爷		yɛ 瘸靴哕
æ 台耐才灾		uæ 拐外坏帅	
ɔ 刀保少剖	iɔ 交小桥条		
ei 非杯美废		uei 卫归亏嘴	
əu 头走宙欧	iəu 救刘求肉		
an 谈山干安	ian 闲减盐浅	uan 专狂穿酸	yan 权卷玄员

ɑŋ 党昌昂刚	iɑŋ 项央将强	uɑŋ 庄光黄床	
ən 沉喷跟恩	in 琴金心因	uən 昆棍准顿	yn 云熏军闰
əŋ 等朋城坑	iŋ 精幸应清	uŋ 轰中虫共	yŋ 穷勇荣窘
ᴀʔ 八纳插法	iᴀʔ 掐辖狭侠	uᴀʔ 刷滑刮说	
	iɛʔ 别铁甲热		yɛʔ 掘雪月绝
əʔ 革磕不各	iəʔ 笔敌力夕	uəʔ 骨活竹国	yəʔ 菊肃橘绿
l̩ 二儿耳而			

说明：[iŋ uŋ yŋ]拼零声母时，主要元音与鼻音韵尾之间都有过渡音[ə]。

（3）声调 6

阴平：	313	高猪粗昏央开抽初飞三
阳平去：	13	陈才人麻娘鹅文大抱社
上声：	534	古纸口女有楚好老展走
去声：	53	破到菜放案盖抗醉对怕
阴入：	ʔ45	瞎缺黑桌曲尺切月热腊
阳入：	ʔ54	席鼻碟白局合服读杂十

5 黎城方言音系

（1）声母 23

p 布伴边被	pʻ 怕皮盘朋	m 门墨木泥	f 飞福冯凡	
t 帝多夺道	tʻ 太铁统塔	n 脑难暖嫩		l 蓝雷路拉
ts 祖皱走追	tsʻ 采昌翅曹		s 思水师傻	
tɕ 挤酒制哲	tɕʻ 妻秋出迟	ȵ 女年你宁	ɕ 西修星舌	
c 见经甲九	cʻ 旗掐区茄		ç 虚溪歇香	
k 瓜共贵古	kʻ 看考开葵		x 河黑化孩	ɣ 安爱昂熬
ø 人微闰晚				

说明：[x]的发音部位比[k kʻ]偏后。

（2）韵母 43

ɿ 支紫世迟	i 祭被题制	u 亩部某抱	y 句女雨猪
a 爬骂打巴	ia 假牙架霞	ua 瓜花抓瓦	
ɤ 歌可磨破	iɤ 邪姐夜蛇	uɤ 多科课和	yɤ 瘸靴哕
ᴇ 台耐才灾		uᴇ 拐外坏帅	
ɔ 刀保少剖	iɔ 交小桥条		
ei 杯美非飞		uei 嘴卫归盔	
əu 头走宙欧	iəu 救刘求肉		
æ 谈山干安	iᴇ 闲减盐浅	uæ 专狂穿酸	yᴇ 权卷玄员

aŋ 党昌昂刚	iaŋ 项央将强	uaŋ 庄光黄床	
ᴇ̃ 沉喷跟恩	iᴇ̃ 琴金心因	uᴇ̃ 昆棍准顿	yᴇ̃ 云熏军闰
əŋ 等朋城坑	iŋ 精幸应清	uŋ 轰中虫共	yŋ 穷勇荣窘
ʌʔ 法特刻渴	iʌʔ 甲叶压彻	uʌʔ 刷滑刮袜	yʌʔ 月决雪说
əʔ 革质不各	iəʔ 列业积质	uəʔ 骨获国屋	yəʔ 菊肃橘竹
l̩ 二儿耳而			

说明：[ɤ]的舌位较低，接近[ʌ]。

（3）声调 6

阴平：	33	高猪粗昏央开抽初飞三
阳平去：	53	陈才人麻娘鹅文大抱社
上声：	212	古纸口女有楚好老展走
去声：	353	破到菜放案盖抗醉对怕
阴入：	ʔ2	瞎缺黑桌曲尺切歇秃福
阳入：	ʔ43	席鼻碟白局合服月热腊

6 潞城方言音系

（1）声母 23

p 布伴边被	pʻ 怕皮盘朋	m 门墨木泥	f 飞福冯凡	
t 帝多夺道	tʻ 太铁统塔	n 脑难暖嫩		l 蓝雷路拉
ts 祖皱走追	tsʻ 采昌翅曹		s 思水师傻	
tʃ 尖精挤酒	tʃʻ 妻秋切齐		ʃ 修西血星	
tɕ 经甲制哲	tɕʻ 旗掐出迟	ȵ 女年你宁	ɕ 虚溪歇舌	
k 瓜共贵古	kʻ 看考开葵		x 河黑化孩	ɣ 安爱昂熬
ø 人微闰晚				

说明：[ts tsʻ s]拼[ʅ]韵以外的韵母时发音部位稍偏后。

（2）韵母 43

ʅ 支紫世迟	i 祭被题制	u 亩部某抱	y 句女雨猪
ɑ 爬骂打巴	iɑ 假牙架霞	uɑ 瓜花抓瓦	
ə 歌可磨破	iə 邪姐夜蛇	uə 多科课和	yə 瘸靴哕
ai 台耐才灾		uai 拐外坏帅	
ɔ 刀保少剖	iɔ 交小桥条		
ei 杯美非飞		uei 嘴卫归盔	
əu 头走宙欧	iəu 救刘求肉		
æ̃ 谈山干安	iæ̃ 闲减盐浅	uæ̃ 专狂穿酸	yæ̃ 权卷玄员
ɑŋ 党昌昂刚	iɑŋ 项央将强	uɑŋ 庄光黄床	

ɛ̃ 沉喷跟恩	iɛ̃ 琴金心因	uɛ̃ 昆棍准顿	yɛ̃ 云熏军闰
əŋ 等朋城坑	iŋ 精幸应清	uŋ 轰中虫共	yŋ 穷勇荣窘
aʔ 法特刻渴	iaʔ 甲叶压彻	uaʔ 刷滑刮袜	yaʔ 月决雪说
əʔ 革质不各	iəʔ 列业积质	uəʔ 骨获国屋	yəʔ 菊肃橘竹
l̩ 二儿耳而			

说明：[uə]中的[ə]接近于[o]。

（3）声调 7

阴平：	213	高猪粗昏央开抽初飞三
阳平：	13	陈才人麻云穷寒娘鹅文
上声：	434	古纸口女有楚好老展走
阴去：	53	破到菜放案盖抗醉对怕
阳去：	343	淡运帽右大抱社共阵岸
阴入：	ʔ12	瞎缺黑桌曲尺切歇秃福
阳入：	ʔ43	席鼻碟白局合服月热腊

7 平顺方言音系

（1）声母 23

p 布伴边被	pʻ 怕皮盘朋	m 门墨木泥	f 飞福冯凡	
t 帝多夺道	tʻ 太铁统塔	n 脑难暖嫩		l 蓝雷路拉
ts 祖追挤酒	tsʻ 采翅妻秋		s 思师修西	
tɕ 制直知质	tɕʻ 车彻尺斥	ȵ 女年你宁	ɕ 勺蛇石十	
c 见经甲九	cʻ 旗掐区茄		ç 虚溪歇香	
k 瓜共贵古	kʻ 看考开葵		x 河黑化孩	ɣ 安爱昂熬
ø 人微闰晚				

说明：[ç]的发音部位较北京话偏后。

（2）韵母 44

ʅ 支紫世迟	i 祭被济制	u 亩部某抱	y 句女雨猪
a 爬骂打巴	ia 假牙架霞	ua 瓜花抓瓦	
ə 歌可河鹅	ie 邪姐夜蛇		ye 瘸靴哕
o 波婆磨破		uo 多科课和	
ai 台耐才灾		uai 拐外坏帅	
ɔ 刀保少剖	iɔ 交小桥条		
ei 杯美非飞		uei 嘴卫归盔	
əu 头走宙欧	iəu 救刘求肉		
æ̃ 谈山干安	iæ̃ 闲减盐浅	uæ̃ 专宽穿酸	yæ̃ 权卷玄员

aŋ 党昌昂刚	iaŋ 项央将强	uaŋ 庄光黄床	
ᴇ̃ 沉喷跟恩	iᴇ̃ 琴金心因	uᴇ̃ 昆棍准顿	yᴇ̃ 云熏军闰
əŋ 等朋城坑	iŋ 精幸应清	uŋ 轰中虫共	yŋ 穷勇荣窘
ʌʔ 法特刻渴	iʌʔ 甲叶压彻	uʌʔ 刷滑刮袜	yʌʔ 月决雪说
əʔ 革质不各	iəʔ 列业积质	uəʔ 骨获国屋	yəʔ 菊肃橘竹
l̩ 二儿耳而			

说明：[iŋ uŋ yŋ]拼零声母时，主要元音与鼻音韵尾之间都有过渡音[ə]。

（3）声调 7

阴平：	313	高猪粗昏央开抽初飞三
阳平：	22	陈才人麻云穷寒娘鹅文
上声：	424	古纸口女有楚好老展走
阴去：	353	破到菜放案盖抗醉对怕
阳去：	53	淡运帽右大抱社共阵岸
阴入：	ʔ2	瞎缺黑桌曲尺切歇秃福
阳入：	ʔ212	席鼻碟白局合服月热腊

8 壶关方言音系

（1）声母 26

p 布伴边被	pʻ 怕皮盘朋	m 门墨木泥	f 飞福冯凡	
t 帝多夺道	tʻ 太铁统塔	n 脑难暖嫩		l 蓝雷路拉
ts 尖精挤酒	tsʻ 妻秋切齐		s 修西血星	
tʃ 者姐哲知	tʃʻ 彻车尺斥		ʃ 十蛇石勺	
tʂ 祖追真张	tʂʻ 采翅昌陈		ʂ 师山生水	
c 见经甲九	cʻ 旗掐区茄	ȵ 女年你宁	ç 虚溪歇香	
k 瓜共贵古	kʻ 看考开葵		x 河黑化孩	ɣ 安爱昂熬
ø 人微闰晚				

说明：[tʂ tʂʻ ʂ]的发音部位较北京话还要靠后。

（2）韵母 36

ʅ 支紫世枝	i 祭被迟衣	u 部某鼠抱	y 句女雨如
a 爬骂打巴	ia 假牙架霞	ua 瓜花抓瓦	
ə 歌可磨破	iᴇ 邪姐夜车	uə 多科课和	yᴇ 瘸靴哕
ai 台耐才灾		uai 拐外坏帅	
ɔ 刀保少剖	iɔ 交小桥条		
ei 非杯每废		uei 卫归亏水	
əu 头走宙欧	iəu 救刘求肉		

aŋ 党昌干安	iaŋ 项央闲盐	uaŋ 庄光穿酸	yaŋ 权选远卷
əŋ 等城坑喷	iŋ 精幸琴金	uŋ 轰中准顿	yŋ 穷勇军闰
ʌʔ 法特刻渴	iʌʔ 甲叶压彻	uʌʔ 刷滑刮袜	yʌʔ 月决雪说
əʔ 革质不各	iəʔ 列业积质	uəʔ 骨获国屋	yəʔ 菊肃橘竹
l̩ 二儿耳而			

说明：[iŋ uŋ yŋ]拼零声母时，主要元音与鼻音韵尾之间都有过渡音[ə]。

（3）声调 7

阴平：33	高猪粗昏央开抽初飞三
阳平：13	陈才人麻云穷寒娘鹅文
上声：535	古纸口女有楚好老展走
阴去：42	破到菜放案盖抗醉对怕
阳去：353	淡运帽右大抱社共阵岸
阴入：ʔ2	瞎缺黑桌曲尺切歇秃福
阳入：ʔ21	席鼻碟白局合服月热腊

说明：阳平是升调，但升不到 3，为醒目起见记作 13。

9 武乡方言音系

（1）声母 23

p 布伴边被	pʻ 怕皮盘朋	m 门墨木每	f 飞福冯凡	v 午武晚王
t 帝多夺道	tʻ 太铁统塔	n 脑难暖嫩		l 蓝雷路拉
ts 祖皱走追	tsʻ 采昌齐曹	nz 你女泥尼	s 思水师虚	z 闰人疑鱼
tɕ 叫者今节	tɕʻ 抢车前琴	ȵ 年宁您碾	ɕ 笑舍香先	
k 瓜共贵古	kʻ 看考开葵		x 河黑化孩	ŋ 安爱昂熬
ø 云运应阴				

（2）韵母 36

ɿ 支紫鸡衣		u 树肚部鼠	ɥ 举女区虚
a 爬骂打巴	ia 假牙架霞	ua 瓜花抓瓦	
ɤ 歌可磨破	iɛ 车蛇姐夜	uɤ 多科课和	yɛ 瘸靴哕倔
ɛ 台耐才灾		uɛ 拐外坏帅	
ɔ 刀保少剖	iɔ 交小桥条		
ei 杯美盐浅		uei 嘴归卷玄	
əu 头走宙欧	iəu 救刘求<u>肉</u>		
æ 谈山干安		uæ 专宽穿酸	
ɔ̃ 党昌庄光	iɔ̃ 项央将强	uɔ̃ 庄光黄床	
ɐŋ 等朋沉喷	iɐŋ 精幸琴金	uɐŋ 轰中准顿	yɐŋ 穷勇军云

ʌʔ 法特刻涉	iʌʔ 甲叶压恰	uʌʔ 刷滑刮袜	yʌʔ 月决雪缺
əʔ 革质不各	iəʔ 列业积笔	uəʔ 骨获说竹	yəʔ 菊肃橘绿
l̩ 二儿耳而			

（3）声调 6

阴平：	113	高猪粗昏央开抽初飞三
阳平：	33	陈才人麻云穷寒娘鹅文
上声：	213	古纸口女有楚好老展走
去声：	55	破到菜放案抱社共阵岸
阴入：	ʔ3	瞎热缺黑桌曲尺热月腊
阳入：	ʔ423	席鼻碟白局合服食读俗

10 沁县方言音系

（1）声母 22

p 布伴边被	p‘ 怕皮盘朋	m 门墨木媒	f 飞福冯凡	v 午武晚王
t 帝多夺道	t‘ 太铁统塔	n 脑暖泥女		l 蓝雷路拉
ts 祖皱走追	ts‘ 采昌齐曹		s 思水师虚	z 闰人疑鱼
tɕ 叫者今节	tɕ‘ 抢车前琴	ȵ 年宁您念	ɕ 笑蛇香先	
k 瓜共贵古	k‘ 看考开葵		x 河黑化孩	ŋ 安爱昂熬
ø 云运应阴				

（2）韵母 38

ɿ 支紫鸡衣		u 树肚部鼠	ɥ 举女区虚
a 爬骂打巴	ia 假牙架霞	ua 瓜花抓瓦	
ə 歌可河鹅	iɛ 邪姐夜车		yɛ 瘸靴哕
ɤ 波婆磨破		uo 多科课和	
ɛ 台耐才灾		uɛ 拐外坏帅	
ɔ 刀保少剖	iɔ 交小桥条		
ei 杯美废非		uei 嘴归卷玄	
əu 头走宙欧	iəu 救刘求有		
an 谈山干安	ɪ 闲减盐浅	uan 专狂穿酸	
ɔ̃ 党昌昂刚	iɔ̃ 项央将强	uɔ̃ 庄光黄床	
əŋ 等朋沉喷	iŋ 精幸琴金	uəŋ 轰中准顿	yŋ 穷勇军云
ʌʔ 法特刻涉	iʌʔ 甲叶压恰	uʌʔ 刷滑刮袜	yʌʔ 月决雪缺
əʔ 革质不各	iəʔ 列业积笔	uəʔ 骨获说竹	yəʔ 菊肃橘绿
ər 二儿耳而			

说明：[ɔ̃]的鼻化色彩较重。

（3）声调 5

阴平上：	213	高猪粗昏央楚好老展走
阳平：	33	陈才人麻云穷寒娘鹅文
去声：	55	破到菜放案抱社共阵岸
阴入：	ʔ4	瞎热缺黑桌曲尺热月腊
阳入：	ʔ213	席鼻碟白局合服食读俗

说明：阴入的实际调值稍高于 3，但到不了 4，为与阳平区别，记作 4。

11 襄垣方言音系

（1）声母 21

p 布伴边被	p‘ 怕皮盘朋	m 门墨媒木	f 飞福冯凡	v 午武晚王
t 帝多夺道	t‘ 太铁统塔	n 脑南能内		l 蓝雷路拉
ts 祖皱走追	ts‘ 采昌柴曹		s 思水师虚	ʐ 闰人远演
tɕ 叫今挤节	tɕ‘ 抢齐前琴	ȵ 宁您女年	ɕ 笑戏香先	
k 瓜共贵古	k‘ 看考开葵		x 河黑化孩	
ø 昂运应阴				

（2）韵母 40

ɿ 支紫齿时	i 提比米挤	u 树肚部鼠	y 句女雨俱
a 爬骂打巴	ia 假牙架霞	ua 瓜花抓瓦	
ɤ 歌可河鹅	ie 邪姐夜爷		ye 瘸靴哕倔
o 波婆磨破		uo 多科课和	
ai 台耐才灾		uai 拐外坏帅	
au 刀保少剖	iau 交小桥条		
ei 杯美废非		uei 嘴卫归亏	
ou 头走宙欧	iou 救刘求肉		
æ 谈山干安	iei 闲减盐浅	uæ 专狂穿酸	yei 权卷玄员
aŋ 党昌昂刚	iaŋ 项央将强	uaŋ 庄光黄床	
əŋ 等朋沉喷	iŋ 精幸琴金	uŋ 轰中准顿	yŋ 穷勇军云
ʌʔ 法特辣八	iʌʔ 瞎叶压鸭	uʌʔ 刷滑刮袜	yʌʔ 爵嚼
əʔ 革磕不各	iəʔ 列业积洁	uəʔ 骨活获脱	yəʔ 月菊雪橘
l̩ 二儿耳而			

说明：[o]拼声母时，其前面有个微弱的[u]。

（3）声调 6

阴平： 33 高猪粗昏央开抽初飞三

阳平：	11	陈才人麻云穷寒娘鹅文
上声：	213	古纸口女有楚好老展走
去声：	55	破到菜放案抱社共阵岸
阴入：	ʔ3	瞎热缺黑桌曲尺热月腊
阳入：	ʔ5	席鼻碟白局合服食读俗

12 沁源方言音系

（1）声母 24

p 布伴边被	p‘ 怕皮盘朋	m 门墨木每	f 飞福冯凡	v 午武晚王
t 帝多夺道	t‘ 太铁统塔	n 脑难暖嫩		l 蓝雷路拉
ts 祖站追鸡	ts‘ 采昌翅取		s 思戏师傻	
tʂ 知张真质	tʂ‘ 超缠彻称		ʂ 深湿商勺	ʐ 闰人日仍
tɕ 姐叫脚今	tɕ‘ 抢齐请琴	ȵ 年眼女泥	ɕ 笑兴心训	
k 瓜共贵古	k‘ 看考开葵		x 河黑化孩	ŋ 安爱昂熬
ø 应鱼阴疑				

（2）韵母 36

ɿ 紫瓷梯鸡		u 部鼠肚裤	ʮ 鱼举区女
ʅ 支迟世齿			
ʅɛ 车蛇者射			
ɑ 爬骂张忙	iɑ 假牙央腔	uɑ 瓜花瓦抓	
	ie 姐夜斜爷	uə 多科光逛	ye 瘸靴哕
	iɛ 波婆歌可		
ei 杯美走宙		uei 嘴卫归亏	
ɛi 台耐才灾		uɛi 拐外坏帅	
	iəu 救刘流求		
ɔ 刀保少剖	iɔ 交小桥条		
æ 谈山干安	iæ 闲减盐浅	uæ 专狂穿酸	yæ 权卷玄员
ə̃ 等朋沉喷	iə̃ 精幸琴金	uə̃ 轰中准顿	yə̃ 穷勇军云
aʔ 法特刻涉	iaʔ 甲叶压恰	uaʔ 刷滑刮袜	yaʔ 月决雪缺
əʔ 革质不各	iəʔ 列业积笔	uəʔ 骨获脱竹	yəʔ 菊肃橘绿
ər 二儿耳而			

说明：[æ]的舌位偏低，有时带有轻微的鼻音。

（3）声调 6

阴平：	212	高猪粗昏央开抽初飞三
阳平：	33	陈才人麻云穷寒娘鹅文

上声：424　古纸口女有楚好老展走
去声：53　破到菜放案抱社共阵岸
阴入：ʔ3　瞎缺黑桌曲尺切歇秃福
阳入：ʔ32　席鼻碟白局合服月热腊

13 高平方言音系

（1） 声母 24

p 布伴边被	pʻ 怕皮盘朋	m 门墨美木	f 飞福冯凡	v 午武晚王
t 帝多夺道	tʻ 太铁统塔	n 脑年连狼		l 蓝扭路尿
tʂ 资皱走竹	tʂʻ 昌次翅出		ʂ 师思岁说	ʐ 人闰如容
ts 尖精挤酒	tsʻ 妻秋切齐		s 修西血星	
c 见经甲九	cʻ 旗掐区茄		ç 虚溪歇香	
k 瓜共贵古	kʻ 看考开葵		x 河黑化孩	ɣ 安爱昂熬
ø 云运应阴				

说明：[tʂ tʂʻ ʂ]的发音部位较北京话还要靠后一些。

（2） 韵母 38

ʅ 支紫世迟	i 祭被女雨	u 部鼠母铺
ʅɛ 车蛇者遮		
ɑ 爬骂打巴	iɑ 假牙下架	uɑ 瓜花抓瓦
ɤ 歌可婆磨	iɛ 邪夜瘸靴	uɤ 多科课和
ɛe 台耐才灾		uɛe 拐外坏帅
ɔo 刀保少剖	iɔo 交小桥条	
ei 杯美废非		uei 嘴卫归亏
ʌu 头走宙欧	iʌu 救刘九求	
æ 谈山干安	iæ 闲减权卷	uæ 专狂穿酸
ɒ̃ 党昌昂刚	iɒ̃ 项央将强	uɒ̃ 庄光黄床
ɛ̃ 沉喷跟恩	iɛ̃ 琴金云熏	uɛ̃ 昆棍准顿
ə̃ŋ 等朋城坑	iə̃ŋ 精幸穷勇	uə̃ŋ 轰中虫共
ʌʔ 八法割杀		uʌʔ 脱说滑洛
ɛʔ 麦得舌热	iɛʔ 菊蹑瞎绿	
əʔ 木秩屋实	iəʔ 笔历七肃	uəʔ 读鹿述骨
l̩ 二儿耳而		

说明：[ɤ]韵母与唇音声母相拼时，接近于[o]。

（3）声调 4

平声：　33　高猪粗昏央人麻云穷寒

上声： 212 古纸口女有楚好老展走
去声： 53 破到菜放案抱社共阵岸
入声： ʔ22 瞎缺黑桌热月白局合服

14 晋城方言音系

（1）声母 20

p 布伴边被	pʻ 怕皮盘朋	m 门墨美木	f 飞福冯凡	
t 帝多夺道	tʻ 太铁统塔	n 脑年男女		l 蓝雷路拉
tʂ 资皱走竹	tʂʻ 昌次翅出		ʂ 师思岁说	ʐ 人闰如容
tɕ 尖精甲九	tɕʻ 妻秋区茄		ɕ 修西歇香	
k 瓜共贵古	kʻ 看考开葵		x 河黑化孩	ɣ 安爱昂熬
ø 阴月午武				

说明：[tɕ tɕʻ ɕ]的发音部位较北京话靠前一些。

（2）韵母 39

ʅ 支紫世迟	i 祭被题记	u 部鼠母铺	y 句女雨驴
ɑ 爬骂打巴	iɑ 假牙下架	uɑ 瓜花抓瓦	
ʌ 歌可个河		uʌ 波磨多科	
	iɛ 邪夜盐浅		yɛ 瘸哕玄员
ᴇ 台耐才灾		uᴇ 拐外坏帅	
o 刀保少剖	io 交小桥条		
ɛe 杯美废非		uɛe 嘴卫归亏	
ʌɤ 头走宙欧	iʌɤ 救刘九求		
æ 谈山干安		uæ 专狂穿酸	
ɒ̃ 党昌昂刚	iɒ̃ 项央将强	uɒ̃ 庄光黄床	
ẽ 沉喷城坑	iə̃n 琴金应清	uẽ 昆棍准顿	yə̃n 云熏军闰
		uoŋ 轰中虫共	yoŋ 穷勇荣窘
ᴀʔ 法特刻辣	iᴀʔ 甲鸭雀压	uᴀʔ 刷滑刮袜	yᴀʔ 嚼爵
əʔ 革磕不各	iəʔ 列业积质	uəʔ 骨活获脱	yəʔ 月菊肃爵
ər 二儿耳而			

说明：[ər]的舌位比北京话稍后一些。

（3）声调 4

阴平：33 高猪粗昏央开抽初飞三
阳平上：113 陈才人麻云穷女有楚好
去声： 53 破到菜放案抱社共阵岸
入声： ʔ22 瞎缺黑桌热月碟白局食

15 阳城方言音系

（1）声母 27

p 布伴边被	pʻ 怕皮盘朋	m 门墨美木	f 飞福冯凡	v 晚微文物
t 帝多夺道	tʻ 太铁统塔	n 脑年女南		l 蓝雷路拉
tʂ 皱竹正支	tʂʻ 昌翅出程		ʂ 师说水生	ʐ 人闰如容
tɕ 尖精挤酒	tɕʻ 妻秋切齐		ɕ 修西血星	
ts 资曾暂组	tsʻ 次残醋存		s 岁四素三	
c 见经甲九	cʻ 旗掐区茄		ç 虚溪歇香	
k 瓜共贵古	kʻ 看考开葵		x 河黑化孩	ɣ 安爱昂熬
ø 阴月云应				

说明：[x]的发音部位比[k kʻ]要靠后。

（2）韵母 39

ɿ 紫词四字	i 祭被题非	u 部鼠母铺	y 句女雨驴
ʅ 支世迟时			
ʅe 车蛇者遮			
ɑ 爬骂打巴	iɑ 假牙下架	uɑ 瓜花抓瓦	
ə 歌可婆磨	ie 姐爷盐浅	uə 多科课和	ye 瘸哕卷玄
æ 耐才杯美		uæ 拐外帅归	
o 刀保少剖	io 交小桥条		
ɐu 头走宙欧	iɐu 救刘九求		
ɛ̃ 谈山干安		uɛ̃ 专狂穿酸	
ɑ̃ŋ 党等跟沉	iɑ̃ŋ 项央将强	uɑ̃ŋ 庄光黄床	
ə̃n 沉喷城坑	iə̃n 琴金应清	uə̃n 昆棍准顿	yə̃n 云熏军闰
		uə̃ŋ 轰中虫共	yə̃ŋ 穷勇荣窘
ʌʔ 法特刻涉	iʌʔ 甲叶压恰	uʌʔ 刷滑刮袜	yʌʔ 月决雪缺
əʔ 革质不各	iəʔ 列业积笔	uəʔ 骨获脱竹	yəʔ 菊肃橘绿
ər 二儿耳而			

（3）声调 5

阴平：	11	高猪粗昏央开抽初飞三
阳平：	13	陈才人麻云穷寒娘鹅文
上声：	31	古纸口女有楚好老展走
去声：	53	破到菜放案抱社共阵岸
入声：	ʔ12	瞎缺黑桌热月席鼻碟白

16 陵川方言音系

（1）声母 23

p 布伴边被	pʻ 怕皮盘朋	m 门墨木泥	f 飞福冯凡	
t 帝多夺道	tʻ 太铁统塔	n 脑年女南		l 雷路人闰
tʂ 祖皱走追	tʂʻ 采昌翅曹		ʂ 思水师傻	ɭ 二儿耳而
tɕ 者哲挤酒	tɕʻ 彻车妻秋		ɕ 十蛇修西	
c 见经甲九	cʻ 旗掐区茄		ç 虚溪歇香	
k 瓜共贵古	kʻ 看考开葵		x 河黑化孩	ɣ 安爱昂熬
ø 阴月午武				

（2）韵母 42

ʅ 支紫世枝	i 祭被迟衣	u 部某鼠抱	y 句女雨如
ᴀ 爬骂打巴	iᴀ 假牙架霞	uᴀ 瓜花抓瓦	
ɤ 歌可河鹅	ie 邪姐夜车		ye 瘸靴哕
ə 二儿耳而			
o 波婆磨破		uo 多科课和	
ᴀi 台耐才灾		uᴀi 拐外坏帅	
ɑo 刀保少剖	iɑo 交小桥条		
əu 头走宙欧	iəu 救刘九求		
ei 非杯每废		uei 卫归亏水	
ᴀn 谈山干安	iə̃n 闲盐琴金	uᴀn 专狂穿酸	yə̃n 权卷军闰
ɑŋ 党昌昂刚	iɑŋ 项央将强	uɑŋ 庄光黄床	
ə̃n 沉喷跟恩		uə̃n 昆棍准顿	
əŋ 等朋城坑	iŋ 精幸应清	uŋ 轰中虫共	yŋ 穷勇荣窘
ʌʔ 法特辣八	iʌʔ 瞎叶甲鸭	uʌʔ 刷滑刮袜	yʌʔ 爵嚼
ɤʔ 革磕不各	ieʔ 列业积节	uɤʔ 骨活获脱	yeʔ 月菊雪橘

（3）声调 6

阴平：33　　高猪粗昏央开抽初飞三

阳平：53　　陈才人麻云穷寒娘鹅文

上声：213　　古纸口女有楚好老展走

去声：24　　破到菜放案右大抱社岸

阴入：ʔ3　　瞎缺黑桌曲尺切歇秃福

阳入：ʔ23　　席鼻碟白局合服月热腊

17 荫城长治县方言音系

（1） 声母 19

p 布伴边被	p‘ 怕皮盘朋	m 门墨木泥	f 飞福冯凡	
t 帝多夺道	t‘ 太铁统塔	n 脑难暖嫩		l 蓝雷路拉
ts 祖皱走追	ts‘ 采昌翅曹		s 思水师傻	
tɕ 叫举制哲	tɕ‘ 去抢齐迟	ȵ 女年你宁	ɕ 笑戏虚舌	
k 瓜共贵古	k‘ 看考开葵		x 河黑化孩	
ø 人安闰晚				

说明：[tɕ tɕ‘ ɕ]的发音部位较北京话稍靠前。

（2） 韵母 41

ɿ 支紫世枝	i 祭迟题衣	u 部某鼠抱	y 句女雨如
ɑ 爬骂打巴	iɑ 假牙架霞	uɑ 瓜花抓瓦	
ə 歌可河鹅	ie 邪姐夜爷		ye 瘸靴唠倔
o 波婆磨破		uo 多科课和	
ɑi 台耐才灾		uɑi 拐外坏帅	
ɑo 刀保少剖	iɑo 交小桥条		
ei 杯美废非		uei 嘴卫归亏	
ou 头走宙欧	iou 救刘求肉		
ɑn 谈山干安	in 闲盐琴金	uɑn 专狂穿酸	yn 权卷军闰
ɑŋ 党昌昂刚	iɑŋ 项央将强	uɑŋ 庄光黄床	
ən 沉喷跟恩		un 昆棍准顿	
əŋ 等朋城坑	iŋ 精幸应清	uŋ 轰中虫共	yŋ 穷勇荣窘
ʌʔ 法特辣八	iʌʔ 瞎叶涉鸭	uʌʔ 刷滑刮袜	
əʔ 革磕不各	iəʔ 列业积哲	uəʔ 骨活获脱	yəʔ 月菊雪橘
ḷ 二儿耳而			

说明：[iŋ uŋ yŋ]拼零声母时，主要元音与鼻音韵尾之间都有过渡音[ə]。

（3）声调 6

阴平：213　　高猪粗昏央开抽初飞三

阳平：21　　陈才人麻云穷寒娘鹅文

上声：535　　古纸口女有楚好老展走

阴去：33　　破到菜放案盖抗醉对怕

阳去：42　　淡运帽右大抱社共阵岸

入声：ʔ22　　瞎热缺月曲尺鼻碟白局

说明：上声的实际调值接近 534，为醒目起见记作 535。

18 八义长治县方言音系

（1） 声母 20

p 布伴边被	pʻ 怕皮盘朋	m 门墨木泥	f 飞福冯凡	
t 帝多夺道	tʻ 太铁统塔	n 脑难暖嫩		l 蓝雷路拉
				ɭ 二儿耳而
ts 祖皱走追	tsʻ 采昌翅曹		s 思水师傻	
tɕ 者姐哲举	tɕʻ 去彻车齐	ȵ 女年你宁	ɕ 笑十蛇虚	
k 瓜共贵古	kʻ 看考开葵		x 河黑化孩	
ø 人安晚生				

（2） 韵母 36

ɿ 支紫世枝	i 祭迟题衣	u 部某鼠抱	y 句女雨如
ɑ 爬骂打巴	iɑ 假牙架娘	uɑ 瓜花瓦撒	
ə 歌可河二	ie 邪姐夜车		ye 瘸靴唠倔
o 波婆磨破		uo 多科课和	
ɑi 台耐才灾		uɑi 拐外坏帅	
ɑo 刀保少剖	iɑo 交小桥条		
ei 杯美废嘴		uei 灰卫归亏	
ou 头走宙欧	iou 救刘求肉		
ɑŋ 谈党山昌	iɑŋ 闲减盐浅	uɑŋ 专狂穿酸	yɑŋ 权卷玄员
əŋ 沉喷等朋	iŋ 金幸琴寻	uŋ 昏轰中横	yŋ 云熏穷军
ɑʔ 法特刻辣	iɑʔ 甲叶涉压	uɑʔ 刷滑刮袜	yɑʔ 月决雪绝
əʔ 革磕不各	iəʔ 列业积质	uəʔ 骨活竹说	yəʔ 菊肃橘绿

说明：[iŋ uŋ yŋ]拼零声母时，主要元音与鼻音韵尾之间都有过渡音[ə]。

（3）声调 7

阴平：213	高猪粗昏央开抽初飞三
阳平：11	陈才人麻云穷寒娘鹅文
上声：535	古纸口女有楚好老展走
阴去：44	破到菜放案盖抗醉对怕
阳去：54	淡运帽右大抱社共阵岸
阴入：ʔ33	瞎热缺黑桌月曲尺切歇
阳入：ʔ31	席鼻碟白局合服食读俗

19 石哲长子方言音系

（1） 声母 20

p 布伴边被	pʻ 怕皮盘朋	m 门墨木泥	f 飞福冯凡	v 午武晚王
t 帝多夺道	tʻ 太铁统塔	n 脑难暖嫩		l 蓝雷路拉
ts 祖皱走追	tsʻ 采昌翅曹		s 思水师傻	
tɕ 叫举精挤	tɕʻ 去抢齐清	ȵ 女年你宁	ɕ 笑戏虚心	
k 瓜共贵古	kʻ 看考开葵		x 河黑化孩	
ø人安闰生				

说明：[ts tsʻ s]的发音部位较北京话偏后一些。

（2） 韵母 43

ʅ 支紫世迟	i 祭被题米	u 猪部某抱	y 句女雨如
a 爬骂打巴	ia 假牙架霞	ua 瓜花抓瓦	
ə 歌可磨破	iɛ 邪姐夜爷	uə 多科课和	yɛ 瘸靴唠
ai 台耐才灾		uai 拐外坏帅	
au 刀保少剖	iau 交小桥条		
ei 非杯美废		uei 卫归亏嘴	
əu 头走宙欧	iəu 救刘求肉		
an 谈山干安	ian 闲减盐浅	uan 专狂穿酸	yan 权卷玄员
aŋ 党昌昂刚	iaŋ 项央将强	uaŋ 庄光黄床	
ən 沉喷跟每	in 琴金心因	un 昆棍准顿	yn 云熏军闰
əŋ 等朋城坑	iŋ 精幸应清	uŋ 轰中虫共	yŋ 穷勇荣窘
aʔ 法特辣八	iaʔ 瞎叶甲鸭	uaʔ 刷滑刮袜	yaʔ 爵嚼
əʔ 革磕不各	iəʔ 列业积节	uəʔ 骨活获脱	yəʔ月菊雪橘
ər 二儿耳而			

说明：[əʔ]中的主要元音的实际发音偏低，但到不了[ʌ]。

（3）声调 7

阴平：	213	高猪粗昏央开抽初飞三
阳平：	24	陈才人麻云穷寒娘鹅文
上声：	324	古纸口女有楚好老展走
阴去：	45	破到菜放案盖抗醉对怕
阳去：	53	淡运帽右大抱社共阵岸
阴入：	ʔ44	瞎热缺黑桌月曲尺切歇
阳入：	ʔ212	席鼻碟白局合服食读俗

20 宋村长子方言音系

（1） 声母 20

p 布伴边被	pʻ 怕皮盘朋	m 门墨木泥	f 飞福冯凡	v 午武晚王
t 帝多夺道	tʻ 太铁统塔	n 脑难暖嫩		l 蓝雷路拉
ts 祖皱走追	tsʻ 采昌翅曹		s 思水师傻	
tɕ 叫举精挤	tɕʻ 去抢齐清	ȵ 女年你宁	ɕ 笑戏虚心	
k 瓜共贵古	kʻ 看考开葵		x 河黑化孩	
ø人安闰生				

（2） 韵母 37

ɿ 支紫世迟	i 祭被题衣	u 部某鼠抱	y 句女雨如
ɑ 爬骂打巴	iɑ 假牙架霞	uɑ 瓜花抓瓦	
ə 歌可河鹅	ie 邪姐夜爷		ye 瘸靴哕
o 波婆磨破		uo 多科课和	
ɑi 台耐才灾		uɑi 拐外坏帅	
ɑo 刀保少剖	iɑo 交小桥条		
ei 非杯美废		uei 卫归亏嘴	
ou 头走宙欧	iou 救刘求肉		
ɑŋ 党昌干安	iɑŋ 项央闲盐	uɑŋ 庄光穿酸	yɑŋ 权选远卷
əŋ 等城坑喷	iŋ 精幸琴金	uŋ 轰中准顿	yŋ 穷勇军闰
ɑʔ 法特辣八	iɑʔ 瞎叶甲鸭	uɑʔ 刷滑刮袜	yɑʔ 爵嚼
əʔ 革磕不各	iəʔ 列业积节	uəʔ 骨活获脱	yəʔ月菊雪橘
ər 二儿耳而			

说明：[iŋ uŋ yŋ]拼零声母时，主要元音与鼻音韵尾之间都有过渡音[ə]。

（3）声调 7

阴平：	212	高猪粗昏央开抽初飞三
阳平：	24	陈才人麻云穷寒娘鹅文
上声：	535	古纸口女有楚好老展走
阴去：	22	破到菜放案盖抗醉对怕
阳去：	42	淡运帽右大抱社共阵岸
阴入：	ʔ33	瞎热缺黑桌月曲尺切歇
阳入：	ʔ212	席鼻碟白局合服食读俗

21 南常长子方言音系

（1） 声母 20

p 布伴边被	p‘ 怕皮盘朋	m 门墨木泥	f 飞福冯凡	v 午武晚王
t 帝多夺道	t‘ 太铁统塔	n 脑难暖嫩		l 蓝雷路拉
ts 祖皱走追	ts‘ 采昌翅曹		s 思水师傻	
tɕ 叫举精挤	tɕ‘ 去抢齐清	ȵ 女年你宁	ɕ 笑戏虚心	
k 瓜共贵古	k‘ 看考开葵		x 河黑化孩	
ø人安闰生				

说明：[ts ts‘ s]的实际音值较北京话靠后一些。

（2） 韵母 37

ʅ 支紫世迟	i 祭被题日	u 部某鼠抱	y 句女雨如
ɑ 爬骂打巴	iɑ 假牙架霞	uɑ 瓜花抓瓦	
ə 歌可河鹅	ie 邪姐夜爷		ye 瘸靴哕
o 波婆磨破		uo 多科课和	
ɑi 台耐才灾		uɑi 拐外坏帅	
ɑo 刀保少剖	iɑo 交小桥条		
ei 非杯美废		uei 卫归亏嘴	
ou 头走宙欧	iou 救刘求肉		
ɑŋ 党昌干安	iɑŋ 项央闲盐	uɑŋ 庄光穿酸	yɑŋ 权选远卷
əŋ 等城坑喷	iŋ 精幸琴金	uŋ 轰中准顿	yŋ 穷勇军闰
ɑʔ 法特辣八	iɑʔ 瞎叶甲鸭	uɑʔ 刷滑刮袜	yɑʔ 爵嚼
əʔ 革磕不各	iəʔ 列业积节	uəʔ 骨活获脱	yəʔ月菊雪橘
ər 二儿耳而			

说明：[uɑi]和[uɑi]的动程较小。

（3）声调 7

阴平：	212	高猪粗昏央开抽初飞三
阳平：	24	陈才人麻云穷寒娘鹅文
上声：	535	古纸口女有楚好老展走
阴去：	22	破到菜放案盖抗醉对怕
阳去：	42	淡运帽右大抱社共阵岸
阴入：	ʔ33	瞎热缺黑桌月曲尺切歇
阳入：	ʔ212	席鼻碟白局合服食读俗

22 琚村$_{长子}$方言音系

（1） 声母 19

p 布伴边被	pʻ 怕皮盘朋	m 门墨木泥	f 飞福冯凡	
t 帝多夺道	tʻ 太铁统塔	n 脑难暖嫩		l 蓝雷路拉
ts 祖皱走追	tsʻ 采昌翅曹		s 思水师傻	
tɕ 叫举精挤	tɕʻ 去抢齐清	ȵ 女年你宁	ɕ 笑戏虚心	
k 瓜共贵古	kʻ 看考开葵		x 河黑化孩	
ø 人安闰晚				

说明：[x]比[k kʻ]的发音部位靠后。

（2） 韵母 37

ɿ 支紫世迟	i 祭被题衣	u 部某鼠抱	y 句女雨如
ɑ 爬骂打巴	iɑ 假牙架霞	uɑ 瓜花抓瓦	
ə 歌可河鹅	ie 邪姐夜爷		ye 瘸靴哕
o 波婆磨破		uo 多科课和	
ɑi 台耐才灾		uɑi 拐外坏帅	
ɑo 刀保少剖	iɑo 交小桥条		
ei 非杯美废		uei 卫归亏嘴	
ou 头走宙欧	iou 救刘求肉		
ɑŋ 党昌干安	iɑŋ 项央闲盐	uɑŋ 庄光穿酸	yɑŋ 权选远卷
əŋ 等城坑喷	iŋ 精幸琴金	uŋ 轰中准顿	yŋ 穷勇军闰
ɑʔ 法特刻辣	iɑʔ 甲叶鸭压	uɑʔ 刷滑刮袜	yɑʔ 月说决雪
əʔ 革磕不各	iəʔ 列业积节	uəʔ 骨活获脱	yəʔ 菊肃橘绿
l̩ 二儿耳而			

说明：[uo]韵母中的[o]的唇形不很圆，近似于略带圆唇的[ə]。

（3）声调 7

阴平：213　高猪粗昏央开抽初飞三

阳平：21　陈才人麻云穷寒娘鹅文

上声：535　古纸口女有楚好老展走

阴去：45　破到菜放案盖抗醉对怕

阳去：53　淡运帽右大抱社共阵岸

阴入：ʔ33　瞎热缺黑桌月曲尺切歇

阳入：ʔ42　席鼻碟白局合服食读俗

23 上村屯留方言音系

（1） 声母 20

p 布伴边被	pʻ 怕皮盘朋	m 门墨木泥	f 飞福冯凡	
t 帝多夺道	tʻ 太铁统塔	n 脑难暖嫩		l 蓝雷路拉
ts 祖皱走追	tsʻ 采昌翅曹		s 思水师傻	
tɕ 叫举精挤	tɕʻ 去抢齐清	ȵ 女年你宁	ɕ 笑戏虚心	
k 瓜共贵古	kʻ 看考开葵		x 河黑化孩	ɣ 安爱昂熬
ø 人微闰晚				

说明：[ts tsʻ s]的发音部位比北京话略靠后。

（2） 韵母 44

ɿ 支紫世迟	i 祭被题米	u 亩部某抱	y 句女雨猪
ɑ 爬骂打巴	iɑ 假牙架霞	uɑ 瓜花抓瓦	
ɤ 歌可河鹅	iɛ 邪姐夜爷		yɛ 瘸靴哕
o 波婆磨破		uo 多科课和	
æ 台耐才灾		uæ 拐外坏帅	
ɔ 刀保少剖	iɔ 交小桥条		
ei 非杯美废		uei 卫归亏嘴	
əu 头走宙欧	iəu 救刘求肉		
ɑn 谈山干安	iɑn 闲减盐浅	uɑn 专狂穿酸	yɑn 权卷玄员
ɑŋ 党昌昂刚	iɑŋ 项央将强	uɑŋ 庄光黄床	
ən 沉喷跟恩	in 琴金心因	un 昆棍准顿	yn 云熏军闰
əŋ 等朋城坑	iŋ 精幸应清	uŋ 轰中虫共	yŋ 穷勇荣窘
ɑʔ 法特刻辣	iɑʔ 甲叶压鸭	uɑʔ 刷滑刮说	yɑʔ 月决雪绝
əʔ 革磕不各	iəʔ 列业积节	uəʔ 骨活竹国	yəʔ 菊肃橘绿
l̩ 二儿耳而			

说明：[iŋ uŋ yŋ]拼零声母时，主要元音与鼻音韵尾之间都有过渡音[ə]。

（3）声调 6

阴平：	313	高猪粗昏央开抽初飞三
阳平去：	13	陈才人麻娘鹅文大抱社
上声：	534	古纸口女有楚好老展走
去声：	53	破到菜放案盖抗醉对怕
阴入：	ʔ45	瞎缺黑桌曲尺切月热腊
阳入：	ʔ54	席鼻碟白局合服读杂十

24 黄崖洞黎城方言音系

（1） 声母 19

p 布伴边被	pʻ 怕皮盘朋	m 门墨木泥	f 飞福冯凡	
t 帝多夺道	tʻ 太铁统塔	n 脑难暖嫩		l 蓝雷路拉
ts 祖皱走追	tsʻ 采昌翅曹		s 思水师傻	
tɕ 叫举精挤	tɕʻ 去抢齐清	ȵ 女年你宁	ɕ 笑戏虚心	
k 瓜共贵古	kʻ 看考开葵		x 河黑化孩	
∅人安闰晚				

说明：[x]比[k kʻ]的发音部位靠后。

（2） 韵母 40

ɿ 支紫世迟	i 祭被题米	u 部某鼠抱	y 句女雨如
ɑ 爬骂打巴	iɑ 假牙架霞	uɑ 瓜花抓瓦	
ə 歌可河鹅	ie 邪姐夜爷		ye 瘸靴哕
o 波婆磨破		uo 多科课和	
ɑi 台耐才灾		uɑi 拐外坏帅	
ɑo 刀保少剖	iɑo 交小桥条		
ei 非杯美废		uei 卫归亏嘴	
ou 头走宙欧	iou 救刘求肉		
æ 谈山干安	iᴇ 闲减盐浅	uæ 专狂穿酸	yᴇ 权卷玄员
ɑŋ 党昌昂刚	iɑŋ 项央将强	uɑŋ 庄光黄床	
əŋ 等城喷跟	iəŋ 精幸金心	uəŋ 轰中准顿	yŋ 穷勇熏军
ɑʔ 法特刻辣	iɑʔ 甲叶压鸭	uɑʔ 刷滑刮袜	yɑʔ 月说决雪
əʔ 革磕不各	iəʔ 列业积节	uəʔ 骨活获脱	yəʔ 菊肃橘绿
l̩ 二儿耳而			

说明：[əŋ]中的[ə]略高，[uəŋ]中的[ə]略后，圆唇，接近于[ʊ]。

（3）声调 6

阴平：	213	高猪粗昏央开抽初飞三
阳平去：	53	陈才人麻娘鹅文大抱社
上声：	535	古纸口女有楚好老展走
去声：	353	破到菜放案盖抗醉对怕
阴入：	ʔ22	瞎缺黑桌曲尺切歇秃福
阳入：	ʔ53	席鼻碟白局合服月热腊

25 东阳关黎城方言音系

（1） 声母 19

p 布伴边被	pʻ 怕皮盘朋	m 门墨木泥	f 飞福冯凡	
t 帝多夺道	tʻ 太铁统塔	n 脑难暖嫩		l 蓝雷路拉
tʂ 祖皱走追	tʂʻ 采昌翅曹		ʂ 思水师傻	
tɕ 叫举精知	tɕʻ 去车齐清	ȵ 女年你宁	ɕ 笑戏虚蛇	
k 瓜共贵古	kʻ 看考开葵		x 河黑化孩	
ø 人安闰晚				

说明：[tʂ tʂʻ ʂ]的发音部位比北京话略靠后。

（2） 韵母 42

ʅ 支紫世迟	i 祭被题米	u 亩部某抱	y 句女雨书
ɑ 爬骂打巴	iɑ 假牙架霞	uɑ 瓜花瓦撒	
ə 歌可河鹅	iə 邪姐夜蛇		yə 瘸靴哕
o 波婆磨破		uo 多科课和	
ɛ 台耐才灾		uɛ 拐外坏帅	
ɑo 刀保少剖	iɑo 交小桥条		
ei 杯美沉喷		uei 嘴卫准顿	
ou 头走宙欧	iou 救刘求肉		
æ 谈山干安	iæ 闲减盐浅	uæ 专狂穿酸	yæ 权卷玄员
ɑŋ 党昌昂刚	iɑŋ 项央将强	uɑŋ 庄光黄床	
	in 琴金心因		yn 云熏军闰
əŋ 等朋城坑	iŋ 精幸应清	uŋ 轰中虫共	yŋ 穷勇荣窘
ʌʔ 法特刻辣	iʌʔ 甲叶鸭压	uʌʔ 刷滑刮袜	yʌʔ 月说决雪
əʔ 革磕不各	iəʔ 列业积节	uəʔ 骨活获脱	yəʔ 菊肃橘绿
ər 二儿耳而			

说明：[iŋ uŋ yŋ]拼零声母时，主要元音与鼻音韵尾之间都有过渡音[ə]。

（3）声调 6

阴平：	33	高猪粗昏央开抽初飞三
阳平去：	53	陈才人麻娘鹅文大抱社
上声：	535	古纸口女有楚好老展走
去声：	353	破到菜放案盖抗醉对怕
阴入：	ʔ33	瞎缺黑桌曲尺切歇秃福
阳入：	ʔ312	席鼻碟白局合服月热腊

说明：去声的实际调值为 343，为醒目起见记作 353。

26 店上潞城方言音系

（1） 声母 20

p 布伴边被	pʻ 怕皮盘朋	m 门墨木泥	f 飞福冯凡	v 午武晚王
t 帝多夺道	tʻ 太铁统塔	n 脑难暖嫩		l 蓝雷路拉
ts 祖皱走追	tsʻ 采昌翅曹		s 思水师傻	
tɕ 姐叫举竹	tɕʻ 去抢齐出	ȵ 女年你宁	ɕ 笑戏虚术	
k 瓜共贵古	kʻ 看考开葵		x 河黑化孩	
ø 人安闰生				

（2） 韵母 44

ɿ 支紫世迟	i 祭被题衣	u 亩部某抱	y 句女雨书
ɑ 爬骂打巴	iɑ 假牙架霞	uɑ 瓜花瓦撒	
ə 歌可河鹅	ie 邪姐夜爷		ye 瘸靴唠倔
ɤ 波婆磨破		uo 多科课和	
ɑi 台耐才灾		uɑi 拐外坏帅	
ɑo 刀保少剖	iɑo 交小桥条		
ei 杯美废非		uei 嘴卫归亏	
ou 头走宙欧	iou 救刘求肉		
ɑn 谈山干安	iɑn 闲减盐浅	uɑn 专狂穿酸	yɑn 权卷玄员
ɑŋ 党昌昂刚	iɑŋ 项央将强	uɑŋ 庄光黄床	
ən 沉喷跟恩	in 琴金心因	un 昆棍准顿	yn 云熏军闰
əŋ 等朋城坑	iŋ 精幸应清	uŋ 轰中虫共	yŋ 穷勇荣窘
ʌʔ 法特刻辣	iʌʔ 甲叶涉压	uʌʔ 刷滑刮袜	yʌʔ 月说决雪
əʔ 革磕不各	iəʔ 列业积质	uəʔ 骨活获脱	yəʔ 菊肃橘竹
ər 二儿耳而			

说明：[iŋ uŋ yŋ]拼零声母时，主要元音与鼻音韵尾之间都有过渡音[ə]。

（3）声调 7

阴平：	213	高猪粗昏央开抽初飞三
阳平：	24	陈才人麻云穷寒娘鹅文
上声：	535	古纸口女有楚好老展走
阴去：	44	破到菜放案盖抗醉对怕
阳去：	53	淡运帽右大抱社共阵岸
阴入：	ʔ213	瞎热缺黑桌月曲尺切歇
阳入：	ʔ53	席鼻碟白局合服食读俗

27 辛安泉潞城方言音系

（1） 声母 19

p 布伴边被	pʻ 怕皮盘朋	m 门墨木泥	f 飞福冯凡	
t 帝多夺道	tʻ 太铁统塔	n 脑难暖嫩		l 蓝雷路拉
ts 祖皱走追	tsʻ 采昌翅曹		s 思水师傻	
tɕ 叫举制哲	tɕʻ 去出齐迟	ȵ 女年你宁	ɕ 笑戏虚舌	
k 瓜共贵古	kʻ 看考开葵		x 河黑化孩	
ø 人安闰晚				

说明：[x]比[k kʻ]的发音部位靠后。

（2） 韵母 44

ɿ 支紫世迟	i 祭被题制	u 亩部某抱	y 句女雨猪
ɑ 爬骂打巴	iɑ 假牙架霞	uɑ 瓜花抓瓦	
ə 歌可河鹅	ie 邪姐夜蛇		ye 瘸靴哕
o 波婆磨破		uo 多科课和	
ɑi 台耐才灾		uɑi 拐外坏帅	
ɑo 刀保少剖	iɑo 交小桥条		
ei 杯美非飞		uei 嘴卫归盔	
ou 头走宙欧	iou 救刘求肉		
æ 谈山干安	iæ 闲减盐浅	uæ专狂穿酸	yæ 权卷玄员
ɑŋ 党昌昂刚	iɑŋ 项央将强	uɑŋ 庄光黄床	
ən 沉喷跟恩	in 琴金心因	un 昆棍准顿	yn 云熏军闰
əŋ 等朋城坑	iŋ 精幸应清	uŋ 轰中虫共	yŋ 穷勇荣窘
ʌʔ 法特刻渴	iʌʔ 甲叶压彻	uʌʔ 刷滑刮袜	yʌʔ月决雪说
əʔ 革质不各	iəʔ 列业积质	uəʔ 骨获国屋	yəʔ菊肃橘竹
ər 二儿耳而			

说明：[ɑo]和[iɑo]的动程较小。

（3）声调 7

阴平：	11	高猪粗昏央开抽初飞三
阳平：	24	陈才人麻云穷寒娘鹅文
上声：	535	古纸口女有楚好老展走
阴去：	44	破到菜放案盖抗醉对怕
阳去：	53	淡运帽右大抱社共阵岸
阴入：	ʔ33	瞎缺黑桌曲尺切月热腊
阳入：	ʔ31	席鼻碟白局合服食读俗

28 龙溪平顺方言音系

（1） 声母 21

p 布伴边被	p‘ 怕皮盘朋	m 门墨木泥	f 飞福冯凡	
t 帝多夺道	t‘ 太铁统塔	n 脑难暖嫩		l 蓝雷路拉
ts 祖皱走追	ts‘ 采昌翅曹		s 思水师傻	
tɕ 尖精挤酒	tɕ‘ 妻秋切齐		ɕ 修西血星	
c 见经甲九	c‘ 旗掐区茄		ç 虚溪歇香	
k 瓜共贵古	k‘ 看考开葵		x 河黑化孩	
ø 人安闰晚				

（2） 韵母 44

ɿ 支紫世迟	i 祭被题米	u 部某鼠抱	y 句女雨如
ɑ 爬骂打巴	iɑ 假牙架霞	uɑ 瓜花抓瓦	
ə 歌可河鹅	ie 邪姐夜爷		ye 瘸靴哕
o 波婆磨破		uo 多科课和	
ɑi 台耐才灾		uɑi 拐外坏帅	
ɑo 刀保少剖	iɑo 交小桥条		
ei 杯美废门		uei 嘴卫归亏	
ou 头走宙欧	iou 救刘求肉		
ɛ̃ 谈山干安	iɛ̃ 闲减盐浅	uɛ̃ 专狂穿酸	yɛ̃ 权卷玄员
ɑŋ 党昌昂刚	iɑŋ 项央将强	uɑŋ 庄光黄床	
ən 沉恳跟恩	in 琴金心人	uən 昆棍准顿	yn 云熏军闰
əŋ 等朋城坑	iŋ 精幸应清	uŋ 轰中虫共	yŋ 穷勇荣窘
ʌʔ 法特辣八	iʌʔ 瞎叶压涉	uʌʔ 刷滑刮袜	yʌʔ 爵嚼
əʔ 革磕不各	iəʔ 列业积哲	uəʔ 骨活获脱	yəʔ 月菊雪橘
l̩ 二儿耳而			

（3）声调 7

阴平：	212	高猪粗昏央开抽初飞三
阳平：	243	陈才人麻云穷寒娘鹅文
上声：	424	古纸口女有楚好老展走
阴去：	353	破到菜放案盖抗醉对怕
阳去：	53	淡运帽右大抱社共阵岸
阴入：	ʔ22	瞎缺黑桌曲尺切歇七秃
阳入：	ʔ243	席鼻碟白局合服月热腊

29 豆峪平顺方言音系

（1） 声母 19

p 布伴边被	pʻ 怕皮盘朋	m 门墨木泥	f 飞福冯凡	
t 帝多夺道	tʻ 太铁统塔	n 脑难暖嫩		l 蓝雷路拉
ts 祖皱走追	tsʻ 采昌翅曹		s 思水师傻	
tɕ 叫举制哲	tɕʻ 去出齐迟	ȵ 女年你宁	ɕ 笑戏虚舌	
k 瓜共贵古	kʻ 看考开葵		x 河黑化孩	
ø 人安闰晚				

说明：[ts tsʻ s]的发音部位比北京话略靠后。

（2） 韵母 44

ɿ 支紫世迟	i 祭被题制	u 亩部某抱	y 句女雨猪
ɑ 爬骂打巴	iɑ 假牙架霞	uɑ 瓜花抓瓦	
ə 歌可河鹅	ie 邪姐夜蛇		ye 瘸靴哕
o 波婆磨破		uo 多科课和	
ɑi 台耐才灾		uɑi 拐外坏帅	
ɑo 刀保少剖	iɑo 交小桥条		
ei 杯美非飞		uei 嘴卫归盔	
ou 头走宙欧	iou 救刘求肉		
ɑn 谈山干安	iɑn 闲减盐浅	uɑn 专狂穿酸	yɑn 权卷玄员
ɑŋ 党昌昂刚	iɑŋ 项央将强	uɑŋ 庄光黄床	
ən 沉喷跟恩	in 琴金心因	un 昆棍准顿	yn 云熏军闰
əŋ 等朋城坑	iŋ 精幸应清	uŋ 轰中虫共	yŋ 穷勇荣窘
ɑʔ 法特刻渴	iɑʔ 甲叶压彻	uɑʔ 刷滑刮袜	yɑʔ 月决雪说
əʔ 革质不各	iəʔ 列业积质	uəʔ 骨获国屋	yəʔ 菊肃橘竹
l̩ 二儿耳而			

说明：[iŋ uŋ yŋ]拼零声母时，主要元音与鼻音韵尾之间都有过渡音[ə]。

（3）声调 7

阴平：33	高猪粗昏央开抽初飞三
阳平：13	陈才人麻云穷寒娘鹅文
上声：535	古纸口女有楚好老展走
阴去：353	破到菜放案盖抗醉对怕
阳去：53	淡运帽右大抱社共阵岸
阴入：ʔ33	瞎缺黑桌曲尺切月热腊
阳入：ʔ53	席鼻碟白局合服食读俗

说明：阴去的实际音值为 343，为醒目起见记作 353。

30 上港平顺方言音系

（1） 声母 19

p 布伴边被	pʻ 怕皮盘朋	m 门墨木泥	f 飞福冯凡	
t 帝多夺道	tʻ 太铁统塔	n 脑难暖嫩		l 蓝雷路拉
ts 祖皱走追	tsʻ 采昌翅曹		s 思水师傻	
tɕ 叫举制哲	tɕʻ 去出齐迟	ȵ 女年你宁	ɕ 笑戏虚舌	
k 瓜共贵古	kʻ 看考开葵		x 河黑化孩	
ø 人安闰晚				

（2） 韵母 42

ɿ 支紫世迟	i 祭被题米	u 亩部某抱	y 句女雨猪
ɑ 爬骂打巴	iɑ 假牙架霞	uɑ 瓜花抓瓦	
ə 歌可河鹅	ie 邪姐夜蛇		ye 瘸靴哕
o 波婆磨破		uo 多科课和	
ɑi 台耐才灾		uɑi 拐外坏帅	
ɑo 刀保少剖	iɑo 交小桥条		
ei 杯美跟门		uei 嘴卫准顿	
ou 头走宙欧	iou 救刘求肉		
ɑn 谈山干安	iɑn 闲减盐浅	uɑn 专狂穿酸	yɑn 权卷玄员
ɑŋ 党昌昂刚	iɑŋ 项央将强	uɑŋ 庄光黄床	
	in 琴金心人		yn 云熏军闰
əŋ 等朋城坑	iŋ 精幸应清	uŋ 轰中虫共	yŋ 穷勇荣窘
ʌʔ 法特刻渴	iʌʔ 甲叶压彻	uʌʔ 刷滑刮袜	yʌʔ 月决雪说
əʔ 革质不各	iəʔ 列业积质	uəʔ 骨获国屋	yəʔ 菊肃橘竹
ɭ 二儿耳而			

说明：[iŋ uŋ yŋ]拼零声母时，主要元音与鼻音韵尾之间都有过渡音[ə]。

（3）声调 7

阴平：213　　高猪粗昏央开抽初飞三

阳平：33　　陈才人麻云穷寒娘鹅文

上声：535　　古纸口女有楚好老展走

阴去：243　　破到菜放案盖抗醉对怕

阳去：53　　淡运帽右大抱社共阵岸

阴入：ʔ33　　瞎缺黑桌曲尺切歇七秃

阳入：ʔ312　　席鼻碟白局合服月热腊

31 百尺壶关方言音系

（1） 声母 19

p 布伴边被	pʻ 怕皮盘朋	m 门墨木泥	f 飞福冯凡	
t 帝多夺道	tʻ 太铁统塔	n 脑难暖嫩		l 蓝雷路拉
tʂ 祖皱走追	tʂʻ 采昌翅曹		ʂ 思水师傻	
tɕ 叫举精知	tɕʻ 去强齐清	ȵ 女年你宁	ɕ 笑戏虚先	
k 瓜共贵古	kʻ 看考开葵		x 河黑化孩	
ø 人安闰晚				

说明：[tʂ tʂʻ ʂ]的发音部位较北京话稍靠前一些。

（2） 韵母 42

ɿ 支紫世迟	i 祭被题知	u 猪部某抱	y 句女雨如
ɑ 爬骂打巴	iɑ 假牙架霞	uɑ 瓜花抓瓦	
ə 歌可河鹅	iɛ 邪姐夜蛇		yɛ 瘸靴唠
o 波婆磨破		uo 多科课和	
ɑi 台耐才灾		uɑi 拐外坏帅	
ɑo 刀保少剖	iɑo 交小桥条		
ei 杯美非飞		uei 嘴卫归盔	
ou 头走宙欧	iou 救刘求肉		
ɑn 谈山干安		uɑn 专狂穿酸	
ɑŋ 党昌昂刚	iɑŋ 项央将强	uɑŋ 庄光黄床	
ən 沉喷跟恩	in 琴金盐浅	un 昆棍准顿	yn 云熏卷玄
əŋ 等朋城坑	iŋ 精幸应清	uŋ 轰中虫共	yŋ 穷勇荣窘
aʔ 法特刻渴	iaʔ 甲叶压鸭	uaʔ 刷滑刮袜	yaʔ 月决雪嚼
əʔ 革质不各	iəʔ 列业积节	uəʔ 骨获竹出	yəʔ 菊肃橘绿
ḷ 二儿耳而			

说明：[ɑi]和[uɑi]的动程较小。

（3）声调 7

阴平：	213	高猪粗昏央开抽初飞三
阳平：	11	陈才人麻云穷寒娘鹅文
上声：	535	古纸口女有楚好老展走
阴去：	343	破到菜放案盖抗醉对怕
阳去：	53	淡运帽右大抱社共阵岸
阴入：	ʔ33	瞎缺黑桌曲尺切月热腊

阳入：ʔ31　　席鼻碟白局合服读杂十

32 树掌壶关方言音系

（1）声母 25

p 布伴边被	pʻ 怕皮盘朋	m 门墨木泥	f 飞福冯凡	
t 帝多夺道	tʻ 太铁统塔	n 脑难暖嫩		l 蓝雷路拉
tʃ 祖皱走追	tʃʻ 采昌沉曹		ʃ 思水师上	
ts 尖精挤酒	tsʻ 妻秋切齐		s 修西血星	
tɕ 制直知质	tɕʻ 车彻尺斥	ȵ 女年你宁	ɕ 勺蛇石十	
c 见经甲九	cʻ 旗掐区茄		ç 虚溪歇香	
k 瓜共贵古	kʻ 看考开葵		x 河黑化孩	
∅ 人安闰晚				

说明：[x]比[k kʻ]的发音部位偏后。

（2）韵母 38

ɿ 支紫世迟	i 祭被题制	u 猪部某抱	y 句女雨如
ɒ 爬骂南缠	iɒ 假牙架霞	uɒ 瓜花瓦转	
ə 歌可河鹅	ie 邪姐夜蛇		ye 瘸靴哕
o 波婆磨破		uo 多科课和	
ɑi 台耐才灾		uɑi 拐外坏帅	
ɑo 刀保少剖	iɑo 交小桥条		
ei 杯美沉喷		uei 嘴卫准顿	
ou 头走宙欧	iou 救刘求肉		
	iei 闲减心因		yei 权卷军闰
ɑŋ 党昌昂刚	iɑŋ 项央将强	uɑŋ 庄光黄床	
əŋ 等朋城坑	iŋ 精幸应清	uŋ 轰中虫共	yŋ 穷勇荣窘
ʌʔ 法特刻渴	iʌʔ 甲叶压彻	uʌʔ 刷滑刮袜	yʌʔ 月决雪绝
əʔ 革质不各	iəʔ 列业积质	uəʔ 骨获竹说	yəʔ 菊肃橘绿
l̩ 二儿耳而			

说明：[iŋ uŋ yŋ]拼零声母时，主要元音与鼻音韵尾之间都有过渡音[ə]。

（3）声调 7

阴平：213　　高猪粗昏央开抽初飞三

阳平：53　　陈才人麻云穷寒娘鹅文

上声：535　　古纸口女有楚好老展走

阴去：353　　破到菜放案盖抗醉对怕

阳去：31　　淡运帽右大抱社共阵岸
阴入：ʔ33　　瞎缺黑桌曲尺切歇七秃
阳入：ʔ353　　席鼻碟白局合服月热腊

33 涌泉武乡方言音系

（1） 声母 21

p 布伴边被　p' 怕皮盘朋　m 门墨木泥　f 飞福冯凡
t 帝多夺道　t' 太铁统塔　n 脑暖你女　l 蓝雷路拉
ts 祖皱走追　ts' 采昌齐曹　s 思水师虚　z 闰人疑鱼
tɕ 叫者今节　tɕ' 抢车前琴　ȵ 年宁您念　ɕ 笑舍香先
k 瓜共贵古　k' 看考开葵　x 河黑化孩　ŋ 安爱昂熬
ø 云运应阴

说明：[ts ts' s]的发音部位较北京话靠后。

（2） 韵母 38

ɿ 支紫鸡低　u 树肚部鼠　ʮ 举女区虚
ɑ 爬骂打巴　iɑ 假牙架霞　uɑ 瓜花抓瓦
ə 歌可河鹅　ie 邪姐夜车　ye 瘸靴哕倔
ɤ 波婆磨破　uo 多科黄床
ɑi 台耐才灾　uɑi 拐外坏帅
ɔ 刀保少剖　iɔ 交小桥条
ei 杯美废非　uei 嘴卫归亏
əu 头走宙欧　iəu 救刘求肉
æ 谈山干安　iæ 闲减盐浅　uæ 专狂穿酸　yæ 权卷玄员
ɔ̃ 党昌昂刚　iɔ̃ 项央将强
əŋ 等朋沉喷　iŋ 精幸琴金　uŋ 轰中准顿　yŋ 穷勇军云
ɑʔ 法特刻涉　iɑʔ 甲叶压恰　uɑʔ 刷滑刮袜　yɑʔ 月决雪缺
əʔ 革质不各　iəʔ 列业积笔　uəʔ 骨获说竹　yəʔ 菊肃橘绿
ər 二儿耳而

（3）声调 5

平声：33　　高猪粗昏央穷寒娘鹅文
上声：213　　古纸口女有楚好老展走
去声：55　　破到菜放案抱社共阵岸
阴入：ʔ33　　瞎热缺黑桌曲尺热月腊
阳入：ʔ423　　席鼻碟白局合服食读俗

34 韩北武乡方言音系

（1）　声母 22

p 布伴边被	pʻ 怕皮盘朋	m 门墨媒木	f 飞福冯凡	v 午武晚王
t 帝多夺道	tʻ 太铁统塔	n 脑你女年		l 蓝雷路拉
ts 祖皱走追	tsʻ 采昌齐曹		s 思水师虚	z 闰人疑鱼
tɕ 叫者今节	tɕʻ 抢车前琴	ȵ 宁您哑凝	ɕ 笑舍香先	
k 瓜共贵古	kʻ 看考开葵		x 河黑化孩	ŋ 安爱昂熬
ø 云运应阴				

说明：[x]比[k kʻ ŋ]的发音部位靠后。

（2）　韵母 37

ɿ 支紫鸡低	i 姐夜爷借	u 树肚部鼠	ʮ 举女区虚
ɑ 爬骂打巴	iɑ 假牙架霞	uɑ 瓜花抓瓦	
ə 歌可河鹅	ie 车蛇社者		ye 瘸靴唠倔
o 波婆磨破		uo 多科课和	
ɛ 台耐才灾		uɛ 拐外坏帅	
ɔ 刀保少剖	iɔ 交小桥条		
ei 杯美盐浅		uei 嘴归卷玄	
əu 头走宙欧	iəu 救刘求肉		
æ 谈山干安		uæ 专狂穿酸	
ɔ̃ 党昌庄光	iɔ̃ 项央将强		
əŋ 等朋沉喷	iəŋ 精幸琴金	uəŋ 轰中准顿	yŋ 穷勇军云
ʌʔ 法特刻涉	iʌʔ 甲叶压恰	uʌʔ 刷滑刮袜	yʌʔ 月决雪缺
əʔ 革质不各	iəʔ 列业积笔	uəʔ 骨获说竹	yəʔ 菊肃橘绿
ər 二儿耳而			

（3）声调 6

阴平：	33	高猪粗昏央开抽初飞三
阳平：	112	陈才人麻云穷寒娘鹅文
上声：	213	古纸口女有楚好老展走
去声：	55	破到菜放案抱社共阵岸
阴入：	ʔ33	瞎热缺黑桌曲尺切歇福
阳入：	ʔ423	席鼻碟白局合服热月腊

35 新店沁县方言音系

（1） 声母 21

p 布伴边被	p‘ 怕皮盘朋	m 门墨木<u>媒</u>	f 飞福冯凡	
t 帝多夺道	t‘ 太铁统塔	n 脑暖泥女		l 蓝雷路拉
ts 祖皱走追	ts‘ 采昌齐曹		s 思水师虚	z 闰人疑鱼
tɕ 叫者今节	tɕ‘ 抢车前琴	ȵ 年宁您念	ɕ 笑蛇香先	
k 瓜共贵古	k‘ 看考开葵		x 河黑化孩	ŋ 安爱昂熬
ø 云运应阴				

（2） 韵母 38

ɿ 支紫鸡低		u 树肚部鼠	y 救刘求有
			ʮ 举女区虚
ɑ 爬骂打巴	iɑ 假牙架霞	uɑ 瓜花抓瓦	
ə 歌可河鹅	ie 邪姐夜车		ye 瘸靴哕
ɤ 波婆磨破		uo 多科课和	
ɛ 台耐才灾		uɛ 拐外坏帅	
o 刀保少剖	io 交小桥条		
ei 杯美废非		uei 嘴归卷玄	
ou 头走宙欧			
ɛ̃ 谈山干安	ɪ 闲减盐浅	uɛ̃ 专狂穿酸	
ɔ̃ 党昌昂刚	iɔ̃ 项央将强	uɔ̃ 庄光黄床	
əŋ 等朋沉喷	iŋ 精幸琴金	uəŋ 轰中准顿	yŋ 穷勇军云
aʔ 法特刻涉	iaʔ 甲叶压恰	uaʔ 刷滑刮袜	yaʔ 月决雪缺
əʔ 革质不各	iəʔ 列业积笔	uəʔ 骨获说竹	yəʔ 菊肃橘绿
ər 二儿耳而			

（3）声调 5

阴平上：213	高猪粗昏央楚好老展走
阳平：33	陈才人麻云穷寒娘鹅文
去声：54	破到菜放案抱社共阵岸
阴入：ʔ33	瞎热缺黑桌曲尺热月腊
阳入：ʔ213	席鼻碟白局合服食读俗

36 南涅水沁县方言音系

（1） 声母 21

p 布伴边被	p‘ 怕皮盘朋	m 门墨木<u>媒</u>	f 飞福冯凡

t 帝多夺道 tʻ 太铁统塔 n 脑暖泥女 l 蓝雷路拉
ts 祖皱走追 tsʻ 采昌齐曹 s 思水师虚 z 闰人疑鱼
tɕ 叫者今节 tɕʻ 抢车前琴 ȵ年宁您念 ɕ 笑蛇香先
k 瓜共贵古 kʻ 看考开葵 x 河黑化孩 ŋ安爱昂熬
ø 云运应阴

（2） 韵母 38

ɿ 支紫鸡低 u 树肚部鼠 ʮ 举女区虚
ɑ 爬骂打巴 iɑ 假牙架霞 uɑ 瓜花抓瓦
ə 歌可河鹅 iɛ 邪姐夜车 yɛ 瘸靴哕
ɤ 波婆磨破 uə 多课庄光
ɛ 台耐才灾 uɛ 拐外坏帅
o 刀保少剖 io 交小桥条
ei 杯美废非 uei 嘴卫归亏
ou 头走宙欧 iou 救刘求肉
æ 谈山干安 iei 闲减盐浅 uæ 专狂穿酸 yei 权卷玄员
ɔ̃ 党昌昂刚 iɔ̃ 项央将强
əŋ 等朋沉喷 iŋ 精幸琴金 uəŋ 轰中准顿 yŋ 穷勇军云
ʌʔ 法特刻涉 iʌʔ 甲叶压恰 uʌʔ 刷滑刮袜 yʌʔ月决雪缺
əʔ 革质不各 iəʔ 列业积笔 uəʔ 骨获说竹 yəʔ菊肃橘绿
ər 二儿耳而

（3）声调 6

阴平：213 高猪粗昏央开抽初飞三
阳平：33 陈才人麻云穷寒娘鹅文
上声：535 古纸口女有楚好老展走
去声：53 破到菜放案抱社共阵岸
阴入：ʔ33 瞎热缺黑桌曲尺热月腊
阳入：ʔ213 席鼻碟白局合服食读俗

37 上马襄垣方言音系

（1） 声母 21

p 布伴边被 pʻ 怕皮盘朋 m 门墨媒木 f 飞福冯凡 v 午武晚王
t 帝多夺道 tʻ 太铁统塔 n 脑南能内 l 蓝雷路拉
ts 祖皱走追 tsʻ 采昌齐曹 s 思水师虚 z 闰人远演
tɕ 叫今挤节 tɕʻ 抢齐前琴 ȵ宁您女年 ɕ 笑戏香先

k 瓜共贵古	k' 看考开葵		x 河黑化孩	
ø 昂运应阴				

（2） 韵母 38

ɿ 支紫齿时	i 提比米挤	u 树肚部鼠	y 句女雨俱
ɑ 爬骂打巴	iɑ 假牙架霞	uɑ 瓜花抓瓦	
ə 歌可河鹅	ie 邪姐夜爷		ye 瘸靴哕倔
ɤ 波婆磨破		uo 多科课和	
ɛ 台耐才灾		uɛ 拐外坏帅	
ɑo 刀保少剖	iɑo 交小桥条		
ei 杯美盐浅		uei 嘴归卷玄	
ou 头走宙欧	iou 救刘求肉		
æ 谈山干安		uæ 专狂穿酸	
ɔ̃ 党昌昂刚	iɔ̃ 项央将强	uɔ̃ 庄光黄床	
əŋ 等朋沉喷	iŋ 精幸琴金	uŋ 轰中准顿	yŋ 穷勇军云
ʌʔ 法特辣八	iʌʔ 瞎叶压鸭	uʌʔ 刷滑刮袜	yʌʔ 爵嚼
əʔ 革磕不各	iəʔ 列业积洁	uəʔ 骨活获脱	yəʔ 月菊雪橘
ər 二儿耳而			

说明：[iŋ uŋ yŋ]拼零声母时，主要元音与鼻音韵尾之间都有过渡音[ə]。

（3）声调 6

阴平：33	高猪粗昏央开抽初飞三
阳平：31	陈才人麻云穷寒娘鹅文
上声：213	古纸口女有楚好老展走
去声：54	破到菜放案抱社共阵岸
阴入：ʔ33	瞎热缺黑桌曲尺热月腊
阳入：ʔ213	席鼻碟白局合服食读俗

38 西营襄垣方言音系

（1） 声母 20

p 布伴边被	p' 怕皮盘朋	m 门墨媒木	f 飞福冯凡	
t 帝多夺道	t' 太铁统塔	n 脑暖能内		l 蓝雷路拉
ts 祖低挤追	ts' 采昌齐曹		s 思水师戏	z 闰人入仍
tɕ 叫今精节	tɕ' 抢强前琴	ȵ 宁您年女	ɕ 笑兴香先	
k 瓜共贵古	k' 看考开葵		x 河黑化孩	
ø 昂运应晚				

（2） 韵母 40

ʅ 支紫鸡低	i 李比米泥	u 树肚部鼠	y 举女区虚
ɑ 爬骂打巴	iɑ 假牙架霞	uɑ 瓜花抓瓦	
ə 歌可河蛇	ie 邪姐夜爷		ye 瘸靴哕
o 波婆磨破		uo 多科课和	
ɑi 台耐才灾		uɑi 拐外坏帅	
ɑo 刀保少剖	iɑo 交小桥条		
ei 杯美废非		uei 嘴卫归亏	
ou 头走宙欧	iou 救刘求肉		
æ 谈山干安	iei 闲减盐浅	uæ 专狂穿酸	yei 权卷玄员
ɑŋ 党昌昂刚	iɑŋ 项央将强	uɑŋ 庄光黄床	
əŋ 等朋沉喷	iŋ 精幸琴金	uŋ 轰中准顿	yŋ 穷勇军云
ɑʔ 法特刻涉	iɑʔ 甲叶压恰	uɑʔ 刷滑刮袜	yɑʔ 爵嚼
əʔ 革质不各	iəʔ 列业积笔	uəʔ 骨获说竹	yəʔ肃橘绿月
ər 二儿耳而			

说明：① [iŋ uŋ yŋ]拼零声母时，主要元音与鼻音韵尾之间都有过渡音[ə]。②[ɑo]和[iɑo]的动程较小。

（3）声调 6

阴平：33	高猪粗昏央开抽初飞三
阳平：21	陈才人麻云穷寒娘鹅文
上声：213	古纸口女有楚好老展走
去声：54	破到菜放案抱社共阵岸
阴入：ʔ33	瞎热缺黑桌曲尺热月腊
阳入：ʔ54	席鼻碟白局合服食读俗

39 景凤沁源方言音系

（1） 声母 25

p 布伴边被	pʻ 怕皮盘朋	m 门墨木每	f 飞福冯凡	v 午武晚王
t 帝多夺道	tʻ 太铁统塔	n 脑难暖嫩		l 蓝雷路拉
ts 祖站追鸡	tsʻ 采昌翅取		s 思戏师傻	z 鱼以疑雨
tʂ 知张真质	tʂʻ 超缠彻称		ʂ 深湿商勺	ʐ 闰人日仍
tɕ 姐叫脚今	tɕʻ 抢齐请琴	ȵ 年宁您碾	ɕ 笑兴心训	
k 瓜共贵古	kʻ 看考开葵		x 河黑化孩	
ø 昂运应安				

说明：[x]比[k k‘]的发音部位靠后。

（2） 韵母 38

ɿ 紫瓷梯鸡	i 邪姐夜爷	u 部鼠肚裤	ɥ 鱼举区女
ʅ 支迟世齿			
ʅɤ 车蛇者射			
ɒ 爬骂党昌	iɒ 假牙央将	uɒ 瓜花庄光	
ə 歌可河鹅			ye 瘸靴哕倔
	iɤ 波婆磨破	uo 多科课和	
ɑi 台耐才灾		uɑi 拐外坏帅	
ɑo 刀保少剖	iɑo 交小桥条		
ei 杯美废非		uei 嘴卫归亏	
ou 头走宙欧	iou 救刘流求		
æ 谈山干安	iæ 闲减盐浅	uæ 专狂穿酸	yæ 权卷玄员
əŋ 人喷城坑	iŋ 精幸心因	uŋ 轰虫准顿	yŋ 穷勇熏军
ɑʔ 法特刻涉	iɑʔ 甲叶压恰	uɑʔ 刷滑刮袜	yɑʔ 月决雪缺
əʔ 革质不各	iəʔ 列业积笔	uəʔ 骨获脱竹	yəʔ 菊肃橘绿
ər 二儿耳而			

说明：[iŋ uŋ yŋ]拼零声母时，主要元音与鼻音韵尾之间都有过渡音[ə]。

（3）声调 5

平声： 33　　高猪粗昏央穷寒娘鹅文

上声： 212　　古纸口女有楚好老展走

去声： 21　　破到菜放案抱社共阵岸

阴入： ʔ3　　瞎热缺黑桌月曲尺切歇

阳入：ʔ12　　席鼻碟白局合服食读俗

40 王和沁源方言音系

（1） 声母 26

p 布伴边被	p‘ 怕皮盘朋	m 门墨木每	f 飞福冯凡	
t 帝多夺道	t‘ 太铁统塔	n 脑难暖嫩		l 蓝雷路拉
ts 祖站追鸡	ts‘ 采昌翅取	nz 你女泥尼	s 思戏师傻	z 鱼以疑雨
tʂ 知张真质	tʂ‘ 超缠彻称		ʂ 深湿商勺	ʐ 闰人日仍
tɕ 姐叫脚今	tɕ‘ 抢齐请琴	ȵ 年宁您碾	ɕ 笑兴心训	
k 瓜共贵古	k‘ 看考开葵		x 河黑化孩	ŋ 安爱昂熬
ø 云运应晚				

说明：[nz]只拼洪音，不拼细音。

（2） 韵母 47

ɿ 紫瓷梯鸡	i 邪姐夜爷	u 部鼠肚裤	ʮ 鱼举区女
ʅ 支迟世齿			
ɑ 爬骂打巴	iɑ 假牙架霞	uɑ 瓜花瓦抓	
ə 歌可河鹅		ie 蒋香央腔	ye 瘸靴哕
			yə 羊养样洋
ʌ 帮郎仓张		uʌ 芳装光逛	
o 忙芒茫莽		uo 当堂亮凉	
ʅɤ 车蛇者射	iɤ 波婆磨破	uɤ 多科课和	
ɑi 台耐才灾		uɑi 拐外坏帅	
ɑo 刀保少剖	iɑo 交小桥条		
ei 杯美废非		uei 嘴卫归亏	
ou 头走宙欧	iou 救刘流求		
æ 谈山干安	iæ 闲减盐浅	uæ 专狂穿酸	yæ 权卷玄员
ən 真深神人	in 精幸心因	un 准纯顺闰	yn 熏军云群
əŋ 喷城坑门		uŋ 轰虫村顿	yŋ 穷勇兄窘
ʌʔ 法特刻涉	iʌʔ 甲叶压恰	uʌʔ 刷滑刮袜	yʌʔ月决雪缺
əʔ 革质不各	iəʔ 列业积笔	uəʔ 骨获脱竹	yəʔ菊肃橘绿
ər 二儿耳而			

说明：[ər]的开口略大一些。

（3）声调 6

阴平：33　高猪粗昏央开抽初飞三

阳平：24　陈才人麻云穷寒娘鹅文

上声：212　古纸口女有楚好老展走

去声：53　破到菜放案抱社共阵岸

阴入：ʔ33　瞎热缺黑桌月曲尺切歇

阳入：ʔ31　席鼻碟白局合服食读俗

41 陈区$_{\text{高平}}$方言音系

（1） 声母 23

p 布伴边被	pʻ 怕皮盘朋	m 门墨美木	f 飞福冯凡	v 午武晚王
t 帝多夺道	tʻ 太铁统塔	n 脑年连零		l 蓝雷路拉
tʂ 资皱走竹	tʂʻ 昌次翅出		ʂ 师思岁说	ʐ人闰如容

tɕ 尖精挤酒	tɕʻ 妻秋切齐		ɕ 修西血星
c 见经甲九	cʻ 旗掐区茄		ç 虚溪歇香
k 瓜共贵古	kʻ 看考开葵		x 河黑化孩
ø 阴月安云			

（2） 韵母 45

ʅ 支紫世迟	i 祭被题记	u 部鼠母铺	y 句女雨驴
ʅə 车蛇者遮			
ɑ 爬骂打巴	iɑ 假牙下架	uɑ 瓜花抓瓦	
ə 歌可河鹅	ie 邪姐夜爷		ye 瘸靴哕倔
ɤ 波婆磨破		uo 多科课和	
ɛi 台耐才灾		uɛi 拐外坏帅	
ɔ 刀保少剖	iɔ 交小桥条		
ei 杯美废非		uei 嘴卫归亏	
ou 头走宙欧	iou 救刘九求		
æ 谈山干安	iæ 闲减盐浅	uæ 专狂穿酸	yæ 权卷玄员
ɑŋ 党昌昂刚	iɑŋ 项央将强	uɑŋ 庄光黄床	
ən 沉喷跟恩	in 琴金心因	un 昆棍准顿	yn 云熏军闰
oŋ 等朋城坑	iŋ 精幸应清	uŋ 轰中虫共	yŋ 穷勇荣窘
ʌʔ 法特刻涉	iʌʔ 甲叶压恰	uʌʔ 刷滑刮袜	yʌʔ 月决雪缺
əʔ 革质不各	iəʔ 列业积笔	uəʔ 骨获脱竹	yəʔ 菊肃橘绿
ər 二儿耳而			

说明：[ɔ]的发音部位略偏后。

（3）声调 6

阴平：33　　高猪粗昏央开抽初飞三
阳平：12　　陈才人麻云穷寒娘鹅文
上声：313　　古纸口女有楚好老展走
去声：53　　破到菜放案抱社共阵岸
阴入：ʔ21　　瞎缺黑桌曲尺切歇秃福
阳入：ʔ12　　席鼻碟白局合服食热月

42 古寨高平方言音系

（1） 声母 24

p 布伴边被	pʻ 怕皮盘朋	m 门墨美木	f 飞福冯凡	v 午武晚王
t 帝多夺道	tʻ 太铁统塔	n 脑年连零		l 蓝雷路拉

tʂ 资皱走竹　tʂʻ 昌次翅出　ʂ 师思岁说　ʐ 人闰如容
ɭ 二儿耳而
ts 尖精挤酒　tsʻ 妻秋切齐　s 修西血星
tɕ 见经甲九　tɕʻ 旗掐区茄　ɕ 虚溪歇香
k 瓜共贵古　kʻ 看考开葵　x 河黑化孩
ø 阴月安云

说明：[x]比[k kʻ]的发音部位靠后。

（2） 韵母 36

ʅ 支紫世迟	i 祭被女雨	u 部鼠母铺
ʅɤ 车蛇者遮		
ɒ 爬骂打巴	iɒ 假牙下架	uɒ 瓜花抓瓦
ə 歌可河二	ie 邪夜瘸靴	
o 波婆磨破		uo 多科课和
ei 台耐才灾		uei 拐外坏帅
ɔ 刀保少剖	iɔ 交小桥条	
ɛi 杯美废非		uɛi 嘴卫归亏
ɔu 头走宙欧	iɔu 救刘九求	
æ 谈山干安	iæ 闲减权卷	uæ 专狂穿酸
ɒŋ 党昌昂刚	iɒŋ 项央将强	uɒŋ 庄光黄床
ʌŋ 沉喷城坑	in 琴军冰精	uʌŋ 昆棍准顿
əŋ 轰中虫共	iŋ 穷勇荣窘	
ʌʔ 法特刻涉	iʌʔ 甲叶月雪	uʌʔ 刷滑刮袜
əʔ 革质不各	iəʔ 列积菊绿	uəʔ 骨获脱竹

（3）声调 5

阴平：112	高猪粗昏央开抽初飞三
阳平：13	陈才人麻云穷寒娘鹅文
上声：313	古纸口女有楚好老展走
去声：53	破到菜放案抱社共阵岸
入声：ʔ33	瞎缺黑桌热月白局合服

43 河西高平方言音系

（1） 声母 21

p 布伴边被　pʻ 怕皮盘朋　m 门墨美木　f 飞福冯凡　v 午武晚王
t 帝多夺道　tʻ 太铁统塔　n 脑年连零　l 蓝雷尿扭

tʂ 资皱走竹　tʂʻ 昌次翅出　ʂ 师思岁说　ʐ 人闰如容
ɭ 二儿耳而
tɕ 见经挤酒　tɕʻ 旗掐切齐　ɕ 虚溪血星
k 瓜共贵古　kʻ 看考开葵　x 河黑化孩
ø 阴月安云

（2） 韵母 37

ʅ 支紫世迟　i 祭被女雨　u 部鼠母铺
ʅɤ 车蛇者遮
ɑ 爬骂打巴　iɑ 假牙下架　uɑ 瓜花抓瓦
ə 歌可河二　ie 邪夜瘸靴
o 波婆磨破　uo 多科课和
ɛ 台耐才灾　uɛ 拐外坏帅
ɑo 刀保少剖　iɑo 交小桥条
ɛi 杯美废非　uɛi 嘴卫归亏
ou 头走宙欧　iou 救刘九求
æ 谈山干安　iæ 闲减权卷　uæ 专狂穿酸
ɒŋ 党昌昂刚　iɒŋ 项央将强　uɒŋ 庄光黄床
ən 沉喷跟恩　in 琴金熏军　uən 昆棍准顿
ʌŋ 等朋城坑　iŋ 精幸穷勇　uʌŋ 轰中虫共
ɑʔ 法特刻辣　iɑʔ 甲鸭雀压　uɑʔ 刷滑刮袜
əʔ 革磕不各　iəʔ 列积月菊　uəʔ 骨活获脱

说明：[uo]中的[o]唇形不很圆，近似于略带圆唇的[ə]。

（3）声调 5

阴平：33　高猪粗昏央开抽初飞三
阳平：24　陈才人麻云穷寒娘鹅文
上声：313　古纸口女有楚好老展走
去声：53　破到菜放案抱社共阵岸
入声：ʔ33　瞎缺黑桌热月白局合服

44 巴公晋城方言音系

（1） 声母 21

p 布伴边被　pʻ 怕皮盘朋　m 门墨美木　f 飞福冯凡　v 午武晚王
t 帝多夺道　tʻ 太铁统塔　n 脑年男女　l 蓝雷路拉
tʂ 资皱走竹　tʂʻ 昌次翅出　ʂ 师思岁说　ʐ 人闰如容

			ɭ 二儿耳而
tɕ 尖精甲九	tɕʻ 妻秋区茄	ɕ 修西歇香	
k 瓜共贵古	kʻ 看考开葵	x 河黑化孩	
ø 阴月安云			

（2） 韵母 41

ʅ 支紫世迟	i 祭被题记	u 部鼠母铺	y 句女雨驴
ɒ 爬骂打巴	iɒ 假牙下架	uɒ 瓜花抓瓦	
ə 歌蛇可二	ie 邪姐夜爷		ye 瘸靴哕
o 波婆磨破		uo 多科课和	
ɛ 台耐才灾		uɛ 拐外坏帅	
ɔ 刀保少剖	iɔ 交小桥条		
ɛi 杯美废非		uɛi 嘴卫归亏	
ou 头走宙欧	iou 救刘九求		
æ 谈山干安	iæ 闲减盐浅	uæ 专狂穿酸	yæ 权卷玄员
ɒŋ 党昌昂刚	iɒŋ 项央将强	uɒŋ 庄光黄床	
ʌn 沉喷城坑	in 琴金应清	uʌn 昆棍准顿	yn 云熏军闰
		uəŋ 轰中虫共	yŋ 穷勇荣窘
ʌʔ 法特刻辣	iʌʔ 甲鸭雀压	uʌʔ 刷滑刮袜	yʌʔ 嚼爵
əʔ 革磕不各	iəʔ 列业积质	uəʔ 骨活获脱	yəʔ 月菊肃爵

（3）声调 5

阴平：33　　高猪粗昏央开抽初飞三

阳平：24　　陈才人麻云穷寒娘鹅文

上声：313　　古纸口女有楚好老展走

去声：53　　破到菜放案抱社共阵岸

入声：ʔ21　　瞎缺黑桌热月碟白局食

45 水东晋城方言音系

（1） 声母 20

p 布伴边被	pʻ 怕皮盘朋	m 门墨美木	f 飞福冯凡	
t 帝多夺道	tʻ 太铁统塔	n 脑年男女		l 蓝雷路拉
tʂ 资皱走竹	tʂʻ 昌次翅出		ʂ 师思岁说	ʐ 人闰如容
				ɭ 二儿耳而
tɕ 尖精甲九	tɕʻ 妻秋区茄		ɕ 修西歇香	
k 瓜共贵古	kʻ 看考开葵		x 河黑化孩	

ø 阴月云武

（2） 韵母 44

ʅ 支紫世迟	i 祭被题记	u 部鼠母铺	y 句女雨驴
ʅɤ 车蛇者遮			
ɒ 爬骂打巴	iɒ 假牙下架	uɒ 瓜花抓瓦	
ə 歌哥可二	iɛ 邪姐夜爷		yɛ 瘸靴哕
o 波婆磨破		uo 多科课和	
ɑi 台耐才灾		uɑi 拐外坏帅	
ɑo 刀保少剖	iɑo 交小桥条		
ɛi 杯美废非		uɛi 嘴卫归亏	
ʌu 头走宙欧	iʌu 救刘九求		
æ 谈山干安	iæ 闲减盐浅	uæ 专狂穿酸	yæ 权卷玄员
ɑŋ 党昌昂刚	iɑŋ 项央将强	uɑŋ 庄光黄床	
ʌn 沉喷跟恩	in 琴金心因	uʌn 昆棍准顿	yn 云熏军闰
əŋ 等朋城坑	iŋ 精幸应清	uŋ 轰中虫共	yŋ 穷勇荣窘
ɑʔ 法特刻辣	iɑʔ 甲鸭雀压	uɑʔ 刷滑刮袜	yɑʔ 嚼爵
əʔ 革磕不各	iəʔ 列业积质	uəʔ 骨活获脱	yəʔ 月菊肃爵

说明：[uo]中的[o]唇形不很圆，近似于略带圆唇的[ə]。

（3） 声调 6

阴平：33	高猪粗昏央开抽初飞三
阳平：24	陈才人麻云穷寒娘鹅文
上声：535	古纸口女有楚好老展走
去声：53	破到菜放案抱社共阵岸
阴入：ʔ33	瞎缺黑桌曲尺切歇秃福
阳入：ʔ212	席鼻碟白局合服食热月

46 町店阳城方言音系

（1） 声母 23

p 布伴边被	pʻ 怕皮盘朋	m 门墨美木	f 飞福冯凡	v 午武晚王
t 帝多夺道	tʻ 太铁统塔	n 脑年女南		l 蓝雷路拉
tʂ 皱竹正支	tʂʻ 昌翅出程		ʂ 师说水生	ʐ 人闰如容
ts 资组挤酒	tsʻ 次存切齐		s 岁四修西	
tɕ 见经甲九	tɕʻ 旗掐区茄		ɕ 虚溪歇香	
k 瓜共贵古	kʻ 看考开葵		x 河黑化孩	

ø 阴月安云

说明：[x]比[k kʻ]的发音部位偏后。

（2）　韵母 43

ɿ 紫词四字	i 祭被题记	u 部鼠母铺	y 句女雨驴
ʅ 支世迟时			
ʅə 车蛇者遮			
ɑ 爬骂打巴	iɑ 假牙下架	uɑ 瓜花抓瓦	
ə 歌可河鹅	ie 邪姐夜爷		ye 瘸靴哕倔
o 波婆磨破		uo 多科课和	
ɛɤ 台耐才灾		uɛɤ 拐外坏帅	
ɑu 刀保少剖	iɑu 交小桥条		
ɛi 杯美废非		uɛi 嘴卫归亏	
ɔu 头走宙欧	iɔu 救刘九求		
æ 谈山干安	iæ 闲减盐浅	uæ 专狂穿酸	yæ 权卷玄员
ɒŋ 党等跟沉	iɒŋ 项央将强	uɒŋ 庄光黄床	
ən 城正生仍	in 琴金应清		yn 云熏军闰
		uŋ 轰中准顿	yŋ 穷勇荣窘
ɑʔ 法特刻涉	iɑʔ 甲叶压恰	uɑʔ 刷滑刮袜	yɑʔ 月决雪缺
əʔ 革质不各	iəʔ 列业积笔	uəʔ 骨获脱竹	yəʔ 菊肃橘绿
ər 二儿耳而			

（3）声调 5

阴平：	112	高猪粗昏央开抽初飞三
阳平：	13	陈才人麻云穷寒娘鹅文
上声：	213	古纸口女有楚好老展走
去声：	53	破到菜放案抱社共阵岸
入声：	ʔ12	瞎缺黑桌热月席鼻碟白

47 北留阳城方言音系

（1）　声母 19

p 布伴边被	pʻ 怕皮盘朋	m 门墨美木	f 飞福冯凡	
t 帝多夺道	tʻ 太铁统塔	n 脑年男女		l 蓝雷路拉
tʃ 资皱走竹	tʃʻ 昌次翅出		ʃ 师思岁说	ʒ 人闰如容
tɕ 尖精甲九	tɕʻ 妻秋区茄		ɕ 修西歇香	
k 瓜共贵古	kʻ 看考开葵		x 河黑化孩	

ø 阴月武晚

（2） 韵母 43

ʅ 支紫世迟	i 祭被题记	u 部鼠母铺	y 句女雨驴
ɒ 爬骂打巴	iɒ 假牙下架	uɒ 瓜花抓瓦	
ə 歌蛇可二	ie 邪姐夜爷		ye 瘸靴哕
o 波婆磨破		uo 多科课和	
ɛ 台耐才灾		uɛ 拐外坏帅	
ɐu 刀保少剖	iɐu 交小桥条		
ɛi 杯美废非		uɛi 嘴卫准顿	
ou 头走宙欧	iou 救刘九求		
æ 谈山干安	ei 闲减盐浅	uæ 专狂穿酸	yæ 权卷玄员
ʌŋ 党昌昂刚	iʌŋ 项央将强	uʌŋ 庄光黄床	
ən 等坑疼能	in 琴金应清		
əŋ 本跟门恩			
oŋ 风蒙崩朋		uŋ 轰中虫共	yŋ 穷勇熏军
ɛ̃ 沉真城生			
ʌʔ 法特刻涉	iʌʔ 甲叶压恰	uʌʔ 刷滑刮袜	yʌʔ月决雪缺
əʔ 革质不各	iəʔ 列业积笔	uəʔ 骨获脱竹	yəʔ菊肃橘绿
ər 二儿耳而			

说明： [ou]中的[o]唇形不很圆，近似于略带圆唇的[ə]。

（3）声调 5

阴平：	22	高猪粗昏央开抽初飞三
阳平：	12	陈才人麻云穷寒娘鹅文
上声：	313	古纸口女有楚好老展走
去声：	53	破到菜放案抱社共阵岸
入声：	ʔ33	瞎缺黑桌热月碟白局食

48 礼义陵川方言音系

（1） 声母 20

p 布伴边被	pʻ 怕皮盘朋	m 门墨美木	f 飞福冯凡	v 午武晚王
t 帝多夺道	tʻ 太铁统塔	n 脑年男女		l 蓝雷路拉
				ɭ二儿耳而
ts 资皱走正	tsʻ 昌次翅出		s 师思岁说	
tɕ 尖甲竹知	tɕʻ 妻秋茄彻		ɕ 修西歇石	

k 瓜共贵古	kʻ 看考开葵		x 河黑化孩	
ø 阴武人闰				

（2） 韵母 41

ɿ 支紫世迟	i 祭被题知	u 部鼠母铺	y 句女雨驴
ɑ 爬骂打巴	iɑ 假牙下架	uɑ 瓜花抓瓦	
ə 歌哥可二	ie 邪姐夜蛇		ye 瘸靴哕
o 波婆磨破		uo 多科课和	
ɑi 台耐才灾		uɑi 拐外坏帅	
ɑo 刀保少剖	iɑo 交小桥条		
ei 杯美废非		uei 嘴卫准顿	
ou 头走宙欧	iou 救刘九求		
æ 谈山干安	in 闲盐琴金	uæ 专狂穿酸	yn 权卷军闰
ʌŋ 党昌昂刚	iʌŋ 项央将强	uʌŋ 庄光黄床	
ən 沉喷跟恩		uən 昆棍准顿	
əŋ 等朋城坑	iŋ 精幸应清	uŋ 轰中虫共	yŋ 穷勇荣窘
ʌʔ 法特刻渴	iʌʔ 甲叶压涉	uʌʔ 刷滑刮袜	yʌʔ月决雪缺
əʔ 革质不各	iəʔ 列业积质	uəʔ 骨获脱竹	yəʔ菊肃橘绿

（3）声调 6

阴平：	33	高猪粗昏央开抽初飞三
阳平：	53	陈才人麻云穷寒娘鹅文
上声：	313	古纸口女有楚好老展走
去声：	243	破到菜放案抱社共阵岸
阴入：	ʔ22	瞎缺黑桌曲尺切歇秃福
阳入：	ʔ12	席鼻碟白局合服食热月

49 西河底陵川方言音系

（1） 声母 19

p 布伴边被	pʻ 怕皮盘朋	m 门墨美木	f 飞福冯凡	v 午武晚王
t 帝多夺道	tʻ 太铁统塔	n 脑年男女		l 蓝雷路拉
ts 资竹精挤	tsʻ 次翅出秋		s 师思说西	
tɕ 见经甲九	tɕʻ 旗掐区茄		ɕ 虚溪歇香	
k 瓜共贵古	kʻ 看考开葵		x 河黑化孩	
ø 阴月人闰				

（2） 韵母 43

ɿ 支紫世迟	i 祭被题记	u 部鼠母铺	y 句女雨驴
ɑ 爬骂打巴	iɑ 假牙下架	uɑ 瓜花抓瓦	
ə 歌蛇可哥	ie 邪姐夜爷		ye 瘸靴哕
o 波婆磨破		uo 多科课和	
ei 台耐才灾		uei 拐外坏帅	
ou 刀保少剖	iou 交小桥条		
ɛi 杯美废非		uɛi 嘴卫归亏	
ʌu 头走宙欧	iʌu 救刘九求		
æ 谈山干安	iæ 闲减盐浅	uæ 专狂穿酸	yæ 权卷玄员
ɒŋ 党昌昂刚	iɒŋ 项央将强	uɒŋ 庄光黄床	
ɛ̃ 沉喷跟城	in 琴金应清	uɛ̃ 昆棍准顿	yn 云熏军闰
əŋ 等朋坑猛		uəŋ 轰中虫共	yŋ 穷勇荣窘
ʌʔ 法特刻渴	iʌʔ 甲叶压鸭	uʌʔ 刷滑刮袜	yʌʔ月决雪缺
əʔ 革质不各	iəʔ 列业积切	uəʔ 骨获脱竹	yəʔ菊肃橘绿
l̩ 二儿耳而			

说明：[ə]的发音部位较低，但到不了[ʌ]。

（3） 声调 6

阴平：112　　高猪粗昏央开抽初飞三

阳平：353　　陈才人麻云穷寒娘鹅文

上声：313　　古纸口女有楚好老展走

去声：311　　破到菜放案抱社共阵岸

阴入：ʔ33　　瞎缺黑桌曲尺切歇秃福

阳入：ʔ12　　席鼻碟白局合服食热月

50 端氏沁水方言音系

（1） 声母 22

p 布伴边被	p‘ 怕皮盘朋	m 门墨木泥	f 飞福冯凡	v 午晚外王
t 帝多夺道	t‘ 太铁统塔	n 脑难暖嫩		l 蓝雷路拉
ts 祖皱走追	ts‘ 采昌翅曹		s 思水师傻	z 日软人弱
tɕ 叫举精挤	tɕ‘ 去抢齐清	ȵ 女年你宁	ɕ 笑戏虚心	
k 瓜共贵古	k‘ 看考开葵		x 河黑化孩	ɣ 蛾爱案昂
ø 人安闰晚				

（2） 韵母 36

ɿ 支紫世迟	i 祭被题演	u 部鼠母铺	y 句女雨驴

ɒ 爬骂瓜花	iɒ 假牙下架		
ə 歌哥蛇波	ie 邪姐夜爷	uə 多科课和	ye 瘸靴哕
ɛi 台沉嘴水		uɛi 拐归准棍	
ʌo 刀保少剖	iʌo 交小桥条		
ʌu 头走宙欧	iʌu 救刘九求		
æ 谈山干安	iei 闲减盐浅	uæ 专狂穿酸	yei 权卷玄员
ʌŋ 党昌昂刚	iʌŋ 项央将强	uʌŋ 庄光黄床	
əŋ 喷跟朋坑	iŋ 精幸心因	uŋ 轰中虫共	yŋ 穷勇云熏
aʔ 法特刻渴	iaʔ 甲叶压鸭	uaʔ 刷滑刮袜	yaʔ月决雪缺
əʔ 革质不各	iəʔ 列业积切	uəʔ 骨获脱竹	yəʔ菊肃橘绿
ər 二儿耳而			

说明：[iŋ uŋ yŋ]拼零声母时，主要元音与鼻音韵尾之间都有过渡音[ə]。

（3） 声调 6

阴平：22　　高猪粗昏央开抽初飞三

阳平：24　　陈才人麻云穷寒娘鹅文

上声：535　　古纸口女有楚好老展走

去声：53　　破到菜放案抱社共阵岸

阴入：ʔ33　　瞎缺黑桌曲尺切歇热月

阳入：ʔ31　　席鼻碟白局合服食十哲

四　主要发音人情况简介

王　平	男	64 岁	长治市城区人
李二山	男	64 岁	长治县韩店镇人
崔　娟	女	55 岁	长治县八义镇人
王　华	女	61 岁	长治县荫城镇人
李　新	男	64 岁	长子县丹朱镇人
张　磊	男	56 岁	长子县宋村乡人
张丽敏	女	62 岁	长子县石哲镇人
李　强	男	57 岁	长子县南常村人
李红斌	男	64 岁	长子县琚村人
王月伟	男	65 岁	屯留县麟绛镇人
张建立	男	59 岁	屯留县上村镇人
刘秀英	女	63 岁	潞城市合室乡人

郭增福	男	70 岁	潞城市辛安泉镇人
耿丽慧	女	60 岁	潞城市店上镇人
王　亮	男	67 岁	黎城县黎候镇人
李花朵	女	64 岁	黎城县东阳关镇人
郃常林	男	67 岁	黎城县黄崖洞镇人
张　斌	男	62 岁	平顺县青羊镇人
赵晓峰	男	57 岁	平顺县豆峪村人
白岩清	男	56 岁	平顺县上港村人
杨　娟	女	59 岁	平顺县龙溪镇人
刘文军	男	55 岁	壶关县龙泉镇人
陶　强	男	60 岁	壶关县百尺镇人
白　建	男	68 岁	壶关县树掌镇人
胡　云	男	70 岁	武乡县丰州镇人
米林杰	男	62 岁	武乡县涌泉乡人
刘建廷	男	56 岁	武乡县韩北乡人
李国河	男	60 岁	沁县定昌镇人
邢玉杰	男	62 岁	沁县新店镇人
杨百锁	男	70 岁	沁县南涅水村人
暴海峰	男	66 岁	襄垣县古韩镇人
马丽花	女	63 岁	襄垣县上马乡人
何　卫	男	54 岁	襄垣县西营镇人
王笑笑	男	73 岁	沁源县沁河镇人
刘　亮	男	61 岁	沁源县景凤乡人
郭二保	男	63 岁	沁源县王和镇人
李红强	男	57 岁	高平市城关人
李成书	男	60 岁	高平市陈区镇人
杨津相	男	57 岁	高平市古寨村人
徐立鹏	男	50 岁	高平市河西镇人
李仲凯	男	56 岁	晋城市凤台人
韩　沙	女	62 岁	晋城市巴公镇人
胡七玲	女	61 岁	晋城市水东村人
贾东清	男	70 岁	阳城县凤城镇人

秦　晋	男	61 岁	阳城县町店乡人
吴　豪	男	64 岁	阳城县北留镇人
贾秀臣	男	60 岁	陵川县崇文镇人
高三宝	男	57 岁	陵川县西河底镇人
杨治新	男	63 岁	陵川县礼义镇人
苏　勇	男	59 岁	沁水县端氏镇人

参考文献

论著

安华林　2005　《固始话的“嵌 l 词”》，《信阳师范学院学报》第 2 期。

北京大学中文系语言教研室　1989　《汉语方音字汇》（第二版），文字改革出版社。

白静茹等　2005　《高平方言研究太原》，山西人民出版社。

白　云　2005　《晋语“圪”字研究》，《语文研究》第 1 期。

白　云　2014　《山西左权方言人称打次复数形式“X 都/X 都们”》，《汉语学报》第 1 期。

包旭玲　2005　《中原官话汾河片方言影疑母的演变》，《安阳师范学院学报》第 3 期。

蔡勇飞　1987　《杭州方言儿尾的作用》，《杭州师院学报》（社会科学版）第 3 期。

曹跃香　2004　《儿化、儿尾和儿缀等术语在不同平面之上转换使用——兼论“×儿”的规范问题》，《广播电视大学学报》（哲学社会科学版）第 3 期。

曹广顺　1995　《近代汉语助词》，语文出版社。

曹志耘　1998　《敦煌方言的声调》，《语文研究》第 1 期。

曹志耘　1998　《汉语方言声调演变的两种类型》，《语言研究》第 1 期。

曹志耘　2001　《汉语方言中的韵尾分调现象》，《中国语文》第 1 期。

曹志耘　2002　《南部吴语语音研究》，商务印书馆。

陈 旻 2000 《淮阴话入声的k尾》，青岛出版社。

钱曾怡、李行杰 2000 《首届官话方言国际学术研讨会论文集》，青岛出版社。

陈庆延 1994 《晋语的声母特征》，《语文研究》第1 期。

陈庆延 1996 《晋语的源与流》，《首届晋方言国际学术研讨会论文集》，山西高校联合出版社。

陈庆延 2001 《晋语核心词汇研究》，《语文研究》第3期。

陈庆延 2002 《晋语特征词说略》，厦门大学出版社。

陈立民 2005 《论动词重叠的语法意义》，《中国语文》第2期。

陈淑静 1986 《河北保定地区方言的语音特点》，《方言》第2期。

陈忠敏 1993 《汉语方言连读变调研究综述（续）》，《语文研究》第3期。

陈章太、李行键 1996 《普通话基础方言基本词汇集》，语文出版社。

陈卫恒 2003 《林州方言“子”尾读音研究》，《语文研究》第3期。

崔淑慧 2004 《北区方言入声韵的演变》，《语文研究》第2期。

崔淑慧 2004 《山西北区方言语音研究》，暨南大学博士学位论文。

崔淑慧 2005 《代县方言研究》，山西人民出版社。

崔丽珍 2010 《山西五台方言的重叠式研究》，山东大学硕士学位论文。

丁邦新 1998 《语言学论文集》，商务印书馆。

丁声树、李荣 1981 《 古今字音对照手册》，中华书局。

丁启阵 2006 《“复辅声”说的一些问题》，《语言教学与研究》第5期。

戴雪梅 1980 《论现代汉语动词的重叠形式》，《北京师范学院学报》第3期。

董育宁 2000 《长治方言的指示代词》，《山西教育学院学报》第4期。

董育宁 2002 《〈广韵〉日母字在今长治方言中的演变》，《山西财经大学学报》（高等教育版）。

董育宁 2002 《山西晋语指示代词的几个特点》，《晋东南师范专科学院学报》第6期。

董育宁 2008 《长治方言的语气词》，《太原师范学院学报》第3期。

董绍克 2002 《汉语方言词汇差异比较研究》，民族出版社。
董同龢 2001 《汉语音韵学》，中华书局。
杜克俭、李延 1999 《临县方言的指示代词》，《语文研究》第 2 期。
冯子伟 2010 《黎城方言代词研究》，山西师范大学硕士学位论文。
范慧琴 2004 《从山西定襄方言看晋语入声的演变》，《西南民族大学学报》第 4 期。
范慧琴 2007 《 定襄方言语法研究》，语文出版社。
范继淹 1962 《重庆方言名词的重叠和儿化》，《中国语文》第 4 期。
高本汉 1995 《中国音韵学研究》，商务印书馆。
郜晋亮 2009 《晋城方言中的"圪"头词》，《焦作师范高等专科学校学报》第 2 期。
郜晋亮 2011 《晋城方言重叠式研究》，青海师范大学硕士学位论文。
高永鑫 2007 《山西祁县话的儿尾》，《陕西教育学院学报》第 4 期。
耿 军 2011 《安徽怀远话的嵌 1 词》，《西华大学学报》第 3 期。
关 磊 2009 《山西方言谚语修辞特色研究》，山西师范大学硕士学位论文。
郭晓燕 2005 《壶关县方言俗语的修辞艺术》，《内蒙古电大学刊》第 10 期。
郭建华 2012 《山西方言"子"缀研究》，河北大学博士学位论文。
郭校珍 1997 《娄烦方言的人称代词》，《语文研究》第 2 期。
郭校珍 2005 《山西晋语的疑问系统及其反复问句》，《语文研究》第 2 期。
郭校珍 2008 《山西晋语语法专题研究》，华东师范大学出版社。
郭校珍 2006 《山西晋语反复问句的中置成分》，《语言研究集刊》第 1 期。
郭校珍 2010 《山西娄烦方言的重叠式形容词》，《语言研究》第 1 期。
龚继华 1981 《谈谈动词和形容词的重叠》，《天津师院学报》第 1 期。
郝红艳 2011 《晋语形容词的重叠过程》，《宁夏大学学报》第 4 期。
贺 巍 1965 《获嘉方言韵母变化的功用举例》，《中国语文》第 4 期。

贺　巍　1984　《洛阳方言记略》，《方言》第 4 期。
贺　巍　1989　《获嘉方言研究》，商务印书馆。
贺　巍　1995　《汉语官话方言入声消失的成因》，《中国语文》第 3 期。
贺　巍　1996　《晋语舒声促化的类别》，《方言》第 1 期。
贺　巍　2002　《中原官话的特性及其内部差别》，《官话方言研究》，方志出版社。
贺　巍　2005　《中原官话的分区（稿）》，《方言》第 2 期。
何大安　1994　《声调的完全回头演变是否可能》，《中央研究院历史语言研究所集刊》第 56 本第 1 分。
何大安　2004　《规律与方向：变迁中的音韵结构》，北京大学出版社。
何莉芳　2004　《浅析晋中方言词汇的特点》，《内蒙古师范大学学报》第 S2 期。
何莉芳　2004　《山西晋语重叠词研究》，华南师范大学硕士学位论文。
侯燕玲　2011　《山西陵川西河底话词汇与普通话词汇意义差异研究》，辽宁师范大学硕士学位论文。
侯精一、温端政　1993　《山西方言调查研究报告》，山西高校联合出版社。
侯精一、温端政、田希诚　1986　《山西方言的分区（稿）》，《方言》第 2 期。
侯精一　1983　《长治方言记略》，《方言》第 4 期。
侯精一　1985　《长治方言志》，北京语文出版社。
侯精一　1985　《晋东南地区的子变韵母》，《中国语文》第 2 期。
侯精一　1985　《晋语的分区（稿）》，《方言》第 4 期。
侯精一　1988　《平遥方言的重叠式》，《语文研究》第 3 期。
侯精一　1999　《现代晋语的研究》，商务印书馆。
侯精一　1999　《晋语研究十题》，《现代晋语的研究》，商务印书馆。
侯精一　1999　《论晋语的归属》，《现代晋语的研究》，商务印书馆。
侯精一　1999　《晋语区的形成》，《现代晋语的研究》，商务印书馆。
侯精一　1999　《晋语入声韵母的区别性特征与晋语区的分立》，《中国语文》第 2 期。

侯精一 2002 《现代汉语方言概论》，上海教育出版社。

胡 雷 2009 《长子方言语法特色研究》，湘潭大学硕士学位论文。

黄伯荣、廖旭东主编 2007 《现代汉语》（增订四版）下册，北京高等教育出版社。

黄伯荣、廖序东主编 2011 《现代汉语》，高等教育出版社。

姬建丽 2008 《阳城方言的重叠式》，山西大学硕士学位论文。

蒋 平、沈 明 2002 《晋语的儿尾变调和儿化变调》，《方言》第4期。

蒋绍愚 1994 《近代汉语研究概况》，北京大学出版社。

蒋希文 1982 《从现代方言论中古知庄章三组声母在〈中原音韵〉里的读音》，《中国语言学报》第1期。

蒋希文 1992 《湘赣语里中古知庄章三组声母的读音》，《语言研究》第1期。

蒋冀骋 2007 《〈回回药方〉阿汉对音与〈中原音韵〉"章、知、庄"三系的读音》，《古汉语研究》第1期。

金有景 1984 《论日母——兼论五音、七音及娘母》，《北京市语言学会罗常培纪念论文集》，商务印书馆。

金有景 1985 《襄垣方言效摄、蟹摄（一、二等韵）字的韵母读法》，《语文研究》第2期。

金有景 1989 《山西襄垣方言和〈中原音韵〉的入声问题》，《语文研究》第4期。

康彩云 2012 《晋语"圪"字研究成果概述》，《西安社会科学院》第2期。

黄典诚 2003 《黄典诚语言学论文集》，厦门大学出版社。

李 荣 1956 《切韵音系》，科学出版社。

李 荣 1957 《汉语方言调查手册》，科学出版社。

李 荣 1978 《温岭方言的变音》，《中国语文》第2期。

李 荣 1982 《音韵存稿》，商务印书馆。

李 荣 1985 《官话方言的分区》，《方言》第1期。

李 荣 1985 《汉语方言分区的几个问题》，《方言》第2期。

李　荣　1989　《汉语方言的分区》，《方言》第4期。
李　荣　1985　《语文论衡》，商务印书馆。
李树俨　1993　《中古知庄章三组声纽在德陇方言中的演变》，《宁夏大学学报》第1期。
李树俨　2005　《汉语方言的轻声》，《语文研究》第3期。
李如龙　1996　《汉语方言的类型学研究》，《暨南大学学报》（哲学社会科学版）第2期。
李晋霞　1999　《动词AABB重叠式探讨》，《河南师范大学学报》第3期。
李思敬　1986　《汉语"儿"[ɚ]音史研究》，商务印书馆。
李思敬　1995　《切韵音系上去二声全浊声母字和部分去声次浊声母字在河北宁河方言中的声调表现》，《中国语言学报》第5期。
李小凡　2004　《汉语方言连读变调的层级和类型》，《方言》第1期。
李小平　1998　《从音系的辅音含量看晋语保留入声的原因》，《语文研究》第4期。
李小平　1998　《山西临县方言舒声促化现象分析》，《山西师大学报》第4期。
李小平　1999《山西临县方言名词重叠式的构词特点》，《山西大学学报》第1期。
李新魁　1983　《〈中原音韵〉音系研究》，中州书画社。
李新魁　1983　《汉语等韵学》，中华书局。
李新魁　1984　《近代汉语介音的发展》《中国音韵学研究会音韵学研究（一）》，中华书局。
李新魁　1987　《汉语共同语的形成和发展》，《语文建设》第5、6期。
李新魁　1991　《中古音》，商务印书馆。
李行杰　1994　《知庄章流变考论》，《青岛师范专科学校学报》第2期。
李行键、刘思训　1985　《天津方言的连读变调》，《中国语文》第1期。
李建校　2006　《陕北晋语语音研究》，北京语言大学博士学位论文。
李建校　2005　《静乐方言研究》，山西人民出版社。

李金梅　2006　《高平方言词汇研究》，南京师范大学硕士学位论文。
李　蓝　2002　《比较、区域方言史与方言分区——以晋语分音词和附件切脚词为例》，《方言》第1期。
李树俨　2001　《银川方言人称代词复数的两种形式及词缀“都”》，《语文研究》第1期。
李巧兰　2007　《河北方言中的“X－儿”形式研究》，山东大学博士学位论文。
李宇明　1996　《论词语重叠的意义》，《世界汉语教学》第1期。
李文浩　2007　《动词重叠式的源流》，《汉语学报》第4期。
林　焘、耿振生　2004　《音韵学概要》，商务印书馆。
林　静　2011　《山西右玉方言重叠式研究》，山西大学硕士学位论文。
刘丹青　1986　《苏州方言重叠式研究》，《语言研究》第1期。
刘丹青　1991　《苏州方言的反问句与“可VP”句式》，《中国语文》第1期。
刘俐李　2004　《汉语声调论》，南京师范大学出版社。
刘艳萍　2009　《晋语圪头词研究综述》，《语言文字应用》第1期。
刘勋宁　1995　《再论汉语北方话的分区》，《中国语文》第6期。
刘淑学　2000　《中古入声字在河北方言中的读音研究》，河北大学出版社。
刘淑学　2005　《论古知庄章三组声母在冀州方言中的音变层次》，《语言科学》第4期。
刘育林　2001　《晋语词汇双音化的一种方式：加“圪”》，《中国语文》第1期。
刘泽民　2004　《客赣方言历史层次研究》，上海师范大学博士学位论文。
罗杰瑞　1995　《汉语概说》（张惠英译），语文出版社。
罗常培　1932　《中原音韵声类考》，《中央研究院历史语言研究所集刊》第2本第2分。
罗常培、王　均　1957　《普通话语音学》，科学出版社。
罗常培　1961　《唐五代西北方音》，科学出版社。
罗自群　2002　《襄樊方言的重叠式》，《方言》第1期。

罗竹凤 1986 《汉语大词典》，汉语大词典出版社。

鲁国尧 1986 《宋词阴入通叶现象的考察》，《音韵学研究（二）》，中华书局。

吕叔湘 1999 《现代汉语八百词》（增订本），商务印书馆。

吕叔湘 2002 《中国文法要略》，辽宁教育出版社。

吕叔湘、丁声树 2005 《现代汉语词典》，商务印书馆。

马文忠 1984 《中古入声字在大同方言中的变化》，《语文研究》第2期。

马文忠 1985 《大同方言舒声字的促变》，《语文研究》第3期。

马文忠 1995 《晋方言里的“圪”字》，《大同高等专科学校学报》第3期。

麦 耘 1994 《关于章组声母翘舌化的动因问题》，《古汉语研究》第1期。

麦 耘 1991 《切韵知、庄、章组及相关诸声母的拟音》，《语言研究》第2期。

马 慧 2003 《方城话儿韵读音的叠置系统》，《语言研究》第3期。

莫景西 1992 《“儿化”、“儿尾”的分类和分区初探》，《中山大学学报》（社会科学版）第4期。

穆芳芳 2012 《晋语“圪”头词研究综述》，《文教资料》第27期。

宁忌浮 2004 《韵略助集与十八世纪初叶的山东长山方言》，《南开语言学刊》第4期。

牛凯波 2012 《长治方言词汇研究》，新疆师范大学硕士学位论文。

钱曾怡、曹志耘、罗福腾 1987 《河北省东南部三十九县市方音概况》，《方言》第3期。

钱曾怡 1987 《汉语方言学方法论初探》，《中国语文》第4期。

钱曾怡 1990 《简评〈语文研究〉创刊10年来的方言论文》，《语文研究》第4期。

钱曾怡 1995 《论儿化》，《中国语言学报》第5期。

钱曾怡 2000 《从汉语方言看汉语声调的发展》，《语言教学与研究》

第 2 期。
钱曾怡 2004 《汉语方言中的几种辩证关系》,《文史哲》第 5 期。
钱曾怡 2004 《古知庄章声母在山东方言中的分化及其跟精见组的关系》,《中国语文》第 6 期。
钱曾怡 2001 《山东方言研究》,齐鲁书社。
钱乃荣 1992 《当代吴语的研究》,上海教育出版社。
乔全生 1995 《山西方言的"子尾"研究》,《山西大学学报》(哲学社会科学版)第 3 期。
乔全生 2000 《晋方言语法研究》,商务印书馆。
乔全生 2000 《山西方言"儿化、儿尾"研究》,《山西大学学报》(哲学社会科学版)第 2 期。
乔全生 2001 《晋语重叠式研究》,《汉语学报》第 3 期。
乔全生 2003 《晋语与官话非同步发展》,《方言》第 2、3 期。
乔全生 2003 《晋方言语音史研究》,南京大学博士学位论文。
乔全生 2004 《现代晋方言与唐五代西北方言的亲缘关系》,《中国语文》第 3 期。
乔全生 2004 《论晋方言区的形成》,《山西大学学报》(哲学社会科学版)第 4 期。
乔全生 2005 《晋方言研究综述》,《山西大学学报》(哲学社会科学版)第 1 期。
乔全生 2005 《晋方言轻唇音声母的演变》,《语文研究》第 1 期。
乔全生 2005 《晋方言古全浊声母的演变》,《山西大学学报》(哲学社会科学版)第 2 期。
乔全生 2005 《论晋方言中的"阴阳对转"》,《晋中学院学报》第 2 期。
乔全生、王晓燕 2003 《中阳方言的人称代词》,《山西大学学报》第 1 期。
乔全生 1996 《山西方言人称代词的几个特点》,《中国语文》第 1 期。
乔全生(主编) 1999 《山西重点方言研究丛书》 中央文献出版社、山西人民出版社、九州出版社等。
任海波 2001 《现代汉语 AABB 重叠式词构成基础的统计分析》,《中国语文》第 4 期。
桑宇红 2004 《中古知庄章三组声母在近代汉语中的演变》，南京大学博士学位论文。
宋秀令 1992 《汾阳方言的人称代词》，《语文研究》第 1 期。
宋秀令 1994 《汾阳方言的指示代词》，《山西大学学报》第 1 期。
沈慧云 1983 《晋城方言的“子尾”变调》，《语文研究》第 4 期。
沈慧云 1983 《晋城方言志》，太原语文研究出版社。
沈慧云 1986 《晋城方言的指示代词》，《语文研究》第 1 期。
沈慧云 2003 《晋城方言的助词“兰”和“咾”》，《语文研究》第 4 期。
邵荣芬 1982 《切韵研究》，中国社会科学出版社。
师玉梅 2007 《嵌[l]词并非源于少数民族语言》，《学术研究》第 2 期。
石 锓 2005 《论“A 里 AB”重叠形式的历史来源》，《中国语文》第 1 期。
石汝杰 1988 《说轻声》，《语言研究》第 1 期。
石汝杰 1998 《汉语方言中高元音的强摩擦倾向》，《语言研究》第 1 期。
石毓智 1996 《试论汉语的句法重叠》，《语言研究》第 2 期。
施其生 1988 《汕头方言动词短语重叠式》，《方言》第 2 期。
师玉梅 2007 《嵌[l]词并非源于少数民族语言》，《学术研究》第 6 期。
史素芬、李 奇 1990 《武乡方言志》，山西太原高校联合出版社。
史素芬 1996 《武乡方言特殊词汇选释》，《首届晋方言国际学术研讨会论文集》，山西高校联合出版社。
史素芬 2000 《武乡方言的疑问句》，《语文研究》第 1 期。
史素芬 2001 《山西武乡方言的虚词“的”》，《北京大学学报》（哲学社会科学版）第 S1 期。
史素芬 2002 《武乡方言研究》，山西人民出版社。
史素芬 2002 《山西武乡方言的选择问句》，《语文研究》第 2 期。
史素芬 2003 《山西武乡方言疑问句》，《语文研究》第 3 期。
史素芬 2012 《晋东南方言的“子”尾研究》，《语文研究》第 3 期。

史秀菊 2010 《山西晋语区与官话区人称代词之比较》,《晋中学院学报》第 4 期。
史秀菊 2011 《山西晋语区的事态助词"来""来了""来来""来嘅"》,《语言研究》第 3 期。
史秀菊 2011 《山西方言的特指问句》,《山西大同大学学报》第 5、6 期。
沈 明 1996 《山西晋语入声韵的类型》,《首届晋方言国际学术研讨会论文集》,山西高校联合出版社。
沈 明 1999 《山西晋语古清平字的演变》,《方言》第 4 期。
沈 明 1999 《山西方言韵母一二等的区别》,《中国语文》第 6 期。
沈 明 2002 《晋语的儿尾变调和儿化变调》,《方言》第 4 期。
沈 明 2005 《晋东南晋语入声调的演变》,《语文研究》第 4 期。
沈 明 2006 《晋语的分区(稿)》,《方言》第 4 期。
舒新城主编 2009 《辞海》,上海辞书出版社。
孙建华 2009 《陕西方言词汇比较研究》,陕西师范大学硕士学位论文。
孙 易 2005 《山西高平话的人称代词》,《南开语言学刊》第 2 期。
孙小花 2004 《五台方言的入声》,《语文研究》第 4 期。
孙玉卿 2005 《山西晋语入声舒化情况分析》,《山西师范大学学报》第 4 期。
孙宜志 2007 《合肥方言泥来母今读》、《声母现象的探讨》,《中国语文》第 1 期。
田希诚 1962 《运城话的人称代词》,《中国语文》第 2 期。
田希诚 1990 《山西方言的尖团音问题》,《语文研究》第 2 期。
田希诚 1993 《山西方言古二等字的韵母说略》,《语文研究》第 4 期。
田希诚 1990 《山西方言词汇调查笔记》,《山西大学学报》第 2 期。
田希诚、吴建生 1995 《山西晋语区"的"助词》,《山西大学学报》第 3 期。
项梦冰 1992 《连城(新泉)方言的指示代词》,《方言》第 3 期。
邢向东 1987 《圪头词流变论》,《内蒙古师范大学学报》第 2 期。
邢向东 2001 《神木方言的代词》,《方言》第 4 期。

邢向东 2002 《神木方言研究》，中华书局。
邢向东 2002 《神木方言词汇的内外比较》，《语言研究》第1期。
邢向东 2002 《论加强汉语方言语法的历时比较研究》，《陕西师范大学学报》第5期。
邢向东、王临惠、张维佳、李小平 2013 《秦晋两省沿河方言比较研究》，商务印书馆。
邢向东 1995 《论内蒙古晋语的语法特点》，《内蒙古师范大学学报》第1期。
邢向东 2006 《陕北晋语语法比较研究》，商务印书馆。
邢向东 2008 《谈汉语方言语法的调查研究》，《陕西师范大学学报》第6期。
邢福义 2000 《文化语言学》（增订本），湖北教育出版社。
熊正辉 1990 《官话方言分ts、tʂ的类型》，《方言》第1期。
熊正辉 1996 《山西晋语分ts、tʂ的类型》，《首届晋方言国际学术研讨会论文集》，山西高校联合出版社。
徐海英 2001 《重庆话的儿尾》，《重庆师专学报》第3期。
薛凤生 1990 《中原音韵音位系统》，北京语言文化学院出版社。
薛凤生 1999 《汉语音韵史十讲》，华语教学出版社。
徐正考 1990 《单音节动词重叠形式探源》，《吉林大学社会科学学报》第3期。
徐烈炯、邵敬敏 1997 《上海方言形容词重叠式研究》，《语言研究》第2期。
徐烈炯、邵敬敏 1999 《“阿 V”及其相关疑问句句式比较研究》，《中国语文》第3期。
徐通锵 1984 《山西祁县方言的新韵尾-m与-β》，《语文研究》第3期。
徐通锵 1991 《历史语言学》，商务印书馆。
徐通锵 1997 《语言论》，东北师范大学出版社。
徐通锵 2004 《汉语研究方法论初探》，商务印书馆。
徐通锵 1981 《山西平定方言的“儿化”和晋中的所谓“嵌[l]词”》，《中国语文》第6期。

姚勤智 2007 《晋中方言古语词拾零》，《语文研究》第 2 期 。

杨剑桥 2005 《汉语音韵学讲义》，复旦大学出版社。

杨俊芳 2007 《长治方言的“圪”》，《社会科学家》第 6 期。

姚勤智 2003 《平遥方言中的面食文化词语》，《忻州师范学院学报》第 3 期。

杨耐思 1981 《中原音韵音系》，中国社会科学出版社。

杨耐思 1997 《近代汉语音论》，商务印书馆。

杨述祖 1992 《山西方言入声的现状及其发展趋势》，《语文研究》第 1 期。

杨亦鸣 1992 《李氏音鉴音系研究》，陕西人民出版社。

杨 平 2003 《动词重叠式的基本意义》，《语言教学与研究》第 5 期。

岳立静 2005 《日照方言知庄章和精见端的读音类型》，《方言》第 3 期。

汪 平 1983 《苏州方言的两字组的连调格式》，《方言》第 4 期。

汪 平 1994 《贵阳方言词典》，江苏教育出版社。

汪 平 1982 《湖北省西南官话的重叠式》，《方言》第 1 期。

王福堂 1999 《汉语方言语音的演变和层次》，语文出版社。

王福堂 2005 《汉语方言语音的演变和层次》（修订本），语文出版社。

王洪君 1990 《入声韵在山西方言中的演变》，《语文研究》第 1 期。

王洪君 1991 《阳声韵在山西方言中的演变（上）》，《语文研究》第 4 期。

王洪君 1992 《阳声韵在山西方言中的演变（下）》，《语文研究》第 1 期。

王洪君 1999 《汉语非线性音系学》，北京大学出版社。

王洪君 2004 《从山西闻喜的小方言差异看z变音的衰变》，《语文研究》第 1 期。

王洪君 2007 《〈中原音韵〉知庄章声母的分合及其在山西方言中的演变》，《语文研究》第 1 期。

王洪君 1994 《汉语常用的两种语音构词法——从平定儿化和太原嵌 l 词谈起》，《语文研究》第 1 期。

王红斌 2003 《长治市城东桃园村方言点声调格局的实验报告》，《晋东南师范专科学校学报》第 5 期。

王军虎 2004 《晋陕甘方言的“支微入鱼”现象和唐五代西北方音》,《中国语文》第3期。
王建军 1988 《动词重叠与语义、结构及语境的关系》,《徐州师院学报》第3期。
王 力 1980 《汉语史稿》,中华书局。
王 力 1985 《汉语语音史》,中国社会科学出版社。
王 力 1986 《汉语音韵学》,山东教育出版社。
王 利 2005 《长治方言中的使感结构研究》,河北大学硕士学位论文。
王 利 2007 《长治县方言研究》,山西人民出版社。
王 利 2011 《山西东部方言研究(壶关卷)》,九州出版社。
王 利 2013 《山西长治方言中的使感词》,《晋中学院学报》第6期。
王临惠 2001 《晋南方言知庄章组声母研究》,《语文研究》第1期。
王临惠 2001 《汾河流域方言平声调的类型及其成因》,《方言》第1期。
王临惠 2003 《汾河流域方言的语音特点及其流变》,中国社会科学出版社。
王临惠 2003 《山西方言声调的类型》,《语文研究》第2期。
王临惠 2002 《山西方言的“圪”字研究》,《语文研究》第3期。
王临惠 2001 《山西方言“圪”头词的结构类型》,《中国语文》第1期。
王 森 1994 《荥阳(广武)方言的分音词和合音词》,《语言研究》第1期。
王希哲 1996 《左权方言古入声字今舒声化现象》,《语文研究》第2期。
王希哲 1997 《昔阳话的子变韵母和长元音》,《语文研究》第2期。
王文卿 2004 《太原话儿尾使用情况分析》,《太原师范学院学报》(社会科学版)第1期。
汪化云 2003 《自主的轻声和非自主的轻声》,《语文研究》第1期。
温端政 1986 《试论山西晋语的入声》,《中国语文》第2期。
温端政 1996 《晋语区的形成和晋语入声的特点》,《首届晋方言国际学术研讨会论文集》,山西高校联合出版社。
温端政 1997 《试论晋语的特点与归属》,《语文研究》第2期。

温端政（主编） 1982—1999 《山西方言志丛书》、《语文研究增刊》，语文出版社、山西高校联合出版社。

温端政 2000 《晋语“分立”与汉语方言分区问题》，《语文研究》第1期。

温端政、周 荐 1999 《二十世纪的汉语俗语研究》，书海出版社。

温端政 2003 《方言与俗语研究》，上海辞书出版社。

温端政、侯靖一 1993 《山西方言调查研究报告》，山西高校联合出版社。

温端政 2006 《汉语语汇学教程》，商务印书馆。

温端政 2005 《汉语语汇学》，商务印书馆。

温端政 1986 《忻州方言四字组俗语的构成方式和修辞特色》，《语文研究》第1期。

温端政、张光明 1995 《忻州方言词典》，江苏教育出版社。

温春燕 2005 《祁县方言重叠式名词研究》，山东师范大学硕士学位论文。

魏钢强 2000 《调值的轻声和调类的轻声》，《方言》第1期。

武黄岗 2013 《晋语长子方言“圪”研究》，《语文学刊》第4期。

吴建生、赵宏因 1997 《万荣方言词典》，江苏教育出版社。

吴建生 1992 《山西方言词汇异同略说》，《语文研究》第4期。

吴建生、李淑珍 2010 《三晋俗语研究》，书海出版社。

吴建生 2002 《晋中方言的“的的”连用和“地的”连用》，《语文研究》第1期。

吴艳丽 2006 《太原方言的重叠式》，《语文学刊》第6期。

吴 吟 2000 《汉语重叠研究综述》，《汉语学习》第6期。

叶宝奎 2001 《明清官话音系》，厦门大学出版社。

张 瑞 2014 《谈山西武乡方言中的名词重叠式》，《辽宁师专学报》第2期。

张光明 2006 《忻州方言的舒声促化现象》，《语文研究》第2期。

张光明 1992 《忻州方言形容词的重叠式》，《方言》第1期。

张光明、温端政 2002 《忻州方言俗语大词典》，上海辞书出版社。

张 琨 1983 《汉语方言中鼻音韵尾的消失》，《中央研究院历史语言研究所集刊》，第 54 本第 1 分。
张启焕、陈元福、程　仪　1993　《河南方言研究》，河南大学出版社。
张　慎　2010　《晋语“圪”研究述评》，《安康学院学报》第 5 期。
张树铮　1991　《从寿光方言看〈中原音韵〉的知庄章》、《中原音韵新论》，北京大学出版社。
张树铮　1995　《寿光方言志》，语文出版社。
张树铮　1999　《寿光方言古调值内部构拟的尝试方言历史探索》，内蒙古人民出版社。
张树铮　1999　《山东方言“日”母字研究方言历史探索》，内蒙古人民出版社。
张树铮　2003　《清代山东方言中古入声的演变》，《语言研究》第 3 期。
张维佳　2001　《关中方言鼻尾韵的音变模式》，《语言研究》第 4 期。
张维佳　2005　《山西晋语指示代词三分系统的来源》，《中国语文》第 5 期。
张益梅　1986　《介休方言的入声字和古入声字比较》，《语文研究》第 3 期。
张燕来　2006　《山西晋语舌面高元音的舌尖化》，《语文研究》第 1 期。
张芳萍　2003　《阳城话“倒运”的语用意义》，《语文研究》第 3 期。
张振兴　1997　《重读〈中国语言地图集〉》，《方言》第 1 期。
张兴旺、马德全　2002《试论重叠式形容词的构成方式》，《阴山学刊》第 4 期。
张则顺　2009　《汉语名词重叠研究的类型学视角》，《湘潭师范学院学报》第 3 期。
赵元任　1926　《北京、苏州、常州语助词的研究》，《清华学报》第 2 期。
赵元任　1997　《语言问题》，商务印书馆。
赵　莉　2003　《阳城方言里的“圪”》，《晋东南师范专科学校学报》第 6 期。
赵日新　2007　《汉语方言中的[i]>[ɿ]》，《中国语文》第 1 期。
赵　彤　2001　《山西方言的知、照系声母》，《语文研究》第 4 期。
赵荫棠　1936　《中原音韵研究》，商务印书馆。

赵　玉　2009　《陵川方言词汇研究》，山西师范大学硕士学位论文。
赵振铎　1987　《训诂学纲要》，陕西人民出版社。
周　磊　2003　《从非音节性词尾看入声韵尾[ʔ]的脱落》，《中国语文》第5期。
周祖谟　1966　《宋代汴洛语音考问学集》，中华书局。
周祖谟　1993　《周祖谟学术论著自选集》，北京师范大学出版社。
郑张尚芳　1979　《温州方言儿尾》，《方言》第3期。
郑张尚芳　1987　《上古韵母系统和四等、介音、声调的起源问题》，《温州师院学报》第4期。
郑张尚芳　1990　《方言中的舒声促化现象说略》，《语文研究》第2期。
郑张尚芳　2003　《中古三等专有声母非组、章组、日喻邪等母的来源》，《语言研究》第6期。
朱德熙　1980　《现代汉语语法研究》，商务印书馆。
朱德熙　1985　《汉语方言里的两种反复问句》，《中国语文》第1期。
朱德熙　1991　《"V-neg-VO"与"V-neg-V"两种反复问句在汉语方言里的分布》，《中国语文》第5期。
朱德熙　1982　《语法讲义》，商务印书馆。
朱德熙　1982　《潮阳话和北京话重叠式象声词的构造》，《方言》第3期。
朱茂汉　1982　《名词后缀"子"、"儿"、"头"》，《安徽师范大学学报》（哲学社会科学版）第1期。
朱艳娥　2006　《浅议晋语"圪"头词》，《忻州师范学院学报》第3期。
中国社会科学院、澳大利亚人文科学院　1987/1989　《中国语言地图集》，朗文（远东香港）出版有限公司。
中国社会科学院语言研究所　2005　《方言调查字表》（修订本），商务印书馆。

地方志

王维新　1976　《襄垣县志》，台北成文出版社有限公司。
杨　笃　1976　《华北地方·山西省长治县志》，台北成文出版社有限公司。

山西省武乡县志编纂委员会　1986　《武乡县志》，山西人民出版社。
山西省高平县志编纂委员会　1993　《高平县志》，中国地图出版社。
山西省阳城县志编纂委员会　1994　《阳城县志》，海潮出版社。
山西省黎城县志编纂委员会　1994　《黎城县志》，中华书局。
山西省屯留县志编纂委员会　1995　《屯留县志》，陕西人民出版社。
山西省沁源县志编纂委员会　1996　《沁源县志》，海潮出版社。
山西省平顺县志编纂委员会　1997　《平顺县志》，海潮出版社。
山西省长子县志编纂委员会　1998　《长子县志》，海潮出版社。
山西省壶关县志编纂委员会　1999　《壶关县志》，海潮出版社。
山西省陵川县志编纂委员会　1999　《陵川县志》，人民日报出版社
山西省沁县志编纂委员会　1999　《沁县志》，中华书局。
山西省晋城县志编纂委员会　1999　《晋城县志》，山西古籍出版社。

后　记

书稿终于完成了，但心中竟没有丝毫的轻松感，相反倒有一种说不清的思绪从心底悠悠升起，让我难以平静，究其原因，这主要是因为这本小书凝聚了太多人的心血。而此时，我除了感谢，还能说些什么呢？

感谢我的硕士生导师刘淑学先生，是她引领我走进方言学研究的殿堂，不管我走到哪里，她都像母亲般地关心我，支持我，成为我前进道路上的强大动力。

感谢钱曾怡先生和张树铮先生，在我攻读博士学位的学习生活中，两位老师不仅教了我许多做学问的方法，还教了我许多做人的道理。记得在读博的第一年，我有幸听钱先生上课。钱先生时常给我们布置一些小作业，并且每次都做认真细致的评阅，我从中真是受益匪浅。在做毕业论文的过程中，先生还十分热心地把有关资料借给我，而且，还时常关心着论文的进展情况，并提出了许多中肯的建议，让我感动不已。在读博的三年中，张老师为我的成长倾注了大量的心血，从几千字的课程论文的写作到几十万字的毕业论文的构建，从专业课程的学习到学术视野的开拓，老师都给予了精心的指导。在读博的第二年，老师去日本讲学，因此，与老师有关论文的交流就只能通过电子邮件，我邮箱里的邮件大多是老师发过来的，我舍不得删掉其中的任何一个，那里凝聚着老师的心血，也记录着我的成长。先生们开阔的学术视野、敏锐的学术眼光、宽阔的胸襟气度以及积极的人生态度深深地影响着我。“桃李不言，下自成蹊”，先生们以其身教使我真正领悟了“人格是最高的学问”这个道理。

博士毕业回到长治学院工作之后，恰逢山西大学方言学专家乔全生教授主编的《山西重点方言研究丛书》出版计划正在进行，于是，在乔先生的指导和帮助下，我有幸参与其中，并相继撰写并出版了《长治县方言研究》和《山西东部方言研究（壶关卷）》。每次书稿完成后，乔先生都认真细致地批阅全文，并提出许多宝贵的修改意见，我从中受益良多。2015 年和 2016 年，在乔老师的推荐下，我有幸分别负责了平顺、陵川两个方言点的中国语言保护工程项目的调查工作，在调查过程中，不管有多忙、有多累，也不管调查环境有多艰苦，乔先生每次都亲临现场，认真审音、定音，先生这种严谨的治学态度、平和的为人方式对我产生了很深的影响。

在我学术成长的道路上，感谢的人还有很多很多。感谢天津师大的王临惠先生。2010 年，我有幸参与了王临惠先生主持的国家社科基金项目，在与王老师一起做项目的过程中，对晋东南晋语的特点有了更深入地认识。王老师从研究方法、研究视野等方面都给予我很大的启发和指导，开阔了我日后研究的思路。

感谢吴建生、吴继章、史素芬、史秀菊、李小平、支建刚、白静茹、武玉芳、李晰、李建校、刘芳等老师的无私帮助和支持。

感谢长治学院的各级领导和同事们对我工作的支持。没有他们在身边的鼓励、支持和帮助，就不会有本书的顺利完稿。

感谢几十位发音合作人的精诚合作，没有他们耐心、积极的配合，我的书稿是完成不了的。

感谢我所有的亲戚和朋友，这么多年来，他们一直都在关心着我，支持着我。

……

如果说今天的我取得了一点小小的成绩，那么与家人的无私奉献是分不开的。感谢我的爸爸妈妈、我的公公婆婆、我的爱人和我可爱懂事的女儿。这么多年来，我能够全身心地投入方言研究，与他们的鼎力支持是分不开的。

作为一个刚刚踏上方言研究道路的学子，由于学术水平有限，本书还存在不少纰漏和不足，恳请各位专家学者批评指正。

2017年7月于长治学院

王　利